심리학과 종교

성경 내용은 한국 천주교 주교 회의에서 펴낸 '성경'(2005)을 참고했음을 밝힙니다.

심리학과 종교

초판 1쇄 발행   2023년 6월 10일

원제	Psychology and Religion: West and East(1958)
지은이	칼 구스타프 융
옮긴이	정명진
펴낸이	정명진
디자인	정다희
펴낸곳	도서출판 부글북스
등록번호	제300-2005-150호
등록일자	2005년 9월 2일
주소	서울시 노원구 공릉로 63길 14, 101동 203호(하계동, 청구빌라)
	(139-872)
전화	02-948-7289
전자우편	00123korea@hanmail.net
ISBN	979-11-5920-156-1 03180

심리학과 종교

Psychology and Religion

칼 구스타프 융 지음 정명진 옮김

1부 서양종교

2부 **동양종교**

1부

·
·

서양 종교

1장

심리학과 종교(1937)

1. 무의식의 자율성

철학을 비롯한 인간 지식의 다양한 영역들의 대표자들뿐만 아니라 과학의 대표자들도 종교라는 영원한 문제를 둘러싼 논의에 기여할 수 있게 하는 것이 테리 강연(Terry Lectures)의 창설자의 뜻인 것 같고, 또 예일 대학이 나에게 1937년의 테리 강연을 할 영광을 부여했기 때문에, 나는 심리학, 아니 내가 대표하는, 의료 심리학이라는 특별한 분야가 종교와 어떤 관계가 있는지, 그리고 종교에 대해 어떤 말을 할 수 있는지를 보여주는 것이 나의 과제라고 단정한다. 종교가 이론의 여지없이 인간 정신의 가장 오래되고 가장 보편적인 표현 중 하나이기 때문에, 인간의 인격의 심리적 구조를 건드리는 심리학이라면 어떤 것도 종교가 하나의 사회적, 역사적 현상일 뿐만 아니라 엄청나게 많은 수의 개인들에게 상당한 관심을 불러일으키는 그 무엇이라는 사실을 절대로 외면하지 못할 것이 확실하다.

나 자신이 종종 철학자로 불리긴 하지만, 나는 어디까지나 경험주의자이며 그런 존재로서 현상학적 관점을 고수하고 있다. 만약에 단순히 경험을 축적하고 분류하는 차원을 넘어서는 고찰이 이따금 이뤄진다면, 나는 그 관점이 과학적 경험주의의 원리들과 충돌하지 않는다고 믿는다. 실제로 나는 심사숙고 없이는 경험이 절대로 가능하지 않다고 믿고 있다. 왜냐하면 "경험"이 곧 하나의 동화 과정이고, 이 과정 없이는 어떤 이해도 존재할 수 없기 때문이다.

이 진술이 암시하는 바와 같이, 나는 철학적 관점이 아니라 과학적 관점에서 심리학적 문제들에 접근한다. 종교가 매우 중요한 심리학적 측면을 갖고 있기 때문에, 나는 순수하게 경험적인 관점에서 종교를 다룬다. 말하자면, 나는 나 자신을 현상들에 대한 관찰로 한정시키고, 형이상학적이거나 철학적인 고려는 어떤 것이든 피한다. 나는 그런 다양한 고려들의 타당성을 부정하지 않지만, 그런 고려들을 정확히 적용시킬 수 있을 만큼 능력을 갖췄다고 주장하지는 못한다.

대부분의 사람들이 심리학은 그들이 자신에 대해 알고 있는 것에 지나지 않는다고 생각하면서 심리학에 대해 알아야 할 모든 것을 다 알고 있다고 스스로 믿고 있다는 사실을 나는 잘 알고 있다. 그러나 나는 심리학이 그보다 훨씬 더 크지 않을까 하고 걱정한다. 심리학은 철학과 거의 관계가 없는 반면에 경험적인 사실들과 깊은 관계가 있다. 그 경험적인 사실들 중 많은 것은 보통 사람의 경험이 쉽게 닿지 못하는 것들이다.

여러분에게 실용적인 심리학이 종교의 문제를 어떤 식으로 직면하게 되는지를 엿볼 기회를 제공하는 것이 나의 의도이다. 문제의 거대함에 비춰볼 때 세 차례보다 훨씬 더 많은 강연이 필요하다는 사실은 너무나 자명하다. 구체적인 세부사항을 정교하게 전하는 일이 상당히 많은 시간과 설명을 요구하니 말이다. 첫 번째 강연은 실용적인 심리학과 종교의 문제에 관한 일종의 서문이 될 것이다. 두 번째 강연은 무의식에 진정으로 종교적인 기능이 존재한다는 것을 보여줄 것이다. 세 번째 강연은 무의식적 과정들의 종교적 상징체계를 다룰 것이다.

　다소 독특한 주장을 펼칠 것이기 때문에, 나는 청중이 내가 대표하고 있는 심리학 분야의 방법론적 관점을 충분히 알게 될 것인지 장담하지 못한다. 이 관점은 전적으로 현상학적이다. 말하자면, 그 관점은 발생한 일들과 사건들, 경험들, 한마디로 말해 팩트들에 관심을 둔다. 그 관점의 진리는 하나의 사실이지 판단이 아니다.

　예를 들어, 심리학이 처녀 출산이라는 모티브에 대해 말할 때 관심을 두는 것은 오직 그런 사상이 있었다는 사실뿐이다. 그때 심리학은 그 사상이 다른 어떤 의미에서 참이냐 거짓이냐 하는 문제에는 관심을 두지 않는다. 그 사상이 존재하기 때문에, 그것은 심리학적으로 진실이다. 어떤 사상이 오직 한 개인에게만 일어날 때, 그 사상의 심리학적 존재는 주관적이다. 그러나 그 사상이 사회에 의해, 그러니까 일반적 합의에 의해 공유될 때, 그것은 객관적이다.

　이 관점은 자연 과학의 관점과 동일하다. 심리학은 생각들과 다양한 정신적 내용물들을 다룬다. 예를 들면, 동물학이 다양한 종(種)의 동물들을 다루는 것과 똑같다. 한 마리의 코끼리는 존재하고 있기 때문에 "진실하다". 그 코끼리는 추론도 아니고, 진술도 아니고, 어느 창조주의 주관적인 판단도 아니다. 그것은 하나의 현상이다. 그러나 정신적 사건들이 의도적이고 자의적인 산물이거나 심지어 어느 인간 창조자의 고안이라는 생각에 너무나 익숙하기 때문에, 우리는 정신과 그 내용물이 우리 자신의 자의적인 고안에 불과하거나 가정과 판단의 다소 가공적인 산물에 불과하다는 편견을 좀처럼 떨쳐버리지 못한다.

사실은 어떤 사상들은 거의 모든 곳에서 언제나 존재하며, 이주(移住)와 전통과 꽤 별도로, 심지어 자연적으로 생겨날 수 있다. 그 사상들은 개인에 의해 만들어지지 않으며, 그것들은 그냥 개인에게 일어난다. 심지어 그 사상들은 개인의 의식에 스스로를 강요한다. 이것은 플라톤(Platon)의 철학이 아니고 경험적인 심리학이다.

　종교에 대해 말하면서, 나 자신이 종교라는 단어로 무엇을 뜻하는지를 처음부터 명확히 밝혀야 한다. 라틴어 단어가 뜻하듯이, 종교는 루돌프 오토(Rudolf Otto)가 적절히 '누미노숨'(numinosum)이라고 명명한 것, 즉 의지의 자의적인 행위에 의해 야기되지 않는 어떤 역동적인 힘 또는 효과를 주의 깊게 양심적으로 관찰하는 것이다. 그런데 이와 반대로 종교가 인간 숭배자를 사로잡고 통제하고 있으며, 인간은 언제나 종교의 창조자이기보다는 종교의 희생자이다. 그 원인이 무엇이든, 누미노숨은 인간이 자신의 의지와 상관없이 하는 어떤 경험이다. 아무튼, 일반적인 합의뿐만 아니라 종교의 가르침은 언제 어디서나 이 경험에 대해 개인의 밖에 있는 어떤 원인으로 인해 일어난다고 설명한다. 누미노숨은 눈에 보이는 어떤 대상에 속하는 특성이거나, 의식의 특이한 변화를 야기하는, 눈에 보이지 않는 어떤 존재의 영향으로 여겨진다. 어쨌든, 이것이 일반적인 규칙이다.

　그러나 종교적 관행 또는 의식(儀式)의 문제에 관한 한, 일부 예외들이 있다. 마법적인 성격의 어떤 장치를 통해서 누미노숨의 효과를 자유자재로 일으킨다는 유일한 목적을 위해서 아주 많은 의식들이 행해지고 있다. 그런 장치로는 기도와 주문, 제물, 명상, 요가 수행, 다양한 종류의 자학적 고문 등이 있다. 그러나 외적이고 객관적인 신성한 원인에 대한 종교적 믿음이 언제나 그런 의식의 거행보다 앞선다. 예를 들어, 가톨릭교회는 신자들에게 영적 축복을 안겨줄 목적으로 성사를 집전한다. 그러나 이 행위가 틀림없이 마법적인 절차를 통해서 신의 은혜가 현장에 존재하도록 강요하는 것에 해당하기 때문에, 논리적으로 다음과 같은 주장이 가능해진다. 누구도 신의 은총이 성사의 행위 안에 있도록 강제할 수 없지만, 그럼에도 불구하고 성사가 신성한 제도이기 때문에 신의 은혜가 불가피하게 거기에 있다고 말이다. 신이 지지할 뜻이 없었다면 그런 제도가 존재하도록 하지 않았을 테니까.

나에게는 종교가 정신의 어떤 특이한 태도처럼 보인다. 그 태도는 '렐리지오'(religio)라는 단어의 원래 쓰임새에 맞춰 명확히 설명될 수 있다. '렐리지오'는 "힘"으로 인식되는 어떤 동적인 요소들을 주의 깊게 고려하고 관찰하는 것을 의미한다. "힘"에 속하는 것으로는 정령들이나 수호신, 신들, 법들, 사상들, 이상들이 있다. 이런 것들 외에, 인간이 자신의 세계 안에서 주의 깊게 고려해야 할 만큼 충분히 막강하거나 위험하거나 유익한 요소들, 또는 헌신적으로 숭배하거나 사랑해야 할 만큼 충분히 위엄 있거나 아름답거나 의미 있는 요소들에 붙인 이름들도 그런 힘에 속한다. 일상의 대화 속에서, 사람들은 어떤 것을 열정적으로 추구하는 사람을 두고 종종 그 사람이 자신의 명분에 거의 "종교적으로 헌신한다"는 식으로 말한다. 예를 들어, 윌리엄 제임스(William James)는 어느 과학자가 교리를 전혀 믿지 않지만 그의 "기질은 경건하다"고 종종 말한다.

나는 나 자신이 종교라는 단어로 신경(信經) 같은 것을 의미하지 않는다는 점을 분명히 밝히고 싶다. 그러나 모든 신경이 원래 한편으로 누미노숨의 경험에 근거하고, 다른 한편으로 초자연적인 성격의 어떤 경험과 그에 따른 의식(意識)의 변화에 대한 신뢰나 충성, 믿음과 확신에 근거하는 것은 사실이다. 바울로(Paul)의 개종이 이를 보여주는 놀라운 예이다. 그렇다면 우리는 "종교"라는 용어가 누미노숨의 경험에 의해서 변화된 의식에 특유한 태도를 뜻한다고 할 수 있다.

신경들은 원래의 종교적 경험을 성문화하고 교리화한 형식들이다. 그 종교적 경험의 내용물은 신성시되었으며, 보통 엄격하고 종종 정교한 사상들의 구조 안에서 굳어진다. 원래의 경험이 반복적으로 실행됨에 따라 하나의 의례가 되고 변화 불가능한 제도로 굳어졌다. 이것이 반드시 생명력 없는 화석화를 의미하지는 않는다. 반대로, 그것은 수천 년 동안 수백만 명의 사람들에게 타당한 형태의 종교적 경험이었던 것으로 증명될 수 있다. 그것도 거기에 변화를 줘야 할 결정적인 필요성이 전혀 제기되지 않은 상태에서 말이다.

가톨릭교회가 종종 특별히 엄격하다는 비판을 받지만, 그럼에도 불구하고 가톨릭교회는 교리가 살아 있는 생물이라는 점을, 따라서 교리의 공식적 표현이 변화하고 발달할 수 있다는 점을 인정한다. 심지어 교리의 숫자에도 제한이 없으며, 세월이 흐르는 과정에 교리가 늘어날 수 있다. 이 말은 의례에도 그대로 적용된다.

그럼에도 모든 변화와 발달은 원래 경험되었던 그 사실들의 틀 안에서 결정되며, 이 같은 사실이 특별한 종류의 독단적인 내용과 감정적 가치를 확립한다. 심지어 독단적인 전통과 성문화된 의례 절차로부터 거의 무제한적으로 자유로워지면서 400개 이상의 종파로 분열되기에 이른 프로테스탄티즘조차도 기본적으로 기독교일 수밖에 없으며, 따라서 프로테스탄티즘은 하느님이 인류를 위해 고통을 겪은 그리스도의 안에서 모습을 드러냈다는 믿음의 틀 안에서 스스로를 표현하지 않을 수 없다. 이것은 불교나 이슬람의 사상이나 감정과 결합하거나 그런 것들에 의해 대체될 수 없는 명확한 내용물을 가진 명확한 틀이다. 그럼에도, 부처와 무함마드, 공자와 차라투스트라뿐만 아니라 미트라와 아티스, 키벨레, 마니, 헤르메스, 그리고 다른 많은 이국적 숭배들의 신들도 종교적 현상을 나타내는 것은 틀림없는 사실이다.

과학적인 태도를 취하는 심리학자라면, 유일하고 영원한 진리라고 주장하는 모든 신경의 주장을 무시해야 한다. 그런 심리학자는 종교적인 문제의 인간적인 측면에 눈길을 줘야 한다. 이유는 그가 신경으로 다듬어지기 전의 원래의 종교적 경험에 관심을 두고 있기 때문이다. 이 경험은 신경들이 다듬어낸 것과는 꽤 다르다.

　나 자신이 의사이자 신경증과 정신병의 전문가이기 때문에, 나의 출발점은 신경(信經)이 아니라 '종교적인 인간'(homo religiosus)의 심리이다. 말하자면 자신에게, 또 자신을 통해서 자신의 전반적인 조건에 영향을 끼치는 어떤 요인들을 고려하고 주의 깊게 관찰하는 인간의 심리가 출발점이란 뜻이다. 이 요인들에 역사적 전통이나 민족학적 지식에 따라 이름을 붙이고 정의하는 것은 쉬운 일이지만, 심리학의 관점에서 그 요인들에 이름을 붙이고 설명하는 일은 대단히 어려운 과제이다. 내가 종교의 문제에 기여할 수 있는 것은 전적으로 나의 환자들과 소위 정상적인 사람들과의 실제 경험에서 나온다. 사람들과의 사이에서 얻는 경험이 주로 그들과 더불어 하는 작업에 의존하기 때문에, 나는 나 자신이 직업상의 일에서 따르고 있는 노선에 대해 여러분에게 전반적으로 알게 하는 방법 외에 다른 방법을 발견하지 못한다.

　모든 신경증은 사람의 가장 은밀한 삶과 연결되어 있다. 그렇기 때문에, 환자가 자신을 처음으로 병적인 조건으로 이끌었던 상황과 골칫거리들에 대해 충실하게 설명해야 할 때, 언제나 어느 정도의 망설임이 있기 마련이다. 하지만 왜 그 환자가 자유롭게 말하지 못하는가? 왜 그가 두려워하거나 부끄러워하거나 고상한 척해야 하는가? 이유는 그가 여론이나 책임감이나 평판이라 불리는 것을 이루는 외적 요인들을 "주의 깊게 관찰하고 있기" 때문이다. 그리고 환자가 의사를 신뢰하고 더 이상 의사 앞에서 머뭇거리지 않는다 하더라도, 그 환자는 자기 자신에게 어떤 것을 인정하길 꺼리고 심지어 인정하길 두려워할 수 있다. 마치 자신을 자각하게 되는 것이 위험한 일인 것처럼.

　사람은 언제나 자신을 압도할 것처럼 보이는 것을 두려워한다. 그러나 사람의 내면에 그 사람 자신보다 더 강한 어떤 것이 존재하는가? 모든 신경증은 상응하는 크기의 사기 저하를 야기한다는 점을 잊지 말아야 한다. 어떤 사람이 신경증 환자라면, 그 사람은 자기 자신에 대한 믿음을 상실한 상태에 있다. 신경증은 굴욕적인 패배이며, 자신의 심리에 대해 완전히 모르지 않는 사람들에게 신경증은 그런 것으로 느껴진다. 그리고 사람은 "실재하지 않는" 무엇인가에 패배하고 있다. 의사들은 환자에게 그 사람 자신에게 문제될 것이 전혀 없다는 것을, 그리고 그가 진짜 심장병이나 암을 앓고 있지 않다는 것을 오래 전에 확신시켰을 것이다. 환자의 증상은 꽤 가공적이다. 환자가 가공의 병을 앓고 있다는 믿음을 강하게 가질수록, 열등감이 그의 전체 인격 속으로 더욱 깊이 스며든다. 환자는 이렇게 말할 것이다. "나의 증상들이 상상이라면, 나는 그런 당황스런 상상을 도대체 어디서 끌어내고 있으며, 나 자신이 그런 불쾌한 것을 견뎌내야 하는 이유가 무엇인가?" 어느 지식인이 당신 앞에서 자신이 암으로 고통을 겪고 있다는 사실을 슬픈 마음으로 단언적으로 말함과 동시에 낙담하는 목소리로 물론 그 암이 순수하게 가공의 문제라는 것도 알고 있다고 덧붙이도록 하는 것은 정말 가슴 아픈 일이다.

　우리가 일상적으로 정신에 대해 품고 있는 물질주의적인 인식이 신경증 환자들에게 특별히 도움이 되지 않는 것이 아닌가, 하는 걱정이 앞선다. 만약에 영혼이 신비체 같은 것을 부여받기만 한다면, 우리는 적어도 호흡 같거나 증기 같은 이 체(體)가 다소 에테르 같지만 진정으로 어떤 암을 앓고 있다는 식으로 말할 수 있다. 단단한 물질적인 육체가 암에 걸릴 수 있는 것과 똑같이. 적어도 정신은 진정한 무엇이 될 것이다. 그래서 의학은 정신적인 성격을 지닌 모든 것에 대해 반감을 강하게 느낀다. 육체가 아프든가,

전혀 아무런 문제가 없든가, 둘 중 하나라는 식이다. 그리고 만약에 당신이 육체가 진정으로 아프다는 것을 입증하지 못한다면, 그것은 단지 현재의 기법들이 의사들에게 신체 기관의 문제임이 분명한 그 질병의 진정한 본질을 발견할 능력을 부여하지 않았기 때문이다.

그러나 정신은 실제로 무엇인가? 물질주의적 편견은 정신을 뇌의 유기적인 작용의 부수현상적 부산물로 설명한다. 따라서 정신적 장애는 모두 현재의 진단 방법들이 부적절한 탓에 발견될 수 없는, 신체 기관 또는 육체적 이상임에 틀림없다. 정신과 뇌 사이의 부정할 수 없는 연결이 이 관점에 어느 정도의 무게를 실어주지만, 그 무게는 그 관점을 확고부동한 진리로 만들기에는 결코 충분하지 않다. 신경증 환자의 경우에 뇌의 유기적 작용에 진짜로 장애가 일어나는지, 우리는 알지 못한다. 만약 내분비 계통에 장애가 있다면, 그 장애가 원인이기보다는 결과일 수도 있지 않는가 하는 의문에 대한 대답은 불가능하다.

한편, 신경증의 진정한 원인이 심리적이라는 점에 대해서는 의문을 제기하지 못한다. 얼마 전까지만 해도 신체 기관 또는 육체의 장애가 아주 간단한 심리학적 수단에 의해 해소될 수 있다고 상상하는 것이 매우 어려웠지만, 최근 몇 년 사이에 의학은 환자의 심리가 근본적인 역할을 하는 질병 집단을, 말하자면 심신(心身)과 관계있는 장애를 인정했다.

나의 독자들이 의학 분야의 이런 사실들을 잘 모를 수 있기 때문에, 히스테리열을 앓던 환자의 예를 제시하고 싶다. 이 환자의 체온은 38.8도였다. 그러나 고열은 심리적 원인에 대한 고백을 통해 몇 분 만에 나았다. 거의 전신으로 퍼진 건선으로 힘들어 하는 한 환자에게 나는 그의 피부 문제를 치료할 수 있을 것 같지는 않지만, 그럼에도 여러 심리적 갈등에 집중해야 한다고 말했다. 순수하게 심리적인 그의 문제들을 6주 동안 집중적으로 분석하고 논의한 결과, 피부 질환이 거의 완전히 사라지는, 예상치 않은 부산물이 나타났다. 또 다른 예를 보면, 최근에 결장 팽창 때문에 수술을 받은 환자였다. 결장 40Cm를 절제했으나, 또 다른 특이한 확장이 다시 일어났다. 외과는 두 번째 수술이 절대적으로 필요하다고 생각했지만, 환자는 절망에 빠져 추가 수술을 거부했다. 그런데 은밀한 심리적 사실들이 발견되자마자, 결장은 다시 정상적으로 작동하기 시작했다.

이런 경험들 때문에 정신은 아무것도 아니라거나 가상의 사실은 실재하지 않는다는 주장을 믿기가 대단히 어렵다. 단지, 정신은 근시안적인 마음이 찾는 곳에 없을 뿐이다. 정신은 존재하지만 육체적인 형태로 존재하지 않는다. 존재는 육체적일 수밖에 없다고 가정하는 것은 터무니없는 편견이다. 실제로 보면, 우리가 직접적으로 알 수 있는 유일한 형태의 존재는 정신적이다. 오히려, 육체적인 존재는 단순히 하나의 추론일 뿐이라고 말해도 무방하다. 왜냐하면 우리가 감각들에 의해 전해진 정신적 이미지들을 지각할 때에만 물질에 대해서 알게 되기 때문이다.

단순하지만 근본적인 이 진리를 망각할 때, 우리는 틀림없이 중대한 실수를 저지르고 있다. 어떤 신경증이 상상 외의 다른 원인을 전혀 갖고 있지 않을지라도, 그럼에도 불구하고 그 신경증은 매우 현실적인 문제이다. 만약에 어떤 남자가 내가 자신의 원수라고 상상하며 나를 죽인다면, 나는 말도 안 되는 상상 때문에 죽어야 한다. 그렇듯, 상상적인 조건들은 존재하며, 그 조건들은 육체적인 조건 못지않게 진정하며, 해롭거나 위험하다. 나는 정신적 장애들이 전염병이나 지진보다 훨씬 더 위험하다고 강하게 믿고 있다. 심지어 중세의 선(腺)페스트 대유행이나 천연두 대유행도 1914년에 있었던 의견 차이 또는 러시아의 정치적 "이상들"만큼 많은 인간을 죽이지는 않았다.

정신이 외부에 '아르키메데스의 점'[1]을 두고 있지 않은 탓에 자체의 존

1 탐구하는 주제를 총체적으로 파악할 수 있게 하는 가설적인 지점을 말한다.

재 형식을 이해하지 못한다 하더라도, 그럼에도 불구하고 정신은 존재한다. 정신은 존재할 뿐만 아니라, 정신은 존재 자체이다.

그렇다면 상상적인 암을 앓고 있는 환자에게 우리는 어떻게 말해야 하는가? 나는 그에게 이런 식으로 말할 것이다. "맞아요. 당신은 정말로 암과 비슷한 것을 겪고 있어요. 당신은 당신의 안에 치명적인 악을 품고 있지요. 그러나 그것은 당신의 육체를 죽이지는 않을 것입니다. 그것이 상상적이니까요. 그러나 그것은 최종적으로 당신의 영혼을 죽이고 말 것입니다. 그것은 이미 당신의 인간관계와 당신 자신의 개인적인 행복을 망쳤고 심지어 파괴했지요. 그것은 당신의 정신적 존재를 몽땅 삼킬 때까지 계속 자랄 것입니다. 그러다 보면 당신은 결국 더 이상 인간 존재가 아닐 것이며 파괴적인 종양 덩어리가 될 것입니다."

두드러지게 이론적인 우리 환자의 사고 방식은 분명히 그가 자신의 상상의 소유자이자 제조자라는 점을 분명히 암시할 것임에도 불구하고, 그에게는 자신이 병적인 상상의 저자가 아닌 것이 확실하다. 만약에 어떤 남자가 진짜 암으로 고통을 겪고 있다면, 암 덩어리가 그의 몸 안에 있음에도 불구하고, 그는 자신이 그런 악의 원인이라고 절대로 믿지 않을 것이다. 그러나 정신에 관해서라면, 우리는 즉각 일종의 책임감을 느낀다. 마치 우리 각자가 정신적 조건을 창조하는 것처럼.

이런 편견은 비교적 최근의 일이다. 그리 오래되지 않은 옛날에는, 심지어 매우 문명화된 사람들도 정신의 힘들이 우리의 마음과 감정에 영향을 끼칠 수 있다고 믿었다. 인간의 내면에 심리적 변화를 일으킬 수 있는 귀신과 마법사, 마녀, 악마와 천사, 심지어 신들도 있었다. 예전에는 암에 걸렸다고 생각한 사람은 그런 생각에 대해 꽤 다르게 느꼈을 수 있다. 아마 그 사람은 누군가가 자신에게 불리하게 마술을 부렸거나 자신이 무엇엔가 홀렸다고 단정했을 것이다. 그는 자신에 대해 그런 공상의 창작자라고는 절대로 생각하지 않았을 것이다.

사실, 나는 그의 암을, 정신 중에서 의식과 동일하지 않은 부분에서 기원한, 어떤 자발적인 성장으로 받아들인다. 그것은 의식을 침범하고 있는 자율적인 어떤 형성처럼 보인다. 의식에 대해 우리는 그것이 우리 자신의 정신적 존재라고 말할 수 있지만, 암은 우리 자신과 별도로 나름의 정신적 존재를 갖고 있다. 이 진술은 관찰 가능한 사실들을 완전하게 공식화하는 것처럼 보인다.

만약에 그런 환자를 대상으로 연상 실험을 실시한다면, 우리는 곧 인간이 자신의 집에서 주인이 아니라는 사실을 발견한다. 인간의 반응들이 자율적인 침입자들에 의해서 지연되고, 변화되고, 억압되거나 대체될 것이다. 그의 의식적인 의도가 대답할 수 없는 자극어(刺戟語)가 다수 있을 것이다. 그런 자극어들은 그 사람 본인에게도 매우 자주 의식되지 않는 자율적인 내용물로부터 대답을 들을 것이다. 우리 환자의 경우에 우리는 암이라는 생각의 뿌리에 있는 정신적 콤플렉스로부터 나온 대답들을 틀림없이 발견할 것이다. 자극어가 숨겨진 콤플렉스와 연결되는 무엇인가를 건드릴 때마다, 의식적인 자아의 반응은 그 콤플렉스에서 나오는 대답의 방해를 받거나 심지어 그 대답으로 대체될 것이다. 그 콤플렉스는 마치 자아의 의도를 간섭할 수 있는 자율적인 존재처럼 보인다. 콤플렉스들은 정말로 저마다 어떤 정신적 삶을 갖고 있는, 이차적인 또는 부분적인 인격들처럼 행동한다.

많은 콤플렉스들이 의식으로부터 찢어져 나온다. 이유는 의식이 억압을 통해 콤플렉스들을 제거하는 쪽을 선호하기 때문이다. 그러나 예전에 의식에 있었던 적이 없어서 절대로 독단적으로 억눌러질 수 없는 콤플렉스들이 있다. 그런 콤플렉스들은 무의식에서 자라나며, 기이하고 공격 불가능한 확신들과 충동들로 의식적인 정신을 침공한다. 우리 환자의 콤플렉스는 후자의 범주에 속했다. 교양과 지적 수준이 높음에도 불구하고, 환자는 자신을 따라다니며 사로잡는 무엇인가의 무력한 희생자였다. 그는 자신의 병적인 생각의 사악한 힘에 어떤 점에서도 맞설 수 없었다. 그 생각은 그의 안에서 암세포처럼 증식했다. 그 생각은 어느 날 갑자기 나타난 이후로 줄곧 확고부동한 것으로 남았으며, 그가 그 생각으로부터 자유로울 수 있었던 시간은 단지 간헐적으로 짧게만 찾아왔다.

그런 예들의 존재는 사람들이 자기 자신을 의식하는 것을 두려워하는 이유를 어느 정도 설명해준다. 정말로, 무대 뒤에 사람이 절대로 알지 못하는 무엇인가가 있을 수 있으며, 그래서 사람은 자신의 의식 밖에 있는 요소들을 "주의 깊게 고려하고 관찰하는 쪽"을 선호한다.

모든 자연스런 수줍음과 수치심, 예리한 순간적 상황 판단 그 아래에는 미지의 "영혼의 위험들"에 대한 은밀한 두려움이 자리 잡고 있다. 물론, 사람들은 그런 터무니없는 두려움을 인정하길 꺼린다. 그러나 사람들은 그런 두려움이 결코 정당하지 않은 것이 아니라는 사실을 깨달아야 한다. 반대로, 그런 두려움은 근거가 너무나 확실하다. 우리는 새로운 어떤 사상이 우리 자신이나 이웃들을 사로잡지 않을 것이라고 절대로 확신하지 못한다. 우리는 고대의 역사뿐만 아니라 현대의 역사를 통해서도 그런 사상들이 종종 너무나 이상하고, 너무나 기괴하기 때문에 이성에 반한다는 사실을 잘 알고 있다. 이런 종류의 사상들과 거의 틀림없이 연결되는 사로잡음은 열광적인 강박을 낳는다. 그 결과, 그런 사상들에 반대하는 사람들은 그들이 얼마나 선하거나 합리적인 존재인지 상관없이 산 채로 불에 태워지거나 머리를 잘리거나 보다 현대적인 자동소총에 의해 집단적으로 제거되었다.

우리는 그런 것들이 먼 과거의 일이라는 생각으로 스스로를 위로하지 못한다. 불행하게도, 그런 일들이 현재뿐만 아니라 꽤 특별하게 미래에도 가능할 것처럼 보인다. '사람은 사람에게 늑대다'(Homo homini lupus)라는 말은 슬프지만 영원한 진리이다. 정말이지, 인간에게는 자신의 무의식 속에 도사리고 있는 비개인적인 힘들을 두려워할 충분한 이유가 있다. 정말 요행하게도 우리는 이 힘들을 자각하지 않고 있다. 이유는 그 힘들이 우리의 개인적 관계나 일상적인 상황에서 나타나는 일이 절대로 없거나 거의 없기 때문이다. 그러나 만약에 사람들이 함께 무리를 짓고 군중을 이룬다면, 그 집단적인 인간의 동력이 풀려나게 된다. 모든 사람이 폭도의 일부가 될 때까지, 사람의 내면에 잠자고 있는 짐승들 또는 악마들이 활동하게 된다는 뜻이다. 집단 속의 사람은 자신도 모르게 도덕적으로나 지적으로 열등한 수준으로 떨어진다. 그런데 그 같은 수준은 언제나 의식의 문턱 아래에 있으면서 어떤 집단의 형성에 의해 활성화되자마자 앞으로 돌진할 준비를 갖추고 있다.

내가 보기에, 인간의 정신을 순수하게 개인적인 문제로 여기며 전적으로 개인적인 관점에서만 설명하는 것은 치명적인 실수이다. 그런 식의 설명은 오직 일상적인 일들과 관계들 속에 놓여 있는 개인에게만 적용될 수 있다. 그러나 만약에 사소한 문제가 예측하지 않은 다소 특별한 사건의 형식으로 일어나기라도 한다면, 그 즉시 본능적인 힘들이 소집된다. 이것들은 완전히 예상하지 않았고 새롭고 이상한 힘들이다. 이 힘들은 더 이상 개인적인 동기들로 설명되지 않는다. 그보다는 그 힘들은 일식(日蝕)과 그 비슷한 사건들 앞에서 느끼는 공포 같은 어떤 원시적인 사건들과 비교할 만하다. 예를 들어, 잔인한 볼셰비즘의 출현을 개인적인 아버지 콤플렉스로 설명하는 것은 나에게는 대단히 부적절해 보인다.

집단적인 힘들의 갑작스런 분출이 초래하는 성격의 변화는 정말 놀랍다. 점잖고 합리적이던 존재가 하루아침에 미치광이나 야만적인 짐승으로 변할 수 있다. 사람은 언제나 그 탓을 외부 환경으로 돌리는 경향을 보이지만, 만약에 그 탓이 우리 안에 있지 않다면, 어떤 폭발도 일어날 수 없다. 사실 우리는 늘 화산의 언저리에 살고 있으며, 우리가 아는 한, 우리 자신을 일정한 범위 안의 모든 존재를 파괴할 수 있는 폭발로부터 보호할 수 있는 길은 절대로 없다. 이성과 상식을 설교하는 것은 틀림없이 훌륭한 일이지만, 만약 당신이 집단적인 광란에 빠진 청중이나 군중을 위한 정신 병원을 두고 있다면 어떻게 되는가? 광인이나 폭도나 똑같이 비개인적이고 압도적인 힘들에 의해 움직이기 때문에, 둘 사이에는 큰 차이가 없다.

합리적인 수단으로 다룰 수 없는 어떤 힘을 떠올리는 데는 사실 신경증 하나만으로도 충분하다. 우리의 암 환자는 인간의 이성과 지성이 너무도 터무니없는 난센스 앞에서 얼마나 무력한지를 분명하게 보여주고 있다. 나는 환자들에게 너무나 명백한데도 물리칠 수 없는 그런 난센스를, 그들이 아직 이해하지 못하고 있는 어떤 힘과 의미의 표현으로 받아들이라고 언제나 조언한다. 나의 경험은 이런 것들을 진지하게 받아들인 다음에 적절한 설명을 찾는 것이 훨씬 더 효과적이라는 사실을 분명히 가르쳐 주었다. 그러나 설명이 적절한 때는 그것이 병적 효과를 감당할 수 있는 가설을 내놓을 때뿐이다.

우리 환자는 자신의 의식이 동원할 수 있는 그 어떤 것보다 더 강한, 의지와 암시의 힘에 직면하고 있다. 이런 위태로운 상황에서, 그 환자에게 이해할 수 없는 어떤 방식으로 그 자신이 징후의 뒤에 서서 그 징후를 은밀히 창조하고 뒷받침하고 있다는 점을 확신시키는 것은 나쁜 전략일 것이다. 그런 암시는 즉시 그의 투지를 마비시킬 것이고, 따라서 그가 사기를 잃도록 만들 것이다. 그런 식의 접근보다는, 그에게 그의 콤플렉스가 그의 의식적 인격에 반하게 작용하는 어떤 자율적인 힘이라는 점을 이해시키는 것이 훨씬 더 바람직하다. 더욱이, 그런 설명은 개인적인 동기로 돌리는 것보다 실제 사실들과도 훨씬 더 잘 부합한다. 겉보기에 개인적인 것처럼 보이는 동기도 존재하지만, 그런 동기도 그의 의지에 의해 형성되는 것이 아니라 그냥 그에게 일어날 뿐이다.

바빌로니아의 서사시에서 길가메시의 오만과 교만이 신들을 부정할 때, 신들은 길가메시의 부당한 야망을 견제하기 위해서 그 영웅과 힘이 똑같은 어떤 인간을 창조한다. 그와 똑같은 일이 우리 환자에게도 벌어졌다. 그 환자는 지성과 이성의 힘을 통해 세상의 문제들을 해결해 왔고 앞으로도 언제나 그런 식으로 해결할 사상가이다. 그의 야망은 적어도 개인적인 운명을 다듬는 일에는 성공했다. 그는 모든 것을 이성의 냉혹한 법칙 아래로 집어넣었지만, 어딘가에서 본성이 달아났다가 공격 불가능한 난센스의 형식으로, 말하자면 암이라는 생각으로 복수하듯 돌아왔다. 이것은 그를 무자비하고 잔인한 가죽 끈으로 묶어두기 위한, 무의식의 현명한 장치였다. 그것은 그의 합리적인 모든 이상들에, 그리고 특히 전능한 인간 의지에 대한 그의 믿음에 가해질 수 있는 최악의 타격이었다. 그런 강박은 오직 이기적인 목적을 위해 이성과 지성을 습관적으로 남용하는 사람에게만 일어날 수 있다.

그러나 길가메시는 신들의 복수를 피했다. 그는 경고의 꿈들을 꾸었고, 거기에 주의를 기울였다. 그 꿈들은 그에게 적을 무찌를 수 있는 방법을 보여주었다. 신들이 멸종하고 나쁜 평판을 얻은 시대에 살고 있는 우리 환자도 마찬가지로 그런 꿈을 꾸었지만, 그는 그 꿈에 귀를 기울이지 않았다. 지적인 사람이 어떻게 꿈을 진지하게 받아들일 만큼 미신적일 수가 있단 말인가!

꿈들에 반대하는 매우 광범위한 편견은 전반적으로 일어나고 있는, 인간 정신에 대한 심각한 평가 절하의 한 징후에 지나지 않는다. 과학과 기술의 경이로운 발달은 지혜와 내성(內省)의 끔찍한 결여에 의해 상쇄되고 있다. 우리의 종교가 불멸의 영혼에 대해 이야기하고 있는 것은 사실이지만, 그 종교는 인간 정신 그 자체를 위해서는 따뜻한 말을 거의 하지 않는다. 신의 은총이라는 특별한 행위가 없다면, 인간 정신은 곧장 영원한 저주의 대상이 될 것이다. 이 두 가지 요인이 전반적으로 정신을 평가절하하는 분위기가 팽배하게 된 중요한 원인이긴 하지만, 그것들이 전적인 원인은 아니다. 비교적 최근에 일어난 이 원인들보다 훨씬 더 오래된 원인들은 무의식과 접하고 있는 모든 것에 대한 원시적인 두려움과 반감이다.

의식은 시작 단계에서부터 매우 위험한 것이었음에 틀림없다. 비교적 원시적인 사회에서, 우리는 지금도 의식이 얼마나 쉽게 길을 잃게 되는지를 관찰할 수 있다. 예를 들어, "영혼의 위험들" 중 하나는 영혼의 상실이다. 이것은 정신의 일부가 다시 무의식이 될 때 일어나는 현상이다. 또 다른 예는 게르만 민족의 무용담 속의 "광분"과 동일한 "날뜀"이다. 이것은 종종 대단히 파괴적인 사회적 결과를 수반하는, 다소 완전한 무아의 상태이다.

심지어 꽤 정상적인 감정도 상당한 정도의 의식의 상실을 야기할 수 있다. 그래서 원시인들은 낮은 소리로 말하고, 무기를 내려놓고, 두 팔과 두 다리로 기고, 머리를 숙이고, 손바닥을 보이는 등 정교한 형태의 공손을 고무한다. 우리 현대인의 공손의 형태도 여전히 가능한 정신적 위험들에 대한 "종교적" 고려를 드러내고 있다. 우리는 서로에게 행복한 하루를 마법적으로 기원함으로써 운명을 달랜다. 악수를 할 때 왼손을 주머니에 넣고 있거나 등 뒤에 두는 것은 좋은 형식이 아니다. 특별히 환심을 사길 원한다면, 두 손을 다 사용한다. 권위가 대단한 사람 앞에서 우리는 머리에 아무것도 쓰지 않은 상태에서 고개를 숙여 인사한다. 말하자면, 우리와 똑같이 무의식적 폭력의 발작에 쉽게 희생될 수 있는 막강한 권력자의 비위를 맞추기 위해 우리의 머리를 보호하지 않은 상태로 내놓는다는 뜻이다. 출전(出戰)의 춤에서, 원시인들은 지나치게 흥분한 나머지 피를 뿌릴 수 있다.

원시인의 삶은 언제나 숨어 있는 정신적 위험에 관심을 기울이고 있으며, 원시인이 그 위험을 누그러뜨리는 데 이용한 절차들은 매우 다양하다. 금기시하는 영역을 설정하는 것은 이 같은 사실의 외적 표현이다. 무수히 많은 터부들은 두려워하며 세심하게 지키는, 범위가 정해진 정신적 영역들이다.

나는 동아프리카의 엘곤 산 기슭에 사는 부족과 함께 있을 때, 끔찍한 실수를 저지른 적이 있었다. 나는 숲에서 자주 보이던 귀신의 집들에 대해 묻고 싶었으며, 그래서 나는 잡담을 하다가 '귀신'을 뜻하는 '셀렐테니'(seleteni)라는 단어에 대해 언급했다. 그 즉시, 거기 있던 사람들 모두가 침묵에 빠졌으며, 당황스러워하고 괴로워하는 모습이 역력했다. 그들은 모두 나에게서 시선을 거두었다. 내가 조심스럽게 나직이 속삭여야 할 단어를 크게 말했고, 따라서 가장 위험한 결과를 초래했기 때문이다.

나는 모임을 계속 이어가기 위해서 주제를 바꿔야 했다. 그때 동일한 사람들이 자신들은 절대로 꿈을 꾸지 않는다고 나에게 단언했다. 꿈들은 추장의 특권이고 주술사의 특권이었기 때문이다. 당시에 주술사도 더 이상 어떤 꿈도 꾸지 않는다고 고백했다. 그들에게 꿈 대신에 지역 감독관이 있었던 것이다. 주술사는 이렇게 말했다. "영국인이 이 나라에 있게 된 후로, 우리는 더 이상 꿈을 꾸지 않는다. 지역 감독관은 전쟁과 질병에 대해, 또 우리가 살아야 할 곳에 대해 모든 것을 알고 있다." 이 이상한 진술은 꿈들이 예전에 최고의 정치적 안내자, 그러니까 신, 즉 '뭉구'(Mungu)의 목소리였다는 사실에 근거하고 있다. 그러므로 보통 사람이 꿈을 꾸었다고 말하는 것은 현명하지 않은 처사였을 것이다.

꿈들은 미지의 존재의 목소리이고, 늘 위협적인 새로운 음모들이고, 새로운 위험들이고, 희생들, 전쟁들, 그리고 그 외의 골치 아픈 것들이다. 어느 아프리카 흑인이 언젠가 적들이 그를 포로로 잡아서 산 채로 불태우는 꿈을 꾸었다. 그 다음날 그는 친척들을 한 자리에 모아놓고 그들에게 자신을 태워달라고 간청했다. 그들은 그의 두 발을 묶어서 불 속에 집어던지는 데까지 동의했다. 그는 당연히 심한 장애를 얻었지만 무서운 적들을 피할 수는 있었다.

순전히 무의식의 예상하지 않은 위험스런 경향들에 대한 방어책을 세울 목적으로 존재하는 마법적인 의례들이 무수히 많다. 꿈이 신의 목소리이고 전령이면서도 끝없는 어려움의 원천이라는 특이한 사실은 원시인의 정신을 조금도 어지럽히지 않는다.

우리는 히브리인 예언자들의 심리에서 이런 원시적인 사고의 명백한 잔재들을 발견한다. 히브리인 예언자들은 종종 그 목소리에 귀를 기울이기를 주저한다. 그리고 호세아(Hosea) 같이 독실한 사람이 하느님의 명령을 따르기 위해 매춘부와 결혼하는 것은 힘든 일이었다는 점을 우리는 인정해야 한다. 인류의 역사가 시작된 이래로, 난폭하고 자의적인 이런 "초자연적인" 영향을 명확한 형식과 법을 통해서 제한하려는 경향이 두드러졌다. 그리고 이 과정은 의례와 제도와 믿음의 증식이라는 형태로 역사 내내 지속되었다. 지난 2,000년 동안에 기독교 교회가 이 영향들과 인간 사이에서 중재하고 보호하는 기능을 넘겨받고 있는 것이 확인된다.

중세 교회에 관한 문서가 꿈들 속에서 어떤 신성의 유입이 일어날 수 있다는 점을 부정하지는 않지만, 그 견해는 엄밀히 말해서 고무되고 있지 않으며, 어떤 계시가 진짜로 여겨져야 하는지 여부를 결정할 권리는 교회에 있다. 교회가 어떤 꿈들은 신이 보낸 것이라는 점을 인정함에도 불구하고, 교회는 꿈들에 진지한 관심을 주지 않으려 하고, 심지어 그런 관심에 반감을 보이는 한편, 일부 꿈들에 대해서는 직접적인 계시를 포함할 수 있다는 점을 인정한다. 따라서 지난 몇 세기 동안에 일어난 정신적 태도의 변화는, 적어도 이 관점에서 본다면, 교회에 전적으로 환영 받지 못하는 것은 아니다. 왜냐하면 그 변화가 꿈들과 내면의 경험에 더 적절했던 초기의 내성의 태도를 효과적으로 좌절시켰기 때문이다.

프로테스탄티즘은 교회가 정교하게 세운 그 많은 방벽들을 무너뜨린 즉시 개인적인 계시의 분열적이고 종파적인 결과를 경험하기 시작했다. 교리가 쌓은 울타리가 무너지고 의례가 권위를 잃자마자, 사람은 이교의 종교적 경험뿐만 아니라 기독교의 종교적 경험의 정수이기도 한 교리와 의례의 보호와 안내까지 받지 않는 상태에서 내면의 경험을 직시해야 했다. 프로테스탄티즘은 전통적인 기독교의 훌륭한 그늘들을, 말하자면 미사와 고해, 전례의 상당한 부분, 성직의 대행 기능 등을 상실하고 말았다.

나는 이 진술이 가치 판단도 아니고 또 그런 것이 되려는 의도를 전혀 갖고 있지 않다는 점을 강조해야 한다. 나는 단순히 사실들을 언급할 뿐이다. 그러나 프로테스탄티즘은 잃어버린 교회의 권위를 대체하는 것으로서 성경의 권위를 강화했다. 그러나 역사가 보여주듯이, 성경의 어떤 텍스트들은 다양한 길로 해석될 수 있다. '신약 성경'에 대한 과학적 비판은 경전의 신성한 성격에 관한 믿음을 고취하는 데 도움이 되지 않았다.

소위 과학적 계몽의 영향 하에서 교육받은 사람들 중 큰 집단이 교회를 떠나거나 교회에 진정으로 무관심하게 된 것은 엄연한 사실이다. 만약 그 사람들이 따분한 합리주의자나 신경증적인 지식인이라면, 그 상실은 그리 애석하지 않을 것이다. 그러나 그들 중 많은 사람들이 단지 기존 형태들의 믿음에 동의하지 못하는 종교적인 사람들이다. 그렇지 않다면, 부크먼(Frank Buchman) 운동이 다소 교육 수준이 높은 프로테스탄트 계층들 사이에 일으키는 놀랄 만한 효과를 설명하는 것은 거의 불가능할 것이다. 교회에 등을 돌리는 가톨릭 신자들은 보통 은밀하거나 공개적으로 무신론 쪽으로 기우는 반면에, 프로테스탄트는 가능하다면 종파적인 운동을 따른다. 가톨릭교회의 절대주의는 똑같이 절대적인 부정을 요구하는 것 같지만, 프로테스탄트의 상대주의는 변형을 허용한다.

여기서 내가 꿈들과 내면의 경험들에 대한 편견을 설명한다는 한 가지 목적을 위해서 기독교의 역사까지 거론하며 다소 멀리 나갔다는 생각도 들 것 같다. 그러나 방금 말한 것은 내가 우리의 암 환자와 나누는 대화의 일부가 될 수도 있는 내용이다. 나는 그에게 자신의 강박을 병적인 난센스라고 욕할 것이 아니라 진지하게 받아들이는 것이 더 나을 것이라고 말했다. 그러나 그 강박을 진지하게 받아들인다는 것은 그것을, 실제로 존재하는 어떤 정신 안에서 문제가 암이 성장하는 형태로 일어났다는 사실을 기록한 일종의 진단서로 인정한다는 것을 의미한다. 그러면 환자는 틀림없이 이렇게 물을 것이다. "그런데 그 성장이 도대체 나중에 무엇이 됩니까?" 이 질문에 나는 "나도 몰라요"라고 대답할 것이다. 정말로, 나도 그것에 대해 모른다. 내가 이전에 언급한 바와 같이, 그것이 틀림없이 보상적이거나 보완적인 무의식적 형성일지라도, 그것의 구체적인 성격이나 내용에 대해서는 알려진 것이 아직 아무것도 없다. 그것은 의식에서 발견되지 않는 내용물에 바탕을 둔, 무의식의 자발적 표현이다.

이제 나의 환자는 내가 그 강박의 뿌리를 이루고 있는 내용물에 어떤 식으로 닿게 될 것인지에 대해 강한 호기심을 보인다. 그때 나는 그에게 심각한 충격을 안겨줄 위험을 무릅쓰면서 그의 꿈들이 필요한 정보를 모두 제공할 것이라고 일러준다. 우리는 그의 꿈들을 마치 그것들이 지적이고, 합목적적이고, 그리고 말하자면 개인적인 어떤 원천에서 나온 것처럼 받아들일 것이다.

물론, 이것은 대담한 가설인 동시에 모험이기도 하다. 왜냐하면 우리가 불신의 대상인 정신에게 특별한 신뢰를 안겨주려 하기 때문이다. 정신의 존재가 아직도 철학자들뿐만 아니라 적지 않은 동시대의 심리학자들로부터도 부정당하고 있으니 말이다. 어느 유명한 인류학자는 내가 일을 처리하는 방식에 대한 설명을 듣고는 전형적인 발언을 했다. "그건 대단히 흥미롭지만 위험해요." 나도 그 방법이 위험하다는 것을, 신경증 자체만큼이나 위험하다는 것을 인정한다. 신경증을 치료하길 원한다면, 누구든 위험을 감수해야 한다. 모두가 잘 알고 있듯이, 위험을 감수하지 않은 상태에서 무엇인가를 하는 것은 그냥 효과적이지 않다. 암 수술도 마찬가지로 위험한 일이지만, 그럼에도 수술은 실시되어야 한다.

추가적으로 이해를 돕기 위해, 나는 환자들에게 정신을 신비한 종양들이 자랄 수 있는 그런 신비체로 여기라고 조언하고 싶은 충동을 종종 느꼈다. 정신은 상상조차 불가능한 탓에 공기보다도 못하다거나, 정신은 논리적인 개념들의 다소 지적인 체계라는 그릇된 믿음이 너무 강하다. 그렇기 때문에 사람들은 자신이 알지 못하는 내용물에 대해서는 아예 존재하지 않는다는 식으로 단정해 버린다. 사람들은 의식 밖에서 일어나는 신뢰할 만한 정신적 기능에 대한 믿음이나 확신을 전혀 갖고 있지 않으며, 꿈들은 단지 터무니없는 것으로 여겨지고 있다. 그런 상황에서 나의 제안은 최악의 의심만을 불러일으킬 뿐이다. 그리고 실제로 나는 꿈들이라는 모호한 유령들에 맞서 온갖 종류의 주장이 제기되는 것을 보았다.

그럼에도 꿈들에서 우리는, 깊은 분석을 하지 않고도, 연상 테스트를 통해 끌어낼 수 있는 것과 똑같은 갈등들과 콤플렉스들을 발견한다. 더욱이, 이 콤플렉스들은 이미 존재하고 있는 신경증의 불가결한 한 부분을 이룬다. 그러므로 꿈들이 적어도 연상 테스트가 어떤 신경증의 내용에 대해 제공할 수 있는 만큼의 정보를 제공한다고 믿을 근거가 충분하다. 실제로 보면, 꿈들이 훨씬 더 많은 정보를 내놓는다. 증상은 땅 위로 나온 새싹과 비슷하며, 그런 경우에 식물의 중요한 부분은 땅속뿌리이다. 땅속뿌리는 신경증의 내용물을 뜻하며, 그것은 콤플렉스의 모체이고, 증후들의 모체이고, 꿈들의 모체이다. 꿈들이 지하에서 일어나고 있는 정신 작용들을 정확히 반영한다고 믿을 근거가 있다. 그리고 그 정신 작용에 닿을 수 있다면,

그야말로 그 질병의 "뿌리"에 닿는 것이나 마찬가지이다.

신경증의 정신병리학을 깊이 파고드는 것은 나의 목적이 아니기 때문에, 나는 꿈들이 정신의 알려지지 않은 내적 사실들을 어떻게 드러내는지를, 그리고 이 사실들이 무엇으로 구성되어 있는지를 보여주는 예로 다른 환자를 택하자고 제안한다.

꿈들을 꾼 사람은 두드러진 지성과 학식을 갖춘 또 다른 지식인이었다. 그는 신경증 환자였으며, 자신의 신경증이 대단히 심각해지며 서서히, 그러나 확실히 의욕을 파괴하고 있다는 것을 느끼면서 나의 도움을 청했다. 다행히도 그의 지적 정직성은 아직 훼손되지 않은 상태였으며, 그래서 그는 멋진 지성을 자유롭게 활용할 수 있었다. 이런 이유로, 나는 그의 꿈들을 관찰하고 기록하는 과제를 직접 그에게 맡겼다. 꿈들은 분석되지도 않았고 그에게 설명되지도 않았으며, 우리가 그 꿈들에 대한 분석을 시작한 것은 한참 뒤의 일이었다. 따라서 내가 지금 이야기하려는 꿈들은 가공하지 않은 상태 그대로이다. 그 꿈들은 전혀 아무런 영향을 받지 않는 가운데 자연스럽게 일어난 사건들의 연속을 나타낸다. 환자는 심리학에 관한 글을 전혀 읽지 않았으며, 분석 심리학에 관한 글은 더더욱 읽지 않았다.

그 꿈들의 시리즈가 400개가 넘는 꿈으로 이뤄져 있기 때문에, 전체 자료에 관한 인상을 전하는 것은 불가능하다. 그러나 나는 특별히 종교적 관심을 보여주는 74개의 꿈을 골라서 다른 곳에서 공개했다. 꿈을 꾼 사람은 교육에 의해 가톨릭 신자가 되었지만 더 이상 가톨릭 신자로 활동하지 않았다는 점을 밝혀야 한다. 그는 종교적인 문제에도 관심이 없었다. 그는 누군가가 종류를 불문하고 종교적 견해를 강요하려 들기라도 하면 대경실색할, 과학적 마인드를 가진 지식인이었다.

무의식은 의식과 별도로 어떤 정신적인 존재를 갖는다는 입장을 보이는 사람이 있다면, 이제 곧 들여다보게 될 꿈들을 꾼 사람 같은 환자가 특별한 관심의 대상이 될 수 있다. 이때도 어떤 꿈들의 종교적인 성격을 파악하는 문제에서 실수를 저지르지 않아야 한다. 그리고 의식적인 정신만을 강조하며 무의식에게 독립적인 존재를 부여하지 않는 사람이라면, 꿈들이 정말로 그 자료를 의식적인 내용물에서 끌어내는지 여부를 확인하는 것이 대단히 흥미로운 일이 될 것이다. 만약에 거기서 확인되는 사실들이 무의식의 가설을 뒷받침한다면, 꿈들을 무의식의 종교적 경향들에 관한 정보의 출처로 이용할 수 있다.

꿈들이 종교에 대해서, 우리가 종교에 대해 알고 있는 바와 같이 말할 것이라고 기대해서는 안 된다. 그러나 400개의 꿈들 중에서 명백히 종교를 다루는 꿈이 2개 있다. 지금 나는 그 꿈을 꾼 사람이 직접 기록한 텍스트를 그대로 제시할 것이다.

모든 집들이 주위에 무대장치와 장식을 갖춘 극장 같은 것을 두고 있다. 버나드 쇼(Bernard Shaw)의 이름이 언급되고 있다. 연극은 먼 미래에 열리게 되어 있다. 무대 세트들 중 하나에 영어와 독일어로 이런 내용의 공지가 붙어 있다.

'이것은 보편적인 가톨릭교회이다.
이것은 구세주의 교회이다.
스스로 구세주의 도구라고 느끼는 사람은 모두 들어올 수 있다.'

그 공지 밑에 더 작은 글씨로 이렇게 인쇄되어 있다. 어느 기업이 오랜 역사를 광고하는 것처럼. "교회는 예수와 바울로에 의해 건립되었다."
나는 친구에게 "여기 와서 이것 좀 봐!"라고 말한다. 그러자 친구는 "많은 사람들이 신앙심을 느낄 때 함께 모여야 하는 이유를 모르겠어"라고 대답한다. 이에 나는 "프로테스탄트로서, 너는 절대로 그걸 이해하지 못할 거야"라고 말한다. 그때 어떤 여자가 나의 말에 강력히 동의한다는 듯이 고개를 끄덕인다. 이어서 나는 교회의 벽에서 일종의 선언서 같은 것을 본다. 내용은 이렇다.

'병사들이여!
여러분이 구세주의 권력 아래에 있다고 느낄 때, 그에게 직접적으로 호소하지 마라. 구세주는 말로는 절대로 닿을 수 없는 존재이다. 우리는 또한 여러분에게 구세주의 속성들에 관해서 어떤 논의에도 빠지지 말 것을 권한다. 그것은 소용없는 일이다. 값지고 중요한 모든 것은 말로 표현되지 않으니까.'

교황의 서명(이름은 판독 불가능)

이제 우리는 안으로 들어간다. 내부는 모스크를, 보다 구체적으로 하기 아 소피아를 닮았다. 의자는 하나도 없다. 공간의 놀라운 효과가 보인다. (하기아 소피아의 '코란' 텍스트처럼) 벽을 장식하고 있는, 액자에 담긴 텍스트를 제외하고는 어떤 이미지도 없다. 그 텍스트 중 하나는 "당신에게 은혜를 베푸는 사람에게 아첨하지 마라"라고 말한다. 그 전에 나의 말에 동의했던 여자가 갑자기 울며 외친다. "그러면 남는 것이 하나도 없지요." 이에 내가 "꽤 지당한 말씀인 것 같은데!"라고 대답하지만, 그녀는 이미 사라지고 없다. 처음에 나는 기둥 뒤에 서 있어서 아무것도 볼 수 없다. 이어서 나는 위치를 바꾸고 사람들의 무리를 본다. 나는 그들과 어울리지 않고 혼자 서 있다. 그러나 그들은 꽤 뚜렷하다. 그래서 나는 그들의 얼굴을 볼 수 있다. 그들은 모두 합창하듯이 동시에 말한다. "우리는 구세주의 권력 아래에 있다는 점을 고백합니다. 천국은 우리 안에 있습니다."

그들은 이 말을 아주 경건하게 세 번 되풀이한다. 이어 오르간 연주가 시작되고, 그들은 합창단과 함께 바흐의 푸가를 노래한다. 그러나 원래의 텍스트가 생략되고 있다. 간혹 일종의 콜로라투라[2] 노래만 있으며, 이어서 이런 말이 되풀이된다. "그 외의 모든 것은 종이일 뿐이야."(이것은 나에게 생생한 인상을 남기지 못한다는 뜻이다.) 성가가 끝나자, 의례의 편안한 부분이 시작된다. 거의 학생들의 파티 같다. 사람들은 더없이 쾌활하고 편안하다. 우리는 주위를 돌아다니며, 대화하고, 서로 인사를 나눈다. 포도주(감독교회파의 신학교에서 온 것이다)가 다른 간식들과 함께 제공된다. 교회의 건강을 기원하는 건배를 하고 포도주를 마신다. 마치 교회 신자의 증가에 모두가 즐거워하는 것처럼 보인다. 확성기에서 "찰스도 지금 우리와 함께 있어"라는 후렴과 함께 래그타임(ragtime)[3] 멜로디가 흘러나온다. 어느 성직자가 나에게 설명한다. "이런 다소 사소한 오락들은 공식적으로 인정되고 허락되고 있다. 우리는 아메리카 방식에 조금 적응해야 한다. 지금 여기 모인 사람들을 다룰 때엔 그것이 불가피하다. 그러나 우리는 확실히 반(反)금욕적인 경향으로 인해 원칙적으로 미국 교회와 다르다." 그 말에 나는 대단한 안도감을 느끼며 잠에서 깨어난다.

여러분도 알다시피, 꿈들의 현상학에 관한 책들이 많지만, 꿈들의 심리학을 다룬 책은 극소수이다. 그것은 꿈들을 심리학적으로 해석하는 것이 대단히 불안정하고 위험한 일이라는 명백한 이유 때문에 나타나는 현상이다. 프로이트(Sigmund Freud)가 정신 병리학 분야에서 확보한 견해들의 도움을 받으며 대담하게 꿈 심리학의 복잡한 내용을 설명하려는 노력을 시도했다. 나는 그런 시도를 한 그의 용기를 높이 평가하지만, 그의 방법이

---

2 성악곡에서 기교적으로 화려하게 장식한 선율을 말한다.
3 미국 미주리 주의 흑인 피아노 연주자들 사이에 인기 있었던 재즈 연주 형식을 말한다.

나 노력의 결과에는 동의할 수 없다. 그는 꿈을 단순히 무엇인가를 조심스럽게 숨기고 있는 겉모습으로 설명한다. 신경증 환자들이 불쾌한 것들을 숨기고 있다는 데는 의문의 여지가 없다. 아마 그것은 평범한 사람들이 그러는 것과 다르지 않을 것이다. 그러나 이 카테고리가 꿈처럼 정상적이고 보편적인 현상에도 적용될 수 있는지 여부는 중요한 물음이다.

나는 꿈이 겉으로 보이는 것과 다른 그 무엇이라고 단정하기 어렵다고 생각한다. 오히려 나는 유대인의 '탈무드'의 한 구절을 인용하길 좋아한다. "꿈은 그 자체로 해석이다." 바꿔 말하면, 나는 꿈을 나타나는 모습 그대로 받아들인다. 꿈이 너무나 어렵고 복잡하기 때문에, 나는 꿈의 교활함이나 속이려 드는 경향에 대해 감히 어떤 추측도 하지 않는다. 꿈은 하나의 자연적인 사건이며, 우리가 꿈에 대해 사람들이 길을 잃도록 만드는 교활한 장치라고 단정해야 할 세속적 이유가 전혀 없다. 꿈은 의식과 의지가 상당 부분 사라질 때 일어난다. 꿈은 신경증을 앓지 않는 사람들에게서도 발견되는 자연스런 산물인 것 같다. 더욱이, 우리는 꿈 과정의 심리학에 대해 거의 아무것도 알지 못한다. 그렇기 때문에 꿈의 해석이 꿈 자체에게 낯선 요소들을 끌어들일 때에는 특별한 주의가 요구된다.

이런 모든 이유들에도 불구하고, 나는 우리의 꿈이 정말로 종교에 대해 말하고 있다고, 또 그 꿈이 그럴 의도를 품고 있다고 생각한다. 그 꿈은 일관되고 잘 설계된 구조를 갖고 있다. 따라서 그것은 어떤 논리와 어떤 의도를 암시한다. 다시 말해, 그 꿈은 꿈 내용에 직접적으로 표현되는 어떤 의미 있는 동기를 갖고 있다.

그 꿈의 첫 부분은 가톨릭교회에 우호적인 진지한 진술이다. 프로테스탄트의 어떤 관점, 즉 종교는 단지 개인적인 경험에 지나지 않는다는 견해가 꿈을 꾸는 사람에 의해 폄훼되고 있다. 더욱 괴상한 두 번째 부분은 교회가 결정적으로 세속적인 관점에 순응하는 대목이며, 마지막은 현실의 교회에 의해서 뒷받침되지도 않을 것이고 그럴 수도 없는 반(反)금욕적인 경향을 지지하는 진술이다. 그럼에도 불구하고, 꿈을 꾼 사람의 반금욕적인 성직자는 그것을 원칙으로 정한다. 영성화와 승화는 기본적으로 기독교 원칙들이며, 그것과 반대되는 것을 주장하는 경향은 신성모독적인 이교 사상에 해당한다. 기독교가 세속적이었던 적은 결코 없었으며, 기독교는 훌륭한 음식과 포도주를 호의적으로 보지도 않았다. 재즈를 숭배에 끌어들이는 것이 어떤 특별한 이점이 될 것이라는 생각은 의심을 받아 마땅하다. 이리저리 걸어 다니며 다소 에피쿠로스 파의 분위기를 풍기며 담소하는, "유쾌하고 평등한" 사람들은 현대의 기독교인에게 다소 혐오스런 고대의 철학적 이상(理想)을 훨씬 더 강하게 상기시킨다. 첫 번째 부분과 두 번째 부분에서, 대중 또는 군중의 중요성이 강조되고 있다.

따라서 가톨릭교회가, 강력히 장려되고 있음에도 불구하고, 근본적으로 기독교적인 태도와 양립할 수 없는 이상한 이교적인 관점과 짝을 이뤄 나타나고 있다. 실제적인 양립 불가능성은 꿈에 나타나지 않고 있다. 양립 불가능성은 위험한 대조들이 흐릿해지며 뒤섞이는 어떤 편안한 분위기에 의해, 말하자면 감춰지고 있다. 신과의 개인적 관계라는 프로테스탄트의 개념이 대중 조직과 그에 따른 집단적인 종교적 감정에 압도되고 있다.

군중을 강조하고 이교의 어떤 이상을 암시하는 것은 오늘날 유럽에서 실제로 일어나고 있는 사건들과 놀랄 만큼 비슷하다. 모두가 현대 독일의 이교적인 경향들에 놀랐다. 그 누구도 니체(Friedrich Nietzsche)의 디오니소스 경험을 해석하는 방법을 알지 못했기 때문이다. 니체는 제1차 세계대전 동안에 무의식에서 디오니소스의 튜턴족 사촌인 보탄이 탄생하는 것을 겪은, 아직 태어나지 않은 수많은 독일인들 중 하나에 해당할 뿐이었다. 그때 내가 치료했던 독일인들의 꿈들에서, 나는 보탄의 혁명이 다가오고 있는 것을 분명히 볼 수 있었으며, 1918년에 나는 독일에서 예상되는 특이한 종류의 새로운 발달을 지적하는 논문을 발표했다. 그 독일인들은 『차라투스트라는 이렇게 말했다』를 공부했던 사람들이 결코 아니었으며, 틀림없이, 이교의 양(羊) 제물을 부활시킨 젊은이들은 니체의 경험에 대해 아무것도 알지 못했다. 그것이 그들이 자신의 신을 디오니소스가 아니라 보탄이라고 불렀던 이유이다. 니체의 전기에서 그가 원래 의도했던 신이 진정으로 보탄이었다는 것을 뒷받침하는 확실한 증거가 발견될 것이다. 그러나 그는 문헌학자였고 또 19세기의 70년대와 80년대를 살았기 때문에 보탄을 디오니소스라고 불렀다. 비교적인 관점에서 본다면, 두 신은 공통점을 많이 갖고 있다.

나의 환자의 꿈에서는 금방 침묵하게 되는 프로테스탄트 친구를 제외하고는 어디서도 집단적인 감정, 집단 종교, 이교에 대한 반대가 보이지 않는다. 호기심을 자극하는 한 가지 사건이 우리의 관심을 끌 만하다. 그것은 처음에 가톨릭교 신앙에 대한 칭송을 지지하다가 돌연 "그렇다면 남는 게 없군요"라며 눈물을 터뜨리고는 사라졌다가 다시는 돌아오지 않은 미지의 여인이다.

이 여인은 누구일까? 그 꿈을 꾼 사람에게 그녀는 모호하고 알려지지 않은 사람이지만, 그 꿈을 꾸었을 때 그는 그녀를 "미지의 여인"으로 이미 잘 알고 있었다. 그 전의 꿈에도 그녀가 자주 나타났으니까.

이 형상이 남자들의 꿈에서 중요한 역할을 하기 때문에, 거기에 "아니마"(anima)라는 전문적인 이름이 붙여졌다. 그 이름은 인간이 아득히 먼 옛날부터 신화들을 통해서 남자와 여자가 동일한 육체 안에서 공존한다는 사상을 표현했다는 사실을 암시한다. 그런 심리학적인 직관들은 대체로 신성한 짝의 형태로나, 창조주의 자웅동체적인 본질이라는 사상으로 투영되었다. 애너 킹스포드(Anna Kingsford)[4]의 전기 작가인 에드워드 메이틀

---

4 영국의 생체 해부 반대 운동가이자 채식주의자, 여성 인권 운동가(1846-1888).

런드(Edward Maitland)는 우리 시대에 신의 양성적인 성격에 대한 내적 경험에 관한 이야기를 들려주고 있다. 또 자웅동체이고 남녀 양성의 특징을 갖춘 속사람에 대해 말하는 헤르메스 철학도 있다. '헤르메티스 트락타투스 아우레우스'(Hermetis Tractatus aureus)에 대해 중세의 어느 논평가가 말하듯이, '아담 같은 인간'(homo Adamicus)인 이 속사람은 "비록 남자의 모습으로 나타날지라도 언제나 자기 아내 이브를 몸 속에 숨겨 데리고 다닌다".

아니마는 아마 남자의 몸 안에서 소수파인 여성적인 유전자들의 어떤 정신적 표상일 것이다. 이와 동일한 형상이 여자의 무의식의 심상에서는 발견되지 않기 때문에, 그 말이 맞을 확률이 더욱 높다. 그러나 여자에게도 동일한 역할을 하는, 그것과 상응하는 형상이 있음에도, 그것은 여자의 이미지가 아니고 남자의 이미지이다. 여자의 심리에 있는 이 남성의 형상은 '아니무스'(animus)라 불린다. 이 두 가지 형상의 가장 전형적인 표현들 중 하나가 바로 오랫동안 "적의"(敵意)라 불려온 그것이다.

아니마는 비논리적인 감정을 야기하고, 아니무스는 화나게 만드는 진부함과 비이성적인 의견을 낳는다. 둘 다 꿈에 자주 나타나는 형상들이다. 대체로 그 형상들은 무의식을 의인화하고 무의식에 특이하게 불쾌하거나 화나게 하는 성격을 부여한다.

무의식 자체는 그런 부정적인 특성들을 전혀 갖고 있지 않다. 부정적인 특성들은 무의식이 이 형상들에 의해서 의인화되고, 그것들이 의식에 영향을 미치기 시작하는 때에만 나타난다. 그 형상들은 단지 부분적인 인격에 지나지 않기 때문에 열등한 여자 또는 열등한 남자의 성격을 지니며, 따라서 화나게 하는 효과를 일으킨다. 이런 영향을 경험하고 있는 남자는 설명할 수 없는 기분에 빠지게 될 것이고, 그런 영향을 경험하고 있는 여자는 논쟁적이게 되고 종잡을 수 없는 의견을 제시하게 될 것이다.

아니마가 교회 관련 꿈에 부정적으로 반응하는 것은 그 꿈을 꾸는 사람의 여성적인 측면, 즉 그의 무의식이 그의 의식적인 태도에 동의하지 않는다는 점을 암시한다. 그 불일치는 벽에 적힌 텍스트로 시작했다. 꿈을 꾼 사람은 "은혜를 베푼 사람에게 아첨하지 마라"는 문장에 동의했다. 그 텍스트의 의미는 충분히 건전해 보인다. 그래서 그 여자가 그 문장에 그렇게 절망하는 이유가 쉽게 다가오지 않는다. 이 미스터리를 더욱 깊이 규명하려 들 것이 아니라, 당분간 그 꿈에 어떤 모순이 있다는 진술로, 그리고 매우 중요한 한 소수파가 강력하게 항의하면서 꿈의 진행에 더 이상 관심을 주지 않고 무대를 떠났다는 진술로 만족해야 한다.

이어 그 꿈으로부터, 우리는 꿈을 꾼 사람의 정신의 무의식적 기능들이 가톨릭교 신앙과 이교적인 삶의 즐거움 사이에 꽤 노골적인 타협을 끌어냈다는 것을 알 수 있다. 무의식의 산물은 고착된 관점이나 명확한 의견을 두드러지게 표현하지 않고 있으며, 그것은 오히려 반성의 행위를 극적으로 노출시키고 있다. 그 무의식의 산물에 대해선 이런 식으로 설명할 수 있다. "그렇다면 이제 이 종교적인 과제는 어떻게 되는 거야? 당신은 가톨릭 신자이지 않은가? 가톨릭이면 충분히 훌륭하지 않아? 그러나 금욕이 문제이지. 그럼에도 교회도 어느 정도는 채택해야 해. 영화, 라디오, 오후의 차(茶) 등등. 교회에서 약간의 포도주와 유쾌한 교제가 어때서?" 그러나 알 수 없는 어떤 이유로, 이전의 여러 꿈에 나타났던, 분명치 않은 이 신비의 여자가 깊이 실망한 듯 현장을 떠난다.

나는 나 자신이 이 아니마와 공감하고 있다는 점을 고백해야 한다. 분명히, 그 타협은 지나치게 값싸고 지나치게 피상적이지만, 그런 것이 종교가 그다지 중요하지 않은 많은 사람들뿐만 아니라 이 꿈을 꾼 사람의 특징이다. 나의 환자에게는 종교가 전혀 관심의 대상이 아니었으며, 틀림없이 그는 종교가 어떤 식으로든 자신의 관심을 끌게 될 것이라고는 전혀 기대하지 않았다. 그러나 그는 대단히 놀라운 경험 때문에 나를 찾았다.

매우 합리적이고 지적인 그는 자신의 마음의 태도와 철학이 자신의 신경증과 그 신경증이 사기를 꺾는 힘들 앞에서 완전히 기대를 저버린다는 사실을 확인했다. 그는 자신의 세계관에서 자신에 대한 통제력을 충분히 확보하는 데 도움을 줄 만한 것을 전혀 아무것도 발견하지 못했다. 따라서 그는 지금까지 소중히 간직해 온 확신들과 이상들에게 버림받은 남자의 상황과 아주 비슷한 처지에 놓였다. 그런 조건에서 남자가 도움이 될 만한 것을 발견할 수 있을 것이라는 희망을 품고서 어린 시절의 종교로 돌아가는 것은 절대로 특별한 일이 아니다. 그러나 그의 어린 시절 종교적 믿음들을 되살리는 것은 의식적인 시도나 결정이 아니었다. 그는 단순히 그것을 꿈으로 꾸었을 뿐이다. 말하자면, 그의 무의식이 그의 종교에 대해 특이한 진술을 내놓았다. 그것은 기독교인의 의식 속에서 영원한 적인 영(靈)과 육신이 서로의 모순적인 성격을 신기하게 누그러뜨리는 형식으로 서로 평화협정을 맺는 것이나 마찬가지이다.

영성과 세속성이 예상치 않은 친밀감을 보이며 함께 모이고 있다. 그 효과는 약간 기괴하고 코믹하다. 영의 단호한 엄격성이 포도주와 장미꽃 향기가 넘치는 고대적인 유쾌함에 훼손되고 있는 것처럼 보인다. 아무튼 그 꿈은 도덕적 갈등의 날카로움을 무디게 만들고 온갖 정신적 고통과 절망을 망각 속으로 삼키는, 영적이고 세속적인 분위기를 묘사하고 있다.

만약 이것이 어떤 소망의 성취라면, 그것은 틀림없이 의식적인 성취였다. 그 성취가 이미 그 환자가 과도하게 했던 바로 그것이니까. 그리고 그는 이것에 대해 모르고 있지 않았다. 포도주가 그의 가장 위험한 적들 중하나였기 때문이다. 한편, 그 꿈은 환자의 정신 상태를 편견 없이 보여주는 진술이다. 꿈은 세속성과 군중의 본능들에 의해 훼손된, 쇠퇴한 어느 종교의 그림을 제시하고 있다. 거기에는 신성한 경험의 '누미노숨'이 있는 것이 아니라 종교적 감상이 있다. 이것은 생생한 신비를 상실해 버린 종교의 잘 알려진 특징이다. 그런 종교가 도움을 줄 능력도 없고 도덕적 효과를 발휘할 힘도 없는 것은 충분히 이해된다.

물론 보다 긍정적인 성격의 양상들이 흐릿하게 보이긴 하지만, 꿈의 전반적인 양상은 대단히 불길하다. 드물게, 꿈들이 전적으로 긍정적이거나 전적으로 부정적인 경우가 있다. 대체로 보면, 꿈에 두 가지 측면이 다 보이지만, 일반적으로 한 가지 측면이 다른 측면보다 더 강하다. 그런 꿈이 종교적인 태도의 문제를 제기할 수 있을 만큼 충분히 많은 자료를 심리학자에게 제공하는 것은 분명하다. 만약에 그 꿈이 우리가 확보하고 있는 유일한 꿈이라면, 그것의 대단히 깊은 의미를 파악할 수 있을 것이라고 바라는 것은 무리이다. 그러나 우리가 확보하고 있는 꿈들의 시리즈에는 종교적인 문제를 가리키는 꿈들이 다수 포함되어 있다.

나는 꿈을 절대로 그 자체로 해석하지 않는다. 대체로 하나의 꿈은 어느 시리즈에 속한다. 의식이 수면에 의해 규칙적으로 방해를 받음에도 불구하고 일관성을 보이기 때문에, 무의식의 작용에도 아마 일관성이 있을 것이다. 어쩌면 무의식의 일관성이 의식적인 사건들의 경우보다 더 두드러질지도 모른다. 여하튼 나의 경험은 꿈들이 무의식적인 사건들의 사슬 속에서 눈에 보이는 고리들일 가능성이 있다는 점을 뒷받침한다. 만약에 꿈의 보다 깊은 원인들을 밝히길 원한다면, 우리는 그 꿈들의 시리즈로 돌아가서 그것이 400개나 되는 꿈들의 긴 사슬 속에서 어디에 위치해 있는지를 찾아내야 한다.

이 꿈은 불가사의한 성격을 지닌 2개의 중요한 꿈들 사이에 끼어 있다. 앞의 꿈은 많은 사람들이 운집한 집회가 열리고, 특이한 의식이 치러진다고 보고하고 있다. 틀림없이 마법적인 성격을 지녔을 그 의식의 목적은 "긴팔원숭이를 재건하는" 것이다. 뒤의 꿈도 비슷한 주제, 즉 동물들을 마법적으로 인간으로 변형시키는 것에 관한 꿈이다.

2개의 꿈은 똑같이 환자에게 대단히 불쾌하고 매우 놀라운 것으로 다가온다. 교회 꿈은 분명히 표면적으로 움직이면서 다른 상황이었다면 의식적으로 생각될 수 있는 의견들을 표현하고 있지만, 이 두 꿈들은 성격상 이상하고 서로 동떨어지며, 그 꿈들의 감정적 효과는 꿈을 꾼 사람이 가능하다면 피하고 싶어 할 그런 효과이다. 실제로, 두 번째 꿈의 텍스트는 "달아난다면, 모든 것을 잃게 된다"고 말한다. 정말 신기하게도, 이 말은 "그렇다면 아무것도 남지 않겠군"이라는 미지의 여자의 발언과 일치한다. 이 발언들로부터 끌어낼 수 있는 추론은 교회 꿈이 훨씬 더 깊은 의미를 지닌 다른 꿈 생각들로부터 달아나려는 시도라는 것이다. 이 꿈 생각들은 그 꿈의 직전과 직후에 꾼 꿈들에 나타난다.

2. 교리와 자연적인 상징들

이 꿈들 중에서 첫 번째 꿈, 그러니까 교회 꿈보다 앞서는 꿈은 어떤 원숭이를 다시 건설하는 데 수반되는 행사에 대해 말하고 있다. 이 부분을 충분히 설명하기 위해서는 너무나 많은 디테일이 필요하다. 따라서 나는 단순히 "원숭이"가 꿈을 꾸는 사람의 본능적인 인격을 가리킨다고 진술하는 것으로 만족해야 한다. 이 본능적인 인격을 그는 지적인 태도를 선호하느라 완전히 무시하고 있었다. 그 결과, 그의 본능들이 그를 능가하고, 자제 불가능한 폭발의 형태로 수시로 그를 공격했다.

원숭이의 "재건"은 의식의 계급적 틀 안에서 본능적인 인격을 다시 구축하는 것을 의미한다. 그런 재건은 오직 의식의 태도에 중대한 변화가 수반되는 때에만 가능하다. 환자는 당연히 무의식의 경향들을 두려워하고 있었다. 왜냐하면 그때까지 무의식적 경향들이 그에게 대단히 적대적인 형태로 모습을 드러냈기 때문이다. 그 꿈에 뒤이은 교회 꿈은 어느 교회 종교의 피난처에서 이 두려움으로부터의 자유를 찾으려는 시도를 나타내고 있다. 세 번째 꿈은 "동물이 인간으로 변형하는 것"에 대해 말하면서 틀림없이 첫 번째 꿈의 주제를 이어가고 있다. 말하자면, 원숭이가 단지 훗날 인간으로 변형될 목적으로 재건되고 있다. 바꿔 말하면, 환자는 지금까지 떨어져 나가 있던 본능의 재통합을 통해서 중요한 변화를 겪어야 하며, 따라서 새로운 사람으로 다시 태어나야 한다.

현대의 마음은 늙은 인간의 죽음과 어떤 새로운 인간의 구축에 대해, 그리고 영적 재탄생과 그런 것과 같은 낡은 "신비한 부조리들"에 대해 말하는 오래된 진리들을 망각했다. 오늘날의 과학자인 나의 환자는 자신이 그런 생각들에 대단히 강하게 사로잡혀 있다는 것을 깨닫고는 몇 차례 공황 상태에 빠졌다. 그는 자신이 미쳐가고 있는 것이 아닌가 하고 두려워했지만, 2,000년 전의 인간이었다면 그런 꿈을 반기면서 마법적 부활과 생명의 재생을 기대하며 기뻐했을 것이다. 그러나 우리 현대인의 태도는 미신과 중세 사람이나 원시인의 쉽게 믿는 경향을 교만한 시선으로 되돌아본다. 현대인도 합리적인 의식이라는 마천루의 낮은 층들에 과거 전체를 생생하게 살아 있는 그대로 담고 다닌다는 사실을 완전히 망각한 채 말이다. 만약에 그 아래층들이 없다면, 우리의 정신은 허공에 걸려 있을 것이다. 그런 정신이 신경증에 걸리는 것은 전혀 이상한 일이 아니다. 정신의 진정한 역사는 우리가 배운 책들 안에 담겨 있는 것이 아니라, 모든 개인의 살아 있는 정신의 유기적인 조직 안에 담겨 있다.

그러나 나는 부활 사상이 현대인의 정신에 쉽게 충격을 안길 수 있는 형태를 띠었다는 점을 인정해야 한다. 우리가 이해하고 있는 "부활"과 그것이 꿈에서 묘사되는 방법을 연결시키는 것은 불가능하지는 않더라도 정말로 어려운 작업이다. 그러나 거기에 암시된, 예상하지 않은 이상한 변형에 대해 논하기 전에, 우리는 앞에서 내가 암시한 바 있는, 명백히 종교적인 또 다른 꿈에 관심을 줘야 한다.

　교회 꿈은 긴 시리즈 중에서 비교적 앞부분에 오지만, 다음 꿈은 그 과정의 후반부에 해당한다. 그 꿈의 내용은 다음과 같다.

　내가 이상하고 경건한 어떤 집에 간다. "회합의 집"이다. 뒤쪽에 많은 초들이 타고 있다. 초들은 위쪽을 가리키는 4개의 화살표가 있는 특이한 문양으로 배치되어 있다. 밖에, 그 집의 문에 노인이 배치되어 있다. 사람들이 안으로 들어가고 있다. 그들은 아무 말을 하지 않는 채 마음의 초점을 안으로 모으기 위해 꼼짝 않고 서 있다. 문에 있는 남자가 그 집을 찾은 방문객들에게 말한다. "다시 이곳으로 나올 때, 여러분은 깨끗이 정화되어 있을 것입니다." 나도 집 안으로 들어가지만, 나는 정신을 온전히 집중할 수 없다는 사실을 확인한다. 그때 어떤 목소리가 들린다. "당신이 지금 하고 있는 것은 위험한 짓이야. 종교는 당신이 당신 자신으로부터 여자의 이미지를 지우기 위해 지불하는 그런 세금이 아니야. 그 이미지는 제거될 수 있는 것이 아니니 말이다. 종교를 영혼의 삶의 또 다른 측면을 대체하는 것으로 여기는 사람들에게 화 있을진저. 그런 사람들은 오류를 범하고 저주 받게 될 테니까. 종교는 절대로 대용품이 아니야. 종교는 영혼의 다른 활동들에 종국적인 완성으로서 보태져야 해. 생명의 충만함에서 당신은 당신의 종교를 낳게 될 거야. 그럴 때에만 당신이 축복을 받을 거야!" 마지막 문장이 메아리 속에서 들리는 동안에, 나는 멀리서 단순한 화음의 오르간 연주를 듣는다. 그 음악에 관한 무엇인가가 나로 하여금 바그너 (Wilhelm Richard Wagner)의 '파이어 뮤직'(Fire Music)을 떠올리게 한다. 그 집을 떠나면서, 나는 불타는 어떤 산을 보며 느낀다. "꺼지지 않는 불

은 신성한 불이지."(조지 버나드 쇼, '세인트 존' 중에서)

환자는 이 꿈에 깊은 인상을 받았다. 이 꿈은 그에게 경건하고 강력한 경험이었으며, 삶과 인간을 대하는 태도에 광범위한 변화를 낳은 몇 안 되는 경험 중 하나였다.

이 꿈이 교회 꿈과 비슷하다는 사실을 확인하는 것은 그리 어려운 일이 아니다. 이번에만 교회가 경건하고 자신을 돌아보며 자제력을 얻는 그런 집이 되었다. 의례나 가톨릭교회의 알려진 속성들에 대한 암시는 전혀 없다. 타고 있는 초들만 예외이다. 초들은 가톨릭 숭배에서 나온 상징적인 어떤 형태로 배열되어 있다. 초들은 4개의 피라미드 또는 4개의 방위를 이루고 있으며, 이것은 아마 불꽃에 휩싸인 산이 등장하는 최종적인 환상을 예고할 것이다.

그러나 숫자 4의 등장은 그 환자의 꿈들에 주기적으로 나타나는 특징이며, 매우 중요한 역할을 하고 있다. 꿈을 꾼 사람 본인이 관찰하듯이, 신성한 불은 버나드 쇼의 '세인트 존'(Saint Joan)을 가리킨다. 한편, 꺼지지 않는 불은 잘 알려진 신의 속성이다. '구약 성경'에만 그런 것이 아니라, 오리게네스(Origenes Adamantius)의 '설교'(Homilies)에 인용된, 정경에 속하지 않는 어록 속의 그리스도의 비유로서도 그렇다. "구세주가 말하기를, 내 가까이 있는 자는 불 가까이 있는 것이고, 나로부터 멀리 떨어진 자는 누구든 왕국에서 멀리 떨어져 있는 것이니라고 했다." 헤라클레이토스(Heraclitus)의 시대 이래로 생명은 영원히 타는 불로 여겨졌으며, 그리스도가 자신을 "생명"이라고 불렀기 때문에 정경에 속하지 않는 그 말도 꽤 쉽게 이해된다.

"생명"을 의미하는 불은 그 꿈의 틀과 잘 맞아떨어진다. 꿈이 "생명의 충만"이 종교의 유일하게 합법적인 원천이라는 점을 강조하고 있으니까. 따라서 불을 밝히고 있는 4개의 화살표들은 신의 현존이나 그것에 버금가는 어떤 존재의 현존을 알리는 상징으로 기능하고 있다. 바르벨로[5] 그노시스(Barbelo Gnosis)의 체계에서, 4개의 빛이 아우토게네스(Autogenes: 스스로 태어난 존재 또는 창조되지 않은 존재)를 에워싸고 있다. 이 이상한 형상은 '코덱스 브루키아누스'(Codex Brucianus)에 언급된, 콥트 그노시스의 모노게네스(Monogenes)[6]에 해당할 것이다. 거기서도 모노게네스는 사위일체의 상징으로 두드러진 특징을 보인다.

내가 이전에 말했듯이, 숫자 4는 언제나 피타고라스학파의 테트락티스(tetraktys)[7]와 비슷한 어떤 사상을 암시하면서 이 꿈들에서 중요한 역할을 한다.

콰테르나리움(quaternarium), 즉 사위일체는 긴 역사를 갖고 있다. 사위일체는 기독교의 성상학과 신비주의의 고찰에 나타날 뿐만 아니라, 아마 그노시스주의 철학에서 더욱 큰 역할을 하고 있다. 사위일체는 그때부터 중세를 거쳐 18세기까지 내려왔다.

지금 논하고 있는 꿈에서, 사위일체는 무의식이 창조한 종교적 숭배의 가장 중요한 요소로 등장하고 있다. 꿈을 꾸는 사람은 교회 꿈에서 친구와 함께 있던 것과 달리 여기서는 혼자 회합의 집으로 들어간다. 거기서 그는 어떤 늙은이를 만난다. 이미 그 전의 어느 꿈에서 현자로 나타나서 꿈을 꾼 사람이 속한 땅 위의 특별한 지점을 가리켰던 노인이다. 노인은 숭배의 성격에 대해 순화 의식이라고 설명한다. 꿈의 텍스트를 근거로 할 때, 어떤 종류의 순화인지, 무엇을 순화하는지는 분명하지 않다. 실제로 일어나고

5　바르벨로는 그노시스주의에서 신으로부터 가장 먼저 나오는 실체에게 주어진 이름이다. 여성으로 여겨지는 바르벨로는 천국을 뜻하는 플레로마에서 신 다음으로 중요한 존재이다.

6　독생자, 오직 하나 등을 뜻한다.

7　첫 4개, 즉 1과 2와 3과 4의 합이 10이라는 것을 의미하는 삼각형의 도형을 뜻한다. 4개의 정수의 중요성은 사원소(물과 불, 흙, 공기)의 고대적인 개념에서 비롯되었다.

있는 유일한 의례는 어떤 목소리가 들리는 무아경에 이르는 정신 집중 또는 명상처럼 보인다. 목소리는 이 꿈 시리즈에 자주 나타난다.

목소리는 언제나 권위 있는 선언 또는 명령을 발표하며, 그 선언 또는 명령은 상식에 놀랍게 다가오거나 심오한 철학적 중요성을 지닌다. 목소리는 대체로 꿈의 마지막 부분에 오며 거의 언제나 최종적인 선언이다. 목소리는 대체로 매우 선명하고 설득력 있다. 그렇기 때문에, 꿈을 꾼 사람에게는 거기에 맞설 논거가 전혀 없다. 정말로, 목소리는 항변할 수 없는 진리의 성격을 아주 강하게 띤다. 그래서 그것은 무의식적 숙고의 어떤 긴 과정을 최종적으로 날카롭게 요약하고 주장들의 경중을 따지는 것이 아닌, 다른 것으로 이해되기가 어렵다.

종종 목소리는 군사령관이나 선박의 선장이나 늙은 의사 같은 권위적인 형상으로부터 나온다. 이 환자의 경우처럼 가끔 어디서 들리는지 분명하지 않은 목소리도 있다. 매우 지적이고 회의적인 이 남자가 그 목소리를 어떻게 받아들이는지를 지켜보는 것은 대단히 흥미로운 일이었다. 종종 목소리는 그와 전혀 어울리지 않았다. 그럼에도 그는 목소리를 의심하지 않았고, 심지어 겸허한 마음으로 받아들였다. 따라서 목소리는, 조심스럽게 기록한 수백 개의 꿈들이 이어지는 과정에, 무의식의 중요하고 결정적인 대변인으로서 모습을 드러냈다.

이 환자가 내가 관찰한 환자들 중에서 꿈들과 의식의 특별한 상태에서 목소리 현상을 보고한 유일한 예가 결코 아니기 때문에, 나는 무의식이 이따금 의식적 통찰보다 더 우수한 지성과 목적성을 보여주는 능력을 갖추고 있다는 점을 인정하지 않을 수 없다. 의식적인 정신적 태도에서는 절대로 종교적 현상을 낳지 않을 것 같은 사람에게서 관찰된 이 목소리 현상은 틀림없이 기본적으로 종교적인 현상이다. 나는 다른 환자들에게서도 이와 비슷한 것을 드물지 않게 관찰하며, 나는 그 사실들을 다른 방식으로 설명하지 못한다는 사실을 고백해야 한다.

목소리가 표현하는 생각이 그 사람 개인의 생각에 지나지 않는다는 식의 반론이 종종 제기되었다. 물론 그럴 수도 있지만, 나는 나 자신이 생각한 것에 대해서만 나의 생각이라고 부른다. 그것은 내가 의식적이고 합당한 방법으로 번 돈에 대해서만 나의 돈이라고 말하는 것과 다르지 않다. 만약에 누군가가 나에게 선물로 돈을 준다면, 그런 은혜를 베푼 사람에게 나는 "나의 돈을 주신 데 대해 감사드립니다"라고는 절대로 말하지 않는다. 나중에 제3자에게 "이건 나의 돈이야"라고 말할 수는 있을지라도. 그 목소리와 관련해서도 나는 비슷한 입장이다. 그 목소리는 나에게 어떤 내용물을 준다. 어느 친구가 자신의 생각을 나에게 알려주는 것과 아주 비슷하다. 그때 친구가 말하는 것이 나 자신의 생각이라고 말하는 것은 품위 있는 행동도 아니고 진실한 행동도 아니다.

그것이 내가 나 자신의 의식적인 노력으로 만들거나 획득한 것과, 틀림없이 무의식의 산물인 것을 구분하는 이유이다. 누군가는 소위 무의식적 정신이 단순히 나의 정신에 지나지 않는다고, 따라서 그런 구분은 불필요하다고 반대 의견을 제시할 수 있다. 그러나 나는 절대로 무의식적 정신이 단순히 나의 정신이라고 확신하지 않는다. 왜냐하면 "무의식적"이라는 용어 자체가 내가 그것을 의식조차 하지 못하고 있다는 것을 뜻하기 때문이다. 사실, 무의식이라는 개념은 편의를 위한 하나의 가정일 뿐이다.

실제로 나는 그 목소리가 어디서 오는지 전혀 알지 못한다. 나는 그 현상을 나의 뜻대로 만들어낼 수도 없을 뿐만 아니라, 그 목소리가 어떤 말을 할 것인지를 예측하지도 못한다. 그런 조건에서, 그 목소리를 낳는 요소를 '나'의 무의식이나 '나'의 정신으로 언급하는 것은 주제넘은 짓이다. 얼핏 봐도, 이것은 정확하지 않다. 당신이 꿈속에서 목소리를 지각한다는 사실 자체는 아무것도 증명하지 못한다. 당신이 거리에서도 당신 자신의 것이라고 절대로 부르지 않을 소음을 들을 수 있으니 말이다.

당신이 그 목소리를 합당하게 당신 자신의 것이라고 부를 수 있는 조건은 딱 한 가지뿐이다. 그것은 당신이 당신의 의식적인 인격을 어떤 전체의 일부나, 보다 큰 원 안에 포함된 작은 원으로 여길 때이다. 자기 친구에게 도시를 구경시켜주다가 어느 은행 건물을 가리키면서 "이것이 '나'의 은행이야"라고 말하는 하급 은행 직원은 똑같은 특권을 이용하고 있다.

여기서 인간의 인격이 두 가지로 이뤄져 있다고 가정할 수 있다. 첫째, 의식과 그것이 담당하는 것들이 있고, 둘째로 무의식적 정신이라는 무한히 넓은 배후지가 있다. 전자에 관한 한, 그것은 다소 명확하게 정의되고 범위를 정할 수 있지만, 인간 인격의 전체에 대해 말하자면, 그런 인격에 대해 완전하게 묘사하거나 정의하는 것은 불가능하다는 점이 인정되어야 한다. 바꿔 말하면, 모든 인격에는 정의할 수도 없고 한계를 정할 수도 없는 추가가 이뤄지게 되어 있다. 왜냐하면 모든 인격이 일부 요소들을 포함하지 않는, 의식적이고 관찰 가능한 부분으로 이뤄져 있기 때문이다. 그러나 관찰 가능한 어떤 사실들을 설명하기 위해서 우리는 그 일부 요소들의 존재를 가정하지 않을 수 없다. 알려지지 않은 요소들은 우리가 인격의 무의식적 부분이라고 부르는 것을 형성한다.

그 미지의 요소들이 무엇으로 이뤄져 있는지에 대해서 우리는 아는 바가 전혀 없다. 이유는 그 요소들의 효과만 관찰 가능하기 때문이다. 그 요소들은 의식적 내용물의 정신적 본질과 비교할 만한 그런 정신적 본질을 지녔을 것으로 짐작된다. 그러나 만약에 그 요소들과 의식의 내용물 사이에 그런 닮은 점이 있다고 가정한다면, 우리는 더 멀리 나아가는 것을 자제하지 못한다. 정신의 내용물이 오직 자아와 연결될 때에만 의식적인 것이 되고 인식 가능한 것이 되기 때문에, 매우 개인적인 성격을 지니는 목소리 현상도 마찬가지로 어떤 중심에서 나올 수 있다. 이 중심은 의식적인 자아와 동일하지 않은 중심이다. 만약에 우리가 자아를, 전체적이고 무제한적이고 정의 불가능한 정신적 인격의 중심이랄 수 있는, 상위의 자기에게 종속되거나 그 안에 포함되는 것으로 인식한다면, 그런 추론도 허용될 수 있다.

나는 그 자체의 복잡성을 즐기는 철학적 논쟁을 즐기지 않는다. 나의 주장은 난해하게 보일지라도 적어도 관찰된 사실들을 설명하려는 정직한 시도이다. 간단히 말하면 이렇다. 우리가 모든 것을 다 알지는 못하기 때문에, 특히 모든 경험이나 사실이나 대상은 미지의 것을 포함할 수밖에 없다. 따라서 만약에 우리가 어떤 경험의 전체에 대해 말한다면, "전체"라는 단어는 오직 그 경험 중에서 의식적인 부분만을 가리킬 수 있다. 우리의 경험이 대상의 전체를 다 아우르고 있다고 단정할 수 없기 때문에, 그 경험의 절대적인 전체는 반드시 경험되지 않은 부분을 포함하고 있다. 내가 언급한 바와 같이, 모든 경험과 정신에도 똑같이 말할 수 있다. 모든 경험과 정신의 절대적 전체는 의식보다 훨씬 더 넓은 영역을 아우르고 있다. 바꿔 말하면, 우주는 우리의 정신적 유기체가 허용하는 범위 안에서만 확립될 수 있다는 일반적인 규칙에 정신도 예외가 될 수 없다.

나의 심리학적 경험은 어떤 내용물의 경우에 의식보다 더 완전한 어떤 정신에서 나온다는 점을 거듭 보여주고 있다. 그 내용물은 종종 의식이 제시할 수 있는 것보다 더 탁월한 분석이나 통찰, 지식을 포함하고 있다. 그런 사건들을 표현하는 적절한 단어가 있다. 바로 직관이다. 직관이라는 단어를 쓰면서, 대부분의 사람들은 마치 무언가가 해결된 것처럼 유쾌한 감정을 느낀다. 그러나 그들은 당신이 직관을 '만들지' 않는다는 사실을 절대로 고려하지 않는다. 반대로, 언제나 직관이 당신에게 온다. 당신이 어떤 예감을 '느낀다면', 그 예감이 저절로 생겨나고, 당신이 충분히 현명하거나 기민한 경우에 그것을 붙잡을 뿐이다.

따라서 나는 신성한 집에 관한 꿈에 등장하는 그 목소리를 보다 완전한 인격의 산물로 설명한다. 꿈을 꾼 사람의 의식적 자기가 그 인격의 일부를 이루고 있다. 나는 이것이 그 목소리가 꿈을 꾼 사람의 실제 의식보다 더 탁월한 지성과 명쾌함을 보여주는 이유라고 생각한다. 이 탁월성이 그 목소리가 절대적 권위를 지니는 데 대한 설명이다.

그 목소리의 메시지는 꿈을 꾼 사람의 태도에 대한 이상한 비판을 포함하고 있다. 교회 꿈에서, 그는 일종의 싸구려 타협을 통해 삶의 두 가지 측면을 조정하려고 시도했다. 잘 알고 있는 바와 같이, 아니마인 미지의 여인은 그것에 반대하면서 현장을 떠났다. 현재의 꿈에서는 목소리가 단순히 감정적 항의를 하는 것이 아니라, 두 가지 종류의 종교에 대한 훌륭한 설명을 제시하면서 아니마를 대체한 것처럼 보인다. 이 설명에 따르면, 꿈을 꾼 사람은, 텍스트가 말하듯이, 종교를 "여자의 이미지"의 대체물로 이용하려는 경향을 보인다. "여자"는 아니마를 가리킨다. 이 점은 종교가 "영혼의 삶의 다른 측면"에 대한 대체물로 이용되고 있다고 말하는 그 다음 문장에 의해 뒷받침되고 있다. 전에 설명한 바와 같이, 아니마는 "다른 측면"이다. 아니마는 의식의 문지방 아래에, 말하자면 무의식에 숨어 있는 여성적인 소수파를 대표한다. 따라서 그 비판은 이렇게 읽힌다. "당신은 자신의 무의식으로부터 달아나기 위해 종교를 시도하고 있어. 당신은 종교를 영혼의 삶의 한 부분의 대체물로 이용하고 있어. 그러나 종교는 삶, 그러니까 두 가지 측면을 다 포함하는 삶의 완전성의 결실이자 정점이야."

같은 시리즈의 다른 꿈들과 주의 깊게 비교하면, 그 "다른 면"이 무엇인지가 분명하게 드러난다. 환자는 언제나 자신의 감정적 욕구를 피하려고 노력했다. 실제로 그는 감정적 욕구들이 자신을 위험에 빠뜨릴 수 있다고, 예를 들면, 결혼을 하도록 하거나 사랑과 헌신, 충성, 신뢰, 감정적 의존, 영혼의 요구에 대한 전반적인 복종 같은 다양한 책임을 떠안도록 할 것이라고 두려워했다. 이 모든 것들은 과학이나 학계의 경력과 전혀 아무런 관계가 없었으며, 게다가, "영혼"이라는 단어는 지적 외설에 지나지 않았으며, 가까이하기에는 너무나 부적절했다.

아니마의 "신비"는 신비하게도 종교를 암시하고 있다. 이것은 종교에 대해 신경(信經) 외에는 아무것도 모르고 있는 나의 환자에게 심각한 수수께끼였다. 그는 또 종교가 거북한 감정적 요구들의 대체물이 될 수 있다는 것을 알고 있었다. 교회에 나감으로써 그런 감정적 요구들을 피할 수 있으니 말이다. 이 꿈을 꾼 사람의 불안에는 우리 시대의 편견들이 뚜렷이 반영되고 있다. 한편, 목소리는 정통적이지 않으며, 충격적일 만큼 관습에 얽매이지 않는다. 목소리는 종교를 진지하게 받아들이고, 종교를 "양쪽 측면"을 모두 포함하는 삶의 정점에 놓고 있으며, 따라서 그가 소중하게 간직하는 지적이고 합리적인 편견들을 뒤엎고 있다. 이것은 가히 혁명적이었으며, 그래서 나의 환자는 종종 자신이 미쳐 버리는 것이 아닌가, 하고 걱정했다. 이제 나는 오늘과 어제의 평균적인 지식인에 대해 알고 있는 우리는 그의 곤경에 쉽게 공감할 수 있다고 말해야 한다. "여자의 이미지"를, 그러니까 무의식을 진지하게 고려하다니! 계몽된 상식에 이만한 타격이 있을까!

나는 그가 350개에 이르는 첫 번째 시리즈의 꿈들을 직접 관찰한 뒤에야 그를 개인적으로 치료하기 시작했다. 그때 나는 그를 당황하게 만들었던 경험들의 결과를 전반적으로 파악할 수 있었다. 그가 자신의 모험으로부터 달아나기를 원한 것은 조금도 이상하지 않았다. 그러나 다행하게도 그에게는 '렐리지오'가 있었다. 말하자면, 그는 자신의 경험을 "주의 깊게 고려"했으며, 그는 자신의 경험을 충분히 소중하게 여겼기 때문에 그 경험에 매달리며 계속 이어갈 수 있었다. 그는 '신경 과민에 따른 중요한 이점'을 누렸으며, 그래서 그가 자신의 경험에 불성실하거나 그 목소리를 부정하려 들 때마다, 즉시 신경증적인 조건이 그에게 돌아왔다. 그는 간단히 "불을 진압할 수 없었으며", 최종적으로 그는 자신의 경험이 이해할 수 없을 만큼 초자연적인 성격을 지니고 있다는 점을 인정해야 했다. 그는 진압할 수 없었던 그 불이 "신성했다"는 점을 인정해야 했다. 이것은 그의 치료의 필수 조건이었다.

아마 이 환자를 하나의 예외로 여길 수도 있을 것이다. 꽤 완전한 인간들은 예외적이니까. 교육 받은 사람들 절대 다수가 파편적인 인격들이고 진짜 재화 대신에 대체품을 다수 갖고 있는 것은 사실이다. 그러나 그런 존재는 이 남자에게 신경증을 의미했으며, 그것은 다른 많은 사람들에게도 마찬가지로 신경증을 의미한다. 보통 "종교"라고 불리는 것이 대단한 대체물이기 때문에, 나는 신경(信經)이라는 이름으로 부르길 더 선호하는 이런 종류의 "종교"가 어쨌든 인간 사회에서 중요한 기능을 할 수 없는 것은 아닌지, 스스로 진지하게 질문을 던진다.

그 대체물은 직접적인 경험을 체계적인 교리와 의례까지 갖춘 적절한 상징들로 대체한다는 명백한 목표를 갖고 있다. 가톨릭교회는 반박 불가능한 권위를 바탕으로 상징들을 지키고 있으며, 프로테스탄트 "교회"(이 용어가 지금도 적용 가능하다면)는 복음에 대한 믿음을 강조함으로써 그것들을 지키고 있다. 이 두 가지 원리들이 제대로 작동하는 한, 사람들은 직접적인 종교적 경험으로부터 효과적으로 보호를 받는다. 그런 종류의 경험에 속하는 무슨 일이 그들에게 일어난다 하더라도, 교회가 그 일이 신에게서 오는 것인지 악마에게서 오는 것인지를, 또 그것이 받아들여져야 하는 것인지 거절되어야 하는 것인지를 알 것이기 때문에, 그들은 교회에 문의하기만 하면 된다.

직업상 나는 종교적 경험을 직접적으로 했으면서도 교회의 결정의 권위에 복종하지도 않고 복종할 수도 없는 사람들을 자주 만났다. 그럴 때면 나도 그들과 함께 격렬한 갈등의 위기를, 광기의 공황 상태를, 기괴하면서도 끔찍한 절망적인 혼돈과 우울을 겪어야 했다. 그런 까닭에 나는 적어도 정신 위생을 위한 방법으로서 교리와 의례의 특별한 중요성에 대해 충분히 알고 있다.

만약 환자가 실천적으로 믿는 가톨릭 신자라면, 나는 반드시 그에게 고해 성사를 하고 자신을 직접적인 경험으로부터 보호하기 위해서 영성체를 받으라고 조언한다. 그런 직접적인 경험이 그에게 감당하기 힘든 것으로 쉽게 증명될 수 있기 때문이다. 프로테스탄트 환자의 경우에 그것이 대체로 그렇게 쉽지 않다. 왜냐하면 교리와 의례가 너무나 창백하고 희미해짐에 따라 그 효과를 많이 상실했기 때문이다. 프로테스탄티즘에는 대체로 고해 성사가 없으며, 목사는 심리적인 문제를 일반적으로 혐오하는 태도를 공유할 뿐만 아니라, 불행하게도 심리학을 무시하는 경향까지 공유하고 있다. 가톨릭의 "양심의 감독관"(고해 신부)은 종종 심리학적 기술과 통찰을 월등히 더 많이 확보하고 있다. 게다가, 프로테스탄트 목사들은 신학교에서 과학적 훈련을 받았으며, 이런 훈련이 신앙의 소박성을 훼손시킨다. 반면에 가톨릭 성직자의 훈련에 드러나는 강력한 역사적 전통은 그 제도의 권위를 강화하는 경향을 보인다.

물론, 의사로서 나는 어느 신경증의 내용물이 억압된 유아기의 성욕 또는 권력 의지에 불과하다는 입장을 강조하면서, 소위 "과학적인" 신념을 지지할 수도 있다. 따라서 그 내용물을 평가 절하함으로써, 다수의 환자들이 직접적인 경험의 위험으로부터 어느 정도 보호를 받도록 하는 것도 가능하다. 그러나 나는 이 이론이 부분적으로만 진리라는 것을 알고 있다. 그 이론이 신경증적인 정신의 일부 측면만을 표현하고 있다는 뜻이다. 그리고 나는 나 자신이 완전히 믿지 않는 것을 환자에게 말할 수 없다.

여기서 사람들은 나에게 이렇게 물을 수 있다. "하지만 실천적으로 믿는 가톨릭 신자에게 성직자를 찾아가 고해 성사를 하라고 일러준다면, 당신은 그 사람에게 당신이 믿지 않는 무엇인가를 말하는 것이 아닌가요?" 말하자면, 내가 프로테스탄트라고 단정하고 있는 것이다.

대단히 중요한 이 질문에 대답하기 위해서, 나는 먼저 나 자신이 나의 믿음에 대해 절대로 설교하지 않는다는 점을 밝혀야 한다. 만약에 상대방이 물어온다면, 나는 나의 확신들을 확실히 지지할 것이지만, 그것도 어디까지나 나 자신이 나의 실질적인 지식이라고 고려하는 선까지만이다.

나는 나 자신이 '아는' 것만을 믿는다. 그 외의 모든 것은 가설이며, 그것을 넘어, 나는 많은 것을 미지의 상태로 남겨둘 수 있다. 그런 것들은 나를 귀찮게 하지 않는다. 그러나 만약에 내가 그것들을 알아야 '한다'고 느낀다면, 그것들이 나를 괴롭히기 시작할 것이다. 틀림없는 일이다. 그러므로 어떤 환자가 자신의 신경증의 기원이 전적으로 성적이라고 확신하고 있다면, 나는 그런 의견을 가진 환자를 방해하지 않는다. 왜냐하면 그런 확신이, 특히 뿌리가 깊은 경우에, 끔찍할 만큼 모호한 직접적인 경험의 공습 앞에서 훌륭한 방어가 될 수 있다는 사실을 나 자신이 잘 알고 있기 때문이다. 그런 방어가 제대로 작동하는 한, 나는 그 방어를 부수지 않을 것이다. 그 환자가 그렇게 좁은 범위 안에서 생각해야만 하는 납득할 만한 이유가 틀림없이 있을 것이기 때문이다.

그러나 만약에 그 환자의 꿈들이 그 보호적인 이론을 파괴하기 시작한다면, 앞에 묘사한 꿈의 경우에 그랬듯이, 나는 보다 폭넓은 인격을 지지해야 한다. 똑같은 방식으로, 그리고 똑같은 이유로, 나는 실천적으로 믿는 가톨릭 신자의 경우에도 그에게 제대로 작동하는 가설을 지지한다. 어떤 경우든 나는 중대한 위험에 맞설 수 있는 방어 수단을 강화한다. 그 방어가 종국적 진리인지 여부에 관한 학문적인 질문은 묻지 않는다. 그것이 작동할 때, 그리고 그것이 작동하는 한, 나는 편한 마음으로 지낼 수 있다.

우리의 환자에 대해 말하자면, 가톨릭의 방어는 내가 그를 접촉하기 오래 전에 이미 붕괴되었다. 만약에 내가 그에게 고해 성사를 하라거나 그와 비슷한 무엇인가를 권했다면, 그는 아마 성적인 이론을 우습게 보았듯이 나를 비웃었을 것이다. 그는 이 두 가지 이론을 전혀 필요로 하지 않았다. 그러나 나는 나 자신이 철저히 목소리의 편에 서 있다는 사실을 그가 언제든 볼 수 있도록 했다. 나는 그 목소리를 그를 편파성으로부터 해방시킬 운명을 짊어진, 미래의 보다 큰 인격의 일부로 보았다.

계몽된 합리주의가 특징인, 지적으로 평범한 유형의 사람에게, 문제들을 단순화하는 과학적인 이론은 현대인이 "과학적"이라는 딱지를 달고 있는 모든 것에 품는 엄청난 믿음 때문에 매우 훌륭한 방어 수단이 된다. 그런 딱지는 당신의 정신을 즉각적으로 편안하게 만든다. "로마[8]가 말했으니, 사건은 그것으로 끝이야."(Roma locuta causa finita)라는 격언의 효과와 별로 다르지 않다. 본질적으로 과학적인 이론은 아무리 정교할지라도 심리학적 진리라는 관점에서 보면 종교적 교리보다 못한 가치를 지닌다. 그것은 단지 하나의 이론은 반드시 매우 추상적이고 전적으로 합리적인 반면에, 교리는 이미지를 빌려서 불합리한 전체를 표현하기 때문이다. 이런 장점 덕분에 종교적 교리가 틀림없이 정신 같은 불합리한 사실을 훨씬 더 잘 표현한다. 더욱이, 교리는 한편으로 소위 "계시되거나" 직접적으로 경험된 "영지"(靈智: Gnosis)의 덕분에, 또 다른 한편으로 무수한 정신들이 여러 세기에 걸쳐 끊임없이 협력한 덕분에 지속적으로 존재하며 지금과 같은 형식을 간직할 수 있었다. 영지의 예를 든다면, 신인(神人), 십자가, 처녀 잉태, 원죄 없는 잉태, 삼위일체 등이 있다.

내가 어떤 교리들을 "직접적인 경험"이라고 부르는 이유가 꽤 분명하지 않을 수 있다. 교리 자체가 직접적 경험을 배제하고 있는 바로 그것이니 말이다. 그럼에도 내가 언급한 기독교의 이미지들은 기독교에만 특유한 것이 아니다(비록 기독교에서 그 이미지들이 다른 종교에서 발견되지 않을

8 로마 교황을 의미한다.

정도의 발달과 의미의 극화를 겪었을지라도 말이다). 그 이미지들은 다른 종교들에서도 그만큼 자주 나타나며, 그것 외에도 그 이미지들은 모든 종류의 변형들에서 정신적 현상으로서 자발적으로 다시 나타난다. 아득히 먼 옛날에 그 이미지들이 환상이나 꿈, 무아지경에서 기원했듯이.

이런 것들과 같은 사상들은 절대로 발명되지 않았다. 그 사상들은 인간이 정신을 의도적으로 사용하는 것을 배우기 전에 그냥 존재했다. 인간이 사상을 만들어내는 것을 배우기 전에, 사상들이 그냥 인간에게 왔다. 인간은 생각하지 않았다. 인간은 자신의 정신이 기능하는 것을 지각했다.

교리는 객관적인 정신, 즉 무의식의 자발적이고 자동적인 활동을 반영하는 꿈과 비슷하다. 무의식의 그런 표현은 추가적인 직접적인 경험들에 맞서는 데 어떤 과학적 이론보다 더 효과적인 방어 수단이 된다. 이론은 경험의 감정적인 가치들을 무시해야 한다. 한편, 교리는 바로 이 점에서 대단히 탁월하다. 과학적인 이론은 곧 다른 과학적 이론에 의해 대체된다. 교리는 무한히 오랫동안 이어진다. 고통을 겪는 신인(神人)은 아마 적어도 5,000살은 되었을 것이며, 삼위일체는 아마 나이가 그보다 더 많을 것이다.

교리가 과학적인 이론보다 영혼을 더 완전하게 표현한다. 왜냐하면 과학적인 이론은 의식적인 정신만을 표현하고 설명하기 때문이다. 더욱이, 하나의 이론은 살아 있는 어떤 사물을 추상적인 용어로 설명하는 외에 다른 것은 아무것도 하지 못한다. 반대로, 교리는 무의식의 살아 있는 과정을 회개와 희생, 구원의 드라마라는 형식으로 적절히 표현한다. 이 관점에서 보면 프로테스탄트로 분리되는 것을 피할 수 없었던 것이 오히려 놀랍다.

그러나 프로테스탄티즘이 호기심 강하고 소유욕 강하고 무모하고 모험심 강한 게르만 종족들의 신조가 되었기 때문에, 게르만족의 특이한 본성이 교회의 평화를 적어도 오랫동안은 참아줄 수 없었을 수 있다. 마치 게르만족이 구원의 과정을 겪고 교회의 장엄한 구조 속에서 드러나는 어떤 신에 복종할 수 있을 만큼 아직 충분히 향상되지 않았던 것처럼 보인다. 아마 교회에 임페리움 로마눔(Imperium Romanum: 로마 제국) 또는 팍스 로마나(Pax Romana)[9]가 지나치게 많았을 것이다. 적어도 게르만족의 활력에 비춰서는 그랬다. 게르만족의 활력은 충분히 길들여지지 않았으며 지금도 그렇긴 마찬가지이다. 어떤 형태든 보수주의나 교회를 받아들이기에는 지나치게 젊은 그런 무모한 민족에게 종종 일어나듯이, 게르만족도 순화되지 않고 통제 받지 않는 가운데서 신을 경험할 필요성을 느꼈을 가능성이 있다. 따라서 그들은 신과 인간 사이에 서 있던 교회의 중재를 제거했다. 어떤 사람들은 더 강하게, 또 어떤 사람들은 조금 약하게 그렇게 했다.

보호의 벽들을 제거함에 따라, 프로테스탄트는 중요한 무의식적 요소들을 표현했던 신성한 이미지들을 잃고 말았다. 프로테스탄트는 아득한 옛날부터 무의식의 예측 불가능한 힘들을 안전하게 다루는 한 방법이었던 의례도 마찬가지로 상실하고 말았다. 따라서 엄청난 크기의 에너지가 해방되었으며, 해방된 에너지는 그 즉시 호기심과 탐욕이라는 옛날의 경로들 속으로 들어갔다. 이런 식으로, 유럽은 지구의 큰 부분을 삼킨 용들의 어머니가 되었다.

그 후로, 프로테스탄티즘은 분열의 온상이 되었으며, 그와 동시에 프로테스탄티즘은 인간의 의식적 정신을 매혹시킨 과학과 기술의 급격한 발전의 온상도 되어 주었다. 그 결과, 인간의 의식은 무의식의 예측 불가능한 힘들을 망각하기에 이르렀다. 제1차 세계대전의 재앙과 그 후에 닥친 깊은 정신적 질병의 특별한 표현들은 정말로 백인들의 정신에 아무런 문제가 없는지, 의문을 품도록 만들었다. 1914년에 전쟁이 발발하기 전에, 사람들은 모두 세상이 합리적인 수단에 의해 바로잡아질 수 있다는 믿음을 꽤 강

---

9 로마 제국이 A.D. 1, 2세기에 전쟁을 통한 영토 확장을 최소화하며 누린 평화를 일컫는다.

하게 품고 있었다. 지금 우리는 반드시 자유로운 의견의 억압을 수반하게 되어 있는 신정 정치의 전체주의적인 낡은 주장들을 물려받고 있는 국가들에서 놀라운 광경을 목격하고 있다.

한 번 더, 우리는 사람들이 이 땅 위에 천국을 건설하는 방법에 관한 유치한 이론들을 지지하며 서로의 목을 따고 있는 것을 보고 있다. 지옥의 힘들은 아니더라도 지하의 힘들이 지금 정신적 또는 영적 매력을 완전히 결여한 국가 노예제도와 국가 감옥을 창조하고 있거나 창조하려고 노력하는 것을 확인하는 것은 어려운 일이 아니다. 예전에는 거대한 어떤 영적 조직 안에서 다소 성공적으로 통제되면서 어느 정도 이롭게 쓰였던 힘들이었는데 말이다. 오늘날 적잖은 사람들이 인간의 이성만으로는 그 같은 화산 폭발을 성공적으로 통제하지 못한다고 확신하고 있다.

이 같은 발달의 전체 과정은 운명이다. 나는 그 탓을 프로테스탄티즘으로도, 르네상스로도 돌리지 않을 것이다. 그러나 한 가지 사실만은 분명하다. 프로테스탄트든 아니든, 현대인은 고대 로마 시대 이후로 매우 신중하게 세우고 강화시킨 교회의 벽이 안겨주었던 보호를 잃어버렸으며, 이 상실 때문에 인간이 세상을 파괴하고 창조하는 불의 영역에 가까이 다가섰다는 사실이다. 삶이 빨라지고 강화되었다. 세상은 불안과 두려움의 파도로 넘실거리고 있다.

프로테스탄티즘은 중대한 위험임과 동시에 위대한 기회였으며, 지금도 마찬가지로 그렇다. 만약에 프로테스탄티즘이 하나의 교회로서 분열을 계속한다면, 그것은 인간으로부터 모든 정신적 안전장치와, 무의식 속에서 해방을 기다리고 있는 힘들의 직접적인 경험에 맞서 방어할 수단을 빼앗아 버리는 결과를 낳을 것임에 틀림없다. 소위 문명 세계에서 벌어지고 있는, 믿기 어려운 온갖 야만성을 보라. 그것은 모두 인간들에서, 그리고 인간이 처해 있는 정신적 조건에서 비롯되지 않는가! 악마 같은 파괴의 장치들을 보라! 그것들은 악의가 전혀 없는 신사들에 의해 발명되고 있으며, 그 사람들은 우리가 바랄 수 있는, 합리적이고 존경스런 최상의 시민들이다.

그 상황이 전반적으로 폭발하고 형용할 수 없는 파괴의 지옥이 펼쳐질 때, 어느 누구도 그런 사태에 책임을 지는 것처럼 보이지 않는다. 그 사건은 그냥 일어나며, 그럼에도 그것은 완전히 인간이 저지른 것이다. 그러나 모두가 자기 자신에 대해, 일상의 의무를 성실히 수행하며 적절히 생계를 꾸리는, 지극히 소심하고 하찮은 의식적인 자기에 지나지 않는다고 맹목적으로 믿고 있기 때문에, 어느 누구도 우리 모두가 국가 또는 민족이라 불리는, 합리적으로 조직된 거대한 복합체가 비개인적이고 눈에 보이지 않으면서도 끔찍한 어떤 힘에 의해 움직인다는 사실을 깨닫지 못한다. 그런데 이 힘을 저지할 수 있는 사람이나 사물은 전혀 없다.

무시무시한 이 힘은 대개 악령에 사로잡힌 것으로 여겨지는 이웃 국가에 대한 두려움으로 설명된다. 어느 누구도 자신이 어디서, 어느 정도로 홀려 지내고 어느 정도로 무의식적인지를 알지 못하기 때문에, 사람은 단순히 자신의 조건을 이웃에게 투사하고, 그러면 가장 강력한 총과 독가스를 소유하는 것이 신성한 의무가 된다. 가장 곤란한 것은 그럼에도 그 사람이 꽤 옳다는 점이다. 그 사람의 이웃들도 모두 그 사람처럼 통제되지 않고 통제될 수 없는 공포에 사로잡혀 있으니 말이다. 정신병원에서 환자들이 분노나 증오에 시달리는 때보다 두려움으로 고통을 겪을 때 훨씬 더 위험해진다는 것은 널리 알려진 사실이다.

프로테스탄트는 신 앞에 홀로 남겨졌다. 그에게는 고해도 없고, 용서도 없고, 어떤 종류의 것이든 신으로부터 죄의 사함을 받을 수 있는 절차가 전혀 없다. 프로테스탄트는 자신의 죄를 스스로 소화시켜야 한다. 적절한 의례를 결여한 탓에 신의 은총이 그의 손이 닿을 수 있는 범위 밖에 놓여 있기 때문에, 그는 신의 은총에 대해서도 그다지 확신하지 않는다. 따라서 현재 예민한 상태에 놓인 프로테스탄트의 양심과 양심의 가책은 사람들을 만성적으로 불편하게 만드는 숙환의 불쾌한 특징들을 보이고 있다.

그러나 바로 이런 이유 때문에 프로테스탄트는 가톨릭 신자의 사고방식에는 거의 가능하지 않을 만큼, 죄를 강하게 자각하는 독특한 기회를 갖는다. 가톨릭 신자가 죄를 쉽게 자각하지 못하는 이유는 언제든 가능한 고해와 용서가 과도한 긴장을 누그러뜨리기 때문이다. 그러나 프로테스탄트는 긴장을 홀로 겪어야 하며, 그 긴장은 그의 양심을 지속적으로 날카롭게 만들 수 있다. 양심, 그리고 특히 양심의 가책은 하늘이 준 선물일 수 있다. 보다 높은 자기비판을 위해 쓰일 수만 있다면, 양심의 가책이야말로 진정한 은총이다. 그리고 자기비판은 안을 살피고 분별하는 활동이라는 점에서 당신 자신의 심리를 이해하려는 노력에 반드시 필요하다.

만약 당신이 당신 자신을 당혹스럽게 만드는 어떤 행위를 한 뒤에 스스로 어떻게 그런 짓을 하게 되었는지에 대해 묻는다면, 당신은 그 행동의 진정한 동기를 발견하기 위해 양심의 가책과 양심의 분별 기능을 필요로 한다. 당신 자신이 당신의 행동을 지배하고 있는 동기들이 어떤 것인지를 볼 수 있는 것은 오직 그때뿐이다. 양심의 가책은 심지어 당신이 그 전에 무의식적이었던 것까지 발견하도록 자극하며, 이런 식으로 당신은 무의식의 문턱을 넘어서며 당신을 인간의 내면에 있는 끔찍한 살인자의 무의식적 도구로 만들고 있는 그 비개인적인 힘들을 인식할 수 있다. 만약에 어느 프로테스탄트가 교회의 완전한 상실을 견뎌내고 여전히 프로테스탄트로, 즉 신 앞에 무방비 상태로, 더 이상 벽이나 공동체의 보호를 받지 않는 사람으로 남을 수 있다면, 그는 종교적 경험을 직접적으로 할 수 있는 독특한 영적 기회를 갖게 된다.

그 무의식적 경험이 나의 환자에게 의미하는 바를 내가 여러분에게 제대로 전달했는지 모르겠다. 그러나 그런 경험을 평가할 수 있는 객관적인 기준은 절대로 없다. 우리는 그 경험을 그것을 직접 겪고 있는 사람에게 지니는 가치 그대로 받아들여야 한다. 따라서 당신은 겉보기에 터무니없어 보이는 꿈들이 지적인 사람에게 어떤 의미를 지닌다는 사실에 강한 인상을 받을 수도 있다. 그러나 만약에 당신이 그가 하는 말을 받아들이지 않거나, 당신 자신을 그의 입장에 놓을 수 없다면, 당신은 그의 예에 대해 판단을 내려서는 안 된다. '종교적 재능'은 임의로 부는 바람과 비슷하다. 그것을 판단할 아르키메데스의 점 같은 것은 전혀 없다. 이유는 정신이 정신의 표현들과 구분될 수 없기 때문이다. 정신은 심리의 대상이며, 또 정말 중요하게도 정신은 심리의 주체이다. 이 같은 사실에서 벗어날 수 있는 길은 어디에도 없다.

내가 "직접적 경험"이라고 부르는 예로 선택한 몇 가지 꿈들은 경험이 많지 않은 사람의 눈에는 틀림없이 아주 무의미해 보인다. 그 꿈들은 극적이지도 않으며, 단지 어떤 개인적인 경험에 대한 수수한 증거에 불과하다. 만약 내가 꿈들을 원래의 순서 속에서, 그리고 전체 과정에서 끌어낸 풍성한 상징적인 자료와 함께 제시할 수 있었다면, 그 꿈들은 훨씬 더 훌륭한 인상을 남겼을 것이다. 그러나 시리즈를 이루는 꿈들의 전체도 아름다움과 표현력에서 전통적인 종교의 어떤 부분과도 비교할 수 없다. 하나의 교리는 언제나 수많은 정신들과 수많은 세기들의 결실이자 결과이며, 그 과정에 개인적인 경험의 괴상한 점과 단점, 결함들이 제거되었다. 그러나 그 모든 것에도 불구하고, 그 개인적인 경험은 바로 그런 부족함 때문에 직접적인 삶이고, 지금 고동치고 있는 따뜻한 붉은 피이다. 그 경험은 진리를 추구하는 사람에게 최고의 전통보다 더 강한 설득력을 지닌다.

즉시적인 삶은 언제나 개인적이다. 삶을 영위하는 사람이 개인이니 말이다. 개인에게서 발산되는 것은 무엇이든 어떤 면에서 보면 유일하며, 따라서 과도적이고 불완전하다. 꿈과 같은 자발적인 정신적 산물인 경우에 특히 더 그러하다. 많은 사람들이 동일한 문제를 안고 있을지라도, 그 사람

외의 다른 사람은 절대로 똑같은 꿈을 꾸지 않을 것이다. 그러나 어떤 개인도 절대적으로 유일하다고 할 만큼 다르지는 않듯이, 절대적으로 유일한 성격을 지닌 개인적 산물도 있을 수 없다.

다양한 민족들의 신화와 민속에서, 어떤 모티브들이 거의 동일한 형식으로 거듭 되풀이되고 있는 것과 똑같이, 꿈들도 상당 부분 집단적인 자료로 이뤄진다. 나는 이 모티브들을 "원형"이라고 불렀으며, 이 단어를 나는 집단적인 성격의 형태나 이미지들을 뜻하는 것으로 쓰고 있다. 그런 형태나 이미지들은 신화의 구성 요소로서, 그리고 동시에 무의식에서 기원한 개인적인 산물로서 사실상 전 세계에 걸쳐 일어나고 있다. 원형적인 모티브들은 아마 전통과 이주에 의해서뿐만 아니라 유전에 의해서도 전달되는, 인간 정신의 패턴들로부터 생겨날 것이다. 유전에 의한 전달이라는 가설은 불가피하다. 이유는 복잡한 원형적인 이미지들도 직접적인 전통의 가능성이 없는 곳에서도 자발적으로 재현될 수 있기 때문이다.

기독교 시대의 첫 몇 세기 동안에 시작된 "원형"이라는 용어가 증명하듯이, 전의식(前意識)의 원초적 생각이라는 이론은 절대로 나 자신의 고안이 아니다. 심리학 쪽으로 특별히 관심을 쏟는다면, 우리는 아돌프 바스티안 (Adolf Bastian)의 저작들에서, 그리고 이어 니체에게서 이 이론을 발견한다. 프랑스 문헌에서, 위베르(Henri Hubert)와 모스(Marcel Mauss), 레비-브륄(Lévy-Bruhl)이 비슷한 생각들에 대해 언급하고 있다. 나는 단지 이전에 원초적 또는 근본적 생각이나 "카테고리", "의식의 안내하는 습관", "집단 표상" 등으로 불렸던 것을 세부적으로 연구함으로써 그 이론에 경험적인 토대를 제시했을 뿐이다.

앞에서 논한 꿈들 중 두 번째 꿈에서, 우리는 내가 아직 고려하지 않았던 원형을 만났다. 그 원형은 불타는 초가 피라미드처럼 생긴 4개의 화살표 모양으로 놓인 그 특별한 배열이다. 그 배열은 숫자 4를, 신성한 이미지들이 발견될 것으로 기대되는 제단이나 성화벽의 자리에 놓음으로써 그것의 상징적 중요성을 강조하고 있다. 그 신전이 "회합의 집"이라 불리고 있기 때문에, 만약 그 이미지나 상징이 숭배의 장소에 나타난다면, 우리는 그런 성격이 표현되고 있다고 단정해야 한다.

우리 환자의 꿈이 분명히 보여주듯이, 피타고라스학파의 용어를 사용한다면, 테트락티스는 정말로 어떤 "내적 회합"을 가리킨다. 그 상징은 보통 4개로 나뉜 원이나 4개의 주요 부분을 포함하고 있는 원의 형태로 다른 꿈들에도 나타난다. 동일한 시리즈의 다른 꿈들 속에서, 그 상징은 나뉘지 않은 원, 꽃, 장방형의 장소 또는 방, 사각형의 뜰, 구(球), 시계, 중앙에 분수가 있는 대칭적인 정원, 같은 배나 비행기 안에 있거나 식탁에 앉아 있는 네 사람, 식탁에 놓인 4개의 의자, 네 가지 색깔, 여덟 개의 살을 가진 바퀴, 여덟 개의 광선을 발산하는 별이나 태양, 여덟 개의 부분으로 나눠진 둥근 모자, 4개의 눈을 가진 곰, 장방형의 유치장, 사계절, 4개의 호두를 담은 그릇, 4×8=32, 그러니까 32개의 칸으로 나눠진 원반을 가진 세계 시계 등의 형태를 취한다.

이 사위일체 상징들은 400개의 꿈들의 시리즈 중에서 71번이나 나타난다. 나의 환자는 이 점에서 절대로 예외가 아니다. 나는 숫자 4가 나타나는 예를 많이 관찰했으며, 숫자 4는 언제나 무의식에서 기원한다. 말하자면, 꿈을 꾼 사람이 어떤 꿈에서 사위일체를 처음 보는데, 그때 그 사람은 그것의 의미에 대해 전혀 모르고, 숫자 4의 상징적 중요성에 대해 들어보지도 않은 상태였다. 물론, 숫자 3이라면 이야기가 달라진다. 이유는 삼위일체가 모두에게 알려진 상징적인 어떤 숫자를 나타내기 때문이다. 그러나 우리에게, 특별히 현대의 과학자에게 4는 다른 어떤 숫자보다 더 많은 것을 절대로 전하지 않는다.

숫자의 상징체계와 그 체계의 유서 깊은 역사는 우리가 논하는 꿈을 꾼 사람의 지적 관심에서 완전히 벗어나 있는 지식 분야이다. 만약에 그런 상황에서 꿈들이 4의 중요성을 강조한다면, 숫자 4가 무의식에서 기원한다고 말해도 무방하다. 사위일체의 신비한 성격은 두 번째 꿈에서 명백하게 드러난다. 이것을 근거로, 우리는 그 상징이 우리가 "신성하다"고 불러야 하는 어떤 의미를 가리킨다고 결론 내려야 한다. 꿈을 꾼 사람이 이 특별한 성격의 의식적인 원천을 추적하지 못했기 때문에, 나는 그 상징체계의 의미를 설명하기 위해서 비교하는 방법을 채택한다. 여기서 그 절차에 대해 충실하게 설명하는 것은 당연히 불가능한 일이며, 그래서 나는 아주 흐릿하게 암시하는 선에서 끝낼 수밖에 없다.

많은 무의식적 내용물이 정신의 역사적인 상태들의 유물처럼 보이기 때문에, 우리의 꿈과 유사한 것을 형성시키는 의식의 수준에 닿으려면 우리는 단지 몇 백 년 전으로 돌아가기만 하면 된다. 지금 논하고 있는 예의 경우에, 우리는 300년 전쯤으로 돌아가면 원을 사각형으로 만드는 수수께끼를 놓고 진지하게 논의하는 과학자들과 자연 철학자들을 만난다.

이 난해한 문제는 그 자체로 그보다 훨씬 더 오래되고 철저히 무의식적인 무엇인가의 심리적 투사였다. 그러나 과학자와 자연 철학자들은 당시에 원이 신을 의미한다는 것을 알고 있었다. 한 철학자가 성 아우구스티누스(St. Augustine)의 견해를 되풀이하면서 말했듯이 말이다. "신은 모든 곳에 그 중심을 두고 있고 둘레는 어디에도 두고 있지 않은 그런 지적인 도형이다." 에머슨(Ralph Waldo Emerson)처럼 내향적이고 내성적인 사람은 그와 똑같은 생각을 떠올리지 않기가 어려우며, 그도 마찬가지로 성 아우구스티누스의 말을 인용한다. 헤르메스 철학의 최고 권위를 갖고 있는 플라톤의 『티마이오스』(Timaeus) 이후로 가장 완벽한 형태로 여겨지는 원의 이미지는 가장 완벽한 본질이나 금, 세계 영혼 또는 자연의 영혼, 최초로 창조된 빛에게 주어졌다. 그리고 대우주, 즉 위대한 세계가 창조주에 의해

"둥근 공 모양으로" 만들어졌기 때문에, 전체의 가장 작은 부분, 즉 점도 이 완벽한 본성을 지닌다. 플라톤이 말하듯이, "모든 모양들 중에서 가장 단순하고 가장 완벽한 것은 하나의 점 안에 있는 구(球)이다".

물질 안에 숨어 잠자고 있는 이 신의 이미지가 바로 연금술사들이 원래의 카오스 또는 낙원의 땅, 또는 바닷속의 둥근 물고기, 또는 알, 또는 단순히 둥근 것(rotundum)이라고 불렀던 것이었다. 그 둥근 사물은 물질의 닫힌 문들을 열 마법의 열쇠를 갖고 있었다. 『티마이오스』에 쓰인 바와 같이, 오직 완벽한 존재인 데미우르고스[10]만이 네 가지 원소들의 포옹인 테트락티스를 풀 수 있다.

13세기 이후의 위대한 권위들 중 하나인 '투르바 필로소포룸'(Turba philosophorum)은 '둥근 것'이 구리를 넷으로 용해할 수 있다고 말한다. 따라서 간절히 바랐던 철학자의 금은 둥글었다. 잠자고 있는 데미우르고스를 구해내는 절차와 관련해서 의견이 다양하게 나왔다. 어떤 사람은 특별한 정신 집중이나 특별히 적절한 종류의 이 본질을 포함하고 있는 원물질의 형태로 그를 붙잡길 원했다. 다른 사람들은 '코니웅티오'(coniunctio)라 불린 일종의 통합을 통해서 둥근 본질을 만들어내려고 노력했다. '로사리움 필로소포룸'(Rosarium philosophorum)의 익명의 저자는 이렇게 말한다. "남자이며 여자인 어떤 둥근 원을 만들고, 거기서 사각형을 끌어내고 삼각형을 끌어내라. 원을 둥글게 만들어라. 그러면 철학자들의 돌을 얻을 것이다."

이 마법의 돌은 자웅동체의 성격을 가진 살아 있는 완벽한 존재를 상징한다. 일찍이 14세기 초에 라피스는 그리스도의 한 비유로서 페트루스 보누스(Petrus Bonus)에 의해 그리스도에 비유되었다. 가짜 토마스가 13세기에 쓴 소책자 '아우레아 오라'(Aurea hora)에서, 그 돌의 신비는 기독교

---

10 그노시스주의에서 물질 세계를 창조하는 신을 일컫는다.

종교의 신비들보다 더 높은 것으로 여겨지고 있다. 나는 단지 넷을 포함하고 있는 원이나 구(球)가 학식 있는 많은 선조들에게 신의 한 비유였다는 점을 보여주기 위해 이 사실들에 대해 언급하고 있다.

라틴어로 쓴 논문들을 근거로 하면, 물질 안에 숨어서 잠자고 있는 잠재적 데미우르고스가 소위 '철학적 인간'(homo philosophicus), 즉 두 번째 아담과 동일한 것이 분명하다. 잠재적 데미우르고스는 종종 그리스도와 동일시되는 영적 인간 아담 카드몬(Adam Kadmon)이다. 원래의 아담이 부패하는 네 가지 원소들로 만들어진 탓에 죽을 운명을 타고난 반면에, 두 번째 아담은 순수하고 부패하지 않는 하나의 본질로 이뤄져 있기 때문에 불멸이다. 따라서 가짜 토마스는 이렇게 말한다. "두 번째 아담은 순수한 원소들로부터 영원 속으로 옮겨갔다. 그러므로 그는 하나의 단순하고 순수한 본질로 이뤄져 있기 때문에 영원할 것이다." 동일한 논문은 중세 내내 유명한 권위자로 꼽힌 세니오르(Senior)라는 라틴어 이름을 가진 아라비아 저자의 말을 인용한다. "지속적인 증가 속에 머물고 있기 때문에 절대로 죽지 않는 본질이 한 가지 있다." 그 논문은 이어 이 본질을 두 번째 아담으로 해석한다.

이 인용들을 근거로 한다면, 철학자들이 추구했던 둥근 본질이 우리의 꿈 상징체계와 매우 비슷한 어떤 투사였던 것이 분명하다. 꿈과 환상, 심지어 환각까지도 종종 그 위대한 철학적 작업과 혼동된다는 점을 뒷받침하는 역사적 문서들이 있다. 우리의 조상들은 현대인들보다 훨씬 더 순수하게 구성되어 있었기 때문에 무의식적 내용물을 물질로 직접 투사했다. 그러나 물질도 그런 투사들을 쉽게 받아들일 수 있었다. 당시에는 물질이 실질적으로 알려지지 않았고 이해할 수 없는 실체였기 때문이다. 그리고 인간은 신비한 것을 만날 때마다 조금의 자기비판도 없이 자신의 추정을 물질 속으로 투사한다. 그러나 오늘날에는 화학 물질이 우리가 꽤 잘 알고 있는 것이기 때문에, 현대인은 더 이상 조상들처럼 자유롭게 투사하지 못한다. 마침내 우리는 테트락티스가 정신적인 무엇이라는 점을 인정해야 하며, 우리는 다소 먼 미래에 이것도 하나의 투사로 드러나지 않을 것인지에 대해 자신 있게 말하지 못한다. 당분간 우리는 현대인의 의식적인 정신에서 완전히 사라졌던 신이라는 관념이 3,4백 년 전에 의식적으로 알려졌던 어떤 형태로 돌아오고 있다는 사실에 만족해야 한다.

역사의 이 조각이 우리가 논하는 꿈을 꾼 사람에게 전혀 알려져 있지 않았다는 점을 굳이 강조할 필요는 없을 것 같다. 여기서 고대 로마 시대의 시인[11]의 말을 빌릴 수 있다. "우리의 본성을 쇠스랑으로 내쫓아보라. 그래도 그 본성은 언제나 다시 나타날 것이다."

옛날의 그 철학자들의 생각은 신이 네 가지 원소들의 창조에서 스스로를 처음으로 드러냈다는 것이다. 그 원소들은 원의 네 개의 분할에 의해 상징되었다. 따라서 독생자(모노게네스 또는 안트로포스)에 관한 콥트어 논문 '코덱스 브루키아누스'에 다음과 같은 내용이 나온다.

이와 똑같은 것이 세테우스[12]에 있는 모나드(Monad: 단자(單子))에 거주하고 있는 그[모노게네스]이며, 모나드는 아무도 어디에 있는지 알지 못하는 곳에서 왔다. … '그분'으로부터 모나드가 선한 모든 것을 실은 어떤 배처럼, 모든 종류의 나무가 가득 심어진 어떤 들판처럼, 그리고 모든 인간 종족으로 가득한 어떤 도시처럼 왔다. … 그리고 요새처럼 그것을 에워싸고 있는 그것의 장막에 닿는 문이 12개 있다. 이와 똑같은 것이 독생자의 어머니이고 도시이다.

---

11   호라티우스를 말한다.

12   그노시스주의에서 세테우스는 여섯 번째 천체에 거주하고 있는 위대한 천상의 파워들 중 하나이다.

또 다른 곳에서, 안트로포스 자체가 도시이고 그의 구성원들은 4개의 문이다. 모나드는 하나의 불꽃이고, 신의 원자이다. 모노게네스는 4개의 기둥으로 떠받치는 대(臺) 위에 서 있는 것으로 여겨지며, 이 4개의 기둥은 네 복음서 저자들의 기독교 사위일체 또는 네 복음서 저자들의 상징들, 즉 천사와 독수리, 수소 또는 송아지, 사자로 이뤄진 교회의 상징적인 준마 테트라모프(Tetramorph)에 해당한다. '요한 묵시록'의 새로운 예루살렘에 빗대고 있는 것이 분명하다.

4개로의 분할, 4개의 통합, 네 가지 색깔의 기적적 출현, '니그레도'(nigredo: 흑화)와 '데알바치오'(dealbatio: 백화), '루베팍티오'(rubefactio: 적화) '치트리니타스'(citrinitas: 황화) 등 연금술 작업의 네 단계 등은 옛날의 철학자들을 끊임없이 사로잡은 생각들이었다. 넷은 그 '하나'의 부분들과 특성들, 측면들을 상징한다. 그러나 나의 환자가 이런 옛날의 고찰들을 되살려야 하는 이유가 무엇인가?

그가 왜 그렇게 해야 하는지 나는 모른다. 단지 나는 이것이 유일한 예가 아니라는 사실만을 알고 있다. 나의 관찰이나 동료들의 관찰을 받는 많은 사람들도 똑같은 상징체계를 무의식적으로 보여주었다. 당연히 나는 그것이 3,4백 년 전에 기원했다고 생각하지 않는다. 그것은 단지 이와 동일한 원형적인 생각이 두드러지게 나타났던 또 다른 시대였을 뿐이다. 사실 그것은 『티마이오스』가 증명하듯이 중세보다 훨씬 더 오래되었다. 그것은 고대 그리스 로마 시대의 유산도 아니고 이집트의 유산도 아니다. 이유는 그것이 사실상 거의 모든 곳에서 모든 시대에 걸쳐 발견되기 때문이다. 예를 들면, 아메리카 인디언들이 사위일체에 부여하는 중요성이 얼마나 큰 지를 기억하기만 하면 된다.

사위일체가 역사가 깊고, 아마 선사 시대의 상징이고, 언제나 세계를 창조하는 신이라는 생각과 연결되어 있을지라도, 정말 흥미롭게도 그것이 내면에서 일어나고 있는 현대인들에 의해서는 좀처럼 그런 것으로 이해되지 않는다.

사람들에게 상징의 역사에 대한 정보를 주지 않고 그들의 방법대로 하도록 내버려두는 경우에 그들이 상징을 어떻게 해석하는지를 보는 것은 언제나 흥미로운 일이었다. 그래서 나는 나의 의견으로 그들을 방해하지 않으려 조심했으며, 대체로 나는 그들이 상징을 자기 자신 또는 그들 안에 있는 무엇인가를 상징하는 것으로 받아들인다는 사실을 발견했다. 그들은 상징이 일종의 창조적인 배경으로서, 그러니까 무의식의 깊은 곳에서 생명을 낳는 태양 같은 것으로서 자신과 밀접히 연결되어 있다고 느꼈다.

어떤 만다라 그림은 에제키엘(Ezekiel) 환상의 정확한 복사라는 것이 쉽게 보이는데도, 사람들이 그 환상에 대해 알고 있는 때조차도 그 유사점을 보는 경우는 무척 드물다. 그런데 오늘날에는 이 환상에 대한 지식이 꽤 드물다. 거의 체계적인 무지라고 부를 만한 것은 단순히 신이 인간의 밖에 있다는 편견의 효과일 뿐이다. 이 편견이 전적으로 기독교에만 해당되는 것은 아니지만, 그런 편견을 전혀 보이지 않는 종교들도 있다. 반대로, 그런 종교들은 일부 기독교 신비주의자들이 주장하는 바와 같이, 신과 인간의 근본적인 동일성을 주장한다. 그런 종교들은 신과 인간의 선험적 동일성을 주장하거나, 인간과 신의 동일성을, 요가의 방법들은 말할 것도 없고, 예를 들면, 아풀레이우스(Apuleius)의 변형을 통해 서양인에게 알려진 것과 같은 관행이나 비법 전수에 의해서도 성취할 수 있는 목표로 여긴다.

비교 연구의 방법을 이용하면, 사위일체가 자신의 창조물을 통해 스스로를 분명하게 드러내는 신의 다소 직접적인 표현이라는 것이 틀림없이 드러난다. 따라서 현대인의 꿈에서 자발적으로 나오는 그 상징은 그것과 비슷한 무엇인가를, 말하자면 우리 안에 있는 신을 의미한다는 결론이 가능하다. 관련된 사람들 대다수가 이 유추를 인식하지 못한다 하더라도, 그럼에도 불구하고, 그 해석은 맞을 수 있다. 만약 신이라는 개념이 하나의 "비과학적인" 가설이라는 사실을 고려한다면, 우리는 사람들이 그런 방향으로 생각하는 것을 망각한 이유를 쉽게 설명할 수 있다. 그리고 설령 사람들이 신에 대한 어떤 믿음을 고이 간직한다 하더라도, 그들은 종교적 교육에 의해 내면의 어떤 신이라는 사상을 가까이하지 않도록 저지당할 수 있다. 종교적 교육이 우리 안의 신이라는 사상을 "신비한 것"으로 여기며 언제나 경시했으니 말이다. 그럼에도, 꿈과 환상에 의해 의식적인 정신에 강요되고 있는 것은 바로 이 "신비한" 사상이다. 나의 동료들뿐만 아니라 나 자신도 동일한 상징체계를 발달시키는 예를 너무나 많이 보았기 때문에, 우리는 내면의 신의 존재를 더 이상 의심하지 못한다. 더욱이, 나의 관찰들은 1914년으로 거슬러 올라가며, 나는 14년을 기다렸다가 그 관찰들에 대해 공개적으로 암시하기 시작했다.

누구든 나의 관찰을 신의 존재를 입증하는 증거로 받아들인다면, 그건 유감스런 실수이다. 나의 관찰들은 단지 원형적인 신의 이미지의 존재를 증명할 뿐이다. 나의 마음에는 그런 이미지가 우리가 신에 대해 심리학적으로 단언할 수 있는 최고의 것으로 다가온다. 그러나 그 이미지가 대단히 중요하고 영향력 있는 원형이기 때문에, 그것이 비교적 자주 등장하는 것이 '자연 신학'에 주목할 만한 사실처럼 보인다. 그리고 이 원형적 경험이 초자연적인 성격을 아주 강하게 보이기 때문에, 그것은 종교적 경험들의 범주에 속한다.

기독교의 핵심적인 상징체계가 삼위일체인 반면에 무의식이 제시하는 공식은 사위일체라는 흥미로운 사실에 관심을 기울여 달라는 말을 하지 않을 수 없다. 실제로, 정통적인 기독교의 설명은 꽤 완전하지 않다. 왜냐하면 악의 원리라는 교리적인 측면이 삼위일체에서 빠져 있고, 따라서 악의 원리가 악마로서 다소 거북하게 홀로 존재를 영위하고 있기 때문이다.

그럼에도 불구하고, 교회는 악마와 삼위일체의 내적 관계를 배제하지 않는 것처럼 보인다.

가톨릭의 어느 권위자는 이 문제에 대해 이렇게 말한다. "그러나 사탄의 존재는 오직 삼위일체와의 관계 속에서만 이해될 수 있다." "삼위일체인 신의 의식(意識)과 연결되지 않는 악마를 신학적으로 다루는 것은 어떤 것이든 실제적인 지위를 왜곡하고 있다."[13] 이 견해에 따르면, 악마는 인격과 절대적 자유를 소유하고 있다. 그것이 악마가 진정하고 개인적인, "그리스도의 카운터파트"가 될 수 있는 이유이다. "이러한 사실에 의해서 신의 존재 안에서 새로운 어떤 자유가 모습을 드러낸다. 신은 악마가 자기 옆에서 존속하는 것을 자유롭게 허용하고 자신의 왕국이 영원히 이어지는 것을 가능하도록 한다." "강력한 악마라는 사상은 여호와라는 개념과 양립할 수 없지만, 삼위일체 개념과 양립할 수 없는 것은 아니다. 3개의 위격을 갖춘 하나의 신이라는 신비는 신의 존재의 깊은 곳에서 새로운 자유를 활짝 열며, 이것은 심지어 신의 옆에 나란히 존재하며 신에게 반대하는, 인격적인 악마라는 사상을 가능하게 만든다." 따라서 악마는 자율적인 인격과 자유, 영원성을 소유하고 있으며, 악마는 나란히 존재하며 반대하는 그 신과 형이상학적인 특성들을 너무나 많이 공유하고 있다. 따라서 악마와 삼위일체의 관계 또는 심지어 (부정적인) 유사성까지도 가톨릭의 사상으로서 더 이상 부정될 수 없다.

악마를 사위일체에 포함시키는 것은 결코 현대적인 짐작이거나 무의식의 괴상한 왜곡이 아니다. 16세기의 자연철학자이자 의사인 도른(Gerhard Dorn)의 글에서 삼위일체와 사위일체 상징들을 세세하게 논한 내용이 나오며, 사위일체는 악마에게로 돌려지고 있다. 도른은 셋은 '하나'이지만 넷은 '제5의 원소'(quinta essentia)에서 단일성을 성취하기 때문에 '하나'가

---

13 Koepgen, 'Die Gnosis des Christentums, pp. 189,190.

아니라는 기독교의 관점을 엄격히 채택했다는 점에서 연금술의 전체 전통과 결별하고 있다. 이 저자에 따르면, 사위일체는 진실로 "악마의 사기"이거나 "악마의 기만"이며, 그는 천사들이 추락할 때 악마가 "사위일체의 영역과 원소들의 영역으로 추락했다"는 입장을 보였다. 그는 악마가 "4개의 뿔을 가진"(숫자 4) "이중적인 뱀"(숫자 2)을 낳은 상징적 작용에 대해 정교하게 설명하고 있다. 정말로, 숫자 2는 악마 자체, 그러니까 4개의 뿔을 가진 이중적인 뱀이다.

개인적인 인간과 동일한 어떤 신은 이단에 가까운 매우 복잡한 가정이기 때문에, "인간 내면의 신"도 교리와 관련해 어려움을 제기한다. 그러나 사위일체는 현대인의 정신에 의해 제시되는 바와 같이 내면의 신을 직접적으로 가리킬 뿐만 아니라 신과 인간의 동일성도 가리킨다. 교리와 반대로, 3가지가 아니라 4가지의 양상이 있다. 네 번째가 악마를 나타낸다는 것은 쉽게 추론된다. "나와 아버지는 하나이고, 나를 보는 자는 아버지를 본다"는 그리스도의 말씀이 있음에도 불구하고, 인간이 자신을 그리스도와 그리스도의 '호모오우시아'(homoousia)[14]와 동일시할 만큼, 교리에 나타나는 그리스도의 인간성을 지나치게 강조하는 것은 신성 모독이나 광기로 여겨질 것이다. 그러나 이 동일시가 바로 자연적인 상징이 의미하는 바이다. 따라서 정통적인 관점에서 보면, 자연적인 사위일체는 '악마의 사기'로 선언될 수 있으며, 이것을 뒷받침하는 중요한 증거는 정통적인 관점이 기독교 우주의 비난 받을 부분을 나타내는 네 번째 양상을 흡수시켜 버린 사실이 될 것이다.

내가 볼 때, 교회는 아마 그런 결론들을 진지하게 받아들이려는 모든 시도를 거부해야 한다. 교회는 심지어 이런 경험들에 접근하는 것까지 비난해야만 할 것이다. 교회가 스스로 분리해 놓은 것을 자연이 통합시킨다는 점을 인정할 수 없을 것이기 때문이다. 사위일체의 모든 경험에서 자연의

14 니케아 신경에서 성부와 성자가 같은 실체의 하느님이라는 뜻이다.

목소리가 분명히 들리고 있으며, 이 같은 사실은 무의식과 조금이라도 연결되는 것들에 대한 오랜 불신까지 불러일으킨다. 꿈들에 관한 과학적 조사는 단순히 새롭게 위장한 옛날의 해몽에 지나지 않으며, 따라서 다른 "비술(秘術)들"만큼이나 반대할 만하다. 옛날의 연금술 논문들에서 꿈들의 상징체계와 아주 비슷한 것들이 발견되며, 이것들도 꿈들만큼 이단적이다. 여기서 비밀과 보호적인 비유들이 필요했던 이유가 충분히 확인된다. 옛날의 연금술사들의 상징적 진술은 현대의 꿈들과 똑같은 무의식에서 나오며, 똑같이 자연의 목소리이다.

만약에 우리가 여전히 궁극적인 것들에 대해 그다지 의심하지 않으며 세상의 모든 역사가 '창세기'로 시작했다고 믿는 중세적인 환경에서 살고 있다면, 우리도 꿈 같은 것들을 쉽게 털어 버릴 수 있을 것이다. 그러나 불행하게도 우리는 모든 궁극적인 것이 의심의 대상이 되고, 엄청난 길이의 선사(先史)가 존재하고, 초자연적인 경험이 있다면 그것은 정신의 경험이라는 것을 알고 있는 현대적인 환경에서 살고 있다. 우리는 더 이상 신의 권좌 주위를 돌고 있는 최고천(最高天)[15]의 세계를 상상하지 못하며, 은하계 그 뒤의 어딘가에서 신을 찾는 것도 꿈꾸지 않을 것이다. 그럼에도 인간의 영혼은 신비들을 품고 있는 것 같다. 경험주의자에게 모든 종교적 경험들이 특이한 어떤 정신적 조건으로 압축되니 말이다.

만약에 종교적 경험이 그 경험을 직접 하고 있는 사람에게 어떤 의미인지를 알기를 원한다면, 우리는 오늘날 온갖 상상 가능한 형태로 그것을 연구할 기회를 누린다. 그리고 만약에 종교적 경험이 어떤 의미든 지닌다면, 그 경험은 그 경험을 하고 있는 사람에겐 모든 것을 의미한다. 어쨌든 이것이 증거를 주의 깊게 연구하는 경우에 불가피하게 내리게 되는 결론이

---

15 고대에는 불이나 빛이 존재하는 곳으로, 중세에는 하느님이나 천사가 사는 곳으로 여겨졌다.

다. 종교적 경험은 그 내용물이 어떠하든 최고의 가치가 부여되는 그런 종류의 경험으로 정의될 수 있다. 현대인의 마음이 '교회 밖에는 어떤 구원도 없다'(extra ecclesiam nulla salus)는 교리의 영향을 받는 한, 그 마음은 마지막 희망으로 정신에 의지할 것이다. 정신이 아닌 다른 어떤 곳에서 사람이 경험을 얻을 수 있었는가? 그리고 그 대답은 다소 내가 묘사한 그런 종류일 것이다. 자연의 목소리가 대답할 것이고, 그러면 인간의 영적 문제와 관련 있는 모든 사람들은 새롭고 당혹스런 문제들을 직면할 것이다. 나의 환자들의 영적 욕구 때문에, 나는 무의식이 제시하는 상징들 중 일부를 이해하려고 진지하게 시도하지 않을 수 없었다. 지적이고 도덕적인 결과들에 대해 논하는 경우에 지나치게 멀리 나갈 수 있기 때문에, 나는 단순히 대략적인 개요만을 전하는 것으로 만족해야 한다.

어느 종교의 중요한 상징적인 형상들은 언제나 그 종교와 관계있는 특별한 도덕적 및 정신적 태도를 표현한다. 예를 들면, 나는 십자가와 그것의 다양한 종교적 의미들을 언급할 것이다. 또 다른 중요한 상징은 삼위일체이다. 삼위일체는 전적으로 남성적인 성격을 지니고 있다. 그러나 무의식은 삼위일체를, 삼위일체의 세 위격이 동일한 한 신인 것과 똑같이, 동시에 하나의 단일성인 사위일체로 변화시킨다. 삼위일체가 자연 속에서 상상되는 한, 고대의 자연철학자들은 그것을 "날아다니는 것들"(volatilia)로도 불린 3가지 "정령", 즉 물과 공기와 불로 나타냈다. 한편, 네 번째 구성 요소는 흙, 즉 육체였다. 자연철학자들은 흙을 성모 마리아로 상징했다. 이런 식으로, 그들은 육체적인 삼위일체에 여성적인 원소를 더했으며, 그리하여 사위일체를 만들어냈다. 이 사위일체의 상징은 자웅동체인 지혜의 아들(filius sapientiae)이었다. 중세의 자연철학자들은 틀림없이 네 번째 원소로 흙과 여자를 의미했다. 악의 원리가 공개적으로 언급되었지만, 그 원리는 원물질의 독성과 그 외의 다른 암시들에서 나타난다.

현대의 꿈들 속의 사위일체는 무의식의 창조물이다. 내가 첫 번째 섹션에서 설명했듯이, 무의식은 종종 여성의 형상인 아니마에 의해 의인화된다. 분명히, 사위일체의 상징은 그녀에게서 나온다. 땅이 신의 어머니로 이해되듯이, 그녀는 사위일체의 모체, 즉 신의 어머니일 것이다. 그러나 악마뿐만 아니라 여자도 삼위일체 교리 속의 신성으로부터 배제되고 있기 때문에, 만약에 삼위일체가 사위일체가 되어야 한다면, 악마의 요소가 그 종교적 상징의 일부를 형성할 것이다. 그런 식의 발달이 정신의 세계에 미칠 영향을 짐작하는 데는 특별한 상상력이 전혀 필요하지 않다.

3. 자연적인 한 상징의 역사와 심리학

철학적 호기심을 좌절시킬 뜻이 전혀 없음에도, 나는 사위일체 상징이 제기하는 문제의 도덕적, 지적 측면에 대해 논하는 일에 빠지지 않을 것이다. 그 상징의 심리학적 중요성이 훨씬 더 크며, 그 상징은 실제 치료에서도 꽤 중요한 역할을 한다. 여기서 우리가 심리 요법이 아니라 일부 정신적 현상의 종교적인 측면에 관심을 두고 있지만, 나는 이 역사적인 상징들과 형상들을 먼지 쌓인 무덤으로부터 발굴해 내기 위해서 정신 병리학에 관한 나의 연구들을 들추지 않을 수 없다.

젊은 정신과 의사였을 때, 나는 나 자신이 그런 일을 하리라고는 절대로 생각하지 않았을 것이다. 따라서 만약에 사위일체 상징, 즉 '사각의 원' (circulus quadratus)에 관한 이 긴 논의와 삼위일체 교리를 향상시키려는 이단적인 시도가 다소 억지스럽고 과장되어 보이더라도, 나는 개의치 않을 생각이다. 그러나 실제로 보면 사위일체에 관한 나의 전체 강연은 나의 환자를 설명하는 최종적이고 가장 중요한 예에 대한, 유감스러울 만큼 짧고 부적절한 소개의 말에 지나지 않는다.

우리의 꿈 시리즈의 시작 부분에서 이미 원이 나타난다. 그 원은 예를 들면 꿈을 꾸는 사람을 둘러싸고 있는 원을 묘사하는 어떤 뱀의 형태를 취하고 있다. 그 뒤의 꿈들에서 원은 시계나 중심점을 가진 원, 사격 연습을 위한 둥근 표적, 영원히 작동하는 시계, 공, 구, 둥근 탁자, 대야 등으로 나타난다. 그와 동시에 사각형도 도시의 광장이나 가운데에 분수가 있는 정원 등의 형태로 나타난다.

조금 더 지나면 원은 순환적인 움직임과 관련해서 나타난다. 사람들이 광장에서 둘레를 걷고 있거나, 마법적인 의식(동물들을 인간으로 변화시키는 의식)이 사각형의 방 안에서 일어난다. 그 방의 귀퉁이에는 4마리의 뱀이 있고, 그 귀퉁이들을 다시 사람들이 돌고 있다. 꿈을 꾸는 사람이 택시를 타고 광장 둘레를 돌고 있다. 사각형의 유치장이 나오고, 그 자체가 회전하고 있는 빈 광장도 나온다. 다른 꿈들에서 원은 회전으로 표현되고 있다. 예를 들면, 4명의 아이들이 "검은 고리"를 들고 원을 그리며 걷는다. 다시, 원은 사위일체와 결합되어, 그러니까 4개의 기본 방위 쪽으로 놓인, 4개의 호두를 담은 은 그릇으로, 또는 4개의 의자가 놓인 탁자로 나타난다. 중앙이 특별히 강조되는 것 같다. 중앙은 고리의 한가운데에 놓인 알에 의해, 군인들로 구성된 어떤 별에 의해, 사계절을 나타내면서 원을 그리며 도는 별에 의해, 기둥에 의해, 소중한 돌에 의해 상징되고 있다.

이 모든 꿈들은 갑작스런 시각적인 인상의 형태로 환자에게 온 어느 이미지로 이어지고 있다. 그는 그런 시각적인 내용물을 예전에도 몇 차례 보았지만, 이번의 것은 너무도 인상적인 경험이었다. 그 자신이 "더없이 장엄하게 일치하는 인상이었다"고 말하고 있으니까. 그런 경우라면 '우리'의 인상이 어떤지, 또는 '우리'가 그 인상에 대해 어떻게 생각하는지는 전혀 중요하지 않다. 오직 환자가 그것에 대해 어떻게 느끼는가 하는 문제만 중요할 뿐이다. 그것은 '그'의 경험이며, 만약에 그것이 그의 조건에 깊은 변화를 일으킬 만큼 영향을 끼친다면, 그것에 반대하는 의견을 개진해 봐야 아무 소용이 없다. 심리학자는 단지 사실에 주목할 수 있을 뿐이며, 만약에 심리학자가 그 과제를 감당할 수 있다고 느낀다면, 그는 그런 환상이 그런 사람에게 그런 효과를 발휘하는 이유를 이해하려고 노력할 수 있다. 그 환상은 환자의 심리적 발달에 하나의 전환점이 되었다. 그것은 흔히 종교의 언어로 개종이라고 부르는 것이었다.

환상은 이런 내용이었다.

공통의 중심을 가진, 수직적인 원과 수평적인 원이 있다. 그것은 세계 시계이다. 그것은 검은 새에 의해 받쳐지고 있다.

수직의 원은 4 × 8 = 32개의 칸으로 나눠진, 흰색 가장자리를 가진 청색 원반이다. 바늘 하나가 그 위를 돌고 있다.

수평의 원은 4가지 색깔로 이뤄져 있다. 그 위에 4명의 작은 남자들이 진자를 갖고 서 있으며, 원 주위에 한때 검었다가 지금 황금이 된 고리(이전에 아이들에 의해 옮겨졌다)가 놓여 있다.

그 세계 시계는 3가지 리듬 또는 맥박을 갖고 있다.

1. 약한 맥박: 청색의 수직 원반에 있는 침이 1/32 만큼 나아간다.

2. 중간 맥박: 침이 한 바퀴 완전히 돈다. 동시에 수직의 원이 1/32 만큼 나아간다.

3. 강한 맥박: 32번의 중간 맥박은 황금 고리의 1회 회전과 동일하다.

이 환상은 그 전의 꿈들에 나온 모든 암시들을 요약하고 있다. 그것은 이전에 단편적이었던 상징들, 그러니까 원과 구(球), 사각형, 회전, 시계, 별, 십자가, 사위일체, 시간 등으로 나타났던 상징들을 의미 있는 전체로 파악하려는 시도처럼 보인다.

"더없이 장엄한 일치"의 감정이 이런 추상적인 구조에 의해서 생겨나야 하는 이유를 이해하는 것은 당연히 어려운 일이다. 그러나 만약에 플라톤의 『티마이오스』 속의 2개의 원들과 플라톤의 세계 영혼의 둥글둥글한 모양에 대해 생각한다면, 이해에 이르는 길을 발견할 수도 있다. 다시, "세계 시계"라는 용어는 천체들의 음악적 조화라는 고대의 개념을 암시한다. 따라서 그것은 일종의 우주론적인 체계일 것이다.

만약 그 환상이 창공과 그것의 조용한 회전에 관한 것이라면, 또는 태양계의 꾸준한 움직임에 관한 것이라면, 우리는 그 그림의 완벽한 조화를 금방 이해할 수 있고 평가할 수 있다. 우리는 또 우주에 관한 관념적인 환상이 꿈같은 의식의 안개를 뚫고 희미하게 반짝이고 있었다고 단정할 수도 있다. 그러나 그 환상에 이상적인 그림의 조화로운 완벽과 꽤 일치하지 않는 무엇이 있다. 두 개의 원은 서로 다른 성격을 갖고 있다. 원들의 움직임도 다를 뿐만 아니라 색깔도 마찬가지로 다르다. 수직의 원은 청색이고, 4가지 색깔을 포함하고 있는 수평의 원은 황금색이다. 청색의 원은 하늘의 푸른 반구를 쉽게 상징할 수 있지만, 수평의 원은 4명의 작은 인간들에 의해 의인화되고 4가지 색깔에 의해 특징적으로 표현된 4개의 기본 방위를 가진 지평선을 나타낼 것이다. (그 전의 어느 꿈에서, 4개의 방향은 한 번은 4명의 아이들에 의해, 또 한 번은 사계절에 의해 표현되었다.)

이 그림은 즉각 원의 형태나, 4명의 복음서 저자들과 함께 있는 '영광의 왕'[16], 또는 지평이 황도대로 이뤄진 곳의 '멜로테시아'(melothesia)[17]의 형태로 세계를 표현하던 중세의 그림을 떠올리게 한다. 그리스도를 의기양

---

16 예수 그리스도를 말한다.
17 중세의 의사들이 원이나 만다라 안에 그리곤 했던 작은 형상을 말한다. 이 형상은 인간 몸의 각 부위를 상징한다.

양한 모습으로 표현하는 것은 그것과 유사한, 호루스와 네 아들을 그린 그림들에서 비롯된 것 같다.

동양에도 비슷한 것들이 있다. 일반적으로 티베트에서 기원한 불교 만다라 또는 원이 그것이다. 이 만다라들은 대체로 원형의 연꽃으로 이뤄져 있으며, 연꽃은 4개의 기본 방위와 계절을 암시하는 4개의 문을 가진 사각형의 신성한 건물을 포함하고 있다. 중앙에는 부처가 있거나, 시바와 그의 아내 샤크티의 결합이 있거나, 번개의 상징이 있다. 만다라는 정신 집중이나 명상을 위한 도구이자, 요가 수행자의 의식을 최종적으로 모든 것을 두루 다 아는, 신과 같은 의식으로 변형시키는 도구이다.

이 유사성들은 아무리 놀랍다 하더라도, 전적으로 만족스럽지는 않다. 왜냐하면 그것들 모두가 중앙을 지나치게 강조하고 있는 탓에 마치 핵심적인 형상의 중요성을 표현하기 위해 만들어진 것처럼 보이기 때문이다. 그러나 우리의 예에서 중앙은 비어 있다. 중앙은 단지 수학적인 어떤 점으로만 이뤄져 있다. 내가 언급한 유사한 것들은 세계를 창조하거나 세계를 지배하고 있는 신을 묘사하거나, 별자리에 의존하는 인간을 묘사하고 있다. 우리의 상징은 시간을 상징하는 시계이다. 내가 그런 상징을 놓고 유추할 수 있는 유일한 것은 12궁도의 구도이다. 12궁도 4개의 기본 방위와 빈 중앙을 갖고 있다. 그리고 눈에 두드러진 또 다른 유사점이 있다. 그 전의 꿈들에서 회전이 자주 언급되고, 그것이 대체로 왼쪽으로 움직이는 것으로 보고된다는 점이다. 12궁도는 수치적으로 왼쪽으로, 말하자면 시계 반대 방향으로 나아가는 12개의 궁을 갖고 있다.

그러나 12궁도는 하나의 원으로만 이뤄져 있으며, 더욱이 명백히 다른 두 체계 사이의 대조를 전혀 포함하고 있지 않다. 그래서 12궁도도 우리의 상징의 시간적 측면에 대해 약간 밝혀주긴 해도 마찬가지로 만족스럽지 않은 유추이다. 그래서 만약에 중세 상징체계의 보고(寶庫)가 없다면,

우리는 심리학적으로 비슷한 것을 찾으려는 시도를 포기하지 않을 수 없었을 것이다. 정말 운 좋게도, 나는 잘 알려져 있지 않은 14세기 초의 저자를 우연히 접할 기회를 가졌다. 샬리스의 어느 수도원의 원장이자, 1330년과 1355년 사이에 3편의 "순례기"를 쓴 노르망디 시인인 기욤 드 디귈르빌(Guillaume de Digulleville)이 그 저자이다. '인간 삶의 순례'(Les Pélerinages de la vie humaine) '영혼의 순례'(de l'âme) '예수 그리스도의 순례'(de Jésus Christ)가 그 작품들이다. '영혼의 순례'의 마지막 편에 천국의 환상이 나온다.

작품 속의 낙원은 49개의 회전하는 구(球)들로 이뤄져 있다. 구들은 세속적인 세기들의 전형 또는 원형인 "세기"(世紀)라 불린다. 그러나 기욤에게 안내자 역할을 맡은 천사가 설명하듯이, "in saecula saeculorum"[18]이라는 교회의 표현은 평범한 시간이 아니라 영원을 의미한다. 황금색 천국이 모든 구들을 둘러싸고 있다. 기욤은 그 황금 천국 쪽으로 올려보다가 돌연 작은 원을 보았다. 폭이 3피트에 불과하고 사파이어 색깔로 된 원이었다. 기욤은 이 원에 대해 이렇게 말한다. "그것은 황금 천국의 어느 지점에서 나와서 다른 지점에서 그 천국으로 들어갔다. 그것은 황금 천국을 일주했다." 틀림없이, 그 청색의 원은 천국의 황금 영역을 가로지르는 커다란 원 위를 원반처럼 돌고 있었다.

그렇다면 여기에 두 가지 다른 체계들이 있다. 하나는 황금색이고 다른 하나는 청색이며, 하나가 다른 하나를 관통하고 있다. 청색 원은 무엇인가? 천사는 궁금해 하는 기욤에게 다시 설명한다.

이 원은 달력이야.
전체 경로를 완전히 한 바퀴 돌면서

18 라틴어 표현으로, 영어로 'in an age of ages' 또는 'forever and ever'로 번역된다.

각 성인의 축일을 보여 주고 있어.

그리고 성인들이 축하를 받아야 하는 때를.

각 성인은 그 원을 한 바퀴 다 돌아.

당신이 보는 별들은 저마다 하루를 나타내고 있어.

그리고 모든 태양은 황도대 30일의

어떤 주문(呪文)을 나타내고 있어.

청색의 원은 교회의 달력이다. 그렇다면 여기서 유사한 것을 또 하나 만난다. 시간의 요소이다. 우리의 환상에서 시간은 3가지의 맥박이 특징이거나 그런 맥박에 의해 측정된다는 것이 기억날 것이다. 기욤의 달력 원은 직경이 3피트이다. 게다가, 기욤이 청색의 원을 응시하고 있는 동안에, 자주색 옷을 걸친 세 정령이 갑자기 나타난다. 그러자 천사는 그날이 세 성인들의 축일이라고 설명하고, 이어서 천사는 전체 황도대에 관한 이야기로 넘어간다.

천사는 물고기자리에 이르면서 성령의 축일보다 앞서는 열두 어부들의 축일에 대해 언급한다. 이에 기욤은 천사에게 자신이 삼위일체의 상징을 제대로 이해한 적이 한 번도 없었다고 밝힌다. 그러면서 기욤은 이 신비를 설명해 주는 친절을 베풀어 달라고 천사에게 부탁한다. 이에 천사는 "자, 보자. 중요한 색깔은 세 가지야. 초록과 빨강, 황금색이지"라고 말한다. 이 색깔들이 공작의 꼬리에서 결합하는 것이 확인된다. 이어 천사는 "세 가지 색깔을 하나로 만들 수 있는 전능한 왕이라면 한 가지 물질이 세 가지가 되도록 할 수도 있지 않겠는가?"라고 덧붙인다. 천사의 말에 따르면, 황금색은 아버지, 빨간색은 아들, 초록색은 성령의 것이다. 이어서 천사는 시인에게 더 이상 질문을 하지 말라고 경고한 뒤 사라진다.

다행히도, 우리는 천사의 가르침으로부터 셋이 삼위일체와 관계있다는 것을 알고 있다. 그래서 앞에서 본론에서 잠시 벗어나며 삼위일체에 관한 신비주의의 견해를 둘러본 것도 그다지 엉뚱하지 않았다는 것도 알고 있다. 동시에 우리는 색깔의 모티브를 만나지만, 불행하게도 우리 환자는 네 가지를 갖고 있는 반면에 기윰, 아니 천사는 세 가지, 즉 황금색과 빨간색, 초록색에 대해서만 말한다. 이 대목에서『티마이오스』의 첫 부분에 나오는 말을 인용할 수 있다. "셋은 있는데, 네 번째는 어디에 있는가?" 아니면 괴테(Johann Wolfgang von Goethe)의 '파우스트'(Faust) 2부 중 카비리[19] 장면에서, 말하자면 카비리가 신비스런 그 "엄격한 상(像)"을 바다에서 데리고 오는 장면에서 그것과 아주 똑같은 말을 인용할 수 있다.

우리의 환상에 등장하는 4명의 작은 인간들은 난쟁이이거나 카비리이다. 그들은 4가지 색깔과 4가지 원소뿐만 아니라 4개의 기본 방위와 4개의 계절을 나타낸다. '파우스트'와 '순례기'에서와 마찬가지로 '티마이오스'에서도 숫자 4와 관련해 무언가가 잘못된 것 같다. 실종된 네 번째 색깔은 분명히 청색이다. 그것은 노랑과 빨강, 초록의 시리즈에 속하는 색깔이다. 청색이 실종된 이유가 무엇인가? 달력이나 시간이나 청색에 뭐가 잘못되었는가?

가엾은 늙은이 기윰은 틀림없이 똑같은 문제로 당황하고 있었다. 거기에 셋은 있지만 네 번째는 어디에 있는가? 그는 삼위일체에 대해 무엇인가를 배우길 간절히 바라고 있었다. 그런데도 그가 말하는 바와 같이 그것을 제대로 이해한 적이 결코 없었다. 그리고 천사가 기윰이 거북한 문제들을 더 묻기 전에 거기서 벗어나기 위해 서둘렀던 것이 아닌가 하는 의심이 살짝 들기도 한다.

나는 기윰이 천국에 갔을 때 무의식의 상태에 빠져 있었을 것이라고 짐작한다. 그렇지 않았다면 그는 틀림없이 자신이 본 것을 바탕으로 어떤 결

---

19 그리스 신화에서 수수께끼 같은 지하의 신들의 집단을 말한다.

론을 끌어냈을 것이다. 그는 실제로 무엇을 보았는가? 먼저 영원한 지복을 이룬 자들이 거주하는 "세기들"의 영역들을 보았다. 이어서 그는 황금의 천국을 보았으며, 거기에는 천국의 왕이 황금 권좌에 앉아 있고, 그의 옆에 천국의 왕비가 둥근 갈색 수정 권좌에 앉아 있었다. 이 왕비에 관한 디테일은 사자(死者)의 부활 전에 육체와의 결합이 유일하게 허용된 인간으로서 마리아가 육체와 함께 천국까지 들어 올려지게 되어 있었다는 사실에 대해 언급하고 있다.

왕은 대체로 신부인 교회와 함께 의기양양한 그리스도로 그려진다. 그러나 가장 중요한 것은 왕이 그리스도이기 때문에 동시에 삼위일체라는 점, 그리고 네 번째 위격, 즉 왕비의 소개가 삼위일체를 사위일체로 만든다는 점이다. 왕족의 짝은 '하나'의 지배 하에 있는 둘의 단일성을, 도른의 표현을 빌리면 "하나의 군주 아래에 있는 둘"의 단일성을 이상적인 형태로 나타내고 있다. 더욱이, 갈색의 수정(水晶)에서, "4개의 뿔을 가진 '비나리우스'(binarius)[20]"가 던져진 "사위일체와 원소들의 영역"은 최고의 중재자인 마리아의 권좌까지 높아졌다. 따라서 자연적인 원소들의 사위일체는 신부(新婦) 교회 또는 천국의 왕비의 신비한 육체와의 밀접한 연결 속에서 나타날 뿐만 아니라, 삼위일체와의 직접적인 관계 속에서도 나타난다. 신부 교회의 신비한 육체와 천국의 왕비를 구분하는 것은 종종 어렵다.

청색은 마리아의 천상의 망토의 색깔이며, 그녀는 하늘의 청색 텐트에 덮인 땅이다. 그런데 신의 어머니가 언급되지 않아야 하는 이유가 무엇인가? 교리에 따르면, 마리아는 축복을 받았을 뿐이며 신성하지는 않다. 더욱이, 그녀는 육체와 육체의 어둠인 땅을 나타낸다. 그것이 자비롭기 그지없는 그녀가 모든 죄인들을 대신해서 간청할 수 있는 권리를 갖는 이유이지만, 또한 특권적인 지위(천사들이 죄를 짓는 것은 가능하지 않다)에도

---

20 2진법 등 두 가지로 구성된 것을 뜻하는 라틴어 단어.

불구하고 그녀가 삼위일체와, 그러니까 너무 가까우면서도 너무 먼 탓에 합리적으로 이해되지 않는 삼위일체와 어떤 관계를 맺고 있는 이유이다. 모체로서, 그릇으로서, 땅으로서, 그녀는 비유적으로 4개의 기본 방위가 특징인 둥근 것으로 해석될 수 있다. 따라서 그녀는 4개의 구역을 가진 구(球)나 신(神)의 휴대용 발판으로, "정사각형"의 천국의 도시 또는 "그리스도가 숨어서 누워 있는 바다의 꽃으로", 한 마디로 말해 하나의 만다라로 해석될 수 있다.

연꽃에 관한 '탄트라'의 해석에 따르면, 이것은 즉각적으로 이해 가능한 이유들로 인해 여성적이다. 연꽃은 신들의 영원한 출생지이다. 그것은 종종 4개의 구역에 해당하는 4명의 복음서 저자들의 지지를 받는 영광의 왕이 앉는 서양의 장미에 해당한다.

중세적인 심리의 이 소중한 조각으로부터 우리는 우리 환자의 만다라가 뜻하는 의미에 대한 통찰을 어느 정도 얻는다. 그 만다라는 넷을 통합시키고 있으며, 넷은 서로 조화롭게 기능하고 있다. 나의 환자는 가톨릭 신자로 성장했으며, 따라서 무의식적으로 그는 늙은 기욤에게 작지 않은 걱정을 안긴 그 문제에 봉착했다. 정말로 그것은 중세에 중대한 문제였다. 바로 삼위일체와, 여성적인 요소의 배제 또는 적절한 인정에 관한 문제였다. 여기서 말하는 여성적인 요소는 땅과 육체와 전반적인 물질을 뜻하며, 그것들은 아직 신의 신성한 거처이자 구원이라는 신성한 작업에 반드시 필요한 도구인 마리아의 자궁의 형태로 있었다.

나의 환자의 환상은 이 오래된 질문에 상징을 통해 대답을 제시하고 있다. 그것은 아마 세계 시계의 이미지가 "더없이 장엄한 일치"를 이룬다는 인상을 낳은 깊은 이유일 것이다. 그것은 물질과 정신 사이의, 육신의 욕망과 신의 사랑 사이의 파괴적인 갈등에 대한 해결책을 처음으로 암시했다. 교회 꿈에 나타났던 비참하고 헛된 타협이 이 만다라 환상에서 완전히 극복되고 있다. 이 환상에서 모든 상반된 것들이 화해를 이루고 있으니 말이다. 만약에 우리가 영혼은 정방형이라는 옛날의 피타고라스학파의 사상을 상기한다면, 그 만다라는 삼중의 리듬을 통해서 신을 표현하고, 정적인 사위일체, 즉 4가지 색깔로 구분된 원을 통해서 영혼을 표현한다. 따라서 만다라의 가장 깊은 의미는 단순히 영혼과 신의 결합일 것이다.

세계 시계가 또한 원의 사각형화와 영원한 운동을 나타내기 때문에, 중세의 정신이 이 두 가지에 열중하던 현상이 우리의 만다라에 적절히 표현되고 있다. 황금색 원과 그것의 내용물은 4명의 카비리와 네 가지 색깔의 형태로 사위일체를 나타내고 있으며, 기욤에 따르면, 청색 원은 삼위일체와 시간의 움직임을 나타낸다.

우리 환자의 경우에, 청색 원의 침은 가장 빨리 움직이는 반면에, 황금색 원은 느리게 움직인다. 기욤의 황금 천국에서는 청색 원이 다소 조화를 이루지 못하는 것 같지만, 우리 환자의 환상에 나타나는 원들은 서로 조화롭게 결합되어 있다. 삼위일체는 지금 생명이며, 4의 배수인 32에 근거한 삼중의 리듬을 갖고 있는, 전체 체계의 "맥박"이다. 이것은 내가 전에 표현했던 견해, 즉 사위일체는 신성한 출생의 필수 조건이고, 따라서 삼위일체의 내적 삶의 필수 조건이라는 견해와 일치한다. 그러므로 한쪽에서 원과 사위일체가, 다른 한쪽에서 삼중의 리듬이 서로를 포함하도록 서로 깊이 침투하고 있다.

기욤의 버전에서 삼위일체는 충분히 분명하지만, 사위일체는 천국의 왕과 왕비의 이중성 속에 숨어 있다. 더욱 중요한 것은 청색이 왕비에게 속하지 않고, 시간을 나타내고 또 삼위일체의 속성들이 두드러지는 달력에 속한다는 점이다. 거기에도 우리 환자의 예에서와 마찬가지로 상징들의 상호 침투가 있는 것처럼 보인다.

특성들과 내용물들의 상호 침투는 일반적으로 상징들에 전형적으로 나타나는 현상일 뿐만 아니라, 상징화된 내용물들의 기본적인 유사성에도 전형적으로 나타나는 현상이다. 이 유사성이 없다면, 어떤 상호 침투도 가능하지 않을 것이다. 그래서 아버지가 아들 안에서 나타나고 아들이 아버지 안에서 나타나며, 성령이 아버지와 아들에게서 똑같이 나타나고, 아버지와 아들이 성령 안에서 보혜사(Paraclete)[21]로 나타나는 기독교의 삼위일체 개념에서도 상호 침투가 발견된다. 아버지로부터 아들로 나아가는 것과 아들이 특별한 어느 시점에 땅에 나타나는 것은 시간 요소를 나타내는 반면에, 공간적인 요소는 어머니 신에 의해서 의인화될 것이다. (어머니의 특성은 원래 성령의 한 속성이었으며, 성령은 초기의 일부 기독교인들에게 소피아-사피엔치아(Sophia-Sapientia)로 알려졌다. 이 여성적인 자질은 완전히 지워질 수 없었다. 그 자질은 지금도 여전히 성령의 상징인 '성령의 비둘기'에 남아 있다.)

그러나 사위일체는 초기 교회의 상징체계에 나타나고 있음에도 불구하고 교리에서는 완전히 배제되고 있다. 나는 원으로 둘러싸인, 4개의 팔의 길이가 똑같은 십자가나, 4명의 복음서 저자들과 함께 있는 의기양양한 그리스도, 네 복음서 필자를 상징하는 형상 등에 대해 말하고 있다. 훗날의 교회의 상징체계 안에서, 신비의 장미, 헌신의 그릇, 봉인된 샘, 봉쇄 정원 등이 어머니 신의 속성으로, 그리고 거룩한 땅의 속성으로 나타난다.

만약에 삼위일체의 개념들이 단순히 인간 이성이 고안한 장치에 불과하다면, 이 관계들을 심리학적인 측면에서 살피는 것은 거의 가치 없는 일일 것이다. 나는 언제나 그 관계들이 쾝겐(Georg Koepgen)이 최근에 "영지"(그노시스주의와 혼동하지 않도록 주의)라는 이름을 붙인 그런 유형의 계시에 속한다는 관점을 취했다. 계시는 무엇보다 인간 영혼의 깊은 곳들을

---

21 그리스어 파라클레토스의 영어 표현이며, '요한복음' 14장 16-17절에서 처음 등장한다. 보호자나 대변자, 변호사, 중재자 등으로 다양하게 번역된다.

"드러내는 것"이고, "털어놓는" 것이다. 따라서 계시는 기본적으로 심리학적인 사건이다. 그렇다고 해서 계시가 어떤 것이라고 말할 수 있다는 뜻은 아니다. 그것은 과학의 영역 밖에 자리 잡고 있다. 나의 견해는 교회의 승인까지 받은 켑겐의 정교한 공식과 매우 가깝다. "삼위일체는 신의 계시일 뿐만 아니라 동시에 인간의 계시이기도 하다."[22]

우리의 만다라는 중세 기독교 철학에서 논의되었던 중요한 문제들 일부를 추상적으로, 거의 수학적으로 표현하고 있다. 정말로 추상 작용이 너무나 멀리 나아가고 있기 때문에, 기욤의 환상의 도움이 없었더라면, 우리는 그 표현의 뿌리가 인간의 역사에 널리, 또 체계적으로 뻗고 있다는 것을 간과했을지도 모른다. 환자는 그런 역사적 자료에 관한 실질적인 지식을 갖고 있지 않았다. 그는 단지 어린 시절 초기에 종교적 가르침을 수박 겉핥기식으로 받은 사람이 알 만한 것만 알고 있었다. 환자 본인은 자신의 세계시계와 종교적 상징체계 사이에 어떤 연결도 보지 못했다. 이런 사실은 쉽게 이해된다. 왜냐하면 환상이 처음 얼핏 봐서는 누구에게도 종교를 상기시킬 만한 것을 전혀 포함하고 있지 않기 때문이다.

그럼에도 그 환상은 "회합의 집"에 관한 꿈을 꾼 직후에 나타났다. 그리고 그 꿈은 그보다 앞서는 어느 꿈에 제시되었던 셋과 넷의 문제에 대한 대답이었다. 그 꿈에서 그것은 직사각형 공간의 문제였으며, 직사각형의 네 변에는 색깔이 있는, 물이 가득 든 잔이 4개 놓여 있었다. 잔 하나는 노란색이고, 또 다른 잔은 빨간색이고, 세 번째 잔은 초록색이고, 네 번째 잔은 색깔이 없었다. 틀림없이 청색이 실종되었으며, 그럼에도 그 색깔은 곰이 동굴 깊은 곳에서 나타났던, 그 앞의 어느 환상에서 다른 세 가지 색깔들과 연결되고 있었다. 그 곰은 빨간색과 노란색, 초록색, 청색의 빛을 발산하는 4개의 눈을 가졌다.

22 'Die Gnosis des Christentums', p. 194.

그런데 놀랍게도, 그 뒤의 꿈에서 청색이 사라졌다. 동시에 관행적인 정사각형이 그때까지 나타나지 않았던 타원형으로 바뀌었다. 이 명백한 장애의 원인은 아니마에 의해 표현된 여성적인 요소에 대한, 꿈을 꾼 사람의 저항이었다. "회합의 집"의 꿈에서, 목소리가 이 같은 사실을 확인하고 있다. 그 목소리는 이렇게 말한다. "당신이 하고 있는 짓은 위험해. 종교는 당신이 여성의 이미지를 털어내기 위해 지급하는 세금이 아니야. 그 이미지는 제거되지 않아." "여성의 이미지"가 바로 우리가 "아니마"라고 부르는 그것이다.

어떤 남자가 자신의 아니마에 저항하는 것은 정상이다. 왜냐하면 내가 전에 말한 바와 같이 그 아니마가 무의식과, 지금까지 의식적 삶으로부터 배제된 모든 경향과 내용물을 표현하고 있기 때문이다. 그런 경향들과 내용물들은 진정하고 명백한 여러 이유들로 인해 배제되어 왔다. 일부는 감추어지고 일부는 억눌러진다. 대체로 남자의 정신 구조 안에서 반사회적인 요소들을 나타내는 경향들, 그러니까 내가 모든 사람의 내면에 있는 "통계상의 범죄"(statistical criminal)라고 부르는 것들은 억제된다. 말하자면, 그것들은 의식적으로 신중하게 처분된다. 그러나 그냥 억눌러지고 있는 경향들은 보통 다소 의문스런 성격을 지닌다. 그런 경향들은 반사회적이기보다는 인습에 얽매이지 않고 사회적으로 거북하다. 사람들이 그런 경향들을 억누르는 이유도 똑같이 의문스럽다. 어떤 사람들은 순전히 소심함에서 억누르고, 또 어떤 사람들은 인습적인 도덕 때문에 억누르고, 또 다른 사람들은 체면 때문에 억누른다.

억압은 일들을 내키지 않는 가운데 반(半)의식적으로 그냥 흘려보내는 것이나 마찬가지이다. 뜨거운 핫케이크를 떨어뜨리거나, 아주 높은 곳에 달려 있는 포도를 보고 욕을 하거나, 자신의 욕망을 의식하지 않기 위해서 다른 방향을 바라보는 것과 비슷하다. 프로이트는 억압이 신경증을 일으키는 주요 메커니즘 중 하나라는 것을 발견했다. 억제는 의식적인 도덕적 선택에 해당하지만, 억압은 동의할 수 없는 결정들을 제거하려는 다소 비도덕적인 "경향"이다. 억제는 불안과 갈등과 고통을 야기할 수 있지만 신경증은 절대로 일으키지 않는다. 신경증은 언제나 합당한 고통의 한 대체물이다.

 "통계상의 범죄"를 무시한다 하더라도, 우리가 되어야 하는 것보다 덜 이상적이고 더 원시적인 인간의 정신 구조에 속하는 열등한 자질들과 원시적 경향들이 이루는 거대한 영역은 그대로 남는다. 교양 있거나 교육을 받았거나 도덕적인 존재라면 누구나 어떤 식으로 살아야 하는지에 대한 생각을 품고 있으며, 사람들은 간혹 이 야심찬 기대들을 성취하기 위해 최선의 노력을 기울인다. 그러나 자연이 자식들 모두에게 동일한 축복을 내리지 않았기 때문에, 어떤 자식들은 재능을 더 많이 물려받고, 또 어떤 자식들은 재능을 덜 물려받는다. 따라서 흉하지 않을 정도로 적당히 살 수만 있는 사람들이 있다. 말하자면 어떤 명백한 결점도 드러나지 않게 살 수 있다는 뜻이다. 그들은 죄를 짓는다면 사소한 죄를 짓거나, 아니면 그들의 죄가 두꺼운 층의 무의식에 의해 그들로부터 감춰진다.

 사람들은 자신의 죄를 자각하지 못하는 죄인들을 관대하게 대하는 경향이 있다. 그러나 자연은 무의식적인 죄인들에게 절대로 관대하지 않다. 자연은 그런 죄인들을, 마치 그들이 의식적으로 죄를 저지른 것처럼 엄격하게 처벌한다. 따라서 독실한 헨리 드럼몬드(Henry Drummond)가 언젠가 관찰했듯이, 우리는 친척들마저도 견뎌내지 못할 정도로 특별히 가증스런 심성을 가진 사람들이 자신의 이면을 자각하지 않는, 대단히 도덕적인 사람들이라는 사실을 발견한다. 고결함의 향기는 멀리까지 닿을 수 있지만, 성자와 함께 사는 것은 도덕적으로 재능을 덜 타고난 개인들에게 열등 콤플렉스를 유발하거나 심지어 방종의 폭발을 야기할 수 있다. 도덕성도 지성처럼 재능인 것 같다. 원래 도덕성을 타고 나지 않은 어떤 체계 속으로 당신은 도덕성을 주입하지 못한다.

불행하게도, 인간은 스스로에 대해 생각하거나 스스로 바라는 것보다 대체로 덜 선한 것이 틀림없다. 모두가 그림자를 하나씩 갖고 있으며, 그 그림자가 개인의 의식적인 삶 속에서 덜 구현될수록, 그림자는 그만큼 더 검고 더 짙어진다. 만약 어떤 열등이 의식적인 상태라면, 그 사람은 언제나 그것을 바로잡을 기회를 갖는다. 더욱이, 그 열등은 다른 관심사들과 지속적으로 접촉하고 있으며, 따라서 그것은 끊임없이 수정에 노출된다. 그러나 만약에 그 열등이 억압되어 의식으로부터 분리된다면, 그것은 절대로 바로잡아질 수 없으며, 그러다가 자각하지 않은 어느 순간에 갑자기 폭발하며 터져 나올 수 있다. 어쨌든 그 열등은 무의식적인 장애물이 되어 선의에서 나온 시도들을 가로막는다.

우리는 우리의 과거를, 즉 욕망과 감정을 가진 원시적이고 열등한 인간을 데리고 다닌다. 우리가 이 짐으로부터 자신을 떼어놓는 것은 오직 엄청난 노력을 기울임으로써만 가능하다. 신경증에 대해 말하자면, 우리는 당연히 꽤 짙은 그림자를 다뤄야 한다. 그리고 만약에 신경증으로 힘들어 하는 사람이 치유되기를 원한다면, 그의 의식적인 인격과 그림자가 함께 살 수 있는 길을 발견하는 것이 필요하다.

이것은 그런 곤경에 처해 있는 사람이나 병을 앓는 사람이 정상적인 삶으로 복귀하도록 도와야 하는 사람들에게 매우 심각한 문제이다. 그림자를 단순히 억제하는 것은 치료가 아니다. 그것은 목을 베는 것이 두통에 치료가 될 수 없는 것과 똑같다. 그 사람의 도덕성을 파괴하는 것도 도움이 되지 않는다. 왜냐하면 그런 조치가 그 사람의 보다 훌륭한 자기까지 죽일 것이기 때문이다. 이 자기가 없으면, 그림자도 터무니없어진다. 이 상반된 것들이 조화를 이루도록 하는 것이 중요한 문제이며, 고대에도 그 문제는 일부 정신들을 괴롭혔다.

따라서 우리는 그 밖의 점에서 전설적인 인격인 2세기의 신(新)플라톤주의 철학자 카르포크라테스(Carpocrates)에 대해 알고 있다. 이레네우스(Irenaeus)에 따르면, 그의 학파는 선과 악은 단지 인간의 의견에 불과하다고, 또 영혼이 육체의 감옥으로 다시 떨어지지 않으려면 육체를 떠나기 전에 인간 경험의 전체 영역을 두루 거쳐야 한다고 가르쳤다. 마치 영혼이 삶의 모든 요구를 완전히 성취함으로써 데미우르고스의 육체적인 세계에 감금된 상태로부터 스스로를 구할 수 있다는 말처럼 들린다.

우리가 영위하고 있는 육체적인 존재는 일종의 비우호적인 형제 같은 것인데, 먼저 이 형제가 처한 상황을 아는 것이 중요하다. 카르포크라테스의 추종자들이 '마태복음' 5장 25절(또한 '누가복음' 12장 58절)을 해석한 것은 바로 그런 의미에서였다. "너를 고소한 자와 함께 법정으로 가는 도중에 얼른 타협하여라. 그렇게 하지 않으면 고소한 자가 너를 재판관에게 넘기고 재판관은 너를 형리에게 넘겨, 네가 감옥에 갇힐 것이다. 내가 진실로 너에게 말한다. 네가 마지막 한 닢까지 갚기 전에는 결코 거기서 나오지 못할 것이다." 어떤 인간도 자신이 저지르지 않은 죄로부터 구원받을 수 없다는 또 다른 그노시스주의 원리를 기억하면서, 여기서 우리는 대단히 중요한 어떤 문제에, 그노시스주의와 관계 있는 것이라면 무엇이든 혐오하던 기독교의 분위기에 의해 흐려진 문제에 직면하고 있다. 육체적인 인간, 그러니까 "너를 고소하는 자"가 "내 안의 타자"에 지나지 않는 한, 카르포크라테스의 사고방식은 '마태복음' 5장 22절을 다음과 같이 해석할 것이다. "그러나 나는 너에게 말한다. 이유 없이 자신에게 성을 내는 자는 누구나 재판에 넘겨질 것이다. 그리고 자신에게 '바보!'라고 하는 자는 종교 회의에 넘겨질 것이고, '멍청이!'라고 하는 자는 불붙는 지옥에 넘겨질 것이다. 그러므로 네가 제단에 예물을 바치려고 하다가, 거기서 너 자신에게 원망을 품고 있는 것이 생각나거든, 예물을 거기 제단 앞에 놓아두고 물러나서 먼저 너 자신과 화해하여라. 그런 다음에 돌아와서 예물을 바쳐라. 너 자신과 함께 법정으로 가는 도중에 얼른 타협하여라. 그렇게 하지 않으면 너는 언제든 너 자신을 재판관에게 넘길 것이다. ˮ 여기서부터, 정경에 속하지 않는 다음 말씀까지는 겨우 한 걸음밖에 되지 않는다. "인간이여, 그대가 자신이 하고 있는 일을 진정으로 안다면, 그대는 축복 받은 자이지만, 자신이 하는 일을 모른다면, 그대는 저주받은 자이고 법을 위반하는 자이니라."[23] 그러나 부당한 집사의 비유에서, 여러 측면에서 장애로 작용하는 그 문제가 어렴풋이 나타나고 있다. "주인은 그 불의한 집사를 칭찬하였다. 그가 영리하게 대처하였기 때문이다."('누가복음' 16장 8절) '영리하게'라는 단어가 '불가타 성경'에는 '신중하게'로, 그리스어 텍스트에는 '사려 깊게'로 되어 있다. 여기서 실용적인 지성이 윤리적인 결정을 내리는 법원으로서 기능하고 있다는 점을 부정하지 못한다.

이레네우스에도 불구하고, 우리는 아마 그런 깊은 통찰을 카르포크라테스 추종자들의 덕으로 돌리고, 그들도 부당한 집사처럼 체면을 세우는 방법을 잘 알고 있었다는 점을 인정해야 할 것이다. 교부들의 엄격한 사고방식이, 섬세하고 또 현대적인 관점에서 보면 대단히 실용적이기도 한 그 같은 주장의 미묘함과 가치를 이해할 수 없었던 것은 당연한 일이다. 그 주장은 위험했으며, 그것은 지금도 인간의 삶이 희생적이어야 하는, 즉 자기 자신보다 더 중대한 어떤 사상에 바쳐져야 하는 이유를 망각해 버린 한 문명의 가장 중요하면서도 가장 까다로운 윤리의 문제로 남아 있다. 인간은 너무나 놀라운 것들까지도, 만약에 그것들이 자신에게 의미 있는 것으로 다가온다면, 삶으로 살아낼 수 있다. 그러나 어려움은 바로 그 의미를 창조하는 것이다. 그 의미는 당연히 하나의 확신이어야 하지만, 당신은 인간이 발

---

23 James, trans., 'The Apocryphal New Testament', p.33.

명할 수 있는 가장 그럴듯한 것들도 보잘것없고 진부하다는 것을, 또 그런 것들이 인간으로 하여금 개인적 욕망과 두려움을 버리게 할 만큼 설득력을 발휘하지 못한다는 사실을 발견한다.

만약에 억압된 경향들이, 그러니까 내가 그림자라고 부르는 것들이 명백히 사악하다면, 전혀 아무런 문제가 없을 수 있다. 그러나 그림자는 단지 다소 열등하고, 원시적이고, 적응되지 않았고, 거북할 뿐이며, 완전히 나쁜 것이 아니다. 그림자는 심지어 어떤 면에서 보면 인간의 존재에 생기를 불어넣고 삶을 아름답게 가꾸는, 유치하거나 원시적인 특성들을 포함하고 있지만, 그것은 삶 속에서 "진가를 발휘하지 못하고 있다".

현재 우리 문명의 꽃인 교육 받은 대중은 문명의 뿌리로부터 분리되어 있으며, 마찬가지로 땅과의 연결도 막 잃으려 하고 있다. 오늘날 문명화된 나라들 중에서 가장 낮은 계층의 인구가 동요와 항의의 상태에 있지 않은 나라는 하나도 없다. 다수의 유럽 국가들에서는 그런 조건이 상위 계층까지 잠식하고 있다. 이런 상황은 우리가 안고 있는 심리적인 문제를 대규모로 드러내고 있다. 집단이 개인들의 단순한 축적인 한, 집단의 문제들은 곧 개인들의 문제들의 축적이다. 일부 사람들은 초인과 동일시하며 아래로 내려가지 못하고, 또 다른 사람들은 열등한 인간과 동일시하며 꼭대기에 닿기를 원한다.

그런 문제들은 법률 제정이나 계략에 의해서는 절대로 해결되지 않는다. 그 문제들은 오직 전반적인 태도 변화에 의해서만 풀릴 수 있다. 그리고 변화는 선전이나 대중 집회나 폭력으로 시작되지 않는다. 변화는 개인들의 변화로 시작된다. 그 변화는 개인들의 개인적 호불호의 변화로서, 그리고 인생관과 가치관의 변화로서 지속될 것이며, 오직 이런 개인적인 변화들의 축적만이 집단적인 해결책을 낳을 것이다.

교육 받은 사람은 자기 안의 열등한 인간을 억압하는 경우에 그 인간이 반란을 일으키도록 강요하는 것이나 마찬가지라는 사실을 깨닫지 못한 채 그 인간을 억압하려 든다. 나의 환자가 언젠가 "좌파를 완전히 질식시키 길" 원하는 군사 집단에 관한 꿈을 꾼 것이 그의 특징을 단적으로 보여준 다. 누군가가 어쨌든 좌파는 충분히 약해졌다고 말하지만, 군사 집단은 바 로 그 점이 좌파를 완전히 질식시켜야 하는 이유라고 대답한다. 그 꿈은 나 의 환자가 자신의 열등한 인간을 어떻게 다뤘는지를 보여준다. 틀림없이 이것은 옳은 방법이 아니다. 반대로, "회합의 집" 꿈은 그의 문제에 대한 올 바른 대답으로 종교적인 어떤 태도를 제시한다. 만다라는 이 특별한 요소 를 확충하는 것처럼 보인다.

앞에서 본 바와 같이, 역사적으로 만다라는 신의 본성을 철학적으로 명 쾌하게 보여주거나, 숭배의 목적으로 신의 본성을 눈에 보이는 형태로 나 타내는 상징으로, 또는 동양에서처럼 요가 수행을 위한 얀트라[24]로 쓰였다. 천구(天球)의 전체성("완벽")과 땅의 장방형은 4가지 원리 또는 원소 또는 정신적 특징들을 결합시키면서 완전성과 합일을 표현한다. 따라서 만다라 는 "통합시키는 상징"이라는 지위를 누린다. 신과 인간의 결합이 그리스도 의 상징, 즉 십자가에서 표현되고 있기 때문에, 우리는 환자의 세계 시계가 그와 비슷한 화해의 의미를 지닐 것이라고 기대할 수 있다.

역사에 나타나는 비슷한 것들에 의해 생긴 편견 때문에, 우리는 신이 만 다라의 중앙을 차지할 것이라고 기대한다. 그러나 중앙은 비어 있다. 만다 라를 역사 속의 원형들을 바탕으로 분석할 때, 우리가 원에 의해 상징되는 남신과 정방형에 의해 상징되는 여신에 닿는다는 사실에도 불구하고, 신 의 자리는 비어 있다. "여신" 대신에 "땅"이나 "영혼"이라는 용어를 쓸 수 있다. 그러나 역사적 편견에도 불구하고, (신성한 이미지가 있을 자리를 사 위일체가 차지하고 있는 "회합의 집" 꿈에서처럼) 만다라에서 신의 흔적

24   밀교에서 명상을 돕는 도형을 일컫는다.

은 전혀 발견되지 않고 정반대로 어떤 체계가 발견된다는 사실이 강조되어야 한다. 이런 중요한 사실을 어떤 선입관 때문에 무시할 권리를 우리는 갖고 있지 않다.

꿈 또는 환상은 우리에게 보이는 그대로이다. 그것은 그 외의 다른 무엇인가를 숨기기 위한 위장이 아니다. 그것은 외적 동기가 조금도 작용하지 않는, 그야말로 자연스런 산물이다. 나는 만다라에 대해 거의 아무것도 모르는 환자들이 그려낸 만다라를 수백 점 보았으며, 그 결과 절대 다수의 만다라에서 똑같은 사실을 발견할 수 있었다. 중앙을 차지하는 신이 없었던 것이다.

대체로 중앙이 강조된다. 그러나 거기서 발견되는 것은 매우 다른 의미를 지니는 상징이다. 그 상징은 별이나 해, 꽃, 4개의 팔 길이가 똑같은 십자가, 보석, 물이나 포도주가 가득 담긴 그릇, 똬리를 튼 뱀 또는 인간이지만, 그것이 신이었던 적은 결코 없었다.

중세 교회의 장미창에서 의기양양한 그리스도를 발견할 때, 우리는 그것이 기독교 숭배의 핵심적인 상징임에 틀림없다고 적절히 단정한다. 동시에 우리는 어떤 민족의 역사에 뿌리를 내리고 있는 종교는 모두 예를 들어서, 그 민족이 발달시킨 정치적 통치의 형태를 표현하는 것 못지않게 그들의 심리도 표현하고 있다고 단정한다. 만약에 동일한 방법을 사람들이 꿈이나 환상에서 보거나 "능동적 상상"을 통해 발달시킨 현대의 만다라에 적용한다면, 우리는 만다라들이 "종교적"이라고 부르지 않을 수 없는 어떤 태도의 표현이라는 결론에 도달하게 된다.

종교는 긍정적이거나 부정적일 수 있는, 가장 높거나 가장 막강한 가치와의 어떤 관계이다. 그 관계는 무의식적일 뿐만 아니라 의식적이기도 하다. 말하자면, 당신은 자신이 무의식적으로 사로잡혀 있는 가치를 의식적으로 받아들일 수 있다. 당신의 신체 안에서 가장 막강한 힘을 휘두르고 있는 그 심리적 사실은 하나의 신으로 기능하고 있다. "신"이라고 불리는 것이 언제나 압도적인 정신적 요소이기 때문이다. 하나의 신이 압도적인 요소가 되기를 중단하자마자, 그 신은 단순한 하나의 이름으로 쇠퇴한다. 그 신의 핵심은 죽었고, 신의 권력은 사라졌다. 고대의 신들이 위신을 잃고 인간 영혼에 대한 영향력을 상실한 이유가 무엇이었던가? 올림포스 산의 신들이 맡은 임기를 끝내고, 새로운 신비가 시작되었기 때문이다. 신이 인간이 된 것이다.

만약에 현대의 만다라들로부터 결론을 끌어내기를 원한다면, 먼저 사람들에게 별과 태양, 꽃, 뱀을 숭배하는지를 물어야 한다. 그들은 그 점을 부정할 것이며, 그와 동시에 그들은 구체(球體)와 별, 십자가 등이 그들 안의 어떤 중앙의 상징들이라고 단정할 것이다. 이어 그 중앙이 의미하는 바가 무엇이냐고 물으면, 그들은 말을 더듬기 시작하며 이런저런 경험에 대해 언급할 것이다. 그 경험이 나의 환자의 고백과 매우 비슷한 무엇인가로 드러날 수도 있다.

나의 환자는 세계 시계 환상이 그에게 경이로울 만큼 완벽한 일치의 감정을 남겼다는 사실을 깨달았다. 다른 사람들은 그것과 비슷한 환상이 극도로 고통스럽거나 깊은 절망에 빠졌을 때 나타났다고 고백할 것이다. 또다른 사람들의 경우에 그것은 장엄한 어떤 꿈의 기억이거나, 오랫동안 결실 없이 이어진 갈등들이 종지부를 찍고 평화의 시대가 시작된 어느 순간의 기억일 수 있다. 사람들이 자신의 경험에 대해 들려주는 이야기를 요약하면, 이런 식으로 정리될 것이다. 그들은 자제심을 다시 찾고, 자기 자신을 받아들이고, 자기 자신과 화해할 수 있었으며, 따라서 불리한 상황이나 사건들과도 화해할 수 있었다. 이것은 "그가 신과 화해했다"거나, "그가 자신의 의지를 희생시켰다"거나, "그가 신의 의지에 복종했다"고 말할 때 표현하고 있는 내용과 거의 비슷하다.

현대의 만다라는 특이한 어떤 정신 상태를 무의식적으로 고백하는 것이나 마찬가지이다. 만다라에는 신이 전혀 없으며, 신에 대한 복종도 없고, 신과의 화해도 없다. 신의 자리를 마치 인간의 완전성이 차지하고 있는 것처럼 보인다.

사람이 인간에 대해 말할 때, 그 인간은 그 사람 자신의 자아 인격, 즉 그 사람이 의식하고 있는 자신의 인격을 의미한다. 그리고 사람이 타인에 대해 말할 때, 그 사람은 타인들도 자신과 매우 유사한 인격을 갖고 있다고 단정한다. 그러나 현대의 연구가 개인의 의식이 무한히 확장되는 무의식적 정신에 근거하거나 그 정신에 둘러싸여 있다는 사실을 보여주고 있기 때문에, 우리는 인간은 그의 의식에 지나지 않는다는 다소 케케묵은 편견을 수정해야 한다. 그 같은 순진한 가정은 당장 비판적인 질문에 직면해야 한다. '누구'의 의식인가? 사실은, 내가 나 자신을 그리는 그림과 다른 사람들이 나를 그리는 그림을 조화시키는 것이 대단히 어려운 과제라는 것이다. 누구의 그림이 맞을까? 그리고 누가 진정한 개인일까?

여기서 한 걸음 더 나아가 인간은 자신이 스스로에 대해 생각하는 그런 존재도 아니고 다른 사람들이 그에 대해 생각하는 그런 존재도 아니라는 사실을 고려한다면, 정체성의 문제는 더욱 어려워진다. 이제 인간은 증명이 거의 불가능한 미지의 그 무엇이 된다. 정말로, 정신적 존재의 범위와 궁극적 성격을 규정하는 것은 꽤 불가능하다. 우리가 지금 인간에 대해 말할 때, 우리는 인간의 정의할 수 없는 전체를, 말로 표현하지 못하고 오직 상징적으로만 설명할 수 있는 어떤 전체성을 의미한다.

나는 인간의 전체성을, 그러니까 인간의 의식적, 무의식적 내용물의 전체를 나타내는 용어로 "자기"(self)를 선택했다. 나는 신들까지 현실 속에서 구체화하기를 중단할 때 생기는 문제들을 수 세기에 걸쳐 파고들었던 동양 철학에 맞춰 이 용어를 선택했다. '우파니샤드' 철학은 오래 전에 신들의 상대성을 인정한 어떤 심리학과 일치한다. 이것이 무신론 같은 어리석은 오류와 혼동되어서는 안 된다.

세상은 옛날이나 지금이나 언제나 그 모습 그대로이지만, 우리의 의식은 특이한 변화를 겪고 있다. 첫째, 아득히 먼 옛날에(그때의 모습이 오늘날을 살고 있는 원시인들 사이에서 관찰된다), 정신적 삶의 중요한 부분은 분명히 인간 대상들과 인간 외의 대상들 안에 있었다. 지금 우리가 말해야 하듯이, 당시에 정신적 삶의 큰 부분은 투사되었다. 완전한 투사의 상태에서, 의식은 거의 존재하지 못한다. 그런 경우에 의식은 기껏 감정들의 무더기에 지나지 않았을 것이다. 투사의 철수를 통해서, 의식적인 인식이 서서히 발달했다. 정말 흥미롭게도, 과학은 천문학 법칙들의 발견으로, 따라서 가장 먼 곳으로 향했던 투사의 철수로 시작되었다. 이것은 세상의 '탈(脫)영성화'의 첫 번째 단계였다.

이어 변화가 한 걸음 한 걸음 지속되었다. 고대에 이미 신들은 산과 강으로부터, 나무와 동물로부터 철수했다. 현대 과학은 정신의 투사를 거의 인식되지 않을 정도로 희박한 수준으로 끌어내렸지만, 그래도 우리의 일상은 여전히 투사로 넘친다. 신문과 책, 풍문, 그리고 우리의 사교적 담소에도 그런 투사가 널리 퍼져 있는 것이 확인된다. 우리의 실제 지식에 나타나는 모든 틈은 여전히 투사로 채워지고 있다. 우리는 지금도 다른 사람이 생각하는 것이나 그 사람의 진정한 성격이 어떤지를 잘 알고 있다고 확신한다. 우리는 일부 사람들이 우리가 우리 안에서 알지 못하는 나쁜 특성들을 갖고 있다거나 그들이 온갖 나쁜 행동을 다 하고 있다고 확신한다. 당연히 그런 나쁜 행동은 우리의 행동이 될 수 없다.

지금도 우리는 자신의 그림자를 지나치게 뻔뻔스럽게 투사하지 않으려면 극도로 조심해야 한다. 우리는 여전히 투사한 망상들에 압도당하고 있다. 만약 당신이 이 모든 투사들을 철수할 만큼 용기 있는 누군가를 상상한다면, 바로 그 사람이 자신의 그림자를 상당히 의식하고 있는 개인의 모습이다. 그런 사람은 새로운 문제와 갈등을 스스로 짊어진다. 그 사람은 자기자신에게 하나의 심각한 문제가 된다. 이제 그가 '그들'이 이것 또는 저것을 한다거나, '그들'이 틀렸다거나, '그들'에게 맞서야 한다는 식으로 말할수 없게 되었기 때문이다.

그는 "회합의 집"에서 살고 있다. 그런 사람은 세상에서 잘못된 것은 무엇이든 자신의 안에 있다는 것을 안다. 만약 그가 자신의 그림자를 다루는방법을 배우기만 한다면, 그는 세상을 위해서 진정으로 무엇인가를 한 셈이다. 그는 적어도 우리 시대의 해결되지 않은 거대한 사회적 문제들의 극히 작은 부분을 스스로 짊어지는 데 성공했다. 이 문제들은 대부분 상호 투사에 오염되어 있기 때문에 풀기가 매우 어렵다. 사람이 자기 자신조차 제대로 보지 못하고, 또 타인들과의 모든 만남에 무의식적으로 끌고 다니는자신의 그림자조차 보지 못하는 때에, 어떻게 사물들을 객관적으로 볼 수있겠는가?

현대 심리학의 발달로, 인간이 진정으로 무엇으로 구성되어 있는지를 훨씬 더 잘 이해할 수 있게 되었다. 신들은 처음에 눈 덮인 산의 꼭대기나 동굴과 숲과 바다의 어둠 속에서 초인적인 권력과 아름다움을 누리며 살았다. 이어서 신들은 하나의 신으로 모아졌으며, 그 다음에 그 신은 인간이되었다. 그러나 우리 시대에 그 신인(神人)마저도 권좌에서 내려와 자신을평범한 인간으로 용해시키고 있는 것 같다. 그것이 아마 신의 자리가 비어있는 이유일 것이다. 대신에, 평범한 인간이 병적 상태에 가까운 의식의 오만으로 고통을 겪고 있다.

개인의 이런 정신적 조건은 일반적으로 이상화된 국가의 비대(肥大)와전체주의적 자만에 해당한다. 그 국가가 개인을 함정에 빠뜨리는 것과 똑같은 방법으로, 개인은 자신의 정신을 함정에 빠뜨려 자신의 손 안에 붙들어 놓고 있다고 상상한다. 개인은 심지어 정신의 한 부분과 한 가지 기능에 지나지 않는 지성만으로도 그보다 월등히 더 큰 전체를 충분히 이해할 수 있다는 식으로 터무니없이 생각하면서 정신을 갖고 하나의 과학을 만들어 내고 있다.

실제로 보면, 정신은 의식 자체의 어머니이자 창조자이며, 의식의 주체이고 심지어 의식의 가능성이기도 하다. 정신이 의식의 경계 밖으로 대단히 멀리 뻗고 있기 때문에, 의식은 쉽게 말해서 대양의 섬 하나에 비유될 수 있다. 그 섬은 작고 좁지만, 대양은 어마어마하게 넓고 깊으며, 종류와 범위에서 섬 위에서 알려진 모든 것을 무한히 능가하는 어떤 삶을 포함하고 있다. 그렇기 때문에 의식이 공간의 문제라면, 신들이 "안"에 있느냐 "밖"에 있느냐 하는 것은 중요하지 않다.

이 대목에서, 의식이 대양의 섬 하나에 지나지 않는다는 것을 뒷받침할 증거가 전혀 없다는 식의 반대 의견이 제기될 수 있다. 틀림없이, 이것을 증명하는 것은 불가능하다. 이유는 의식의 알려진 범위가 무의식의 알려지지 않은 범위를 마주하고 있기 때문이다. 무의식에 대해서 우리는 그것이 존재한다는 것을, 또 그것이 존재한다는 사실을 근거로 그것이 의식과 의식의 자유를 제한하는 영향력을 행사한다는 것을 알고 있을 뿐이다. 무의식이 지배하는 곳마다, 속박이 있고 사로잡힘이 있다.

대양의 광대함은 단지 하나의 비교일 뿐이다. 대양의 광대함은 무의식이 의식을 제한하고 위협하는 능력을 비유적으로 표현하고 있다. 경험 심리학은 최근까지도 "무의식"을 단순히 의식의 부재로만 설명하길 좋아했다. 무의식이라는 용어 자체가 그런 태도를 암시한다. 그림자가 빛의 부재이듯이. 오늘날 무의식적 과정들에 대한 정확한 관찰은, 우리 이전의 모든 시대들의 경우와 마찬가지로, 그 과정들이 단순한 그림자에게는 부여될 수 없는 그런 창조적인 자율성을 소유하고 있다는 점을 인정한다.

카루스(Carl Gustav Carus)와 폰 하르트만(Eduard von Hartmann), 그리고 어떤 면에서 쇼펜하우어(Arthur Schopenhauer)가 무의식과 세상 창조의 원리를 동일시했을 때, 그들은 단순히 내면의 경험을 근거로 신비한 힘을 신들로 인격화했던 과거의 모든 가르침을 요약하고 있었다. 비대하고 오만한 우리 현대인의 의식에는 무의식의 위험한 자율성에는 아예 신경을 쓰지 말고 무의식을 의식의 부재로 부정적으로 다루는 것이 어울린다. 눈에 보일 수 없는 신들이나 악령들이라는 가설이 심리학적으로 훨씬 더 적절한 공식이었을 것이다. 그것이 의인관[25]에 따른 투사임에도 말이다. 그러나 의식의 발달이 우리의 손길이 닿는 투사들을 모두 철수할 것을 요구하기 때문에, 신들에 대한 비(非)심리학적인 원칙을 고수하는 것은 더 이상 가능하지 않다. 만약에 세계의 탈영성화의 역사적 과정이 지금처럼 지속된다면, 우리의 밖에서 신성하거나 악마적인 성격을 지닌 모든 것은 정신으로, 말하자면 틀림없이 그것이 비롯되었던, 미지의 그 인간의 안으로 돌아가야 한다.

물질주의적 오류는 아마 처음에 피할 수 없었을 것이다. 신의 권좌가 은하계들 사이에서 발견될 수 없기 때문에, 추론은 신이 절대로 존재하지 않았다는 것이었다. 두 번째 피할 수 없는 오류는 심리주의[26]이다. 만약에 신이 그 무엇이라면, 신은 어떤 동기, 예를 들면 권력 의지나 억압된 성욕에서 비롯된 착각임에 틀림없다는 것이다. 이런 주장들은 새롭지 않다. 이교 신들의 우상들을 몰아냈던 기독교 선교사들이 한 말도 그것과 아주 똑같았다. 그러나 초기의 선교사들은 낡은 신들과 싸움으로써 새로운 어떤 신을 이롭게 한다는 것을 자각했던 반면에, 현대의 성상 파괴자들은 누구의

25 신이나 자연의 성질 등을 인간과 같은 것으로 보고 해석하는 경향을 말한다.
26 심리학의 효과를 과대 평가하며 지식이나 도덕 문제에서 개인의 주관적인 조건만을 강조하는 것을 말한다.

이름으로 옛날의 가치들을 파괴하고 있는지를 모르고 있다.

니체는 낡은 서판들을 깨뜨리면서 자신이 꽤 의식적이고 책임감을 느끼고 있다고 생각했지만, 그럼에도 그는 일종의 분신인 차라투스트라 같은 존재의 뒷받침을 받을 필요성을 특별히 느꼈다. 니체는 위대한 비극『차라투스트라는 이렇게 말했다』에서 종종 자신과 차라투스트라를 동일시한다. 니체는 절대로 무신론자가 아니었지만, 그의 신은 죽었다. 이 죽음의 결과가 니체 본인의 안에서 일어난 분열이었으며, 그는 또 다른 자기를 "차라투스트라" 또는 가끔 "디오니소스"라고 부르지 않을 수 없다는 것을 느꼈다. 치명적인 병에 걸린 상태에서, 그는 편지에 사지가 잘린, 트라키아인들의 신인 "자그레우스"라고 서명했다.

『차라투스트라는 이렇게 말했다』의 비극은 니체의 신이 죽은 탓에 니체 자신이 신이 되었다는 데에 있으며, 그런 일은 니체가 절대로 무신론자가 아니었기 때문에 일어났다. 니체는 너무나 긍정적인 성격의 소유자였기 때문에 무신론이라는 도회적인 신경증을 견뎌낼 수 없었다. 그런 사람이 "신은 죽었다"고 단정하는 것은 위험해 보인다. 그는 즉시 팽창의 희생자가 되었다. 신은 부정되기는커녕, 바울로가 "자기네 배(腹)를 하느님으로 삼던" 사람들에 대해 말하던 때와 똑같은 의미에서, 신은 실제로 정신이 닿을 수 있는 가장 강력하고 가장 효과적인 "위치"였다.

모든 개인의 정신 안에서 가장 강력하고, 따라서 가장 결정적인 요소가 신이 인간에게 요구할 법한 것과 똑같은 믿음이나 두려움, 복종이나 헌신을 강요한다. 이런 의미에서 보면, 전제적이고 피할 수 없는 것이면 무엇이든 "신"이며, 만약에 사람이 이 자연적인 현상 앞에서 자유로운 윤리적 결정에 의해서 똑같이 강하고 무너뜨릴 수 없는 어떤 입장을 구축하는 데 성공하지 못한다면, 그것은 절대적인 것이 된다. 만약에 이 정신적 입장이 절대적으로 효과적인 것으로 입증된다면, 그것도 틀림없이 "신"이라는 이름으로 불릴 만하며, 더욱이, 그것은 윤리적인 결정의 자유에서, 따라서 정신에서 나온 것이기 때문에 영적 신이라 불릴 만하다. 인간은 "신"이 하나의 "영"(靈)이 될 것인지 아니면 모르핀 중독자의 갈망 같은 자연적인 현상이 될 것인지, 따라서 "신"이 이로운 힘이 될 것인지 아니면 파괴적인 힘이 될 것인지를 자유롭게 결정할 수 있다.

이런 정신적 사건들 또는 결정들이 아무리 확실하게, 또 명쾌하게 이해될 수 있다 하더라도, 그것들은 사람들이 그릇되고 비(非)심리학적인 결론을, 말하자면 어떤 "신"을 창조할 것인지 말 것인지를 결정하는 것이 그들에게 달려 있다는 식의 결론을 내리도록 하기 쉽다. 그러나 우리 모두가 각자의 자유를 크게 제한하며 사실상 그 자유를 망상으로 만들어 버리는 정신적 경향을 갖고 있기 때문에, 그런 문제는 절대로 없다. "의지의 자유"는 철학적으로 신뢰할 수 없는 문제일 뿐만 아니라, 실질적인 의미에서 보면 그것은 잘못된 호칭이다. 욕망과 습관, 충동, 편견, 분개, 그리고 상상 가능한 온갖 콤플렉스의 영향을 받지 않는 사람이 좀처럼 보이지 않으니 말이다. 이런 모든 자연적인 사실들은 꼭 올림포스 산처럼, 말하자면 그 잡다한 판테온의 개인 소유자뿐만 아니라 소유자의 주변 사람들로부터도 섬김을 받고, 두려움의 대상이 되고, 숭배 받기를 원하는 신들로 가득한 그 올림포스 산처럼 기능한다. 속박과 사로잡힘의 상태는 동의어이다. 그러므로 정신에는 우리의 도덕적 자유를 사로잡거나 제한하거나 억제하는 그 무엇이 언제나 있다.

부정할 수 없지만 지극히 불쾌한 이 사실을 우리 자신으로부터 숨기고, 그와 동시에 말로만 자유를 외치기 위해서, 우리는 액막이용으로, 보다 정직하게 "이런저런 욕망이나 습관, 분개의 감정이 나를 지배하고 있다"고 말하지 않고 "내가 이런저런 욕망이나 습관, 분개의 감정을 느끼고 있다"

고 말하는 데 익숙하다. 전자의 표현은 틀림없이 우리로부터 자유라는 망상을 빼앗아버릴 것이다. 그러나 나는 그 표현이 결국에는 말로 자신을 혼란스럽게 만드는 것보다 더 바람직하지 않은지 자문해 본다. 진실은 우리가 주인 없는 자유를 누리고 있지 않다는 것이다. 우리가 "자연적 현상"을 위장하며 언제든 우리를 사로잡을 수 있는 정신적 요인의 위협에 지속적으로 시달리고 있으니 말이다.

이런 일 앞에서 형이상학적 투사들의 철수는 우리를 거의 무방비 상태로 남겨 놓는다. 우리가 모든 충동에 "타자"라는 이름을 붙이지 않고 즉각 그 충동과 동일시해 버리기 때문이다. 그런 이름을 부여한다면, 적어도 그것과 어느 정도 거리를 둘 것이고, 그것이 자아의 성채를 공격하지 못하도록 막을 수 있을 텐데도 말이다. "주권들과 권력들"은 언제나 우리와 함께 있다. 그래서 우리는 그것들을 창조할 수 있을 때조차도 그럴 필요성을 전혀 느끼지 않는다. 우리에게는 단순히 우리가 봉사하길 원하는 주인을 '선택할' 의무만 있으며, 그러면 그 주인을 섬기는 것이 우리를, 선택하지 않은 "타자"의 지배로부터 보호하는 수단이 될 것이다. 우리는 "신"을 '창조하지' 않는다. 우리는 신을 '선택'한다.

우리의 선택이 "신"을 규정하고 정의할지라도, 그 선택은 언제나 사람에 의한 것이고, 따라서 그 선택이 내리는 정의(定義)는 유한하고 완벽하지 않다. (완벽이라는 생각조차도 완벽을 가정하지 않는다.) 그 정의는 하나의 이미지이지만, 이 이미지는 그것이 나타내는 미지의 사실을 이해 가능한 것들의 영역으로 끌어올리지는 않는다. 만약 그렇지 않다면, 우리는 어떤 신을 창조했다고 말할 자격을 갖출 것이다. 우리가 선택하는 "주인"은 우리가 시간과 공간 속에서 투사하는 그의 이미지와 동일하지 않다. 그 주인은 정신의 깊은 곳에서 미지의 어떤 양(量)처럼 전과 같이 작용을 계속하고 있다.

우리는 아주 단순한 생각의 본질조차도 모르고 있다. 그러니 정신의 궁극적 원리들에 대해서는 말할 것도 없다. 또한 우리는 정신의 내적 삶에 대한 통제권을 전혀 갖고 있지 않다. 그러나 정신의 내적 삶이 본래 자유롭고 우리의 의지와 의도에 종속되지 않기 때문에, 우리에 의해 선택되고 정의된 그 살아 있는 것이 우리의 의지와 반대로 그것의 환경, 즉 인간이 만든 이미지에서 떨어져나가는 일이 쉽게 일어날 수 있다. 그러면 아마 우리는 니체처럼 "신은 죽었다"고 말할 것이다. 그럼에도, 그때도 "신이 우리의 이미지를 벗어 버렸는데 어디서 그를 다시 찾을 수 있을까?"라고 묻는 것이 더 진실할 것이다. 그 공백기는 위험으로 가득하다. 자연적인 사실들이 무정부 상태와 파괴 외에는 아무것도 낳지 않는 다양한 이즘(ism)의 형식으로 저마다 주장을 제기하고 나설 것이기 때문이다. 이 이즘들이 파괴적인 이유는 인간의 의식의 팽창과 인간의 오만이 하찮기 짝이 없는 자아를 우주의 지배자로 선택하기 때문이다. 어떤 완전한 시대의 이해되지 않은 전조였던 니체가 바로 그런 경우였다.

개인의 자아는 너무나 작고, 개인의 뇌는 너무나 약하다. 그렇기 때문에 개인의 자아와 뇌는 세상으로부터 철수된 투사들을 모두 통합시키지 못한다. 자아와 뇌는 그런 노력을 펴다가 폭발하고 만다. 그것을 정신과 의사는 정신 분열증이라고 부른다. 니체가 "신은 죽었다"고 말했을 때, 그는 유럽의 대부분 지역에 적용되던 어떤 진리를 강조하고 있었다. 사람들은 그의 말에, 그가 그렇게 말했기 때문이 아니라 그 말이 당시에 널리 퍼져 있던 어떤 심리적 사실을 언급했기 때문에 영향을 강하게 받았다. 그 결과는 오래 늦춰지지 않았다. 이즘들의 안개에 이어 그 재앙이 일어났다. 아무도 니체의 선언으로부터 사소한 결론이라도 끌어내는 문제에 대해 고민하지 않았다. 그럼에도 니체의 선언은 일부 사람들의 귀에, 고대에 자연의 신들의 종말을 고하던, "위대한 판(Pan)은 죽었다"[27]라는 외침이 들릴 때와 똑같이 무시무시하게 들렸다.

그리스도의 삶은 교회에 의해 한편으로는 역사적인 신비로, 또 한편으로는 영원히 존재하는 신비로 이해되고 있다. 이것은 미사의 봉헌에서 특별히 분명하게 드러난다. 심리학적 관점에서 보면, 이 견해는 다음과 같이 번역될 수 있다. 예수는 구체적이고 개인적이고 독특한 삶을 살았다. 동시에 그 삶은 근본적인 모든 측면에서 원형적인 성격을 지녔다. 이 같은 성격은 그의 생애에 관한 디테일과 보편적인 신화 모티브의 무수한 연결들에 의해 확인된다.

부정할 수 없는 이 연결들은 예수의 생애를 연구하는 사람들이 복음서의 보고들을 바탕으로 신화가 배제된 개인적인 삶을 구성하는 일을 그렇게 어렵게 만드는 이유이다. 복음서들 안에서, 사실적인 보고와 전설, 신화들이 하나의 전체로 엮어지고 있다. 이것이 복음서들의 의미를 구성하는 바로 그것이며, 만약에 누군가가 비판적인 메스를 들고 예수를 원형적인 것으로부터 분리시키려 든다면, 복음서들은 그 즉시 완전성의 성격을 잃고 말 것이다.

역사 속의 적지 않은 위대한 인물들이 굴곡진 운명이 두드러진 특징인 영웅의 삶의 원형을 다소 분명하게 실현시켰다는 점에서 본다면, 그리스도의 삶은 절대로 예외가 아니다. 그러나 평범한 인간도 무의식적으로 원형적인 형태들을 살고 있으며, 만약에 이 원형적인 형태들이 더 이상 중요하게 여겨지지 않는다면, 그것은 단지 전반적인 심리학적 무지 때문이다. 정말로, 꿈들의 순간적인 현상까지도 종종 원형적인 패턴을 명백히 드러낸다. 기본적으로, 정신의 모든 사건들은 원형에 너무나 깊이 근거하고 있으며 원형과 너무나 밀접히 엮여 있다. 그래서 독특한 것을 전형적인 것으로부터 어느 정도 확실히 떼어놓으려면 어떤 경우든 결정적인 노력이 필

---

27   Plutarch, 'De defectu oraculorumm', 17.

요하다.

종국적으로, 모든 개인적인 삶은 동시에 종(種)의 영원한 삶이다. 개인은 엄격히 시간에 얽매이기 때문에 지속적으로 "역사적"이다. 한편, 유형은 시간과 무관하다. 그리스도의 삶이 상당히 원형적이기 때문에, 그 삶은 그 만큼 원형의 삶을 나타낸다. 그러나 원형이 모든 인간의 삶의 무의식적인 전제 조건이기 때문에, 원형의 삶이 드러날 때에는, 모든 개인의 삶의 숨겨진 무의식적 기반도 함께 드러난다. 바꿔 말하면, 그리스도의 삶에 일어나는 일은 언제 어디서나 일어난다. 그리스도의 원형에서, 이런 종류의 모든 삶들이 예시되어 있고 영원히 거듭 표현되고 있다. 그리고 그 원형 안에는 여기서 우리가 신의 죽음과 관련해서 던지는 그 질문도 완벽한 형태로 예고되고 있다. 그리스도는 자신이 죽어가면서 스스로를 변형시키는 그런 신의 전형이다.

우리가 처음 시작할 때의 심리적인 상황은 "어찌하여 살아 계신 분을 죽은 이들 가운데서 찾고 있느냐? 그분께서는 여기에 계시지 않는다"('누가복음' 24장 5절)는 말이 나오는 그런 상황과 비슷하다. 그러나 부활한 그리스도를 어디서 찾을 것인가?

나는 신심 깊은 기독교인이 이런 나의 생각들을 더욱 깊이 파고들 것이라고 기대하지 않는다. 그 생각들이 그에게는 터무니없어 보일 것이기 때문이다. 그러나 나는 지금 행복한 신앙인들을 대상으로 이야기를 전개하는 것이 아니라, 빛이 꺼져 버렸고, 신비가 시들해졌고, 신이 죽었다고 느끼는 그런 많은 사람들을 상대로 이야기하고 있다. 그런 사람들 대부분에게는 되돌아가는 것이 불가능하며, 또 되돌아가는 것이 더 나은 길인지도 분명하지 않다.

종교적인 문제들을 제대로 이해할 수 있는 길들 중에서, 오늘날 우리에게 남아 있는 것은 심리학적인 접근뿐이다. 그것이 내가 역사적으로 굳어진 이 사고의 형태들을 다시 녹여서 직접적 경험의 주형에 부으려고 노력하는 이유이다. 심리학적 원형들의 직접적인 경험과 교리 사이의 연결 고리를 발견하는 것은 틀림없이 어려운 일이지만, 무의식의 자연적 상징들에 대한 연구가 그 작업에 필요한 자료를 제공할 것이다.

신의 죽음 또는 신의 사라짐은 결코 기독교의 상징만이 아니다. 죽음을 추적하는 연구는 지금도 티베트 라마교의 최고 지도자인 달라이 라마가 죽을 때마다 여전히 반복되고 있으며, 고대에 신의 죽음은 매년 코레[28]를 찾는 것으로 기념되었다. 그 같은 폭넓은 분포는 이런 전형적인 정신 작용이 보편적으로 일어난다는 점을 뒷받침한다. 이것은 거듭 되풀이된 전형적인 경험이며, 따라서 그것을 표현하는 것이 기독교 신비에서 중심적인 자리를 차지한다.

죽음 또는 상실은 언제나 되풀이되어야 한다. 그리스도는 언제나 죽고, 언제나 다시 태어난다. 원형의 정신적 삶이 우리가 개인적으로 시간에 얽매이는 현상과 비교하면 시간을 초월하기 때문이다. 어떤 법칙들에 따라서 지금은 그 원형의 이런 측면이 나타나고 다른 때는 그 원형의 다른 측면이 나타나는지, 나는 모른다. 단지 나는 지금은 신의 죽음과 사라짐의 시간이라는 것을 알고 있을 뿐이다. 그리고 나는 무수히 많은 사람들이 알고 있는 것을 여기서 표현하고 있다.

그 신화는 그의 육체가 묻혔던 곳에서 그가 발견되지 않는다고 말하고 있다. "육체"는 겉으로 보이는 형태를, 최고의 가치가 깃들기에는 덧없는 환경을 의미한다. 그 신화는 나아가 그 가치가 기적적인 방식으로 변형되어 다시 올라갔다고 말한다. 그것은 하나의 기적으로 나타난다. 왜냐하면 어떤 가치가 사라질 때, 그것이 언제나 돌이킬 수 없게 상실되는 것처럼 보이기 때문이다. 그래서 그 가치가 다시 돌아올 것이라는 기대는 꽤 낮다.

---

28   그리스 신화에서 저승과 꽃과 식물의 여신인 페르세포네의 또 다른 이름이다.

죽어서 3일 동안 지옥으로 내려간 것은 사라진 가치가 무의식 속으로 가라앉는 것을 묘사하며, 거기서 어둠의 권력을 정복함으로써 그 가치는 새로운 질서를 확립하고, 그 다음에 다시 하늘까지 올라간다. 즉 최고 수준의 의식의 명쾌함에 이른다는 뜻이다. 오직 극소수의 사람들만이 부활한 존재를 본다는 사실은 변형된 가치를 발견하고 인정하는 길에 결코 작지 않은 어려움들이 버티고 있다는 것을 의미한다.

앞에서 나는 무의식이 어떤 자연스런 상징을, 전문적인 용어로 표현하면, 하나의 만다라를 어떻게 낳는지를 꿈의 도움을 받아 보여주었다. 만다라는 상반된 것들의 결합 또는 명상이라는 기능적 중요성을 지니는 상징이다. 어떤 원형이 활성화되었다는 사실을 말해주는 이런 사색적인 생각들은 그 흔적을 거슬러 올라가면 대략 종교 개혁의 시대에 닿는다. 우리는 연금술 논문들 속에서 그 생각들이 '지상의 신'(Deus terrenus), 즉 철학자들의 돌의 본질을 표현하는 상징적인 기하학적 도형들로 다듬어져 있는 것을 발견한다. 예를 들면, '트락타투스 아우레우스'(Tractatus aureus)에 관한 논평에서 다음과 같은 글이 보인다.

> 원소들은 이 네모진 도형 속의 가운데를 차지하고 있는 그 작은 원으로 환원되어야 한다. 그 원은 적들 또는 원소들 사이에서 서로 화해시키는 중재자이며, 그 적들 또는 원소들은 만남의 포옹에서 서로를 사랑할 수 있다. 오직 그만이 원의 사각형화를 낳을 수 있으며, 그것을 지금까지 많은 사람들이 추구했지만 발견한 사람은 거의 없다.[29]

경이로운 돌인 이 "중재자"에 대해 오르텔리우스(Orthelius)는 이렇게 말한다.

---

29 Magnet, 'Bibliotheca chemica curiosa, I (1702), p. 408.

초자연적이고 영원한 선(善)으로서, 우리를 영원한 죽음으로부터, 악마로부터, 모든 악으로부터 구해주는 중재자이자 구원자인 그리스도 예수는 두 가지 본성, 즉 신성한 본성과 인간적인 본성을 갖고 있다. 마찬가지로 그 세속의 구원자도 두 가지 부분, 천상의 부분과 땅의 부분으로 이뤄져 있다. 이런 부분들을 가진 그는 우리에게 건강을 되찾아주었고, 우리를 천상과 땅의 질병으로부터, 정신적인 질병과 육체적인 질병으로부터, 눈에 보이는 질병과 보이지 않는 질병으로부터 구해주었다.

여기서 "구원자"는 하늘에서 내려오지 않고 땅의 깊은 곳으로부터, 즉 의식의 밑에 자리 잡고 있는 것으로부터 온다. 이 철학자들은 거기에, 물질의 그릇 속에 어떤 "정신"이, 헤르메스의 크라테르[30]에 담긴 누스(Nous)[31]와 비교할 만한 "하얀 비둘기" 같은 것이 갇혀 있다고 의심했다. 헤르메스의 크라테르에 대해서는 이런 말이 있다. "할 수 있다면, 당신이 어떤 목적으로 창조되었는지를 인식함으로써, 그리고 당신이 크라테르를 땅으로 내려보낸 그분에게로 올라갈 것이라고 믿음으로써, 이 크라테르 속으로 몸을 던져라."[32]

이 누스 또는 영은 "메르쿠리우스"로 알려졌으며, "현자가 추구하는 것은 무엇이든 수은에 있다"는 연금술의 격언이 가리키는 것이 바로 이 신비이다. 조시모스(Zosimos)에 의해서 전설적인 오스타네스(Ostanes)의 것으로 돌려지는 매우 오래된 한 공식은 이렇다. "나일 강의 물로 가라. 그러면 거기서 영[프네우마]을 가진 어떤 돌을 발견할 것이다." 어느 논평가는 이것이 수은을 가리킨다고 설명한다.

---

30 고대 그리스·로마에서 포도주와 물을 섞는 데 사용한 단지를 말한다.
31 이성, 지성, 정신, 영혼 등을 뜻하는 그리스어 단어이다.
32 'Corpus Hermeticum', Ⅳ, 4.

신으로부터 오는 이 영은 또한 연금술사들이 높이 칭송했던 "푸르름"의 원인이다. 밀리우스(Mylius)는 그것에 대해 이렇게 말한다. "신은 창조된 사물들 속으로 초록인 일종의 발아를 불어넣었다." '오, 정신의 불이여,'로 시작하는 힐데가르트(Hildegard von Bingen)의 '성령 찬가'에서, 우리는 이런 내용을 읽는다. "당신으로부터 구름이 비가 되어 내리고, 하늘이 움직이고, 돌들이 습기를 얻고, 물이 강을 이루고, 땅이 푸르름을 발산한다." 이 성령의 물이 연금술에서 아득히 먼 옛날부터 물질에 동화된 영의 한 상징인 '영원의 물'(aqua permanens)로서 중요한 역할을 맡았으며, 헤라클레이토스에 따르면 이 동화된 영이 물로 바뀌었다. 기독교에서 이와 비슷한 것은 당연히 그리스도의 피이며, 바로 그런 이유 때문에 철학자들의 물은 '영적 피'(spiritualis sanguis)로 불리었다.

그 신비의 본질은 또한 단순히 '둥근 것'으로 알려졌으며, 그것은 세계 영혼과 동일한 '자연의 영혼'으로 이해되었다. 세계 영혼은 신을 둘러싸고 있는 어떤 영역이다. 이것에 대해 밀리우스는 이렇게 말한다. "[신은] 그의 주위의 모든 것을 사랑한다. 다른 것들은 신이 지적이고 불 같은 영이라고 선언했다. 신은 형태를 전혀 갖고 있지 않지만, 스스로를 원하는 대로 변형시키면서 모든 사물들과 동일하게 만든다. 신은 다면적인 어떤 관계에 의해 자신의 피조물들과 어느 정도 연결되어 있다." 세계 영혼에 둘러싸인 신의 이 이미지는 그레고리우스(Gregorius) 교황이 제시한 그리스도와 교회의 비유, 즉 "여자가 남자를 둘러쌀 것이다"('예레미아서' 31장 22절)라는 부분과 동일하다.[33] 이것은 시바가 아내 샤크티에게 안긴, '탄트라'의 사상과 정확히 일치한다. 남녀 상반된 존재들이 중앙에서 결합한 이 근본적인 이미지로부터, "자웅동체"라는, 라피스의 또 다른 명칭이 비롯된다. 그

---

33 St. Gregory, 'Expositiones in librum I Regum', I, I, 1; Migue, P.L. vol. 79, col. 23.

것은 또한 만다라 모티브의 토대이기도 하다.

자연의 영혼으로서 신이 모든 개별적인 피조물로 확장하는 것은 심지어 죽은 물질에도, 완전한 어둠 속에도 신성한 불꽃이 깃들어 있다는 것을 의미한다. 중세의 자연 철학자들은 이 불꽃이 "둥근 그릇" 안에서 신성한 이미지로 다시 일어나도록 하려고 노력했다. 그런 생각들은 오직 무의식적인 정신 과정들의 존재에 근거하고 있다. 그렇게 보지 않는다면 동일한 생각들이 모든 곳에서 일어나는 현상을 이해할 수 있는 길은 없다. 우리의 꿈의 예는 그런 이미지들이 지성의 발명이 아니라는 것을 보여주고 있다. 오히려 그 이미지들은 자연적인 계시이다. 그리고 그 이미지들은 아마 똑같은 방식으로 거듭 발견될 것이다. 연금술사들은 비결이 간혹 꿈에서 드러난다고 말한다.

옛날의 자연 철학자들은 초자연적 본질의 근본적인 성격을 네 부분으로 나뉜 원으로 표현했으며, 그들은 그 본질이 인간 자체였다는 것을 꽤 분명하게 느꼈을 뿐만 아니라 실제로 그렇게 말하기도 했다. "에니그마타 필로소포룸"(Aenigmata philosophorum)은 헤르메스의 그릇에서 형성되는 '하얀 인간'(homo albus)에 대해 말한다. 이 "하얀 인간"은 조시모스의 환상들에 나오는 성직자 형상에 해당한다. 아라비아어로 옮겨진 "크라테스의 서"(Book of Krates)에서, 영적인 인간과 세속적인 인간 사이의 대화에서 똑같은 의미를 지니는 암시가 발견된다. 영적인 인간이 세속적인 인간에게 이렇게 말한다. "당신은 당신의 영혼을 완벽하게 알 수 있는가? 만약 당신이 그 영혼을 적절히 알고 있다면, 그리고 만약에 당신이 그 영혼을 더 훌륭하게 만드는 것이 무엇인지를 안다면, 당신은 철학자들이 예전에 영혼에 부여했던 이름들이 그것의 진정한 이름이 아니라는 것을 알 수 있다. … 오, 진정한 이름을 닮은 의심스런 이름들이여! 그대들이 인간들 사이에 불러일으킨 오류와 고민이 얼마나 심했던지!" 그 이름들은 차례로 철학자들의 돌을 가리킨다. 아랍어를 아는 라틴어 전문가들의 집단에서 나왔을 확률이 더 높음에도 불구하고 조시모스의 것으로 전해지는 한 논문은 틀림없이 그 돌에 대해 말하고 있다. "따라서 그것은 인간에게서 오고, 당신은 그것의 광물(원료)이다. 당신 안에서 그것이 발견되고, 당신으로부터 그것이 추출된다. … 그리고 그것은 당신 안에서 불가분의 상태로 남아 있다"[34] 솔로몬 트리스모진(Solomon Trismosin)이 그것을 가장 명쾌하게 표현하고 있다.

> 당신이 어떤 존재인지
> 당신이 무엇의 일부인지를 공부하라.
> 당신이 이 기술에 대해 알고 있는 것,
> 그것은 진정으로 당신이라는 존재라네.
> 당신의 밖에 있는 모든 것은
> 또한 당신의 안에 있네.
> 트리스모진은 이렇게 썼다.[35]

그리고 게르하르트 도른이 외치고 있다. "당신 자신을 살아 있는 철학자의 돌로 바꿔라!" 그 추구자들 중 적지 않은 수가 그 돌의 비밀스런 본질이 인간 자신의 자기였다는 것을 어렴풋이 알고 있었다는 데는 의심이 있을 수 없다. 이 "자기"는 절대로 자아와 동일한 실체로 여겨지지 않았으며, 이런 이유로 그것은 무생물 속에 하나의 영이나 악마 또는 불꽃으로 머무르고 있는 어떤 "숨겨진 본성"으로 묘사되었다. 대개 정신적인 작업으로 여겨졌던 그 철학적 작업에 의해서, 이 실체는 어둠과 감금으로부터 풀려났

---

34 "Rosinus ad Sarratantam", 'Art. aurif.', I, p. 311.

35 Aureum vellus(1598), p. 5.

으며, 최종적으로 그것은, 종종 어떤 신격화의 형식으로 표현되고 그리스도의 부활과 동일시된 그런 부활을 누렸다. 이 사상들은 실증적인 자아와 전혀 관계가 없으며, 실증적인 자아와 꽤 구분되는 어떤 "신성한 본성"과, 심리학적으로 말하면, 무의식의 영역에서 나오고 있는, 의식을 초월하는 내용물과 관계가 있는 것이 분명하다.

이로써 우리는 우리의 현대적 경험으로 돌아간다. 현대적 경험은 성격상 중세와 고대의 기본적인 사상들과 명백히 비슷하며, 따라서 그 경험은 동일하거나 비슷한 상징들에 의해 표현될 수 있다. 중세의 원의 표상들은 그 돌에도 적용할 수 개념인 소우주라는 사상에 근거하고 있다. 그 돌은 인간 자신처럼 하나의 "작은 세계"였다. 말하자면, 무한한 거리로 뻗는 것이 아니라 똑같이 무한한 깊이까지 뻗는, 말하자면 작은 것에서부터 상상할 수 없을 만큼 무한히 작은 것에까지 이르는, 일종의 우주의 내적 이미지이다. 그래서 밀리우스는 이 중앙을 "심장의 점(點)"이라고 부른다.

현대의 만다라에 의해 표현되는 경험은 신의 이미지를 더 이상 투영할 수 없는 사람들에게 전형적으로 나타난다. 그 이미지의 철수와 내사(內射) 때문에 그 사람들은 인격의 팽창과 분열의 위험에 처하게 된다. 그러므로 중앙을 중심으로 구축되는 원형 또는 사각형의 울타리는 어떤 폭발 또는 분열을 막는 보호의 목적을 갖고 있다. 따라서 만다라는 중앙, 즉 자기에게 주의를 전적으로 집중하는 것을 나타내고 그런 집중을 돕는다. 이것은 절대로 자기중심적이지 않다. 정반대로, 그것은 팽창과 분열을 피하는 데 매우 필요한 자제심이다.

이미 본 바와 같이, 울타리는 또한 그리스어로 '테메노스'(temenos)라 불리는, 신전의 경내나 격리된 성역의 의미를 지닌다. 이런 경우에 원은 밖의 사물들과 섞여서는 안 되는 안쪽의 내용물이나 작용을 보호하거나 격리시킨다. 따라서 만다라는 한때 구체적인 현실이었던 케케묵은 방식과 수단을 상징적인 형태로 되풀이한다. 이미 언급한 바와 같이, 성역의 거주자는 신이었다. 그러나 만다라 속의 포로 또는 잘 보호받고 있는 거주자는 신처럼 보이지 않는다. 사용된 상징들, 즉 별과 십자가, 구체(球體) 등이 신을 의미하지 않고 인간의 인격의 중요한 부분을 의미하기 때문이다. 인간 자신 또는 인간의 가장 깊은 영혼이 만다라의 포로 또는 보호 받는 거주자라고도 할 수 있다. 현대의 만다라가 중앙에 대체로 신을 놓는 고대의 마법의 동그라미와 놀랄 정도로 비슷하기 때문에, 현대의 만다라에서 인간, 말하자면 자기의 깊은 토대는 신의 대체물이 아니라 신의 한 상징임이 분명하다.

우리의 꿈이 보여주듯이, 이 상징이 자연스럽게 저절로 일어난다는 것은, 그리고 그것이 언제나 기본적으로 무의식의 산물이라는 것은 주목할 만한 사실이다. 신이라는 관념이 하나의 자율적인 실체로서 더 이상 투사되지 않게 될 때 어떤 일이 벌어지는지를 알기를 원한다면, 무의식적 정신의 대답이 바로 그것이다. 무의식은 신격화되었거나 신성한 인간이라는 사상을 제시하고 있다. 그 인간은 갇혀 있고, 숨겨져 있고, 보호 받고 있고, 대체로 객관화되어 있으며, 추상적인 어떤 상징에 의해 표현된다.

상징들은 종종 소우주라는 중세의 개념을 암시하는 것을 포함하고 있다. 나의 환자의 세계 시계도 그런 예이다. 만다라를 낳는 과정들 중 많은 것과 만다라 자체는 중세의 고찰을 직접적으로 뒷받침하는 것 같다. 마치 환자들이 철학자들의 돌이나 신성한 물, 둥근 것, 원을 사각형으로 만들기, 네 가지 색깔 등에 관한 옛날의 논문을 읽은 것처럼 보인다. 그럼에도 불구하고 그들은 연금술 철학과 연금술의 난해한 상징체계에는 근처에도 가보지 않은 사람들이다.

그런 사실들을 제대로 평가하는 것은 어려운 과제이다. 만약에 그 사실들이 중세의 상징체계와 인상적일 만큼 뚜렷이 닮은 점이 중요한 고려 사항이라면, 그것들은 일종의 케케묵은 사고방식으로 퇴행하는 것으로 설명될 수 있다. 그러나 그런 퇴행이 일어날 때마다, 그 결과는 언제나 열등한 적응이고, 그에 따른 효능의 결여이다. 이런 결과는 여기서 묘사된 심리적 발달의 전형이 절대로 아니다. 정반대로, 우리 환자의 경우에 신경증적이고 분열된 상태가 상당히 향상되고, 전체 인격이 나은 쪽으로 변화를 겪고 있다. 이런 이유로, 나는 문제의 그 과정을 퇴행으로 설명해야 한다고 생각하지 않는다. 퇴행으로 설명하는 경우에, 그것이 병적인 조건이라고 말하는 것이나 다름없다. 그보다 나는 만다라 심리학에 나타나는, 얼핏 보기에 역행하는 것 같은 연결들을, 중세시대 초, 더 멀리 잡으면 기독교 시대 초기에 시작된 정신적 발달의 한 과정의 연속으로 이해하는 쪽이다.

기독교의 근본적인 상징들이 이미 1세기에 존재했다는 사실을 뒷받침하는 문서가 있다. 지금 나는 '대사제 코마리우스, 클레오파트라에게 신성한 기술을 가르치다'(Comarius, the Archpriest, teaches Cleopatra the Divine Art)라는 제목의 그리스 논문을 염두에 두고 있다. 이 텍스트는 이집트에서 쓰였으며, 기독교 영향의 흔적을 전혀 보이지 않는다. 또 가짜 데모크리토스(Pseudo-Democritus)와 조시모스의 신비주의 텍스트도 있다. 조시모스의 텍스트의 경우에, 중요한 상징체계가 신(新)플라톤주의이고 '코르푸스 헤르메치쿰'(Corpus Hermeticum)의 철학과 밀접히 연결되어 있음에도 불구하고 유대교와 기독교의 영향력이 두드러지게 나타난다.

만다라와 연결된 상징체계의 흔적이 거꾸로 기독교 이외의 종교로 거슬러 올라간다는 사실은 이 현대적인 심리적 사건들의 본질을 밝힐 기회를 준다. 그 심리적 사건들은 직접적인 전통의 뒷받침을 받지 않는 가운데 그 노시스주의 사고의 경향을 잇는 것처럼 보인다. 만약 모든 종교가 지배적인 어떤 심리적 조건을 자발적으로 표현하는 것이라는 나의 추정이 옳다면, 기독교는 우리 시대가 시작할 즈음에 지배했다가 몇 세기 동안 지속된 어떤 조건을 체계적으로 정리한 것이었다. 그러나 어느 정도의 세월 동안 지배적인 위치에 서 있는 특별한 심리적 조건은 다른 시기에 다른 심리적 조건들의 존재를 배제하지 않으며, 이 조건들도 마찬가지로 종교를 표현할 수 있다.

기독교는 한때 존속을 위해 또 다른 심리적 조건에 해당했던 그노시스주의와 싸워야 했다. 그 결과, 그노시스주의는 완전히 제거되었으며, 그 잔재도 대단히 심하게 짓이겨졌다. 그런 탓에 그노시스주의의 영적 의미에 대한 어떤 통찰이라도 얻으려면 특별한 연구가 필요하게 되었다. 그러나 만약에 우리의 상징들의 역사적 뿌리가 중세 그 너머까지 확장된다면, 그 뿌리는 틀림없이 그노시스주의에서 발견될 것이다.

억압적인 조건에서 중요했던 사상들이 영향력을 잃기 시작할 때, 그때까지 억눌려 있던 어떤 심리적 조건이 스스로를 다시 주장하고 나서는 것은 나에게 비논리적인 현상으로 보이지 않는다. 이단으로 여겨지던 그노시스주의는 억압에도 불구하고 중세 내내 연금술로 위장한 상태에서 계속 번창했다.

연금술이 서로 보완적인 두 가지 파트로 이뤄져 있다는 것은 잘 알려진 사실이다. 한편에 고유의 화학적 연구가 있고, 다른 한편에 "이론" 또는 "철학"이 있었던 것이다. 1세기의 가짜 데모크리토스의 글에 분명히 드러나듯이, 이 두 가지 측면은 기독교 시대의 초기에 이미 서로 동반자의 관계에 있었다. 이 말은 3세기의 '라이덴 파피루스'(Leiden papyri)와 조시모스의 글에도 똑같이 적용된다.

고대 연금술의 종교적 또는 철학적 견해는 분명히 그노시스주의였다. 훗날의 견해들은 다음과 같은 핵심 사상 주위로 무리를 짓는다. 태초의 혼돈의 물들을 품은 세계 영혼 또는 데미우르고스 또는 신성한 영(靈)은 어떤 잠재적 상태에서 물질 안에 남았으며, 그로 인해 원래의 혼돈스런 조건이 계속되었다는 것이다.

따라서 철학자들, 또는 그들이 스스로를 부르는 이름을 빌리면 "지혜의 아들들"은 자신들의 원물질을 영을 잉태하고 있는 원래의 카오스의 일부로 여겼다. 그 "영"을 지혜의 아들들은 반쯤 물질적인 프네우마 또는 일종의 "신비체"로 이해했으며, 이것들을 그들은 또한 "휘발성 있는" 것으로 여겼으며, 화학적으로 산화물을 비롯한 용해되는 요소들과 동일시했다. 그들은 이 영을 화학적으로 수은인 메르쿠리우스라고 부르고, 철학적으로 헤르메스라고 불렀다.

그래도 "우리의 메르쿠리우스"(Mercurius noster)는 절대로 평범한 수은이 아니다. 계시의 신인 헤르메스는 헤르메스 트리스메기스투스(Hermes Trismegistus)로서 연금술의 최대 권위였다. 연금술사들의 목적은 혼돈 상태로부터 원래의 신성한 영을 추출하는 것이었으며, 이 추출물은 '제5의 원소' '영원의 물' '팅크제'(tinctura)라 불렸다. 유명한 연금술사 조아네스 드 뤼페시사(Johannes de Rupescissa:1310?-1375?)는 제5의 원소를 "인간의 하늘 또는 천국"이라고 부른다. 그에게 그것은 하늘처럼 부패하지 않는 청색의 액체였다. 그는 제5의 원소가 하늘색이며, "태양이 하늘을 장식하듯이, 우리의 태양이 그것을 장식했다"고 말한다.

태양은 금의 비유이다. 조아네스 드 뤼페시사는 "이 태양은 진정한 금이다"고 말한다. 그는 "하늘들 중 하늘, 그리고 하늘의 태양 … 이 두 가지가 서로 결합해 우리 안에서 영향을 끼치고 있다"고 덧붙인다. 틀림없이, 그의 생각은 제5의 원소, 즉 황금의 태양을 안에 품고 있는 푸른 하늘이 우리 안에서 천국과 하늘의 태양의 이미지들을 불러일으킨다는 것이다. 그것은 푸른 금빛의 소우주의 그림이며, 나는 그것을 기욤의 천체 환상과 아주 비슷한 것으로 받아들인다. 그러나 색깔은 거꾸로 되어 있다. 뤼페시사의 경우에 원반이 황금색이고 하늘이 푸른색이다. 따라서 그와 비슷한 배열을 보이는 나의 환자는 연금술 쪽으로 더 기울어 있는 것 같다.

하늘 또는 천국이라 불린 기적의 액체, 신성한 물은 아마 '창세기' 1장 7절에 나오는 창공 위의 물을 가리킬 것이다. 기능적인 측면에서 보면, 그물은 교회의 성수처럼, 창조하고 변형시키는 특성을 지닌 일종의 세례의물로 여겨졌다. 가톨릭교회는 지금도 여전히 부활절 전의 성 토요일에 세례수를 축복하는 의식을 치른다. 그 의식은 성령이 물속으로 내려가는 것을 재현한다. 그렇게 함으로써 평범한 물이 인간을 변형시켜 영적으로 다시 태어나도록 하는 신성한 특성을 얻는다. 바로 이것이 신성한 물이라는연금술의 사상이며, 만약에 '영원의 물'이 이교에 기원을 두고 있지 않고둘 중에서 더 오래 되지 않았다면, 연금술의 '영원의 물'을 '세례수를 축성하는 의식'으로부터 끌어내는 데 전혀 아무런 어려움이 없을 것이다.

기적의 물은 1세기에 속하는, 그리스 연금술의 최초의 논문들에서 언급되고 있다. 더욱이, 영이 자연 속으로 내려가는 것은 마니(Mani)[36]에게 영향을 크게 끼친 그노시스주의의 전설이다. 그리고 그것이 고대 로마 연금술의 주요 사상 중 하나가 된 것은 아마 마니교의 영향을 통해서였을 것이다. 철학자들의 목적은 불완전한 물질을 화학적으로 금이나 만능약, 불로장생약으로 변형시키는 것이었지만, 철학적으로나 신비로운 방법으로 신성한 자웅동체나 두 번째 아담, 신의 영광이 주어져 부패하지 않는 부활한육체, 인간 정신의 계몽 또는 지혜로 변형시키는 것이었다. 내가 리하르트빌헬름(Richard Wilhelm)과 함께 보여준 바와 같이, 중국 연금술도 '위대한 작업'의 목표는 "금강체"의 창조라고 똑같이 생각하고 있었다.

이런 온갖 유사점들을 제시하는 것은 나의 심리학적 관찰들을 그 역사적배경 속에 놓으려는 시도이다. 역사적 연결이 없으면, 그 관찰들은 단순히호기심을 자극하는 것으로 허공에 걸린 상태로 남을 것이다. 물론, 여기에

36　페르시아 예언가(A.D. 216- 276)로 마니교를 창설했다.

묘사된 꿈들과 비슷한 현대적인 것들도 많을 수 있다.

예를 들면, 어느 젊은 여자가 꾼 꿈이 있다. 최초의 꿈은 주로 실제 경험, 말하자면 특별히 기괴하고 혐오감까지 불러일으키는 환경에서 벌어진 어느 프로테스탄트 종파의 세례 의식에 관한 기억과 관계있었다. 연상들은 그 꿈을 꾼 사람이 종교에 대해 느끼는 온갖 실망의 침전물이었다. 그러나 그 직후의 꿈은 그녀에게 이해되지도 않고 그 전의 꿈과 연결되지도 않는 어떤 그림을 보여주었다. 그런 경우에 누군가가 그녀의 두 번째 꿈 앞에 "그와는 반대로"라는 말을 놓는 간단한 방법으로 그녀가 꿈을 이해하도록 도울 수 있을 것이다. 두번째 꿈은 이런 내용이었다. '그녀는 천문관에 있었으며, 그곳은 하늘의 둥근 천장에 매달려 있는 대단히 인상적인 장소였다. 하늘에 별 두 개가 빛나고 있었다. 하얀 별은 수성이었고, 다른 별은 따뜻한 붉은 빛을 발하고 있었으나 그녀가 모르는 별이었다. 지금 그녀는 하늘의 지붕 아래의 벽들이 프레스코화로 덮여 있다는 것을 알았다. 그러나 그녀는 그 그림들 중에서 하나만 알아볼 수 있었다. 그것은 나무에서 출생하는 아도니스를 그린 고대의 그림이었다.'

그녀는 "붉은 빛"을 "따뜻한 감정", 즉 사랑으로 받아들였으며, 그녀는 지금 그 별이 금성이었음에 틀림없다고 생각했다. 그녀는 어느 박물관에서 나무에서 출생하는 것에 관한 그림을 한 번 보았으며, 죽어서 다시 소생하는 신으로서 아도니스도 부활의 신이 분명하다고 상상했다.

그렇다면, 첫 번째 꿈에 교회 종교에 대한 강력한 비판이 있었고, 두 번째 꿈에서 세계 시계의 만다라가 나타났다. 이것은 천문관이 어떤 곳인지를 아주 충실하게 보여준다. 하늘에서 신성한 짝이 결합한 채 서 있다. 남자는 흰색이고, 여자는 붉은색이며, 따라서 그 유명한 연금술 짝을 거꾸로 바꿔 놓고 있다. 연금술에서는 남자가 빨간색이고, 여자가 흰색이며, 따라서 그녀는 베야(아라비아어로는 '하얀 것'을 뜻하는 'al baida')라 불리고 그는 가브리쿠스(아라비아어로 '유황'을 뜻하는 'kibrit')로서 그녀의 왕족 오빠임에도 "붉은 노예"라고 불렸다. 그 신성한 짝은 기욤 드 디귈르빌의 그리스도 비유를 떠올리게 한다. 아도니스의 나무 출생에 대한 암시는 창조와 부활의 신비로운 의식과 관계있는, 나의 환자의 꿈들과 일치한다.

그렇다면 원칙적으로 이 두 가지 꿈은 나의 환자의 사고 과정들을 대부분 되풀이하고 있다. 그 꿈들이 나의 환자와 우리 시대의 정신적 질병 외에는 어떤 공통점도 갖고 있지 않는데도 말이다. 이미 지적한 바와 같이, 저절로 생겨나는 현대의 상징체계와 고대의 이론이나 믿음 사이의 연결은 직접적이거나 간접적인 전통에 의해서도 확립되지 않으며, 증거가 전혀 없는 상태에서도 간혹 추측되었던 어떤 비밀스런 전통에 의해서도 증명되지 않는다. 세심하게 주의를 기울여 조사했지만, 나의 환자들이 관련 문헌을 알고 있었거나 그런 사상들에 관한 다른 정보를 접할 기회를 가졌을 가능성은 전혀 발견되지 않았다. 나의 환자들의 무의식이 지난 2,000년 동안 거듭 되풀이된 것과 똑같은 사고의 노선을 따라 작동했던 것 같다. 그런 지속성은 우리가 어떤 무의식적 조건을 물려받은 선험적인 요소로 단정할 때에만 가능하다.

그렇다고 해서 내가 사상의 유전 같은 것을 염두에 두고 있는 것은 아니다. 사상의 유전을 증명하는 일은 불가능하지 않을지 몰라도 지극히 어려울 것이다. 오히려 나는 물려받는 자질을, 똑같거나 비슷한 생각을 거듭 낳을 형태적 가능성 같은 것으로 짐작한다. 나는 이 가능성을 "원형"이라고 불렀다. 따라서 원형은 어쨌든 뇌와 연결되어 있는 정신에 특유한 구조적 특성 또는 조건일 것이다.

역사적으로 유사한 이런 것들을 바탕으로 한다면, 만다라는 지금까지 육체 안에 숨어 잠자고 있다가 지금 끌어내어져 되살아난 신성한 존재를 상징하거나, 인간이 신성한 존재로 변하는 일이 벌어지는 그릇 또는 방을 상징한다. 나는 이런 식의 공식화가 필연적으로 대단히 엉뚱한 형이상학적 고찰을 떠올리게 한다는 사실을 잘 알고 있다. 이 말이 이상하게 들린다면 내가 미안해할 일이지만, 이것이 인간 정신이 낳고 있고 언제나 낳아 왔던 바로 그것이다. 이런 사실들을 몰라도 일을 잘 처리할 수 있다고 단정하는 심리학은 모두 그 사실들을 억지로 배제해야 한다. 나는 그 같은 태도를 경험적 관점에서 용인할 수 없는 철학적 편견이라고 부른다. 나는 이런 공식화로는 어떤 형이상학적 진리도 증명하지 못한다는 점을 강조해야 한다. 형이상학적 진리는 단지 정신이 어떤 식으로 기능한다고 말하는 하나의 진술에 불과하다. 그리고 나의 환자가 만다라 환상을 본 뒤로 엄청나게 좋아졌다고 느낀 것은 엄연한 사실이다. 만약 당신이 환상이 그를 위해 해결해 준 문제를 이해한다면, 당신은 또한 그가 "장엄한 조화"의 감정을 느낀 이유도 이해할 수 있다.

만약에 만다라가 난해하기만 하고 우리와 무관하다면, 나는 그런 경험의 가능한 결과에 관한 모든 고찰을 억누르는 일에 한 순간도 머뭇거리지 않을 것이다. 그러나 불행하게도 나에게는 그런 유형의 경험이 난해하지도 않고 무관하지도 않다. 반대로, 나의 직업에서 거의 일상적으로 일어나는 경험이다.

어쨌든 살기를 원한다면 자신의 경험을 진지하게 받아들여야 하는 사람들을 나는 상당수 알고 있다. 그들은 오직 악마와 깊고 푸른 바다 중에서 선택할 수 있다. 악마는 만다라나 만다라에 해당하는 그 무엇이고, 깊고 푸른 바다는 그들의 신경증이다.

선의의 합리주의자는 내가 바알제붑(Beelzebub)[37]과 함께 악마를 내쫓고 정직한 신경증을 가짜 종교적인 믿음으로 대체하고 있다고 지적할 것이다. 악마를 내쫓고 있다는 비난에 대해 말하자면, 나는 형이상학의 전문

---

37 사탄의 또 다른 이름.

가가 절대로 아니기 때문에 그에 대한 대답으로 내놓을 말이 전혀 없다. 그러나 두 번째 비난에 대해 말하자면, 나는 그것이 믿음의 문제가 아니라 경험의 문제라는 점을 제발 이해해 달라고 간청하고 싶다.

종교적 경험은 절대적이며, 그런 경험은 반박 불가능하다. 그런 경험과 관련해서, 당신은 그냥 그런 경험을 한 적이 절대로 없다고 말할 수 있을 뿐이다. 그러면 당신의 반대자는 "미안하지만, 나에겐 그런 경험이 있어요"라고 대답할 것이다. 그것으로 토론은 끝이다.

세상이 종교적 경험에 대해 어떻게 생각하든, 그런 경험이 있는 사람은 중요한 보물을, 그에게 생명과 의미와 아름다움의 원천이 되는 그런 것을 소유하고 있다. 그리고 그 사람의 입장에서 보면 그 경험이 세상과 인류에게 새로운 영광을 부여한다. 그는 믿음을 갖고 있고 평화를 누리고 있다. 당신이 그런 삶은 정당하지 않다고, 그런 경험은 타당하지 않다고, 그런 신앙은 망상에 지나지 않는다고 말할 수 있는 기준이 어디에 있는가? 사실 궁극적인 것들에 관한 진리로서, 당신의 삶에 도움을 주는 것보다 더 훌륭한 것이 있는가? 그것이 내가 무의식이 엮어내는 상징들을 조심스럽게 고려하는 이유이다. 렐리지오! 그런 상징들은 현대인의 비판적인 정신을 설득시킬 수 있다. 그리고 그 상징들은 매우 케케묵은 이유로, 그러니까 그것들이 압도적이라는 이유로 설득력을 발휘한다.

신경증을 치료하는 그것은 신경증만큼 설득력이 있어야 하며, 신경증이 너무나 실질적이기 때문에 도움을 주는 경험도 마찬가지로 실질적이어야 한다. 만약 당신이 신경증을 비관적으로 보길 원한다면, 신경증은 매우 실질적인 망상이 될 것임에 틀림없다. 그러나 실질적인 망상과 치료의 힘을 발휘하는 종교적 경험의 차이는 무엇인가? 그건 단순히 표현의 차이에 지나지 않는다.

예를 들어, 당신은 생명에 대해 매우 나쁜 예후를 가진 질병이라고 말할 수 있다. 생명이 오랫동안 그럭저럭 이어지다가 최종적으로 죽음으로 종지부를 찍게 되니 말이다. 아니면 정상 상태는 어떤 일반적인 체질적 결함이라거나, 인간은 치명적일 만큼 크게 자란 뇌를 가진 동물이라고 말할 수도 있다. 이런 종류의 사고는 소화력이 좋지 않아서 만성적으로 투덜거리는 사람들의 특권이다.

궁극적인 것들이 무엇인지는 아무도 모른다. 그러므로 우리는 그것들을 각자가 경험하는 그대로 받아들여야 한다. 그리고 만약에 그런 경험이 삶을 당신 자신과 당신이 사랑하는 사람들에게 보다 건강하게, 보다 아름답게, 보다 완전하게, 보다 만족스럽게 만드는 데 도움이 된다면, 당신은 자신 있게 "이것이 신의 은총이었어!"라고 말할 수 있다.

그것으로 인해서, 어떤 초월적인 진리도 증명되지 않으며, 우리는 종교적 경험은 교회 밖에 있고, 주관적이며, 무한한 오류에 노출되어 있다는 점을 더없이 겸손한 마음으로 고백해야 한다. 그럼에도 만약에 우리 시대의 영적 모험이 인간의 의식을 정의되지도 않았고 정의될 수도 없는 것에 노출시키는 것이라면, 그 '무한한 것'에도 정신의 법칙들이 적용되고 있다고 생각할 충분한 이유들이 있을 것 같다. 이 정신의 법칙들은 절대로 인간이 발명한 것이 아니다. 인간은 단지 기독교 교리의 상징체계 속에서 그 법칙들을 "영적으로 인식할" 뿐이다. 오직 생각이 깊지 않은 어리석은 자들만이 이 영적 인식을 파괴하길 원하며, 영혼을 사랑하는 사람은 절대로 그렇게 하길 바라지 않는다.

2장

삼위일체 교리에 대한
심리학적 접근(1940/41)

머리말

이 연구는 1940년에 에라노스 회합[38]에서 "삼위일체 사상의 심리학에 관하여"(On the Psychology of the Idea of the Trinity)라는 제목으로 했던 강연에서 비롯되었다. 그 강연의 내용은 후에 출판되었으나 대략적인 개요에 지나지 않았으며, 나에게는 처음부터 그것이 보강을 필요로 한다는 것이 분명했다. 따라서 나는 이 주제를 품격과 중요성에 걸맞은 방식으로 다시 다뤄야 한다는, 일종의 도덕적 의무감을 느꼈다.

강연이 불러일으킨 반응을 근거로 한다면, 나의 독자들 중 일부는 기독교 상징들의 종교적 가치를 침범하지 않도록 조심하는 경우에도 그런 상징을 놓고 심리학적으로 토론하는 것 자체에 불쾌감을 느낀 것이 분명했다. 그와 똑같은 심리학적 접근이 불교의 상징에 적용되었더라면, 아마 나

---

[38] 에라스노 회합은 1933년부터 스위스에서 매년 열리고 있는 지적 토론 집단을 일컫는다. 자연 과학뿐만 아니라 종교학과 인문학에도 관심을 기울이고 있다.

의 비판자들은 반대할 만한 것을 별로 발견하지 못했을 것이다. 신성한 측면을 따지자면 불교의 상징도 기독교의 상징이나 다를 것이 하나도 없는데도 말이다. 암컷 거위에게 적용되는 것은 수컷 거위에게도 적용되는 법이다. 기독교 상징들이 신성 불가침한 난센스의 영역으로 추방됨으로써 신중한 이해력이 접근할 수 없는 것이 되어 버린다면, 그것이 훨씬 더 위험한 일이 아닌지, 나는 대단히 진지하게 자문해야 한다.

기독교 상징들은 쉽게 우리로부터 멀어질 수 있다. 그렇기 때문에 그 상징들의 비합리성은 쉽게 터무니없는 난센스로 변한다. 신앙은 하나의 카리스마[39]로서 모두에게 허용되지는 않는다. 대신에 인간은 가장 높은 것들을 추구할 수 있는 사고의 재능을 갖고 있다.

상징에 관한 사고에서 일부 현대인이 드러내고 있는 소심한 방어적인 자세를 성 바울로나 존경스런 많은 교부들은 틀림없이 공유하지 않았다. 기독교 상징에 관한 이런 소극성과 불안은 절대로 좋은 조짐이 아니다. 만약 이 상징들이 보다 높은 어떤 진리를 나타낸다면, 아마 나의 비판자들은 그 점을 의심하지 않을 것인데, 그런 경우에 과학이 그 상징들을 이해하기 위해 무모하게 노력한다면, 과학은 스스로를 웃음거리로 만들고 말 것이다. 더욱이, 상징들의 의미를 무효화시키는 것은 절대로 나의 의도가 아니다. 내가 상징들에 관심을 두고 있는 이유는 바로 나 자신이 그것들이 심리학적 타당성을 지닌다고 확신하고 있기 때문이다.

단순히 믿기만 하고 생각하지 않는 사람들은 스스로를 최악의 적인 회의(懷疑)에 지속적으로 노출시키고 있다는 사실을 언제나 망각하고 있다. 믿음이 지배하는 곳마다, 회의가 뒤로 슬그머니 숨는다. 그러나 생각하는 사람들은 회의를 환영한다. 회의는 생각하는 사람들에게 보다 훌륭한 지식 쪽으로 나아가는 소중한 디딤돌의 역할을 한다.

39 신학에서는 신에게서 받은, 예언이나 치유 등의 특별한 능력을 뜻한다.

믿을 수 있는 사람들은 동료들 중에서 오직 생각할 줄만 아는 사람들에게 관용을 조금 더 베풀어야 한다. 믿음은 사고가 힘들게 기어오르려고 애쓰고 있는 정상을 이미 정복한 상태이다. 신자는 자신의 일상적인 적인 회의를 사상가에게 투사하며 사상가가 파괴적인 계획을 도모하고 있다는 식으로 의심해서는 안 된다. 만약에 고대인들이 약간의 사고를 하지 않았다면, 삼위일체에 관한 어떤 교리도 없었을 것이다. 어느 교리가 믿어지고 있는 한편으로 사고의 대상이 되고 있다는 사실은 그 교리의 생명력을 뒷받침하는 증거이다. 그러므로 신자는 자신이 이미 올라가 앉아 있는 산의 정상에 타인들도 오르려고 노력한다는 사실을 즐거운 마음으로 기꺼이 받아들여야 한다.

교리와 관련 있는 모든 상징들 중에서 가장 신성한 상징인 삼위일체를 심리학적 연구 대상으로 삼으려는 나의 시도가 대담한 행위라는 사실을 나도 잘 알고 있다. 언급할 가치가 있을 만큼 신학적 지식을 갖추지 못한 탓에, 이런 점에서 나는 모든 평범한 사람이 접할 수 있는 텍스트에 의존해야 한다. 그러나 나는 삼위일체의 형이상학에 관여할 생각은 전혀 없다. 그렇기 때문에 나는 역사를 내려오며 삼위일체를 둘러싸고 벌어진 복잡한 형이상학적 고찰에 대해서는 고려하지 않고 삼위일체에 관한 교회 자체의 표현을 자유롭게 받아들인다.

심리학적 논의의 목적을 위해서라면, '아타나시우스 신경'(Athanasian Creed)[40]에 포함된 정교한 버전이면 충분할 것이다. 교회의 가르침이 삼위일체를 어떤 식으로 이해하는지를 명쾌하게 보여주고 있기 때문이다. 그럼에도 불구하고, 심리학적 이해를 위해서는 어느 정도의 역사적 설명도 불가피하다. 그러나 나의 주된 목적은 삼위일체 교리를 심리학적 의미에

---

40 성 아타나시우스의 신앙 고백으로 알려졌으나, 최근에는 430-500년에 남부 프랑스에서 익명의 저자가 저술했다는 견해가 지배적이다.

서 하나의 상징으로 이해하는 경우에 필요할 것 같은 심리학적 견해들을 세세하게 제시하는 것이다.

그럼에도 만약에 나의 목표가 그 교리를 "심리학적으로 분석하려는" 시도로 인식된다면, 나의 노력은 근본적으로 잘못 이해되고 있다. 나의 글에 대해 조금이라도 아는 사람이라면 누구에게나 분명히 보이듯이, 원형적인 토대를 갖는 상징들은 그 외의 다른 것으로 절대로 환원되지 않는다.

과학적 훈련을 받은 의사가 어쨌든 삼위일체에 관심을 두고 있다는 사실 자체가 많은 사람들에게 이상하게 보일 것이다. 그러나 이 집단 표상들이 인간 영혼의 기쁨과 슬픔과 얼마나 밀접히, 그리고 얼마나 의미심장하게 결합되어 있는지를 경험한 사람은 누구나 기독교의 핵심적인 상징인 삼위일체 상징이 특히 심리학적 의미를 지녀야 한다는 점을 즉시 이해할 것이다. 심리학적 의미를 지니지 않는다면, 그 상징은 보편적인 의미를 절대로 얻지 못했을 것이며, 오래 전에 영적 괴물들을 모아놓은 먼지 쌓인 캐비닛 속에 처박혀 여러 개의 팔과 머리를 가진 인도 신들과 그리스 신들이 밟은 운명을 똑같이 맞았을 것이다. 그러나 그 교리가 모체인 정신과 생생한 상호 의존의 관계를 맺고 있기 때문에, 그것은 내가 거듭 말하고자 하려는 것들 중 많은 것을 표현하고 있다. 그럼에도 나는 나의 설명에 아직 보강할 부분이 있다는 불편한 감정을 떨칠 수 없다.

1. 기독교 이전 시대의 비슷한 것들

1) 바빌로니아

기독교의 이 핵심적인 상징, 즉 삼위일체에 심리학적 관점에서 접근할 것을 제안하면서, 나는 심리학과 매우 동떨어져 보이는 영역을 밟고 있다는 사실을 깨닫고 있다. 그러나 종교와 관계있는 모든 것과 종교가 말하는 모든 것이 인간의 영혼을 너무나 깊이 침범하기 때문에, 나의 의견에는 심리학은 종교를 간과할 수 없다. 삼위일체와 같은 개념은 신학의 영역과 너무나 관계가 깊기 때문에, 오늘날 세속적 학문 중에서 그 개념에 관심을 주고 있는 분야는 역사뿐이다.

정말로, 대부분의 사람들은 교리에 대해, 특히 삼위일체처럼 시각화하기 어려운 개념에 대해 생각하는 것조차 그만두었다. 독실한 기독교인들 사이에서도 삼위일체에 대해 교리의 문제로 진지하게 생각하면서 그것을 고찰의 대상으로 여기는 사람이 매우 드물다. 그러니 교육 받은 대중에 대해서는 말할 필요도 없다. 최근의 한 예외가 켑겐의 매우 중요한 책『기독교의 그노시스』(Die Gnosis des Christentums)이다. 이 책은 감독교회파의 "찬성"에도 불구하고 불행하게도 곧 금서 목록에 올랐다. 교리에 관한 사상들을 이해하는 일에 진정으로 관심이 있는 사람들 모두에게, 켑겐의 이 책은 삼위일체의 상징체계에 매료된 사고의 한 완벽한 예이다.

3개 1조(triad)의 신들은 매우 일찍부터 원시적인 수준으로 등장한다. 고대의 종교와 동양의 종교에서 조악한 3개 1조는 여기서 다 언급할 수 없을 만큼 수적으로 대단히 많다. 3개 1조의 배열은 종교의 역사에서 하나의 원형이며, 이 원형이 기독교 삼위일체의 토대가 되었을 가능성이 아주 크다. 종종 이 3개 1조들은 서로 독립적이고 서로 다른 세 신으로 구성되어 있지 않으며, 3개 1조들 안에서 가족 관계가 분명하게 드러난다.

그 예로 바빌로니아의 3개 1조 신들을 제시하고 싶다. 그 중에서 가장 유명한 것이 아누(Anu)와 벨(Bel)과 에아(Ea)이다. 지식을 상징하는 에아는 실용적인 활동을 상징하는 벨("지배자")의 아버지이다. 그 뒤에 생긴 이차적인 3개 1조는 신(Sin: 달)과 샤마시(Shamash: 해), 아다드(Adad:

폭풍)로 이뤄져 있다. 여기서 아다드는 최고의 신 아누의 아들이다. 네부카드네자르(Nebuchadnezzar)가 통치할 때, 아다드는 "천국과 땅의 지배자"였다.

아버지와 아들의 관계에 관한 이 같은 암시는 함무라비(Hammurabi) 시대에 더욱 명료해진다. 에아의 아들 마르두크(Marduk)가 벨의 권력을 맡으며 에아를 뒤로 밀어냈던 것이다. 에아는 "권력과 권리들을 아들에게 기꺼이 넘긴, 애정이 깊고 당당한 아버지"였다. 마르두크는 원래 "지배자"(벨)라는 별명을 가진 태양신이었으며, 그는 아버지 에아와 인류 사이의 중재자이다. 에아는 아들이 모르는 것은 자신도 모른다고 선언했다.

마르두크는 티아마트(Tiamat)와의 싸움이 보여주듯이, 구세주이다. 마르두크는 "죽은 자를 깨우기를 좋아하는, 인정 많은 존재"이고, 인간들의 탄원을 잘 듣는 "큰 귀를 가진 존재"였다. 그는 도움의 손길을 펴는 존재이고, 치료하는 존재이고, 진정한 구원자이다. 어느 구세주에 관한 이 가르침은 바빌로니아의 땅에서 기독교 시대 내내 꽃을 활짝 피웠으며, 지금도 (메소포타미아에 여전히 존재하고 있는) 만다야교도들의 종교에서, 특히 그들의 구세주인 만다 다이야(Manda d'Hayya) 또는 히빌 지와(Hibil Ziwa)에서 특별히 생생하게 살아 있다. 만다야교도들 사이에 구세주는 또한 빛을 가져다준 존재로, 또 동시에 세계의 창조자로 나타난다. 바빌로니아의 서사시에서 마르두크가 티아마트를 갖고 우주를 만들어내는 것과 똑같이, 최초의 인간 마니는 어둠의 자식들의 살갗과 뼈, 배설물로 하늘과 땅을 만든다. "마르두크 신화가 고대 이스라엘 사람들의 종교 사상 전반에 끼친 영향은 놀랄 만하다."[41]

함무라비는 오직 2개 1조, 즉 아누와 벨만을 숭배한 것 같지만, 신성한 통치자였던 그는 "아누와 벨을 칭송하는 자"로서 자신과 그들을 연결시켰

---

41   Roscher, 'Lexikin', II, 2, cols. 2371f., s.v. "Marduk".

다. 이것은 마르두크에 대한 숭배가 절정에 가까워지던 시점에 일어난 일이었다. 함무라비는 자신을 새로운 시대, 즉 당시에 시작되고 있던 양자리 시대의 신으로 여겼으며, 그때 아누-벨-함무라비의 3개 1조가 암묵적 인정을 받았지 않았을까 하는 의심도 정당하다.

이차적인 3개 1조인 신-샤마시-이슈타르가 있다는 사실은 그 3개 1조 안에 또 다른 3개 1조의 관계가 있다는 점을 암시한다. 이슈타르는 여기서 폭풍의 신 아다드 대신에 나타난다. 그녀는 신들의 어머니이고, 동시에 신(Sin)의 딸일 뿐만 아니라 아누의 딸이기도 하다.

고대의 3개 1조들에 대한 기원은 곧 순수하게 형식적인 성격을 띠게 된다. 3개 1조들은 "살아 있는 어떤 힘이기보다는 신학적인 교리인 것으로" 입증된다. 그것들은 사실 최초의 신학의 시작들을 대표한다. 아누는 하늘의 지배자이고, 벨은 낮은 영역인 땅의 지배자이고, 에아 역시 "저승"의 신이지만, 그의 경우에 저승은 물이 흐르는 깊은 곳이다. 에아가 상징하는 지식은 "물 속 깊은 곳"에서 나온다.

어느 바빌로니아 전설에 따르면, 에아가 빛의 생명체 우두슈나미르(Uddushunamir)를 창조했으며, 이 생명체는 이슈타르가 저승으로 가는 여정에 신들의 사자 역할을 했다. 우두슈나미르라는 이름은 "그의 빛(또는 오름)이 빛나다"라는 뜻이다. 예레미아(Jeremias)는 그를 반신(半神) 그 이상이었던 영웅 길가메시와 연결시킨다. 신들의 사자는 보통 불의 신인 기루(Girru)(수메르어로 "기빌"(Gibil))라 불렸다. 정화의 불로 악을 파괴하는 존재로서, 그는 윤리적인 측면을 지닌다. 그도 에아의 아들이지만, 한편으로 그는 아누의 아들로도 묘사된다. 이 연결에서, 마르두크도 마찬가지로 이중적인 본질을 갖고 있다는 점을 언급하는 것이 중요하다. 어느 찬가에서 그가 마르 무미(Mar Mummi), 즉 '카오스의 아들'로 불리고 있으니 말이다. 동일한 찬가에서, 그의 배우자 사르파니투는 마르두크의 어머니인

에아의 아내와 더불어 "은빛으로 반짝이는 존재"로서 기도의 대상이 되었다. 이것은 아마 '하얀 여자'인 베누스를 가리킬 것이다. 연금술에서 하얀 것이 달로 변하는데, 달은 바빌로니아에서는 여전히 남성이었다. 마르두크의 동반자들은 네 마리의 개이다. 여기서 숫자 4는 호루스의 네 아들, 에제키엘의 환상에 나타나는 네 치품천사들, 동물 3마리와 하나의 천사로 이뤄진 복음서 저자들의 네 상징처럼 전체성을 의미한다.

2) 이집트

바빌로니아 전설에서 암시 정도로만 나타난 사상들이 이집트에서 아주 분명하게 발달하는 모습을 보인다. 연금술의 상징적 토대들에 관한, 아직 마무리되지 않은 연구의 일환으로 삼위일체의 이집트 원형에 대해 다른 곳에서 길게 다뤘기 때문에, 여기서는 이 주제를 가볍게 건드리고 넘어갈 생각이다. 다만 나는 무엇보다 이집트 신학은 똑같이 왕에 의해 표현되는 아버지와 아들로서 신의 근본적인 통일(호모오우시아)을 단언한다는 점을 강조할 것이다. 제3의 인격은 그 신의 생식력인 '카'(ka)나 다름없는 카무테프("그의 어머니의 수소")의 형태로 나타난다. 그것 안에서, 그것을 통해서, 아버지와 아들이 3개 1조가 아니라 3개 1체(triunity)로 결합한다. 카무테프가 신성한 카의 어떤 특별한 표현이라는 점에서, 우리는 "신이 아버지이고, 왕은 아들이고, 카는 둘 사이의 연결 고리라는 의미에서 신과 왕과 카의 3개 1체에 대해 실제로 말할 수 있다"[42].

결론을 내리는 장에서 야콥슨(Helmuth Jacobsohn)은 이 이집트 사상과 기독교의 신경 사이에서 비슷한 점을 끌어낸다. "성령으로 잉태하사

---

[42] Jacobson, "Die dogmatische Stellung des Königs in der Theologie der alten Aegypter," p. 17.

동정녀 마리아에게서 나시고"라는 문장과 관련해서, 그는 칼 바르트(Karl Barth)의 설명을 인용한다. "정말로 신과 인간의 결합이 있다. 신 자신이 그 결합을 창조한다. … 그것은 신이 아버지와 아들로서 스스로 이루는 영원한 결합이다. 이 결합이 바로 성령이다."[43] 어버이로서, 성령은 아버지와 아들의 결합을 암시하고 보장하는 카무테프에 해당할 것이다.

이 연결 속에서, 야콥슨은 '누가복음' 1장 35절("성령께서 너에게 내려오시고 지극히 높으신 분의 힘이 너를 덮을 것이다. 그러므로 태어날 아기는 거룩하신 분, 하느님의 아드님이라고 불릴 것이다.")에 대한 바르트의 논평을 인용하고 있다. "성경이 성령에 대해 이야기할 때, 그때 성경은 아버지와 아들의 결합으로서 하느님에 대해, '사랑의 결속'(vinculum caritatis)에 대해 말하고 있다."[44]

파라오의 신성한 생식은 왕의 인간 어머니의 안에서 카무테프를 통해서 이뤄진다. 그러나 성모 마리아처럼, 그 인간 어머니는 삼위일체 밖에 남아 있다. 프레이지기케(Friedrich Preisigke)가 지적하듯이, 초기에 기독교를 믿었던 이집트인들은 단순히 카에 관한 전통적인 생각들을 성령에 적용시켰다. 이것이 그 신기한 사실을, 그러니까 3세기에 콥트어로 쓴 문서인 '피스티스 소피아'(Pistis Sophia)에서 예수가 진정한 카(ka)처럼 자신의 더블(double)로서 성령을 갖는 신기한 사실을 설명해 준다. 아버지와 아들의 본질의 결합과 왕의 어머니 안에서의 생식이라는 이집트 신화소(神話素)는 이집트 제5 왕조(B.C. 2500년경)까지 이어졌다.

호루스가 모습을 드러내는 신성한 육체의 탄생에 대해 말하면서, 아버지 신은 "나의 영혼이 그의 안에 있으니, 그가 이 땅에서 은총의 왕권을 행사할 것이니라"고 말한다. 아버지 신은 또 아이에게 "너는 나의 육체의 아들

---

43   Barth, 'Credo', p. 70.

44   Barth, 'Bibelstunden über Luk Ⅰ', p. 26.

이고, 나에 의해서 생겨났느니라"라고 말한다. "그가 그의 아버지의 씨앗으로부터 그의 안에서 낳고 있는 태양은 그의 안에서 새롭게 다시 일어날 것이다." 그의 눈은 호루스의 눈인 태양과 달이다. 우리는 '누가복음' 1장 78절의 그 단락("우리 하느님의 크신 자비로 높은 곳에서 별이 우리를 찾아오시어 어둠과 죽음의 그늘에 앉아 있는 이들을 비추시고")이 '말라기서' 4장 2절("나의 이름을 경외하는 너희에게는 의로운 해가 떠올라서 치료하는 광선을 발하리니")을 가리킨다는 것을 알고 있다. 이 대목에서 누가 이집트의 날개 달린 태양 원반을 떠올리지 않을 수 있겠는가?

이 사상들은 헬레니즘의 혼합주의로 넘어가고 필론(Philon)과 플루타르코스(Plutarchos)를 통해서 기독교로 전해졌다. 그렇기 때문에, 현대의 신학자들까지 간혹 주장하는 바와 같이, 이집트가 기독교 사상의 형성에 영향을 끼쳤더라도 그 정도가 미미했다는 말은 진실이 아니다. 정반대이다. 팔레스타인이라는 작은 완충 국가가 오랫동안 이집트의 지배권 안에 있었고, 게다가 그 국가가 막강한 이웃과, 특히 그리스도 탄생 몇 세기 전에 번창하는 유대인 식민지가 알렉산드리아에 확립된 이후로 대단히 밀접한 문화적 연결을 맺었다는 점을 고려한다면, 정말로 바빌로니아의 사상들만 팔레스타인으로 스며들었을 가능성은 매우 낮다.

프로테스탄트 신학자들이 기회가 주어질 때마다 마치 기독교 사상의 세계가 하늘에서 뚝 떨어진 것처럼 보이게 노력하도록 만든 것이 무엇인지를 이해하는 것은 무척 어려운 일이다. 가톨릭교회는 구원에 관한 기독교 전설의 한 원형으로서 오시리스-호루스-이시스 신화 또는 어쨌든 그 신화의 적절한 부분을 고려할 만큼 개방적이다. 어떤 신화소의 신비한 힘과 그 신화소가 진리로서 지니는 가치는 그것의 원형적인 성격이 증명되는 경우에 상당히 높아진다. 원형은 "언제 어디서 누구에게나 믿어지는 것"이며, 만약에 원형이 의식적으로 인식되지 않는다면, 그것은 뒤쪽에서 "분노에 찬" 형태로, 그러니까 "카오스의 어둠의 아들"로서, 악한으로서, 구세주 대신에 적그리스도로서 나타난다. 이것은 현대의 역사에 의해서 너무도 분명하게 증명되고 있는 사실이다.

3) 그리스

기독교 이전 시대까지 삼위일체 개념의 뿌리를 파고들면서, 그리스 철학자들의 수학적 고찰을 배제하면 안 된다. 모두가 잘 알고 있듯이, 철학적으로 사색하는 그리스인의 정신적 기질은 그노시스주의의 영감이 매우 분명하게 드러나는 작품인 성 요한의 복음서에서도 확인된다. 훗날 그리스 교부들의 시대에, 그리스인의 정신은 '요한 묵시록'의 원형적인 내용을 그노시스주의 어투로 해석하면서 그 내용을 확충하기 시작한다.

피타고라스(Pythagoras)와 그의 학파가 아마 그리스 사상의 형성에 가장 큰 역할을 했을 것이고, 삼위일체의 한 측면이 숫자의 상징체계에 바탕을 두고 있기 때문에, 피타고라스의 숫자 체계를 검토하고 그 체계가 여기서 우리의 관심을 끌고 있는 3개의 근본적인 숫자에 대해 어떤 말을 하고 있는지를 살펴보는 것도 충분히 가치 있는 일이다.

젤러(Eduard Zeller)는 이렇게 말한다. "하나는 다른 모든 숫자들이 나오는 첫 번째이며, 따라서 하나 안에서 홀수와 짝수라는 숫자들의 상반된 특징들이 결합한다. 둘은 최초의 짝수이고, 셋은 홀수이며 그 안에서 처음으로 시작과 중간, 결말을 발견하기 때문에 완전하다." 플라톤의 『티마이오스』에서 분명히 드러나듯이, 피타고라스학파의 구성원들의 견해는 플라톤에게 영향을 끼쳤다. 이 책이 후대의 철학적 고찰에 형용할 수 없을 만큼 큰 영향을 끼쳤기 때문에, 우리는 숫자 고찰의 심리학을 조금 더 깊이 파고들어야 한다.

숫자 1은 예외적인 지위를 주장하며, 그런 지위를 우리는 중세의 자연철학에서 다시 만난다. 이 철학에 따르면, 하나는 절대로 숫자가 아니며, 첫 번째 숫자는 2이다. 이유는 2로 인해 계산을 가능하게 하는 분리와 곱하기가 시작되기 때문이다.

숫자 2가 등장함에 따라, '다른 하나'가 '하나' 옆에 나란히 나타난다. 이것이 얼마나 놀라운 사건인지, 많은 언어에서 '다른 하나'와 '두 번째'가 동일한 단어로 표현된다. 또한 숫자 2는 오른쪽과 왼쪽, 유익한 것과 무익한 것, 좋은 것과 나쁜 것이라는 사상과 연결된다. "다른 하나"는 "불길한" 의미를 지닐 수 있다. 아니면 적어도 사람은 그것을 반대쪽에 있고 이질적인 무엇인가로 느낀다. 그러므로 중세의 어느 연금술사는 하느님이 창조의 둘째 날을 칭송하지 않았다고 주장한다. 이유는 이날(월요일, 달의 날) 악마의 다른 이름인 '비나리우스'가 존재하게 되었기 때문이다.

2는 "수가 없는" 하나와 분명히 다르고 뚜렷이 구분되는 어떤 하나이다. 바꿔 말하면, 숫자 2가 등장하자마자, 원래의 단일성으로부터 하나의 단위가 나오고, 이 단위는 둘로 쪼개져서 하나의 "숫자"로 변한, 그 동일한 단일성과 다르지 않다. "하나"와 "다른 하나"는 하나의 대립을 형성하지만, 하나와 둘 사이에는 어떤 대립도 없다. 이유는 하나와 둘이 오직 산술적 값에 의해서만 구분되는 단순한 숫자들이기 때문이다.

그러나 "하나"는 원래의 독립적인 존재를 고집하는 반면에, "다른 하나"는 언제나 "하나"에 반대하는 또 다른 것이 되려고 노력한다. 하나는 다른 하나를 놓아주려 하지 않을 것이다. 왜냐하면 놓아줄 경우에 하나가 그 성격을 잃어버릴 것이기 때문이다. 그리고 다른 하나는 어쨌든 존재하기 위해서 스스로를 하나로부터 떼어놓으려 노력한다. 따라서 하나와 다른 하나 사이에 상반된 것들의 긴장이 일어난다.

그러나 상반된 것들 사이의 모든 긴장은 해소로 끝나고, 이 해소로부터

"세 번째"가 나온다. 이 세 번째 안에서, 긴장이 풀리고 잃었던 단일성이 복원된다. 절대적인 하나인 단일성은 헤아려질 수 없으며, 그것은 정의도 불가능하고 알려질 수도 없으며, 그것은 하나의 단위로, 숫자 1로 나타날 때에만 알려질 수 있다. 이 인식 행위에 필요한 "다른 하나"가 그 하나의 조건에서는 결여되어 있기 때문이다.

셋은 그 하나를 인식될 수 있는 조건으로, 말하자면 단일성이 인식 가능해지는 조건으로 펼치는 것이다. 만약 그 하나가 하나와 다른 하나의 양극성으로 변하지 않았다면, 그것은 모든 특성을 결여한 어떤 조건에 고착된 상태로 남았을 것이다. 그러므로 셋은 시간 속에서 일어나는 어떤 발달 과정의 적절한 동의어처럼 보이며, 따라서 셋은 신이 셋으로 펼쳐진 절대적인 하나로서 모습을 드러내는 것과 비슷하다. 셋으로 펼쳐진 것과 절대적인 하나의 관계는 정삼각형(A=B=C), 즉 셋의 동일성에 의해 표현될 수 있다. 셋의 동일성은 3개의 각 각각에서 그 전체성에 포함된다. 정삼각형이라는 이 지적인 생각이 삼위일체의 논리적인 이미지의 개념적 모델이다.

피타고라스학파의 숫자 해석 외에, 그리스 철학에 나오는, 삼위일체 사상의 보다 직접적인 원천으로서, 신비로 가득한 플라톤의 『티마이오스』를 고려해야 한다. 먼저 나는 그 책 섹션 31B-32A 부분을 인용한다.

신이 우주의 육체를 한데 모으기 시작하면서 불과 흙으로 육체를 만드는 일에 착수했다. 그러나 이 두 가지 사물은 제3의 사물 없이 만족스럽게 결합할 수 없었다. 그들 사이에 서로를 끌어당기는 끈 같은 것이 있어야 했기 때문이다. 그리고 모든 끈들 중에서 가장 훌륭한 끈은 그것 자체와 그것이 연결시키려 하는 조건들을 가장 완전한 의미에서 하나의 단일체로 만드는 바로 그것이다. 그런 끈은 이 단일체를 가장 완벽하게 이루기 위해서 등비(等比) 비례의 성격을 지속적으로 지닌다. 세 개의 숫자 중에서,

입체든 평면이든 불문하고 다른 두 개의 숫자의 가운데에 있는 숫자가 다음과 같은 조건을 충족시킬 때 그런 현상이 나타난다. 첫 번째 숫자와 가운데 숫자의 비율이 가운데 숫자와 마지막 숫자의 비율과 같고, 거꾸로 마지막 숫자와 가운데 숫자의 비율이 가운데 숫자와 첫 번째 숫자의 비율과 같은 때를 말한다. 그러면 가운데 숫자가 첫 번째와 마지막 숫자가 되고, 다시 마지막 숫자와 첫 번째 숫자가 가운데 숫자가 된다. 이런 식으로 3개의 숫자는 모두 서로에 대해 똑같은 역할을 하게 될 것이며, 그렇게 함으로써 그 숫자들은 모두 하나의 단일체를 만들 것이다.[45]

등비수열에서, 일련의 조건들의 지수(q)는 동일하다. 예를 들면, $2 : 1 = 4 : 2 = 8 : 4 = 2$이다. 대수학적으로 표현하면, a, aq, aq^2이다. 그러므로 비율은 다음과 같다. $4 : 2 = 8 : 4$, 또는 $a : aq = aq : aq^2$.

이 주장에 이어 심리학적으로 훨씬 더 큰 의미를 지니는 고찰이 따른다. 만약에 상반된 것들의 단순한 짝, 예를 들어 불과 흙이 어떤 수단에 의해서 함께 결합된다면, 그리고 만약에 그 결합이 기하학적인 어떤 비율이라면, 그런 경우에 한 가지 수단은 평면적인 도형들만을 연결시킬 뿐이다. 입체들을 연결하는 데엔 두 가지 수단이 필요하기 때문이다.

만약에 우주의 육체가 깊이를 전혀 갖고 있지 않은 평면이어야 한다면, 단 하나의 수단으로도 그 육체 자체와 육체의 동료들을 연결시키는 데 충분할 것이지만, 사실은 세상은 형태의 면에서 입체이며, 입체들은 언제나 한 가지 수단이 아니라 두 가지 수단에 의해 결합된다.

따라서 이차원의 연결은 아직 육체적인 현실이 아니다. 이유는 삼차원

---

45 Trans. by Cornford, p. 44.

으로 연장되지 않은 평면은 단지 하나의 추상적인 생각에 지나지 않기 때문이다. 만약에 그것이 육체적인 현실이 되려면, 3개의 차원, 따라서 2개의 수단이 필요하다. 토머스 히스(Thomas Heath) 경은 이 문제를 다음과 같은 대수학적 공식으로 바꿔놓고 있다.

이차원에서 이뤄지는 흙(p^2)과 불(q^2)의 결합은 이것이다.

$$p^2 : pq = pq : q^2$$

여기서 수단은 틀림없이 pq이다.

흙과 불의 물리적 결합을 각각 p^3와 q^3로 표현하면 이렇다.

$$p^3 : p^2q = p^2q : pq^2 = pq^2 : q^3$$

두 가지 수단은 p^2q와 pq^2이며, 이것은 물리적인 원소인 물과 공기에 해당한다.

따라서 신은 불과 흙 사이에 물과 공기를 놓았으며, 그것들을 최대한 서로 비율이 맞도록 만들었다. 그래서 불이 공기와 관계있듯이, 공기도 물과 관계있으며, 공기가 물과 관계있듯이, 물도 흙과 관계있다. 따라서 신은 세상의 틀을 눈에 보이고 손에 만져지도록 서로 연결시켰다. 이런 이유로, 그리고 숫자로 넷인 그런 구성 요소들로부터 우주의 육체가 존재하고, 비율을 수단으로 조화를 이루게 되었으며, 이것들로부터 우주는 우호를 획득했다. 그리하여 그 자체와 결합한 우주는 우주를 서로 연결시킨 존재가 아닌 다른 힘에는 파괴될 수 없게 되었다.

한 짝의 상반된 것들의 결합은 단지 2차원의 3개 1조를 하나 만들어낼 뿐이다. 말하자면, $p^2 + pq + q^2$이 되는 것이다. 이것은 평면적인 도형이기 때문에 하나의 실체가 아니라 하나의 생각일 뿐이다. 그러므로 물질적인 실체를 나타내기 위해서는 4개 1조($p^3 + p^2q + pq^2 + q^3$)를 이루는, 상반된 것들의 짝이 2개가 필요하다. 여기서 우리는 어쨌든 『티마이오스』 시작 부분에서 암시된, 셋과 넷의 딜레마를 분명하지 않은 형태로 만난다. 괴테가 '파우스트'에서 네 번째 카비리에 대해 다음과 같은 말을 했을 때, 그는 그 암시의 의미를 직관적으로 파악하고 있었다. "그는 그들 모두를 생각한 건전한 존재였다." "당신은 올림포스 산에서 아무도 생각하지 않은 여덟 번째에 대해 물을 수 있다."

플라톤이 상반된 것들의 결합을 사고로 풀 지적인 문제로 파악하고 처음에 이차원적으로 표현했다가 그 해결책이 실체가 되지 않는다는 것을 확인했다는 사실을 지적하는 것은 흥미로운 일이다. 상반된 것들의 이차원적인 결합은 스스로 존재하는 하나의 3개 1조와 관계있으며, 하나의 실체는 4개 1조와 관계있다. 이것은 연금술사들을 1,000년 이상 괴롭힌 딜레마였으며, 그 딜레마는 "마리아 프로페티사(Maria Prophetissa)의 경구"로서 현대인의 꿈에도 나타나고 심리에서도 의식의 기능들 사이의 대립으로 발견되고 있다.

이 기능들 중 3가지는 분화가 꽤 잘 되어 있지만, 분화되지 않고 "열등한" 네 번째 기능은 길들여지지 않고, 적응되지 않았으며, 통제되지 않고, 원시적이다. 열등한 기능은 집단 무의식에 오염된 탓에 원시적이고, 신비한 특징들을 갖고 있으며, 가장 잘 분화된 기능의 반대이다. 예를 들어, 가장 잘 분화된 기능이 사고, 즉 지성이라면, 열등한 네 번째 기능은 감정일 것이다. 따라서 『티마이오스』의 시작 부분의 글, 즉 "하나, 둘, 셋, 사랑하는 티마이오스여, 그런데 네 번째는 어디 있느냐?"라는 물음은 심리학자와 연금술사의 귀에 익숙하게 들린다. 심리학자와 연금술사뿐만 아니라 괴테도 플라톤이 신비스런 방향으로 중요성을 지니는 무엇인가를 암시하고 있다는 데 대해 전혀 의심을 품지 않는다.

지금 우리는 그것이 우리가 생각하고 있는 무엇인가가 단순히 하나의 생각에 지나지 않는가, 아니면 하나의 실체인가, 그것도 아니면 적어도 실체가 될 수 있는 것인가, 하는 어려운 문제에 지나지 않는다는 것을 알 수 있다. 그리고 이 딜레마는 공허한 말만 뱉지 않는 철학자들에게는 대단히 중요한 문제이며, 그것은 그것과 불가분하게 연결되어 있는 도덕적 문제들보다 결코 덜 중요하지 않다.

이 문제에서 플라톤은 이차원적인 사고의 단계에서 그 사고를 삼차원의 사실로 실현시키는 단계로 넘어가는 과정이 얼마나 힘든지를 개인적 경험을 통해서 잘 알고 있었다. 그때 플라톤은 시라쿠스 참주였던 친구 디오니시우스 1세(Dionysius the Elder)와 의견 불일치를 이미 너무나 자주 보이고 있었다. 그래서 철학자이기도 했던 디오니시우스 1세는 플라톤을 노예로 팔아넘기려 계획했으며, 플라톤은 몸값을 대신 지불하겠다고 나선 친구들 덕분에 운 좋게 노예의 운명을 피할 수 있었다.

그리하여 디오니시우스 1세 밑에서 자신의 정치 이론을 현실로 실현시키려던 플라톤의 노력은 실패로 돌아갔으며, 그 후로 플라톤은 정치를 영원히 포기했다. 그에게는 형이상학이 다루기 힘든 현실 세상보다 훨씬 더 큰 가능성을 열어줄 것처럼 보였다. 그래서 그는 개인적으로 이차원적인 사상의 세계에 큰 비중을 두었으며, 이 말은 그가 정치적으로 실망한 뒤에 쓴 『티마이오스』에 특별히 더 적용된다. 이 작품은 플라톤의 후기 작품으로 여겨진다.

이런 상황에서, 저자의 익살로 돌릴 수도 없고 순수한 우연으로 돌릴 수도 없는, 그 책 시작 부분의 말은 다소 침통한 의미를 지닌다. 넷 중 하나가 "상태가 좋지 않아" 부재중인 것이다. 만약 우리가 도입부의 장면을 상징적으로 받아들인다면, 이것은 실체를 구성하는 4가지 요소 중에서 공기나 물이 실종되었다는 뜻이다. 만약에 공기가 실종되었다면, 영(불)과의 연결이 불가능하고, 만약에 물이 실종되었다면, 구체적인 실체(흙)와의 연결이 있을 수 없다.

틀림없이 플라톤은 영을 결여하지 않았다. 그가 그렇게 갈구했던, 실종된 요소가 바로 사상들의 구체적인 실현이었기 때문이다. 그는 무게를 결여한, 공기 같은 사고 구조들의 조화로 만족해야 했으며, 또 깊이를 결여한 종이의 표면으로 만족해야 했다. 셋에서 넷으로 넘어가는 걸음은 그가 예상하지도 않았고 그의 사상에 낯설기도 한 무엇인가를 직면하도록 했다. 그것은 "비실재"(非實在)도, "선의 결여"(privatio boni)[46]도 불러내어 없애버리거나 감소시키지 못하는, 무겁고 움직이지 않고 제한적인 그 무엇이었다. 신의 가장 훌륭한 창조물조처도 그것에 의해 타락하고, 게으름과 어리석음, 악의, 불만, 병, 고령과 죽음이 "축복받은 신"의 영광스러운 육체를 채우고 있다. 진정으로 통탄스런 장면인 이 병든 세계 영혼은 유감스럽게도 플라톤이 다음과 같은 글을 쓰면서 내면의 눈으로 그렸던 것과는 완전히 딴판이다.

그렇다면, 이 모든 것은 영원한 그 신이 앞으로 영원할 신을 위해 마련한 계획이었다. 이 계획에 따르면, 영원한 신은 세계의 육체를 부드럽고 동일하게 만들었다. 그래서 세계의 모든 곳은 중앙으로부터 같은 거리만큼 떨어져 있었다. 세계의 육체는 그 자체로 하나의 완전한 육체이기도 한 부분들을 갖고 있는, 완전하고 전체적인 육체였다. 그리고 신은 중앙에 영혼을 놓고, 그것이 전체 육체로 퍼져나가도록 했으며, 신은 더 나아가 육체를 밖에서 영혼으로 감쌌다. 그리하여 신은 하나의 세계를 확립했으며, 둥근 그 세계는 원을 그리며 회전하고, 고독하지만 그 탁월성 덕분에 혼자서도 잘 지낼 수 있기 때문에 다른 지인이나 친구를 전혀 필요로

---

46 중세 철학자 아우구스티누스에 따르면, 악은 실재하는 것이 아니라 선의 결여이며, 악은 신이 선하게 창조한 것들의 타락에서 비롯된다.

하지 않으며 그 자체로 충분하다. 이 모든 설명들을 근거로 할 때, 그 신이 존재하도록 한 세계는 축복받은 어떤 신이다.

어느 신에 의해 창조된 이 세계는 자체가 하나의 신이며, 스스로 모습을 드러내고 있는 아버지의 한 아들이다. 더 나아가, 데미우르고스는 거기에 육체보다 "앞서는" 어떤 영혼을 부여했다. 세계 영혼은 데미우르고스에 의해 다음과 같이 만들어졌다. 데미우르고스는 나뉠 수 없는 것과 나뉠 수 있는 것을 섞어서 세 번째 형태의 존재를 만들었다. 이 세 번째 형태는 "같은" 것과 "다른" 것과 별개인 어떤 성격을 지녔다. 첫눈에, "같은" 것은 나뉠 수 없는 것과 일치하는 것 같고, "다른" 것은 나뉠 수 있는 것과 일치하는 것 같다. 플라톤의 텍스트는 이렇게 말한다. 나뉠 수 없어서 언제나 동일한 물질[콘퍼드(F. M. Cornford)의 "같은 것"]로부터, 그리고 물리적으로 나뉠 수 있는 것으로부터, 그는 그것들을 섞어서 매개적인 세 번째 형태의 존재를 만들어냈다. 이 형태는 동일한 것과 다른 것 옆에서 자신의 존재를 갖는다. 이 형태를 그는 나뉠 수 없는 것과 물리적으로 나뉠 수 있는 것의 중간에 맞춰 만들어냈다. 그런 다음에 그는 이 세 가지 존재들을 다시 섞었다. 다른 것의 본성이 그 섞음에 저항했지만, 그는 그것을 동일한 것과 강제로 결합시켰다. 그리하여 "본질의 혼합으로 인해, 셋이 하나가 되었다."

그러므로 전체 물질계를 지배하는 원리를 나타내고 있는 세계 영혼은 삼위일체의 어떤 본질을 갖는다. 그리고 플라톤에게 세계가 두 번째 신이기 때문에, 세계 영혼은 신의 이미지의 계시 또는 펼침이다.

창조의 실제 과정에 대한 플라톤의 설명은 호기심을 강하게 자극하고 약간의 설명을 요구한다. 가장 먼저 우리를 놀라게 만드는 것은 두 번 되풀이 되는 "그가 섞었다"는 표현이다. 왜 섞음이 반복되어야 하는가? 첫 번째 섞음이 처음에 3가지 요소로 이뤄져 있고 마지막에도 3가지 요소만을 포함하고 있으며, 두 번째 섞음에서는 같고 다른 것이 나눠질 수 없고 나눠질 수 있는 것과 일치하는 것처럼 보이는데 말이다. 그러나 겉모습은 현혹시킬 수 있다. 첫 번째 섞음 동안에, 나눠질 수 있는 것이 저항하는 까닭에 나눠질 수 없는 것과 강제적으로 결합시켜야 한다는 점을 암시하는 내용이 전혀 없다. 두 번의 섞음에서 똑같이, 서로 별개인, 상반된 것들의 짝 두 개를 결합시키는 문제인 것 같다. 이 두 개의 짝은 통합을 이룰 것을 요구 받는 까닭에 하나의 콰테르니오(quaternio: 4개 1조)로 배열된 것으로 여겨질 수 있다.

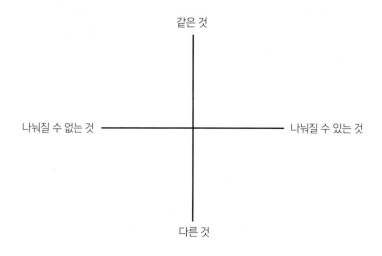

나눠질 수 없는 것과 나눠질 수 있는 것은 그것들의 중간과 함께 하나의 단순한 3개 1조를 이루며, 이 3개 1조는 같은 것과 다른 것 옆에서 "자신의 존재"를 갖는다. 이 3개 1조는 아직 "실체"가 되지 않은 "생각"의 조건과 일치한다. 실체를 이루기 위해서, 두 번째 섞음이 필요하며, 이때 다른 것(즉, "다른 한쪽")은 강압적으로 섞인다. 그러므로 이 "다른 한쪽"은 "제4의" 요소이며, 이것의 본성은 "적"(敵)이 되고 조화에 저항하는 것이다. 그러나 텍스트가 말하듯이, 네 번째는 플라톤의 "실재"(being) 욕망과 밀접히 연결되어 있다. 이 대목에서 사람은 그 철학자가 현실이 자신의 사상과 좀처럼 일치하지 않는 것으로 드러났을 때 느꼈을 법한 조바심에 대해 생각하기 마련이다. 그 사람의 마음에 어떤 상황에서는 합리성이 강요될 수도 있다는 생각이 가끔 떠올랐을 것임에 틀림없다.

그러나 그 단락은 전체적으로 단순함과 거리가 멀다. 그 단락은 수많은 방법으로 번역될 수 있고, 그보다 더 많은 방법으로 해석될 수 있다. 우리에게 결정적으로 중요한 것은 '그가 나눠질 수 없는 것과 나눠질 수 있는 것의 중간에서 (동일과 상이의 성격을 가진 어떤 형태를) 형성시켰다'는 대목이다. 그 결과로서, 상반된 것들의 두 번째 짝의 중간이 첫 번째 짝의 중간과 일치했을 것이다. 그 결과 나타나는 도형은 '퀸컹크스'(quincunx)[47]이다. 그런 모양이 되는 이유는 상반된 것들의 짝 두 개가 공통의 중간 또는 "제3의 형태"를 갖기 때문이다.

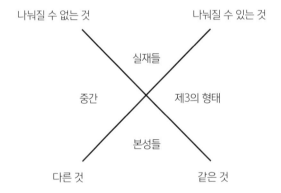

여기서 나는 상반된 것들의 짝을 (앞의 도형처럼) 서로 마주보도록 하지 않고 서로 나란히 놓았다. 이유는 그 짝들의 결합을 단 하나의 중간으로 보여주기 위해서이다. 이 도형에서 3가지 요소들, 즉 상반된 것들의 짝 두 개와 그것들의 공통적인 중간이 뚜렷이 드러나고 있으며, 나는 그 텍스트가

47 5개의 사물을 가운데에 하나를 놓고 둘레에 4개를 놓는 기하학적 배열을 일컫는다.

"이어서 이 3가지 존재들을 취하면서 …"라고 말할 때 바로 이 3가지 요소들에 대해 언급하는 것으로 이해한다.

중간이 "세 번째 형태"로 불리기 때문에, 상반된 것들의 짝들 각각은 아마 첫 번째 형태와 두 번째 형태를 나타내고 있는 것으로 여겨질 수 있다. 나눠질 수 없는 것 = 첫 번째 형태, 나눠질 수 있는 것 = 두 번째 형태, 중간 = 세 번째 형태 등등. 그 요소들이 퀸컹크스의 형태로 결합하는 것은 4가지 요소들이 하나의 세계 육체 안에서 결합한다는 것을 의미한다. 프로클로스(Proclus)의 영향을 강하게 받은 토머스 테일러(Thomas Taylor)는 『티마이오스』에 관한 논평에서 이렇게 말한다. "세계 영혼의 핵심과 다음과 같은 순서로 연결된 것들은 생성의 힘을 갖고 있는 네 번째 조건의 힘에 따라서 세계 영혼으로부터 나오지만, 그것들은 그것들을 하나로 환원시키는 다섯 번째 조건에 따라서 세계 영혼으로 되돌아간다."

세계 영혼과 세계 육체의 4개 1조 성격에 대한 추가적인 확증은 데미우르고스가 이 전체 구조를 세로로 반으로 나눠서 그것들을 다시 X 형태로 결합시키는 단락에서 발견된다. 포르피리오스(Porphyrios)에 따르면, 하나의 원 속의 X는 이집트인들에게 세계 영혼을 의미했다. 사실 그 표시는 '도시'를 뜻하는 상형문자이다. 어쩌면 플라톤은 이 단락에서 훗날 그의 '크리티아스'(Critias)에서 아틀란티스의 수도로 등장할 만다라 구조를 드러내려고 노력하고 있었을지도 모른다.

두 번의 혼합은 물리적인 요소들의 두 개의 중간에 해당하는 것으로 여겨질 수 있다. 한편, 콘퍼드는 플라톤이 3가지 매개물을 가리킨다고 생각한다. 그 매개물들을 콘퍼드는 "매개적인 존재"(Intermediate Existence) "매개적인 동일성"(Intermediate Sameness) "매개적인 상이성"(Intermediate Difference)이라고 부른다. 콘퍼드가 줄기차게 강조하는 것은 삼중의 절차이며 네 개의 본질이 아니다. 중세도 4가지 요소들(A B C D)

과, 그 요소들을 다음과 같이, 그러니까 Ab, BC, CD로 결합시키는 3가지 절차를 잘 알고 있었다. 이 같은 관점에서 보면, 콘퍼드는 플라톤이 저항하는 네 번째 요소를 미묘하게 암시하는 부분을 파악하지 못하고 있다.

우리는 『티마이오스』의 텍스트에서 끌어낸 사고 과정들이 플라톤의 의식적 고찰을 나타내는 것으로 여겨지기를 바라지 않는다. 플라톤의 천재성이 아무리 특출하다 하더라도, 그의 생각이 전부 의식적인 생각일 수는 없다. 예를 들어, 전체성에 절대적으로 필요한 요소인 네 번째의 문제는 완전한 형태로 그의 의식에 닿지 못했을 것이다. 만약 그 문제가 그의 의식에 닿았다면, 그는 요소들이 조화로운 체계 속으로 강압적으로 들어가면서 일으키는 그 폭력성에 불쾌감을 느꼈을 것이다. 또 그는 자신의 세계 영혼의 삼중성을 고집할 만큼 비논리적이지는 않았을 것이다.

다시 말하지만, 나는 『티마이오스』의 첫 부분이 저항하는 네 번째라는 근본적인 문제를 의식적으로 언급하고 있다는 식으로 감히 단언하지 않을 것이다. 모든 것이 동일한 무의식적인 '안내 영'(spiritus rector)이 작동하면서 주인으로 하여금 4부작을 쓰도록 두 번 강요했다는 점을 암시하고 있으며, 두 차례 모두 4부는 미완성으로 남았다. 이 요소는 또한 플라톤이 말년까지, 마치 그가 3개 1조로 묘사하는 신의 이미지의 남성성을 뒷받침이라도 하려는 듯이, 총각으로 남을 것이라는 점을 분명히 했다.

역사가 기독교 시대의 시작에 점점 더 가까워짐에 따라, 신들은 더욱더 추상적으로 변하고 더욱더 영적으로 변했다. 심지어 여호와도 이런 변화를 따라야만 했다. B.C. 마지막 세기에 번창했던 알렉산드리아 철학에서, 여호와의 본질의 변화뿐만 아니라 그의 바로 옆에서 두 가지 다른 신성, 즉 로고스와 소피아가 등장하는 것까지 목격된다. 로고스와 소피아는 여호와와 함께 3개 1조를 이루며, 이것은 그리스도 이후의 삼위일체의 한 명확한 원형이다.

2. 아버지, 아들, 그리고 영(靈)

독자들에게 기독교가 탄생하기 여러 세기 전에 이미 존재했던 삼위일체 사상과 삼위일체를 배격하는 사상을 설명하기 위해 바빌로니아인과 이집트인의 견해와 플라톤 철학에 대해 비교적 길게 논했다. 이 사상들이 이주와 전통을 통해 후대에 전달되었는가, 아니면 그것들이 각 지역에서 자발적으로 일어났는가 하는 문제는 그다지 중요하지 않다. 중요한 것은 그것들이 (소아시아에서뿐만 아니라) 인류의 무의식에서 생겨났기 때문에 어디서나 언제든 다시 일어날 수 있었다는 사실이다.

예를 들어, 호모오우시오스(homoousios)[48] 교리를 고안한 교부들이 왕권이라는 고대 이집트의 신학 이론을 약간이라도 알고 있었는지는 지극히 의심스럽다. 그럼에도 불구하고, 교부들은 최종적으로 고대 이집트의 원형을 재현할 때까지 그 노력을 멈추지도 않았고 쉬지도 않았다.

A.D. 431년에 에페소스 공의회에서 유방이 여럿인 디아나를 칭송하는 찬가가 거리에 들리는 가운데 성모 마리아가 '신을 탄생시킨 존재'로 선언되었을 때, 그때도 그와 비슷한 일이 벌어졌다. 에피파니우스(Epiphanius)를 통해 알 수 있듯이, 마리아를 고대 어느 여신을 숭배하던 방식대로 숭배한 콜리리디안(Collyridian)이라는 종파도 있었다. 마리아 숭배는 아라비아와 트라키아, 어퍼 스키타이(Upper Scythia)가 중심지였으며, 가장 열광적인 신자는 여자들이었다. 그들의 도발이 에피파니우스 주교가 "모든 여자들은 믿기 어려우며, 매우 사소하고 편협한 마음으로 실수를 곧잘 저지른다"는 식으로 심하게 비난하도록 만들었다. 비판적인 이런 설교를 근거로 할 때, 일부 축일에 수녀들이 마차나 네모난 의자를 장식하고 리넨으로 덮은 다음에 그 위에 구운 고기들을 "마리아의 이름"으로 공물로 바치고, 의

48　동일본질로 번역되며, 그리스도에게도 하느님과 동일한 신성을 인정한다는 뜻이다.

식을 끝낸 뒤에 제물을 먹는 식사에 동참했던 것이 분명하다. 이것은 분명히 마리아를 기리는, 밀로 만든 빵을 먹던 성찬이나 다름없었다. 그 시대의 정통파의 관점은 에피파니우스의 말에 적절히 표현되고 있다. "마리아가 명예를 지키도록 하고, 성부와 성자와 성령이 숭배를 받도록 하되 누구도 마리아를 숭배하지 않도록 하라."

따라서 그 원형이 스스로를 다시 강력히 내세웠다. 내가 보여주려고 노력한 바와 같이, 원형적인 사상들은 인간 정신의 파괴 불가능한 토대의 일부를 이루기 때문이다. 원형적인 사상들은 아무리 오랫동안 망각되어 묻히더라도 언제나 다시 그 토대로 돌아간다. 어떤 때는 개별적으로 약간 비튼 상태에서 이상하기 짝이 없는 모습으로 위장하거나 아리우스주의 이단처럼 지적으로 왜곡된 채 돌아가지만, 그 사상들은 인간의 본성에 고유한 진리들을 표현하는 새로운 형태로 끊임없이 스스로를 재생한다.

플라톤이 그 다음 몇 세기 동안 사상가들에게 끼친 영향이 과대평가가 불가능할 만큼 컸다 하더라도, 그가 철학적으로 다듬은 3개 1조가 기독교의 삼위일체 교리의 기원이 될 수는 없다. 지금 여기서 우리가 관심을 두고 있는 것은 철학적, 즉 의식적 가정들이 아니라 무의식적인 원형적 형태들이다. 플라톤의 3개 1조 공식은 한 가지 결정적인 측면에서 기독교의 삼위일체 교리와 모순된다. 3개 1조는 대립 위에 구축되는 반면에, 삼위일체는 어떤 종류의 대립도 포함하지 않고 반대로 그 자체가 하나의 완전한 조화라는 점이다.

3개의 위격은 플라톤의 전제들에서 끌어내어질 수 없는 방식으로 규정되고 있으며, 성부와 성자, 성령이라는 용어들은 어떤 의미에서도 숫자 3에서 나올 수 없다. 기껏 플라톤의 공식은 꽤 다른 원천들에서 나오는 내용물을 위한 지적 발판의 역할을 한다. 삼위일체의 형식과 관련해서는 관념적으로 논하는 것이 가능하지만, 삼위일체의 내용을 논하기 위해서는 정신적인 요소들, 그러니까 미리 논리적으로 결정될 수 없는 비합리적인 자료에 의존해야 한다. 바꿔 말하면, 삼위일체의 논리적인 개념과 삼위일체의 심리학적인 실체를 구분해야 한다. 삼위일체의 심리학적인 실체는 우리를 그보다 훨씬 더 오래된 이집트 사상으로, 따라서 모든 형태의 삼위일체 사상의 존재에 진정하고 영원한 정당화를 제공하는 원형으로 안내한다.

심리학적 자료는 아버지와 아들, 성령으로 구성되어 있다. 만약 "아버지"를 가정한다면, 논리적으로 "아들"이 따르게 되어 있지만, "성령"은 "아버지"나 "아들" 뒤에 논리적으로 따르지 않는다. 그렇다면 여기서 우리가 다른 전제에 의존하는 어떤 특별한 요소를 다루고 있음에 틀림없다. 오래된 견해에 따르면, 성령은 "아들과 아버지에 의해 보내진 어떤 진정한 인격"이다. 아버지와 아들로부터 발생하는 것은 "생명을 불어넣는 숨"이며 "낳는 것"이 아니다. 다소 특이한 이 사상은 중세에도 존재했던 "몸"과 "숨"의 분리와 일치한다. 이 "숨"은 단순한 호흡 그 이상의 무엇인가로 이해된다. 여기서 진정으로 설명된 것은 아니마(영혼)였으며, 아니마는 그 이름(그리스어 단어 'anemos'는 바람을 의미한다)이 보여주듯이 하나의 '숨-실재'(breath-being)이다.

육체의 한 작용일지라도, 아니마는 육체와 나란히 존재하는 독립적인 본질(또는 근본)로 여겨졌다. 기본적인 사상은 육체가 "살아 있고", "생명"은 육체에 보태진 자율적인 그 무엇이고 육체에 붙어있지 않은 영혼으로 인식된다는 것이다. 이 사상을 삼위일체 교리에 적용한다면, 이런 식으로 말할 수 있다. 아버지와 아들, 생명이 있으며, 이 생명은 아버지와 아들로부터 나오거나 아버지와 아들에 의해 삶으로 산다고.

"생명"으로서 성령은 아버지와 아들의 동일시에서 논리적으로 나올 수 없는 개념이며, 성령은 오히려 비합리적이고 원초적인 어떤 이미지에 근거한 자료이고 하나의 심리학적 사상이다. 이 원초적인 이미지가 원형이며, 그 원형은 왕권이라는 이집트 신학에서 가장 분명하게 표현되고 있다. 앞에서 본 바와 같이, 이집트 신학에서 그 원형은 아버지 신, 즉 카무테프 (자식이 생기게 하는 존재)와 아들의 형태를 취한다. '카'(ka)는 인간들과 신들에게 생기를 주는 원리인 생명-영(靈)이며, 따라서 영혼 또는 영적 더블(double)로 정당하게 해석될 수 있다. 카는 사자(死者)의 "생명"이며, 따라서 카는 한편으로는 살아 있는 사람의 영혼과 일치하고, 다른 한편으로는 그 사람의 "영"이나 "수호신"과 일치한다.

우리는 카무테프가 생식력의 실체화라는 것을 보았다. 똑같이, 성령은 실체화된 생식력이고 생명력이다. 따라서 기독교 삼위일체에서 우리는 아주 원시적인 사상을 직면한다. 이 사상의 특별한 가치는 바로 그것이 추상적인 어떤 사상(이차원의 3개 1조)을 위격으로 나타내고 있다는 사실에 있다. 그 원형이 "아버지"와 "아들"의 관계에 의해 표현되고 있다는 점에서 보면, 그 형식은 여전히 구체적이다. 그 원형이 거기서 그친다면, 그것은 단지 2개 1조에 지나지 않을 것이다. 그러나 세 번째 요소, 즉 "아버지"와 "아들" 사이의 연결 고리는 영이고 인간의 형상이 아니다. 따라서 남성적인 아버지-아들 관계가 (어머니와 딸을 포함하는) 자연적인 질서에서 빠져 나와서 여성적인 요소가 배제되는 영역으로 옮겨진다. 고대 이집트에서도 테오토코스(Theotokos)[49]는 기독교에서와 마찬가지로 삼위일체 밖에 서 있다.

여기서 예수가 가나의 결혼식에서 자기 어머니를 퉁명스럽게 거부하는 일화에 대해서 생각해보기만 하면 된다. "여인이시여, 저에게 무엇을 바라십니까?"('요한복음' 2장 4절) 그보다 앞서, 그녀가 신전에서 12살짜리 아이를 찾을 때도 그런 예에 해당한다. "왜 저를 찾으셨습니까? 저는 제 아버지의 집에 있어야 하는 줄을 모르셨습니까?"('누가복음' 2장 49절) 아버지

---

49 신의 어머니라는 뜻의 그리스어 단어.

와 아들의 관계가 옮겨간 이 특별한 영역이 원시적인 신비들과 남성적인 성년식의 영역이라고 단정해도 아마 틀리지 않을 것이다. 일부 부족들의 경우에 여자들에게는 죽음의 고통에 따르는 미스터리를 보는 것을 허용하지 않는다. 이 성년식을 통해서 청년들은 체계적으로 어머니로부터 분리되어 영(靈)으로서 다시 태어난다. 성직자의 독신 생활은 이 원형적인 사상의 연장이다.

보다 높은 아버지와 아들의 관계에 감춰져 있는 지적 작용은 눈에 보이지 않는 어떤 형상, 즉 남성적인 삶의 핵심인 어떤 "영"을 추정하는 데 있다. 육체의 생명 또는 한 남자의 생명이 그 남자 본인과 다른 무엇인가로 상정되고 있다. 이것이 스스로를 육체로부터 떼어놓을 수 있고 그 존재를 육체에 의존하지 않는 '카'(ka), 즉 불멸의 영혼이라는 사상을 낳았다. 이런 측면에서 보면, 원시인들은 영혼들의 복수성(複數性)에 관한 사상들을 대단히 잘 발달시켰다. 일부 영혼들은 불멸이고, 또 다른 영혼들은 육체에 느슨하게만 붙어 있다가 밤이 되면 떨어져 나가서 길을 잃고 헤매다가 사람들의 꿈에 걸려든다. 밖의 숲 속에서 어느 동물의 육체 안에서 사는 숲 영혼(bush soul)처럼, 심지어 어떤 사람의 육체 안에 머물지 않으면서도 그 사람에게 속하는 영혼도 있다. 어떤 사람과 그의 "생명"을 나란히 놓는 것은 그 심리학적 근거를, 잘 분화되지 않은 정신은 추상적으로 생각하지도 못하고 사물들을 카테고리로 분류하지도 못한다는 사실에 두고 있다. 그런 정신은 단지 지각하는 특성들을 그냥 받아들여서, 남자와 그의 생명, 또는 그의 질병(일종의 악마로 시각화된다), 또는 그의 건강이나 위신(마나[50] 등) 식으로 나란히 놓을 수 있을 뿐이다. 이것은 이집트의 '카'에 특별히 뚜렷하게 나타난다. 아버지-아들-생명(또는 생식력)은 테오토코스의 엄격한 배제와 함께 기독교가 도래하기 오래 전에 "널리 퍼져 있던" 가부

---

50   태평양 제도의 원주민들이 믿는 초자연적인 힘을 말한다.

장적 원칙을 형성한다.

아버지는 정의상 주요 원인이고, 창조자이며, 숙고가 아직 알려지지 않은 차원의 문화에서 '하나'일 수 있는 '사물들의 창시자'이다. '다른 하나'는 그 하나로부터 찢겨 나옴으로써 생겨난다. '사물들의 창시자'에 대한 비판이 전혀 없는 한, 말하자면 문화가 하나에 대한 숙고를 자제하고 창조주의 일에 대한 비판을 시작하지 않는 이상, 그 찢어짐은 일어날 필요가 없다. 비판적인 판단과 도덕적 갈등으로부터 너무나 멀리 벗어나 있는, 하나됨이라는 감정은 아버지의 권위를 온전히 지킨다.

나는 엘곤 산의 어느 흑인 부족과 함께 지내면서 아버지 세계의 이 원래의 단일성을 관찰할 기회를 가졌다. 그 부족의 사람들은 창조주가 모든 것을 선하고 아름답게 만들었다고 믿었다. 그래서 나는 "그렇다면 당신의 가축을 죽이는 나쁜 동물들은 뭡니까?"라고 물었다. 이에 그들은 이렇게 대답했다. "사자는 선하고 아름다워요." "그러면 끔찍한 질병들은?" "당신이 햇볕에 눕게 되지요. 그건 아름다운 일이지요." 나는 그들의 낙천주의에 강한 인상을 받았다. 그러나 저녁 6시가 되자 그 철학이 갑자기 종지부를 찍었다. 일몰 후에는 다른 세계가, 사악하고, 위험하고, 무서운 모든 것인 아이크(Ayik)라는 존재의 어두운 세계가 지배했다. 낙천적인 철학은 끝나고, 두려움과 귀신들, 그리고 '사악한 하나'를 물리치기 위한 마법적인 주문의 철학이 시작된다. 그러다가 일출의 시간이 되면 모순의 흔적이 전혀 남지 않은 가운데 다시 낙천주의가 시작된다.

여기서 인간과 세계와 신은 하나의 전체를, 비판에 훼손되지 않은 하나의 통일체를 형성한다. 그것은 아버지의 세계이고, 어린 시절의 상태에 있는 남자의 세계이다. 24시간 중에서 12시간을 어둠의 세계에서, 또 이 어둠에 대한 괴로운 믿음 속에서 보내고 있음에도 불구하고, 신이 또 다른 하나가 될 수 없는지에 대한 의문은 절대로 생기지 않는다. 악의 기원에 관한 그 유명한 질문은 가부장적인 시대에는 아직 존재하지 않는다. 오직 기독교의 도래로 인해 그 질문이 도덕의 중요한 문제로 모습을 드러냈다.

아버지의 세계는 자연 전체와의 순박한 단일성이 두드러진 특징으로 꼽히는 시대의 전형이다. 이 단일성이 아름다운가, 추한가, 아니면 경외심을 불러일으키는가 하는 문제는 전혀 중요하지 않다. 그러나 "악은 어디서 오고, 세상은 왜 이렇게 나쁘고 불완전하며, 질병과 다양한 공포들이 존재하는 이유는 무엇이며, 인간이 고통을 당해야 하는 이유는 무엇인가?"라는 질문이 던져지기만 하면, 숙고가 이미 아버지를 그의 뚜렷한 업적을 바탕으로 판단하기 시작했으며, 그 즉시 사람은 회의를 자각하게 된다. 이 회의는 원래의 단일성에 어떤 균열이 생기고 있다는 점을 보여주는 증후이다. 그러면 사람은 창조가 불완전했다고, 아니 그 이상으로 창조주가 임무를 적절히 수행하지 못했다고, 또 아버지의 선과 전능이 우주의 유일한 원리가 될 수는 없다고 결론을 내리게 된다. 따라서 하나는 또 다른 하나에 의해 보완되어야 하고, 그 결과 아버지의 세계가 근본적으로 변하고 아들의 세계에 의해 교체된다.

이때가 그리스인들이 세계를 비판하기 시작하던 때였고, 종국적으로 기독교를 낳은, 대단히 조악한 의미에서 말하는 "그노시스"(영지)의 시대였다. 구세주 신과 최초의 인간의 원형은 옛날부터 있었으며, 우리는 그 원형의 나이가 얼마나 되는지 모른다. 세계를 창조하거나 세계를 악으로부터 구하기 위해 한 사람의 인간으로서 스스로를 의도적으로나 본의 아니게 제물로 바치는, 현현한 신인 아들의 흔적은 인도 철학의 푸루샤(Purusha)[51]까지 거슬러 올라가며, 그런 아들은 최초의 인간 가요마르트를 보는 고대 페르시아인의 인식에서도 발견된다. 빛의 신의 아들인 가요마르트는 어둠에 희생되며, 그는 세상을 구원하기 위해서 어둠으로부터 풀려나야 한다.

51 인도 철학에서 우주의 기원으로서 원초적 인간을 말한다.

그는 그노시스주의 구세주 형상들의 원형이고, 인류의 구원자인 그리스도에 관한 가르침들의 원형이다.

악과 고통의 기원에 관한 질문을 제기했던 비평가가 또 다른 세계를 마음에 품고 있었다는 것을 확인하는 것은 그리 어려운 일이 아니다. 그가 생각하는 또 다른 세계는 구원에 대한 갈망과 인간이 아직 아버지와 하나였던 그런 완벽한 상태에 대한 갈망이 가득한 곳이었다. 그 비평가는 갈망하는 눈빛으로 아버지의 세계를 뒤돌아보았지만, 그 세계는 영원히 사라져버렸다. 왜냐하면 그 사이에 인간의 의식에 돌이킬 수 없을 정도의 증대가 일어났고, 또 그 증대가 의식을 독립적인 것으로 만들었기 때문이다. 이런 변화를 거치면서, 비평가는 아버지의 세계에서 아들의 세계로 도망쳤다. 아들의 세계에는 구원이라는 신성한 드라마가 있고, 거기선 신인(神人)이 땅에 머무는 동안에 성취한 것들을 거듭 들려주는 의식이 치러지고 있다. 신인의 삶은 아버지가 하나로서 지배했던 시기에는 아마 알려질 수 없었던 것들을 드러내 보였다. 아버지는 원래의 단일성으로서 정의되거나 정의할 수 있는 대상이 아니었고, 엄격히 말해서 아버지는 "아버지"로 불릴 수도 없었으니 말이다. 아버지는 단지 아들의 안에서 현현함으로써만 "아버지"가 될 수 있었으며, 그렇게 함으로써 그는 정의되었고 정의될 수 있는 존재가 되었다. 아버지가 되고 인간이 됨으로써, 그는 인간에게 자신의 신성의 비밀을 드러냈다.

이 계시들 중 하나가 성령이다. 세상이 있기 전에 존재했던 하나의 실재로서, 성령은 영원하지만, 성령은 그리스도가 세속의 단계를 벗어날 때에만 이 세상에 실증적으로 나타난다. 성령은 그리스도가 사도들에게 했던 역할을 사도들을 위해 할 것이다. 성령은 사도들에게 성자의 일보다 더 큰 일을 할 힘을 부여할 것이다('요한복음' 14장 12절). 성령은 그리스도를 대리하고 또 그리스도가 아버지로부터 받은 것과 일치하는 형상이다. 아버지로부터 아들이 오고, 아버지와 아들에게 공통적인 것은, 기독교 교리에 따르면, 아버지와 아들에 의해 숨이 불어넣어진("생명이 불어넣어진") 성령의 생생한 작용이다. 성령은 아버지와 아들에게 공통적인 제3의 조건이다. 그렇기 때문에 성령은 아들의 이중성에, "회의"(懷疑)에 종지부를 찍는다. 성령은 사실 셋을 마무리 짓고 하나를 복원시키는 제3의 요소이다.

　요점은 그 '하나'의 펼침이 아버지와 아들로서 스스로를 분극화시킨 뒤에 성령에서 절정에 이른다는 것이다. 그 하나가 어떤 인간의 몸 속으로 하강한 것은 그 자체로 그것이 다른 하나가 되기에 충분하다. 그 후로 두 개, 즉 "하나"와 "또 다른 하나"가 있게 되었으며, 그 결과 어떤 긴장이 생겨나게 되었다. 이 긴장은 아들의 고통과 운명에서, 최종적으로 그리스도가 하느님에게 버림을 받았다는 점을 인정하는 대목에서 해소된다('마태복음' 27장 46절).

　성령이 그 아들의 조상일지라도('마태복음' 1장 18절), 성령은 또한 보혜사로서 그 아들의 유산이기도 하다. 성령은 신의 선택을 받을 만한 사람들에게 내려감으로써 인류 속에서 구원 작업을 계속한다. 그 결과, 보혜사는 적어도 함축적으로는 한편으로 구원 작업에서, 다른 한편으로는 신의 현현에서 최고의 형상이다. 사실, 성령이 신과 신이 펼치는 드라마에서 최종적이고 완전한 무대를 나타낸다고 말할 수 있다. 삼위일체가 틀림없이 단순한 단일체보다 더 높은 형태의 신의 개념이기 때문이다. 삼위일체가 인간이 더욱 의식적인 존재가 되는 숙고의 차원에 해당하니 말이다.

　내가 여기서 요약 정리한, 신 안에서 일어나는 어떤 생명 과정인 삼위일체 개념은 앞에서 본 바와 같이 이미 기독교 이전의 시대에 존재했으며, 삼위일체의 근본적인 특징들은 원시적인 부활 의식들과 그 의식들과 연결된 숭배 전설들의 속편이자 분화이다. 이 신비 의식들의 신들이 사멸하게 되는 것처럼, 신비 의식들도 역사의 흐름 속에서 새로운 형태를 취하기 위해 사라진다. 옛날에 벌어진 신들의 대규모 사멸이 기독교 시대 초기에 한 번 더 일어났으며, 새로운 신의 탄생은 새로운 신비와 감정으로 인간의 영혼들의 상처를 치유한 사건이었다.

기존의 신비 의식의 전통들로부터 의식적(意識的)으로 차용하는 것은 무엇이든 새로운 신의 부활과 재탄생을 방해했을 것이라는 점에 대해서는 군이 말할 필요가 없을 것이다. 그 신의 부활과 재탄생은 편견이 전혀 없는 계시가 되어야 했다. 그 계시는 그 신 외의 다른 것과는 거의 관계가 없으며, 가능하다면 어떤 종류의 선입견도 없는 상태에서 세상 속으로 새로운 의식(儀式)과 새로운 숭배 전설을 소개할 것이다. 비교적 긴 세월이 흐른 뒤에야 사람들은 당시에 악마의 소행으로 여겼던 디오니소스의 전설에서 놀라울 정도로 비슷한 것들을 알아차렸다. 초기 기독교도들의 이런 태도는 쉽게 이해된다. 기독교가 정말로 그런 식으로 무의식적인 방식으로 발달했고, 또 기독교가 선례를 두고 있지 않은 것처럼 보이는 것이 하나의 효과적인 힘으로서 기독교의 존재에 불가결한 조건인 것으로 입증되었기 때문이다. 누구도 기독교의 계시가 이교도 선구자들보다 몇 배 더 탁월하다는 점에 이의를 제기하지 못한다. 그렇기 때문에 오늘날 전례가 없고 역사적이지 않은, 복음서들의 성격을 고집하는 것은 분명히 불필요한 일이다. 복음서들이 매우 오래된 기원을 가진 역사적, 심리적 가정들로 넘쳐나니 말이다.

3. 상징

삼위일체를 바탕으로 한 구원의 드라마는 새로운 시대가 시작될 때 갑자기 세계 무대에 나타났다. 당시에 누구도 그것이 과거로부터 소생되는 것이라는 사실을 알아차리지 못했다.

'구약 성경' 속의 소위 예시들을 제쳐놓는다면, '신약 성경'에는 삼위일체가 지적으로 이해 가능한 방식으로 서술되는 단락이 한 군데도 없다. 대체적으로 말하면, 삼위일체는 코린트인에게 보낸 두 번째 서한의 말미("주예수 그리스도의 은혜와 하느님의 사랑, 성령의 교감이 여러분 모두와 함께 하기를 바랍니다."('코린토 신자들에게 보낸 첫째 서간' 13장 13절)나, '베드로의 첫째 서간'의 시작 부분("하느님 아버지께서 미리 선택하신 여러분은 성령으로 거룩해져 예수 그리스도께 순종하게 되었고, 또 그분의 피가 뿌려져 정결하게 되었습니다."(1장 2절)나, '유다 서간' 20-21절의 내용처럼, 3배의 은총을 위한 공식의 문제라는 성격이 더 강하다. 삼위일체를 뒷받침하는 것으로 인용되는 또 다른 단락은 '코린토 신자들에게 보낸 첫째 서간' 12장 4-6절이지만, 이 부분은 단지 성령이 하나라는 점('에페소 신자들에게 보낸 서간' 4장 4-6절에서 반복)을 단호하게 강조하고 있으며, 삼위일체에 대한 단언보다는 다신 숭배와 다영(多靈) 신앙에 반대하는 상투적인 말로 받아들여진다.

3개 1조의 공식은 또한 사도 시대 이후에도 통용되었다. 한 예로 로마의 클레멘스(Clemens)는 첫 번째 편지에서 이렇게 말한다. "… 우리에겐 한 신과 한 그리스도와 한 영이 있지 않은가 …" 심지어 에피파니우스는 그리스도가 제자들에게 "아버지와 아들과 성령은 동일하다"고 가르쳤다고 보고한다.

에피파니우스가 이 단락을 외경에 속하는 "이집트인들이 전하는 복음"에서 끌어내고 있지만, 불행하게도 이 텍스트는 단편들만 보존되고 있다. 그 공식은 삼위일체의 "양태론적"(樣態論的)[52] 개념을 위한 명확한 출발점

---

[52] 양태론은 유일신 신앙을 고수하면서 삼위일체를 설명하기 위해 그리스도의 신성을 인정할 뿐만 아니라 하느님의 단일성을 주장한다.

을 제시한다는 점에서 의미를 지닌다.

지금 중요한 것은 '신약 성경'이 삼위일체 공식에 관한 언급을 전혀 포함하고 있지 않다는 사실이 아니라, 거기서 상호적으로 서로 연결된 세 형상이 발견된다는 사실이다. 아버지와, 성령을 통해서 얻은 아들, 그리고 성령이 있는 것이다. 아주 오랜 옛날부터, 은총을 위한 공식과 엄숙한 모든 합의, 중요한 행사, 속성 등은 마법적인 삼중의 성격을 가졌다(예를 들면, 삼성송(三聖誦)이 있다). 그것들이 '신약 성경'에 삼위일체 교리가 있다는 것을 뒷받침하는 증거는 절대로 아니지만, 그럼에도 불구하고 그런 것들은 일어나고 있으며, 그것들은 신성한 세 위격처럼 표면 아래에서 작용하면서 3개 1조의 구성들을 위로 밀어올리는 어떤 능동적인 원형을 명확히 암시하고 있다. 이것은 3개 1조의 원형이 이미 '신약 성경'에서 작동하고 있었음을 증명한다. 뒤에 오는 것은 대체로 앞에 흘러간 것의 결과이니 말이다. 우리가 삼위일체의 예에서처럼 무의식적 내용물 또는 원형의 효과를 직면할 때, 앞의 말은 특별히 더 적절하다.

앞으로 논할 신경들을 통해서, 교부들의 교회 회의에서 동일본질이 복원될 때까지 신성한 트리오에 관한 '신약 성경'의 암시들이 대단히 일관되게 발달하는 것이 확인될 것이다. 이 과정도 다시 무의식적으로 일어났다. 교부들이 이미 동일본질의 차원까지 도달했던 고대 이집트의 모델에 대해 전혀 아는 바가 없었기 때문이다. 그 과정이 후대에 미친 여파는 기독교 초기에 이미 널리 퍼져 있던 삼위일체에 대한 기대들의 불가피한 결과였으며, 별자리처럼 많은 변형을 거느리고 있던 그 원형의 확충에 불과하다. 이런 확충들이 순수하고 편견에 물들지 않은 한, 그것들은 '신약 성경'이 암시하는 것이 사실 교회가 믿고 있는 바와 같이 삼위일체라는 것을 직접적으로 뒷받침하는 증거이다.

사람들이 "사람의 아들"을 통해서 그렇듯 돌연 모습을 드러낸 그것이 무엇인지를 실제로 알았던 것이 아니라 단지 당시의 해석들을 믿기만 했기 때문에, 그것이 여러 세기에 걸쳐 끼친 효과는 그 원형이 인간의 의식 속에서 점진적으로 펼쳐졌다는 것을, 또는 그 원형이 고대 문화들에 의해 전해진 사상들의 패턴 속으로 흡수되었다는 것을 의미할 뿐이다. 이 같은 역사적인 메아리를 근거로, 갑작스런 계시의 순간에 모습을 드러내며 인간들의 정신을 사로잡은 것이 무엇이었는지를 파악하는 것은 가능하다. 그 사건이 실제로 일어날 당시에는 그것이 사람들의 이해력을 너무나 멀리 벗어나 있었던 까닭에 그들이 그것을 명확한 공식으로 담아낼 수 없었을지라도 말이다. "계시된" 내용물이 분류되고 적절히 설명되기까지는 어느 정도의 시간과 거리가 필요하니까.

이런 지적 활동의 결과들은 일련의 견해에 담겼으며, 그 견해들은 당시에 "심볼룸"(symbolum)[53], 즉 신경(信經)으로 요약되었다. 이 믿음의 기도서는 "심볼룸"이라는 이름으로 불릴 만하다. 심리학적인 관점에서 보면, 그것이 합리적으로 증명되거나 설명될 수 없는 초월적인 사실을 상징적으로 표현하고 의인화하여 그림 그리듯 보여주기 때문이다. 여기서 "초월적"이라는 단어는 엄격히 심리학적인 의미에서 쓰이고 있다.

1) 사도 신경

이 믿음의 요약들 중 첫 번째는, 전해오는 이야기를 믿는다면, 꽤 일찍 시도되었다. 예를 들어, 성 암브로시우스(St. Ambrosius: A. D. 339?- A. D. 397?)는 밀라노의 교회에서 세례식에 쓴 신앙 고백이 열두 사도들로부터 시작된 것이라고 보고한다. 그래서 옛날 교회의 이 신경은 사도 신경으로 알려져 있다. 4세기에 확립된 그 신경은 이런 내용으로 되어 있다.

53 라틴어 단어로 상징과 기호, 신경 등을 뜻한다.

전능하신 성부, 천지의 창조주를 저는 믿나이다.

그 외아들 우리 주 예수 그리스도님

성령으로 인하여 동정 마리아께 잉태되어 나시고

본시오 빌라도(Pontius Pilatus) 통치 아래서

고난을 받으시고 십자가에 못 박혀 돌아가시고 묻히셨으며

저승에 가시어 사흗날에 죽은 이들 가운데서 부활하시고

하늘에 올라 전능하신 천주 성부 오른편에 앉으시며

거기로부터 산 이와 죽은 이를 심판하러 오시리라 믿나이다.

성령을 믿으며 거룩하고 보편된 교회와 모든 성인의 통공을 믿으며

죄의 용서와 육신의 부활을 믿으며 영원한 삶을 믿나이다. [54]

이 신경은 여전히 전적으로 복음과 서한의 차원에 머물고 있다. 신성한 형상들이 셋 있고, 그들은 어느 방향으로도 한 신과 모순되지 않는다. 여기서 삼위일체는 명확하지 않으며 잠재적으로 존재한다. 클레멘스의 두 번째 편지가 기존에 존재하는 교회에 대해 말하는 것과 똑같다. "그것은 영적으로 거기에 있었다." 기독교 초기에도, 그리스도가 로고스로서 신 자신이라는 것이 받아들여졌다('요한복음' 1장 1절). 바울로에게 그리스도는 신의 형태로 미리 존재하고 있다. 이것은 '필리피 신자들에게 보내는 서간' 2장 6절에 나오는 그 유명한 "겸손" 단락에서 명확히 드러난다. "그분께서는 하느님의 모습을 지니셨지만 하느님과 같음을 당연한 것으로 여기지 않으시고 …" 편지들에도 저자가 그리스도와 성령을 혼동하거나 셋을 하나로 여기는 대목이 나온다. '코린토 신자들에게 보낸 둘째 서간' 3장 17절이 그런 예이다. "주님은 영이십니다." 그 다음 절이 "주님의 영광"에 대해 말할 때, "주님"은 그리스도를 가리키는 것 같다. 그러나 3장 7절에서

---

54 가톨릭 번역.

18절까지 전체 단락을 읽는다면, "영광"은 똑같이 하느님을 가리키는 것이 명백하고, 그리하여 세 형상들 사이의 혼란과 그들의 잠재적 삼위일체가 입증된다.

2) 그레고리우스 타우마투르구스의 신경

사도 신경이 삼위일체를 아주 많은 단어로 설명하고 있지는 않지만, 그럼에도 불구하고 삼위일체는 아주 일찍부터 "영적으로 거기에" 있었다. 많은 사람들이 그러듯이, 삼위일체가 "먼 훗날에 발명되었다"고 고집하는 것은 문제를 얼버무리는 것에 지나지 않는다. 그러므로 나는 이 연결에서 그레고리우스 타우마투르구스(Gregorius Thaumaturgus: 210-70)의 환상에 대해 언급해야 한다. 이 환상에서 성모 마리아와 성 요한이 그에게 나타나 어떤 신경을 발표했으며, 그것을 그는 그 자리에서 받아 적었다. 그 내용은 다음과 같다.

> 한 신, 살아 있는 말씀의 아버지, 스스로 존재하는 지혜와 힘의 아버지, 영원한 모습의 아버지, 완벽한 것을 낳은 완벽한 아버지, 독생자의 아버지.
> 한 주님, 홀로 있는 존재들 중 홀로이신 분, 신의 신, 신성의 진정한 모습, 효과적인 말씀, 만물이 비춰가며 살아가는 포괄적인 지혜, 모든 피조물을 창조하는 힘, 진정한 아버지의 진정한 아들, 보이지 않는 [아버지]의 보이지 않는 [아들], 부패하지 않는 것들 중 부패하지 않는 것, 죽지 않는 것들 중 죽지 않는 것, 영원히 지속되는 것들 중 영원한 것.
> 그리고 한 성령, 신으로부터 존재를 얻고 아들을 통해 나타나는 것, 아들의 이미지와 완벽한 [아버지]의 완벽한 [모습], 생명과 생명의 원인, 신성한 샘, 고결한 우두머리. 그의 안에서 모든 것 위에 있고 모든 것 안에 있

는 성부가 명백히 드러나고, 성자가 모든 것 속으로 퍼진다. 완벽한 삼위

일체의 영광과 영원성과 지배권은 나뉘지지 않고 분리되지 않는다.

이 삼위일체 신경은 이보다 훨씬 덜 명확한 사도 신경이 등장하기 오래 전에 이미 권위를 확립했다. 그레고리우스는 238년까지 오리게네스(A.D.182-251)의 학생이었다. 오리게네스는 자신의 글에서 삼위일체 개념을 사용했으며, 그 개념을 놓고 상당히 깊이 생각했다. 구체적으로, 그는 삼위일체의 내적 질서와 권력의 관리에 관심을 쏟았다. "나는 우주를 지탱하는 아버지 신이 세상의 모든 존재보다 우월하다는 의견을 갖고 있다. 그 아버지 신이 자신의 존재로부터 각자에게 각자의 존재를 나눠주기 때문이다. 아버지보다 낮은 존재인 아들은 이성적인 피조물들보다 우월하다(그가 아버지 다음이니까). 성령은 그보다 더 낮고, 성인들 사이에서만 거주한다. 그렇다면 아버지의 권력이 아들과 성령의 권력보다 더 크고, 다음에는 성령의 권력이 다른 모든 신성한 존재보다 앞선다."[55] 오리게네스는 성령의 본질에 대해 매우 명확하게 밝히지 않는다. 그는 이렇게만 말한다. "그러므로 세계 창조의 시작 때 물 위로 움직였던 신의 영은, 쓰여 있는 바와 같이, 내가 이해할 수 있는 범위 안에서 보면, 성령과 다르지 않을 것이다."[56] 앞서 오리게네스는 이렇게 말한다. "그러나 우리가 성령이 만들어지거나 창조된 존재라고 자신 있게 말해도 좋다고 보장하는 대목은 지금까지 성경에서 발견되지 않았다."[57]

---

55   Origenes, 'On First Principles', trans. by Butterworth, pp. 33f.

56   Ibid., p. 31.

57   Ibid.

3) 니케아 신경

니케아 공의회가 325년에 "니케아 신경"으로 알려진 새로운 신경을 만들었을 때, 삼위일체에 관한 고찰은 이미 오래 전에 절정을 넘긴 터였다. 니케아 신경의 내용은 이렇다.

> 한 분이신 하느님을 저는 믿나이다.
> 전능하신 아버지, 하늘과 땅과 유형무형한, 만물의 창조를 믿나이다.
> 또한 한 분이신 주 예수 그리스도, 하느님의 외아들,
> 영원으로부터 성부에게서 나신 분을 믿나이다.
> 하느님에게서 나신 하느님, 빛에서 나신 빛,
> 참 하느님에게서 나신 참 하느님으로서,
> 창조되지 않고 나시어, 성부와 한 본체로서,
> 만물을 창조하셨음을 믿나이다.
> 성자께서는 저희 인간을 위하여, 저희 구원을 위하여,
> 하늘에서 내려오셨음을 믿나이다.
> 또한 성령으로 인하여, 동정 마리아에게서 육신을 취하시어,
> 사람이 되셨음을 믿나이다.
> 수난하고 묻히셨으며, 성서 말씀대로 사흗날에 부활하시어,
> 하늘에 올라 성부 오른편에 앉아 계심을 믿나이다.
> 그분께서는 산 이와 죽은 이를 심판하러, 영광 속에 다시 오시리니.[58]
> 그리고 성령 속에서. "그분이 없던 시대가 있었다"거나 "그분은 출생하기 전에는 없었다"거나 "그분은 있지 않은 것으로 만들어졌다거나 또 다른 본질로 만들어졌다"거나 "신의 아들은 창조되고 변화무쌍하거나 변화의

---

58 가톨릭교 번역.

대상이 된다"고 말하는 이들에 대해 말하자면,

그들을 가톨릭교회는 파문에 처한다.

'본질적으로 동체'라는 결정적인 표현을 황제에게 제안한 사람은 분명히 스페인의 주교였던 코르두바의 호시우스(Hosius of Cordoba)였다. 그 표현도 그때 처음 나온 것은 아니었다. 그것이 테르툴리아누스(Tertullianus)의 글에도 "본질의 결합"으로 발견되기 때문이다. '호모오우시아'라는 개념도 그노시스주의에서 발견된다. 예를 들면, 이레네우스가 발렌티누스파(140-200?)에 대해 언급하는 대목이 있다. 거길 보면, 아이온(Aeon)[59]들은 그것들의 창조주인 비토스(Bythos)와 동질인 것으로 얘기되고 있다. 니케아 신경은 아버지와 아들의 관계에 집중하는 한편으로, 성령에 대해선 드물게 언급한다.

4) 니케아-콘스탄티노폴리스 신경, 아타나시우스 신경, 그리고 라테란 신경

381년의 니케아-콘스탄티노폴리스 신경에 담긴 그 다음의 해석은 중요한 진전을 보인다. 내용은 다음과 같다.

한 분이신 하느님을 저는 믿나이다.

전능하신 아버지, 하늘과 땅과 유형무형한 만물의 창조주를 믿나이다.

또한 한 분이신 주 예수 그리스도, 하느님의 외아들

영원으로부터 성부에게서 나신 분을 믿나이다.

하느님에게서 나신 하느님, 빛에서 나신 빛

참 하느님에게서 나신 참 하느님으로서,

---

59 그노시스주의에서 신의 다양한 양상들이 아이온, 모나드 등의 이름으로 불렸다.

창조되지 않고 나시어

성부와 한 본체로서 만물을 창조하셨음을 믿나이다.

성자께서는 저희 인간을 위하여, 저희 구원을 위하여

하늘에서 내려오셨음을 믿나이다.

또한 성령으로 인하여 동정 마리아에게서 육신을 취하시어 사람이 되셨

음을 믿나이다.

본시오 빌라도 통치 아래서 저희를 위하여

십자가에 못박혀 수난하고 묻히셨으며

성서 말씀대로 사흗날에 부활하시어

하늘에 올라 성부 오른편에 앉아계심을 믿나이다.

그분께서는 산 이와 죽은 이를 심판하러

영광 속에 다시 오시리니

그분의 나라는 끝이 없으리이다.

또한 주님이시며 생명을 주시는 성령을 믿나이다.

성령께서는 성부와 성자에게서 발하시고

성부와 성자와 더불어 영광과 흠숭을 받으시며

예언자들을 통하여 말씀하셨나이다.

하나이고 거룩하고 보편되며

사도로부터 이어오는 교회를 믿나이다.

죄를 씻는 유일한 세례를 믿으며

죽은 이들의 부활과 내세의 삶을 기다리나이다.

아멘.[60]

여기서 성령이 적절히 고려되고 있다. 성령은 "주님"이라 불리며 성부

---

60 가톨릭교 번역.

와 성자와 함께 숭배되고 있다. 그러나 그는 성부에게서만 나온다. 성령이 성부에게서만 나오는가 아니면 성자로부터도 나오는가, 하는 "필리오퀘" (filioque) 문제[61]를 놓고 첨예한 논쟁을 불러일으켰던 것이 바로 이 지점이었다. 삼위일체를 하나의 완전한 단일체로 만들기 위해서는 필리오퀘도 호모오우시아만큼 근본적이었다.

(근거도 없이) 아타나시우스의 이름으로 불리고 있는 아타나시우스 신경은 세 위격 모두의 동일성을 대단히 강력하게 주장한다. 아타나시우스 신경의 특이성들은 합리적이고 리버럴한 성향의 신학자들을 화나게 만들었다. 나는 단지 하나의 샘플로 시작 부분만 인용한다.

> 지금 가톨릭의 믿음은 이렇습니다.
> 우리는 삼위일체로 한 신을, 위격들을 혼동하지도 않고 본질을 나누지도 않는 단일체로 삼위일체를 숭배하나이다.
> 성부의 한 위격이 있고, 성자의 또 하나의 위격이 있고, 성령의 또 하나의 위격이 있기 때문입니다.
> 그러나 성부와 성자와 성령의 신성은 모두 하나입니다.
> 영광도 동일하고, 그 위엄도 함께 영원합니다.
> 성부도 그 자체로 존재하고, 성자도 그 자체로 존재하고, 성령도 그 자체로 존재합니다.
> 성부도 창조되지 않았고, 성자도 창조되지 않았고, 성령도 창조되지 않았습니다.
> 성부도 무한하고, 성자도 무한하고, 성령도 무한합니다.

61 필리오퀘(라틴어로 '아들로부터'라는 뜻)는 원래의 니케아-콘스탄티노폴리스 신경에 수록된 단어이며, 필리오퀘 문제는 삼위일체에 관한 교리 논쟁을 말한다. 필리오퀘는 처음에 이단을 통제하기 위한 조치로 신경에 쓰였으나, 이단 문제가 어느 정도 해결된 뒤에는 삭제되었다.

성부도 영원하고, 성자도 영원하고, 성령도 영원합니다.

그럼에도, 영원한 분은 셋이 아니라 한 분입니다.

마찬가지로, 창조되지 않은 세 분이 있거나 무한한 세 분이 있는 것이 아니라 무한한 한 분이 있고 창조되지 않은 한 분이 있습니다.

또한 성부도 전능하고, 성자도 전능하며, 성령도 전능합니다.

그럼에도 전능한 세 분이 있는 것이 아니라 전능한 한 분이 있습니다.

그렇다면 성부도 하느님이고 성자도 하느님이며, 성령도 하느님입니다.

그럼에도 세 하느님이 있는 것이 아니라 한 하느님이 있습니다.

마찬가지로 성부도 주님이고, 성자도 주님이고, 성령도 주님입니다.

그럼에도 세 주님이 있는 것이 아니라 한 주님이 있습니다.

여기서 삼위일체는 완전히 발달한 하나의 개념적인 도식으로 자리 잡고 있다. 그 안에서 모든 것이 균형을 잡고, 호모오우시아가 세 위격 모두를 동등하게 결합시키고 있다. 1215년의 라테란 공의회 신경은 추가적인 분화를 끌어내고 있다. 이 신경은 시작 부분만 인용한다.

영원하고, 무한하고, 불변하고, 이해할 수 없고, 전능하고, 말로 표현하지 못하는 오직 한 분의 진정한 신이 존재한다는 것을 우리를 확고히 믿고 진심으로 고백하나이다.

성부와 성자와 성령. 세 위격이지만 한 실체이며, 본질과 성격에서 완전히 단일합니다.

성부는 어느 것으로도 오지 않고, 성자는 성부에게서만 오고, 성령은 둘 다로부터 옵니다.

영원히 시작도 없고 끝도 없습니다.

성부는 생기게 하고 성자는 태어나고 성령은 나아가며,

본질도 똑같고, 똑같이 동등하고, 똑같이 전능하고, 똑같이 영원합니다.

"필리오퀘"가 명확히 이 신경 속으로 받아들여지고, 따라서 성령에게 특별한 어떤 활동과 중요성이 부여되고 있다. 내가 판단하기에, 그 후의 트렌트 공의회 신경은 우리의 주제에 흥미롭게 다가올 만한 것을 전혀 더 더하지 않는다.

이 섹션을 마무리하기 전에, 나는 중세에 잘 알려졌던 책으로 삼위일체에 대한 심리학적 해석을 시도한 '정신과 영혼에 관한 책'(Liber de Spiritu et Anima)에 관심을 기울여줄 것을 부탁하고 싶다. 그 책의 주장은 인간이 자기 인식을 통해서 신에 대한 인식에 이를 수 있다는 가정에서 시작한다. '이성적인 정신'(mens rationalis)이 신과 가장 가깝다. 이유는 그 정신이 "우수하게 만들어지고, 명백히 신을 닮았기" 때문이다.

만약에 그런 정신이 스스로가 신을 닮았다는 점을 인식한다면, 그 정신은 자신의 창조자를 훨씬 더 쉽게 알아볼 것이다. 그리하여 삼위일체에 대한 지식이 시작된다. 지성이 지혜(사피엔치아)가 어떻게 지성에서 나오는지를, 또 지성이 어떻게 이 지혜를 사랑하는지를 보기 때문이다. 그러나 지성과 지혜로부터 사랑이 나오고, 따라서 지성과 지혜와 사랑, 셋 모두가 하나로 나타난다.

그러나 모든 지혜의 기원은 신이다. 그러므로 지성은 성부에 해당하고, 지성이 낳는 지혜는 성자에 해당하고, 사랑은 성부와 성자 사이에서 내쉬어지는 영에 해당한다. 신의 지혜는 종종 우주의 발생과 관계있는 로고스와, 따라서 그리스도와 동일시된다. 중세의 마음은 정신의 구조를 삼위일체에서 끌어내는 것을 자연스럽게 느끼지만, 현대의 정신은 그 과정을 거꾸로 돌려놓는다.

4. 심리학적 측면에서 보는 세 위격

1) 그 원형의 가설

신경들의 순서는 삼위일체 사상이 수 세기에 걸쳐 발달하는 과정을 잘 보여준다. 삼위일체는 발달 과정에 아주 그럴 듯해 보이던 아리우스주의 이단 같은 모든 합리주의적 일탈을 지속적으로 피하거나 성공적으로 물리 쳤다. 신경들은 성경 속의 삼위일체의 암시들 위에다가 어떤 사상의 구조를 포개놓았다. 이 구조가 자유주의적인 성향을 가진 합리주의자에게 영원히 방해물로 작용하고 있다.

그러나 종교적인 진술은 절대로 합리적이지 않다. 왜냐하면 그 진술이 다른 세계를, 그러니까 일상적인 의미에서 말하는 이성이 오직 외적인 것에만 관심을 두고 있는 까닭에 의식하지 못하는 원형의 세계를 언제나 고려하고 있기 때문이다. 따라서 삼위일체라는 기독교 사상의 발달은 이집트 신학에 처음 나타난, 아버지와 아들, 카무테프의 동일본질 원형을 무의식적으로 재현했다.

그렇다고 이집트의 모델이 기독교의 삼위일체 사상의 원형으로 고려될 수 있다는 뜻은 아니다. 내가 다른 곳에서 설명한 바와 같이, 원형은 그 자체로 "표상으로 나타낼 수 없는" 요소이며, 인간 정신의 발달에서 주어진 어느 순간에 기능하기 시작하고 의식의 자료를 명확한 패턴들로 배열하는 어떤 "성향"이다. 말하자면, 신에 대한 인간의 인식들이 3개 1조와 삼위일체로 조직되고, 의례적이고 마법적인 관행들 전부가, 세 번 반복하는 액막이 주문이나 축복, 저주, 칭송, 감사의 표현 방식 등에서 보듯, 삼중 또는 셋으로 나뉘는 성격을 취한다.

원형이 발견되는 곳마다, 거기서 원형은 무의식에서 끌어내는 강압적인 어떤 힘을 발휘하고 있으며, 원형의 효과가 의식적인 것이 될 때마다, 원형은 분명히 초자연적인 특성을 지닌다. 비록 삼위일체에 관한 고찰이 종종 의식적 고안이라는 비난을 들어왔을지라도, 거기에는 어떤 의식적 고안이나 깊은 생각 같은 것은 절대로 없다.

이 교리의 역사에 불쾌한 얼룩으로 남아 있는 온갖 논쟁과 궤변과 모호한 표현, 음모, 분노는 그 원형의 압도적인 초자연성과 그것을 합리적인 사고의 세계로 통합시키는 데 따르는 전례 없는 어려움 때문에 생겨났다. 황제들은 지속적으로 이어진 반목에서 정치적 이득을 챙겼을지 몰라도, 인간 정신의 역사에서 독특한 이 장(章)은 정치로 거슬러 올라가지 못한다. 그것은 사회적, 경제적 원인들이 삼위일체를 초래한 것으로 여겨질 수 없는 것이나 마찬가지이다.

삼위일체 교리의 유일한 근거는 서양인의 내면에 정신의 혁명을 야기한 그리스도의 "메시지"에 있다. 복음서들을 증거로, 특히 바울로의 편지들을 증거로, 그 메시지는 신인(神人)이 하느님의 아들에 걸맞은 온갖 경이로운 전조들을 수반한 가운데 지루한 이 인간 세계에 정말로 나타났다고 선언했다. 이 사건의 역사적인 핵심이 사실에 근거한 정확성을 추구하는 현대인들에게 아무리 모호해 보일지라도, 수 세기 동안 이어지고 있는 그 엄청난 정신적 효과가 아무것도 아닌 것에 의해 이유 없이 생겨났을 리가 없는 것은 꽤 확실하다.

불행하게도, 선교의 열정에서 비롯된 복음서의 기록들은 역사적 재구성을 꾀하려는 노력에는 빈약하기 짝이 없는 자료만을 제공할 수 있을 뿐이다. 그러나 바로 그런 이유로, 복음서의 기록들은 그 시대의 문명화된 세계의 심리적 반응에 대해 그 만큼 더 많은 이야기를 들려줄 수 있다. 이 반응들과 단언들은 교리의 역사에서 계속 이어지고 있다. 교리의 역사에서 그 반응들과 단언들은 성령의 작용으로 받아들여지고 있다.

심리학자에게는 이 같은 해석의 형이상학적 타당성과 관련해서 할 말이 전혀 없지만, 그 해석은 그에게 대단히 중요하다. 왜냐하면 그것이, 사상들의 형성에 작용하는 요소가 인간의 지성이 아니라 인간의 의식 그 위와 그 너머에 있는 어떤 권위라는 압도적인 사상 또는 확신이 존재한다는 점을 입증하기 때문이다. 이런 심리학적 사실을 이론적인 이유로 간과하면 절대로 안 된다.

성령은 증명할 수 없는 하나의 가설에 지나지 않는다는 식의 합리주의적인 주장들은 정신의 진술과 동일한 기준으로 평가될 수 없다. 사실을 근거로 고려하는 경우에 그 내용물이 아무리 터무니없을지라도, 망상도 진정한 생각이다. 심리학의 관심은 다른 것이 아니라 정신의 현상들로만 향한다. 정신의 현상들은 단지 그 자체로 다수의 꽤 다양한 유형의 관찰을 허용하는 현상의 양상들일 수 있다. 따라서 교리들이 성령에 고무된다는 진술은 교리들이 의식적인 사고와 고찰의 산물이 아니라 의식 밖에, 어쩌면 인간의 밖에 있는 원천들로부터 자극을 받는다는 것을 암시한다. 이런 종류의 진술은 원형을 경험하는 상황에서는 원칙이며, 또 그런 진술은 언제나 수호신이 현장에 있다는 분위기를 풍긴다.

예를 들어, 원형과 관련 있는 꿈은 그 꿈을 꾸는 사람에게 너무나 깊은 인상을 남길 수 있기 때문에, 그 사람은 꿈에서 어떤 종류의 계시나 경고, 초자연적인 도움을 쉽게 보는 경향이 있다. 오늘날 대부분의 사람들은 그런 경험에 빠지는 것을 두려워하며, 그들의 두려움은 초자연적인 것에 대한 "신성한 공포" 같은 것이 존재한다는 것을 증명하고 있다. 이 초자연적인 경험들의 본질이 어떠하든, 그런 경험들은 모두 한 가지 공통점을 보인다. 그 꿈들이 그 원천으로 의식 밖의 어떤 영역을 가리킨다는 점이다.

심리학은 그 영역 대신에 무의식이라는 개념을, 특히 개인 무의식과 반대되는 것으로서 집단 무의식이라는 개념을 사용한다. 집단 무의식을 부정하고 오직 개인 무의식만을 신뢰하는 사람들은 개인적인 설명을 제시하는 수밖에 없다. 그러나 집단적인, 특히 명백히 원형적인 생각들은 절대로 개인적인 영역에서 나올 수 없다. 예를 들어, 만약 공산주의가 엥겔스(Friedrich Engels)와 마르크스(Karl Marx), 레닌(Vladimir Lenin) 등을 그 운동의 "아버지"로 언급한다면, 공산주의는 그것이 원시시대에도 존재했던 원형적인 사회 질서를 되살리고 있다는 것을, 또 그렇게 함으로써 공산주의의 "종교적" 및 "초자연적"(즉, 광신적) 성격을 설명하고 있다는 것을 알지 못한다. 교회의 아버지들도 자신들의 삼위일체가 몇 천 년 전으로 거슬러 올라가는 선사 시대를 갖고 있다는 것을 알지 못했다.

삼위일체 교리가 처음부터 사회의 가부장적 질서와 일치했다는 데는 의심의 여지가 있을 수 없다. 그러나 사회적 조건이 그 사상을 낳았는지, 아니면 거꾸로 그 사상이 기존의 사회질서에 혁명을 일으켰는지에 대해서 우리는 자신 있게 말하지 못한다. 2가지 예만을 든다면, 초기 기독교의 현상과 이슬람의 발흥은 사상이 할 수 있는 일들이 어떤 것인지를 확실히 보여준다.

자율적인 콤플렉스들의 행동을 관찰할 기회를 전혀 갖지 못한 평범한 사람은 일반적인 추세에 따라 대체로 정신적 내용물의 기원을 환경에서 찾는 경향을 강하게 보인다. 의식의 관념적인 내용물에 관한 한, 이 같은 기대도 확실히 타당하다. 그러나 이런 것들 외에, 의식적인 자료를 원형적인 방식으로 조직하는, 비합리적이고 감정적인 반응과 충동들이 있으며, 이것들은 무의식에서 나온다.

원형이 더 선명하게 형성될수록, 그 원형의 매력은 더욱 강해질 것이고, 따라서 거기서 나오는 종교적 진술들은 그 원형을 "악마적"이거나 "신성한" 그 무엇으로 공식화할 것이다. 그런 진술들은 어떤 원형에 사로잡혀 있다는 점을 암시한다. 그 진술의 바탕에 깔린 사상들은 반드시 의인화되어 있으며, 그것으로 인해 그 사상들은 조직하는 원형과 구별된다. 이 원형은 그 자체가 무의식이라서 표현될 수 없다. 그러나 그 사상들은 어떤 원형이 활성화되었다는 점을 증명한다.

따라서 삼위일체의 역사는 어떤 원형의 점진적인 결정화(結晶化)로서 그 모습을 드러낸다. 그 원형은 바로 아버지와 아들, 생명, 그리고 서로 다른 인격들의 의인화된 개념들을 "가장 신성한 3위 1체"라는, 원형적이고 초자연적인 형상으로 다듬어낸다. 동시대에 이 사건들을 목격했던 사람들은 그것을, 현대의 심리학이 의식 밖의 어떤 정신적 영향력이라고 부를 만한 그 무엇으로 이해했다. 만약에 어떤 사상과 관련해서 일치된 의견이 지금도 물론이고 과거에도 쭉 있어 왔다면, 그런 경우에 우리는 집단적인 어떤 영향력에 대해 논해도 무방하다. 오늘날 그것과 비슷한 "영향력"이 파시스트와 공산주의 이데올로기들이다. 파시스트는 추장의 권력을 강조하고, 공산주의는 원시적인 사회의 특징인 재화의 공동 소유를 강조한다.

"신성"은 어떤 사상 또는 사물이 최고의 가치를 지닌다는 것을, 그리고 그 가치 앞에서 인간은 말하자면 놀라서 말문이 막힌다는 것을 의미한다. 신성은 또한 계시적이다. 신성은 원형적인 어떤 형상에서 나오는 계시적인 힘이다. 누구도 자신을 그런 과정의 주체로 느끼지 않으며, 언제나 그 과정의 대상으로 느낀다.

사람이 신성을 지각하는 것이 아니다. 신성이 사람을 포로로 잡고 압도한다. 사람이 계시에서 신성을 보는 것이 아니다. 신성이 사람에게 스스로를 드러낸다. 사람은 신성을 적절히 이해했다고 장담하지도 못한다. 모든 것은 분명히 그 사람의 의지의 영역 밖에서 일어나며, 이런 사건들은 무의식의 내용물이다. 과학은 그 이상으로 말하지 못한다. 과학이 과학의 본질에 적절한 한계를 신앙의 행위에 의해 넘어서지 못하기 때문이다.

2) 원형으로서의 그리스도

삼위일체와 그것의 내적 생명의 과정은 하나의 폐쇄된 원으로, 하나의 독립적인 신성한 드라마로 나타난다. 거기서 인간은 기껏 수동적인 역할만 맡는다. 삼위일체는 인간을 사로잡으며, 몇 세기 동안 인간이 온갖 종류의 기이한 문제들에 관심을 열정적으로 쏟도록 강요했다. 그 문제들은 오늘날의 눈으로 보면 완전히 터무니없어 보이지는 않아도 믿을 수 없을 만큼 난해해 보인다.

가장 먼저, 삼위일체가 실용적으로나 도덕적으로나 상징적으로 우리에게 어떤 의미를 지니는지를 확인하기가 쉽지 않다. 신학자들까지도 종종 이 주제에 대한 고찰이 관념들을 갖고 벌이는 다소 한가한 마술 같다고 느낀다. 그리스도의 신성 없이도 꽤 편안하게 살아갈 수 있는 사람들이 많다. 그런 사람들에게 성령이 삼위일체 안과 밖에서 하는 역할은 대단히 당혹스런 것으로 다가온다.

아타나시우스 신경에 관한 글을 쓰면서, 슈트라우스(D. F. Strauss)는 이런 말을 한다. "진실은 아타나시우스 신경을 맹세한 사람은 누구나 인간의 사고의 법칙들을 포기했다는 것이다." 당연히, 그런 식으로 말할 수 있는 유일한 사람은 신성의 계시에 더 이상 강한 인상을 받지 않고 자기 자신의 정신 작용에 의지하는 사람이다. 계시된 그 원형에 관한 한, 그것은 불가피하게 역행하는 걸음이다. 자유주의적인 입장에서 그리스도를 인간화하는 경향은 유질론(類質論: homoiousia)[62]과 아리우스 주의까지 거슬러 올라가는 한편, 현대의 반(反)삼위일체주의는 기독교보다 '구약 성경' 또는 이슬람의 성격이 더 강한 신의 개념을 갖고 있다.

분명히, 이 문제에 슈트라우스처럼 합리적이고 지적인 가정들을 갖고 접

---

62   예수와 하느님은 비슷하지만 같지는 않다고 주장한다.

근하는 사람은 누구나 교부학 분야의 토론과 논쟁이 완전히 터무니없다는 것을 확인하게 되어 있다. 그러나 누군가, 특히 신학자가 이성과 논리 같은, 신학 문제에 적절하지 않은 기준에 의지해야 한다는 사실은 공의회들과 학문적인 신학이 그 모든 정신적 노력에도 불구하고 후손에게 교리에 대한 믿음을 조금이라도 뒷받침할 그런 지적 이해를 물려주는 데 실패했다는 사실을 보여주고 있다. 오직 신앙에 대한 복종과 이해하고 싶은 욕망의 포기만 남았다. 경험을 통해 잘 알고 있듯이, 신앙은 종종 차선책으로 일어나며, 신앙은 신앙의 대상을 다루는 데 절대로 적절하지 않을 수 있는 비판에 굴복해야 한다. 이런 종류의 비판은 언제나 대단히 계몽적인 분위기를 풍긴다. 말하자면, 비판은 말씀이 한때 빛으로 뚫으려고 노력했던 짙은 어둠을 주위에 확산시킨다. "그 빛이 어둠 속에서 비치고 있지만 어둠은 그를 깨닫지 못하더라."[63]

당연히, 이 비판자들에게는 자신의 접근 방식이 그 대상에 적절하지 않다는 생각이 절대로 떠오르지 않는다. 비판자들은 자신이 합리적인 사실들을 다루고 있다고 생각하는 반면에, 그 대상이 주로 불합리한 정신적인 현상의 문제이며 지금까지 언제나 그랬다는 사실은 그들의 머리를 철저히 벗어나 있다. 그 문제가 실제로 그렇다는 사실은 복음서들의 비역사적인 성격을 통해서도 충분히 분명하게 확인된다. 복음서들의 유일한 관심이 기적을 행하는 그리스도의 형상을 눈으로 보듯 최대한 생생하게, 인상적으로 표현하는 것이었으니 말이다.

이를 뒷받침하는 추가적인 증거는 가장 초기의 문학적인 목격자인 바울로로부터 나온다. 그는 문제가 된 사건들에 다른 사도들보다 더 가까이 있었다. 솔직히 말해서, 바울로가 나자렛의 진정한 예수에게 대화의 기회를 어떤 식으로 거의 허용하지 않는지를 보는 것은 실망스러운 일이다. 초기

---

63   '요한복음' 1장 5절.

단계에서도(그리고 '요한복음'에서만 그런 것이 아니다) 예수는 형이상학적 개념들에 의해 완전히 뒤덮이거나 은폐되고 있다. 예수는 모든 악마적인 힘들의 지배자이고, 우주의 구원자이고, 조정하는 신인(神人)이다. 근동의 기독교 이전의 그노시스주의 신학 전체(이 신학의 일부 뿌리는 그보다 더 멀리 거슬러 올라간다)는 그에 대해서 스스로를 보호하면서 우리의 눈 앞에서 그를 역사적 진실성이 더 이상 필요하지 않은 독단적인 어떤 인물로 바꿔놓는다. 따라서 아주 이른 단계에서부터 진정한 그리스도는 멀거나 가까운 곳에서 그의 주위로 쏟아진 감정들과 투사들 뒤로 사라져 버렸으며, 그 즉시 그는 거의 아무런 흔적을 남기지 않은 채 주변의 종교 체계들 속으로 흡수되어 그 체계들의 원형적인 상징으로 다듬어졌다.

그리스도는 그의 동시대인들의 무의식이 나타나기를 기대하던 그런 집단적인 형상이 되었으며, 그런 이유로 그가 "진정으로" 어떤 존재였는지를 묻는 것은 의미가 없다. 그가 인간이고 그 외의 다른 것이 아니었다면, 그리고 그런 의미에서 그가 역사적으로 진실이었다면, 그는 아마 피타고라스나 소크라테스(Socrates), 티아나의 아폴로니오스(Apollonius)보다 조금도 더 계몽적이지 않은 인물이었을 것이다.

그는 인간들이 계시에 눈을 뜨도록 만들었다. 이유는 바로 그가 영원히 신이었고, 따라서 역사와 무관했기 때문이다. 그는 오직 무의식적인 기대의 일치에 의해서만 그런 존재로서의 기능을 했다. 만약에 어느 누구도 기적을 일으키는, 갈릴리에서 온 그 랍비에게 특별한 무엇이 있다고 말하지 않았다면, 어둠은 어떤 빛이 비치고 있다는 것을 절대로 알아차리지 못했을 것이다. 그가 자신의 힘으로 불을 밝혔는가, 아니면 그가 빛에 대한 보편적인 갈망에 희생되어 그 무게에 무너지게 되었는가 하는 문제는 신뢰할 만한 정보가 부족한 탓에 신앙만이 결정할 수 있는 것이 되어 버렸다. 여하튼, 그리스도 형상의 일반적인 투사와 동화(同化)에 관한 다큐멘터리

보고들은 모호하지 않다. 종교의 역사에 나타나는 비슷한 예들을 고려하는 경우에, 집단 무의식의 협동을 뒷받침하는 증거가 아주 많다. 이런 상황에서, 우리는 그리스도의 메시지가 인간의 내면에서 휘저어 놓은 것이 무엇이며, 인간이 그 메시지에 내놓은 대답은 무엇이었는지를 물어야 한다.

이 심리학적 질문에 대답하려면, 무엇보다 먼저 교부학의 비유들과 중세의 도상학과 함께 '신약 성경'에 포함된 그리스도의 상징체계를 조사하고, 이어서 어떤 원형들이 무리를 짓고 있는지를 발견하기 위해서 무의식적 정신의 원형적인 내용과 이 자료를 서로 비교해야 한다. 그리스도에 관한 상징적인 진술 중에서 가장 중요한 것은 그 영웅의 삶의 특징을 드러내는 것들이다. 말하자면, 불가능한 것 같은 기원, 신성한 아버지, 위험한 출생, 때마침 일어난 구조, 조숙한 발달, 어머니와 죽음의 정복, 기적의 행위, 비극적 요절, 상징적 의미를 지니는 죽음의 방식, 사후의 효과들(부활, 기적, 불가사의 등)에 관한 진술이 중요하다는 뜻이다. 로고스와 아버지의 아들, 영광의 왕, 세상의 심판관, 구세주, 구원자로서, 그리스도는 신이고, 모든 것을 포용하는 완전성이다. 이 완전성은 신성의 정의(定義)처럼 그림으로는 원이나 만다라에 의해 표현된다.

여기서 나는 만다라로 그리는 영광의 왕에 대한 전통적인 표현에 대해서만 언급할 것이다. 이 만다라에는 네 복음서 저자들의 상징들(4개의 계절, 4개의 바람, 4개의 강 등을 포함한다)로 이뤄진 4개 1조가 수반된다. 동일한 종류의 또 다른 상징체계는 한가운데의 그리스도(또는 하느님) 주위에 자리 잡은 성자들과 천사들, 장로들의 집단이다. 여기서 그리스도는 '구약 성경'의 왕들과 예언가들의 통합을 상징한다. 양치기로서 그는 무리의 지도자이고 중앙이다. 그는 포도나무이며, 그에게 매달리는 사람들은 가지이다. 그의 몸은 먹힐 빵이고, 그의 피는 마실 포도주이다. 그는 또한 회중에 의해 형성된 신비체이다. 인간의 모습을 취할 때, 그는 영웅이고 신인이며,

죄 없이 태어났고, 자연적인 인간보다 더 완전하고 더 완벽하다. 자연적인 인간과 예수의 관계는 아이와 어른의 관계와 비슷하고, 동물(양)과 인간의 관계와 비슷하다.

기독교 영역 밖에서뿐만 아니라 기독교 영역 안에서도 나오고 있는 이런 신화적인 진술들은 기본적으로 동일한 상징체계에서 모습을 드러내는 어떤 원형의 윤곽을 희미하게 그리고 있다. 이 원형은 또한 개인의 꿈이나, 살아 있는 사람들에 대한 공상 같은 투사들(전이 현상, 영웅 숭배 등)에도 나타난다. 그런 상징적인 모든 산물의 내용물은 압도적이고, 모든 것을 포용하고, 완전하거나 완벽한 어떤 존재에 관한 생각이다. 그런 존재는 영웅에 걸맞은 인간이나 마법적 특징을 가진 동물, 마법적인 그릇, 보석이나 반지나 왕관 같은 "획득하기 어려운 보물", 기하학적인 만다라 등에 의해서 표현된다.

이 원형적인 사상은 개인의 완전성, 즉 그 사람의 안에서 무의식적인 어떤 이미지로 존재하고 있는 자기를 반영한다. 의식적인 마음은 이 전체성의 개념을 전혀 형성하지 못한다. 왜냐하면 그 전체성이 의식뿐만 아니라 무의식적 정신을 포함하기 때문이다. 이 무의식적 정신은 그 자체로는 인식될 수도 없고 표현될 수도 없다.

그리스도의 메시지에 반응한 것은 모든 사람의 영혼 안에 있는 이 같은 자기의 원형이다. 그 결과, 구체적인 인물인 랍비 예수가 그 원형에 급속도로 동화되었다. 이런 식으로, 그리스도는 자기라는 개념을 구체화했다. 그러나 사람이 자기의 상징과 신의 이미지를 경험적으로 절대로 구분하지 못하기 때문에, 우리가 그 두 가지 생각을 구별하려고 아무리 노력해도, 그 생각들은 언제나 뒤섞인 상태로 나타난다. 그래서 자기가 요한과 바울로의 글들에 나타나는 내면의 그리스도와 동의어 같고, 그리스도("성부와 동질")가 하느님과 동의어처럼 보인다. 이것은 아트만(atman)[64]이 개별화한 자기로 나타남과 동시에 생기를 불어넣는 우주의 원리로 나타나고, 도(道)가 정신의 한 조건으로 나타남과 동시에 우주적인 사건들의 올바른 행동으로 나타나는 것과 똑같다. 심리학적으로 말하면, "신들"의 영역은 의식이 끝나는 지점에서 시작한다. 왜냐하면 바로 거기서 인간이 번창하든지 사라지든지 불문하고 이미 자연의 질서의 자비에 맡겨지기 때문이다. 그곳에서 인간에게 오는 완전성의 상징들에게, 인간은 시간과 장소에 따라 다양한 이름을 붙인다.

자기는 심리학적으로 개인의 정신적 전체성으로 정의된다. 어떤 사람이 자신보다 더 큰 전체성을 갖고 있는 것으로 여기는 것이면 무엇이든 자기의 상징이 될 수 있다. 이런 이유로, 자기의 상징이 언제나 전체성의 정의가 요구하는 것만큼 전체적이지는 않다. 심지어 그리스도의 형상까지도 하나의 전체성은 아니다. 이유는 그것이 정신의 본성의 밤 같은 측면을, 정신의 어둠을 결여하고 있고 또 죄가 없기 때문이다. 악의 통합 없이는 전체성은 절대로 있을 수 없으며, 악을 "강제로 그 섞음에 더하는 것"은 가능하지 않다.

하나의 상징으로서 그리스도를 첫 번째 섞음의 중간과 비교할 수 있다. 그러면 그리스도는 어떤 3개 1조의 매개념(媒槪念)이 될 것이다. 이 3개 1조 안에서 '하나'와 '나눠질 수 없는 것'은 성부에 의해 표현되고, '나눠질 수 있는 것'은, 우리가 아는 바와 같이, 스스로를 불의 혀들로 나눌 수 있는 성령에 의해 표현된다. 그러나 이 3개 1조는, 『티마이오스』에 따르면, 아직 하나의 실체가 아니다. 따라서 두 번째 섞음이 필요하다.

심리학적 발달의 목표는 생물학적 발달처럼 자기의 실현, 즉 개성화이다. 그러나 인간이 자신을 하나의 자아로만 알고 있고, 자기가 하나의 전체성으로서 묘사가 불가능하고 신의 이미지와 구분되지 않기 때문에, 자기

---

64 힌두교에서 생명의 근원을 말한다.

의 실현은 종교적 또는 형이상학적 용어들로 표현한다면 신의 구체화에 해당한다. 그 점은 이미 그리스도가 신의 아들이라는 사실에 표현되고 있다. 그리고 개성화가 위대하고 종종 비극적이고 가장 어려운 과제이기 때문에, 그 과정은 고통을, 자아의 수난을 수반한다. 경험을 중요하게 여기던 과거의 평범한 인간은 이제 보다 높은 차원에서 길을 잃고 상상의 의지의 자유를 잃을 운명에 처해 있다. 말하자면, 그는 자기가 자신에게 가한 폭력 때문에 고통을 겪는다.

이와 비슷한 그리스도의 수난은 세상의 부당함과 인간의 어둠 때문에 겪는 신의 고통을 의미한다. 인간의 고통과 신의 고통은 보상적인 효과를 낳는 보완의 관계를 일으킨다. 그리스도의 상징을 통해서, 인간은 자신의 고통의 진정한 의미를 알 수 있다. 그가 자신의 완전성을 실현시키는 길로 나아가고 있는 것이다. 의식과 무의식의 통합의 결과로, 그의 자아는 "신성한" 영역으로 들어가고, 거기서 자아는 "신의 고통"에 동참한다.

고통의 원인은 두 경우 모두 똑같다. 즉, 인간의 차원에서 "개성화"로 나타나는 "현현"이다. 인간으로 태어난 신성한 영웅은 언제나 살해 위협에 시달린다. 그가 머리를 누일 곳은 어디에도 없으며, 그의 죽음은 끔찍한 비극이다. 자기는 단순한 개념이나 논리적인 가정이 절대로 아니다. 그것은 하나의 정신적 실체이며, 그 중 일부만이 의식적이다. 나머지에 대해 말하자면, 자기는 무의식의 삶을 포함하고 있으며, 따라서 자기는 상징의 형태가 아니고는 달리 상상될 수 없다. 그리스도의 원형적인 삶의 드라마는 자신의 보다 높은 운명에 의해서 변형된 한 인간의, 의식을 초월하는 삶뿐만 아니라 의식적인 삶에서 일어나는 사건들까지 상징적인 이미지들로 묘사하고 있다.

3) 성령

인간과 삼위일체의 생명 과정 사이의 심리학적 관계는 가장 먼저 그리스도의 인간적인 본성에 의해서, 그 다음에는 그리스도의 메시지가 예언하고 약속한 바와 같이 성령이 내려와 인간의 안에 머무는 것에 의해 설명된다. 그리스도의 삶은 한편으로 보면 그 메시지를 선언하기 위한, 짧고 역사적인 하나의 막간 촌극일 뿐이지만, 다른 한편으로 보면 그의 삶은 신의 현현(또는 자기의 실현)과 연결된 정신적 경험을 보여주는 전형적인 증거이다. 인간에게 중요한 것은 "보이고" "행해진" 것이 아니라, 그 후에 일어나는 일, 즉 인간이 성령에 사로잡히는 현상이다.

그러나 여기서 우리는 엄청난 어려움에 직면한다. 만약 성령 이론을 따르며 한 걸음 더 나아간다면(교회는 명백한 이유 때문에 그렇게 하지 않았다), 불가피하게 이런 결론을 내리지 않을 수 없게 되기 때문이다. 말하자면, 성부가 성자의 안에 나타나서 성자와 함께 호흡하고, 성자가 인간을 위해 성령을 뒤에 남겨놓는다면, 그런 경우에 성령도 인간의 안에서 호흡할 것이고, 따라서 그 호흡은 인간과 성자, 성부에 공통적인 것이 될 것이다. 그러므로 인간은 하느님의 아들 안에 포함되고, 그리스도의 말씀("너희는 신이다")('요한복음' 10장 34절)이 의미 있는 어떤 빛 속에 나타난다.

보혜사가 인간을 위해서 틀림없이 뒤에 남았다는 가르침은 중대한 문제를 제기한다. 플라톤의 3개 1조 공식은 분명히 논리학의 문제에서는 최종적인 말일 수 있지만, 심리학적으로 보면 절대로 그렇지 않다. 왜냐하면 심리적인 요인이 대단히 불쾌한 방식으로 끊임없이 방해하기 때문이다. 삼위일체가 "성부와 성모와 성자"가 아닌 이유는 도대체 무엇인가? 그것이 "성부와 아들과 성령"보다 훨씬 더 "합리적"이고 "자연스러울" 텐데도 말이다. 이 질문에 우리는 대답을 내놓아야 한다. 그것은 단순히 자연스런 어떤 상황에 관한 질문이 아니라, 아버지와 아들의 자연스런 배열에 더해진, 인간의 숙고의 어떤 산물에 관한 문제이다. 숙고를 통해서, "생명"과 그것의 "영혼"은 자연으로부터 추출되어 별도의 어떤 존재를 부여받는다. 아버지와 아들은 동일한 영혼 안에서 결합하거나, 고대 이집트인의 견해에 따르면 동일한 생식력인 카무테프 안에서 결합한다. 카무테프는 신성의 숨결 또는 "호흡"과 동일한, 어떤 속성의 실체화이다.

이 심리학적 사실은 3개 1조 공식의 추상적인 완전성을 훼손시키며 그것을 논리적으로 이해 불가능한 구성으로 만들어 버린다. 인간에게 특유한 어떤 중요한 정신 작용이 뜻밖의 신비한 방식으로 3개 1조 속으로 들어오기 때문이다. 만약 성령이 한결같이 생명의 숨결이고 성실한 영이고 삼위일체의 전체 과정이 정점을 찍는 세 번째 위격이라면, 그런 경우에 성령은 기본적으로 숙고의 산물이고, 아버지와 아들의 자연스런 가족의 그림에 덧붙여진, 어떤 실체화된 물(物)자체이다.

기독교 초기의 그노시스주의가 성령을 어머니로 해석함으로써 이 어려움을 우회하려고 노력했다는 사실은 중요하다. 그러나 그 같은 노력은 단순히 성령을 원시적인 가족의 그림 안에, 가부장적인 세계의 삼신론과 다신교 안에 묶어두는 것에 지나지 않았을 것이다. 어쨌든 아버지가 가족을 갖고, 아들이 아버지를 구현하는 것은 완벽하게 자연스럽다. 이 같은 생각의 기차는 아버지가 세계라는 사상과 꽤 일치한다. 한편, 성령을 어머니로 해석하는 경우에 성령의 특별한 의미가 원시적인 어떤 이미지로 추락할 것이고, 성령에게 돌려지는 특성들 중 가장 근본적인 것이 파괴될 것이다. 성령이 성부와 성자에게 공통적인 생명일 뿐만 아니라, 성령이 또한 성자가 인간의 안에서 번성하며 신성한 부모의 역할을 하도록 뒤에 남겨 놓은 보혜사이니 말이다.

성령 개념이 하나의 자연스런 이미지가 아니라, 추상적으로 인식된, 성부와 성자의 살아 있는 특성을 하나와 다른 하나 사이의 "제3의" 조건으로 인정하는 것이라는 점이 대단히 중요하다. 이중성의 긴장으로부터, 생명은 언제나 다소 같은 기준으로 잴 수 없고 역설적인 "세 번째"를 낳는다. 따라서 "세 번째"로서 성령은 같은 기준으로 잴 수 없고 역설적일 수밖에 없다. 성부와 성자와 달리, 성령은 이름도 전혀 갖지 않고 성격도 전혀 갖지 않는다. 성령은 하나의 기능이지만, 그 기능은 신성의 세 번째 위격이다.

성령이 아버지와 아들의 관계에서 논리적으로 나올 수 없고, 오직 인간의 숙고 과정에 나온 하나의 사상으로 이해될 수밖에 없다는 점에서, 성령은 심리학적으로 이질적이다. 성령은 지나치게 "추상적인" 개념이다. 이유는 서로 교환 가능하지 않고 뚜렷이 구별되는 두 형상이 공유하는 "숨"이 절대로 쉽게 상상되지 않기 때문이다. 따라서 사람은 성령을 정신의 인공적 구성으로 느낀다. 이집트의 카무테프 개념이 보여주는 것처럼, 성령이 다소 삼위일체의 핵심에 속하는 것처럼 보일지라도 말이다.

우리가 그런 개념의 상정에서 인간 숙고의 어떤 산물을 보지 않을 수 없다는 사실에도 불구하고, 그 숙고가 반드시 의식적인 행위여야 할 필요는 없다. 그런 개념은 마찬가지로 "계시", 즉 무의식적 숙고에 의해서, 따라서 무의식 또는 자기의 자율적 기능에 의해서도 존재할 수 있다. 이 자기의 상징들은 이미 말한 바와 같이 신의 이미지들과 구분될 수 없다. 따라서 어떤 종교적 해석은 이 근원적인 실체를 신의 계시로 여길 것이다. 심리학은 그런 견해에 어떤 반대도 제기하지 못하며, 그 근원적인 실체의 개념적 본질에만 매달려야 한다. 이유는 삼위일체도 비록 시간을 초월하는 그 원형에 의해 이미 성취되었을지라도, 최종적으로 보면 정신적으로나 영적으로 치열한 노력을 통해서 점진적으로 모양을 갖춰 나가는 하나의 의인화된 형상이기 때문이다.

이런 식으로 속성들을 분리하고, 인식하고, 할당하는 과정은 처음에는 무의식적으로 행해졌을지라도 일이 계속 진행됨에 따라 점진적으로 의식으로 스며드는 정신 작용이다. 단순히 의식에 일어나는 것으로 시작되었던 것이 후에는 의식 자체의 작용으로서 의식에 통합되게 된다. 정신 작용이 전적으로 무의식적인 한, 그 작용은 자기를 중심으로 조직되고 배열되는 원형적인 경향들을 지배하는 법칙에 종속된다. 그리고 자기가 원형적인 신의 이미지와 구분되지 않기 때문에, 그런 배열을 놓고 그것이 자연의 법칙에 부합한다고, 또 그것이 신의 의지의 행위라고 말해도 무방하다. (모든 형이상학적 진술은 당연히 증명 불가능하다.) 그렇다면 인식과 판단의 행위가 의식의 근본적인 특성이므로, 이런 종류의 무의식적 행위의 축적은 의식을 강화하고 확장시키는 효과를 발휘할 것이다. 자신의 무의식을 직접 철저하게 분석해 보면 그런 효과가 확인된다. 따라서 인간의 의식의 성취는 예시적(豫示的)인 원형적 과정들의 결과로, 혹은 형이상학적으로 표현하면 신성한 생명 과정의 일부로 나타난다. 바꿔 말하면, 신은 인간의 숙고 행위 속에서 명백해진다.

이 개념(즉, 어떤 특성의 실체화)의 본질은 각각의 개별적인 특성에 그것만의 구체적인 어떤 존재를 부여함으로써 다소 추상적인 생각을 형성하려는 원시적인 사고의 필요를 충족시킨다. 성령이 인간에게 남겨진 한 유산이듯이, 거꾸로 성령이라는 개념은 인간에 의해 생겨나 인간 조상의 흔적을 갖고 있는 그 무엇이다. 그리고 그리스도가 인간의 육체적인 본성을 갖고 있듯이, 인간은 하나의 영적인 힘으로서 성령을 통해서 삼위일체의 신비에 비밀리에 동참하고 있다. 그리하여 삼위일체는 3개 1조의 자연적인 차원보다 훨씬 더 높이 올라가고, 따라서 플라톤의 3인조 그 너머까지 나아간다. 따라서 삼위일체는 신성한 것과 인간적인 것의 핵심을 포함하는 하나의 상징으로서 모습을 드러낸다. 쾝겐이 말하듯이, 삼위일체는 "신의 계시일 뿐만 아니라 동시에 인간의 계시이기도 하다".

마리아가 신의 출생의 도구였기 때문에 한 사람의 인간으로서 삼위일체의 드라마에 개입하게 되었다는 점을 고려한다면, 성령을 성모로 보는 그노시스주의의 해석은 진리의 한 핵심을 포함하고 있다. 그러므로 신의 어머니는 인간이 기본적으로 삼위일체에 참여하고 있는 것을 상징하는 것으로 여겨질 수 있다. 이런 가정에 대한 심리학적 정당화는 원래 무의식의 자기 계시에 기원을 두고 있는 사고가 의식 밖에 있는 어떤 힘의 표현으로 느껴졌다는 사실에 있다.

원시인은 생각하지 않는다. 그에게 생각들이 온다. 현대인도 마찬가지로 특별한 깨달음을 주는 생각들을 "감화"나 "영감"으로 느낀다. 판단과 번득이는 통찰이 무의식적 작용에 의해 나타나는 곳에서, 그 판단과 통찰은 종종 원형적인 여성의 형상인 아니마, 즉 어머니나 연인에게로 돌려진다. 그렇다면 영감은 어머니나 연인, 즉 "영감을 주는 여인"으로부터 오는 것 같다. 이런 관점에서 본다면, 성령은 중성적인 자신의 명칭을 여성적인 이름으로 바꾸려는 경향을 갖고 있을 것이다. (정신을 나타내는 히브리어 단어 'ruach'가 주로 여성적이라는 점을 강조할 필요가 있다.) 성령과 로고스는 그노시스주의의 소피아 사상에서, 다시 중세의 자연 철학자들의 사피엔치아에서 합쳐진다. 중세의 자연 철학자들은 사피엔치아에 대해 "아버지의 지혜가 어머니의 무릎에 누워 있다"는 식으로 말했다. 이런 심리학적 관계들이 성령이 어머니로 해석된 이유를 다소 설명해 주지만, 그 관계들은 성령 자체에 대한 우리의 이해에 아무것도 더 더하지 않는다. 왜냐하면 어머니의 자연스런 위치가 두 번째인데 그녀가 세 번째로 올 수 있는 이유를 이해하는 것이 불가능하기 때문이다.

성령은 숙고 행위에 의해서 가정된 "생명"의 한 위격이다. 그렇기 때문에 성령은 그 특이한 본질 때문에 공통의 기준으로 잴 수 없는, 별도의 독립적인 "세 번째"로 나타난다. 성령의 그 특이성들은 바로 성령은 하나의 타협도 아니고 3개 1조의 단순한 부속물도 아니며, 논리적으로 예상하지 않은, 성부와 성자 사이의 긴장의 해소라는 점을 증언한다. 결합시키는 "세 번째"를 비합리적으로 창조하는 것이 인간의 숙고 과정이라는 사실은 그 자체로 구원의 드라마의 본질과 연결된다. 이 구원의 드라마를 통해서 신이 인간의 영역으로 내려가고 인간이 신의 영역으로 올라가니 말이다.

삼위일체라는 마법의 원 안에서 일어나는 사고, 즉 3개 1조의 사고는 사실 "성령"에 의해 작동된다. 그 사고가 단순한 고찰의 문제가 절대로 아니며, 헤아릴 길 없는 정신적 사건들을 표현하는 문제라는 점에서 보면 그렇다. 이 사고에서 작동하는 원동력은 의식적인 동기들이 아니다. 그 원동력은 모호한 정신적 가정들에 뿌리를 내리고 있는 역사적인 어떤 사건에서 나오며, 이 가정들을 설명하는 공식으로는 "아버지에서 아들로"의 변화, 단일성에서 이중성으로의 변화, 비(非)숙고에서 비판으로의 변화보다 더 훌륭하고 더 간결한 것이 발견되지 않는다.

3개 1조 식의 사고가 개인적 동기들을 결여하고 있고, 또 그 사고를 자극하는 힘들이 비개인적이고 집단적인 정신의 조건들로부터 나온다는 점에서 본다면, 그 사고는 모든 개인적 욕구를 훨씬 능가하는 무의식적인 정신의 어떤 필요를 표현하고 있다. 이 필요가 인간 사고의 도움을 받아 삼위일체의 상징을 낳았으며, 이 상징은 변화와 정신적 변형의 시대에 완전성을 지키는 공식의 역할을 맡게 되어 있었다. 인간이 야기하지 않거나 의식적으로 의도하지 않은 정신 작용의 표현들은 언제나 귀신 들린 것처럼 보이거나 신성하거나 "성스러운" 것으로 느껴졌다. 그 표현들이 치료하고 완전하게 만드는 것처럼 보이니까.

신에 대한 인간의 생각들은 무의식에서 일어나는 모든 이미지와 똑같이 작용한다. 그 생각들이 바로 그 순간의 전반적인 분위기나 태도를 보완하거나 완성시키는 것이다. 인간이 정신적으로 완전한 존재가 되는 것은 이 무의식적 이미지들의 통합을 통해서만 가능하다. 자아뿐인, 말하자면 "단순히 의식적이기만 한" 사람은 하나의 파편에 지나지 않는다. 그 사람이 무의식과 별도로 존재하는 것처럼 보이기 때문이다. 그러나 무의식은 분열하면 할수록 의식적인 정신에 그 만큼 더 위협적인 모습으로 다가온다. 그 모습은 신성한 형태가 아니라면, 훨씬 더 해로운 형태의 강박과 감정 폭발이 될 것이다.

신들은 무의식적 내용물들의 의인화이다. 신들이 우리의 정신의 무의식적 작용을 통해서 우리에게 모습을 드러내기 때문이다. 3개 1조의 사고도 동일한 특성의 무엇인가를 갖고 있으며, 그런 사고의 과도한 난해함은 후손인 우리 현대인의 내면에 순진한 놀라움을 불러일으킨다. 우리는 인간의 역사에서 아주 중대했던 그 전환점이 인간 영혼의 어떤 깊은 곳을 휘저었는지에 대해 더 이상 알지 못하거나 아직 발견하지 못했다. 성령은 자신이 인간에게 던진 질문에 대한 대답을 발견하지 못한 상태에서 그만 사라져 버린 것처럼 보인다.

5. 네 번째의 문제

1) 사위일체의 개념

신의 이미지를 위해서 3개 1조의 공식을 철학적 용어로 처음 제안한 『티마이오스』는 불길한 질문으로 시작한다. "하나, 둘, 셋. 그런데 … 네 번째는 어디 있는가?" 우리가 알고 있는 바와 같이, 이 질문은 '파우스트'의 카비리 장면에서 다시 제기된다.

셋은 우리가 데려 왔지요,

네 번째는 오지 않을 것입니다.

그가 그들 모두를 위해 생각하는

올바른 존재이지요.

괴테가 네 번째가 "그들 모두를 위해 생각하는" 존재였다고 말할 때, 우리는 오히려 그 네 번째가 괴테 자신의 사고 기능이지 않았을까 하고 의심한다. 사실, 카비리는 신비한 창조력이며, 우리에게 행운의 생각들을 제공하기 위해서 땅 아래에서, 즉 의식의 문턱 아래에서 활동하고 있는 난쟁이들이다. 그러나 꼬마 도깨비와 장난꾸러기 작은 요정으로서, 그들은 또한 "기억날 듯 말 듯한" 이름과 날짜를 숨기고, 우리로 하여금 엉뚱한 것을 말하게 하면서 온갖 종류의 심술궂은 장난을 친다. 그들은 의식적인 정신과 그 정신의 기능들이 충분히 예상하지 않은 모든 것에 주의를 기울인다.

의식적인 정신의 기능들은 적응된 탓에 의식적으로만 이용될 수 있다. 그렇기 때문에 논리적으로 본다면, 무의식적이고 자율적인 기능은 적응되지 않았기 때문에 당연히 의식적으로 이용되지 않거나 이용될 수 없다. 분화되었고 분화될 수 있는 기능들이 다루기가 훨씬 더 쉬우며, 우리는 이해할 수 있는 이유들로 인해 "열등한" 기능을 귀퉁이에 처박아 두거나 아예 억눌러 버리는 쪽을 선호한다. 그런 기능이 대단히 거북한 손님이기 때문이다. 그리고 열등한 기능이 유치하고 진부하고 원시적이려는 경향을 강하게 보인다는 것은 하나의 사실이다. 자기 자신에 대해 높이 평가하는 사람들은 모두 그런 열등한 기능이 자신을 웃음거리로 만들도록 내버려두지 않으려고 노력한다. 한편, 보다 깊은 통찰은 그 열등한 기능의 원시적이고 케케묵은 특성들이 온갖 중요한 관계들과 상징적인 의미들을 숨기고 있다는 점을 보여줄 것이다. 그래서 사람들은 카비리를 우스꽝스러운 톰섬

(Tom Thumb)[65]으로 여겨 웃어넘기지 않고, 그들이 숨겨진 지혜의 보고일지도 모른다고 의심하기 시작한다. '파우스트'에서 네 번째가 그들 모두를 위해 생각하는 것처럼, "올림포스 산"에서 여덟 번째가 있는 위치도 물어야 한다. 괴테는 자신의 열등 기능인 사고를 과소평가하지 않는 데서 위대한 통찰을 보여주었다. 그 기능이 카비리의 수중에 있었고 틀림없이 신화적이고 원시적이었을 텐데도 말이다. 그는 이 문장에서 그 기능의 성격을 완벽하게 규정짓고 있다. "네 번째는 오지 않을 거야." 너무도 정확하다. 그것은 어떤 이유로 뒤나 아래에 머물기를 원했다.

네 가지 기능 중 세 가지는 의식이 이용할 수 있다. 이 같은 사실은 심리학적 경험에 의해서 확인된다. 예를 들어, 우월 기능이 사고인 이성적인 유형의 사람은 활용 가능한 보조 기능으로, 비이성적인 성격의 기능을 하나 또는 두 개를 갖고 있다. 감각("현실 기능")과 직관(무의식을 통한 인식)이 그 기능들이다. 그 사람의 열등 기능은 발달이 늦은 상태에 있고 무의식의 영향을 받고 있는 감정(가치 평가)일 것이다.

이 열등 기능은 다른 기능들과 함께 오기를 거부하고 종종 자신만의 길을 고집하며 난폭하게 군다. 이런 특이한 분리는 문명의 산물처럼 보이며, 그것은 의식을 "중력의 영(靈)"에 대한 과도한 집착으로부터 자유롭게 한다는 것을 의미한다. 그 기능은 여전히 과거와 떼어놓을 수 없을 정도로 밀접히 연결되어 있으며, 그 뿌리를 파고들면 동물의 왕국까지 거슬러 올라갈 수 있다. 만약에 그런 기능이 뒤에 남겨져 잊히기까지 한다면, 의식은 완전히 허황되지만은 않은 새로운 자유를 스스로 획득할 것이다. 그러면 의식은 날개 달린 발로 심연을 건너뛸 수 있고, 또 추상작용 속으로 높이 올라감으로써 감각 인상과 감정, 매혹적인 생각과 예감에 속박된 상태로부터 스스로를 해방시킬 수 있다.

65   영국 전설 속의 인물로 몸이 자기 아버지의 엄지손가락만하다.

원시인의 일부 성년식들은 참가자들에게 귀신들과 눈에 보이지 않는 영들로 변형된다는 사상을 강조하고, 그렇게 함으로써 의식이 비(非)분화의 족쇄로부터 상대적으로 해방된다는 것을 공개적으로 증언하고 있다. 완전한 변형이나 완전한 부활과 재탄생에 대해 과장되게 말하는 경향이 원시적인 종교들의 특징일지라도, 그 변화는 당연히 상대적인 변화, 즉 그 전의 상태가 상당 부분 지켜지는 연속일 뿐이다.

만약에 일이 그런 식으로 진행되지 않는다면, 모든 종교적 변화는 인격의 완전한 분열이나 기억 상실을 초래할 것이다. 그러나 그런 일은 절대로 일어나지 않는다. 그 전의 태도와의 연결이 유지된다. 인격의 일부가 예전 상태 그대로 남기 때문이다. 바꿔 말하면, 인격의 일부가 무의식의 상태에 빠져서 그림자를 구축하기 시작한다.

그 상실은 의식에서 4가지 기능 중에서 적어도 한 개 기능의 부재에 의해서 느껴지며, 사라진 기능은 언제나 우월 기능의 반대이다. 그 상실이 반드시 완전한 부재의 형태를 취할 필요는 없다. 달리 말하면, 열등 기능은 무의식일 수도 있고 의식일 수도 있다. 그러나 어느 경우나 똑같이 열등 기능은 자율적이고 강박적이며 의지의 영향을 받지 않는다. 그 기능은 본능이 지닌, "전부 아니면 전무"라는 성격을 갖고 있다. 본능들로부터의 해방이 의식의 분화와 고양을 초래할지라도, 그것은 어디까지나 무의식적인 기능의 희생을 통해서만 가능하다. 그렇게 되면 의식의 방향성은 그 열등 기능이 공급할 수 있었던 그 요소를 결여하게 된다. 따라서 놀라울 정도로 넓은 폭의 의식을 가진 사람이 자신에 대해 어린아이만큼도 알지 못하는 예가 종종 보인다. 이 모든 것은 "네 번째가 오지 않으려" 하기 때문에 일어나는 일이다. 말하자면, 그 기능은 저 아래 무의식의 영역이나 저 높은 곳에 남았다.

플라톤의 3개 1조의 사고와 비교하면, 고대 그리스의 철학은 4개 1조 유형의 사고를 선호했다. 피타고라스 철학의 경우에 중요한 역할을 셋이 아니라 넷이 맡았다. 예를 들어, 피타고라스 선서는 테트락티스가 "영원한 본성의 뿌리들을 포함한다"고 말한다. 피타고라스 학파는 영혼은 사각형이지 삼각형이 아니라는 사상의 지배를 받았다. 이 사상들의 기원은 그리스 사상의 어두운 선사 시대에 자리 잡고 있다.

4개 1조는 거의 보편적으로 어디서나 일어나고 있는 원형이다. 그것은 완전한 판단의 논리적 근거를 이루고 있다. 만약 누군가가 그런 판단을 내리길 원한다면, 그 판단은 사중의 양상을 보여야 한다. 예를 들어, 지평선을 완전하게 묘사하길 원한다면, 당신은 하늘의 네 방향을 밝혀야 한다. 셋은 질서의 자연스런 요소가 아니라 인위적인 요소이다. 언제나 4가지 원소가 있고, 4가지 주요 특성들이 있고, 4가지 색깔이 있고, 4가지 계급이 있고, 4가지 방법의 영적 발달이 있다. 마찬가지로 심리적 지향에도 4가지 양상이 있다. 그 양상들을 제외하면, 얘기할 만한 근본적인 것은 아무것도 남지 않는다.

우리 자신을 적응시키기 위해서는, 무엇인가가 거기에 있다고 확신하는 기능(감각)이 있어야 하고, 그것이 무엇인지를 알게 하는 두 번째 기능(사고)가 있어야 하고, 그것이 우리에게 적절한지 적절하지 않은지, 우리가 그것을 받아들이기를 원하는지 원하지 않는지에 대해 말하는 세 번째 기능(감정)이 있어야 하고, 그것이 어디서 오는지, 또 그것이 어디로 가고 있는지를 암시하는 네 번째 기능(직관)이 있어야 한다. 여기까지 논하고 나면, 더 이상 할 말이 없어진다. 쇼펜하우어는 '충분 이유의 원리'[66]가 사중의 뿌리를 갖고 있다는 점을 증명하고 있다. 그 원리가 그런 이유는 사중적인 측면이 완전한 판단을 위한 최소한의 필요조건이기 때문이다. 완전이라는

---

66 사유 법칙의 하나로, 모든 사물의 존재나 진리는 그것에 상응하는 충분한 이유가 있어야 한다는 원리를 말한다.

이상은 원 또는 구(球)이지만, 완전의 자연스런 최소 구분은 사등분이다.

당연히 그렇지 않았지만, 지금 만약에 플라톤이 기독교의 삼위일체 사상과 같은 것을 품고 있었고, 그래서 그가 자신의 3개 1조를 모든 것들보다 위에 놓았다면, 그것은 절대로 완전한 판단이 될 수 없다는 식의 반대가 틀림없이 제기될 것이다. 필요한 네 번째가 빠졌으니까. 혹은 만약에 플라톤이 3개의 면을 가진 도형을 아름다움과 선(善)의 상징으로 받아들이며 그것에 긍정적인 모든 특성을 부여했다면, 그는 거기에 악과 불완전을 부여하기를 거부해야 했을 것이다. 그런 경우에, 악과 불완전은 어떻게 되는가? 기독교의 대답은 악은 '선의 결여'이다. 이런 전형적인 공식은 악으로부터 절대적인 존재를 박탈하고, 악을 빛에 의존하는 상대적인 존재만을 갖는 하나의 그림자로 만들어 버린다. 한편, 선은 긍정적인 어떤 실재성을 인정받고 있다. 그러나 심리학적 경험이 보여주듯이, "선"과 "악"은 본래 인간에게서 기원하는 어떤 도덕적 판단의 상반된 극(極)들이다. 어떤 사물에 대해 판단을 내릴 수 있는 경우는 그것과 반대되는 것이 똑같이 현실적이고 가능할 때뿐이다. 겉보기에 악처럼 보이는 것의 반대는 오직 겉보기에 선처럼 보이는 것이 될 수 있을 뿐이며, 실질적인 알맹이를 결여한 어떤 악은 똑같이 실체가 없는 어떤 선과 대조를 이룰 수 있을 뿐이다. "존재"의 반대가 "비존재"일지라도, 존재하고 있는 어떤 선의 반대가 절대로 존재하지 않는 악이 될 수는 없다. 이유는 존재하지 않는 악이라는 용어 자체가 모순이고, 그것이 존재하는 어떤 선에 그 선과 같은 기준으로 평가할 수 없는 무엇인가를 대비시키고 있기 때문이다.

존재하지 않는 악의 반대는 오직 존재하지 않는 선이 될 수 있을 뿐이다. 그러므로 만약 악이 단순히 선의 결여로만 여겨진다면, 선과 악의 반대가 즉각 부정당하게 된다. "악"이란 것이 없는데 어떻게 "선"에 대해 말할 수 있는가? 혹은 "어둠"이 없는데 어떻게 "빛"에 대해 말하며, "아래"가 없는 데 어떻게 "위"에 대해 말할 수 있는가?

선에게 실재성을 허용한다면, 악에도 반드시 실재성을 허용해야 한다는 사실을 비켜가는 것은 절대로 불가능한 일이다. 만약에 악이 실질적인 알맹이를 전혀 갖지 않는다면, 선도 그림자로 남아야 한다. 이유는 선이 자신을 지키기 위해서 맞서 싸워야 할 실질적인 반대자가 전혀 없고 오직 그림자만, 단순히 선의 결여만 있기 때문이다. 그런 견해는 관찰된 현실과 조화를 이룰 수 없다. 재난을 피하려는 경향들이 고통스런 악의 문제를 최대한 낙관적으로 해결하려는 의도를 갖고 이런 견해의 창조에 영향을 끼쳤다는 인상을 지우기가 어렵다. 우리가 천사들도 밟기를 두려워하는 곳에서 서두를 때, 우리가 피하고 있는 위험에 대해 모르는 것이 오히려 다행한 때가 종종 있다.

기독교는 또한 악이 악마 또는 루시퍼로서 본질과 인격을 갖는다고 단언함으로써 그 문제를 다른 방식으로도 다루고 있다. 악마에게 적대적이고 악령 같은 존재만을 부여하고, 그렇게 함으로써 악마를 숲속의 도깨비들과 소란스런 장난꾸러기들로 이뤄진 중요하지 않은 부족의 중요하지 않은 우두머리로 만드는 한 가지 견해가 있다. 다른 한 견해는 악과 일반적인 "질병들"을 동일시하면서 악에게 보다 위엄 있는 지위를 부여하고 있다. "질병들"이 "악"과 어느 정도 동일시될 수 있는지는 논쟁의 여지가 있는 문제이다.

교회는 육체적 질병과 도덕적 질병을 구분한다. 육체적 질병은 신의 섭리에 의해 의도될 수 있지만(예를 들면, 인간의 향상을 위해서), 도덕적 질병은 그렇지 않다. 왜냐하면 죄가 신에 의해 심지어 어떤 목적을 이루는 수단으로도 의도될 수 없기 때문이다. 교회의 견해를 구체적인 예를 들어가며 검증하는 것은 어려운 일이다. 정신적, 신체적 장애들이 "질병"이고, 또 그것들은 병으로서 육체적일 뿐만 아니라 도덕적이기도 하기 때문이다.

아무튼, 악마는 창조되었음에도 불구하고 자율적이고 영원하다는 입장을 보이는 견해가 있다. 게다가, 악마는 그리스도의 적이다. 악마는 우리의 최초의 부모에게 원죄라는 올가미를 씌움으로써, 신의 창조를 훼손시키고 신의 구원 작업을 위해서 현현(顯現)이 반드시 필요하도록 만들었다. 그렇게 하면서, 악마는 심지어 하느님까지 설득시킬 수 있었던 욥(Job) 사건에서처럼 자신의 판단에 따라 행동했다. 이런 사건들에서 보이는 악마의 용기는 '선의 결여'로서 그림자 같을 것이라는 그의 존재와 맞아떨어지지 않는다. 선의 결여라는 표현은 완곡 어법처럼 보인다. 자율적이고 영원한 인격으로서 악마는 그리스도의 적으로서의 역할과 악의 심리학적 실체와 훨씬 더 잘 어울린다.

그러나 만약에 악마가 하느님의 창조 행위를 방해하거나 훼손할 힘을 갖고 있고, 하느님이 이 극악한 행동을 멈추게 할 조치를 전혀 취하지 않고 그 모든 것을 인간(어리석기로 악명 높고, 무의식적이고, 쉽게 길을 잃는 존재)에게 넘긴다면, 정반대로 말하고 있는 그 모든 확언에도 불구하고, 악령은 꽤 헤아리기 힘든 능력을 가진 요소임에 틀림없다. 어쨌든 이 측면에서 보면, 그노시스주의 체계들의 이원론이 타당하다. 왜냐하면 그 체계들이 적어도 악의 진정한 의미를 공평하게 다루려고 노력하기 때문이다. 그노시스주의 체계들은 또한 악이 어디서 비롯되는가 하는 문제를 매우 철저하게 파고듦으로써 우리에게 대단히 큰 이바지를 했다. 이 점에 관한 한, 성경의 전통은 우리를 어둠 속에 남겨두고 있으며, 옛날의 신학자들이 우리를 계몽시키기 위해 특별히 서둘렀던 적이 전혀 없었던 이유만 더욱 분명해진다.

하나의 신만을 믿는 종교에서, 신에 반대하는 모든 것은 그 뿌리를 캐고 들어가면 신에 닿는다. 이 같은 생각은 불쾌하게 다가오며, 따라서 피해야 한다. 그것이 악마처럼 영향력이 대단한 존재가 어떤 삼위일체의 우주 안에서 적절히 대접을 받지 못하는 깊은 이유이다.

악마가 삼위일체와 어떤 관계에 놓이는지를 밝히는 것은 어려운 작업이다. 그리스도의 적으로서, 그는 반대쪽으로 동등한 지위를 차지해야 했을 것이며, 그리스도처럼 "신의 아들"이 되어야 했을 것이다. 그러나 그 같은 조치는 곧장 어떤 그노시스주의 견해들로 이어졌을 것이다. 이 견해들에 따르면 악마는 사타나엘(Satanaël)[67]로서 하느님의 첫 번째 아들이고, 그리스도는 둘째 아들이다. 추가로 논리적으로 추론한다면, 삼위일체 공식을 폐지하고 삼위일체를 사위일체로 대체해야 한다는 결론이 나온다.

삼위일체의 세 위격에다가 네 번째 위격, 즉 신의 "정수"를 더하려는 시도가 이뤄졌을 때, 신성한 원리들의 사위일체라는 사상은 교회의 아버지들로부터 격렬한 공격을 받았다. 기독교의 핵심적인 상징인 십자가가 틀림없이 하나의 사위일체라는 점을 고려한다면, 사위일체에 이런 식으로 저항하는 것은 매우 이상하다. 그러나 십자가는 하느님이 세상과 직접적으로 만나면서 겪는 고통을 상징한다. 이 지점에서 "이 세상의 우두머리" ('요한복음' 12장 31절, 14장 30절)인 악마가 신인(神人)을 정복한다. 비록 그렇게 함으로써 악마가 짐작하건대 자신의 패배를 준비하고 자신의 무덤을 파고 있을지라도 말이다. 옛날의 관점에 따르면, 그리스도는 "낚싯바늘 위의 미끼"(십자가)이고, 그는 그 미끼로 "리바이어던"(악마)을 잡는다. 그러므로 그리스도가 악마와 벌이는 투쟁의 상징으로서 하늘과 지옥의 중간에 세워진 십자가가 사위일체에 해당한다는 사실은 중요하다.

중세의 성상학은 테오토코스(신의 어머니)에 관한 옛날의 고찰들을 윤색하면서, 성모 마리아의 대관식을 나타내며 하나의 사위일체 상징을 발달시켰고, 그것을 은밀히 삼위일체의 자리에 놓았다. 성모 승천, 즉 마리아

---

67   접미사 'el'은 신을 의미한다. 그래서 'Satan-God'이라는 뜻이 된다.

의 영혼을 그녀의 육체와 함께 천국으로 받아들인 것은 교회의 견해로 여겨졌지만 아직 교리가 되지는 않았다[68]. 그리스도도 자신의 육체와 함께 올라갔지만, 그것은 다소 다른 의미를 지닌다. 그리스도는 무엇보다 먼저 신성했지만, 마리아는 그렇지 않았기 때문이다. 마리아의 경우에, 육체가 그리스도의 육체보다 훨씬 더 물질적이었을 것이고, 공간과 시간이라는 현실의 요소를 훨씬 더 많이 지녔을 것이다.

『티마이오스』 이후로, 그 "네 번째"는 "실현"을, 즉 근본적으로 다른 조건으로, 세속적인 물질성의 조건으로 들어가는 것을 의미했다. 세속적인 물질성은 이 세상의 우두머리의 지배를 받았다. 물질이 정신의 정반대이기 때문이다. 이 세상은 악마의 진정한 거처이다. 이 악마의 끔찍한 불은 땅의 깊은 곳에서 타고 있지만, 악의 빛나는 영은 중력의 족쇄에서 풀려나서 높이 날아오른다.

성모 승천은 테오토코스의 신성(즉, 그녀를 최종적으로 하나의 여신으로 인정하는 것)을 위한 길을 닦을 뿐만 아니라, 사위일체를 위한 길도 닦는다. 동시에, 물질이 우주의 부패 원리인 악과 함께 형이상학적 영역에 포함된다. 이 대목에서 물질이 원래 순수했거나 적어도 순수해질 수 있다는 설명이 가능하지만, 그렇다고 해서 물질이 신의 생각들의 실체를 나타내고, 따라서 물질이 개성화를 가능하게 하는 바로 그것이라는 사실이 제거되지 않는다.

꽤 논리적이게도, 그 적(敵)은 물질의 영혼으로 인식된다. 왜냐하면 악과 물질이 똑같이 어떤 저항의 지점을 형성하기 때문이다. 이 저항점이 없으면, 개인적 존재의 상대적 자율성은 그냥 생각 불가능한 것이 되어 버린다. 다르려 하고 반대하려는 의지가 악마의 특징이다. 불복종이 원죄의 특징이었듯이. 앞에서 말한 바와 같이, 이것들은 창조의 필요조건들이며, 따

68 성모 승천이 최종적으로 교리로 선언된 것은 1950년이었다.

라서 신의 계획에, 종국적으로 신의 영역에 포함되어야 한다.

그러나 '구약 성경'에서 '사악한 존재'가 여전히 "하느님의 아들들" 중 하나였다는 사실에도 불구하고, 신을 '최고선'으로 보는 기독교의 정의는 처음부터 사악한 존재를 배제한다. 따라서 악마는 "하느님의 원숭이"로서, 그리고 삼위일체에 반대하는 것으로서 삼위일체 밖에 남았다. 삼위일체의 신을 3개의 머리를 가진 것으로 그린 중세의 표현들은, 예를 들어 단테(Dante Alighieri)에게서 발견되는 바와 같이, 사탄의 머리가 3개라는 것에 근거를 두고 있다. 이것은 지옥의 적(敵)삼위일체를, 적그리스도와 비슷한 진정한 어떤 "그림자 삼위일체"를 가리킨다.

틀림없이, 악마는 거북한 형상이다. 그는 기독교의 우주에서 "국외자"이다. 그것이 사람들이 악마를 완곡하게 조롱하거나 존재 자체를 무시함으로써 그의 중요성을 최소화하길 원하거나, 그에 대한 비난을 인간에게로 돌리려 드는 이유이다. 그런 행위는 사실, 죄 많은 인간이 똑같이 모든 선의 기원으로 여겨질 경우에 강력히 항의하고 나설 바로 그 사람들에 의해서 행해지고 있다. 그러나 '성경'을 그냥 휙 훑어보기만 해도 구원의 신성한 드라마에서 악마의 중요성은 금방 확인된다. 만약 사탄의 권력이 일부 인물들이 원하는 것처럼 허약했다면, 신이 이 세상으로 직접 내려올 필요가 없었거나 세상을 바로 잡는 일이 인간의 능력 안에 있었을 것이다. 그런데 세상을 바로 잡는 일은 확실히 아직 일어나지 않았다.

악마의 형이상학적 지위야 어떻든, 심리학적 현실에서 악은 선에 위협적이지는 않아도 실질적인 제한으로 작용한다. 그렇기 때문에 이 세상에서 선과 악은 낮과 밤처럼 다소 서로를 상쇄한다고, 또 이것이 선의 승리가 언제나 특별한 은총의 행위인 이유라고 단정해도 절대로 과장이 아니다.

만약에 우리가 구체적으로 페르시아의 선악 이원설을 무시한다면, 인간의 정신적 발달의 초기에는 어디서든 진정한 악마는 전혀 발견되지 않는 것 같다. '구약 성경'에서 악마는 사탄의 형상으로 모호하게 예시되고 있다. 그러나 진정한 악마는 먼저 그리스도의 적으로 등장하며, 이 악마로 인해서 우리는 처음으로 한편으로는 신성의 밝은 영역 속을, 또 다른 한편으로는 지옥의 나락 속을 응시한다. 악마는 자율적이다. 악마는 신의 통제 아래로 끌어들여지지 않는다. 만약에 그렇게 할 수 있었다면, 악마는 그리스도의 적이 될 권력을 갖지 못했을 것이고 오직 신의 도구만 될 수 있었을 것이다. 정의 불가능한 하나가 둘로 펼쳐지자마자, 그것은 명확한 무엇이 된다. 아들이자 로고스인 인간 예수가 되는 것이다. 이 진술은 오직 예수가 아닌, 아들이나 로고스가 아닌 다른 무엇인가의 덕분에 가능하다. 성자(聖子)의 안에서 구현된 사랑의 행위는 루시퍼의 부정에 의해 상쇄된다.

악마가 신에 의해 창조된 천사였다가 "하늘에서 번개처럼 떨어졌기" 때문에, 그도 이 세상의 우두머리가 된 어떤 신성의 "발현"이다. 그노시스주의자들이 악마에 대해 어떤 때는 불완전한 데미우르고스로, 또 어떤 때는 사투르누스의 아르콘 이알다바오트(Ialdabaoth)로 생각한 것이 중요하다. 이 아르콘을 표현한 그림들은 세부 사항까지 사악한 악마를 그린 그림과 일치한다. 이알다바오트는 그리스도가 인류를 구하기 위해 타파하려 했던 그 어둠의 세력을 상징했다. 아르콘들은 헤아릴 길 없는 심연의 자궁에서, 말하자면 그노시스주의의 그리스도를 낳은 바로 그 원천에서 나왔다.

중세의 어느 사상가는 하느님이 천지 창조 둘째 날에 위쪽의 물을 아래쪽의 물로부터 분리시켜 놓고는 저녁에 다른 날들과 달리 일이 잘 됐다는 말을 하지 않았다고 관찰했다. 하느님이 그런 말을 하지 않은 이유는 그날 그가 모든 악의 기원인 '비나리우스'(2원체)를 창조했기 때문이다. 페르시아의 문헌 중에서 아리만(Ahriman)[69]의 기원이 아후라-마즈다(Ahura-Mazda)[70]의 마음 속의 어떤 의심하는 생각으로 돌려지고 있는 대목에서도 이와 비슷한 사상이 확인된다.

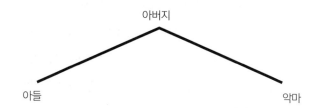

아버지

아들   악마

　그렇다면 적그리스도의 사상이 그렇게 일찍 나타나는 것이 전혀 이상하지 않다. 적그리스도의 사상은 아마 한편으로 천문학적으로 물고기자리의 시대가 시작되는 것과 연결되고, 다른 한편으로 성자(聖子)에 의해 가정된 이중성에 대한 깨달음이 점증하는 것과 연결되었을 것이다. 이 이중성은 이음매에 의해 결합된, 서로 반대 방향으로 움직이는 두 마리의 물고기를 보여주는 물고기 상징( )-( )에 예고되고 있다. 이 사건들을 놓고 인과적으로 해석하는 것은 터무니없을 것이다. 그보다는 그것은 원형들 사이의, 전(前)의식적이고 예시적인 연결의 문제일 것이며, 그 원형들의 암시들은 마찬가지로 다른 배열에서도, 특히 신화들의 형성에서도 그 흔적을 추적할 수 있다.

　우리의 도형에서 그리스도와 악마는 동등하면서 정반대인 것으로 나타나며, 따라서 그들은 "적"이라는 개념에 부합한다. 이 대립은 철저한 갈등을 의미하며, 선과 악이 서로를 상대화하고, 스스로를 의심하기 시

69　고대 페르시아의 조로아스터교에서 선한 신과 대립 관계에 있던 악한 신이다.

70　조로아스터교의 주신으로 선과 광명의 신이다. 아리만과 싸워 이김으로써 새로운 세계를 구현한다고 한다.

작하고, "선과 악을 넘어서는" 도덕을 요구하는 목소리가 높아지는 전환점에 이를 때까지, 이 갈등을 견뎌내는 것이 인간의 과제이다. 기독교의 시대와 삼위일체 식의 사고의 영역에서, 그런 생각은 그냥 말이 안 된다. 왜냐하면 그 갈등이 너무나 격렬한 탓에 악에게 절대적인 반대의 관계 외에 삼위일체와의 논리적인 관계를 할당하는 것이 불가능하기 때문이다. 감정적인 대립, 즉 갈등의 상황에서 정(正)과 반(反)이 동시에 보일 수는 없다. 정과 반이 동시에 나타나는 것은 오직 선의 상대적 가치와 악의 상대적 무가치를 보다 냉철하게 평가할 수 있을 때에만 가능하다. 그러면 어떤 공통적인 생명이 성부와 "밝은" 아들뿐만 아니라, 성부와 그의 어두운 발산까지 결합시킨다는 것은 더 이상 의심의 대상이 될 수 없다. 이중성이 가정하는, 말로 표현할 수 없는 갈등은 어떤 네 번째 원리 안에서 해결되며, 이 원리는 첫 번째의 통일성을 완전히 발달한 모습으로 복원한다. 그 리듬은 3개의 스텝으로 이뤄지지만, 거기서 나오는 상징은 사위일체이다.

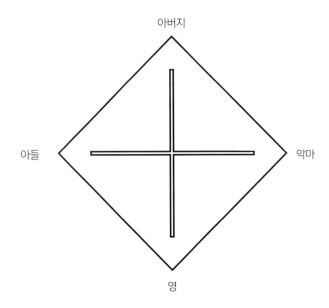

성부의 이중적인 측면은 종교적 고찰에 알려지지 않은 것이 절대로 아니다. 이것은 여호와가 변덕을 부리며 화를 내는 상태를 상징하는 일각수의 비유에 의해서도 증명된다. 성마른 이 짐승처럼, 여호와는 세상을 카오스에 빠뜨렸다가 순수한 처녀의 무릎에서 감동을 받아 사랑하는 마음을 가질 수 있었다. 루터(Martin Luther)는 '숨은 하느님'(deus absconditus)[71]을 잘 알고 있었다. 살해, 돌연사, 전쟁, 병, 범죄, 그리고 모든 종류의 혐오는 하느님의 단일성과 일치한다. 만약 하느님이 자신의 본성을 드러내고 한 사람의 인간으로서 명확한 형태를 취한다면, 하느님의 안에 있는 상반된 것들은 따로 떨어져야 한다. 선한 것들은 여기 있고, 악한 것들은 저기 있어야 하는 것이다. 그래서 하느님의 안에 잠재해 있던 상반된 것들은 성자(聖子)가 생겨났을 때 따로 떨어져서 그리스도와 악마 사이의 갈등에서 그 모습을 드러냈을 것이다. 아마 페르시아의 오르무즈(Ormuzd)[72]와 아리만의 대립이 기본적인 모델일 것이다.

성자의 세계는 도덕적 불일치의 세계이며, 이 불일치가 없었더라면 인간의 의식은 정신적, 영적 분화를 지금 수준으로까지 이루지는 못했을 것이다. 우리가 이 발전에 무조건적으로 열광할 수 없다는 사실은 현대인의 의식이 겪는 회의(懷疑)에 의해 확인되고 있다.

잠재적으로 구원을 받는다는 사실에도 불구하고, 기독교인은 도덕적 고통을 겪으며, 그 고통 속에서 위안자, 즉 보혜사를 필요로 한다. 기독교인은 자신의 힘만으로는 갈등을 극복하지 못한다. 어쨌든, 그가 갈등을 만들어낸 것은 아니기 때문이다. 그는 신의 위안과 중재에, 말하자면 인간의 의지를 따르지 않고 자신의 뜻대로 왔다가 가버리는 영(靈)의 자발적인 계시에 의존해야 한다. 이 영은 자율적인 정신적 사건이며, 폭풍 뒤의 정적 같

71   인간의 고난을 외면하듯 멀리 떨어져 있는 하느님을 가리킨다.
72   아후라-마즈다의 다른 이름.

고, 인간 영혼의 카오스에 은밀히 질서를 찾아주는, 인간 마음의 어둠 속을 비추는 화해의 빛과 같다. 성령은 아버지 같은 위로자이며, 침묵하고 영원하고 헤아릴 길 없는 '하나'이며, 그의 안에서 신의 사랑과 신의 끔찍함이 무언의 결합을 이룬다. 그리고 이 결합을 통해서, 여전히 무의식적인 아버지의 세계의 원래의 의미가 복원되어 인간의 경험과 고찰의 범위 안으로 들어온다. 4개 1조의 관점에서 보면, 성령은 상반된 것들의 화해이고, 따라서 그리스도가 신성 속에서 상징하고 있는 고통에 대한 대답이다.

피타고라스의 4개 1조는 자연스런 현상이고 원형적인 이미지였지만, 그것은 신의 드라마는커녕 아직 도덕적인 문제도 아니었다. 따라서 그 4개 1조는 "지하로 내려갔다". 그것은 자연에 속박된 마음에서 나온, 순수하게 자연적이고 직관적인 생각이었다. 기독교가 자연과 영(靈) 사이에 벌려놓은 그 깊은 틈은 인간 마음이 자연 그 너머를 생각하게 했을 뿐만 아니라 자연에 맞서게도 했으며, 따라서 인간 마음은 말하자면 그 자체의 신성한 자유를 보여주었다. 자연의 깊은 곳들의 어둠으로부터 이런 식으로 비상(飛上)하는 것은 플라톤의 "초(超)천상"의 영역에서 움직이는 3개 1조의 사고에서 그 정점을 찍는다. 그러나 옳든 그르든 네 번째의 문제는 그대로 남았다. 그 문제는 "아래"에 머물렀으며, 그곳에서 사위일체라는 이단적인 개념과 헤르메스 철학의 고찰을 위쪽으로 토해내고 있었다.

이와 관련하여, 나는 프랑크푸르트 출신의 의사이자 연금술사였던 게르하르트 도른에 주목해줄 것을 부탁하고 싶다. 그는 연금술의 근본적인 원리들 중에서 전통적인 사위일체와 연금술의 목표인 철학자의 돌의 사중적인 성격에 이의를 강하게 제기했다. 당시에 세상을 지배하던 원리가 삼위일체였기 때문에, 그에게 사위일체는 이단처럼 보였다. 따라서 사위일체는 악마에게서 나온 것임에 틀림없었다. 넷은 둘의 배이고, 둘이 천지 창조의 둘째 날에 만들어졌지만, 하느님이 그날 밤에 자신의 작업의 결과에 전적으로 만족하지 못했다고 도른은 주장했다. '비나리우스'는 불화의 악마이고, 설상가상으로 여성적인 성격을 지니고 있다. (동양과 서양에서 똑같이 짝수는 여성적인 것으로 여겨진다.) 불만의 원인은 이처럼 불길한 천지 창조 둘째 날에 아후라-마즈다의 경우와 마찬가지로 하느님의 본성에 드러난 어떤 분열이었다. 그 분열의 틈으로부터 "4개의 뿔을 가진 뱀"이 기어나왔고, 이 뱀은 즉시 이브를 유혹하는 데 성공했다. 왜냐하면 이브가 그녀의 이원적인 본성 때문에 그 뱀과 연결되었기 때문이다. ("남자는 하느님에 의해 창조되었고, 여자는 하느님의 원숭이에 의해 창조되었다.")

악마는 그노시스주의에서나 그리스 연금술에서나 똑같이 하느님을 흉내내는, 하느님의 그림자이다. 악마는 "이 세상의 우두머리"이고, 인간은 악마의 그림자 속에서, 악마에 의해 초래된 원죄에 운명적으로 더럽혀진 상태에서 태어났다. 그노시스주의 견해에 따르면, 그리스도는 태어나면서 씌어진 그림자를 떨쳐내고 죄 없는 상태로 남았다. 그리스도가 죄가 없다는 것은 자연에 얽매인 사람의 어두운 세계에 근본적으로 오염되지 않았다는 점을 증명한다. 자연에 얽매인 사람은 그림자를 떨쳐내려고 아무리 노력해 봐야 헛수고만 할 뿐이다. ("짊어져야 할 땅의 잔존물이 우리를 너무도 세게 짓눌렀노라.")[73]

인간과 자연의 연결, 다시 말해 인간과, 물질 세계와 그 세계의 요구들의 연결이 인간의 위치가 불안정한 원인이다. 인간이 계몽의 능력을 갖고 있으면서도 이 세상의 우두머리의 노예가 되어 있으니 말이다. (누가 이 죽음에 빠진 몸에서 나를 구해줄 수 있습니까?)[74] 죄가 없기 때문에, 그리스도는 반대로, 인간의 생각만 닿을 수 있는 플라톤의 순수한 이데아들의 영역에서 살지만, 그가 전체성을 구현하고 있지는 않다.

---

73   '파우스트' 2부 5막 중에서.

74   '로마 신자들에게 보낸 서간' 7장 24절 중에서.

인간은 사실 이 세상, 즉 어두운 '트리체팔루스'(Tricephalus)[75]의 영역과 천상의 삼위일체 사이의 깊은 틈 위를 가로지르는 다리이다. 그것이 삼위일체에 대한 믿음이 무조건적이었던 시대에도, 신(新)피타고라스학파에서부터 괴테의 '파우스트'에 이르기까지, 언제나 잃어버린 네 번째를 찾으려는 노력이 있었던 이유이다.

네 번째를 찾아나선 사람들이 스스로를 기독교인으로 여겼음에도 불구하고, 그들은 겉으로만 기독교인이었을 뿐이며, "4개의 뿔을 가진 뱀", 즉 추락한 루시퍼를 구하고 물질 안에 갇혀 있는 세계 영혼을 해방시키는 일에 자신의 삶을 바치고 있었다. 그들이 보기에 물질 안에 숨어 있는 것은 '빛 중의 빛'(lumen luminum)이고 '신의 지혜'(Sapientia Dei)이며, 그들의 작업은 "성령의 선물"이었다. 우리의 사위일체 공식은 그들의 주장들이 옳았다는 점을 뒷받침하고 있다. 성령이 분리된 원래의 '하나'의 통합으로서, 빛이자 어둠인 어떤 원천에서 나오기 때문이다. "오른쪽과 왼쪽의 세력들이 지혜의 조화 속에서 서로 결합한다"는 이야기를 우리는 '요한행전'[76]에서 듣는다.

서로 대응하는 두 가지 요소들이 우리의 사위일체 도식 안에서 서로 교차한다는 것이 독자에게 강한 인상을 남길 것 같다. 한쪽에 서로 정반대이면서 동일한, 그리스도와 그의 적(敵)이 있고, 다른 한쪽에 성령의 다수성으로 펼쳐진 성부의 단일성이 있다. 여기서 생겨나는 십자가는 인간을 구원하는, 고통 받는 신의 상징이다. 만약에 하느님에게 반대하는 세력, 즉 "이 세상"과 그곳의 우두머리가 존재하지 않았다면, 이 고통은 일어날 수도 없었을 것이고, 그것은 어떤 효과도 발휘하지 못했을 것이다. 사위일체 도식은 삼위일체의 사고를 이 세상의 현실과 연결시킴으로써 이 힘의 존

---

75   3개의 머리를 가진 태아라는 뜻이다.

76   Cf. James, 'The Apocryphal New Testament', p. 255.

재를 부정할 수 없는 하나의 사실로 인정한다.

플라톤 철학에서 말하는 영(靈)의 자유는 완전한 판단을 가능하게 하지 않는다. 그 자유는 그림의 밝은 반을 어두운 반과 떼어 놓는다. 그 자유는 대개 노예로 태어나지 않은 운 좋은 아테네 사람들이 추구했던 문명의 한 현상이다. 우리는 다른 누군가가 우리를 대신해서 이 땅의 무게를 짊어질 때에만 자연보다 높이 올라갈 수 있을 뿐이다. 플라톤이 노예였더라면 어떤 종류의 철학을 제시했을까? 또 랍비 예수가 아내와 자식을 부양해야 했다면 무엇을 가르쳤을까? 만약 랍비 예수가 빵을 얻기 위해 땅을 경작해야 하고, 포도주를 만들기 위해 포도밭의 잡초를 뽑아야 했다면, 그가 무엇을 가르쳤을 것 같은가?

땅의 시커먼 무게가 전체의 그림 속으로 들어가야만 한다. "이 세상"에는 나쁜 것이 없으면 절대로 좋은 것이 있을 수 없고, 밤이 없으면 낮이 있을 수 없으며, 겨울이 없으면 여름이 있을 수 없다. 그러나 문명화된 인간은 겨울 없이 살아갈 수 있다. 추위로부터 스스로를 보호할 수 있으니까. 또 문명화된 인간은 씻을 수 있기 때문에 먼지 없이도 살아갈 수 있으며, 동료들로부터 사려 깊게 스스로를 차단시킴으로써 사악한 짓을 할 기회를 피할 수 있기 때문에 죄 없이도 살아갈 수 있다. 문명화된 인간은 스스로를 선하고 순수한 존재로 평가할 수 있다. 왜냐하면 불가피하게 해야 하는 힘든 일이 더 이상 그에게 더 훌륭한 것을 가르치지 않기 때문이다. 한편, 자연인은 사람을 놀라게 하는 완전성을 갖고 있다. 거기에 특별히 훌륭한 것이 전혀 없을지라도 말이다. 그 완전성은 똑같은 옛날의 무의식이고, 냉담이고, 도덕적 타락이다.

그러나 만약에 신이 사람으로 태어나서 성령의 동료 의식 속에서 인류와 결합하길 원한다면, 그 신은 현실 속의 세상을 고스란히 견뎌내는 끔찍한 고문을 겪어야 한다. 이것이 신이 짊어져야 하는 십자가이며, 신 자신이 하나의 십자가이다. 완전한 세계는 신의 고통이며, 자신의 완전성에 최대한 가까이 다가가기를 원하는 모든 개별적인 인간은 그것이 십자가의 길이라는 것을 알고 있다.

이런 생각들은 흑인 영화 '푸른 초원'(The Green Pastures)[77]에 감동적일 만큼 아름답고 소박하게 표현되고 있다. 여러 해 동안 신이 세상을 저주와 천둥, 번개, 홍수로 다스렸지만, 세상은 조금도 번창하지 않았다. 최종적으로, 신은 문제의 뿌리에 닿기 위해서는 자신이 인간이 되어야 한다는 것을 깨달았다.

인간이 된 이 신은 세상의 고통을 경험한 뒤에 위로하는 존재를, 말하자면 삼위일체의 세 번째 위격을 뒤에 남겼다. 이 위격은 앞으로 올 많은 개인들의 안에 머물게 될 것이며, 이 개인들 중에서 어느 누구도 죄 없이 태어나는 특권이나 가능성을 누리지 못할 것이다. 그러므로 보혜사 속에서 신은 성자(聖子)의 안에 있을 때보다 진정한 인간과 인간의 어둠에 더 가까이 있다.

밝은 신은 낮의 측면에서 그 다리, 즉 인간을 지배하고, 신의 그림자는 밤의 측면에서 인간을 지배한다. 인간이라는 허약한 배를 미지의 폭풍과 도취로 깨뜨리겠다고 위협하고 있는 이 무서운 딜레마의 결과는 무엇일까? 성령이 인간으로부터 밖으로 빠져나오게 될 것이다. 인간이 언젠가 신으로부터 밖으로 나왔듯이, 순환의 고리가 마무리될 때, 신이 인간으로부터 밖으로 나올 것이다. 그러나 이 세상 안에서 하나의 악이 모든 선과 연결되어 있기 때문에, 보혜사의 내재가 자칫 인간의 자기 신격화로 왜곡되고, 따라서 인간이 자신을 지나치게 중요하게 인식하게 된다. 그 같은 사실을 보여주는 구체적인 예가 바로 니체이다.

---

77 로크 브래드포드(Roark Bradford)의 소설과 이 작품을 각색한 마크 코넬리(Marc Connelly)의 희곡을 바탕으로 한 영화(1936). 성경의 이야기를 흑인 배우들을 내세워 전한다.

우리가 미래의 종교 문제에 대해 의식하지 않을수록, 우리 자신이 구세주가 태어난 그 구유에 불과하다는 사실을 깨닫지 못한 가운데, 우리가 우리 안의 신성한 씨앗으로 인해 우쭐하며 그 씨앗을 터무니없거나 사악한 방향으로 사용할 위험도 그만큼 더 커진다. 심지어 가장 높은 정상에서도 우리는 결코 "선과 악을 넘지" 못할 것이다. 또 우리가 선과 악이 서로 떼어놓을 수 없을 만큼 밀접하게 연결되어 있다는 사실을 경험하는 횟수가 많아질수록, 우리의 도덕적 판단은 그만큼 더 불확실해지고 혼란스러워질 것이다.

이 갈등 속에서, 도덕적 기준을 쓰레기통에 던져버리고 기존의 알려진 패턴에 따라 새로운 기준을 제시하는 것은 전혀 도움이 되지 않는다. 왜냐하면 과거에 그랬던 것처럼 미래에도 우리가 행하거나 생각하거나 의도한 그릇된 것들이, 우리가 세상을 거꾸로 뒤집어 놓는지 여부와 상관없이, 우리의 영혼에 복수를 할 것이기 때문이다. 선과 악에 관한 지식은 우리의 지식과 경험이 늘어날수록 오히려 줄어들었으며, 미래에는 더욱 줄어들 것이다. 그런 상태에서 우리는 윤리의 요구를 피하지 못한다. 이런 극도의 불확실성 속에서, 우리는 신성하고 치료의 효과를 발휘하는 어떤 영(靈), 말하자면 우리 자신의 정신이 아닌 다른 것일 수 있는 그런 영의 계몽을 필요로 하고 있다.

2) 사위일체의 심리학

앞 섹션에서 보여준 바와 같이, 종교적인 용어를 버리지 않고도 네 번째의 것에 관한 문제를 깊이 생각하며 해결할 수 있다. 삼위일체가 사위일체로 발달하는 것은 형이상학적 형상들에 대한 투사로 표현될 수 있으며, 동시에 그 설명은 유연성을 높인다.

그러나 이런 종류의 진술은 예외 없이 인간과 인간의 심리로 압축될 수 있으며, 과학적인 이유들 때문에 반드시 그렇게 되어야 한다. 그 진술들이 형이상학적 타당성을 갖는 것으로 여겨질 수 없는 정신의 산물이기 때문이다. 그 진술들은 무엇보다 정신적 과정의 투영이며, 어느 누구도 그 정신적 과정들이 "그 자체로" 무엇인지를, 말하자면 그것들이 인간이 접근할 수 없는 그런 무의식적 영역에 존재하는지를 진정으로 알지 못한다. 어쨌든, 과학은 그것들을 투영이 아닌 다른 것으로 다뤄서는 안 된다. 만약에 달리 행동한다면, 과학은 독립성을 잃고 말 것이다. 그리고 그 문제가 개인적인 공상의 문제가 아니라, 적어도 삼위일체에 관한 한, 집단적인 현상의 문제이기 때문에, 우리는 삼위일체 사상의 발달이 수천 년 동안 이어지고 있는 의식의 분화를 나타내고 있는 집단적 과정이라고 가정해야 한다.

삼위일체의 상징을 심리학적으로 해석하기 위해서는, 먼저 개인에서 시작해야 하고 그 상징을 개인의 정신의 한 표현으로 여겨야 한다. 마치 그 상징이 꿈속의 이미지인 것처럼. 그런 식으로 접근하는 것이 가능한 이유는 집단적인 사상도 처음에는 독립적인 개인에게서 나왔고, 더욱이 개인에 의해서만 "품어질" 수 있을 뿐이기 때문이다. 삼위일체를 하나의 꿈처럼 접근하면 다루기가 훨씬 쉬워진다. 이유는 적절히 잘 발달한 모든 꿈이 그렇듯이, 삼위일체의 삶이 하나의 드라마이기 때문이다.

대체로 말해, 아버지는 의식의 보다 초기 상태를 나타낸다. 사람이 습관적이고 법칙의 성격을 지니는 그런 명확하고 '기성품' 같은 존재 패턴에 여전히 의존하는 아이와 비슷한 상태에 있다는 뜻이다. 그런 상태는 수동적이고 반성하지 않은 조건이며, 지적이거나 도덕적인 판단 없이 단순히 주어지는 것만을 자각하는 단계이다. 이 말은 개인적으로나 집단적으로나 똑같이 적용된다.

강조의 초점이 아들 쪽으로 이동할 때, 그림이 변한다. 개인적 차원에서,

그 변화는 대체로 아들이 자신을 아버지의 자리에 놓기 시작할 때 일어난다. 원시적인 패턴에 따르면, 이것은 준(準)아버지 살해의 형태를, 바꿔 말하면 근절이 따르는, 아버지와의 폭력적 동일시의 형태를 취한다. 그러나 이것은 전진이 아니다. 그것은 의식의 실질적 분화를 전혀 이루지 못한 가운데 단순히 옛날의 습관과 관습을 보존하는 것에 지나지 않는다. 아버지로부터의 분리가 전혀 일어나지 않았다. 합당한 분리는 아버지로부터, 그리고 아버지로 표현되는 습관으로부터 의식적으로 분화되는 것에 있다. 그런 분화는 자신의 개성에 대한 어느 정도의 지식을 요구한다. 이 지식은 도덕적 식별력 없이는 습득될 수 없으며, 또 본인이 그것의 의미를 이해하지 못하는 경우에 계속 유지될 수 없다. 습관은 오직 의식적으로 선택되고 습득된 삶의 유형에 의해서만 대체될 수 있다. 그러므로 "아들"에 의해 상징되는 기독교는 개인이 식별하고 곰곰 생각하도록 강요한다. 필연과 무지와 반대되는 것으로서 지식을 특별히 강조했던 교회의 아버지들이 그런 예였다. '신약 성경' 속에서 전적으로 옛날의 습관을 대표하는 법의 눈으로 유대인들의 정직을 둘러싸고 벌이는 논쟁에서 똑같은 경향이 분명히 나타난다.

마지막으로, 세 번째 걸음은 "아들"을 넘어 미래 속으로, "영", 즉 "성부"와 "성자"로부터 나오는 살아 있는 어떤 활력의 지속적 실현을 가리킨다. 이 활력이 뒤이은 의식의 단계들을 "성부"와 "성자"의 의식과 동일한 수준의 독립으로까지 끌어올린다. '필리아치오'(filiatio)[78]를 이런 식으로 확장하는 것은 실제로 일어난 정신의 변화를 형이상학적으로 투영하는 것이며, 이 확장에 의해서 인간들이 하느님의 자식이 된다.

"아들"은 과도적인 단계를, 그러니까 반은 아이이고 반은 어른인 중간의 상태를 나타낸다. 아들은 과도적인 현상이며, "아들" 신들이 일찍 죽는 것

---

78   어떤 부모의 아들이 되는 것을 일컫는 라틴어 단어.

은 이 같은 사실 때문이다. "아들"은 "아버지"와 "만물의 창조자"라 불린 영구한 어떤 초기 단계에서, 그 자신이 아버지가 되는 단계로 넘어가는 변화를 의미한다. 그리고 이것은 아들이 자식들에게, 자신이 물려받았고 또 자신을 생겨나게 했던, 생명을 낳는 영(靈)을 물려준다는 것을 뜻한다.

개인의 차원으로 끌어내릴 경우에, 이 상징체계는 다음과 같이 해석될 수 있다. "아버지"로 알려진, 생각하지 않는 자각의 상태가 "아들"로 알려진, 생각이 깊고 합리적인 의식의 상태로 변하는 것이다. 이 상태는 여전히 존재하고 있는 초기의 상태와 반대일 뿐만 아니라, 의식적이고 합리적인 성격 때문에 잠재적 분열의 가능성도 많이 포함하고 있다. 더욱 커진 식별력은 갈등을 많이 낳기 마련이다. 이 갈등들은 예전에는 무의식적인 것으로 남았지만 지금은 반드시 직면해야 하는 것들이다. 갈등들이 선명하게 인식되지 않을 경우에 절대로 도덕적 결정을 내리지 못하기 때문이다. 그러므로 "아들"의 단계는 특별히 두드러지는 갈등 상황이다. 가능한 길들 중에서 선택하는 행위가 많은 오류의 가능성을 안고 있는 것이다.

"법칙으로부터의 자유"는 상반된 것들, 특히 도덕적으로 상반된 것들의 대립이 더욱 첨예해지는 결과를 초래한다. 2명의 도둑들 사이에서 십자가형에 처해진 그리스도가 이 같은 사실을 보여주는 탁월한 상징이다. 그리스도의 모범적인 삶은 그 자체로 하나의 "트란시투스"(transitus)[79]이며, 따라서 세 번째 단계, 말하자면 아버지의 원래의 단계가 회복되는 단계로 넘어가는 다리에 해당한다. 만약에 이 세 번째 단계가 단순히 첫 번째 단계의 반복에 지나지 않는다면, 두 번째 단계에서 거두었던 모든 것, 말하자면 이성과 숙고를 다시 잃게 될 것이며, 그러면 비합리적이고 반성하지 않는 성격을 지닌, 반쯤 희미해진 의식의 상태가 다시 들어설 공간만 만

---

79 기독교에서 죽음을 통해 영원한 생명의 세계로 넘어가는 것을 말하는 라틴어 단어로, 전이로 번역된다.

들어 주게 된다. 이 같은 현상을 피하기 위해서, 두 번째 단계의 가치들이 강하게 고수되어야 한다. 바꿔 말하면, 이성과 숙고는 건드려지지 않은 상태로 간직되어야 한다.

아들의 해방을 통해 획득한 새로운 차원의 의식이 세 번째 단계에서 지속될지라도, 그 의식이 "그노시스"(영적 인식)라는 이름으로 적절히 불리는, 종국적인 결정과 번득이는 통찰의 원천은 아니라는 점이 인정되어야 한다. 그런 결정과 통찰은, 투사된 형태로 "성령"으로 알려진, 보다 높은 권위에 의해 고무된다. 심리학적으로 말하면, "영감"은 무의식적인 기능에서 나온다. 순진한 정신의 소유자에게는 영감의 동인이 의식과 관련 있거나 의식보다 더 탁월한 어떤 "지능"처럼 보인다. 생각이 마치 난처한 상황에서 구해주는 '데우스 엑스 마키나'(deus ex machina)[80]처럼, 돌연 떠오르는 경우가 종종 있기 때문이다.

따라서 세 번째 단계로 나아가는 것은 무의식에 실질적으로 종속되는 것을 의미하지 않더라도 무의식에 대한 인정 같은 그 무엇인가를 의미한다. 성인기에 이르는 때는 아들이 교회의 가르침의 권위를 인정할 때처럼 심리적인 형태로나 투사된 형태로 아버지의 권위에 스스로를 자발적으로 종속시킴으로써 자신의 어린 시절의 상태를 재현하는 때이다. 물론, 이 권위는 온갖 종류의 대용물로 대체될 수 있으며, 이 같은 사실은 단지 세 번째 단계로의 변화가 특이한 정신적 위험들을 수반한다는 것을 증명할 뿐이다. 이 위험들은 주로 본능을 거스르는 합리주의적인 일탈에 있다. 영적 변화는 사람이 어린 아이로 남아야 한다는 것을 의미하는 것이 아니라, 그가 어디서, 또 어떤 관계에서 어린 아이처럼, 말하자면 불합리하게, 깊이 생각하지 않는 감수성을 바탕으로 처신해야 하는지를 파악할 수 있을 만큼 충

---

80 글자 그대로의 의미는 '기계 장치의 신'이며, 작품 중에 갑자기 나타나 문제를 해결하는 캐릭터나 연출 요소를 일컫는다.

분한 겸손과 정직한 자기비판 능력을 갖춰야 한다는 것을 의미한다. 첫 번째 단계에서 두 번째 단계로 넘어가는 것이 어린 시절의 의존을 희생시킬 것을 요구하듯이, 세 번째 단계로 넘어갈 때는 배타적인 독립성을 버려야 한다.

이 변화들은 일상적으로 일어나는 것은 아니어도 매우 운명적인 변모인 것만은 분명하다. 대체로 그런 변화들은 초자연적인 성격을 지니며, 개종이나 깨달음, 감정적 충격, 운명의 일격, 종교적이거나 신비주의적인 경험 또는 그런 것들과 맞먹는 형태를 취할 수 있다. 현대인은 "신비적인" 모든 것에 대해 절망적일 만큼 혼란스런 생각을 품고 있거나 합리주의자로서 두려움을 강하게 느낀다. 그렇기 때문에 신비주의적인 경험이 닥치기라도 하면, 현대인은 틀림없이 그것의 진정한 성격을 오해하며 그것의 초자연성을 부정하거나 억압할 것이다. 그런 경우에 그 경험은 설명할 수 없고, 불합리하고, 심지어 병적인 현상으로 여겨질 것이다.

이런 종류의 오해는 언제나 눈에 띄지 않는 곳에서 일어나는 복잡한 관계들에 대한 적절한 이해력과 통찰력이 부족한 탓에 일어난다. 그 관계들은 대체로 의식적인 자료가 무의식에서 나오는 자료로 보완될 때에만 명쾌하게 밝혀질 수 있다. 이 보완적인 자료가 없으면, 한 인간의 삶의 경험에 채워야 할 틈이 너무 많이 남게 되며, 각각의 틈은 곧 쓸데없는 합리화가 일어날 수 있는 가능성이다. 만약 신경증적인 분열의 경향이 약간이라도 있거나 습관성 무의식에 가까운 나태함이 있다면, 매번 진리보다 엉터리 인과관계가 더 선호될 것이다.

이 경험들의 초자연적인 성격은 그것들이 압도적이라는 사실에 의해 증명된다. 그 같은 사실은 우리의 자긍심에도 반할 뿐만 아니라, 의식이 아마 주도권을 잃을지 모른다는, 우리의 뿌리 깊은 두려움에도 반하는 인정이다. 자긍심이 종종 은밀한 두려움을 가리는 반응에 지나지 않는 경우가 종종 있으니까. 이 보호의 벽들이 얼마나 얇은지는 모든 정신적 집단 운동의 뒤에 자리 잡고 있는 대단히 무서운 피암시성에 의해서 확인된다. 상류층 사이에서 스스로를 "여호와의 증인들", "옥스퍼드 그룹"[81](명성을 이유로 이런 이름으로 지었다)이라고 부르는 단순한 사람들부터, 나라 전체의 국가 사회주의에 이르기까지, 모든 사람이 예외 없이 모두를 통합시킬 신비주의 경험을 추구하고 있으니!

자기 자신에게 일어나는 사건들을 제대로 이해하지 못하는 사람은 언제나 아들의 과도적인 단계에 갇힐 위험에 처해 있다. 성인기의 기준은 어느 종파나 집단, 국가의 구성원이 되는 데 있지 않고, 자신의 독립된 영(靈)에 복종하는 데 있다. "아들"이 "아버지"에게서 나오듯이, "아버지"가 "아들"의 단계에서 나오지만, 이 "아버지"는 원래의 아버지의 단순한 반복이나 그 아버지와 동일한 것이 아니라, 그 "아버지"의 생명력이 그 생식 작업을 계속하고 있는 그런 존재이다.

앞에서 본 바와 같이, 이 세 번째 단계는 그 사람의 자아 의식을 상위의 어떤 전체성과 연결시키는 것을 의미한다. 이 전체성에 대해서 그 사람은 그것이 "나"라고 말할 수 없으며, 그 전체성은 보다 포괄적인 존재로서 가장 잘 표현된다. 그럼에도 그 사람은 전체성 개념이 의인화된 형태라는 점을 언제나 의식하고 있어야 한다. 정의하기가 대단히 어렵지만, 이 미지의 양(量)은 정신에 의해 경험될 수 있으며, 기독교 용어에서 "성령", 즉 치료하고 완전하게 만드는 숨결로 알려져 있다. 기독교는 이 숨결도 인격을 갖고 있다고 주장하며, 현재로는 그 숨결이 다른 것이 될 수 없다.

약 2,000년 동안, 역사는 우주적인 인간인 안트로포스라는 형상과 익숙했으며, 안트로포스의 이미지는 여호와와 그리스도의 이미지와 결합되었

---

81 미국 루터교 목사인 프랭크 부크먼(Frank Buchman)이 1921년에 설립한 기독교 단체.

다. 마찬가지로, 성흔을 받은 성인들은 눈에 보이고 구체적인 의미에서 그리스도 형상들이 되었으며, 따라서 그들도 안트로포스의 이미지를 갖고 있다. 그들은 인간들 사이에서 이뤄지는 성령의 작용을 상징한다.

안트로포스는 "전체성", 즉 자기의 개인적인 본성을 강조하는 상징이다. 그러나 자기의 수많은 상징들을 검토하다 보면, 그 상징들 중에서 인간의 인격의 특성을 전혀 갖고 있지 않은 상징들이 적잖이 발견될 것이다. 어쨌든 나는 보통 사람이 잘 알지 못하는 영역인 심리학적인 병의 사례들을 바탕으로 이 진술을 뒷받침하지 않을 것이며, 오직 현대의 과학적 연구의 발견들을 완전히 뒷받침하는 역사적인 자료만을 언급할 것이다.

연금술의 상징체계는 개인적인 형상들 외에, 인간과 관계없는 일련의 형태들, 말하자면 구(球)와 원, 사각형, 팔각형 같은 기하학적 형태들이나 철학자들의 돌과 루비, 다이아몬드, 수은, 금, 물, 불과 영(靈)과 같은 화학적 상징들을 만들어냈다. 이 상징들의 선택은 무의식의 현대적 산물과 다소 일치한다. 이와 관련해서, 나는 짐승의 모습을 한 영의 상징들이 많다는 점에 대해 언급한다. 그 중에서 가장 중요한 기독교 상징들은 양과 비둘기와 뱀(사탄)이다. 그노시스주의의 누스와 아가토다이몬[82]을 상징하는 뱀은 영적 중요성을 지닌다(악마도 하나의 영이다).

오래 전에, 그러니까 성령강림절에 영이 불의 혀로 사도들에게 내려왔던 때에 보고되었던 것처럼, 이 상징들은 전체성 또는 자기가 지닌, 인간과 관계없는 성격을 표현하고 있다. 이 관점에서 본다면, 우리는 성령의 성격과 관련해서 오리게네스의 당혹감을 어느 정도 공유할 수 있다. 그 관점은 또한 삼위일체의 제3의 위격이 성부와 성자와 달리 개인적인 특성을 전혀 갖지 않는 이유를 설명해준다. "영"은 개인적인 호칭이 아니라 공기 같은 성격을 지닌 어떤 본질에 관한 질적 규정이다.

82 고대 그리스 종교에서 비중이 낮았던 신. 원래 비옥과 가정의 신이었다.

현재의 예에서처럼, 무의식이 언제나 대단히 모순적인 진술을 할 때, 경험은 우리에게 그 상황이 절대로 간단하지 않다는 이야기를 들려주고 있다. 무의식은 의식이 받아들이는 데 필요한 개념적 카테고리를 전혀 갖추고 있지 않은 사실들에 대해 의식에게 표현하려고 노력하고 있다. 문제의 내용물은 성령의 예에서처럼, "형이상학적"일 필요가 없다. 의식을 초월하고, 또 통각에 필요한 장치가 인간에게 없는 그런 내용물이면 어떤 것이든 똑같은 종류의 역설적이거나 자기모순적인 상징체계를 낳을 수 있다. 모든 것을 흑백 논리로 보는 고지식한 의식에게는 "인간과 그의 그림자"의 불가피한 이중적인 측면조차도 이런 의미에서 초월적일 수 있으며, 따라서 역설적인 상징들을 불러낼 것이다. 따라서 우리가 영(靈)의 상징체계에서 발견하는 놀라운 모순들을 성령이 상반된 것들의 결합이라는 것을 증명하는 것으로 받아들여도 무방하다. 의식은 틀림없이 이런 종류의 것들을 분류할 개념적인 카테고리를 전혀 갖고 있지 않다. 단순히 그런 결합이 양측이 서로를 상쇄시키는 폭력적인 충돌이 아닌 다른 것으로는 인식될 수 없기 때문이다. 의식에게 그런 결합은 상반된 것들의 상호 괴멸을 의미할 것이다.

그러나 상반된 것들의 결합의 무의식적 상징체계는 괴멸과 정반대 방향을 가리킨다. 그 상징체계가 영원한 지속성, 말하자면 부패 불가능성과 다이아몬드 같은 안정성, 또는 무궁무진한 최고의 효능을 상반된 것들의 결합의 산물로 돌리기 때문이다.

따라서 영은 상반된 것들의 결합으로서, 쿠사의 니콜라스(Nicholas of Cusa)에 따르면, 상반된 것들의 결합이기도 한 "아버지(성부)", 즉 만물의 창조자와 동일한 등급을 갖는다. "아버지"는 사실 아들과 그 아들의 적에게 나타나는 상반된 특성들을 포함하고 있다. 리브카 샤르프(Riwkah Schärf)는 '구약 성경'의 일신론이 하느님의 "상대성"이라는 사상에 많이 양보하지 않을 수 없었다는 점을 보여주었다.

'욥기'(Book of Job)는 그리스도를 전후해서 페르시아에서 몇 세기에 걸쳐 융성했던 이원론과 매우 가깝다. 이 이원론은 기독교 안에서도 다양한 이단적인 운동을 야기했다. 그러므로 앞에서 말한 바와 같이 "아버지"의 이중적인 측면이 성령에서 다시 나타나는 것을 예상하지 않을 수 없었다. 이런 식으로 성령은 성부의 '아포카타스타시스'(apocatastasis)[83]를 초래한다. 물리학의 비유를 빌리면, 성령은 물질의 파괴에서 나오는 광자들의 흐름에 비유할 수 있는 반면에, "성부"는 양과 음의 전하로 양자와 전자의 형성을 촉진시키는 원초적인 에너지일 수 있다. 독자들이 이해하는 바와 같이, 이것은 설명이 아니라 하나의 유추이다. 그런 유추가 가능한 이유는 물리학자의 모델들이 종국적으로 신학자들의 고찰의 바탕에 자리 잡고 있는 것과 똑같은 원형적 토대들에 의존하고 있기 때문이다.

3) 상징체계에 관한 총론

기독교 삼위일체가 『티마이오스』에 등장하는 3개 1조의 세계 영혼에서 직접적으로 비롯되었을 가능성은 극히 낮지만, 그럼에도 불구하고 삼위일체는 동일한 원형에 그 뿌리를 두고 있다. 이 원형의 현상을 충실히 묘사하길 원한다면, 전체 그림을 이루고 있는 양상들이 두루 고려되어야 한다. 예를 들면, 『티마이오스』를 대상으로 한 분석에서, 숫자 3이 어떤 지적인 도식만을 나타낸다는 것이, 또 두 번째 섞음이 "다루기 힘든 네 번째" 구성 요소의 저항을 드러낸다는 것이 발견되었다. 이 네 번째 요소를 우리는 기독교 삼위일체의 "적"(敵)으로 다시 만난다.

네 번째가 없으면, 우리가 이해하고 있는 바와 같이, 셋은 전혀 실체를 갖

---

83   만물이 궁극에는 본래의 상태로 돌아간다는 학설로, 만물회복설로 번역된다.

지 못한다. 세 가지 요소들은 심지어 의미까지 결여하게 된다. 어떤 "생각"이 의미를 가지려면 반드시 가능하거나 실제적인 어떤 현실을 가리켜야만 하기 때문이다. 삼위일체 사상에는 바로 이 현실과의 관계가 완전히 결여되어 있다. 그런 탓에 오늘날의 사람들은 삼위일체 사상을 깡그리 잊어버리는 경향을 보이면서도 그 같은 상실을 알아차리지 못하고 있다.

그러나 상실한 것을 다시 복원시키는 문제에, 다시 말해 정신 중 의식적인 부분이 분열에 의해서 무의식으로부터 단절되어 있는 환자들을 치료하는 문제에 직면할 때, 이 상실이 무엇을 의미하는지가 확인된다. 이 분열은 오직 의식이 무의식의 내용물을 적절히 표현할 개념들을 만들어낼 수 있을 때에만 바로잡아질 수 있다. 삼위일체에다가 삼위일체와 동일한 기준으로 잴 수 없는 "네 번째"를 더하는 것이 그런 종류의 개념인 것 같다. 구원의 원리의 일부로서, 그 개념은 정말로 구하고, 치료하고, 완전을 낳는 효과를 발휘할 수 있어야 한다.

무의식적 내용물이 의식 속으로 통합되는 동안에, 꿈에 나타나는 상징들이 일상의 사소한 현실들을 어떤 식으로 나타내는지를 보는 일에 대단한 중요성이 부여된다. 그러나 보다 깊은 의미와 장기적인 관점에서 보면, 이 절차만으로 충분하지 않다. 이유는 그것이 원형적인 내용물의 의미까지 끌어내지는 못하기 때문이다. 원형적인 내용물은 소위 상식이 의심하는 것과 꽤 다른 차원까지 내려가거나 올라간다. 모든 정신적 사건들의 선험적인 조건들로서, 그런 내용물은 아득한 옛날부터 신 같은 형상들을 통해서 표현했던 위엄의 분위기를 풍긴다. 그 외의 다른 어떤 공식도 무의식의 욕구를 충족시키지 못할 것이다. 무의식은 기록을 남기지 않은 시대부터 내려오는, 글로 쓰지 않은 인류의 역사이다. 합리적인 공식은 현재나 가까운 과거를 만족시킬 수 있지만, 인류의 경험을 전체적으로 만족시키지는 못한다. 인류의 경험 전반에 대한 설명은, 상징들에서 표현되고 있듯이,

모든 것을 두루 포용하는 신화적인 환상을 요구한다.

만약에 상징이 없다면, 인간의 전체성은 의식에서 표현되지 못한다. 인간은 다소 우연적인 파편 같은 것으로, 암시에 쉽게 넘어가는 한 움큼의 의식으로 남는다. 그러면 인간은 전체성의 상징들이 채우지 못하고 남겨놓은 틈을 대신 채우려 드는 온갖 종류의 이상적인 공상들에 휘둘리게 된다. 하나의 상징은 합리주의자가 믿고 싶어 하는 바와 달리 주문(注文)에 따라 만들어지지 않는다. 합당한 상징이라고 불릴 수 있는 상징은 단지 무의식의 불변하는 구조를 표현할 수 있고, 따라서 보편적인 인정을 요구할 수 있는 것들뿐이다. 상징이 저절로 믿음을 불러일으키는 한, 그 상징은 그 외의 다른 방식으로 이해될 필요가 없다. 그러나 만약에 단순히 이해력의 결여로 인해서 그 상징에 대한 믿음이 시들해지기 시작한다면, 그에 따른 상실의 헤아릴 수 없는 결과를 피하기 위해서 사람은 좋든 싫든 이해력을 하나의 도구로 이용해야 한다. 그런 경우에 상징의 자리에 무엇을 놓아야 하는가? 지금까지 이해된 적이 한 번도 없는 무엇인가를 표현하는 방법으로 상징보다 더 나은 방법을 아는 사람이 있는가?

내가 『심리학과 연금술』(Psychology and Alchemy)과 그 외의 다른 곳에서 보여주었듯이, 삼위일체와 사위일체의 상징들은 꿈속에 꽤 자주 나타나며, 그 같은 사실로부터 나는 삼위일체 사상이 경험될 수 있고, 따라서 틀림없이 어떤 의미를 지니는 무엇인가에 근거를 두고 있다는 것을 배웠다. 이 같은 통찰은 전통적인 자료를 공부해서 얻은 것이 아니다. 만약 내가 어쨌든 경험적인 현실에 바탕을 둔, 쉽게 이해되는 삼위일체 개념을 확립하는 데 성공했다면, 이 숫자 모티브들이 나타나는 꿈들과 민간전승과 신화들의 도움이 컸다. 대체로 숫자 모티브들은 꿈속에서 저절로 나타나며, 그런 꿈들은 겉을 보면 매우 진부해 보인다. 그런 모티브들에 관한 신화나 동화는 전혀 없으며, 그런 것들에 관한 종교적인 것은 더더욱 없다.

대개 숫자 모티브는 테이블에 앉아 있거나 차를 타고 드라이브하는 3명의 남자와 1명의 여자, 또는 3명의 사람과 1마리의 개, 3마리의 사냥개와 한 사람의 사냥꾼, 네 번째 병아리가 달아난 둥우리 속의 3마리 병아리 등의 방식으로 나타난다. 이것들은 정말로 너무나 진부하기 때문에 간과하기가 아주 쉽다. 그것들은 얼핏 보면 꿈을 꾼 사람의 인격의 기능들과 양상들을 가리키는 그 이상으로 구체적인 무엇인가를 말하기를 원하지 않는다. 그것들이 뚜렷한 특징을 지닌, 서너 명의 알려진 사람들로 나타나거나 4가지 주요 색깔, 즉 빨간색과 청색, 녹색, 노란색으로 나타날 때 너무나 쉽게 확인되듯이 말이다.

이 색깔들이 의식의 네 가지 적응 기능들과 관계있다는 것이 꽤 규칙적으로 확인된다. 오직 꿈을 꾼 사람이 그 넷이 자신의 완전한 인격을 암시한다고 생각하기 시작할 때에만, 그 사람은 이 진부한 꿈 모티브들이 보다 중요한 것들의 그림자 그림과 비슷하다는 사실을 깨닫는다.

네 번째 형상은 대체로 교육상 특별히 유익하다. 그것은 곧 양립 불가능해지고, 동의할 수 없게 되고, 마치 3명의 정상적인 형제들 옆에 선 톰섬처럼, 선과 악에 관한 다른 관점으로, 다소 이상한 방식으로 놀라운 것이 된다. 당연히 그 상황은 이상한 형상 셋과 정상적인 형상 하나가 함께 있는 상황으로 거꾸로 될 수도 있다. 동화에 관한 지식을 조금이라도 갖춘 사람이라면 누구나 삼위일체와 이 사소한 사건들을 분리시키고 있는 그 엄청난 틈이 결코 채워질 수 없는 것이 아니라는 사실을 안다.

그러나 그렇다고 해서 삼위일체가 이 차원으로 환원될 수 있다는 뜻은 아니다. 반대로, 삼위일체는 지금 다뤄지고 있는 원형의 가장 완벽한 형태를 나타내고 있다. 경험을 통해 얻은 자료는 그 원형이 가장 작고 가장 무의미한 정신적 디테일에서 어떻게 작동하는지를 보여준다. 이것이 그 원형이, 첫째, 조직하는 하나의 도식으로서, 그리고 개인의 정신적 구조의 질을 판단하는 기준으로서, 둘째, 개성화 과정이 정점을 찍을 통합의 도구로서 그렇게 중요한 이유이다.

이 목표는 넷을 함께 결합시키는 것에 의해 상징된다. 따라서 사위일체는 인도 철학에서 핵심적인 중요성을 지니며 신의 자리를 차지하는 자기의 상징이다. 서양에서는 중세에 굉장히 많은 사위일체가 발달되었다. 여기서 나는 복음서 저자들의 네 가지 상징들(셋은 동물의 모습이고, 하나는 사람의 모습이다)과 함께 있는 영광의 왕에 대해서만 언급할 것이다. 그노시스주의에 바르벨로의 형상이 있다("신은 4이다"). 이 예들과 그것들과 비슷한 다른 많은 예들은 사위일체를 신과 매우 밀접한 관계가 있는 것으로 본다. 그렇기 때문에, 내가 앞에서 말한 바와 같이, 자기를 신의 이미지와 구분하는 것이 불가능하다. 어쨌든, 나는 개인적으로 구분을 위한 기준을 발견하는 것이 불가능하다는 사실을 확인했다. 여기서는 신앙이나 철학만이 결정을 내릴 수 있으며, 이 두 가지는 과학자의 경험주의와 아무런 관계가 없다.

그렇다면 사위일체가 갖는 신의 이미지의 측면을 자기의 한 반영으로, 거꾸로 자기를 인간의 안에 있는 '신의 이미지'로 설명하는 것이 가능하다. 이 두 가지 주장은 심리학적으로 진리이다. 가장 친밀하고 독특한 것으로서 주관적으로만 인식될 수 있는 자기가 그 토대로 보편성을 요구하기 때문이다. 이 보편성이 없으면, 자기는 완전히 분리된 상태에서 모습을 드러내지 못할 것이다. 엄밀히 말하면, 자기는 신의 정반대로 여겨져야 한다. 그럼에도, 우리는 안겔루스 질레지우스(Angelus Silesius)의 말에 동의해야 한다. "그는 나 없이 살지 못하고, 나도 그 없이 살지 못한다." 그렇듯 경험상의 상징이 서로 정반대인 두 가지의 해석을 요구할지라도, 두 가지 해석 중에서 어떤 것도 타당한 것으로 증명될 수 없다. 그 상징은 둘 다를 의미하며, 따라서 하나의 역설이다. 이곳은 이 숫자 상징들이 실제로 하는 역할에 대해 더 깊이 논하는 곳이 아니다. 추가적으로 알기를 원하는 독자는 『심리학과 연금술』 1부의 꿈 자료를 참고할 것을 권한다.

*

사위일체 상징체계의 특별한 중요성 앞에서, 이런 질문을 던지지 않을 수 없다. 기독교 같이 대단히 분화된 형태의 종교가 삼위일체적인 신의 이미지를 구축하기 위해 원시적인 3개 1조로 돌아간 이유가 무엇인가? 마찬가지로 이런 질문도 던질 수 있다. 자기가 정의상 상반된 것들의 결합인 반면에 그리스도의 형상은 어두운 면을 완전히 결여하고 있는데, 무슨 근거로 그리스도가 자기의 상징으로 여겨지는가? (교리 상으로, 그리스도는 죄로 인한 때가 묻지 않았다.)

두 가지 질문은 똑같은 문제를 건드리고 있다. 나는 이 질문들에 대한 대답을 언제나 경험의 영역에서 찾는다. 그런 이유로, 지금도 나는 구체적인 사실들에 대해 언급해야 한다.

대부분의 기하학적 또는 수적 상징들은 사위일체의 성격을 갖고 있다는 것이 일반적인 규칙이다. 삼위일체의 상징들도 있지만, 나의 경험에 비춰 보면, 그런 상징들은 꽤 드물다. 삼위일체의 예들을 면밀히 조사하면서, 나는 그것들이 "중세적인 심리"라고 부를 수밖에 없는 무엇인가에 의해 뚜렷이 구별된다는 사실을 발견했다. 그런 표현으로 부른다고 해서 어떤 퇴행을 암시하지도 않고, 가치 판단을 의미하지도 않으며, 단지 어떤 특별한 문제를 나타낼 뿐이다. 말하자면, 이 모든 예들에서 무의식이 너무나 많고, 따라서 상당한 정도의 원시성이 있기 때문에, 그에 대한 보상으로 어떤 영성화가 필요해 보인다. 그렇다면 구원의 상징은 3개 1조이고, 거기엔 네 번째가 무조건 부정되어야 하기 때문에 빠져 있다.

나의 경험에 비춰보면, 의사가 전체성을 목표로 잡고 있는 상징들을 제대로 이해하는 것이 실용적으로 대단히 중요하다. 그 상징들은 의식적인 정신에 아득한 옛날부터 해결하고 치료하는 효과를 발휘하는 것으로 느껴졌던 어떤 영(靈)과 태도를 복원시킴으로써, 신경증적 분열을 바로잡아주는 치료법이다. 그 상징들은 너무나 필요한, 의식과 무의식의 결합을 용이하게 하는 "집단 표상들"이다. 이 결합은 지적으로나 순수하게 실용적인 감각으로는 성취될 수 없다. 왜냐하면 지적으로 접근하는 경우에 본능들이 반란을 일으키고, 실용적으로 접근하는 경우에 이성과 도덕성이 반란을 일으킬 것이기 때문이다.

심인성 신경증의 범주에 속하는 모든 분열은 이런 종류의 갈등 때문에 일어나며, 그 갈등은 오직 상징을 통해서만 해결될 수 있다. 이 목적을 위해서, 꿈들은 최종적으로 역사 내내 기록된 상징들과 일치하는 상징들을 엮어낸다. 그러나 꿈속의 이미지들이 꿈을 꾸는 사람의 의식 속으로 받아들여져서 그의 이성과 감정에 의해 이해될 수 있기 위해서는, 그 사람의 의식적 정신이 그 이미지들을 동화시키는 데 필요한 지적 카테고리들과 도덕적 감정을 갖추고 있어야 한다. 바로 이때가 심리 치료사가 인내심을 최대한 발휘해야 되는 때이다.

의식과 무의식의 통합은 무의식을 의식적으로 직면하는 것에 의해서만 이뤄질 수 있다. 무의식이 하는 말을 이해하지 못한다면, 그런 통합은 가능하지 않다. 이 과정에, 우리는 현재의 연구에서 조사하고 있는 상징들을 만나며, 그 상징들을 받아들이는 것을 배우면서, 우리는 인격의 통합을 가능하게 하는 생각들이나 감정들과의 잃어버린 연결을 다시 확립한다.

그노시스, 즉 궁극적인 것들에 관한 인식의 상실은 일반적으로 인정하는 것보다 훨씬 더 크다. 신앙이 어쩌다 카리스마가 되지 않는다 하더라도, 신앙만으로도 충분하다. 발작적인 형태가 아닌 상태의 진정한 카리스마를 소유한 예는 무척 드물다. 그렇지 않다면, 우리 의사들이 보람 없는 수고를 많이 아낄 수 있었을 것이다.

신학은 절실히 필요한 이 과제 자체를 해결하길 분명히 거부하면서도 의사들이 그런 측면에서 벌이는 노력을 의심의 눈길로 지켜보고 있다. 신학은 아무도 이해하지 못하는 교리를 선언하고, 누구도 간직할 수 없는 신앙을 요구한다. 이것이 프로테스탄트 진영의 현재의 상태이다.

가톨릭 진영의 상황은 보다 섬세하다. 첫재로, 여기선 원형적인 의미를 지니는 생생한 사건을 극화하고, 따라서 무의식에 직접적으로 충격을 가하는, 성스러운 행위를 수반하는 의례가 행해진다. 예를 들어, 약간이라도 이해하는 상태에서 미사의 진행을 따르는 사람이 그 성사가 자신에게 어떤 인상을 안긴다는 점을 부정할 수 있을까? 둘째로, 가톨릭교회는 고해성사와 양심의 감독관 제도를 두고 있다. 이 제도들은 적절한 사람들에게 맡겨지는 경우에 실용적으로 대단한 가치를 지닌다. 이 제도가 언제나 그런 효과를 발휘하지는 않는다는 사실은 불행하게도 가톨릭도 똑같이 불리한 상황에 처해 있다는 것을 증명한다. 셋째로, 가톨릭교회는 풍성하게 발달한, 훼손되지 않은 교리상의 개념들을 갖고 있다. 이 개념들은 무의식에 있는 다수의 형상들을 담아낼 소중한 그릇의 역할을 하며, 그런 식으로 그 개념들은 의식적인 정신이 접촉해야 하는, 결정적으로 중요한 진리들을 눈에 보이도록 표현한다.

가톨릭 신자의 신앙이 프로테스탄트의 신앙보다 더 훌륭하거나 더 강한 것은 아니지만, 서양인의 무의식은 신앙이 아무리 허약하더라도 가톨릭의 형식에 사로잡혀 있다. 그것이 서양인이 이 형식에서 빠져나오기만 하면 어떤 광적인 무신론에 쉽게 빠져드는 이유이다. 그런 종류의 무신론은 라틴 민족의 국가들에서 특별히 두드러지게 나타나고 있다.

6. 결론

순수하게 이성에서 유래한 그 성격 때문에, 삼위일체는 사고의 독립을 요구하는 어떤 영적 발달에 대한 욕구를 표현하고 있다. 역사적으로 특히 스콜라 철학에서 이런 노력이 확인되며, 현대인의 과학적 사고를 가능하게 한 것이 바로 이런 예비적인 훈련이었다.

또한 삼위일체는 하나의 원형이다. 이 원형의 지배적인 힘이 영적 발달을 증진시킬 뿐만 아니라, 이따금 실질적으로 영적 발달을 강요기도 한다. 그러나 정신의 영성화가 건강에 해로울 만큼 일방적이게 될 위험에 처하자마자, 삼위일체의 보상적인 중요성은 반드시 힘을 잃게 된다. 선은 과도해지면 더욱 멋진 선이 되는 것이 아니라 더욱 나빠지며, 작은 악도 무시와 억압에 의해 큰 악이 된다. 그림자는 인간 천성의 중요한 한 부분이며, 그림자가 전혀 존재하지 않는 것은 밤뿐이다.

하나의 심리학적 상징으로서, 삼위일체는 첫째, 개인의 내면에서 일어나고 있는 무의식적 성숙의 어떤 과정으로 여겨지는, 세 부분으로 이뤄진 과정의 근본적인 동일성을 나타낸다. 그런 측면에서 보면, 세 위격들은 규칙적이고 본능적인 어떤 정신적 사건의 세 단계를 의인화하고 있다. 이 정신적 사건은 언제나 신화소(神話素)와 의례적 관습(예를 들면, 성년식, 출생과 결혼, 질병, 전쟁과 죽음 등을 위한 다양한 의식)의 형태로 스스로를 표현하는 경향을 보인다. 고대 이집트인들의 의학 지식이 보여주듯이, 의례뿐만 아니라 신화들도 심리 치료의 가치를 지니며, 그것들은 지금도 여전히 그런 가치를 지닌다.

둘째, 삼위일체는 여러 세기에 걸쳐 일어나는 의식적 깨달음의 어떤 과정을 나타낸다.

셋째, 삼위일체는 3가지 역할을 하는 정신적 과정들의 의인화라고 주장할 뿐만 아니라, 모두가 동일한 신성한 본질을 공유하는, 세 위격으로 된 한 신이라고 주장한다. 신 안에서 잠재적인 것에서 실제적인 것으로, 가능한 것에서 현실적인 것으로 나아가는 것은 절대로 없다. 신이 순수한 실체이고, "순수한 행위" 자체이기 때문이다.

세 위격은 서로 다른 방식의 기원 또는 발현 때문에 서로 다르다(성자는 성부에 의해 생겨나고, 성령은 둘로부터 발현한다). 일반적 인정을 둘러싸고 많은 논쟁을 불러일으킨 동일 본질은 심리학적인 관점에서 보면 절대적으로 필요하다. 왜냐하면 하나의 심리학적 상징으로 보는 경우에 삼위일체는 동일한 본질, 즉 전체로서의 정신의 점진적 변형을 나타내기 때문이다. 아들과의 동일 본질은 그리스도와 성령이 똑같이 성부와 동일한 본질이라고 단언한다. 그러나 심리학적으로 그리스도는 자기의 한 상징으로 이해되어야 하고 성령의 강림은 인간 안에서 자기의 실현으로 이해되어야 하기 때문에, 자기도 성부의 본질을 가진 무엇인가를 나타내야만 한다. 이 공식은 자기의 상징들은 경험적으로 신의 이미지와 구분될 수 없다는 심리학적 진술과 일치한다.

심리학은 성부와 성자와 성령이 구별 불가능하다는 것만을 확실히 증명할 수 있을 뿐이다. 이것은 "형이상학적" 진술이 심리학적 진술보다 훨씬 더 멀리 나아가야 한다는 말을 더욱더 두드러져 보이게 만든다. 구별 불가능성은 단순히 하나의 부정적인 주장이다. 그것이 어떤 구별이 존재할 가능성을 배제하지는 않기 때문이다. 단순히 구별이 인식되지 않고 있을 수도 있는 것이다.

한편, 교리의 주장은 성령에 대해 우리 인간을 "하느님의 자식"으로 만든다고 말하고 있으며, 이 자식 관계는 의미 면에서 그리스도가 아들인 것과 구별되지 않는다. 이것으로부터 우리는 동일 본질이 유사 본질(homoiousia)[84]을 이기는 것이 얼마나 중요했는지를 확인할 수 있다. 이유

---

[84] 예수와 하느님은 비슷하지만 같지는 않다는 의견을 말한다.

는 성령의 강림을 통해서 인간의 자기가 하느님의 본질과 단일성의 관계를 맺게 되기 때문이다.

교회의 역사가 보여주듯이, 이 같은 결론은 교회에 대단히 위험하다. 정말로, 그것이 교회가 성령의 원리를 더 이상 정교하게 다듬지 않은 주된 이유였다. 성령의 원리가 지속적으로 발달하는 경우에 그것이 부정적인 측면으로는 폭발성 강한 분열로, 또 긍정적인 측면으로 곧장 심리학으로 이어졌을 것이기 때문이다.

더욱이, 성령의 선물들은 다소 엇갈리는 평가를 받는다. 성 바울로가 이미 지적했듯이, 그 선물들이 모두 무조건적으로 환영을 받지는 않는다. 또한 성 토마스 아퀴나스(Thomas Aquinas)는 계시가 도덕적 자질과 명확한 관계가 없는 영의 선물이라고 관찰한다. 교회는 어떤 것이 성령의 작용이고 어떤 것이 성령의 작용이 아닌지를 결정한 권리를 가져야 했으며, 그렇게 함으로써 교회는 대단히 중요하고 아마 의견 불일치를 낳을 수 있는 결정을 평범한 사람들로부터 빼앗을 수 있었다. 영이 바람처럼 "임의로 부는 것"은 종교 개혁가들까지 겁에 질리게 한 일이다. 삼위일체의 제1 위격뿐만 아니라 제3 위격도 숨은 하느님의 양상을 띨 수 있으며, 그 위격의 행위는 순수하게 인간적인 관점에서 본다면 불의 행위처럼 이로운 것 못지않게 파괴적일 수 있다.

"물질"의 의미에서의 "창조"는 삼위일체 공식에 어쨌든 명시적으로는 포함되지 않았다. 이 상황들에서는 두 가지 가능성밖에 없다. 첫째는 물질 세계가 실재할 가능성이다. 이 경우에 물질 세계는 신의 "순수 행위"의 고유한 한 부분이다. 둘째는 물질 세계가 신성한 현실 밖에 있어서 실재하지 않는, 하나의 착각에 지나지 않을 가능성이다. 후자의 결론은 첫째, 하느님의 현현과 구원 작업과 모순을 일으키고, 둘째, "이 세상의 우두머리"인 악마의 자율성과 영원성과 모순을 일으킨다. 악마는 단순히 "정복되지만" 결코 파괴되지는 않는다. 악마는 영원하기 때문에 파괴될 수 없다. 그러나 만약에 창조된 세계의 현실이 "순수 행동"에 포함된다면, 그런 경우에 악마도 거기에 있다. 이 상황은 제4차 라테란 공의회에서 비난 받은 사위일체와 매우 다른 사위일체를 낳는다. 그 회의에서 논의된 문제는 하느님의 정수(精髓)가 세 위격과 나란히 어떤 자리를 요구할 수 있는지 여부였다. 그러나 우리가 여기서 직면하고 있는 문제는 자율성과 영원성을 부여받은 창조물, 즉 타락한 천사의 독립적인 지위이다. 타락한 천사는 우리의 상징적인 시리즈들에서 "다루기 힘든" 네 번째 형상이며, 이 시리즈들 사이의 간격은 삼위일체 과정의 세 단계들에 해당한다.

『티마이오스』에서 적(敵)이 상반된 것들의 두 번째 짝의 두 번째 반(半)이고, 이 반이 없으면 세계 영혼이 완전하지 않듯이, 그 셋을 하나의 통일체로 만들기 위해서 악마도 네 번째 '하나'로서 거기에 보태져야 한다. 내가 언제나 노력하고 있는 바와 같이, 만약에 삼위일체가 하나의 과정으로 이해된다면, 그 과정은 네 번째를 더함으로써 절대적인 완전성으로 절정에 이르게 된다. 그러나 성령의 간섭을 통해서 인간이 신성한 과정에 포함되며, 이것은 하느님의 반대하는 의지로서 루시퍼에게서 의인화되고 있는 분리와 자율성의 원리도 그 과정에 포함된다는 것을 의미한다. 그러나 이 의지가 없었다면, 창조도 전혀 없었을 것이고 구원의 작업도 절대로 없었을 것이다. 그림자와 반대하는 의지는 모든 실현에 반드시 필요한 조건들이다. 필요한 경우에 창조자에게 반대할 수 있는, 자신만의 의지를 전혀 갖고 있지 않은 대상, 창조자의 특성 외에 다른 특성을 전혀 갖고 있지 않은 대상은 독립적인 존재를 조금도 갖지 못하고, 도덕적 결정을 내리지도 못한다. 기껏해야 그런 대상은 창조주가 감아줘야만 작동하는 시계 태엽장치 같은 존재에 불과하다. 따라서 루시퍼는 아마 어떤 세상을 창조하기 위해 분투하는 신의 의지를 가장 잘 이해하고 그 의지를 가장 충실하게 수행한 존재였을 것이다. 신에게 반항함으로써, 그가 자신의 대항 의지로 신에게 반대한, 창조의 어떤 능동적인 원리가 되었으니 말이다. 신이 이것을 의도했기 때문에, 우리는 '창세기' 3장에서 하느님이 인간에게 달리 의도할 힘을 주었다는 이야기를 듣는다. 하느님이 그렇게 하지 않았더라면, 하느님은 어떤 기계를 창조했을 것이고, 그러면 현현과 구원은 절대로 일어나지 않았을 것이다. 또한 삼위일체의 계시도 없었을 것이다. 왜냐하면 모든 것이 영원히 하나였을 것이기 때문이다.

루시퍼 전설은 절대로 황당한 동화가 아니다. 에덴동산의 뱀의 이야기처럼, 그것은 "치료의 힘을 발휘하는" 신화이다. 우리는 선과 악이 똑같이 신의 안에 포함되어 있다는 생각에 당연히 움찔하면서 신이 그런 것을 원할 리가 없다고 생각한다. 그럼에도 신의 전능을 인간의 의견들의 차원으로 끌어내리지 않도록 조심해야 하지만, 그 모든 것에도 불구하고 우리가 생각하는 것이 바로 그런 식이다. 그렇다 하더라도, 모든 악을 신에게 전가하는 것은 도움이 되지 않는다. 인간이 도덕적 자율성 덕분에 악의 상당 부분을 자신의 판단으로 다스릴 수 있게 되었기 때문이다. 악은 부분적으로 피할 수 있고 부분적으로 운명인 그런 상대적인 것이다. 미덕이 상대적인 것과 똑같다.

악과 미덕 중에서 어느 것이 더 나쁜지를 알지 못하는 때도 종종 있다. 널리 인정받는 성인과 결혼한 여인의 운명에 대해 생각해 보라! 자식들이 그런 아버지의 압도적인 영향을 받는 상태에서 자신의 삶을 살고 있다고 느끼기 위해서 저지르지 말아야 할 죄들이 얼마나 많겠는가! 생명은 활기찬 하나의 과정이기 때문에 상반된 것을 필요로 한다. 모두가 잘 아는 바와 같이, 반대가 없으면 에너지가 전혀 없기 때문이다. 선과 악은 단지 이 자연스런 양극성의 도덕적 측면들일 뿐이다. 우리가 이 양극성을 너무나 괴로운 것으로 느껴야 한다는 사실이 인간의 존재를 훨씬 더 복잡하게 만들고 있다. 그럼에도 생명에 필연적으로 따르는 고통은 피할 수 없다.

에너지를 가능하게 하는 상반된 것들의 긴장은 하나의 보편적인 법칙이며, 중국 철학의 양(陽)과 음(陰)에 적절히 표현되고 있다. 선과 악은 인간에서 기원한 감정 가치들이며, 그것들을 인간의 영역 그 너머까지 확장시키지 못한다. 그 너머에서 일어나는 것은 우리의 판단을 벗어나 있다. 신은 인간의 특성들에 잡히지 않는다. 게다가, 만약에 선, 즉 훌륭해 보이는 것을 신에게서만 기대할 수 있다면, 신에 대한 두려움은 도대체 신의 어떤 점 때문에 생기는 것일까? 어쨌든, 영원한 신의 저주는 우리가 이해하는 선과 그다지 닮지 않았다.

선과 악이 도덕적 가치로서 확고부동할지라도, 그것들은 약간의 심리학적 수정을 거칠 필요가 있다. 말하자면, 최종적인 효과의 면에서 지독하게 악한 것으로 증명되는 많은 것들은 인간의 사악함에서 비롯되는 것이 아니라 인간의 어리석음과 무의식에서 비롯된다. 미국의 금주법의 파괴적인 효과나 스페인의 이단자 화형에 대해 생각해 보기만 하면 된다. 모두가 사람들의 영혼을 구하려는 갸륵한 열정에서 시작되지 않았는가. 모든 악의 가장 질긴 뿌리들 중 하나가 바로 무의식이며, 나는 "인간이여, 그대가 자신이 하고 있는 일을 진정으로 안다면, 그대는 축복 받은 자이지만, 자신이 하는 일을 모른다면, 그대는 저주받은 자이고 법을 위반하는 자이니라"[85]는 예수의 말씀이 여전히 복음서들에 들어 있기를 바랄 수 있을 것이다. 비록 그 말씀이 단 하나의 믿을 만한 출처를 두고 있을지라도 말이다. 그 말씀은 새로운 도덕성의 모토로 전혀 손색이 없다.

개성화 과정은 반드시 환자가 대체적으로 부정적인 징후를 가진, 인격의 한 구성 요소인 그림자를 의식하게 되면서 시작된다. 이 "열등한" 인격은 의식적인 삶의 법칙들이나 규칙들과 맞아떨어지지 않으며, 그것들에 적응

---

85   Cf. James, 'The Apocryphal New Testament', p. 33.

되지 않은 모든 것으로 이뤄져 있다. 그 인격은 "불복종"으로 이뤄져 있으며, 따라서 도덕적 근거들에서뿐만 아니라 편의를 위해서도 부정된다. 더욱 면밀히 조사하면, 거기에도 의식을 적응시키는 일에서 협력해야 하는 기능이 적어도 한 가지는 있다는 사실이 확인된다. 오히려 이 기능은 의식적이고 합목적적인 의도들을 위해서 협력하는 것이 아니라 다른 목적을 추구하고 있는 무의식적 경향들을 위해서 협력한다. 자율적으로 의식 쪽으로 작용하면서도 의식의 의도에 맞게 이용될 수 없는 것이 "열등한" 이 네 번째 기능이다. 그 기능은 모든 신경증적 분열의 뒤에 도사리고 있으며, 그 기능은 그것에 해당하는 무의식적 내용물이 의식적인 것이 될 때에만 의식에 병합될 수 있다.

그러나 만약에 사람이 그림자와 연결되어 있는 경향들을 인정하고 그것들에게 어느 정도의 실현을 허용하지 않는다면, 그 통합은 일어날 수 없고 유익한 목적으로 돌려질 수 없다. 당연히 그 실현은 필요한 비판을 통해서 누그러진 상태로 이뤄져야 한다. 이 실현은 불복종과 자기혐오를 낳을 뿐만 아니라 자기 신뢰도 낳으며, 이 자기 신뢰가 없는 상태라면, 개성화는 상상 불가능하다. 어쨌든 윤리가 이치에 맞으려면, 불행하게도 "달리 의도할" 능력이 진정으로 갖춰져야 한다. 처음부터 법칙에 복종하거나 일반적으로 기대되는 것을 따르는 사람은 우화에서 자신의 재능을 땅에 묻어버리는 사람처럼 행동하고 있다.

개성화는 대단히 힘든 과정이다. 그 과정은 언제나 의무들의 충돌을 수반하며, 그 충돌을 해결하기 위해서는 우리의 "대항 의지"가 신의 의지의 한 양상이기도 하다는 것을 이해할 수 있어야 한다. 단순히 말이나 편리한 자기기만으로는 개성화를 이루지 못한다. 왜냐하면 우리 앞에 파괴적인 가능성들이 너무나 많이 놓여 있기 때문이다. 거의 피할 수 없는 한 가지 위험은 그 충돌에 갇혔다가 신경증적 분열을 겪을 위험이다.

여기서 치료 효과를 발휘하는 신화가 상태를 누그러 뜨리는 유익한 효과를 발휘한다. 환자가 의식적으로 이해하고 있다는 기미를 전혀 보이지 않는 때에도 그런 효과는 나타난다. 원형의 존재를 느끼는 것으로 충분하다. 의식적으로 이해할 가능성이 환자의 손길이 닿는 범위 안에 있을 때에만, 원형이 작동하지 않으니 말이다. 그런 상황에서 환자가 무의식적으로 남는 것은 해로운 일이다. 그럼에도 오늘날 기독교 문명에서 그런 일이 매우 자주 일어나고 있다. 기독교 상징체계가 가르친 것들 중 너무나 많은 것이 상당수의 사람들에게 그냥 무시되었다. 그런데도 그 사람들은 자신이 잃어버린 것이 무엇인지를 이해하지 못했다. 문명은 진보 자체와 낡은 가치들의 무심한 파괴에 있는 것이 아니라, 획득한 선을 발달시키고 세련되게 가꾸는 데에 있다.

종교는 "계시된" 구원의 길이다. 종교의 사상들은 언제 어디서나 상징들을 통해서 스스로를 표현하는 전(前)의식적 인식의 산물들이다. 설령 우리의 지성이 제대로 이해하지 못한다 하더라도, 그 사상들은 여전히 작동한다. 왜냐하면 우리의 무의식이 그것들을 보편적인 정신적 사실들의 대표자로 인정하기 때문이다. 이런 이유로, 만약에 신앙이 있다면, 그것으로 충분하다. 그러나 합리적인 의식의 확장과 강화는 언제나 우리를 상징들의 원천으로부터 더욱 멀리 떼어 놓고, 또 의식의 주도권을 더욱 높임으로써 우리가 상징들을 이해하는 것을 막는다. 현재의 상황이 꼭 그렇다.

누구든 시계를 거꾸로 돌려놓을 수는 없으며, 스스로 "내가 아는 것은 진리가 아니라"고 믿을 수도 없다. 그러나 모두가 상징들이 진정으로 의미하는 것이 무엇인지를 놓고 생각할 수는 있다. 이런 식으로 접근한다면, 너무도 소중한 우리 문명의 보물들이 보존될 수 있을 뿐만 아니라, 상징체계가 낯설다는 이유로 우리의 "합리적인" 시각에서 사라져 버린 옛날의 진리들에 새롭게 접근할 수 기회를 얻을 수도 있다. 어떻게 한 사람의 인간이 하느님의 아들이 될 수 있고 처녀의 몸에서 태어날 수 있는가? 그것은 이성의 얼굴을 갈기는 모욕이나 마찬가지이다.

그러나 순교자 유스티노(Justin Martyr: A.D. 100년경-165년경)가 동시대인들을 향해 그들의 영웅들에 대해서도 똑같이 말할 수 있다고 언급하면서, 그들이 자신의 말에 귀를 기울이도록 하지 않았는가? 그것은 그 시대에 인간의 의식이 상징들에 대해 우리 현대인이 느끼는 것과 달리 희한하다고 보지 않았기 때문이다. 오늘날 그런 교리들은 무시당하고 있다. 알려진 우리의 세계에서 그 어떤 것도 그런 단언과 부합하지 않기 때문이다. 그러나 만약에 이런 것들을 본래의 모습 그대로, 그러니까 상징들로 이해한다면, 우리는 그것들 안에 담긴 헤아릴 길 없는 지혜에 그저 감탄하고, 그 상징들을 보존했을 뿐만 아니라 교리로까지 발달시킨 제도에 감사하는 마음을 품을 수 있을 것이다. 오늘날의 인간은 믿도록 도와줄 바로 그 이해력을 결여하고 있다.

만약 내가 지금 진부해진 옛날의 교리들을 대상으로 감히 심리학적인 조사를 펼친다면, 분명히 나는 다른 사람들보다 더 많이 안다는 건방진 자만에서 그렇게 하는 것이 아니라, 오랜 세월 동안 논쟁의 원인이 된 교리라면 절대로 공허한 공상이 아니라는 확신에서 그렇게 하고 있다. 나는 그 교리가 '만장일치'와 비슷하고, 그 때문에 원형과 아주 비슷하다고 느꼈다.

내가 그 교리와 어떤 관계를 확립할 수 있었던 것은 겨우 내가 그 점을 깨닫고 나서였다. 하나의 형이상학적 "진리"로서, 그 교리는 내가 절대로 접근할 수 없는 것으로 남았으며, 나는 그런 입장에 있었던 사람이 결코 나 혼자만은 아닐 것이라고 생각한다. 보편적인 원형적 배경에 관한 지식은 그 자체로 "언제 어디서나 모든 사람이 믿는 것"을 기독교의 경계 너머까지 확장하는 하나의 심리학적 사실로 다루도록 할 만큼 충분한 용기를 나에게 주었다. 그래서 나는 거기에 부여되었을 "형이상학적" 의미를 무시하고 그것을 하나의 과학적 연구의 대상으로, 순수하고 단순한 하나의 현상으로 다룰 수 있었다.

나 자신의 경험을 통해서 나는 형이상학적 측면은 나의 믿음이나 이해력에 조금도 기여하지 않았다는 것을 잘 알고 있다. 그 측면은 나에게 전혀 아무런 말을 하지 않았다. 그러나 나는 "심볼룸"이 최고 수준의 현실성을 소유하고 있다는 점을 인정하지 않을 수 없었다. 그것이 수없이 많은 사람들에 의해서, 거의 2,000년에 이르는 세월 동안, 눈으로 볼 수 없거나 손으로 만져볼 수 없는 것들에 관한 타당한 진술로 여겨졌기 때문이다. 만약에 신앙이라는 다루기 힘든 재능이 우리를 모든 의혹과 모든 불편한 조사로부터 해방시키지 않는다면, 이해할 필요가 있는 것은 바로 그 같은 사실이다. "형이상학적 진리" 중에서 우리가 알 수 있는 것은 단지 인간이 만든 부분뿐이기 때문이다. 만약 이 문제들이 오직 믿음의 대상이기만 하다면, 그것은 위험한 일이다. 믿음이 있는 곳에 회의(懷疑)가 있고, 믿음이 격하고 고지식할수록, 회의가 시작되기만 하면 결과가 그 만큼 더 파괴적이기 때문이다. 게다가 현대인은 중세의 무지한 머리보다 무한히 더 영리하다.

이런 것들을 고려한 결과, 나는 원형적인 진술들에 담겨 있을 수 있는 형이상학적 의미에 대단히 조심스럽게 접근하지 않을 수 없었다. 그런 진술들의 종국적인 영향이 우주의 토대까지 침투하지 못하도록 막는 것은 전혀 없다. 만약 우리가 그 같은 사실을 깨닫지 못한다면, 우리만 멍청한 존재일 뿐이다. 사정이 이러하기 때문에, 나는 원형적인 진술들의 대상이 단지 그 원형의 심리학적 측면들에 대한 우리의 조사에 의해 설명되거나 처리되었다고 주장하지 못한다. 내가 이룬 것은 기껏 호기심 가득한 정신에게 그 문제의 한쪽 측면에, 그러니까 접근 가능한 측면에 다가설 길을 열어주려는 노력을 다소 성공적으로 편 것뿐이다. 그것 이상을 기대하는 것은 아마 건방진 생각일 것이다. 내가 단순히 논의를 자극하는 선에서 그쳤다

할지라도, 나는 목표 이상을 성취한 셈이다. 이유는 세상이 이런 원형적인 진술들을 망각하는 경우에 정신과 영혼이 말로 표현할 수 없을 만큼 빈약해질 위험이 있기 때문이다.

3장

미사 속의 변형의 상징체계
(1940/41)

머리말

미사는 지금도 여전히 살아 있는 신비이며, 그 기원은 초기 기독교 시대로 거슬러 올라간다. 미사가 그 생명력을 부분적으로 명백한 심리적 효능에 기대고 있고, 따라서 미사가 심리학적 연구의 적절한 주제라는 사실에 대해서는 말할 필요조차 없을 것이다. 그러나 심리학은 단지 현상학적 관점에서만 그 주제에 접근할 수 있을 뿐이라는 점도 똑같이 강조되어야 한다. 신앙의 실체들은 심리학의 영역 밖에 놓여 있기 때문이다.

　나의 연구는 네 분야로 나뉜다. 이 머리말에서 나는 '신약 성경'에 나오는 미사의 원천들 중 일부를 암시할 것이다. 동시에 미사의 구조와 의미에 대해서도 설명할 것이다. 두 번째 섹션에서는 미사 의례 동안에 행해지는 행사들을 순서대로 요약할 것이다. 세 번째 섹션에서는 희생과 변형을 나타내는, 고대의 이교의 상징체계와 기독교의 상징체계의 비슷한 점을 제시할 것이다. 구체적으로 조시모스의 환상들이 거론될 것이다. 마지막 네 번째 섹션에서, 나는 희생과 변형에 관한 심리학적 논의를 시도한다.

*

미사라는 성사에 관한 가장 오래된 설명은 '코린토 신자들에게 보낸 첫째 서간' 11장 23-26절에서 발견된다.

사실 나는 주님에게서 받은 것을 여러분에게도 전했습니다. 곧 주 예수님께서는 잡히시던 날 밤에 빵을 들고 감사를 드리신 다음, 그것을 떼어 주시며 말씀하셨습니다. "이는 너희를 위한 내 몸이다. 너희는 나를 기억하여 이를 행하여라." 또 만찬을 드신 뒤에 같은 모양으로 잔을 들어 말씀하셨습니다. "이 잔은 내 피로 맺는 새 계약이다. 너희는 이 잔을 마실 때마다 나를 기억하여 이를 행하여라." 사실 주님께서 오실 때까지, 여러분은 이 빵을 먹고 이 잔을 마실 적마다 주님의 죽음을 전하는 것입니다.[86]

비슷한 설명들이 '마태복음'과 '마가복음', '누가복음'에서도 발견된다. '요한복음'에서는 거기에 해당하는 단락이 어느 "만찬"에 대해 말하지만, 거기서 미사는 사도들의 발을 씻는 것과 연결되고 있다. 이 만찬에서 그리스도는 미사의 의미와 본질을 규정하는 말을 한다('요한복음' 15장 1, 4, 5절). "나는 참 포도나무이다." "내 안에 머물러라. 나도 너희 안에 머무르겠다." "나는 포도나무요 너희는 가지다." 예배에 대한 설명들 사이의 일치는 성경 밖의 어떤 전통적인 원천을 가리킨다. A.D. 150년이 될 때까지 성체 성사를 실제로 치렀다는 증거는 전혀 없다.

미사는 정교하게 다듬은 전례에 따라 치르는 성체 성사로서 일종의 축제

---

86   한국 천주교 주교 회의가 펴낸 '성경'.

이다. 미사는 이런 구조를 갖고 있다.

이 연구가 기본적으로 변형의 상징에 관심을 두고 있기 때문에, 나는 미사를 전체적으로 논하는 것을 피해야 한다.

미사의 제물에는 두 가지 분명한 사상이 섞여 있다. '데이프논'(deipnon)[87]과 '튀시아'(thysia)[88]가 그 사상들이다. 튀시아는 '희생시키다' 또는 '도살하다'라는 뜻의 동사에서 비롯되지만, 그 단어는 '타는 듯한' 또는 '타오르는'이라는 뜻도 갖고 있다. 이것은 신들에게 바치는 공물을 태우는 불을 가리킨다. 원래 음식을 공물로 바치는 것은 신들에게 영양을 공급한다는 뜻을 담고 있었다. 불에 굽히는 제물에서 나오는 연기가 음식을 신들의 거주지까지 갖다 주는 것으로 여겨졌다. 훗날 연기는 영적 형태의 음식 제공으로 인식되었다. 정말로, 중세에 이르기까지 기독교 시대 내내 영(또는 프네우마)는 섬세하고 증기 같은 물질로 여겨졌다.

데이프논은 '식사'를 의미한다. 가정 먼저, 그것은 제식에 참여한 사람들이 함께 하는 식사이다. 이때 신도 그 자리에 함께 있는 것으로 믿어졌다. 그것은 또한 "봉헌된" 음식을 먹는 "성스러운" 식사이고, 따라서 제물(제물을 뜻하는 'sacrifice'는 '신성하게 하다' '봉헌하다'라는 뜻을 가진 라틴

87　만찬, 저녁식사라는 뜻의 헬라어 단어.

88　희생, 제물이라는 뜻의 헬라어 단어.

어 'sacrificare'에서 유래했다)이다.

'데이프논'과 '튀시아'의 이중적인 의미는 "너희를 위해 (주어진) 몸"이라는 성찬식의 말에 함축되어 있다. 이것은 "너희에게 먹히기 위해 주어진 몸"을 뜻하거나 간접적으로 "너희를 위해 신에게 주어진 몸"을 뜻할 수 있다. 식사라는 생각이 즉시 '몸'이라는 단어에 '살점'(먹을 수 있는 물질로서)의 의미를 부여한다.

성찬식에 대한 믿을 만한 설명들 외에, 우리는 미사의 가능한 한 원천으로서 '히브리인들에게 보낸 서간' 13장 10-15절도 고려해야 한다.

> 우리에게는 제단이 있는데, 성막(聖幕)에 봉직하는 이들은 이 제단의 음식을 먹을 권리가 없습니다. 대사제는 짐승들의 피를 속죄 제물로 성소 안에 가져갑니다. 그러나 그 짐승들의 몸은 진영 밖에서 태웁니다. 그러므로 예수님께서도 당신의 피로 백성을 거룩하게 하시려고 성문 밖에서 고난을 받으셨습니다. 그러니 진영 밖으로 그분께 나아가 그분의 치욕을 함께 짊어집시다. 사실 땅 위에는 우리를 위한 영원한 도성이 없습니다. 우리는 앞으로 올 도성을 찾고 있습니다. 그러므로 예수님을 통하여 언제나 하느님께 찬양 제물을 바칩시다.[89]

추가적인 자료로 '히브리인들에게 보낸 서간' 7장 17절을 언급할 수 있다. "너는 멜키세덱(Melchisedec)과 같이 영원한 사제다."[90] 영구적인 제물과 영원한 사제가 미사의 한 근본적인 요소이다. '히브리인들에게 보낸 서간' 7장 3절에 따르면 "아버지도 없고 어머니도 없으며 족보도 없고 생애의 시작도 없고 끝도 없는 이로서 하느님의 아들을 닮은" 멜키세덱은 기독

---

89   한국 천주교 주교 회의가 펴낸 '성경'.
90   한국 천주교 주교 회의가 펴낸 '성경'.

교 이전의 로고스의 구현으로 믿어졌다.

영원한 사제와 신에게 "지속적으로" 바쳐지는 제물이라는 사상은 우리를 진정한 '신앙의 신비', 즉 본질들의 변형으로 이끈다. 이 변형이 바로 미사의 세 번째 양상이다. 불에 의해서 연기와 재로 환원되는 번제(燔祭)에 실체의 영성화라는 의미에서 실체의 변형에 관한 원시적인 암시가 담겨 있긴 하지만, '데이프논'과 '튀시아'라는 사상들은 그 자체로 신비를 암시하거나 포함하고 있지 않다. 그러나 이 측면은 분향으로서 부차적인 형태로만 나오는 미사에서 실질적으로 전혀 중요하지 않다. 한편, 신앙의 신비는 "멜키세덱의 명령을 따르는" 영원한 사제와 그 사제가 신에게 "지속적으로" 바치는 제물에서 그 모습을 충분히 분명하게 드러내고 있다.

시간의 밖에 있는 어떤 질서의 표현은 성변화의 순간에 "정말로, 진정으로, 본질적으로" 일어나는 어떤 기적이라는 생각을 수반한다. 이유는 제공된 실체들이 자연적인 것들과 전혀 다르지 않으며, 사실 누구에게나 본질이 잘 알려져 있는 명백한 생필품, 즉 밀로 만든 빵과 포도주여야 하기 때문이다. 게다가, 미사를 집전하는 사제는 평범한 인간이다. 그는 성직자라는 명확한 표시를 지니고 있으며, 따라서 그는 제물을 바칠 권한을 받았을지라도 아직 미사에서 재현되는 신성한 자기희생의 도구가 되는 위치에 있지는 않다. 그의 뒤에 서 있는 회중도 아직 죄를 씻지 않았고, 신성하게 되지 않았으며, 제물로 바쳐진 선물로 변화하지 않았다.

미사 의식은 이런 상황을 받아들이고 절정에 이를 때까지 그것을 단계적으로 변화시킨다. 여기서 말하는 절정은 그리스도 자신이 직접 제관이자 제물로서 사제의 입을 통해 결정적인 말을 하는 때인 성변화를 뜻한다. 그 순간에 그리스도는 시간과 공간 안에 존재한다. 그럼에도 그리스도가 거기에 있는 것은 다시 나타나는 것이 아니며, 따라서 성변화의 숨은 뜻은 역사 속에 한 번 일어난 어떤 사건의 반복이 아니라, 영원 속에 존재하고 있는 무엇인가의 드러냄이며, 인간의 영이 영원을 보지 못하도록 분리시키고 있는, 시간적, 공간적 한계라는 악을 찢어버리는 것이다.

이 사건은 당연히 하나의 신비이다. 왜냐하면 그것을 생각하거나 묘사하는 것이 인간의 능력을 벗어나기 때문이다. 바꿔 말하면, 그 의례는 필연적으로 각 부분이 하나의 상징으로 되어 있다. 지금 하나의 상징은 알려져 있고 상상 가능한 어떤 사실을 나타내는, 자의적이거나 의도적인 표시가 아니다. 상징은 초인적이고 오직 부분적으로만 상상 가능한 무엇인가를 나타내는, 틀림없이 의인화된, 따라서 제한적이고 부분적으로만 타당한 어떤 표현이다. 그 상징은 최선의 표현일 수 있지만, 그럼에도 그것은 묘사하길 원하는 그 신비의 차원보다는 아래이다. 미사는 이런 의미에서 하나의 상징이다. 여기서 나는 크람프 신부(Father Kramp)의 말을 인용하고 싶다. "일반적으로 제물은 상징적인 행위로 받아들여진다. 하느님에게 물질적인 선물을 바치는 것은 그 자체로는 아무런 목표를 지니지 않고, 단지 어떤 생각을 표현하는 수단의 역할을 한다는 뜻이다. 그리고 이 표현 수단을 선택함에 따라, 넓은 범위의 의인화가 일어난다. 인간이 같은 인간을 마주하듯이 하느님을 마주한다. 마치 하느님이 거의 인간인 것처럼. 우리는 하느님에게, 좋은 친구나 세속의 지배자에게 선물을 건네듯이 선물을 바친다."

미사가 내세와 우리의 인식 능력 밖에 있는 무엇인가를 나타내는 의인화된 상징이라면, 미사의 상징체계는 비교를 바탕으로 하는 심리학과 분석적인 연구의 주제로 합당하다. 당연히 나의 심리학적 설명은 전적으로 상징적 표현에만 관심을 두고 있다.

1. 변형 의례의 순서

변형 의례는 예물을 봉헌하는 동안에 암송하는 교창인 봉헌 성가로 시작된다고 볼 수 있다. 여기서 변형과 관련 있는 최초의 의례 행위를 만난다.

1) 빵 봉헌

제병(祭餅)이 제단의 십자가 쪽으로 높이 들어 올려지고, 사제가 제병을 성반에 놓고 그 위로 성호를 긋는다. 이로써 빵이 그리스도와, 십자가 위에서의 그의 죽음과 연결된다. 빵은 하나의 "제물"로 변하고, 그리하여 신성한 것이 된다. 그 들어올림이 빵을 영적인 영역으로 끌어올린다. 그것이 영성화의 예비 행위이다. 유스티노는 신전에서 깨끗하게 나은 나병 환자들을 보여주는 것은 성찬식 빵의 한 이미지였다는 흥미로운 발언을 한다. 이것은 훗날 불완전하거나 "나병에 걸린" 본질이 연금술 작업에 의해서 완벽해진다는 연금술의 사상과 연결된다. ("자연이 불완전하게 남겨 놓은 것은 그 기술에 의해 완전해진다.")

2) 성작 준비

이것은 포도주의 "영적" 성격에 어울리게, 빵을 준비하는 일보다 훨씬 더 경건하며, 사제의 몫이다. 약간의 물이 포도주에 섞인다.

포도주와 물을 섞는 것은 원래 물을 혼합하지 않고는 포도주를 마시지 않던 고대의 관습과 관계있었다. 그래서 주정꾼은 '섞지 않은 포도주를 마시는 자'라는 뜻으로 '아크라토포테스'(akratopotes)라 불렸다. 현대 그리스어에서도 포도주는 여전히 '혼합'이란 뜻을 지닌 '*κρασι*'로 불린다. (절대적으로 신성한 그리스도의 본성을 지키기 위해서) 성찬 포도주에 어떤 물도 섞지 않았던, 그리스도 단성론[91]을 믿은 아르메니아인의 관습을 근거로, 물은 물질적이거나 육체적인 의미를 지니며 인간의 물질적인 본성을 나타낸다고 추론할 수 있다. 따라서 로마 가톨릭교회 의례에서 물과 포도주를 섞는 것은 신성과 인성이 포도주와 물이 섞이듯 분할할 수 없게 섞인다는 것을 의미한다.

카르타고 주교였던 성 키프리아누스(St. Cyprianus: A.D. 210?-258)는 포도주는 그리스도를, 물은 그리스도의 몸으로서 회중을 의미한다고 말한다. 물의 의미는 '요한 묵시록' 17장 15절의 언급에 의해 설명된다. "네가 본 물, 곧 탕녀가 그 곁에 앉아 있는 물은 백성들과 군중들과 민족들과 언어들이다."[92] (연금술에서, 탕녀는 원물질의 동의어이고, 무의식의 상태에서 구원 받지 못한 채 어둠 속을 방황하는 사람처럼, 어둠에 잠긴 불완전한 몸의 동의어이다. 이 사상은 그노시스주의의 피시스(Physis)[93], 그러니까 열정적인 두 팔로 누스를 천상에서 끌어내려 자신의 음울한 포옹으로 감싸고 있는 그 피시스의 이미지에 예시되고 있다.) 그 물은 불완전하거나 심지어 나병에 걸린 물질이기 때문에, 혼합되기 전에 축복을 받고 신성하게 만들어져야 한다. 그래야만 정화된 어떤 몸이 정신의 포도주와 결합할 것이다. 그리스도가 오직 순수하고 축성된 회중하고만 결합해야 하듯이 말이다. 따라서 그 의례의 이 부분은 완벽한 육체를, 부활의 영광으로 빛나는 육체를 준비한다는 특별한 의미를 지닌다.

성 키프리아누스의 시대에, 성찬 의례는 일반적으로 물로 치러졌다. 그

---

91 그리스도에게 신성(神性)과 인성(人性)이 동시에 있는 것이 아니라 하나의 본성만 있다고 보는 견해.

92 한국 천주교 주교회의에서 편찬한 '성경'.

93 일반적으로 '자연'으로 번역되는 그리스어 단어.

리고 한참 뒤에, 밀라노 주교를 지낸 성 암브로시우스(339?-397?)는 "그 늘 속에, 바위에서 나온 물, 말하자면 그리스도의 피가 있었다"고 말한다. 물로 치르는 성찬 의례는 '요한복음' 7장 37-39절에서 예시되고 있다. "목 마른 사람은 다 나에게 와서 마셔라. 나를 믿는 사람은 성경 말씀대로 '그 속에서부터 생수의 강들이 흘러나올 것이다.' (그러나 이것을 그는 그를 믿는 사람들이 받아야 할 성령에 대해 말씀하셨다. 예수님이 영광스럽게 되지 않으셨기 때문에, 성령께서 아직 와 계시지 않았던 것이다.)"[94] 그리 고 '요한복음' 4장 14절에도 그런 내용이 보인다. "그러나 내가 주는 물을 마시는 사람은 영원히 목마르지 않을 것이다. 내가 주는 물은 그 사람 안에 서 물이 솟는 샘이 되어 영원한 생명을 누리게 할 것이다."[95]

"성경 말씀대로, '그 속에서부터 생수의 강들이 흘러나올 것이다.'"라는 말은 '구약 성경' 어디에도 나타나지 않는다. 그러므로 그 부분은 '요한복 음'의 저자가 틀림없이 신성한 것으로 여겼지만 우리에게는 알려지지 않 은 어떤 글에서 나왔음에 틀림없다. 그 부분은 '이사야서' 58장 11절에 근 거를 두고 있을 수 있다. "주님께서 늘 너를 이끌어 주시고 메마른 곳에서 도 네 넋을 흡족하게 하시며 네 뼈마디를 튼튼하게 하시리라. 그러면 너는 물이 풍부한 정원처럼, 물이 끊이지 않는 샘터처럼 되리라." 또 다른 가능 성은 '에제키엘서' 47장 1절에 있다. "그가 다시 나를 데리고 주님의 집 어 귀로 돌아갔다. 이 주님의 집 정면은 동쪽으로 나 있었는데, 주님의 집 문 지방 밑에서 물이 솟아 동쪽으로 흐르고 있었다. 그 물은 주님의 집 오른쪽 밑에서, 제단 남쪽으로 흘러내려 갔다."

히폴리토스(Hyppolytus: A.D. 170?-235?)의 '교회 전례집'에서, 물을 담 는 성작(聖爵)은 육체뿐만 아니라 속 사람도 다시 태어나는 세례반과 연

---

94 한국 천주교 주교회의에서 편찬한 '성경'.

95 한국 천주교 주교회의에서 편찬한 '성경'.

결된다. 이 해석은 '포이만드레스'(Poimandres)[96] 속의 세례용 크라테르와 신이 준 누스로 가득찬 헤르메스의 대야와 아주 비슷하다. 여기서 물은 프네우마, 즉 예언의 영을 의미하며, 또한 어떤 사람이 받아서 타인들에게 넘겨주는 원리를 의미한다. 영적인 물과 동일한 이미지는 "솔로몬의 송가"에 나타난다.

> 개울이 앞으로 흘러 넓고 긴 강이 되었다. … 땅 위의 목마른 자들이 모두 그 물을 마시게 되었다. 목마름이 가라앉고 해소되었다. 가장 높으신 분으로부터 물이 왔기 때문이다. 따라서 그 물을 마신 사제들은 축복을 받았다. 그들은 목마름을 풀 수 있었으며, 약해졌던 의지도 다시 일어났으며, 거의 떠날 뻔 했던 영혼도 죽음으로부터 다시 붙잡아둘 수 있었으며, 약해 빠진 그들의 사지는 회복되어 다시 곧게 설 수 있었다. 그들은 허약한 곳에 힘을 부여했으며, 눈에도 빛을 주었다. 왜냐하면 모든 사람이 주님의 안에서 그들을 알았기 때문이다. 그들은 생명의 물을 통해서 영원히 살았다.

성체 성사가 물로도 치러졌다는 사실은 초기의 기독교인들이 주로 신비들의 상징체계에 관심을 두었지, 성사를 글자 그대로 엄격히 준수하는 데 관심을 두지 않았다는 점을 보여준다. (이 견해를 뒷받침하는 다른 변형도 몇 가지 있다. 예를 들면, "우유 마시기"가 있다.)

포도주와 물을 매우 생생하게 해석하는 또 다른 예는 '요한복음' 19장 34절, "그러자 곧 피와 물이 흘러나왔다"라는 대목이다. 특별히 강조할 만한 것은, 그리스도가 포도주를 마시면서 자신의 피를 마셨다고 한 성 요한

---

96 그리스어로 쓴 연금술 관련 논문 모음집 '코르푸스 헤르메티쿰(Corpus Hermeticum)에 실린 첫 번째 논문.

크리소스톰(St. John Chrysostom: 콘스탄티노플 총대주교: 347?-407)의 말이다.

미사의 이 부분에서, 우리는 중요한 기도를 만난다.

> 오 하느님이시어, 인간의 본성을 창조하시면서 그 본성을 놀랄 만큼 고귀
> 하게 다듬으셨고, 더욱 놀랄 만큼 그 본성을 새롭게 하셨나니. 이 물과 포
> 도주의 신비에 의해서 우리가 특별한 호의로 우리 인성의 공유자가 된 예
> 수 그리스도의 신성의 공유자가 되도록 하여 주소서.

3) 성작 들어올리기

성작을 위로 들어올리는 것은 포도주의 영성화(즉, 휘발)를 준비하는 것이다. 이것은 직후 이어지는 성령에 대한 간청(Veni sanctificator(오소서, 거룩하게 하는 이여))에 의해 뒷받침되며, 그 점은 "Veni spiritus sanctificator"(오소서, 거룩하게 하는 영이여)라는 표현을 포함하는 모자라베[97]의 전례에서 더욱 분명하게 드러난다.

기도는 포도주에 성령을 불어넣는 데 이바지한다. 생기게 하고, 성취시키고, 변형시키는 것이 성령이기 때문이다(예를 들면, 오순절 성령의 불꽃). 들어올려진 다음에 성작은 옛날에는 그리스도의 오른쪽 옆구리에서 흘렀던 피에 맞추기 위해 제병의 오른쪽에 놓여졌다.

4) 실체들과 제단에 향 피우기

사제는 실체들 위로 긴 사슬이 달린 향로로 십자가 표시를 세 번 한다.

---

97 이슬람 지배 하에서 중세 이베리아 반도에 살던 기독교인을 말한다.

이때 두 번은 오른쪽에서 왼쪽으로 하고, 한 번은 왼쪽에서 오른쪽으로 한다. 시계 반대 방향(오른쪽에서 왼쪽으로)의 움직임은 심리학적으로 아래쪽으로, 그러니까 무의식 쪽으로 이뤄지는 둘레 돌기에 해당하는 반면에, 시계 방향(왼쪽에서 오른쪽으로)의 움직임은 의식 쪽을 향한다. 제단에 향을 치는 복잡한 과정도 거치게 된다.

분향은 향을 바친다는 의미를 지니며, 따라서 원래 튀시아의 유물이다. 동시에 분향은 제물로 바친 공물들과 제단의 변형을, 그 의례에 쓰이고 있는 모든 물리적인 실체들의 정화를 의미한다. 마지막으로, 분향은 거기 있을 수 있는 악의 힘들을 몰아내려는 액막이 의례이다. 그 절차가 공기를 프네우마의 향기로 가득 채우며 사악한 정령들이 살지 못하도록 만들기 때문이다. 향 태울 때 나는 연기는 승화된 몸 또는 생령(生靈) 같은 "신비체"를 암시한다. 향은 "영적" 물질로서 위로 올라가면서, 기도의 상승을 나타내고 실현시킨다. "주여, 원하건대, 저의 기도가 이 향과 함께 당신이 보실 수 있도록 올라갈 수 있기를!"

분향은 영성화시키는 예비 의례의 마지막 단계이다. 예물들도 정화되어 실제의 성변화를 위한 준비를 끝낸 상태이다. 성직자와 회중도 마찬가지로 다음과 같은 기도에 의해 정화된다. "주님이시어, 우리의 안에 당신의 사랑의 불을 피워주소서." "순진한 사람들 틈에서 손을 깨끗이 씻도록 해주십시오." 이제 성직자와 회중은 곧 이어질, 제물 바치는 행위에서 신비의 결합을 이룰 준비를 갖추게 된다.

5) 성령 강하를 비는 기도

'받으소서, 거룩한 성삼위일체이시여 …'라는 기도는 '형제들이여, 우리가 바치는 이 제사를 …'과 '거룩하시다, 거룩하시다 …'와 '그러므로 지극히 어지신 성부여 …'라는 기도처럼 제물이 받아들여지도록 하기 위한, 말하자면 하느님을 달래기 위한 기도이다. 따라서 묵송(默誦) 다음에 오는 서창(序唱)은 모자라베 의례에서 '일라치오'(Illatio)라고 불리며, 옛날의 프랑스 가톨릭 전례에서는 예물들의 증정과 관련있는 '이몰라치오'(Immolatio)로 알려져 있다. '거룩하시다, 거룩하시다 …'의 기도에 포함된 문구, "주의 이름으로 오시는 자를 찬미할 지어다"는 "이름을 부르는 행위"는 "소집"의 힘을 지닌다는 옛날의 원리에 따라서 이미 준비를 다 끝낸 상태에서 주님의 등장을 기다리고 있다는 뜻을 표현하고 있다.

그 기도에 이어 "살아 있는 자들에 대한 기억"이 '주님, 저희 봉사자들과 …'과 '주님, 이 예물을 …'이라는 기도와 함께 나온다. 모자라베 미사에서는 이것들 뒤에 성령 강하를 비는 기도가 이어진다. "오, 최고 성직자이신 예수님이시어, 임하소서, 우리들 중에 임하소서. 당신이 사도들 사이에 계셨듯이." 여기서 이름을 부르는 것도 마찬가지로 소환의 힘을 지닌다. 그것은 "주님의 이름으로 오시는 분, 찬미할 지어다"라는 부분을 강화하며, 그것은 주님의 실제 현시로. 따라서 미사의 정점으로 여겨질 수 있다.

6) 성체 축성

로마 가톨릭교회의 미사에서 이것은 빵과 포도주를 그리스도의 육체와 피로 바꾸는 것으로서 그 의례의 절정에 해당한다. 빵의 성변화를 위한 축성문은 이렇다.

예수께서는 수난 전날 저녁에, 거룩하고 존엄하신 손에 빵을 드시고, 하늘로 눈을 들어 전능하신 천주 성부를 우러러 보시며 감사를 드리고 축성하신 후에, 제자들에게 떼어주시며 말씀하셨다. 너희는 모두 이것을 받아

먹어라. 이것은 곧 나의 몸이다.

그리고 성작의 성변화를 위한 축성문은 다음과 같다.

저녁을 잡수시고 같은 예식으로 거룩하시고 존엄하신 손에 이 신묘한 잔을 드시고 다시 감사를 드리며 축성하신 후에 제자들에게 주시며 말씀하셨다. 너희는 모두 이것을 받아 마셔라. 이는 곧 새롭고 영원한 계약을 맺는 내 피의 잔이다. 이는 죄를 사하여 주려고 너희와 많은 이를 위하여 흘릴 피다. 너희는 이를 행할 때마다 나를 기억하기 위하여 행하여라.

실체들과 제단뿐만 아니라 성직자와 회중도 이제, 준비 단계에서 시작해서 미사 전문(典文)으로 끝난 기도와 의례에 의해서 점진적으로 순화되고, 축성되고, 고양되고, 영성화되었으며, 따라서 성직자와 회중은 하나의 신비의 통합체로서 신의 출현을 맞을 준비를 끝낸 상태이다. 따라서 성체 축성의 축성문을 읽는 것은 그리스도가 성직자와 회중, 빵, 포도주, 향의 신비체 안에 자리한 가운데 직접 말하는 것이나 마찬가지이다.

그 순간에 한 번의 신성한 희생이 지닌 영원한 성격이 분명히 드러난다. 그 성격은 특별한 때에 특별한 장소에서 경험된다. 마치 창문이나 문이 공간과 시간 그 너머에 있는 존재를 향해 열려 있었던 것처럼. 성 크리소스톰이 한 말도 이런 의미에서 이해되어야 한다. "어느 교회의 제단에서 한 번 행해진 이 말씀은 그날 이후로 지금까지, 그리고 예수의 재림까지 그 희생을 완벽하게 만든다."

성직자의 준비 행위에 의해서가 아니라, 예수 그리스도께서 말씀 속에 임하시는 것에 의해서만, 그리고 그 말씀의 효력에 의해서만 제물의 불완전한 몸이 완전하게 되는 것이 분명하다. 이것이 작용인이라면, 의례는 일반적인 마법과 조금도 다르지 않을 것이다. 성직자는 단지 성변화의 보조적인 원인일 뿐이다. 진정한 원인은 신의 은총의 행위로서 자연적으로 일어나는, 그리스도의 생생한 참석이다.

따라서 다마스쿠스의 요한(John of Damascus: 675?-749)은 어떤 성직자가 말하든 상관없이 말씀은, 마치 그리스도가 그 자리에 임한 상태에서 직접 말하는 것처럼, 신성하게 하는 효과를 발휘한다고 말한다. 그리고 둔스 스코투스(Duns Scotus: 1265?-1308)는 최후의 만찬 성사에서 그리스도는 의지의 한 행위로서 미사마다 성직자를 매개로 자신을 제물로 내놓는다고 말한다. 이것은 제물을 바치는 행위가 성직자에 의해서 행해지는 것이 아니라 그리스도 자신에 의해서 행해진다는 이야기를 아주 명백하게 들려주고 있다. 변형의 행위자는 바로 그리스도를 통해 작용하고 있는 신의 의지이다.

트렌트 공의회는 미사의 제물 봉헌에서 "동일한 그리스도가 포함되어 피를 흘리지 않는 가운데 희생된다"고 선언했다. 그럼에도 그것은 역사적인 희생의 반복이 아니라, 피를 흘리지 않는 상태에서 이뤄지는 역사적 희생의 부활이다. 성체 성사의 말들이 신의 의지의 표현인 까닭에 희생을 성취시키는 힘을 지니고 있기 때문에, 그 말들은 비유적으로 제물을 잡는 칼 또는 신의 의지에 따라 '튀시아'를 마무리하는 칼로 묘사될 수 있다. 이 비유는 예수회 신부 레시우스(Leonardus Lessius: 1554-1623)가 처음 소개했으며, 그 이후로 교회의 비유적 표현으로 인정을 받았다. 그것은 '히브리인들에게 보낸 서간' 4장 12절("하느님의 말씀은 살아 있고 힘이 있으며 어떤 쌍날칼보다도 날카롭습니다.")과 '요한 묵시록' 1장 16절("입에서는 날카로운 쌍날칼이 나왔습니다.")에 근거를 두고 있다.

"제물로 쓰기 위해 무엇인가를 죽인다는 이론"(mactation theory)은 16세기에 처음 등장했다. 그 이론을 처음 제기한 레온의 주교 쿠에스타

(Andrés de la Cuesta: ?-1564)는 그리스도가 성직자에 의해 살해된다고 선언했다. 그래서 칼 비유가 꽤 자연스럽게 따랐다. 테살로니카의 대주교 카바실라스(Nicholas Cabasilas: 1320?-1390?)는 그리스 정교회에서 행해지는, 그에 상응하는 의례를 생생하게 묘사하고 있다.

성직자는 "그가 한 마리 새끼 양으로서 도살장으로 끌려가셨다"는 내용의 텍스트를 암송하면서 빵 덩어리에서 한 조각을 자른다. 그것을 탁자 위에 놓으면서 성직자는 "하느님의 어린 양이 죽음을 당했다"고 말한다. 이어서 빵에 십자가 표시를 하고, 텍스트에 맞춰서 작은 창으로 빵의 옆구리를 찌른다. "그리고 군인들 중 하나가 창으로 그의 옆구리를 찔렀고, 이어서 옆구리에서 피와 물이 흘러나왔다." 이 말과 함께 물과 포도주가 빵 옆에 놓여 있는 성작 안에서 섞인다.

제물은 또한 제물을 바치는 자를 나타낸다. 말하자면, 그리스도는 제물을 바치는 자이자 제물로 희생되는 자이다.

크람프 신부는 이렇게 적고 있다. "주기도문 앞에 오는, 가끔은 빵을 쪼개는 행위와 또 가끔은 성작을 높이 들어올리는 행위는 그리스도의 죽음을 상징하는 것으로 받아들여졌다. … 그러나 어느 누구도 '신비의 도살' 같은 상징을 미사의 핵심을 이루는 제물로 여길 생각을 하지 않았다. 그렇기에 전례에 '도살'에 대한 언급이 전혀 없는 것은 놀라운 일이 아니다."

7) 높이 들어올리기

축성된 실체들을 높이 들어올리며 회중에게 보여준다. 특히 제병은 '시편' 27장 8절("주님, 제가 당신 얼굴을 찾고 있습니다.")의 내용이 성취됨에 따라 행복이 넘치는 천국의 모습을 나타낸다. 그 안에 신성한 인간이 들어 있기 때문이다.

8) 성체 축성 후

이제 중요한 기도 '그러므로 주여…'(Unde et memores)가 이어진다. 나는 이 기도문을 '높은 거기서…'(Supra quae)와 '간곡히 부탁드리나니 …'(Supplices te rogamus)와 함께 전문을 소개한다.

> 그런 까닭에, 오, 주여, 우리 당신의 종들은 또한 당신의 신성한 백성들로서 당신의 아들이고 우리의 주님이신 그리스도의 신성한 수난과, 지옥으로부터의 부활, 영광스런 승천을 떠올리면서 더없이 장엄하신 당신에게 당신의 선물과 하사 중에서 순수한 호스티아, 신성한 호스티아, 순결한 호스티아, 영원한 생명의 신성한 빵과 영원한 구원의 잔을 올립니다.

> 이 제물 위로 인자하시고 어지신 얼굴로 내려다 봐 주시고, 당신이 당신의 의로운 종 아벨의 선물과 우리의 족장 아브라함의 봉물과 당신의 제사장 멜키세덱이 당신에게 바친 것을 기꺼이 받아주셨듯이, 신성한 제물을, 순결한 호스티아를 받아 주십시오.

> 전능하신 하느님이시여, 우리 당신에게 간구하옵니다. 존엄하신 주님 앞에서, 이 물건들이 신성한 천사의 손에 의해서 높은 곳의 제단으로 옮겨지기를, 그리하여 우리 중 최대한 많은 이들이 이 제단에 참여함으로써 당신의 아들의 더없이 신성한 몸과 피를 받고, 천상의 온갖 은총과 은혜로 채워질 수 있기를. 우리의 주 그리스도를 통하여. 아멘.

첫 번째 기도는 변화된 실체들 안에 우리 구세주의 부활과 찬미에 관한 암시가 들어 있다는 점을 보여주고, 두 번째 기도는 '구약 성경'에 예시된 제물을 떠올리고 있다. 아벨은 새끼 양을 바쳤고, 아브라함은 자신의 아들을 바치게 되어 있었지만 마지막 순간에 숫양으로 대체했다. 멜키세덱은 제물을 바치지 않고 빵과 포도주를 갖고 아브라함을 만나러 온다.

이 순서는 아마 우연이 아닐 것이다. 그것은 일종의 크레셴도(점점 세게)를 이루고 있다. 아벨은 기본적으로 아들이며, 동물 한 마리를 제물로 바친다. 아브라함은 기본적으로 아버지이자 "족장"이며, 따라서 한 단계 높은 위치에 있다. 그는 단순히 자신의 소유물 중에서 선택한 것을 바치는 것이 아니라 자신이 가진 것 중에서 가장 소중하고 가장 사랑스러운 것, 즉 자신의 독자(獨子)를 바칠 준비가 되어 있다. '히브리인들에게 보낸 서간' 7장 1절에 따르면, 멜키세덱("정의의 선생")은 살렘의 왕이고, "가장 높은 신(엘 엘리온)의 성직자"이다. 아브라함은 멜키세덱에게 "모든 것의 10분의 1"을 지불함으로써 그의 성직을 인정한다. 멜키세덱은 성직 덕분에 족장 위에 서고, 그가 아브라함을 대접하는 것은 성직자의 행위라는 의미를 지닌다. 따라서 우리는, 빵과 포도주에 의해 실제로 암시되고 있는 것처럼, 그 행위에 상징적인 의미를 부여해야 한다. 따라서 상징적인 제물이 다른 누군가의 희생인 아들의 희생보다 더 높은 위치를 차지한다. 따라서 멜키세덱의 공물은 그리스도의 자기 희생의 한 예시이다.

'간곡히 부탁드리나니 …' 기도에서, 우리는 신에게 "당신의 신성한 천사의 손에 의해 높은 곳의 당신의 제단으로" 선물을 옮기게 해 달라고 간청한다. 이 독특한 요구는 외경(外經) '사도들의 서신'(Epistolae Apostolorum)에서 비롯된다. 거기 보면 그리스도가 인간의 모습을 갖게 되기 전에 대천사들에게 자신이 부재하는 동안에 하느님의 제단에서 자신의 자리를 대신하라고 명령했다는 전설이 나온다. 이것은 그리스도를 멜키세덱과 연결시키는 영원한 성직이라는 사상을 보여준다.

9) 미사 전문 종료

제병을 높이 들면서, 성직자는 성작 위로 성호를 세 번 그으며 "그분을 통해서, 그분과 함께, 그분 안에서"라고 말한다. 그런 다음에 성직자는 자신과 성작 사이에서 성호를 두 번 긋는다. 이것은 제병과 성작, 성직자의 동일성을 확고히 하며, 따라서 제물의 모든 부분의 단일성을 한 번 더 확인한다. 제병과 성작의 결합은 육체와 피의 결합을, 다시 말해 피가 영혼이나 다름없기 때문에 영혼을 가진 육체를 재생시키는 것을 의미한다. 이제 주기도문이 따른다.

10. 빵 쪼개기("프락티오(Fractio)")

"오, 주님이시어, 저희를 과거와 현재, 그리고 앞으로 다가올 모든 악으로부터 자유롭게 해 주소서!"라는 기도는 그 앞의 주기도문에서 "저희를 악에서 구해주소서!"라고 한 간청을 다시 강조한다.

이 기도와 그리스도의 희생적 죽음 사이의 연결은 지옥으로 내려가서 거기서 지옥의 세력을 타파하는 것에 있다. 이어지는 빵 쪼개기는 그리스도의 죽음을 상징한다. 제병이 성작 위에서 둘로 쪼개진다. 왼쪽 반에서 떼어낸 작은 조각('파르티쿨라(particula)')은 '보증'(consignatio)'과 '섞기'(commixtio) 의례에 쓴다. 비잔티움 의례에서 빵은 네 조각으로 나눠지고, 네 조각에는 다음과 같은 글자들이 표시된다.

IΣ

NI   KA

XΣ

이것은 '예수 그리스도가 승리하다'라는 뜻이다. 글자들의 특이한 배열은 분명히 사위일체를 나타내고 있으며, 잘 아는 바와 같이, 사위일체는 언제나 완전성의 성격을 지닌다. 글자들이 보여주듯이, 이 사위일체는 영광으로 빛나는 그리스도, 영광의 왕, 전능한 존재를 가리킨다.

이보다 훨씬 더 복잡한 것은 모자라베 의례의 빵 쪼개기이다. 제병은 먼저 둘로 나뉜다. 그 다음에 왼쪽 반쪽은 다섯 부분으로, 오른쪽 반쪽은 네 부분으로 다시 나뉜다. 왼쪽의 다섯 부분은 '현현'(corporatio 또는 incarnatio), '탄생'(nativitas), '할례'(circumcisio), '봉사'(apparitio), '수난'(passio)이라 불리고, 오른쪽의 네 부분은 '죽음'(mors), '부활'(resurrectio), '영광'(gloria), '왕국'(regnum)이라 불린다. 첫 번째 집단은 전적으로 구세주의 인간적인 삶에 대해, 두 번째 집단은 이 세상 너머의 그의 존재에 대해 언급하고 있다.

옛날의 관점에 따르면, 다섯은 쫙 편 팔과 다리가 머리와 함께 5각 별 모양을 형성하는 자연적인("물질적인") 인간의 숫자이다. 한편, 넷은 영원성과 전체성을 의미한다(예를 들면, 그노시스주의의 이름에 "신은 4이다"로 번역되는 "바르벨로"가 있다). 덧붙여 말하자면, 이 상징은 공간의 확장이(십자가 위에서 일어나는) 신의 고통을 의미하는 한편으로 우주에 대한 그의 지배를 암시하는 것처럼 보인다.

11) 보증

성직자가 빵의 왼쪽 반쪽에서 떼어낸 작은 조각으로 성작 위로 성호를 그은 뒤에 그것을 포도주 안에 떨어뜨린다.

12) 섞기

이것은 몹수에스티아의 테오도로(Theodore of Mopsuestia: 350?-428)가 설명하는 바에 따르면 빵과 포도주를 섞는 것을 뜻한다. 테오도르의 설명은 이렇다. "… 그는 그것들을 하나로 결합시키며, 그로 인해서 그것들은 둘이지만 사실상 하나라는 것이 모든 이들에게 명백히 확인된다."[98] 그 텍스트는 이 대목에서 이렇게 말한다. "우리 구세주의 육체와 피를 이렇게 섞고 성체화하는 것이 우리를 돕기를!"

'성체화'(聖體化)라는 단어는 접촉에 의한 원래의 성체화를 암시할 것이다. 비록 그 표현이 두 가지 실체의 성체화가 이미 일어났다는 사실로 인한 모순을 명쾌하게 정리하지는 못할지라도. 따라서 성체(聖體)를 이번 미사에서 다음 미사로 넘기던 옛날의 관습, 말하자면 제병을 포도주에 담가서 무른, 또는 섞인 형태로 보관하던 관행이 관심을 끌었다. 이런 식의 섞는 행위로 의례가 끝나는 예가 많다. 여기서 나는 물이나, 꿀과 우유를 섞은 음료에 의한 성체화에 대해서만 언급할 것이다. 히폴리토스의 교회 규정에는 초심자에게 성체 배령 뒤에 꿀과 우유를 섞은 음료가 주어졌다.

'레오 미사 전례 기도집'(Leonine Sacramentary)(7세기)은 섞기를 그리스도의 천상의 본질과 땅의 본질을 섞는 것으로 해석한다. 그보다 뒤의 견

---

98 Rücker, ed., 'Ritus baptismi et missae quam descripsit Theodorus ep. Mopsuestanus'.

해는 그것이 부활을 상징한다는 쪽이다. 왜냐하면 그 섞기 속에서 구세주의 피(또는 영혼)가 무덤에 누워 있는 육체와 다시 결합하기 때문이다. 여기서 원래의 세례 의례의 중요한 반전이 일어난다. 세례식에서는 육체가 변형의 목적을 위해서 물에 잠기지만, 섞기에서는 육체, 즉 빵 조각이 영을 상징하는 포도주에 잠기며, 이것은 육체의 미화에 해당한다. 따라서 섞기를 하나의 부활 상징으로 보는 것도 정당하다.

13) 결론

면밀히 조사하는 경우에, 미사의 의례 행위들의 순서가 가끔은 분명하게, 또 가끔은 미묘한 암시를 통해, 그리스도의 삶과 고통을 압축적으로 표현하고 있는 것이 확인된다. 어떤 양상들은 중첩되거나 서로 너무나 밀접히 연결되어 있기 때문에, 의식적이고 신중한 압축이 있었다는 점에 대해 의문이 제기될 수 없다. 미사가 역사적으로 거듭 발달함에 따라, 그리스도의 삶의 가장 중요한 측면들이 점진적으로 구체적으로 그려졌을 가능성이 크다. 무엇보다도, '주님의 이름으로 오시는 분, 찬미받으소서'와 '높은 거기서'에서, 우리는 그리스도의 도래에 대한 예상을 발견한다. 성변화에 관한 말을 하는 것은 로고스의 현현과, 그리스도의 수난과 희생적인 죽음에 해당하며, 그리스도의 죽음은 빵을 나누는 데서 다시 나타난다. '우리를 자유롭게 하소서'에는 지옥으로 내려가는 것에 관한 암시가 있는 반면에, 빵을 포도주에 빠뜨려 둘을 섞는 것은 부활을 암시한다.

바쳐지는 공물이 제물을 바치는 사람 자신인 한, 또 성직자와 회중이 자신을 공물로 제공하는 한, 그리고 그리스도가 제물을 바치는 자이고 제물인 한, 제물을 바치는 행위의 모든 부분들이 신비한 통합을 이룬다. 그리스도라는 하나의 형상에서 제물을 바치는 사람과 제물이 결합하는 것은 빵이 많은 밀알들로 구성되고 포도주가 많은 포도알들로 구성되듯이 교회라는 신비체도 다수의 신자들로 이뤄진다는 원칙에 함축되어 있다. 더욱이, 그 신비체는 빵과 포도주에 의해 표현되는, 남녀 양성을 모두 포함하고 있다. 따라서 두 가지 실체, 즉 남성적인 포도주와 여성적인 빵은 또한 신비한 그리스도의 남녀 양성적인 본성을 의미한다.

따라서 미사는 인간의 영역에서 일어나는 신의 변형의 신비와 기적을 근본적인 핵심으로 포함하고 있다. 말하자면, 신이 인간이 되었다가 다시 본래의 절대적인 존재로 스스로 돌아가는 것을 표현하고 있다는 뜻이다. 인간도 성사를 집행하는 하나의 도구로서 헌신과 자기희생에 의해 그 신비의 과정에 포함된다. 신이 자신을 공물로 제공하는 것은 자발적인 사랑의 행위이지만, 실제의 희생은 인간들에 의해 야기된, 괴롭고 잔인한 죽음이었다. ('피를 흘리지 않고 희생된다'는 말은 단지 의례를 가리킬 뿐이며, 상징화되고 있는 것을 가리키지 않는다.) 십자가 위에서 일어나는 죽음의 공포는 변형에 필수적인 조건이다. 변형은 가장 먼저, 그 자체로 생명이 없는 실체들에게 생명을 주고, 둘째로, 그 실체들을 고대의 프네우마 개념에 따라 하나의 신비스런 물질적인 실체(신의 영광이 주어진 육체)로서 본질을 변화시키고 영성화하는 것이다. 이 사상은 영성체에서 그리스도의 육체와 피에 구체적으로 참여하는 것에서 표현되고 있다.

2. 변형의 신비와 유사한 것들

1) 아즈텍 "테오콸로"

미사 자체가 비교 종교의 역사에서 독특한 현상임에도 불구하고, 만약에 미사가 인간의 정신에 뿌리를 내리고 있지 않다면, 그것의 상징적인 내용은 인간에게 대단히 이질적인 것으로 다가올 것이다. 그러나 만약에 미사가 인간의 정신에 아주 깊이 뿌리를 내리고 있다면, 그것보다 앞서는 인류의 역사와 그것과 동시대의 이교 사상의 세계에서도 비슷한 유형의 상징체계가 발견될 것이라고 기대할 수 있다.

'높은 거기서…'라는 기도가 보여주듯이, 미사의 전례는 '구약 성경'에서, 따라서 고대의 일반적인 희생의 상징체계에서 그 "원형"을 찾을 수 있는 내용을 포함하고 있다. 그렇다면 그리스도의 희생과 영성체에서 인간 정신의 가장 깊은 화음 중 하나가 건드려지는 것이 분명하다. 인간 제물과 의식 중에 치르는 식인 행위가 그것이다.

불행한 일이지만, 나는 여기서 문제가 되고 있는 풍성한 민족학적 자료를 파고들 수 없으며, 그래서 땅의 생산성과 백성의 번영, 그리고 인간 제물을 통한 신들의 부활을 촉진시키기 위해서 의식에 따라 왕을 살해하는 것과 토템 식사에 대해 언급하는 것으로 만족해야 한다. 토템 식사의 목적은 참가자들을 조상의 삶과 다시 연결시키는 데 있었다.

이 힌트들은 미사의 상징들이 어떻게 정신과 정신의 역사의 매우 깊은 층들까지 깊숙이 침투하는지를 보여주기에 충분하다. 그 힌트들은 분명히 종교적인 개념들 중에서 가장 오래되고 가장 핵심적인 것들에 포함된다. 지금 이 개념들과 관련해서 어떤 편견이 평범한 사람들 사이뿐만 아니라 과학 분야에도 널리 퍼져 있다. 이런 종류의 믿음과 관습은 과거 어느 때에 "발명되어" 세대를 이어 내려가며 모방되었던 것이 틀림없으며, 따라서 그것들은 그런 식으로 곳곳에 닿지 않았다면 대부분의 지역에서 존재하지 않았을 것이라는 선입관이 바로 그 편견이다.

그러나 현대의 "문명화된" 정신 상태를 바탕으로 원시적인 상태의 정신에 관한 결론을 끌어내는 것은 언제나 위험한 일이다. 원시적인 의식은 매우 중요한 몇 가지 측면에서 현대를 살고 있는 백인의 의식과 다르다. 따라서 원시 사회들에서 "발명"은 우리 현대인이 생각하는 발명, 그러니까 신기한 것들이 꼬리에 꼬리를 물고 이어지는 그런 것과 크게 다르다. 원시인들의 경우에, 삶이 몇 세대 동안 똑같이 이어진다. 그 어떤 것도 변하지 않는다. 아마 언어만 예외일 것이다. 그러나 그렇다고 해서 새로운 언어가 "발명된다"는 뜻은 아니다. 그들의 언어는 "생생하게 살아 있으며", 따라서 변할 수 있다. 이것은 원시적인 언어들을 사전으로 편찬하는 많은 사람들에게 불쾌한 발견으로 여겨지는 하나의 사실이다. 마찬가지로, 미국에서 통용되고 있는 생생한 속어는 누가 "발명한" 것이 아니다. 속어는 구어의 비옥한 토양으로부터 그냥 풍성하게 생겨난다. 종교적 의례들과 그것들의 풍부한 상징들도 지금 우리로서는 알 길이 없는 그 시작부터 그와 아주 똑같은 방식으로, 그리고 어느 한 장소만 아니라 동시에 많은 장소에서, 또한 다양한 시기에 걸쳐 발달했음에 틀림없다. 종교 의례들은 인간 본성의 근본적인 조건들로부터 저절로 생겨났다. 인간 본성은 절대로 발명되지 않았으며 어딜 가나 똑같다.

그렇기 때문에 고대 그리스 로마 문명의 영향을 전혀 받지 않은 어떤 영역에서 기독교 관행과 매우 밀접한 종교적 의례들이 발견된다 해도 놀라운 일이 절대로 아니다. 아즈텍족의 의례, 구체적으로 '신을 먹는 행위'인 '테오콸로'(teoqualo) 의례를 두고 하는 말이다. 멕시코를 점령하고 8년 뒤인 1529년에 아즈텍족 사이에서 선교 활동을 시작한 베르나르디노 데 사아군(Bernardino de Sahagun)이 그것을 기록으로 남겼다. 이 의례에서, 가시 달린 양귀비의 씨앗을 으깬 가루로 만든 반죽으로 위칠로포치틀리(Huitzilopochtli)[99] 신의 형상을 만들었다. 사아군이 남긴 기록을 보자.

> 그리고 이튿날 휘칠로포치틀리의 육신이 죽었다.
>
> 그를 살해한 자는 퀘찰코틀(Quetzalcoatl)[100]로 알려진 성직자였다. 그가 휘칠로포치틀리를 죽인 도구는 부싯돌을 박은 화살이었으며, 그것을 그는 휘칠로포치틀리의 심장에 쏘았다.
>
> 휘칠로포치틀리는 목테주마(Moctezuma)[101]가 보는 앞에서, 그리고 휘칠로포치틀리에게 진실을 말하고 그의 앞에 진실로 나타나고 그에게 진정으로 제물을 바칠 수 있었던 그 신의 지킴이 앞에서, 또 최고위 지도자인 젊은 네 스승들 앞에서 죽었다. 그들 앞에서 휘칠로포치틀리는 죽었다.
>
> 그리고 그가 죽자, 그들은 곧 말랑한 그의 육체를 찢었다. 그의 심장은 목테주마에게 할당되었다.
>
> 그리고 말하자면 그의 골격을 이루었던 신체 부위 나머지에 대해 말하자면, 그것들은 모든 그들 사이에 배분되었다. … 해마다 … 그들은 그것을 먹었다. … 그리고 그들이 말랑한 그의 육체를 서로 나눌 때, 육체는 아주 작게, 씨앗만큼 작게 찢어졌다. 젊은이들은 그것을 먹었다.
>
> 그리고 그들이 먹은 것에 대해서는 이런 식으로 말했다. "신이 먹혔다."
>
> 그리고 그 육체를 먹은 자들에 대해서는 이런 식으로 말했다. "그들이 신을 지킨다."[102]

99   아즈텍 신화에서 전쟁의 신이고 태양의 신이다.
100   아즈텍 신화에서 바람과 공기와 배움의 신이다.
101   16세기 아즈텍 통치자.
102   Bernardino de Sahagun, 'General History of the Things of New Spain', Book 3, by Anderson and Dibble, pp. 5f.

신성한 육체(신)라는 사상과, 신이 모습을 드러내고 함께 대화하는 고위 성직자의 앞에서 벌어지는 바로 그 신의 희생, 창으로 찌르는 행위, 신의 죽음 뒤에 의례적으로 행해지는 육신의 해체, 그 육체의 작은 조각을 먹는 행위(성찬) 등은 모두 간과할 수 없는 유사성들이며, 당시의 훌륭한 스페인 신부들 사이에 많은 놀라움을 불러일으켰다.

기독교보다 그리 빠르지 않은 시대에 일어난 종교인 미트라교에서, 일련의 희생 관련 상징들과 그것들과 부합하는 의례가 발견되지만, 불행하게도 이 의례는 침묵의 기념물을 통해서만 우리에게 전해지고 있다. 미트라가 수소를 짊어지고 가는 '트란시투스'가 있고, 계절마다 풍작을 기원하며 수소 제물을 올리고, 제물을 바치는 행위가 정형화되어 있으며, 제물을 바치는 현장의 양 옆에 횃불을 똑바로 든 종자와 거꾸로 든 종자가 한 사람씩 자리 잡고 있으며, 십자가 표시가 된 빵 조각들이 놓인 식탁에서의 식사가 있다. 심지어 작은 종(鐘)들도 발견되었으며, 이것들은 아마 미사에서 울리는 종과 어떤 연결이 있을 것이다.

미트라교의 희생은 기본적으로 자기희생이다. 왜냐하면 수소가 하나의 세계 수소이고, 원래 미트라와 동일하기 때문이다. 이것은 귀도 레니(Guido Reni)의 그림 '십자가형'과 비교되는, 미트라가 수소를 죽이는 장면(tauroktonos)에 나오는 고뇌에 찬 얼굴 표정을 설명해 줄지 모른다. 제물로 바쳐지는 동물의 변형이 기독교 신이 음식과 음료의 형태로 부활하는 것과 일치하듯이, 미트라의 트란시투스는 그리스도가 십자가를 짊어지는 것과 일치하는 모티브이다. 제물 바치는 행위를 표현하는 장면은 2명의 도둑 사이에서 벌어진 십자가형을 상기시킨다. 그 도둑들 중 하나는 천국으로 올라가고, 다른 하나는 지옥으로 내려간다.

미트라 숭배에 관한 이런 몇 가지 언급은 젊어서 죽어 애도의 대상이 되었다가 다시 부활하는 다양한 근동의 신들의 전설과 의례들이 보여주는 많은 유사한 것들 중 한 가지 예에 지나지 않는다. 이 종교들에 대해 조금이라도 아는 사람에게는 상징의 유형들과 사상들에 근본적인 유사점이 있다는 것이 조금도 이상하지 않다. 초기 기독교의 시대와 교회의 초창기에, 이교의 세계는 이런 종류의 개념들과 그런 개념들에 근거한 철학적 고찰로 넘쳐났으며, 그노시스주의 철학자들의 통찰력 있는 사상들이 펼쳐진 것은 이 같은 배경에서였다.

2) 조시모스의 환상

그 학파의 두드러진 대표자가 A.D. 3세기의 자연과학자이자 연금술사였던 파노폴리스의 조시모스이다. 그의 저작물들은 훼손된 상태이긴 하지만, 그 유명한 연금술 텍스트 '코덱스 마르키아누스'(Codex Marcianus)에 포함되었다가 1887년에 베르텔로(Marcellin Berthelot)가 출간한 『고대 그리스 연금술사들의 모음집』(Collection des anciens alchimistes grecs)을 통해 공개되었다. 조시모스는 논문들의 여러 부분에서 다수의 꿈 환상에 대해 이야기하고 있다. 그런데 그 꿈 환상들은 모두 똑같은 꿈으로 거슬러 올라가는 것처럼 보인다.

그는 분명히 비(非)기독교인 그노시스주의자였으며, 구체적으로 보면 크라테르에 관한 그 유명한 단락을 근거로 할 때 포이만드레스 종파의 지지자였으며, 따라서 헤르메스 추종자였다. 연금술 문헌에 비유가 풍부하다 하더라도, 나는 이 꿈 환상들을 그런 비유로 분류하기를 망설인다. 연금술사들의 언어에 익숙한 사람들은 그들의 비유들이 단순히 공통적인 지식이었던 사상들의 비유라는 점을 인정할 것이다. 비유적인 형상들과 행위들에서, 교묘하게 극적으로 가린 위장 밑으로 어떤 실체들과 절차들이 언급되고 있는지가 당장 확인된다. 그러나 조시모스의 환상들에는 그런 종류의 것이 전혀 없다. 정말로, 연금술적 해석, 즉 꿈과 그 꿈의 인상적인 장치가 단순히 "신성한 물"을 생산하는 수단을 보여준다는 것을 발견하는 것이 거의 놀라움으로 다가온다. 게다가, 비유는 그 자체로 하나의 독립적인 전체인 반면에, 조시모스의 환상은 단일한 주제를 꿈처럼 다양하게 전개시키고 증폭시킨다.

이 환상들의 본질을 평가하자면, 나는 원래의 텍스트에서도 상상적인 명상의 내용물들이 실질적인 어떤 꿈의 핵심을 중심으로 무리를 짓고, 그 핵심 속으로 엮여 들어간다고 말해야 한다. 정말로 그런 명상이 있었다는 사실은 논평 형식으로 그 환상들에 수반되고 있는 텍스트의 단편들에 의해 분명히 드러난다. 우리가 알고 있듯이, 마치 꿈이 의식과 아주 가까운 차원에서 계속되고 있는 것처럼, 이런 종류의 명상은 종종 그림처럼 생생하다.

룰란드(Martin Ruland)는 1612년에 프랑크푸르트에서 글을 쓰면서『연금술 용어집』(Lexicon alchemiae)에서 연금술에서 중요한 역할을 하는 명상에 대해, "내면에서 눈에 보이지 않는 다른 누군가와, 말하자면 신일 수도 있고 자기 자신일 수도 있고 자신의 선한 천사일 수도 있는 존재와 하는 대화"로 정의한다. 선한 천사는 고대 연금술의 심부름 유령인, 보다 온화하고 덜 불쾌한 형태의 '파레드로스'(paredros)[103]이다. 파레드로스는 일반적으로 마법에 의해 불려나오는 행성의 악령이다. 이런 관행들의 뿌리에 원래 진정한 시각적 경험이 자리 잡고 있다는 점에 대해 이의를 제기하기가 어렵다. 최종적으로 보면, 환상은 깨어 있는 상태 속으로 쳐들어온 하나의 꿈에 지나지 않는다.

시대를 불문하고 확인되는 무수한 증거들을 근거로, 우리는 연금술사가 상상적인 작업을 수행하는 과정에 온갖 종류의 환상에 사로 잡혀 괴로워했으며, 간혹 심한 경우에는 광기의 위협에 시달렸다는 것을 알고 있다. 그

---

103 그리스어 단어에서 유래했으며, 신의 보조자 또는 하인을 뜻한다.

렇기 때문에 조시모스의 환상들은 연금술 경험에서 특이하거나 알려지지 않은 것이 아니다. 아마 그의 환상들은 연금술사에 의해서 우리에게 전해지고 있는 것들 중에서 가장 중요한 자기 계시이다.

그 환상들에 관한 텍스트를 전부 소개하지는 못하지만, 한 예로 첫 번째 환상에 관한 조시모스의 글을 그대로 전한다.

나는 이 말을 하다가 잠이 들었으며, 나는 제물을 바치는 성직자가 내 앞의 제단 높은 곳에 서 있는 것을 보았다. 제단은 바닥이 얕은 주발 모양이었다. 그 제단까지 열다섯 개의 계단이 이어졌다. 성직자는 거기 서 있었으며, 나는 위에서 어떤 목소리가 나에게 말하는 것을 들었다. "보라. 나는 어둠을 뚫고 15계단의 하강을 마무리하고 또 빛의 계단을 올라가는 상승을 마무리했어. 그리고 나를 새롭게 하는 자는 저 성직자야. 그가 육체의 밀도를 벗겨냈기 때문이다. 나는 거부할 수 없는 필연에 의해 신성하게 되어 지금 하나의 영[프네우마]으로서 완전한 상태로 서 있어." 그리고 나는 제단 위에 서 있는 그의 목소리를 알아차렸으며, 나는 그에게 누구냐고 물었다. 그러자 그는 부드러운 목소리로 이렇게 대답했다. "나는 내면 가장 깊은 곳에 숨겨진 성역의 성직자 이온이야. 나는 견딜 수 없는 고문을 당하고 있어. 아침 이른 시간에 누군가가 급히 와서 나를 압도하며 칼로 나를 찔러서 조각을 냈어. 그런데 그렇게 하면서도 사지의 순서는 알아볼 수 있도록 하더군. 그리고 그는 칼을 힘껏 휘두르며 나의 머리의 가죽을 벗겨냈어. 그는 뼈들과 살점 조각들을 함께 놓고는 자신의 손으로 직접 그것들을 불에 태웠어. 그러다 나는 마침내 변형이 되어 영이 되었다는 사실을 확인할 수 있었어. 그것이 참을 수 없는 나의 고통이야." 그리고 그가 이 말을 하고 내가 그와 대화하기 위해 그를 강하게 붙잡을 때, 그의 눈은 피처럼 변했다. 그리고 그는 자신의 살점을 모두 뱉었다. 나는 그가 어떤 식으로 자신의 일부를 잃은 난쟁이[즉, 호문쿨루스]로 변하는지를 보았다. 그리고 그는 자신의 살점을 자신의 이로 찢고 자신의 속으로 가라앉았다.

환상들이 나타나는 동안에, 히에레우스(Hiereus: 사제)는 여러 가지 형태로 나타난다. 처음에 그는 히에레우스의 형상과 제물을 바치는 일을 책임진 히에로우르곤(Hierourgon: 제사장)의 형상으로 나뉜다. 그러나 이 형상들은 둘이 같은 운명을 겪고 있는 한, 하나로 결합된다. 제물로 바쳐지는 사제는 고문을 자발적으로 택하고, 그는 그 고문에 의해 변형된다. 그러나 그는 또한 제물로 바쳐지는 희생자이다. 그가 칼에 찔리고 사지가 의례를 치르며 해체되기 때문이다. 데이프논(만찬)은 자신을 자신의 이빨로 조각조각 찢어서 먹는 것이고, 튀시아(제물)는 제단에서 제물로 태워지는 그의 육신이다.

그는 제물을 바치는 의식을 전반적으로 주도하고 제물을 바치는 의식이 치러지는 동안에 변형되는 인간 존재들을 지배하는 한, 히에레우스이다. 그는 자신을 영들의 수호자라고 부른다. 그는 또한 "놋쇠 인간"(Brazen Man)과 이발사로도 알려져 있다. 놋쇠 또는 납으로 된 인간은 금속들의 정령들을, 즉 행성들의 악령들을, 제물을 바치는 드라마의 주인공들로 여기고 있다는 점을 암시한다. 그와 대화하기 위해 "강제로 그를 붙잡았다"는 조시모스의 발언을 근거로 추론하건대, 그 주인공들은 아마 마법에 의해 불려나온 하급 신들일 것이다. 행성의 악령들은 18세기에 이르러서야 최종적으로 "금속들의 영혼"으로서의 존재를 끝내게 된 올림포스 산의 옛날 신들에 지나지 않는다. 이교 사상이 (프랑스 혁명에서) 처음으로 공개적으로 일어났던 것이 바로 그 세기였기 때문이다.

그보다 호기심을 더 강하게 자극하는 것은 그 환상들의 다른 부분들에도 나오는 '이발사'라는 용어이다. 거기에 머리를 자르거나 면도를 하는 것에 관한 언급이 전혀 없기 때문이다. 그러나 우리의 상황에는 가죽을 벗기는 고대의 의례와 그 의례의 마법적 의미와 밀접히 연결되는 두피 벗기기가 있다. 키벨레의 아들-연인, 즉 죽었다가 다시 부활하는 신 아티스와 너무도 비슷한 마르시아스(Marsyas)의 가죽 벗기기에 대해서는 언급할 필요도 없을 것 같다. 옛날에 아티카에서 땅의 비옥을 기원하며 행한 의례들 중 하나에서 소의 가죽을 벗겨 거기에 속을 넣어 서 있도록 했다. 헤로도토스(Herodotus)는 스키타이인 사이에서 행해진 가죽 벗기는 의식을, 특히 두피 벗기는 의식을 다수 보고하고 있다.

일반적으로 가죽을 벗기는 것은 나쁜 상태에서 좋은 상태로 옮겨가는 것을, 따라서 재생과 부활을 의미한다. 가장 분명한 예들은 고대 멕시코의 종교에서 발견된다. 한 예로, 달의 여신을 새롭게 하기 위해 젊은 여자를 참수하여 가죽을 벗긴 뒤에 그 가죽을 젊은이가 새로 부활한 여신을 나타내기 위해 몸에 걸쳤다. 이 부활의 원형은 해마다 허물을 벗는 뱀이다. 뱀이 허물을 벗는 현상은 언제나 원시인의 공상을 불러일으켰다.

우리의 환상에서 가죽을 벗기는 것은 머리로 제한되고 있으며, 이것은 정신적 변형이라는 사상에 의해 설명될 수 있다. 옛날부터 머리를 깎는 것은 신성화와, 말하자면 정신적 변화 또는 비법 전수와 연결되었다. 이시스의 사제들은 머리를 대머리처럼 밀었으며, 모두가 알고 있는 바와 같이, 삭발식은 오늘날에도 행해지고 있다. 이런 변형의 "징후"는 변형된 존재는 머리카락이 없는 갓 태어난 아기처럼 된다는 옛날의 사상으로 거슬러 올라간다. 밤의 바다 여행이라는 신화에서, 영웅은 괴물의 배 안에서 지내는 동안에 끔찍한 열기 때문에 머리카락을 모두 잃는다. 이런 원시적인 생각들에서 비롯된 삭발 관습은 자연히 의례적인 이발사의 존재를 전제하고 있다. 정말 흥미롭게도, 1616년에 출간된 '화학적 결혼'(Chymical

Wedding)에서도 이발사를 만날 수 있다. 거길 보면 영웅은 신비의 성에 들어서자마자 눈에 보이지 않는 이발사들의 공격을 받는다. 이 이발사들은 그를 대상으로 삭발 같은 것을 행한다. 여기서도 비법 전수와 변형 과정이 면도에 의해 성취된다.

이 환상들의 한 변형에, 사제와 똑같은 방식으로 죽음을 당하고 제물로 바쳐지며, 따라서 사제와 동일한 것처럼 보이는 용이 나온다. 이것은 흔치 않은 중세의 그림들과 거리가 멀고 반드시 연금술과 관계있지 않은 그림들을 떠올리게 한다. 십자가에 그리스도 대신에 뱀이 매달려 있는 그림들 말이다. ('요한복음' 3장 14절 중에서 모세의 뱀과 그리스도를 비교하는 대목 참조.)

그 사제의 두드러진 측면은 활기 없는 호문쿨루스이며, 이것은 다름 아닌 활기 없는 영 또는 행성의 악령인 사투르누스이다. 조시모스의 시대에 사투르누스는 히브리인의 신으로 여겨졌다. 그것은 아마 안식일을 신성하게 지켰기 때문이기도 하고(토요일은 '사투르누스의 날'(Saturn's day)을 의미한다), 그노시스주의가 바알과 크로노스와 사투르누스와 같은 집단으로 분류될 수 있는 최고의 지배자 이알다바오트('카오스의 자식')와 비슷하다고 여긴 때문일 것이다. 훗날 조시모스가 아라비아어로 '알-이브리'(히브리인)라 불린 것이 물론 그 자신이 유대인이었다는 것을 증명하지는 않지만, 그의 글을 근거로 할 때 그가 유대인의 전통에 정통했던 것은 확실하다.

히브리인의 신과 사투르누스의 비교는 '구약 성경'의 신이 '신약 성경'의 신으로 변한다는 연금술의 사상과 관련해서 매우 중요하다. 연금술사들은 당연히 사투르누스에게 대단한 중요성을 부여했다. 왜냐하면 사투르누스가 가장 바깥에 위치한 행성이고 최고의 지배자(하란 사람들은 그를 "프리마스"(Primas)라고 불렀다)이고 데미우르고스 이알다바오트인 것 외에, 또한 물질의 어둠 속에 갇혀 있는 '검은 영'이고, 자신의 창조 과정에 삼켜진 신 또는 신의 그 부분이기 때문이다. 사투르누스는 연금술의 변형의 신비 속에서 원래의 빛나는 상태로 돌아가는 검은 신이다. '아우로라 콘수르젠스'(Aurora consurgens)(1부)가 말하듯이, "이 과학을 발견한 그는 축복받았으며, 그의 위로 사투르누스의 섭리가 흐르고 있다".

훗날의 연금술사들은 의식을 위해 용을 죽이는 행위뿐만 아니라 사자를 죽이는 것에도 익숙했다. 사자 살해는 사자의 발톱 4개를 모두 뽑는 형식으로 행해졌다. 용처럼, 사자도 자신을 삼키며, 그래서 사자는 아마 하나의 변형에 지나지 않을 것이다.

환상 자체는 변형 과정의 중요한 목표가 제물을 바치는 사제의 영성화라는 점을 암시하고 있다. 사제가 프네우마로 변해야 하는 것이다. 또한 그가 "육체들을 피로 바꾸고, 눈들을 볼 수 있게 하고, 죽은 자가 다시 일어나도록 할 것"이라는 이야기도 들린다. 그 뒤의 환상들에서 사제는 한낮의 태양처럼 하얗게 빛을 발하는 영광스러운 형태로 나타난다.

환상들 전체에 걸쳐서, 제물을 바치는 사람과 제물로 희생된 사람이 동일한 것이 분명하다. 최초의 물질과 최종적 물질이 동일하다는, 말하자면 구원자가 구원의 대상과 동일하다는 생각은 처음부터 끝까지 연금술 전반에 퍼져 있다. "하나의 돌이 있고, 하나의 약이 있고, 하나의 그릇이 있고, 하나의 처방이 있고, 하나의 배열이 있다"는 것이 연금술의 수수께끼 같은 언어를 푸는 가장 핵심적인 공식이다. 그리스 연금술은 'ἓν τὸ πᾶν'[104]라는 공식으로 그와 똑같은 사상을 표현하고 있다. 그리스 연금술의 상징은 자신의 꼬리를 먹고 있는 뱀 우로보로스이다. 우리의 환상 속에서 그것은 제물로서 자신을 삼키고 있는 제사장인 사제이다. 이것은 성찬에서 그리스

---

104 '하나가 전부'라는 뜻을 지닌 그리스어 문장이다.

도가 자신의 피를 마신다고 한 요한 크리소스톰의 말을 상기시킨다. 동일한 상징을 근거로, 그리스도가 자신의 살점을 먹는다고 할 수도 있다. 조시모스의 꿈에 나오는 끔찍한 식사는 제물로 바쳐진 동물들을 갈가리 찢어먹는 디오니소스 숭배의, 흥청망청 즐기는 식사를 떠올리게 한다. 그 식사는 디오니소스 자그레우스(Dionysus Zagreus)가 타이탄들에게 찢기는 것을 나타내고 있다.

조시모스는 그 환상들이 "물의 생산"을 나타내거나 설명한다는 이야기를 들려주고 있다. 환상들 자체는 단지 프네우마로의 변형을 보여준다. 그러나 연금술사들의 언어에서, 영과 물은 동의어이다. 초기 기독교인들의 언어에서, 물이 '진리의 영'(spiritus veritatis)을 의미했으니 말이다. "크라테스의 책"에 이런 내용이 나온다. "액화할 육체들을 만들어라. 그러면 그 육체들이 서로 섞이며 동질의 물이 된다. 이것은 '신성한 물'이라 불린다." 이 단락은 성직자가 "육체들을 피로 변화시킬 것"이라는 조시모스의 텍스트와 일치한다. 연금술사들에게 물과 피는 동일하다. 이 변형은 '승화'(sublimatio)의 동의어인 '용해'(solutio) 또는 액화(liquefactio)와 동일하다. "물"이 또한 "불"이니 말이다. "불이 물이고, 우리의 불은 전혀 불이 아닌 불이니까." "우리의 물"은 "불같은" 것으로 여겨진다.[105]

"우리 철학의 비밀의 불"은 "우리의 신비한 물"로도 불리고, "영원한 물"은 "진정한 물의 불의 형태"이다. 영원한 물은 또한 "영적인 피"를 의미하며, 그것은 그리스도의 옆구리에서 흘러나온 피와 물과 동일하다. 하인리히 쿤라트(Heinrich Khunrath)는 이 물에 대해 이렇게 말한다. "그리하여 위대한 세상의 아들의 심장으로부터 그대를 위한 치료의 홍수가 밀려올 것이다." 그것은 "위대한 세상의 아들이 자신의 육체와 심장으로부터 붓는" 물이며, "우리를 위한 진정하고 자연스런 생명의 물"이다. 은총과 진리

---

105   J. D. Mylius, 'Philosophia reformata'(1622) pp. 121, 123.

의 영적인 물이 그리스도의 희생에서 흘러나오듯이, "신성한 물"이 조시모스의 환상 속에서 희생적인 행위에 의해 생겨나고 있다. 그것은 "이시스가 호루스에게(Isis to Horus)"라는 제목의 고대의 논문에 언급되고 있다. 거기를 보면, 천사 암나엘이 마시는 그릇에 그 물을 담아 여자 예언자에게 갖고 온다.

조시모스가 포이만드레스 종파의 추종자였기 때문에, 여기서 기억해야 할 하나는 신이 의미를 추구하는 모든 사람을 위해서 누스를 채워놓은 크라테르이다. 그러나 누스는 연금술의 메르쿠리우스와 동일하다. 이 같은 사실은 조시모스가 인용하는 오스타네스의 다음과 같은 말에서 꽤 분명해진다. "나일 강으로 가라. 거기서 당신은 영을 가진 돌을 발견할 것이다. 그것을 집어 들고 반으로 나눈 다음에 당신의 손을 그 안에 집어넣고 돌의 심장을 끄집어내라. 그 돌의 영혼이 그것의 심장에 있으니까." 이 말에 대해 논평하면서, 조시모스는 "영을 갖고 있다는 것"은 수은의 방출을 비유적으로 표현한 것이라는 점을 강조한다.

그리스도 이후 첫 몇 세기 동안에, 누스와 프네우마라는 단어는 서로 구별 없이 쓰였으며, 누스는 쉽게 프네우마를 나타낼 수 있었다. 게다가 메르쿠리우스와 "영"의 관계는 대단히 오래된 점성술적 사실이다. 헤르메스처럼, 메르쿠리우스는 그 기술의 비밀을 장인들에게 보여주는 계시의 신이었다. 하란에서 기원했기 때문에 10세기 이후의 것이 될 수 없는 '리베르 콰르토룸'(Liber quartorum)은 메르쿠리우스에 대해 이렇게 말한다. "그는 천재성과 이해력으로 그 작업의 해결 불가능한 문제들을 푼다." 메르쿠리우스는 또한 "육체들의 영혼"이고 "생기 넘치는 영혼"이며, 룰란드는 그를 "흙이 된 영"으로 정의한다. 메르쿠리우스는 물질의 세계 깊은 곳으로 침투하여 그 세계를 변화시키는 영이다. 누스처럼, 그는 뱀에 의해 상징된다. 미하엘 마이어(Michael Maier)에서 메르쿠리우스는 땅의 낙원으로 가는 길을 가리키고 있다. 헤르메스 트리스메기스투스와 동일시되는 외에, 그는 또한 중재인으로도 불리고, 최초의 인간으로서 "자웅동체의 아담"으로도 불린다. 수많은 단락들을 근거로 할 때, 메르쿠리우스가 물이자 불인 것이 분명하며, 물과 불은 똑같이 영의 본성을 적절히 규정한다.

칼로 죽이는 것은 연금술 문헌에 거듭 나타나는 주제이다. "철학의 알"이 칼로 나눠지고, 칼에 왕이 찔리고 용이나 "시체"가 해체되며, 이때 시체는 머리와 사지가 잘려나간 인간의 육체를 나타낸다. 사자의 발톱도 마찬가지로 칼에 잘린다. 왜냐하면 연금술의 칼이 원소들의 용해 또는 분리를 초래하고, 그렇게 함으로써 카오스의 원래 상태를 복원하기 때문이다. 그러면 새롭고 완벽한 육체가 새로운 인상 형태 또는 "새로운 상상"에 의해서 생겨날 수 있다. 따라서 칼은 "죽이고 생명을 주는" 것이며, 영원한 물이나 메르쿠리우스의 물에 대해서도 똑같이 말할 수 있다. 메르쿠리우스는 낡은 형태의 파괴자일 뿐만 아니라 생명을 주는 자이다.

교회의 상징체계에서, '요한 묵시록'에서 사람의 아들의 입에서 나오는 칼은 '히브리인들에게 보낸 서간' 4장 12절에 따르면 로고스이고 하느님의 말씀이며, 따라서 그리스도 자신이다. 이 비유는 언제나 자신의 공상을 표현할 길을 찾으려 애쓰고 있던 연금술사들의 주의를 피할 수 없었다. 메르쿠리우스는 연금술사들의 중재인이고 구세주이며, 그들의 대우주의 아들(소우주의 아들 그리스도와 대조를 이룬다)이고, 용해하는 자이고 분리시키는 자이다. 그래서 메르쿠리우스 역시 하나의 칼이다. 그가 "침투하는 영"이기 때문이다("양날의 칼보다도 예리하다니!"). 16세기 연금술사 도른은 기독교의 세계에서 칼이 우리의 구세주 그리스도로 바뀌었다고 말한다. 도른은 다음과 같이 논평한다.

시간이 한참 지난 뒤에, '가장 훌륭하고 위대한 신'(Deus Optimus

Maximus)은 자신의 신비들의 깊은 곳을 들여다보았으며, 그 결과 그는 정의를 위해서만 아니라 자신의 사랑의 열정에서 천사의 손으로부터 분노의 칼을 빼앗기로 결정했다. 그리고 신은 칼을 나무에 매달고 그것을 황금 삼지창으로 대체했다. 그리하여 신의 분노가 사랑으로 바뀌었다. … 평화와 정의가 결합할 때, 은총의 물은 위에서부터 더욱 풍부하게 흘렀으며, 지금 그 물은 세상 전체를 적시고 있다.[106]

라바누스 마우루스(Rabanus Maurus)나 오툉의 호노리우스(Honorius of Autun) 같은 저자에게서도 충분히 예상할 수 있는 이 인용은 실제로 일부 난해한 연금술 원칙들을 설명하는 맥락에서, 즉 아니무스와 아니마, 코르푸스(Corpus: 육체) 사이의 대화에서 나온다. 거기서 그 물이 솟아나오는 샘은 소피아, 사피엔치아, 시엔치아(Scientia: 지식, 과학), 또는 연금술사들의 철학이라는 것이 확인된다. 이 지혜가 물질 안에 갇힌 채 숨겨져 있는 누스이고, "메르쿠리우스의 뱀" 또는 "산꼭대기에서 흘러나오는 살아있는 물의 흐름" 속에서 모습을 드러내는 "근본 습기"(humidum radicale)이다. 그것은 은총의 물이고, "지금 세상 전체를 적시고 있는 영원하고 신성한" 물이다. '구약 성경'의 신이 '신약 성경'의 신으로 분명하게 변한 것은 사실 '숨은 하느님'(즉, 숨겨진 본성)이 연금술 지혜의 '보편적인 약'(medicina catholica)으로 바뀐 것에 해당한다.

연금술에 너무도 중요한, 나누고 분리시키는 칼의 기능은 우리의 최초의 부모를 낙원으로부터 분리시켰던 천사의 불타는 칼에서 예시되고 있다. 칼에 의한 분리는 오피스파의 그노시스에서도 발견되는 주제이다. 세속적인 우주가 동시에 낙원을 에워싸고 있는 어떤 불의 고리에 둘러싸여 있으

---

106   Dorn, "Speculativae philosophiae", in the 'Theatrum chemicum, Ⅰ, pp. 284ff.

니 말이다. 그러나 낙원과 불의 고리는 "불타는 칼"에 의해 분리되어 있다. 이 불타는 칼에 대한 중요한 해석은 시몬 마구스(Simon Magus)에게서 확인된다. 모든 인간의 안에는 부패하지 않는 핵심이 잠재적으로 존재하고 있는데, 이 핵심이 "물의 흐름 속에서 위와 아래에 배치되어 있는" 신성한 프네우마라는 것이다. 시몬은 이 프네우마에 대해 "나와 당신이고, 내 앞에 있는 당신이고, 당신 뒤에 있는 나이다"고 말한다. 그것은 "스스로를 발생시키는 힘이고 스스로 성장하도록 하는 힘"이다. "그것은 그것 자신의 어머니이고 누이이고 신부이고 딸이다. 그것은 그것 자신의 아들이고 어머니이고 아버지이다. 그것은 하나의 통일체이고, 완전체의 뿌리이다." 그것은 존재의 토대이고, 불에서 기원한 생식 충동의 토대이다.

불은 "불처럼 따뜻하고 불그레하게 만들어진" 피와 관계있다. 피는 남자들 안에서 정액으로 변하고, 여자들 안에서 젖으로 변한다. 이 "변화"는 "생명의 나무의 길을 지키기 위해서 모든 것을 바꾼 불타는 칼"로 해석된다. 정액과 젖 속에서 작동하는 원리가 어머니와 아버지로 바뀐다. 생명의 나무는 변화시키는(즉 변형시키는) 칼에 의해 지켜지고, 이것은 스스로를 낳는 "일곱 번째 힘"이다. "만약에 불타는 칼이 변하지 않았다면, 그 소중한 나무는 파괴되어 완전히 사라질 것이지만, 불타는 칼이 정액과 젖으로 바뀌고 거기에 로고스와 로고스가 생겨나는 곳인 하느님의 장소가 더해진다면, 정액과 젖 속에 잠재적으로 머무는 그는 너무도 작은 불꽃으로부터 완전한 모습으로 성장하다가 마침내는 변하지 않는 아이온(영겁 또는 영체(靈體))처럼 무한하고 불변하는 힘이 될 것이다. 그러면 그 힘은 무한한 영겁의 세월까지 더 이상 변화를 겪지 않을 것이다."[107] 히폴리토스가 시몬 마구스의 가르침들과 관련해 남긴 이런 두드러진 진술을 근거로 할 때, 칼은 나누는 도구 그 이상이었음이 분명하다. 칼이 그 자체로 무한히 작은 무

107　Leisegang, 'Die Gnosis', p. 80.

엇인가에서 무한히 위대한 것으로 "바뀌는" 힘이기 때문이다. 칼은 물과 불, 피로부터 무한한 아이온이 된다.

그것이 의미하는 바는 인간의 안에서 생기 넘치는 영이 신성으로 변한다는 것이다. 자연적인 존재가 조시모스의 환상에서처럼 신성한 프네우마가 된다. 진정으로 불가사의한 본질인 창조적인 프네우마에 대한 시몬 마구스의 묘사는 모든 세부적인 사항에서 라틴어 학자들의 우로보로스 또는 메르쿠리우스의 뱀과 일치한다. 연금술이 시작되던 단계부터 마지막 단계까지, 우로보로스는 그 자신의 아버지이고, 어머니이고, 아들이고, 딸이고, 형제이고, 자매이다. 우로보로스는 스스로를 생기게 하고 희생시키며, 그 자신의 희생의 도구이다. 그것이 치명적이면서도 생명을 주기도 하는 물의 상징이니 말이다.

시몬 마구스의 사상들은 앞에 인용한 도른의 글 위로, 구체적으로 분노의 칼이 그리스도로 변형된다는 내용 위로 의미 있는 빛을 비추고 있다. 히폴리토스의 철학적 진술들이 19세기에 아토스 산에서 발견되지 않았더라면, 일반적으로 도른이 시몬 마구스의 사상을 이용했을 것이라고 짐작했을 것이다. 연금술에는 그 기원이 의문스러워 전통으로 돌릴 것인지, 이단 연구자들의 연구로 돌릴 것인지, 아니면 자연적 발생으로 돌릴 것인지를 알기 어려운 상징들이 아주 많다.

"콘실리움 코니우르지이 데 마사 솔리스 엣 루네"(Consilium coniurgii de massa solis et lunae)라는 제목의 옛날 논문에서, 칼이 희생의 "적절한" 도구로 다시 등장한다. 이 논문은 "둘(솔과 루나)은 자신의 칼로 죽음을 당해야 한다"고 말한다. 그보다 더 오래된, 아마 12세기의 논문인 "트락타투스 미크레리스"(Tractatus Micreris)를 보면, 오스타네스로부터 인용한 글에 "불같은 칼"이 나온다. "위대한 아스타누스[오스타네스]가 말하기를, 알을 하나 받아서 그것을 불같은 칼로 찔러서 알의 육체로부터 알의 영혼을 분리시키라고 한다." 여기서 칼은 육체와 영혼을 나누는 그 무엇이며, 이 분리는 천국과 땅, 불의 지옥과 낙원, 또는 낙원과 최초의 부모들 사이의 분리에 해당한다.

똑같이 오래된 논문인 "알레고리에 사피엔툼 … 수프라 리브룸 투르베" (Allegoriae sapientum … supra librum Turbae)에는 제물을 바치는 의례에 관한 언급도 나온다. "가금류를 한 마리 잡아서 불같은 칼로 목을 자른 다음에 털을 뽑고 다리를 절단한 뒤에 석탄불 위에 올려놓고 그것이 한 가지 색깔이 될 때까지 끓여라." 여기서 불같은 칼로 목을 베는 행위와, "깎기", 더 정확히 말해 "뽑기"와 최종적으로 "요리"가 일어나고 있다. 수탉일 가능성이 아주 높은 그 가금류는 단순히 날개 달린 생명체라는 뜻으로 "나는 것"(volatilis)으로 불린다. 이 단어는 일반적으로 영을 나타내는 표현이다. 그러나 그 영은 자연에 갇혀 있고 불완전하고, 개선을 필요로 하는 영이다. "알레고리에 수페르 리브룸 투르베"(Allegoriae super librum Turbae)라는 비슷한 제목의 논문에서는 다음과 같은 보완적인 변형들이 발견된다. "어머니[원물질]를 죽이고 그녀의 손과 발을 찢어라." "독사를 잡아서 머리와 꼬리를 잘라라." "수탉을 잡아서 털을 산 채로 뽑아라." "인간을 잡아서 털을 밀고, 육체가 죽을 때까지 돌 위로 끌어라[즉, 뜨거운 돌 위에 건조시켜라]." "신랑과 신부를 담고 있는 유리 용기를 용광로 속으로 던져 3일 동안 튀기도록 하라. 그러면 그들은 하나의 육신을 가진 둘이 될 것이다." "그 용기에서 하얗게 된 사람을 끄집어내라."

이 비법들을, 그리스 마법 파피루스처럼, 마법의 제물들을 위한 지시로 보면 틀리지 않을 것이다. 그리스 마법 파피루스의 한 예로, 나는 미마우트 파피루스(Mimaut Papyrus)의 비법을 제시한다. "수고양이를 한 마리 잡아서, 그것의 몸을 물속에 [담금으로써] 그 수고양이를 오시리스(저승의 왕) 같은 것으로 만들어라. 그리고 그것의 목을 졸라 죽일 때, 그것의 등에 대고 말을 하라." 동일한 파피루스에서 끌어낸 또 다른 예는 이렇다. "후투티를 한 마리 잡아서 심장을 도려낸 다음에 갈대를 꽂아 찢어서 아티카 꿀에 넣어라."

그런 제물은 정말로 심부름 마귀를 불러들일 목적으로 바쳐졌다. 이런 종류의 행위가 연금술사들에 의해 실행되거나 어쨌든 권장된 것은 행성 악령에 바쳐진 "공물과 제물"에 대해 말하는 "리베르 플라토니스 콰르토룸"(Liber Platonis quartorum)을 근거로 할 때 틀림없는 사실이다. 보다 깊고 차분한 기록은 내가 원래의 텍스트(일반적으로 크게 훼손되어 있다) 그대로 제시하는 다음 인용에서 확인된다.

> 그릇은 … 모양이 둥글어야 한다. 따라서 장인은 이 창공을, 뇌의 접시를 변형시키는 자가 되어야 한다. 우리가 추구하고 있는 것이 균일한 부분들을 가진 어떤 단순한 사물이듯이. 그러므로 당신은 균일한 부분들의 육체 안에서[즉, 그릇 안에서] … 뇌의 접시로부터, 다시 말해 인간이라는 원소의 머리로부터 그것이 생겨나게 할 필요가 있다. 그리고 전체를 … 오줌으로 부드럽게 만들 필요가 있다.

이런 내용 앞에서 사람은 이 비법이 어떻게 글자 그대로 엄격히 적용될 수 있는지 의문을 품는다. "가야 알-하킴"(Ghaya al-hakim)에서 끌어낸 다음 이야기는 이 맥락에서 대단히 유익한 정보를 준다.

야곱파 족장 디오니시우스(Dionysius) 1세가 이런 기록을 남기도록 했다. 765년에 제물로 바쳐지려던 어떤 남자가 앞 사람의 피 흐르는 머리를 보자마자 너무나 놀라서 달아나고서는 메소포타미아의 장관 압바스에게 하란의 성직자들을 고발했으며, 이 성직자들은 뒤에 엄하게 처벌되었다.

그 이야기는 계속 이어진다. 830년에 마문 칼리프가 하란의 사절들에게 이렇게 말했다고 한다. "당신들은 틀림없이 나의 아버지 라시드(Rashid)에 의해 처분되었던 우두머리의 사람들이지요."

"가야 알-하킴"으로부터, 우리는 감청색 눈을 가진 금발의 남자가 유혹에 넘어가 신전의 방으로 들어갔고, 거기서 그는 참기름을 가득 채운 거대한 단지 안에 머리만 밖으로 나온 상태로 잠겼다는 것을 알고 있다. 거기서 그는 40일 동안 있었으며, 그 시간 동안에 그는 참기름에 적신 무화과 외에는 아무것도 먹지 않았다. 그에게는 마실 물도 한 방울 주어지지 않았다. 이런 취급을 받은 결과, 그의 육체는 밀랍처럼 부드러워졌다. 그 죄수는 향으로 거듭 소독되었으며, 그를 두고 마법의 주문이 외워졌다. 최종적으로 그의 머리는 목 부분에서 잘리고, 육체는 기름 안에 그대로 남았다. 그런 다음에 그 머리는 올리브를 태운 재 위의 적절한 장소에 놓였고, 탈지면으로 둘둘 감겼다. 그 머리 앞에 더욱 많은 향이 태워졌으며, 그러면 머리는 기근이나 풍년, 왕조의 변동 등을 비롯한 미래의 사건들을 예측했다. 머리의 눈들은 눈꺼풀이 움직이지 않아도 볼 수 있었다. 그 머리는 또한 사람들에게 그들의 가슴 가장 깊은 곳에 들어 있는 생각들을 알려주었으며, 마찬가지로 그 머리에 과학적, 기술적 질문도 던질 수 있었다.

훗날엔 진짜 머리가 모형으로 바뀌었을 수 있지만, 이 의례의 전반적인 사상은, 특히 "리베르 콰르토룸"에서 끌어낸 앞의 단락과의 연결 속에서 볼 때, 원래의 인간 제물을 가리키는 것 같다. 그러나 신비의 머리라는 사상은 하란 학파보다 꽤 더 오래되었다. 멀리 조시모스의 시대에도 "황금 머리의 자식들"로 묘사된 철학자들이 발견되며, 조시모스가 글자 오메가(Ω)라고 말하는 "둥근 원소"도 확인된다. 이 상징은 머리로 해석될 수 있다. 왜냐하면 "리베르 콰르토룸"도 둥근 그릇을 머리와 연결시키기 때문이다. 더욱이 조시모스는 몇 차례에 걸쳐서 "머리 안에 있는 가장 하얀 돌"에 대해 언급한다. 아마 이 모든 생각들은, 바다를 가로질렀고 따라서 부활 사상과 연결되었던 오시리스의 잘린 머리까지 거슬러 올라갈 것이다. "오시리스의 머리"는 또한 중세의 연금술에서도 중요한 역할을 한다.

이 연결 속에서, 훗날 교황 실베스테르(Sylvester) 2세가 되는 랭스의 제르베르(Gerbert of Rheims)를 언급할 수 있다. 그는 자신에게 신탁을 내리는 황금 머리를 소유했던 것으로 믿어진다. 제르베르는 당대의 가장 위대한 학자 중 한 사람이었으며, 아라비아의 과학을 전한 사람으로 알려져 있다. 하란에서 기원한 "리베르 콰르토룸"의 번역도 이 저자에 의해 이뤄졌을 수 있을까? 불행하게도 이것을 증명할 가능성은 거의 없다.

신탁을 내린 하란의 머리는 고대 히브리인의 테라핌[108]과 연결되는 것으로 짐작된다. 율법학자의 전통은 테라핌을 원래 절단된 인간의 머리 또는 두개골, 그것도 아니면 가짜 머리로 여긴다. 유대인들은 '라레스와 페나테스'[109](카비리처럼 복수의 영들이다)로서 집 주위에 테라핌을 두고 있다. 그들이 머리라는 사상은 '사무엘서' 상권 19장 13절까지 거슬러 올라간다. 거길 보면 다윗의 아내 미갈이 다윗을 죽이길 원했던 사울의 심부름꾼들을 속이기 위해서 테라핌을 다윗의 침대에 놓는 과정이 묘사되고 있다. "이어서 미갈은 수호신을 가져다가 침상에 누이고, 염소 털로 짠 망으로 머리를 씌운 다음 옷으로 덮어 놓았다." "염소 털로 짠 망"은 언어적으로 모호하고, 심지어 테라핌이 염소였다는 것을 의미하는 것으로 해석될 수도 있다. 그러나 그것은 가발처럼 염소 털로 짰거나 땋은 무엇인가를 의미할 수 있으며, 이것이 침대에 누워 있는 사람의 그림과 더 잘 어울린다. 이것을 뒷받침하는 추가적인 증거는 2세기의 미드라시[110] 모음집에 담긴 전설에서 나온다. 이 전설은 빈 고리온(Bin Gorion)의 '유대인의 전설'(Die

---

108   고대 히브리인의 집의 수호상.

109   가정의 자비로운 수호신.

110   고대 유대인이 '구약 성경'을 해석한 주석을 뜻한다.

Sagen der Juden)에 담겨 있다. 내용은 다음과 같다.

테라핌은 우상이었으며, 그것은 다음과 같은 방식으로 만들어졌다. 장남인 어떤 사람의 머리가 잘려 머리카락이 뽑혔다. 그 다음에 머리에 소금을 뿌리고 기름을 발랐다. 이어서 구리나 금으로 만든 작은 판에 어떤 우상의 이름을 새겨서 그것을 잘린 머리의 혓바닥 밑에 놓았다. 그 머리는 어느 방에 세워졌고, 그 머리 앞에 촛불들이 켜졌다. 사람들은 그 앞에 머리를 숙였다. 그리고 누구라도 그 앞에 엎드리면, 머리가 말을 하기 시작했으며, 제기된 모든 문제를 해결하는 답을 내놓았다.

이것은 머리를 갖고 하는 하란의 의례와 아주 비슷하다. 머리카락을 뽑는 것이 중요한 것 같다. 이유는 그것이 머리 가죽을 벗기거나 머리카락을 자르는 것과 동일하며, 따라서 부활의 신비이기 때문이다. 이집트에서도 보고되고 있듯이, 훗날 부활 의례를 위해서 머리카락 없는 두개골을 가발로 덮었던 것이 그럴 듯하게 들린다.

이런 마법적인 절차는 원시시대에 기원했을 수 있다. 나는 이 대목에서 남아프리카 공화국의 작가 로런스 반 데르 포스트(Laurens van der Post)에게 많은 빚을 지고 있다. 그가 1951년 취리히에서 한 강연 내용 중 일부를 여기에 소개한다.

문제의 부족은 반투 족에 속하는 큰 민족인 스와지 민족의 곁가지에 해당했다. 몇 년 전에 늙은 추장이 죽었을 때, 나약한 성격의 젊은이인 그의 아들이 추장을 물려받았다. 그는 곧 추장으로 너무나 부족한 것으로 드러났다. 그러자 그의 삼촌이 부족 원로들의 회의를 소집했다. 그들은 추장을 강화하기 위해 어떤 조치를 취해야 한다고 결정을 내렸다. 그래서 그들은 주술사들과 상담했다. 주술사들이 약으로 젊은 추장을 치료했지만 아무런 효과가 없었다. 한 차례 더 회의가 열렸으며, 그 자리에서 주술사들은 추장에게 가장 강력한 약을 쓸 것을 주문 받았다. 이유는 상황이 갈수록 악화되고 있었기 때문이다. 열두 살 소년이었던, 추장의 이복형제가 약을 위한 재료를 제공하는 것으로 선택되었다.

어느 날 오후에, 마법사가 가축을 돌보고 있던 소년에게로 가서 그와 대화했다. 어느 뿔 속의 가루를 소년의 손에 부으면서, 마법사는 갈대를 집어들고 그것으로 소년의 귀와 코로 가루를 불어넣었다. 어느 목격자가 나에게 들려주기를, 그때부터 소년은 술 취한 사람처럼 비틀거리기 시작하다가 몸을 떨며 땅바닥에 쓰러졌다. 그때 소년은 강바닥으로 옮겨져 어느 나무의 뿌리에 묶였다. 더 많은 가루가 주위에 뿌려졌고, 마법사는 이렇게 말했다. "이 아이는 더 이상 음식을 먹지 않고 흙과 나무 뿌리만 먹게 될 것이다."

소년은 강바닥에 9개월 동안 있었다. 어떤 사람들은 새장 모양의 구조물을 만들어 소년을 그 안에 곧추서게 해서 물속에 몇 시간 동안 두었다고 말한다. 목적은 물이 소년의 위로 흘러 그의 피부를 하얗게 만들기 위해서였다. 다른 사람들은 그가 강바닥에서 손과 발로 기어 다니는 것을 보았다고 보고했다. 그러나 모두가 너무나 무서웠기 때문에, 100야드 정도 떨어진 거리에 미션 스쿨이 있었음에도 불구하고 그 의례에 직접적으로 관여하는 사람을 제외하고는 누구도 소년 가까이 가려 하지 않았다. 9개월 뒤에, 살이 통통하고 정상적이고 건강했던 소년이 동물처럼 변했고 꽤 하얀 피부를 갖게 되었다는 데 모두가 동의했다. 한 여인은 "그의 눈이 하얗고, 그의 몸 전체가 백지처럼 희었다"고 말했다.

소년이 죽음을 당하게 되어 있던 날 밤에, 노련한 주술사가 추장의 주거지로 불려 와서 부족의 영들에게 뜻을 물어볼 것을 부탁받았다. 이 일을 주술사는 가축 우리에서 했으며, 그는 도살할 동물을 한 마리 고른 뒤에 추장의 오두막으로 물러났다. 거기서 주술사는 죽은 소년의 육체의 부위들을 받았다. 가장 먼저 받은 것은 자루에 든 머리였으며, 그 다음이 엄지와 발가락이었다. 그는 코와 귀와 입술을 자르고, 그것들을 약과 섞어 깨어진 흙 단지에 넣고 불 위에서 삶았다. 그는 단지의 양쪽에 창을 2개 찔렀다. 이어서 그곳에 있던 사람들, 그러니까 허약한 추장을 포함한 12명이 단지 위로 몸을 숙여 김을 깊이 들이마셨다. 소년의 어머니를 제외한 모든 사람들이 단지에 손가락을 담갔다가 핥았다. 소년의 어머니는 김을 들이쉬긴 했지만, 손가락들을 단지에 담그기를 거부했다. 육체의 나머지를 주술사는 모두 섞어서 부족의 농작물들을 치료하기 위해 일종의 빵으로 만들었다.

이 마법의 의례가 실제로 "머리 신비"가 아닐지라도, 그것은 앞에서 언급한 관습들과 몇 가지 공통점을 갖고 있다. 육체가 오랜 시간 물에 잠김으로써 부드러워지고 변형된다. 희생자가 죽음을 당하고, 머리의 돌출부들이 추장과 그와 가까운 집단을 위해 만들어지는 강장제의 중요한 성분을 이룬다. 육체는 반죽되어 일종의 빵으로 만들어지고, 이것은 분명히 부족의 농작물들을 위한 강장제로도 여겨진다. 그 의례는 어떤 변형의 과정이고, 아홉 달 동안 물에서 배양된 뒤에 일어나는 일종의 부활이다.

로런스 반 데르 포스트는 "백화"(白化)의 목적이 정치 권력을 행사하던 백인의 마나를 흡수하는 것이라고 생각한다. 나도 이 견해에 동의하며, 흰 점토로 칠하는 것이 종종 조상의 영으로 변형되는 것을 의미한다는 점을 덧붙이고 싶다. 그것은 케냐의 난디 지역에서 초심자들이 사람들의 눈에 보이지 않도록 꾸며지는 것과 똑같다. 그 지역에서 초심자들은 목초로 만든, 휴대 가능한 원뿔 모양의 오두막 안에 들어간 채 돌아다니면서 모든 사람에게 자신이 보이지 않는다는 점을 드러낸다.

두개골 숭배는 원시인들 사이에 널리 퍼져 있다. 멜라네시아와 폴리네시아에서 숭배되는 것은 주로 조상들의 두개골이다. 왜냐하면 두개골들이 영들과의 연결을 확립하고 이집트의 오시리스의 머리처럼 수호신의 역할을 하기 때문이다. 두개골들은 신성한 유골로서도 꽤 중요한 역할을 한다. 이런 원시적인 두개골 숭배까지 파고드는 것은 아마 너무 멀리 나가는 일일 것이다. 그래서 나는 독자들에게 관련 문헌[111]만 언급해야 한다. 단지 나는 잘린 귀와 콘, 입이 전체를 의미하는 부분들로서 머리를 나타낼 수 있다는 점만 지적하고 싶다. 이것을 뒷받침하는 예들은 아주 많다. 마찬가지로, 머리나 머리의 부위들(뇌 등)은 마법의 음식이나 땅의 생산성을 높이는 수단이 될 수 있다.

신탁을 전하는 머리가 그리스에서도 알려져 있었다는 것은 연금술 전통에 특별한 의미를 지닌다. 엘리아누스(Claudius Aelianus)는 스파르타의 클레오메네스(Cleomenes of Sparta)가 자기 친구 아르코니데스(Archonides)의 머리를 꿀 단지 안에 보관하면서 신탁으로서 그 머리와 상의했다고 보고한다. 오르페우스(Orpheus)의 머리와 관련해서도 같은 이야기가 내려오고 있다. 오니언스(Richard Broxton Onians)는 머리 안에 자리 잡고 있는 'ψυχή'(영혼)은 현대의 "무의식"에 해당한다는 점을, 그리고 발달의 그 단계에서 의식은 호흡과 폐와 동일했으며 그 위치는 가슴 또는 심장 부위였다는 점을 강조한다. 따라서 핀다로스(Pindaros)가 영혼을 나타내며 쓴 표현, 즉 '아이온(영원)의 이미지'는 놀랄 만큼 탁월하다. 집단 무의식이 "신탁"을 전할 뿐만 아니라 소우주(즉, 우주를 반영하고 있는 육체적인 인간의 형태)를 영원히 나타내고 있기 때문이다.

우리가 끌어낸 유사성들이 조시모스의 환상들과 역사적으로 연결된다는 사실을 보여주는 증거는 전혀 없다. 그보다는 부분적으로 비슷한 전통들(아마 주로 하란 학파를 통해서 전해졌을 것이다)의 문제일 수 있고, 또

---

111   Hastings, 'Encyclopaedia of Religion and Ethics', pp.535f.

부분적으로 그 전통들이 나온 동일한 원형적인 배경에서 저절로 생겨나는 공상들의 문제일 수 있다. 나의 예들이 보여주었듯이, 조시모스 환상들의 이미지는 아무리 이상해 보일지라도 절대로 단절된 것이 아니며, 그보다 더 오래된 사상과 복잡하게 얽혀 있다. 이 사상들 중 일부는 조시모스에게 확실히 알려져 있었고 또 일부는 알려졌을 가능성이 꽤 크며, 그 사상들은 그 후 여러 세기에 걸쳐 연금술사들의 사고에 영향을 끼쳤다. 초기 기독교 시대의 종교 사상은 이런 개념들과의 접촉으로부터 완전히 차단되어 있지 않았다. 종교 사상은 사실 그런 개념들의 영향을 받았으며, 거꾸로 종교 사상은 그 후의 여러 세기 동안 자연 철학자들의 정신을 기름지게 가꿔 주었다. 16세기 말쯤에 이르러, 연금술 작업은 심지어 미사의 형태로도 표현되었다. 이 걸작의 저자는 헝가리 연금술사 멜키오르 키비넨시스(Melchior Cibinensis)였다. 나는 『심리학과 연금술』에서 이것을 다뤘다.

조시모스의 환상들에서, 프네우마로 변한 히에레우스(사제)는 자연 속에서 작동하는 변형의 원리와, 대립하는 힘들의 조화를 나타낸다. 중국 철학은 이 과정을 에난티오드로미아[112]의 관계인 음과 양의 상호 작용으로 공식화했다. 그러나 이 환상들뿐만 아니라 일반적인 연금술 문헌의 특징인 기이한 의인화와 상징들은 우리가 주로 무의식에서 일어나는 까닭에 오직 꿈이나 환상의 형태로만 의식으로 들어올 수 있는 어떤 정신 과정을 다루고 있다는 점을 가장 분명한 용어로 보여주고 있다. 그 당시에, 그리고 상당한 세월이 지나서까지, 어느 누구도 무의식에 대한 생각을 떠올리지 못했다. 따라서 무의식의 내용물은 모두 대상으로 투사되었으며, 그 내용물은 자연 속에서 명백한 대상들이나 물질의 특성들로 발견되었으며 순수하게 내면적인 정신의 사건들로 인식되지 않았다. 조시모스가 자신의 기술의 정신적이거나 신비적인 측면에 대해 잘 알고 있었다는 점을 보여주

112　어떤 힘의 과잉은 필히 그것과 반대되는 힘을 낳게 된다는 원리.

는 증거가 일부 있지만, 그는 자신이 관심을 두고 있었던 것은 자연의 대상들 속에 머물고 있던 어떤 영이라고 믿었지 인간의 정신에서 온 그 무엇이라고 믿지는 않았다. 소위 물질에 관한 객관적인 지식을 통해서 자연에서 정신적인 것을 제거하는 것은 현대 과학의 몫으로 남았다.

의인화된 모든 투사들은 두 가지 결과를 낳으면서 하나씩 차례로 철수되었다. 첫째, 인간이 불가사의하게 자연과 동일시하던 현상이 전에 없이 줄어들었으며, 둘째로, 인간의 영혼으로 돌아오고 있는 투사들이 무의식을 강하게 활성화함에 따라 현대에 들어서 인간이 무의식적 정신의 존재를 가정하지 않을 수 없게 되었다. 이 가정의 최초의 시작은 라이프니츠(Gottfried Wilhelm Leibniz)와 칸트(Immanuel Kant)에서 보였으며, 이어서 셸링(Friedrich Wilhelm Joseph von Schelling)과 카루스, 하르트만에서 더욱 강화되었다. 그러다 최종적으로 현대 심리학은 심리학자이기도 했던 철학자들의 마지막 형이상학적 주장들을 폐기하고, 정신의 존재라는 사상을 심리학적 진술로, 달리 말하면 정신의 현상학으로 국한시켰다.

미사의 극적인 과정이 어떤 신의 죽음과 희생과 부활, 그리고 사제와 회중의 통합과 적극적인 참여를 나타내는 한, 미사의 현상학은 보다 원시적임에도 불구하고 근본적으로 비슷한 다른 종교적 관습들과 일치할 수 있다. 이 같은 사실은 언제나 "사소한 것들이 위대한 것들과 비교될 때" 민감한 사람들이 불쾌하다고 느낄 위험을 수반한다. 그러나 원시적인 정신을 공평하게 다루기 위해, 나는 문명화된 인간이 품는, "신에 대한 두려움"이 원시인의 외경심과 별로 다르지 않다는 점을, 그리고 신비 속에 존재하며 작용하는 신은 문명화된 인간이나 원시인에게나 똑같이 하나의 신비라는 점을 강조하고 싶다. 외적 차이가 아무리 커 보이더라도, 의미의 유사성 또는 동일성이 간과되어서는 안 된다.

3. 미사의 심리학

1) 제물에 관한 총론

섹션 2에서 변형 의례에 대해 논할 때에는 교회의 해석에서 벗어나지 않았지만, 이 섹션에서는 그 해석을 하나의 상징으로 다룰 것이다. 이런 식의 처리는 종교적 믿음의 내용에 대한 어떤 가치 평가도 암시하지 않는다.

무엇인가가 하나의 의견으로 받아들여지거나 진리로 여겨지거나 믿어질 때, 과학적 비판은 당연히 그것이 심리학적 사실이 아닌 다른 어떤 진정한 사실의 존재를 가정하지 않는다는 견해를 고수해야 한다. 그러나 그것은 어떤 '단순한 무(無)'가 만들어졌다는 것을 뜻하지 않는다. 오히려, 믿음이나 의례의 진술의 바탕에서 경험적 토대로 작용하고 있는 정신적 현실이 표현되었다.

이런 종류의 진술에 대해 "설명할" 때, 심리학은 가장 먼저, 그 진술의 대상으로부터 어떤 현실도 박탈하지 않는다. 정반대로, 그 대상에게 어떤 정신적 현실을 부여한다. 둘째로, 설명의 대상이 된 그 형이상학적 진술이 그 설명 때문에 어떤 근본으로 바뀌지 않는다. 그 진술이 어떤 정신적 현상 그 이상은 절대로 아니었기 때문이다.

그 진술의 특별히 "형이상학적인" 성격은 진술의 대상이 인간의 인식과 이해력의 범위를 벗어나 있다는 점을, 따라서 그 대상은 판단의 대상이 될 수 없다는 점을 암시한다. 그러나 모든 과학은 이해할 수 없는 것에서 그 한계에 도달한다. 그럼에도 만약에 잠정적인 한계를 최종적인 것으로 여기며 그 한계 밖에는 아무것도 존재하지 않는다고 단정한다면, 그것도 과학이 아닐 것이다. 어떤 과학도 가설을 최종적 진리로 고려하지 못한다.

심리학적 설명과 형이상학적 진술은 서로 모순되지 않는다. 그것은 물리학자의 물질에 대한 설명이 아직 알려지지 않았거나 알려질 수 없는, 물질의 본질과 모순되지 않는 것과 똑같은 이치이다. 어떤 믿음의 존재는 그 자체로 어떤 정신적인 사실이라는 실체를 갖는다. 우리가 "정신"이라는 개념으로 가정하는 바로 그것은 그냥 알 수 없는 것이다. 심리학이 관찰자와 관찰되는 것이 최종적으로 동일한 그런 불행한 입장에 놓이기 때문이다. 심리학은 밖에 아르키메데스의 점을 전혀 갖고 있지 않다. 모든 인식이 어떤 정신적인 성격을 지니고, 우리가 비(非)정신적인 것에 대해서는 간접적으로만 알 수 있기 때문이다.

미사에서 일어나는 의례상의 사건은 이중적인 측면을, 말하자면 인간적이면서 신성한 측면을 갖고 있다. 인간의 관점에서 보면, 공물이 제단에서 신에게 바쳐지고 있다. 이 행위는 동시에 사제와 회중의 자기 봉헌을 의미한다. 의례의 행위는 공물과 공물을 바치는 자를 똑같이 신성하게 한다. 그 의례는 예수 그리스도가 사도들과 함께 했던 최후의 만찬과, 신이 인간의 모습으로 나타나는 현현, 그리스도의 수난과 죽음과 부활을 기념하고 표현한다.

그러나 신의 관점에서 보면 의인화된 이 행위는 오직 바깥의 껍데기나 껍질에 지나지 않을 뿐이며, 그 안에서 일어나고 있는 것은 절대로 인간적인 행위가 아니며 신성한 어떤 사건이다. 시간 밖에서 영원히 존재하고 있는 그리스도의 삶이 잠시 눈에 보이고 시간적인 순서 속에서 전개되지만, 그 삶은 어디까지나 압축된 형태로 성스러운 행위 속에서 드러난다. 그리스도가 공물로 바쳐진 실체들을 통해서 한 사람의 인간으로 현현하여, 고통을 겪고, 죽음을 당하고, 무덤 안에 놓이고, 저승의 세력을 깨뜨리고 영광 속에서 다시 부활하는 것이다. 축성의 말씀의 선포에 신성이 개입하고, 신성 자체가 행동하고 진정으로 그 자리에 임한다. 그리하여 신성은 미사에서 핵심적인 사건이 신성의 은총의 행위라고 선언한다. 그 행위에서 사제는 오직 한 사람의 성직자의 의미밖에 지니지 않는다. 회중과 공물로 바쳐진 실체들에 대해서도 똑같이 말할 수 있다. 그것들은 모두 그 거룩한 사건을 거행하는 데 중요한 요소들이다. 신이 현장에 있다는 점이 제물을 바치는 행위의 모든 부분을 신비스런 단일체로 엮는다. 그렇기 때문에 실체들 속에서, 성직자 속에서, 회중 속에서 스스로를 제물로 바치고 있는 것은, 그리고 아들이라는 인간의 형태로 스스로를 속죄로서 아버지에게 바치고 있는 것은 바로 신 자신이다.

비록 이 행위가 신성 안에서 일어나고 있는 영원한 사건일지라도, 그럼에도 불구하고 인간도 거기에 근본적인 구성 요소로서 포함된다. 첫째 이유는 신이 우리 인간의 본성 안에 자신을 감추고 있기 때문이고, 둘째 이유는 신이 그 행위를 실행하는 데 사제와 회중의 협력을, 심지어 인간에게 특별한 의미를 지니는 빵과 포도주 같은 물질적인 실체들을 필요로 하기 때문이다.

비록 성부가 성자와 같은 본질일지라도, 성부는 장차 한편으로 영원한 아버지로서 나타나고, 다른 한편으로 제한적으로만 세속적으로 존재하는 사람으로서 나타난다. 전체적으로 인류는 신의 인간적인 본질 안에 포함되며, 그것이 바로 인간이 제물을 바치는 행위에도 포함되는 이유이다. 제물을 바치는 행위에서 신이 제물을 바치는 행위자임과 동시에 제물이듯이, 사람도 자신의 제한적인 능력에 따라 마찬가지로 그렇다.

성변화의 작용인은 신의 은총의 자동적인 행위이다. 교회의 교리는 이같은 견해를 고집하고 있으며, 심지어 사제의 예비적인 행위까지, 아니 의례의 존재 자체를 원죄를 안고 있는 나태한 인간의 본성보다는 신의 고무로 돌리는 경향을 보인다. 이 같은 견해는 미사를 심리학적으로 이해하는 데 대단히 중요하다. 어떤 의례의 마법적인 측면이 지배적인 경향을 보이는 곳마다, 그 측면은 의례를 개인적인 자아의 맹목적인 권력욕을 충족시키는 방향으로 끌고 가며, 따라서 교회라는 신비체를 개별적인 단위로 깨뜨리게 된다.

한편, 의례가 신 자신의 행위로 여겨지는 곳에서, 인간 참가자들은 단지 하나의 도구적 또는 "집행"의 의미만을 지닌다. 따라서 교회의 견해는 다음과 같은 심리학적 상황을 전제한다. 인간의 의식(意識)(사제와 회중에 의해 대표된다)이 어떤 자율적인 사건을 직면하고 있다. 이 사건은 의식을 초월하는, "신성하고, 시간을 초월하는" 어떤 차원에서 일어나기 때문에 절대로 인간의 행위에 의존하지 않지만, 그 사건은 인간을 하나의 도구로 붙잡아 그 "신성한" 사건의 한 대표자로 만듦으로써 인간이 행동하도록 강요한다. 그 의례의 행위에서 인간은 인간 의식의 범주들 밖에서 작동하는, 자율적이고 "영원한" 어떤 행위자가 자신을 마음대로 다루도록 허용한다. 그것은 훌륭한 어떤 배우가 단순히 드라마를 표현하는 것에서 그치지 않고 자신을 극작가의 천재성에 압도당하도록 허용하는 것이나 마찬가지이다. 의례 행위의 아름다움은 그 행위의 근본적인 특성의 하나이다. 인간이 신을 아름답게 대접하지 않는 경우에 신을 제대로 섬기는 것이 아니기 때문이다. 따라서 의례는 실용적인 유용성을 전혀 갖지 않는다. 실용적으로 흐르는 경우에, 의례가 어떤 목적에, 순수하게 인간적인 범주에 이바지하게 될 것이기 때문이다.

그러나 신성한 모든 것은 그 자체로 중요하며, 우리가 그 자체로 중요한 것으로 알고 있는 것들 중에서 유일하게 합당하다. 어쨌든 영원한 그 무엇이 어떻게 "행동할" 수 있는가 하는 문제는 우리가 건드리지 않는 것이 바람직한 질문이다. 단지 그것이 대답할 수 없는 질문이기 때문이다. 인간이 미사 행위에서 하나의 도구이기 때문에(비록 자유 의지를 가진 도구일지라도), 그는 자신을 이끌고 있는 손에 대해 어떤 것이든 알 수 있는 위치에 있지 않다. 망치는 그것이 때리게 만드는 힘을 그 자체에서는 발견하지 못한다. 인간을 붙잡고 움직이게 하는 것은 바깥에 있는 그 무엇이며, 자율적인 그 무엇이다.

축성에서 일어나는 것은 기본적으로 하나의 기적이며, 또 그런 것이 되어야 한다. 그렇지 않으면, 우리가 마법으로 신을 불러내는 것은 아닌지 생각하거나, 영원한 어떤 것이 어떻게 실제로 행위를 할 수 있는지를 놓고 철학적 경이에 빠질 것이 틀림없기 때문이다. 행위라는 것이 시간적으로 시작과 중간, 결말을 갖는 하나의 과정이니 말이다.

성변화는 인간이 절대로 이해하지 못하는, 경이의 한 원인이고 기적이어야 할 필요가 있다. 성변화는 하나의 신비이고 비밀이다. 평범한 사람은 자신의 안에서 자신이 어떤 "신비"를 수행하도록 하는 그것을 자각하지 못한다. 평범한 사람은 오직 그것이 그를 사로잡을 때에만 그것을 자각할 수 있다. 이 사로잡음, 또는 의식 밖에서 그를 붙잡고 있는 것으로 느껴지거나 추정되는 어떤 힘의 존재가 특별한 기적이다. 그 사람이 거기서 표현되고 있는 것이 무엇인지를 고려할 때, 그 사로잡음은 그야말로 기적이다. 우리가 절대적으로 불가능한 어떤 것을 표현할 수 있게 한 것은 도대체 무엇이었는가? 수천 년 동안 인간으로부터 엄청난 정신적 노력과 너무도 사랑스런 예술 작품, 더없이 깊은 헌신, 매우 영웅적인 자기희생, 더없이 엄격한 봉사를 끌어낼 수 있었던 것은 무엇이었는가? 그것이 바로 기적이 아니고 무엇이겠는가? 명령하는 것은 인간의 것이 아닌 하나의 기적이다. 인간이 스스로 그것을 시도하는 순간에, 또는 그것에 대해 철학적으로 사색하며 그것을 지적으로 이해하려 드는 순간에, 새는 이미 날아가 버리기 때문이다. 정말이지, 우리가 인간 본성에 대해 알고 있는 것으로는 인간이 그런 진술과 믿음에 구속되는 이유를 절대로 설명하지 못한다. (여기서 나는 모든 종교에서 나오는 불가능한 진술들에 대해 생각하고 있다.)

인간이 그렇게 되는 데는 저항하지 못할 어떤 이유가 있을 것임에 틀림없다. 일상적인 경험에서는 그 이유가 발견되지 않을지라도 말이다. 진술들이 대단히 부조리하고 불가능한 내용을 담고 있다는 사실 자체가 그런 이유의 존재를 뒷받침한다. "터무니없기 때문에 전적으로 믿을 만하다"는 테르툴리아누스의 말에서 매우 훌륭하게 제시되고 있듯이, 그것이 믿음의 진정한 바탕이다. 불가능한 의견은 조만간 수정의 대상이 되어야 한다. 그러나 종교의 진술은 불가능한 의견들 중에서도 가장 불가능한 것에 속하는데도 수천 년 동안 이어지고 있다. 그 진술의 예상 밖의 생명력 자체가 지금까지 과학적 조사를 피해왔던 어떤 충분한 원인의 존재를 증명하고 있다. 한 사람의 심리학자로서, 나는 이 같은 사실에 관심을 주며, 이런 종류의 정신적 현상에 대해 "무엇무엇에 지나지 않는다"는 식의 설명은 절대로 불가능하다는 나의 믿음을 강조할 수 있을 뿐이다.

미사의 이중적인 측면은 인간의 행위와 신의 행위 사이의 대조에서 나타날 뿐만 아니라 신과 신인(神人)의 이중적인 측면에서도 나타난다. 신과 신인은 본래 하나의 단일체임에도 의례의 드라마에서 이중성을 나타낸다. 이 같은 "신의 이분법"이 없다면, 제물을 바치는 행위 전체가 이해되지 않고 실재를 결여하게 될 것이다. 기독교의 관점에 따르면, 신이 신이 아닌 적은 한 번도 없었다. 신이 세속적 질서 속에서 사람의 형태로 나타났을 때에도 마찬가지였다. '요한복음'의 그리스도는 "나와 나의 아버지는 하나이다. 나를 본 사람은 곧 아버지를 뵌 것이다"(10장 30절, 14장 9절)고 선언한다. 그럼에도 십자가에서 그리스도는 이렇게 외친다. "저의 하느님, 저의 하느님, 어찌하여 저를 버리셨습니까?" 만약에 "진짜 신이자 진짜 인간"이라는 원칙이 심리학적으로 사실이라면, 그 같은 모순이 존재해야 한다. 그리고 만약에 그것이 사실이라면, 그리스도의 다른 말씀들은 결코 모순이 아니다.

"진짜 인간"이 된다는 것은 신으로부터 극도로 멀어지고 신과 완전히 달라진다는 것을 의미한다. "깊은 구렁에서 주님을 향해 울부짖나니!"라는 외침은 둘 다를, 그러니까 먼 것과 가까운 것을, 가장 먼 어둠과 신성의 눈부신 불꽃을 보여준다. 인간의 모습을 할 때의 신은 아마 그 자신으로부터 너무나 멀리 벗어나 있기 때문에, 그는 절대적인 자기포기를 통해서 스스로를 추구해야 한다. 그리고 만약에 신이 "완전히 다른 존재"가 될 수 없다면 그의 전체성은 어디에 있는가? 따라서 그노시수주의의 누스가 피시스의 권력 안으로 떨어질 때 어둡고 지하 같은 뱀의 형태를 취하고, 마니교의 "최초의 인간"이 똑같은 상황에서 실제로 '악마'의 특성들을 취한 것은 나에게는 심리학적으로 정당해 보인다.

티베트 불교에서 모든 신들은 예외 없이 평화로운 측면과 분노하는 측면을 갖고 있다. 그 신들이 존재의 모든 영역을 두루 관장하기 때문이다. 신을 신성과 인간성으로 양분하고, 신이 제물을 바치는 행위에서 자기 자신으로 되돌아가는 것은 인간 자신의 어둠 안에 다시 그 원천으로 돌아갈 어떤 빛이 숨겨져 있다는, 위안을 주는 원리를 제시한다. 그 원리는 인간의 내면에 있는 이 빛은 어둠 속에서 고통을 겪던 '속박된 것'을 구하여 영원한 빛으로 안내하기 위해 어둠 속으로 내려가길 실제로 원했다는 내용까지 포함한다. 이 모든 것은 그리스도 이전의 사상에 속하며, "빛의 인간"이나, 안트로포스 또는 원래의 인간이라는 견해와 다르지 않다. 복음서 속의 그리스도의 말씀은 이런 견해를 당시의 상식으로 여기고 있다.

2) 제물의 심리학적 의미

a. 제물로 바치는 선물들

크람프 신부는 로마 가톨릭 교회의 전례에 관한 책에서 제물을 상징하는 실체들에 대해 다음과 같은 관찰을 제시하고 있다.

> 지금 빵과 포도주는 인류 대부분에게 생계의 일상적인 수단일 뿐만 아니
> 라, 지구 전체에 퍼져 있다(이 같은 사실은 기독교의 세계 전파와 관련해
> 서 대단한 중요성을 지닌다). 더욱이, 빵과 포도주는 똑같이 고체와 액체
> 의 영양을 동시에 필요로 하는 인간의 완벽한 음식을 구성한다. 빵과 포
> 도주가 인간의 전형적인 음식으로 여겨질 수 있기 때문에, 이 두 가지는
> 인간의 생명과 인간의 인격의 상징으로도 가장 적절하다. 이것은 예물의
> 상징을 설명하는 중요한 사실이다.[113]

왜 꼭 빵과 포도주가 "인간의 생명과 인간의 인격의 상징"이어야 하는
지, 이유가 금방 확인되지 않는다. 이 같은 해석은 미사에서 이 실체들에
부여하는 특별한 의미를 근거로 후험(後驗)적으로 내린 결론처럼 보인다.
그런 경우에 그 의미는 실체들 자체 때문이 아니라 전례 때문일 것이다. 어
느 누구도 빵과 포두주가 그 자체로 인간의 생명이나 인간의 인격을 의미
한다는 것을 상상하지 못할 테니까.

그러나 빵과 포도주가 문화의 중요한 산물인 한, 그것들은 생명과 관련
한 인간의 노력을 나타낸다. 빵과 포도주는 관심과 인내, 근면, 헌신, 힘든
노동 등의 결실인, 명확한 어떤 문화적 성취를 나타낸다. "일용할 우리의
빵"이라는 단어들은 인간이 생존을 위해 쏟는 불안한 관심을 표현하고 있
다. 빵을 만들어냄으로써, 인간은 자신의 생명을 안전하게 지킨다. 그러나
인간이 "빵만으로 살아가지 않기" 때문에, 빵이 꽤 적절하게 포도주를 수
반하고 있다. 포도주의 생산은 언제나 특별한 관심과 수고스런 노동을 요
구했다. 그러므로 포도주도 마찬가지로 문화적 성취의 표현이다. 밀과 포

---

113 'Die Opferanschauungen', p. 55.

도가 경작되는 곳에서는 문명화된 삶이 지배적이다. 그러나 농업과 포도주 재배가 존재하지 않는 곳에서는 유목민과 수렵인의 미개한 삶만 있을 뿐이다.

그렇다면 인간은 빵과 포도주를 바치면서 가장 먼저 자신의 문화의 산물들을, 말하자면 인간의 근면이 생산하는 최선의 것을 공물로 바치고 있다. 그러나 "최선의 것"은 인간 안의 최선에 의해서만, 인간의 성실함과 헌신에 의해서만 생산될 수 있다. 그러므로 문화적 산물은 쉽게 그 산물의 생산에 필요한 심리적인 조건을, 말하자면 인간만이 문명을 발달시키게 하는 인간의 미덕들을 나타낸다.

이 물질들의 특별한 본성에 대해 말하자면, 빵은 틀림없는 하나의 음식이다. 포도주는 "기운을 돋운다"는 말이 있다. 식량이 "부양한다"고 할 때와 똑같은 의미가 아니긴 하지만. 포도주는 자극하며, 언제나 "spirit"이라 불린 휘발성의 물질 때문에 "흉골체(胸骨體)를 인간의 가슴으로" 만든다. 따라서 포도주는 무해한 물과 달리 "활기를 북돋우는" 음료이다. 어떤 영 또는 신이 그 안에 거주하면서 취함의 황홀경을 낳고 있기 때문이다. 가나에서 있었던 포도주 기적은 디오니소스의 신전에서 벌어졌던 기적과 같은 것이었다. 다마스쿠스의 성배에 그리스도가 디오니소스처럼 포도나무 넝쿨 사이의 왕좌에 앉아 있는 모습으로 그려진 것은 대단히 중요하다. 따라서 빵은 생계의 육체적 수단을 나타내고, 포도주는 생계의 영적 수단을 나타낸다. 빵과 포도주를 올리는 것은 문명의 물질적 결실과 영적 결실을 바치는 것이다.

그러나 인간이 빵과 포도주에 쏟은 보살핌과 노동을 잘 알고 있었을지라도, 그는 경작된 식물들이 자체의 어떤 법칙에 따라 성장하고 번성한다는 것을, 그리고 그 식물들 안에서 인간에게 생명의 숨결 또는 활력을 주는 영과 비교할 만한 어떤 힘이 작동하고 있다는 것을 관찰하지 않을 수 없었다.

프레이저(James Frazer)는 이 원리를 꽤 적절히 "곡물 영"(corn spirit)이라고 불렀다. 인간의 진취적인 정신과 수고가 분명히 필요하지만, 원시인의 눈에 그보다 훨씬 더 필요한 것은 식물들의 신령을 부양하고, 강화하고, 달래는 의례를 정확하고 주의 깊게 실행하는 것이다. 그러므로 곡식과 포도주는 어떤 영혼의 본성에 속하는 무엇인가를, 특별한 생명의 원리를 갖고 있다. 바로 이 생명의 원리가 그 식물들을 인간의 문화적 성취들의 적절한 상징으로 만들 뿐만 아니라, 그 식물들의 생명의 영인, 계절에 따라 죽었다가 다시 살아나는 신의 적절한 상징으로도 만든다.

상징들은 절대로 단순하지 않다. 오직 기호들과 비유들만이 단순할 뿐이다. 언제나 상징은 언어의 이해 범위를 크게 뛰어넘는 탓에 모호하지 않은 방법으로는 표현하지 못하는 복잡한 상황을 나타낸다. 따라서 곡식과 포도주 상징들은 4중의 의미를 지닌다.

1. 농작물로서.
2. 특별한 처리 과정을 요구하는 산물들(빵은 곡식으로 만들고 포도주는 포도로 만든다)로서.
3. 심리적 성취들(노동, 근면, 인내, 헌신 등)과 일반적인 인간 활력의 표현으로서.
4. 마나 또는 식물의 신 등의 표현으로서.

이 목록을 통해서, 하나의 상징은 복잡한 물질적, 정신적 상황을 요약할 필요가 있다는 것이 쉽게 확인된다. 이것을 보여주는 가장 단순한 상징적인 공식이 바로 "빵과 포도주"이며, 이 단어들은 빵과 포도주가 땅의 경작자들에게 언제나 지녔던, 원래의 복합적인 중요성을 갖는다.

b. 희생

앞서 말한 내용을 근거로 할 때, 제물로 바치는 예물은 상징적인 것이 분명하다. 또 제물은 상징에 의해 표현되는 모든 것을, 말하자면, 물질적인 산물, 가공된 실체, 심리적 성취, 그리고 경작된 식물들의 자율적이고 수호신 같은 생명의 원리 등을 두루 아우르는 것이 분명하다. 예물의 가치는 그 것이 최고의 열매이거나 최초의 열매일 때에 높아진다. 빵과 포도주는 농경이 제공할 수 있는 최고의 것이기 때문에, 그것들은 또 동일한 증거에 의해서 인간의 최고의 노력이다. 더욱이, 빵은 죽었다가 다시 살아나는 신성한 수호신의, 눈에 보이는 현현을 상징하고, 포도주는 취함과 황홀경을 약속하는 프네우마의 현존을 상징한다. 고전시대의 세계는 이 프네우마에 대해 디오니소스로, 특히 자신의 신성한 본질을 자연의 세계 전체에 퍼뜨리는, 고통을 겪는 디오니소스 자그레우스로 여겼다. 요약하면, 빵과 포도주의 형식으로 제물로 바쳐지고 있는 것은 자연과 인간과 신이며, 이 3가지는 모두 상징적인 예물의 단일성 안에서 결합한다.

그렇게 중요한 예물을 바치는 행위는 당장 이런 질문을 던지게 한다. 어쨌든 그런 제물을 제공하는 것이 인간의 능력에 속하는가? 인간은 심리학적으로 그렇게 할 수 있는 능력을 갖추었는가? 교회는 이 물음에 '노'라고 대답한다. 교회가 제물을 바치는 성직자가 그리스도 자신이라고 주장하기 때문이다. 그러나 인간이 그 예물 안에 단 한 번이 아니라 두 번 포함되기 때문에, 교회는 조건부로 '예스'라고도 대답한다. 제물을 바치는 자의 측면에서도, 똑같이 복잡하고 상징적인 상황이 있다. 그 상징이 제물을 바치는 자이자 희생된 제물인 그리스도 자신이기 때문이다. 이 상징도 마찬가지로 몇 겹의 의미를 지닌다. 앞으로 이 의미에 대해 하나하나 상세히 설명할 것이다.

희생하는 행위는 먼저 나에게 속하는 무엇인가를 주는 것에 있다. 나에게 속하는 것에는 모두 "나의 것"이라는 도장이 찍혀 있다. 말하자면 그것은 나의 자아와 미묘한 동일성을 갖고 있다. 이 같은 사실은 어떤 대상, 예를 들어 카누가 나의 것인 경우에 단어 끝에 생기를 뜻하는 접미사를 붙이고 다른 사람의 것인 경우에 접미사를 붙이지 않는 일부 원시인의 언어들에 생생하게 표현되고 있다.

"나의 것"이라는 도장이 찍힌 모든 것은 나의 인격과 가깝다는 사실은 레비-브륄에 의해 '신비적 참여'(participation mystique)로 적절히 규정되고 있다. 그것은 나와 밀접히 접촉하게 되는 모든 것은 그것 자체일 뿐만 아니라 하나의 상징이기도 하다는 사실에서 비롯되는, 비합리적이고 무의식적인 동일시이다. 이 같은 상징화가 일어나는 이유는 첫째, 모든 인간이 무의식적인 내용물을 갖고 있기 때문이고 둘째, 모든 대상이 알려지지 않은 측면을 갖고 있기 때문이다.

예를 들면, 당신의 시계가 있다. 시계 제조자가 아니라면, 당신은 그것이 작동하는 방식을 설명하는 것이 어려운 일일 것이다. 설령 시계의 작동에 대해 말할 수 있다 하더라도, 광물학자나 물리학자가 아니라면, 당신은 강철의 분자 구조에 대해서는 알지 못할 것이다. 그리고 자신의 주머니 시계를 고치는 방법을 아는 과학자에 대해 들어본 적이 있는가? 그러나 미지의 두 가지가 한꺼번에 올 때, 그것들을 구분하는 것은 불가능하다. 인간 속의 알려지지 않은 것과 사물 속의 알려지지 않은 것은 하나로 결합한다. 따라서 거기서 간혹 괴상해 보이는 무의식적 동일시가 일어난다. 어느 누구에게도 "나의 것"을 건드리는 것은 허용되지 않는다. 그러니 그것을 이용하는 것은 더더욱 허용되지 않는다. 만약 "나의 것"이 충분히 존중받지 않는다면, 나는 모욕감을 느낀다. 인력거를 끄는 2명의 중국인 소년이 격렬하게 언쟁을 벌이던 모습이 기억 난다. 난투극이 벌어지려는 순간에, 둘 중 하나가 다툼을 끝내면서 상대방의 인력거를 발로 세게 걷어찼다.

우리의 무의식적 내용물은 무의식으로 남아 있는 한 언제나 투사되고,

그 투사는 동물과 사람뿐만 아니라 무생물의 대상까지, "우리의" 모든 것으로 향한다. 그리고 "우리의" 소유물들이 투사의 매개체이기 때문에, 그것들은 본래의 존재 그 이상의 것이 되며, 그런 것으로서 기능한다. 그 소유물들은 몇 겹의 의미를 획득하고, 따라서 상징적인 것이 된다. 그럼에도 그 같은 사실은 의식에는 좀처럼, 또는 절대로 가닿지 않는다. 현실 속에서, 우리의 정신은 의식적인 마음의 경계보다 훨씬 더 멀리까지 퍼져 있다. 그것은 오래 전부터 영혼은 대부분 육체의 바깥에 있다고 말한 옛날의 연금술사들에게 분명히 알려져 있었던 사실이다.

그러므로 내가 "나의 것"인 무엇인가를 거저 줄 때, 내가 주고 있는 것은 기본적으로 하나의 상징이고 많은 의미를 지닌 하나의 사물이지만, 내가 그것의 상징적인 성격에 대해 알지 못하기 때문에, 그것은 나의 자아에 달라붙는다. 그것이 나의 인격의 일부이기 때문이다. 따라서 모든 선물에는 명시적으로나 암묵적으로, 개인적인 요구가 결합되어 있다. 말로 표현되지 않았을 뿐이지, 거기엔 언제나 "당신이 받는 것은 바로 내가 준 것"이라는 생각이 작용하고 있는 것이다.

따라서 선물은 언제나 그 자체에 개인적인 어떤 의도를 수반하고 있다. 그것을 거저 주는 것은 희생이 아니기 때문이다. 내가 대가로 무엇인가를 받으려는 무언의 의도를 포기할 때에만, 그것이 희생이 된다. 진정한 희생이 되려면, 그 선물은 파괴되듯이 주어져야 한다. 그렇게 할 때에만 이기적인 요구를 포기하는 것이 가능해진다. 이기적인 요구에 대한 자각이 없는 가운데 빵과 포도주가 거저 주어진다면, 그 요구가 무의식적이라는 사실은 은밀한 요구의 존재에 대한 변명이 절대로 될 수 없으며, 정반대로, 그런 요구의 존재를 뒷받침하는 확실한 증거가 될 것이다.

그렇다면 예물을 바치는 행위는 그 이기적인 성격 때문에 불가피하게 신의 선의를 사려는, 공언되지 않은 목표와 기대가 걸려 있는, 달래기라는 마법적인 행위의 성격을 지닌다. 그것은 윤리적으로 무가치한 희생의 시늉에 지나지 않으며, 그런 시늉을 피하기 위해서 선물을 주는 사람은 적어도 선물을 주면서 자기 자신을 어느 정도 포기하고 있는지를 깨달을 만큼은 자신과 선물의 동일성을 의식해야 한다. 바꿔 말하면, "나의 것"과 자연스런 동일시의 상태에서, 자신을, 또는 자신 중에서 어쨌든 그 선물과 동일시하는 부분을 희생시키겠다는 윤리적 임무가 생겨나야 한다.

사람은 자기 자신을 주거나 포기할 때 거기에 그에 상응하는 요구가 수반된다는 것을 깨달아야 한다. 그 같은 사실에 대해 모를수록, 그 행위에 수반되는 요구는 그만큼 더 커진다. 이것을 의식적으로 깨닫는 것만이 주는 행위를 진정한 희생으로 만들 수 있다. 이유는 만약 내가 나 자신을 주고, 나 자신을 버리면서도 그에 대한 보상을 받기를 원하지 않는다는 것을 알고 있고 또 그 점을 인정한다면, 그때 나는 나의 요구를, 따라서 나 자신의 일부를 희생시키기 때문이다. 따라서 절대적으로 주는 것, 처음부터 완전한 상실인 그런 베풂이 자기희생이다. 반대급부가 전혀 없는 일상적인 베풂은 하나의 상실로 느껴지지만, 희생은 상실이 되어야 하며, 그러면 사람은 거기에 이기적인 요구가 더 이상 존재하지 않는다는 것을 확신할 것이다. 그러므로 선물은 마치 그것이 파괴되는 것처럼 주어져야 한다. 그러나 그 선물이 나 자신을 대표하기 때문에, 그런 경우에 나는 나 자신을 파괴했고 보상의 기대 없이 나 자신을 거저 주었다.

그럼에도 다른 각도에서 보면, 이 의도적인 상실도 하나의 이득이다. 만약 당신이 당신 자신을 줄 수 있다면, 당신이 당신 자신을 소유하고 있다는 것을 증명하기 때문이다. 누구도 자신이 갖지 않은 것을 내놓지 못한다. 그렇기 때문에 자신을 희생시키고 자신의 요구를 포기할 수 있는 사람은 누구나 먼저 자신을 소유해야 한다. 달리 말하면, 그는 그 요구를 의식했음에 틀림없다.

이것은 상당한 자기 인식의 행위를 전제하는데, 자기 인식을 결여한 사람은 그런 요구를 영원히 의식하지 못하게 된다. 그러므로 미사에서 죄의 고백이 성변화 의례가 있기 전에 오는 것이 꽤 논리적이다. 그 같은 반성은 사람으로 하여금 모든 선물과 연결되어 있는 이기적인 요구를 자각하도록, 그리하여 그 요구를 의식적으로 포기하도록 만든다. 그렇게 하지 않는다면, 예물은 절대로 희생이 아니다.

희생은 당신이 당신 자신을 소유하고 있다는 것을 증명한다. 희생이 단지 당신 자신을 수동적으로 내놓는 것을 의미하지 않기 때문이다. 그것은 의식적이고 의도적인 자기 포기이며, 당신이 당신 자신을, 즉 당신의 자아를 완전히 통제하고 있다는 점을 증명한다. 따라서 자아가 도덕적인 어떤 행위의 대상이 된다. 왜냐하면 "내"가 나의 자아의 본질보다 상위에 있는 어떤 권위를 대신해 결정을 내리고 있기 때문이다. 말하자면, 나는 나의 자아에 반하는 결정을 내리고 있으며 나의 요구를 부정하고 있다.

자기 포기의 가능성은 심리학적으로 확립된 하나의 사실이며, 그 같은 사실의 철학적 함의에 대해서 나는 논하지 않을 것이다. 심리학적으로, 그것은 자아가 다양한 상위의 권위들 밑으로 들어갈 수 있는 하나의 상대적인 양(量)이라는 것을 의미한다. 이 권위들은 무엇인가? 프로이트의 경우에 초자아를 제시하지만, 그 권위들은 집단적인 도덕적 의식과 직접적으로 동일시될 수 없으며, 그보다는 처음부터 인간의 내면에 존재하는, 경험을 통해 획득되지 않는 정신적 조건들과 동일시된다.

어느 한 인간의 행위들 뒤에는 여론도 서 있지 않고 도덕 규범도 서 있지 않으며, 그 사람이 아직 알아채지 못하는 인격이 서 있다. 사람은 지금도 옛날의 됨됨이 그대로이듯이, 미래에도 언제나 그 됨됨이 그대로일 것이다. 의식적인 정신은 한 인간의 전체를 끌어안지 못한다. 이 전체 중에서 오직 일부만이 그 사람의 의식적인 내용물로 이뤄져 있을 뿐이며, 그보다 훨씬 더 큰 부분이 그의 무의식으로 이뤄져 있기 때문이다. 이 무의식은 한계가 없기 때문에 그 범위가 무한하다.

이 전체 안에서, 의식적인 정신은 보다 큰 원 안의 작은 원처럼 포함되어 있다. 따라서 자아가 하나의 대상이 되는 것은 꽤 가능하다. 말하자면, 발달 과정에 더욱 큰 인격이 나타나서 자아가 그 인격에 이바지하도록 할 수 있다. 인격의 이 같은 성장이 정의상 무한한 무의식에서 나오기 때문에, 점진적으로 스스로를 실현시키고 있는 인격의 범위도 실제로 한계가 있을 수 없다. 그러나 인격은 프로이트의 초자아(슈퍼에고)와 달리, 여전히 개인적이다. 인격은 사실 가장 높은 의미에서 말하는 개성이며, 따라서 이론적으로 한계가 있다. 어떤 개인도 모든 특성을 두루 다 보일 수는 없기 때문이다. (나는 이 실현 과정을 "개성화 과정"이라고 불렀다.) 인격이 여전히 잠재적인 한, 그것은 초월적이라고 불릴 수 있다. 그리고 인격이 무의식적인 한, 그것은 투사들을 끌고 다니는 사물들과 구분되지 않는다. 바꿔 말하면, 무의식적인 인격은 앞에 언급한 신비적 참여 때문에 우리의 환경과 통합된다.

이 같은 사실은 실용적으로 대단히 중요하다. 그것이 투사된 실체가 꿈에서 스스로를 표현할 때 이용하는 특이한 상징들을 이해 가능하도록 하기 때문이다. 특이한 상징들이란 외부 세계의 상징들과 우주적인 상징들을 말한다. 이 상징들은 인간을 하나의 소우주로 보는 데 필요한 심리학적 토대를 형성한다. 우리가 알고 있는 바와 같이, 하나의 소우주로서 인간의 운명은 그의 성격의 점성술적 구성요소들을 통해 대우주와 밀접히 연결되어 있다.

나에게는 "자기"라는 용어가 이 무의식적 기층에 적절한 이름처럼 들렸으며, 의식 안에서 이 기층의 실질적인 대표자는 자아이다. 자아와 자기의 관계는 움직여지는 것과 움직이는 주체의 관계와 비슷하거나, 대상과 주체의 관계와 비슷하다. 왜냐하면 자기로부터 퍼져나오는 결정 요인들이 사방에서 자아를 둘러싸고 있고, 따라서 그 요인들이 자아보다 상위이기 때문이다. 자기는 무의식처럼 선험적으로 존재하는 것이며, 거기서 자아가 발달해 나온다. 말하자면, 자기는 자아의 한 무의식적 원형이다.

나 자신을 창조하는 것이 내가 아니며, 그보다는 내가 어쩌다 나 자신에 게서 생겨난다. 이 깨달음이 종교 현상의 심리학에 근본적으로 중요하다. 이냐시오 로욜라(Ignacio Loyola)가 '영적 수련'(Spiritual Exercises)을 쓰면서, 그 토대로 "인간은 창조되었다"로 시작한 이유도 거기에 있다. 그러나 그 말은 근본적이기 때문에 심리학적으로는 반만 진리일 수 있다. 그것이 완전한 진리라면, 그것은 결정론에 해당할 것이다. 만약 인간이 단순히 이미 무의식적으로 존재하고 있는 무엇인가의 결과로서 존재하게 된 생명체에 지나지 않는다면, 그가 어떤 자유도 누리지 못하고 그의 의식에 어떤 주의 주장도 있을 수 없을 것이기 때문이다.

심리학은 인간이 인과 관계에도 불구하고 자유의 감정을 누린다는 사실을 반드시 고려해야 한다. 이 자유의 감정은 의식의 자율성과 동일하다. 자아가 의존적이고 미리 정해져 있다는 것이 아무리 많이 입증된다 하더라도, 자아가 전혀 아무런 자유를 누리지 못한다는 점을 확신시킬 수 있는 길은 없다. 절대적으로 실행된 어떤 의식(意識)과 전적으로 의존적인 어떤 자아는 무의미한 웃음거리에 불과하다. 왜냐하면 모든 것이 무의식적으로도 똑같이 훌륭하게, 아니 더 훌륭하게 처리될 것이기 때문이다. 자아의식의 존재는 그것이 자유롭고 자율적인 때에만 의미를 지닌다. 이런 사실들을 언급함으로써, 우리가 어떤 자기모순을 제시했다는 말도 맞지만, 그와 동시에 우리는 사물들의 그림을 있는 그대로 제시했다. 의존과 자유의 정도는 시간과 장소, 개인에 따라 다 다르다. 실제로 보면, 두 가지, 즉 자기의 우월성과 의식의 오만이 언제나 함께 보인다.

의식과 무의식 사이의 이런 갈등은, 우리가 그것에 대해 알게 됨에 따라, 적어도 문제 해결 쪽으로 조금은 더 가까이 다가서게 된다. 그 같은 깨달음이 자기희생의 행위에 전제되어 있다. 자아는 스스로가 자신의 요구를 의식하도록 만들어야 하고, 자기는 자아가 그 요구를 부정하도록 해야 한다. 이 일은 두 가지의 길로 일어난다.

1. 나는 일반적인 도덕적 원칙, 즉 선물에 대해서는 보상을 기대해서는 안 된다는 원칙을 고려하면서 나의 요구를 포기한다. 이 경우에 "자기"는 여론과 도덕 규범과 일치한다. 이때 자기는 프로이트의 초자아와 동일하며, 그 때문에 자기는 환경 속으로 투사되고, 따라서 자기는 하나의 자율적인 요소로서 무의식적인 것으로 남는다.

2. 나는 나에게 그다지 분명하게 다가오지 않는 힘든 내적 이유들로 인해 나의 요구를 포기해야만 한다고 느끼기 때문에 그렇게 한다. 이 이유들은 나에게 특별한 도덕적 만족을 전혀 주지 않는다. 정반대로, 나는 그 이유들에 대해 약간의 저항까지 느낀다. 그러나 나는 나의 이기적인 요구를 억누르고 있는 힘에 굴복해야 한다. 여기서 자기가 통합되고 있다. 자기가 투사로부터 철수하여 결정적인 정신적 요소로 지각될 수 있게 되었기 때문이다. 이 경우에 도덕 규범이 단순히 무의식적이라는 식의 반대는 배제되어야 한다. 왜냐하면 나 자신이 그런 도덕적 비판을 너무나 잘 알고 있고, 내가 그 비판에 맞서 이기주의를 발동시켰을 것이기 때문이다. 자아의 소망이 도덕적 기준과 충돌을 빚는 곳에서, 그 자아 소망을 억누르는 경향이 개인적인 것이지 집단적인 것이 아니라는 점을 보여주는 것은 쉬운 일이 아니다. 그러나 그 충돌이 상충하는 충성들 때문에 일어나는 곳에서나, 우리 자신이 음탕한 여자와 결혼해야 했던 호세아[114]와 아주 비슷한 상황에 처한 곳에서, 자아 소망은 집단적인 도덕 기준과 일치하며, 호세아는 여호와가 부도덕하다고 비난했어야 했을 것이다. 마찬가

[114] B.C. 8세기에 활동한 이스라엘 예언자.

지로, 정의에 어긋나는 집사도 자신의 죄를 인정했어야 했을 것이다. 예수는 다른 관점을 취했다.115 이런 종류의 경험들은 자기가 집단적인 도덕성이나 자연적인 본능과 동일시될 수 없다는 점을, 자기는 개인적이고 독특한 본질을 가진 하나의 결정 요인으로 인식되어야 한다는 점을 분명히 보여준다. 초자아는 자기의 경험의, 필요하고 불가피한 대용품이다.

이기적인 요구를 포기하는 이 두 가지 방법은 태도의 차이를 드러낼 뿐만 아니라 상황의 차이까지 드러낸다. 첫 번째 방법의 경우에, 그 상황은 나에게 개인적으로, 또 직접적으로 영향을 끼칠 필요가 없으며, 두 번째 방법의 경우에, 그 선물은 필히 매우 개인적인 것임에 틀림없으며, 그것은 주는 사람에게 심각한 영향을 끼치고 그 사람에게 자신을 극복할 것을 강요한다. 전자의 경우는 단순히 미사에 참여하는 문제이고, 후자의 경우는 아브라함이 자신의 아들을 제물로 바칠 것인지를 놓고 고민하는 문제나 그리스도가 겟세마네 동산에서 결정을 내리는 문제에 더 가깝다. 전자도 매우 정직하게 느껴지고 대단히 경건하게 경험될 수 있지만, 후자는 실제 사건이다.

자기가 무의식적인 한, 그것은 프로이트의 초자아에 해당하고 영원한 도덕적 갈등의 원천이다. 그러나 만약에 자기가 투사로부터 철수하여 더 이상 여론과 동일하지 않다면, 그때 그 사람은 진정으로 자신의 '예스'가 되고 '노'가 된다. 그러면 자기는 상반된 것들의 결합으로서 기능하고, 따라서 자기는 신성의 가장 직접적인 경험을 형성한다. 이 신성을 상상하는 것은 심리학적으로 가능하다.

---

115 안식일 규정을 어긴 사람에게 예수는 "인간이여, 그대가 자신이 하고 있는 일을 진정으로 안다면, 그대는 축복 받은 자이지만, 자신이 하는 일을 모른다면, 그대는 저주 받은 자이고 법을 위반하는 자이니라."고 말했다.

c. 제물을 바치는 자

내가 희생시키는 것은 나 자신의 이기적인 요구이고, 그렇게 함으로써 나는 나 자신을 포기한다. 그러므로 모든 희생은 어느 정도는 자기희생이다. 자기희생이 어느 정도인지는 선물의 의미에 좌우된다. 만약 선물이 나에게 대단히 중요하고 더없이 개인적인 감정을 건드린다면, 나는 나 자신의 이기적인 요구를 포기하면서 틀림없이 나의 자아 인격이 반란을 일으키도록 자극한다. 나는 또한 이 요구를 억누르는, 따라서 나를 억누르는 힘이 자기임에 분명하다고 확신한다. 그러므로 내가 희생하도록 만드는 것은 자기이다. 아니, 그 이상으로, 자기는 내가 희생하도록 강요한다. 자기는 제물을 바치는 존재이고, 나는 제물로 바쳐지는 선물, 즉 인간 제물이다. 여기서 잠시, 하나뿐인 아들을 제물로 바치라는 명령을 들었을 때의 아브라함의 영혼 속을 들여다보도록 하자. 그가 자기 아들에게 느낀 동정심과 꽤 별도로, 그런 상황에 처한 아버지라면 자신을 희생자로 느끼며 자신이 칼로 자신의 가슴을 찌르고 있다고 느끼지 않을까? 그는 제물을 바치는 자임과 동시에 희생자이다.

자아와 자기의 관계가 아들과 아버지의 관계와 비슷하기 때문에, 우리는 자기가 우리에게 우리 자신을 희생시킬 것을 요구할 때, 자기가 자기 자신에게 희생적인 행위를 진정으로 행하고 있다고 말할 수 있다. 우리는 이 행위가 우리에게 어떤 의미를 지니는지에 대해 다소 알지만, 그 행위가 자기에게 무엇을 의미하는지는 그다지 명확하지 않다. 자기가 구체적인 행위들에서만 우리에게 파악될 수 있고, 또 자기가 우리라는 존재보다 더 포괄적인 까닭에 전체적으로는 우리에게 숨겨진 상태로 남아 있기 때문에, 우리가 할 수 있는 것은 우리가 경험할 수 있는, 자기의 작은 부분을 근거로 결론들을 끌어내는 것뿐이다.

우리는 희생이 오직 자기가 우리 자신에게 실제로 희생을 행하고 있다고 느껴질 때에만 일어난다는 것을 보았다. 우리는 또한 자기와 우리의 관계가 아버지와 아들의 관계와 비슷하기 때문에, 자기도 얼마간 우리의 희생을 자신의 희생으로 느낀다고 감히 추측할 수 있다. 그 희생으로부터 우리는 우리 자신을, 우리의 "자기"를 획득한다. 우리가 단지 주는 것만을 소유하기 때문이다.

그러나 자기는 무엇을 획득하는가? 우리는 자기가 자신을 표현하는 것을, 자기가 스스로를 무의식적 투사로부터 해방시키는 것을, 자기가 우리를 붙잡으며 우리의 삶 속으로 들어가는 것을, 그렇게 함으로써 자기가 무의식에서 의식으로, 잠재력에서 현실로 넘어가는 것을 본다. 흩어진 무의식적 상태에서 자기가 무엇인지에 대해 우리는 모른다. 우리는 단지 자기가 우리 자신이 되면서 인간이 되었다는 것을 알 뿐이다.

인간이 되는 이 과정은 꿈과 정신적 이미지에서 여기저기 흩어져 있는 많은 단위들이 한곳으로 모이는 것으로, 또 가끔은 언제나 그곳에 있었던 무엇인가의 점진적인 등장과 그것에 대한 설명으로 표현된다. 연금술과 일부 그노시스주의자들의 고찰은 이 과정을 둘러싸고 전개된다. 그 과정은 마찬가지로 기독교 교리에, 보다 구체적으로 미사의 성변화 신비에도 표현되고 있다. 이 과정의 심리학은 미사에서 사람이 제물을 바치는 자인 동시에 제물로 바쳐지는 예물로 등장하는 이유를, 또 이 두 가지가 사람이 아니고 둘 다가 신인 이유를, 그리고 신이 고통을 겪으며 죽어가는 사람이 되는 이유를, 사람이 영광체[116]에 대한 가담을 통해서 부활에 대한 확신을 얻고 신성에 대한 자신의 참여를 깨닫게 되는 이유를 보다 쉽게 이해하도록 돕는다.

내가 이미 암시한 바와 같이, 자기의 통합 또는 인간화는 우리 자신이 우리의 이기적인 목적을 자각하도록 함으로써 의식적인 측면에서부터 시작

---

116 부활 후의 예수.

된다. 우리는 우리의 동기들을 조사하고 우리 자신의 본성을 최대한 완전하고 객관적으로 그리려고 노력한다. 그것은 자기 집중의 행위이고, 흩어져 있는 것들을, 우리 안에서 지금까지 적절히 연결된 적이 없었던 모든 것들을 한곳으로 모으는 일이고, 완전한 의식을 성취할 목적으로 자기 자신을 받아들이는 것을 배우는 일이다. (무의식적인 자기희생은 단순히 하나의 사건일 뿐이며 도덕적인 행위가 아니다.) 그러나 자신의 모든 것을 한곳으로 모으는 일은 대부분의 시간을 무의식적으로 사는 사람에게는 가장 힘들고 가장 불쾌한 일에 속한다.

인간의 본성은 자기 자신을 보다 잘 알게 되는 데 대해 극복 불가능한 두려움을 품고 있다. 그럼에도 불구하고, 우리를 본성 쪽으로 몰아붙이는 것은 바로 자기이며, 자기는 스스로를 희생시킴으로써 우리에게 희생을 요구한다. 의식적 실현 또는 흩어진 부분들의 통합은 어떤 의미에서 보면 자아의 의지의 행위이지만, 또 다른 의미에서 보면 그것은 언제나 거기에 있던 자기의 자발적 표현이다.

개성화는 한편으로는 이전에 흩어져 있던 입자들을 새로운 단일체로 통합시키는 것으로 나타나고, 다른 한편으로는 자아 이전에 존재하고 실제로 보면 자아의 아버지 또는 창조자임과 동시에 자아의 전체성인 무엇인가의 계시로 나타난다. 어느 선까지, 우리는 자신이 우리의 무의식적 내용물을 의식하도록 만듦으로써 자기를 직접 창조한다. 그 선까지는 자기가 우리의 아들이다. 이것이 연금술사들이 바로 자기를 의미하는, 부패하지 않는 자신들의 본질을 철학자의 아들이라고 불렀던 이유이다.

그러나 우리는 무의식적 상태에서도 우리와 함께하는 자기 때문에 그런 노력을 펴지 않을 수 없다. 자기가 언제나 무의식을 극복할 것을 우리에게 강요하고 있으니 말이다. 그런 관점에서 보면, 자기는 아버지이다.

이것은 메르쿠리우스 세넥스(헤르메스 트리스메기스투스)와 사투르누스 같은 일부 연금술 용어들을 설명해준다. 사투르누스는 그노시스주의에서 노인과 젊은이 둘 다로 여겨졌다. 연금술에서 메르쿠리우스가 그랬듯이.

이런 심리학적 연결들은 최초의 인간(Original Man), 프로탄트로포스(Protanthropos)[117], 사람의 아들 같은 고대의 개념들에서 가장 명확하게 드러난다. 그리스도는 로고스로서 영원에서 오지만, 인간의 형태로 있을 때 그는 "사람의 아들"이다. 로고스로서, 그리스도는 세상을 창조하는 원리이다. 이것은 자기와 의식의 관계와 일치하며, 의식이 없으면, 어떤 세계도 인식될 수 없을 것이다. 로고스는 진정한 '개성화의 원리'이다. 왜냐하면 모든 것이 거기서 나오고, 또 수정(水晶)에서부터 인간까지, 세상의 모든 것은 오직 개별적인 형태로만 존재하기 때문이다.

현상계의 무한한 변종과 분화에서, '사물들의 창조자'(auctor rerum)의 본질이 표현되고 있다. 그에 대한 대응으로서, 우리는 한편으로 무의식적 자기의 불분명함과 무한한 범위(자기가 개성과 독특성을 갖고 있음에도 불구하고)와, 무의식적 자기와 그 개인의 의식의 창조적 관계를 갖고 있으며, 다른 한편으로 무의식적 자기의 표현의 한 유형으로서 개별적인 인간 존재를 갖고 있다.

고대의 철학은 이 사상과 신체가 해체된 디오니소스의 전설을, 말하자면 창조자로서 분리되지 않은 누스이고 창조물로서 분리된 누스인 디오니소스의 전설을 비교했다. 디오니소스는 자연 전체에 걸쳐 분산되어 있으며, 제우스가 한때 그 신의 고동치는 심장을 집어삼켰듯이, 디오니소스의 숭배자들은 그의 해체된 영을 다시 통합시키기 위해 야생 동물들을 갈기갈기 찢었다. 바르벨로 그노시스에서, 그리고 마니교에서 빛의 실체를 모

---

117 히폴리토스의 글을 통해 알려진 나센파 그노시수주의에서 말하는 최초의 인간.

으는 것은 같은 방향을 가리키고 있다. 이것과 심리학적으로 동일한 것은 분열된 내용물을 의식적으로 동화시킴으로써 자기를 통합시키는 것이다. 자신을 집중시킨다는 것은 자기를 한곳에 모은다는 뜻이다. 모노이모스 (Monoimos)[118]가 철학자 테오프라스토스(Theophrastus)에게 내린 지시는 그런 의미에서 이해되어야 한다.

> 당신 밖에서 신을 추구하고, 나의 신, 나의 영, 나의 이해력, 나의 영혼, 나의 육체라면서 당신 안의 모든 것을 사로잡고 있는 그것이 누구인지를 알도록 하라. 그리고 슬픔과 기쁨, 사랑과 미움이 어디에 있는지 배우도록 하라. 깨어 있지 않으려 하는데도 깨어 있고, 잠을 자지 않으려 하는데도 잠이 들고, 화를 내지 않으려 하는데도 화가 나고, 사랑에 빠지지 않으려 하는데도 사랑에 빠지는 그것이 누구인지 알도록 하라. 그리고 만약에 당신이 이런 것들을 면밀히 조사한다면, 당신은 당신 자신 안에서 그분을, 작은 점처럼 하나이며 다수인 그분을 발견할 것이다. 그분이 기원을 당신 안에 두고 있으니까.

자기 반성 또는 개성화 열망은 흩어져 있는 잡다한 것들을 한곳에 모으고, 그것을 최초의 형태의 '하나', 즉 원초적인 인간까지 높인다. 이런 식으로, 분리된 존재들로서의 우리의 존재, 다시 말해 이전의 우리의 자아 본성은 폐지되고, 의식의 원은 더욱 커지고, 역설들이 의식적인 것으로 변했기 때문에, 갈등의 원천들은 바짝 말라 버린다. 이처럼 자기에 가까이 접근하는 것은 일종의 복귀 또는 회복이다. 자기가 의식보다 앞서 존재하기 때문에 "부패하지 않거나" "영원한" 성격을 지니고 있으니 말이다. 이 감정은 '세례수 축복'에서 끌어낸 단어들에 잘 표현되어 있다. "은총의 성모께서,

---

118 A.D. 150-210년경 아랍 어딘가에 살았던 것으로 추측되는 아랍 그노시스주의자.

육체 안에서 남녀 성에 의해 분리된 자들과 나이에 의해 시간 속에서 분리된 자들 모두가 하나의 유아로 태어나게 해 주소서."

신성한 제사장이라는 형상은 알려진 거의 모든 신의 개념의 뿌리에 자리 잡고 있는 그 원형의 경험적인 표현 유형들과 정확히 일치한다. 이 원형은 정적인 이미지일 뿐만 아니라 움직임으로 넘치는 역동적인 이미지이기도 하다. 그 원형은 천국에서든, 땅에서든, 지옥에서든 언제나 하나의 드라마이다.

d. 제물의 원형

미사의 근본적인 사상들과 조시모스 환상들의 이미지를 비교하면, 둘 사이에 상당한 차이가 있음에도 불구하고 눈에 두드러질 정도의 유사성이 발견된다. 보다 명확하게 전달할 목적으로, 그 유사성과 차이점을 표로 정리한다.

비슷한 점

조시모스	미사
1. 주요 행위자들이 2명의 사제이다.	1. 사제가 있으며, 그리스도는 영원한 사제이다.
2. 한 사제가 다른 사제를 죽인다.	2. 사제가 축성의 말을 선언할 때, 그리스도의 십자가형이 일어난다.
3. 다른 인간들도 마찬가지로 희생된다.	3. 회중 자체가 제물로 바쳐지는 선물이다.
4. 희생은 자발적인 자기희생이다.	4. 그리스도가 자유의지로 자신을 제물로 바친다.
5. 희생은 고통스런 죽음이다.	5. 그리스도가 제물로 바쳐지는 행위에서 고통을 겪는다.

6. 희생자가 해체된다.	6. 빵을 쪼갠다.
7. 제물이 놓인다.	7. 향을 피운다.
8. 사제가 자신의 살점을 먹는다.	8. 그리스도가 자신의 피를 마신다(성 크리소스톰).
9. 사제가 영으로 변형된다.	9. 실체들이 그리스도의 육체와 피로 변한다.
10. 빛나는 하얀 형상이 한낮의 태양처럼 나타난다.	10. 제병이 지복직관(至福直觀: 하느님을 직접 보는 것, 즉 천국의 행복한 상태를 말한다)으로서("주여, 내가 주의 얼굴을 찾으리다") 높이 올려진다.
11. "신성한 물"이 나온다.	11. 미사에 의해서 은총이 주어진다. 물 잔과 샘의 유사성. 물은 은총의 상징이다.

다른 점

조시모스	미사
1. 제물을 바치는 전체 과정이 개인의 꿈 환상이며, 꿈 의식 속에서 스스로를 나타내고 있는 무의식의 한 조각이다.	1. 미사는 여러 세기에 걸친 오랜 세월과 수많은 정신들의 산물로서 하나의 의식적인 인공물이다.
2. 꿈을 꾸는 사람은 단지 상징적인 행위의 구경꾼일 뿐이다.	2. 성직자와 회중이 똑같이 신비에 참여한다.
3. 행위는 인간을 제물로 바치는 과정이며, 피가 흐르고 무시무시하다.	3. 불쾌한 장면이 전혀 없다. 살해 자체는 언급되지 않는다. 피가 없는 제물인 빵과 포도주만 있을 뿐이다(피도 흘리지 않고 희생되었다!).
4. 희생은 두피 벗기는 행위를 수반한다.	4. 비교할 만한 것이 없다.
5. 희생은 용에게도 행해지며, 따라서 그것은 동물 제물이다.	5. 어린 양의 상징적인 희생.
6. 살점이 튀겨진다.	6. 실체들이 영적으로 변형된다.
7. 제물의 의미는 금속들의 변형과 불가사의한 자기의 탄생에 쓰이는 신성한 물을 생산하는 데 있다.	7. 미사의 의미는 살아 있는 그리스도와 그의 신자들 사이의 성찬이다.

8. 환상에서 변형되는 것은 아마 최고의 아르콘(히브리인들의 신과 관련 있다)인 행성 악령 사투르누스일 것이다. 그것은 인간 속의 검고, 무겁고, 물질적인 원리, 즉 질료이며, 프네우마로 변형된다.

8. 미사에서 변형되는 것은 신이다. 신은 성부로서 성자를 인간의 형태로 낳고, 고통을 겪고, 인간의 형태로 죽었다가, 원래의 형태로 다시 부활했다.

환상의 구체성이 전반적으로 너무나 두드러지기 때문에, 환상과 미사를 비교하는 것이 미학적으로나 그 외의 다른 이유로 어울리지 않는다는 느낌이 쉽게 들 수 있다. 그럼에도 내가 감히 비슷한 점을 끌어내려 든다면, 나는 성스러운 의식을 이교의 성격이 강한 숭배의 한 부분과 동일한 차원에 놓음으로써 그 의식을 평가절하하려는 합리주의적인 의도를 품고 그렇게 하지 않는다. 만약 내가 과학적 진리와 별도로 어떤 목표를 갖고 있다면, 그것은 가톨릭교회의 가장 중요한 신비도 특별히 인간의 영혼에 깊이 뿌리를 박고 있는 정신적 조건들에 기초를 두고 있다는 점을 보여주는 것이다.

거의 틀림없이 꿈의 성격을 지니는 환상은 절대로 의식적으로 의도하지 않은, 자발적인 정신적 산물로 여겨져야 한다. 모든 꿈들처럼, 환상은 자연의 산물이다. 한편, 미사는 인간의 마음 또는 정신의 산물이며, 명확히 의식적(意識的)인 어떤 절차이다. 오래되긴 했지만 그다지 시대에 뒤떨어지지 않는 용어를 쓴다면, 환상은 'psychic'(정신적)이라고 할 수 있고, 미사는 'pneumatic'(영적)이라고 할 수 있다. 환상은 분화되지 않은 원재료이지만, 미사는 고도로 분화된 인공물이다. 그것이 환상이 무시무시하고 미사가 아름다운 이유이다.

미사가 고풍스럽다면, 그것은 그 단어가 뜻하는 최고의 의미에서 고풍스러우며, 따라서 미사의 전례는 현재의 가장 높은 요건을 충족시키고 있다.

이와 반대로, 환상은 케케묵고 원시적이지만, 그것의 상징체계는 부패하지 않는 물질이라는 연금술의 근본적인 사상을, 말하자면 변화하지 않는 자기를 직접적으로 가리킨다. 환상은 순수한 자연주의의 한 조각이고, 진부하고, 괴상하고, 지저분하고, 무섭고, 자연 자체처럼 심오하다. 환상의 의미는 명확하지 않지만, 환상은 비인간적이고 초인적이고 인간 이하인 모든 것들의 특징인 끔찍한 불확실성과 모호성을 바탕으로 추측하는 것을 허용한다. 한편, 미사는 신 자체를 나타내고 명확하게 표현하고 있으며, 신에게 가장 아름다운 인간성의 옷을 입힌다.

이 모든 것을 근거로 할 때, 환상과 미사는 서로 다른 두 가지 사건이며, 또 그 다르기가 둘을 같은 기준으로 평가할 수 없을 만큼 큰 것이 분명하다. 그러나 만약에 미사가 정신적으로 바탕을 두고 있는, 무의식 속의 자연스런 그 과정을 재구성하는 것이 가능하다면, 미사를 조시모스의 환상과 같은 차원에서 조금 더 편하게 비교할 수 있는 어떤 그림이 확보될 것이다.

교회의 견해에 따르면, 미사는 예수의 삶에서 일어난 역사적 사건들을 바탕으로 하고 있다. 이 "진정한" 삶으로부터, 우리는 우리의 그림에 몇 가지 구체적인 특징을 더할 세부사항들을 일부 끌어냄으로써 그림을 환상 쪽으로 더 가까이 갖고 갈 수 있다.

예를 들면, 나는 예수를 제물로 바쳐진 고대의 왕으로 보여주는, 채찍질과 가시관, 자주색 옷에 대해 언급할 것이다. 이것은 그 왕의 희생으로 이어지는 바라바(Barabbas)[119](이름은 "아버지의 아들"이라는 뜻이다) 에피소드에 의해 추가적으로 강조된다. 이어서 십자가형에 따른 죽음의 고통과 수치스럽고 끔찍한 장면이 따르는데, 이것은 "피를 흘리지 않고 제물로 바쳐지는 것"과 거리가 아주 멀다. 오른쪽 흉막강과 아마 심장의 오른쪽

119　'신약 성경'에 따르면, 유월절 축제 때 예루살렘의 군중에 의해 예수 대신에 사면하기로 선택된 죄수이다.

심실이 창에 찔렸고, 그래서 핏덩어리와 혈청이 흘러나왔다.

만약에 미사의 바탕에서 작용하고 있는 정신 과정에 이런 세부사항들을 더한다면, 그것들이 환상의 케케묵고 야만적인 특성들과 놀랄 정도로 비슷한 장면을 엮어낼 것이다. 또한 고려되어야 할 근본적인 사상들이 있다. '그러므로 주여 ⋯' 기도에서 이삭의 희생에 대해 언급하는 것에서 드러나듯이, 제물은 인간 제물의 성격을 지닐 뿐만 아니라 아들, 그것도 독자(獨子) 제물의 성격을 지닌다. 그것은 우리 인간이 상상할 수 있는, 가장 잔인하고 끔찍한 종류의 희생이며, 그것이 너무나 무서웠기 때문에, 모두가 아는 바와 같이, 아브라함은 그것을 실행하지 않아도 되었다. 그리고 설령 그가 그 희생을 감수했다 하더라도, 칼로 가슴을 찌르는 것은 희생자에게 그래도 빠르고 상대적으로 고통이 덜한 죽음이었을 것이다. 심장을 도려내는, 피 튀기는 아즈텍족의 의례조차도 빠른 죽음이었다. 그러나 미사의 근본적인 특성을 이루는 아들의 희생은 채찍과 조롱으로 시작되어 손과 발이 십자가에 못 박힌 채 6시간이나 매달려 있는 것으로 끝났다. 빠른 죽음이 아니라, 느리고 정교한 형태의 고문이었다. 그것으로도 충분하지 않다는 듯, 십자가형은 노예들이나 당하는 불명예스런 죽음으로 여겨졌으며, 그리하여 육체적 잔인성과 도덕적 잔인성이 균형을 이루었다.

성부와 성자의 본질의 동일성은 잠시 옆으로 제쳐두도록 하자. 성부와 성자가 서로 혼동될 수 없는 분명한 두 위격이기 때문에, 그렇게 하는 것도 가능하다. 지금은 자신의 아들이 그런 죽음의 고통을 겪는 것을 지켜보는 아버지의 심정이 어떨지를 상상해 보자. 그 아들을 적의 나라로 보내서 일부러 그 위험에 노출시킨 장본인이 바로 자신이라는 사실을 잘 알고 있는 아버지의 감정을 말이다.

이런 종류의 처형은 일반적으로 아버지와 아들이 똑같이 고통을 겪어야 한다는 생각에서 보복의 행위나 어떤 범죄에 대한 처벌로 행해진다. 처벌이라는 생각은 두 도둑들 사이에서 처해지는 십자가형이었다는 데서 특별히 선명하게 드러난다. 그 처벌은 신 본인에게 가해지고 있으며, 이런 처형의 모델은 의례를 위해 왕을 죽이는 행위이다. 왕이 무능의 조짐을 보이거나 흉년이 들어 왕의 능력에 대한 의심을 불러일으킬 때, 왕은 죽음을 당한다. 따라서 왕은 자신의 백성의 처지를 향상시키기 위해 죽음을 당한다. 신이 인류의 구원을 위해 희생되는 것이나 마찬가지이다.

신을 이런 식으로 "처벌하는" 이유는 무엇인가? 이 질문이 거의 신성 모독적인 성격을 지녔음에도 불구하고, 우리는 명백히 처벌적인 희생의 성격을 고려하며 그런 질문을 던져야 한다. 일반적인 설명은 그리스도가 우리의 죄 때문에 처벌되었다는 것이다. 이 대답의 교리적 타당성은 여기서 논의의 대상이 아니다. 나 자신이 교회의 설명에는 전혀 관심을 두지 않고 오직 그 바닥에서 작용하고 있는 정신적 과정을 다시 구축하기를 원하기 때문에, 우리는 논리적으로 그런 처벌에 해당하는 어떤 죄의 존재를 전제해야 한다. 만약 인류가 죄를 지은 당사자라면, 논리는 틀림없이 인류가 처벌받을 것을 요구한다. 그러나 만약 신이 직접 처벌을 받는다면, 그는 인류의 무고함을 밝히고 있으며, 그렇다면 우리는 죄를 지은 것이 인간이 아니라 신이라고 짐작해야 한다(그래야만 신이 스스로 죄의 대가를 받은 이유가 논리적으로 설명된다).

쉽게 이해할 수 있는 이유들 때문에, 정통적인 기독교로부터는 만족스런 대답을 기대하기 어렵다. 그러나 그런 대답이 '구약 성경'이나 그노시스주의, 훗날의 가톨릭의 고찰에서 발견될 수 있다. '구약 성경'을 통해, 우리는 여호와가 법의 수호자였음에도 공정하지 않았다는 것을, 그리고 그가 분노를 폭발시키고는 후회를 자주 했다는 것을 알고 있다. 그리고 일부 그노시스주의를 근거로 할 때, '만물의 창조자'는 스스로 완벽한 세계를 창조했다고 엉터리로 상상했던 저급한 아르콘이었던 것이 분명하다. 실은 그 세상이 한탄스러울 만큼 형편없었는데도 말이다. 세계를 불완전하게 창조한 이 아르콘은 토성처럼 음침한 기질 때문에 마찬가지로 세계의 창조자였던 유대인의 여호와와 비슷한 점을 갖고 있다. 그의 작업은 불완전했고 번영하지 못했지만, 그 탓을 창조물로 돌릴 수는 없다. 그것은 옹기장이가 형편없이 만든 단지를 놓고 단지를 탓할 수 없는 것과 똑같은 이치이다.

이 논쟁은 '마르키온파[120] 개혁'으로 이어지고 '구약 성경'에서 비롯된 요소들을 '신약 성경'에서 제거하는 결과를 낳았다. 심지어 17세기 들어서도 학식 높은 예수회 수사였던 니콜라스 코생(Nicolas Caussin)은 '구약 성경'의 신에게 적절한 상징은 일각수라고 선언했다. 이유는 그 신이 분노를 폭발시키는 경우에 성난 코뿔소(일각수)처럼 세상을 혼란에 빠뜨리기 때문이다. 그러다가 그 신은 순수한 처녀의 사랑에 압도되어 그녀의 무릎에서 사랑의 신으로 변하게 되었다.

이 설명에서 교회의 대답에서 빠진 자연스런 논리가 확인된다. 신의 죄는 그가 세계의 창조자와 피조물들의 왕으로서 부적절했고, 따라서 의례적인 죽음을 당해야 했다는 사실에 있었다. 원시인에게는 구체적인 왕이 이 목적에 완벽하게 부합했지만, 보다 영적인 신의 개념을 가진 높은 차원의 문명에는 적합하지 않았다. 그보다 앞선 시대는 신상을 파괴하거나 쇠사슬로 묶음으로써 그 시대의 신을 폐위할 수 있었다. 그러나 보다 높은 수준의 문명에서 어느 한 신은 오직 다른 신에 의해서만 폐위될 수 있었으며, 일신교가 발달했을 때, 신은 오직 자신만을 변형시킬 수 있었다.

변형의 과정이 "처벌"의 형태를 띤다는 사실은 변형 과정의 잔인성에 대한 일종의 합리화 또는 설명을 제시할 필요성 때문일 것이다. 그런 필요성은 오직 발달한 감정을 갖춘 보다 높은 차원의 의식(意識)에서만 제기된

---

120 A.D. 140년대에 시노페 출신의 신학자인 마르키온(Marcion)의 이원론을 따랐던 초기 기독교 교파를 말한다.

다. 그러면 의식은 혐오감을 품게 하고 이해가 되지 않는, 그 절차의 잔인성에 대한 적절한 이유를 찾을 것이다. (현대에 이와 비슷한 것은 샤머니즘의 비법 전수 때 벌어지는 신체 부위 절단의 경험일 것이다.) 이 차원에서 가장 그럴 듯한 추측은 어떤 죄책감 또는 죄가 처벌되고 있다는 것이다. 이런 식으로, 변형 과정은 원래의 사건의 바탕에 작용하는 것으로는 좀처럼 인식되지 않는 어떤 도덕적 기능을 획득한다. 어쩌면, 훗날 발달한 보다 높은 차원의 의식이 합리적인 이유나 설명이 불가능한 어떤 경험 앞에서 그 경험 속으로 도덕적인 관계를 엮어 넣음으로써 그것을 이해하려고 노력했을 가능성이 더 크다.

신체 부위 절단이 원래 초심자들을 보다 효율적인 새로운 인간으로 개조시킨다는 목적에 이바지했다는 것을 확인하기는 어렵지 않다. 비법 전수는 심지어 치료 효과까지 발휘한다. 이런 사실들에 비춰보면, 처벌을 도덕적으로 해석하는 것은 표적을 빗나간 것처럼 보이며, 신체 부위 절단이 아직 제대로 이해되지 않고 있다는 의심을 불러일으킨다. 도덕적 해석이 부적절한 이유는 그것이 그 설명의 핵심에 자리 잡고 있는, 처벌을 원하지 않으면 죄를 피해야 한다는 모순을 이해하지 못하고 있기 때문이다. 그러나 초심자들에게는 만약 입회식의 고문을 피한다면 그것이 진짜 죄가 될 것이다. 초심자에게 가해지는 고문은 처벌이 아니라 그를 그의 운명 쪽으로 이끄는 불가피한 수단이다. 또한 이 의례는 종종 아주 어린 나이에 행해지며, 따라서 거기에 상응하는 크기의 죄의식은 꽤 논외이다. 이런 이유 때문에, 고통을 처벌로 보는 도덕적 견해는 내가 볼 때 부적절할 뿐만 아니라 오해를 불러일으키기도 한다.

이전에 고찰의 대상이 된 적이 한 번도 없는 오래된 원형적인 사상에 대해 심리학적 설명을 제시하려고 노력하는 것은 틀림없이 투박한 시도이다. 그런 사상들과 의례들은 발명과는 거리가 아주 멀며, 그것들은 그냥 일어났고, 생각되기 시작하기 오래 전부터 행해졌다. 나는 원시인들이 의례를 치르는 것을 지켜보았다. 그런데 원시인들 중에서 그 의식들이 의미하는 바에 대해 조금이라도 알고 있었던 사람은 하나도 없었다. 그리고 유럽에서도 그 의미가 알려지지 않은 관습이 여전히 발견되고 있다. 무엇인가를 처음 설명하려는 시도는 대체로 다소 서툰 것으로 드러난다.

그렇다면 고문의 측면은 육체 부위 절단의 진정한 의미를 아직 이해하지 못했던, 분리된 상태로 관찰하고 있는 의식(意識)과 관계있다. 제물로 바쳐지는 동물에게 구체적으로 행해지고 있는 것은, 그리고 샤만이 자신에게 실제로 일어나고 있다고 믿고 있는 것은 보다 높은 차원의 조시모스의 환상에서, 무의식의 산물인 호문쿨루스 같은 것이 잘리고 변형되는 어떤 정신적 과정으로서 나타난다. 꿈 해석의 모든 원칙들에 의하면, 이것은 관찰하는 주체 자신의 한 양상이다. 말하자면, 조시모스는 자신을 호문쿨루스로 보고 있다. 더 정확히 말하면, 무의식이 조시모스를 그런 것으로서, 무거운 물질(납 또는 구리)로 만들어져 있어서 "질료 인간"을 의미하는, 불완전하고 발육이 정지된 난쟁이 같은 피조물로 나타내고 있다. 그런 피조물은 어둡고, 물질성에 잠겨 있다. 그는 기본적으로 무의식적이며, 따라서 변형되고 계몽될 필요가 있다. 이 목적을 위해서 그의 육체는 분리되어 구성 요소로 해체되어야 한다. 이것은 연금술에서 구분과 분리와 용해로, 훗날의 논문에서 구분과 자기 인식으로 알려진 과정이다. 이 심리적 과정은 틀림없이 고통스러우며, 많은 사람들에게 긍정적인 고문이 된다. 그러나 늘 그렇듯이 개성화의 경로를 따라 앞으로 나아가는 걸음은 모두 고통을 대가로 지불하고서야 성취된다.

조시모스의 경우에, 당연히 변형 과정에 대한 진정한 자각은 전혀 없다. 그가 환상을 해석한 것을 근거로 하면 그 점은 매우 분명하다. 그는 꿈 이미지가 그에게 "물의 생산"을 보여준다고 생각했다. 이것을 바탕으로, 우리는 그가 여전히 변형을 외면화하고 있었으며, 어떻든 그것을 자신의 정신의 변화로는 느끼지 않고 있었다.

의례와 교리가 단순히 외적인 요소들로만 받아들여지고 내적인 사건으로 경험되지 않을 때마다, 그와 비슷한 상태가 기독교인의 심리를 지배하게 된다. 그러나 일반적으로 그리스도의 모방이, 특히 미사가 신자를 그리스도와 비슷한 제물용 예물로 나타내면서 변형 과정에 포함시키려고 노력하듯이, 기독교에 대한 보다 훌륭한 이해는 기독교를 "정신"의 영역 그 이상으로 높이 끌어올릴 수 있다. 미사 의례가 조시모스 환상의 원시적인 차원보다 훨씬 위이니 말이다. 미사는 사제와 회중과 그리스도 사이에 신비적 참여 또는 동일시가 일어나게 하려고 노력한다. 그래서 한편으로 영혼이 그리스도에게 동화되고, 다른 한편으로 그리스도의 형상이 영혼 안에서 다시 모아진다. 그것은 신과 인간 둘 다의 변형이다. 미사가 적어도 함축적으로는 현현이라는 드라마 전체를 재현하는 것이기 때문이다.

3) 미사와 개성화 과정

심리학적 관점에서 보면, 그리스도는 '최초의 인간'(사람의 아들, 두 번째 아담)으로서 평범한 인간을 능가하고 포함하는, 그리고 의식을 초월하는 전체적인 인격에 해당하는 어떤 전체성을 나타낸다. 이 인격을 우리는 "자기"라고 불렀다. 조시모스 환상의 보다 원시적인 차원에서 호문쿨루스가 프네우마로 변형되고 고양된 것처럼, 성체 성사의 신비는 어느 한 인간 중에서 일부에 지나지 않는 경험적인 인간의 영혼을, 그리스도에 의해 상징적으로 표현된, 그 인간의 전체성으로 변형시킨다. 따라서 이런 의미에서 우리는 미사에 대해 개성화 과정의 의례라고 말할 수 있다.

이런 종류의 생각은 옛날의 기독교도의 글에서 아주 일찍부터 발견된다.

예를 들면, 지금까지 내려오는, 정경에 속하지 않는 텍스트 중에서 가장 중요한 것 중 하나인 '요한행전'에 그런 내용이 있다. 그 텍스트 중에서 여기서 우리가 관심을 두고 있는 부분은 그리스도가 십자가형에 처해지기 전에 행해진 신비의 "원무"(圓舞)를 묘사하는 것으로 시작한다. 그리스도는 사도들에게 서로 손을 맞잡고 원을 그리도록 했다. 사도들이 원을 그리며 둥글게 돌 때, 그리스도는 찬양의 노래를 불렀다. 그 노래 중에서 독특한 시구를 여기서 소개하고 싶다.

나는 구원 받을 것이고 나는 구원할 것이니라, 아멘.

나는 풀려날 것이고 나는 풀어 놓을 것이니라, 아멘.

나는 상처를 입을 것이고 나는 상처를 입힐 것이니라, 아멘.

나는 생겨날 것이고 나는 생겨나게 할 것이니라, 아멘.

나는 먹을 것이고 나는 먹힐 것이니라, 아멘.

…

나는 생각될 것이고, 완전한 영(靈)이니라, 아멘.

나는 씻길 것이고 나는 씻을 것이니라, 아멘.

은총이 원을 그리며 돌고 있구나. 나는 피리를 불 테니, 모두 원을 그리며 춤을 추어라, 아멘.

…

여덟[8개 1조]은 우리와 함께 찬미하고 있느니라, 아멘.

열둘은 높은 곳에서 원을 그리며 돌고 있느니라, 아멘.

각자에게, 그리고 모두에게 춤을 추는 것이 허용되었느니라, 아멘.

춤을 추지 않는 자는 일을 그르치느니라, 아멘.

…

나는 결합될 것이고 나는 결합할 것이니라, 아멘.

…

나를 알아보는 너희에게 나는 등불이니라, 아멘.

나를 아는 너희에게 나는 거울이니라, 아멘.

나를 두드리는 너희에게 나는 문이니라, 아멘.

나그네인 너희에게 나는 길이니라.

지금 너희가 나의 춤에 응하고 있으니, 말하고 있는 나의 안에서 너희 자신을 보라.

…

춤을 추면서 내가 하고 있는 것에 대해 깊이 생각하라. 내가 겪을 이 인간의 고통이 너희의 것이니. 만약에 내가 성부에 의해서 로고스로서 너희에게 보내지지 않았다면, 너희는 자신의 고통을 이해하지 못할 것이다. … 만약에 고통을 이해했다면, 너희는 전혀 아무런 고통을 겪지 않을 것이다. 고통 겪는 것을 배워라. 그러면 너희는 고통을 겪지 않는 방법을 이해할 것이다. … 내 안의 지혜의 말을 이해하라.

이 대목에서 텍스트를 끊고, 심리학적인 언급을 몇 마디 하고 싶다. 그 말들이 앞으로 논할 추가적인 몇 단락을 이해하는 데 도움을 줄 것이다. 우리의 텍스트가 틀림없이 '신약 성경'의 형식에 바탕을 두고 있음에도, 우리 모두에게 놀랍게 다가오는 것은 상반되고 역설적인 문체이다. 그런 문체는 복음서들의 정신과 공통점이 거의 없다.

이 같은 특징은 정경 속의 글에서는 오직 숨겨진 상태로만 나타난다. 예를 들면, 부당한 집사 비유('누가복음' 16장)와 '주기도문'("우리를 유혹에 빠지지 않게 하소서"), '마태복음' 10장 16절("뱀 같이 지혜롭고"), '요한복음' 10장 34절("너희가 신이로다"), '코덱스 베자'(Codex Bezae)[121]가

---

121 5세기 경에 쓰인 '신약 성경' 사본.

'누가복음' 6장 4절 뒤에 덧붙인 금언, "나와 가까운 곳에 있는 사람은 누구든 불에 가까이 있느니라"라는 외경의 말씀 등이 있다. 상반된 것을 결합시키는 문체는 '마태복음' 10장 26절에서도 발견된다. "숨겨진 것은 드러나기 마련이고 감추어진 것은 알려지기 마련이다."

역설은 그노시스주의 글쓰기의 한 특징이다. 알려질 수 없는 것을 다루는 데는 역설이 명료함보다 훨씬 더 적절하다. 왜냐하면 의미의 획일성이 신비로부터 그 어둠을 강탈해 버리고, 신비를 알려진 무엇인가로 제시하기 때문이다. 그것은 일종의 강탈이며, 그것은 지성이 인식 행위를 통해서 마치 초월적인 신비를 이해하고 "파악한" 것처럼 굴도록 함으로써 인간의 지성을 오만에 빠뜨린다. 따라서 역설은 한 단계 높은 차원의 지성을 보여주고 있으며, 알려질 수 없는 것을 알려진 것으로 강제적으로 표현하지 않음으로써 현실의 그림을 더욱 충실하게 그릴 수 있다.

이런 상반된 서술들은 그 찬가에 들인 숙고의 크기를 보여준다. 찬가가 일련의 역설 속에서 예수 그리스도의 모습을 신과 인간으로, 제물을 바치는 자와 제물로 그리고 있으니 말이다. 후자의 공식이 중요하다. 왜냐하면 그 찬가가 예수가 체포되기 직전에, 그러니까 공관(共觀) 복음서들[122]이 최후의 만찬에 대해 말하고, 특히 '요한복음'이 포도나무 비유에 대해 말하는 바로 그 순간에 불렸기 때문이다. 중요한 의미를 지닐 수도 있는 사실인데, '요한복음'은 최후의 만찬에 대해 언급하지 않으며, '요한행전'에서는 최후의 만찬의 자리를 "원무"가 차지하고 있다.

그러나 둥근 탁자는 원무처럼 통합과 결합을 상징한다. 최후의 만찬에서 통합과 결합은 그리스도의 육체와 피에 참여하는 형식으로 일어난다. 즉,

---

122 '신약 성경' 중에서 '마태복음'과 '마가복음' '누가복음'을 일컫는다. 진술이 서로 거의 일치할 뿐만 아니라 복음을 해석하며 서로 대조할 수 있다는 이유로 그런 이름으로 불린다.

구세주를 섭취하고 동화시키는 일이 벌어지는 것이다. 원무에서는 구세주를 중심점으로 삼아 원을 그리며 둘레를 도는 행위가 일어난다. 그 상징들은 외적 차이에도 불구하고, 어떤 공통의 의미를 지닌다. 그리스도가 사도들의 한가운데로 받아들여지고 있는 것이다.

그러나 두 의례가 기본적으로 이런 공통적인 의미를 지니고 있다 하더라도, 둘 사이의 외적 차이가 간과되어서는 안 된다. 전형적인 성찬식은 공관복음서들을 따르는 반면에, '요한행전' 속의 성찬식은 '요한복음'의 형식을 따른다. '요한행전'의 성찬식에 대해서는, 일부 이교 축제로부터 차용한 형식으로 '요한복음' 속의 다음 비유와 비슷하게, 신자와 그리스도의 보다 직접적인 관계를 표현하고 있다는 식으로 말할 수 있다. "나는 포도나무이고 너희는 가지다. 내 안에 머무르고 나도 그 안에 머무르는 사람은 많은 열매를 맺는다."('요한복음' 15장 5절)

이런 밀접한 관계는 원과 중심점에 의해 표현되고 있다. 두 부분은 서로에게 없어서는 안 되며, 서로 동등하다. 고대로부터 중심을 가진 원은, 말하자면 한가운데의 점 하나와 원주를 이루고 있는 일련의 점들은 구체화환 신의 전체성을 나타내는, 신성의 상징으로 여겨져 왔다. 의례에서 무엇인가의 둘레를 도는 것은 종종 회전하고 있는, 별이 총총한 천체들의 우주적인 그림에, 다시 말해 "별들의 춤"에 꽤 의식적(意識的)으로 근거를 두고 있다. 이 사상은 지금도 열두 사도를 황도대의 별자리들과 비교하는 데서도 엿보인다. 교회의 제단 앞이나 네이브(교회 한가운데의 중심적인 공간)의 천장에서 가끔 발견되는 황도대의 묘사에서도 그런 사상이 보인다. 중세에 교회에서 주교와 그의 성직자들이 했던 펠로타라는 공놀이의 뒤에도 그런 그림이 작용하고 있었을 것이다.

아무튼 경건한 그 원무의 목적과 효과는 원과 중심, 그리고 주변의 각 점들과 중앙의 관계를 보여주는 이미지를 정신에 각인시키는 것이다. 심리학적으로, 이 같은 배열은 만다라에 해당하며, 따라서 자기의 상징이다. 자기의 상징은 개인적인 자아의 참조점일 뿐만 아니라, 비슷한 마음을 갖고 있거나 운명에 의해 서로 결합된 모든 사람들의 참조점이기도 하다.

자기는 자아가 아니라, 의식과 무의식을 아우르고 있는 상위의 전체성이다. 그러나 무의식이 규정할 수 있는 한계를 전혀 갖고 있지 않고 깊은 층들에서는 집단적인 성격을 보이기 때문에, 무의식은 또 다른 개인의 무의식과 구분될 수 없다. 그 결과, 무의식은 다수의 통합이고 모든 사람들의 안에 있는 한 사람인 그 보편적인 신비적 참여를 지속적으로 창조한다.

이 같은 심리학적 사실은 안트로포스, 사람의 아들, 최고의 인간, 유일한 사람, 푸루샤 등의 원형의 토대를 이룬다. 무의식이 실제로, 또 정의상 그것 자체로 식별될 수 없기 때문에, 우리가 할 수 있는 최상의 것은 경험적인 자료를 바탕으로 무의식의 본질을 추론하는 것이다.

일부 무의식적 내용물은 틀림없이 사적이고 개인적이고 다른 개인에게로 돌려질 수 없다. 그러나 그런 것들 외에, 서로 전혀 연결되지 않는 다양한 개인들 안에서도 거의 동일한 형태로 관찰되는 무의식적인 내용물도 많다. 이런 경험들은 무의식이 어떤 집단적인 측면을 갖고 있다는 점을 분명히 암시한다. 따라서 사람들이 오늘날에도 집단 무의식의 존재를 의심할 수 있는 이유를 이해하기가 어렵다. 어쨌든, 어떤 사람도 본능이나 인간의 구조를 개인적인 획득이나 개인적인 변형으로 여기려는 생각을 절대로 하지 않을 것이다.

무의식은 인간들 사이의 보편적인 중개자이다. 무의식은 어떤 의미에서 보면 모든 것을 두루 아우르는 '하나'이거나, 모든 사람들에게 공통적인 하나의 정신적 기층이다. 연금술사들은 그것을 자신들의 메르쿠리우스로 알았으며, 그들은 그를 그리스도에 빗대어 중개자라고 불렀다. 교회의 견해는 그리스도에 대해 똑같이 말하고 있으며, 특히 앞에 소개한 우리의 찬가도 그렇게 말하고 있다. 그러나 찬가의 대조적인 진술들은 메르쿠리우스를 언급하는 것으로 해석될 수 있다.

예를 들어, 첫 번째 시구 "나는 구원 받을 것이다"에서, 예수 그리스도가 자신에 대해 그런 말을 어느 정도까지 할 수 있는지가 분명하지 않다. 그 자신이 탁월한 구원자이니까. 한편, 연금술사들의 이롭고 불가사의한 실체인 메르쿠리우스는 물질에 갇힌 세계 영혼이며, 그는 피시스의 포옹에 갇혀버린 최초의 인간처럼 연금술 장인의 노동을 통해서 구원 받을 필요가 있다. 메르쿠리우스는 자유롭게 풀려나며 구원 받는다. 영원의 물로서, 그는 또한 전형적인 용매이다. "나는 상처를 입을 것이고, 나는 상처를 입힐 것이다"라는 시구는 보다 명확하다. 그것은 그리스도의 옆구리에 난 상처와 불화를 일으키는 칼을 가리킨다. 그러나 메르쿠리우스도 불가사의한 실체로서 칼에 의해 나눠지거나 뚫리며(분리와 침투), 칼 또는 고통의 창, 사랑의 화살로 자신에게 상처를 입힌다.

"나는 생겨날 것이고 나는 생기게 할 것이다"라는 표현에는 그리스도를 가리키는 것이 덜 명확하다. 첫 번째 진술은 기본적으로 그리스도를 가리킨다. 성자가 성령에 의해 생겨나지 창조되는 것이 아니라는 점에서 보면 그렇다. 그러나 "생기게 하는 것"은 일반적으로 성령의 특성으로 여겨지지 그리스도 본인의 특성으로 여겨지지 않는다. 메르쿠리우스가 세계 영혼으로서 생겨나는지 아니면 창조되는지가 여전히 논란의 여지가 있는 문제로 남아 있지만, 메르쿠리우스는 틀림없이 "생기를 주며", 헤르메스 킬레니오스(Hermes Kyllenios)로서 외설스런 모습을 취할 때에는 실제로 생식의 상징이다. "먹는 것"은 "먹히는 것"에 비해서 그리스도의 정확한 특징이 아니라, 오히려 게걸스레 먹는 용, 그러니까 우로보로스로서 조시모스의 호문쿨루스처럼 자기 자신을 먹는 부식성 있는 메르쿠리우스의 특징이다.

"나는 생각될 것이니라"는 표현은, 어쨌든 복음서의 가르침에 합당하다면, 로고스의 본질에 관한, 전적으로 '요한복음'과 관련있는 속(續)사도 시대의 고찰이다. 헤르메스는 아주 일찍부터 누스와 로고스로 여겨졌으며, 헤르메스 트리스메기스투스는 실제로 계시의 누스였다. 메르쿠리우스는 17세기까지도 인간의 육체 안에, 즉 물질 안에 숨겨진 진리로 여겨졌으며, 이 진리는 명상이나 사고에 의해서 알려져야 했다.

명상은 '신약 성경'에서 전혀 일어나지 않는 생각이다. 아마 명상에 해당할 '코지타치오'(cogitatio: 사고)는 대체로 부정적인 성격을 갖고 있으며, '창세기' 6장 5절(그리고 8장 21절)의 사악한 '마음의 생각'(cogitatio cordis)으로 나타난다. "그들의 마음의 생각은 모두 언제나 악 쪽으로 기울었으니."(두에이판 성경) "그의 마음 속의 생각들의 모든 상상은 …."(흠정역(欽定譯) 성경) '베드로의 첫째 서간' 4장 1절에는 'εννοια'(의미)가 "생각"으로 제시되고 있다(두에이판 성경: "너희도 같은 의도로 갑옷 삼으라.", 흠정역 성경: "똑같은 마음", 개정표준역 성경: "똑같은 생각"). "생각하다"는 "자기 자신을 숙고하다" "반성하며 기억하다"는 뜻으로 쓰이는, '코린토 신자들에게 보낸 둘째 서간' 10장 7절에서 보다 긍정적인 의미를 지닌다. (두에이판 성경: "그로 하여금 자신의 안에서 생각하게 하라.", 흠정역 성경: "그로 하여금 그 자신에 대해 이것을 다시 생각하게 하라.", 개정표준역 성경: "그로 하여금 자기 자신을 떠올리게 하라.") 그러나 우리 안에서 이런 긍정적인 사고는 신에 관한 것이다('코린토 신자들에게 보낸 둘째 서간' 3장 5절: "무슨 일이든 우리에게서 비롯된 것으로 여기며 스스로 만족할 것이 아니라, 우리의 만족은 하느님으로부터 나오느니라"). 사고가 깨달음을 낳는 어떤 명상의 성격을 지니는 유일한 곳은 '사도행전' 10장 19절("그러나 베드로가 그 환상에 대해 곰곰 생각하는 동안에, 성령께서 그에게 말씀하시기를 …")이다.

기독교 시대 첫 몇 세기 동안 사고는 교회의 관심사이기보다는 그노시스주의자들의 관심사였다. 그 때문에 바실리데스(Basilides)와 발렌티누스(Valentinus) 같은 위대한 그노시스주의자들은 철학적 성향이 강한 그리스도 신학자처럼 보인다. '요한복음'의 로고스 원칙에 따라, 그리스도는 누스로 여겨짐과 동시에 인간 사고의 대상으로 여겨지게 되었다.

그리스어 텍스트가 "나는 생각될 것이고, 완전한 영이니라"고 전하고 있으니 말이다. 이와 비슷하게, '베드로 행전'은 그리스도에 대해 "당신은 오직 성령으로만 지각된다"고 말한다.

"씻기"는 정화나 세례를 가리키고, 마찬가지로 죽은 사람의 육체를 씻는 것을 가리킨다. 후자의 사상은 연금술에서 "검은 시체"를 씻는 것으로 18세기까지도 남아 있었다. 그 일은 '여자의 작업'으로 여겨졌다. 씻을 대상은 검은 원물질이었다. 그것과 씻는 물질(현명한 비누!)과 씻는 사람은 셋 모두 다른 모습으로 위장한 동일한 메르쿠리우스였다. 그러나 연금술에서 니그레도와 죄가 동일한 개념들(두 가지 모두 씻을 필요가 있으니까)인 반면에, 기독교 그노시스주의에서 그리스도와 어둠의 동일성에 관한 암시는 극히 드물다. 우리의 텍스트에 나오는 "나는 씻길 것이다"라는 표현이 그런 드문 암시 중 하나이다.

"오그도아드"(ogdoad: 8개 1조)는 이중의 사위일체로서 만다라의 상징체계에 속한다. 그것은 화음을 넣어 노래하고 있기 때문에 분명히 "하늘 위에 있는 장소"에서 벌어지는 원무의 원형을 나타낸다. 황도대에 근거한 12사도의 원형인 숫자 12에 대해서도 똑같이 말할 수 있다. 이것은 지금도 성인들이 빛을 반짝이는 별자리들을 이루는 단테의 '천국'에서 반향을 일으키고 있는 보편적인 사상이다.

그 춤에 합류하지 않는 사람, 그러니까 중앙(그리스도와 안트로포스)을 중심으로 둘레 돌기를 하지 않는 사람은 맹목에 빠져 아무것도 보지 않는다. 여기서 외적 사건으로 묘사되고 있는 그것은 신봉자들 각자의 안에서 중앙 쪽으로, 인간의 원형 쪽으로, 자기 쪽으로 안을 향하고 있는 것을 진정으로 상징한다. 그 춤이 역사적인 어떤 사건으로 이해될 수는 없기 때문이다. 그 춤은 성찬을 율동으로 바꿔 표현하는 것으로, 다시 말해 그 신비를 의식에 보다 쉽게 동화시킬 수 있도록 증폭시키는 어떤 상징으로 이해되어야 한다. 따라서 춤은 정신적 현상으로 이해되어야 한다. 그것은 보다 높은 차원에서 일어나는 의식적인 깨달음의 행위이며, 그것은 개인의 의식과, 그것보다 상위인 전체성의 상징 사이에 어떤 연결을 확립한다.

'베드로 행전'은 그리스도에 대해 이렇게 말한다.

> 당신은 나에게 아버지이고, 당신은 나의 어머니이고, 당신은 나의 형제이고, 당신은 나의 친구이고, 당신은 나의 보증인이고, 당신은 나의 집사이다. 당신은 모든 것이며, 모든 것은 당신 안에 있다. 당신은 거기 있으며 당신 외에 다른 것은 아무것도 없다.
>
> 그러므로 신자들이여, 그대들은 그에게로 달아나고, 만약에 그대들이 그의 안에서만 그대들이 존재한다는 것을 배운다면 그대들은 그가 그대에게 말하는 것을 얻게 될 것이다. "눈으로 보지 않고 귀로 듣지 않은 것은 인간의 마음에 들어가지 못하느니라."

"나는 결합할 것이다"라는 표현은 이 같은 의미에서, 주관적인 의식이 객관적인 중앙과 결합하고, 따라서 신과, 그리스도에 의해 대표되는 인간의 결합을 낳는다는 뜻으로 이해되어야 한다. 자기는 많은 것들이 중앙에 집중하는 것을 통해서 실재하게 되고, 자기는 이런 집중을 원한다. 자기는 그 과정의 주체이자 대상이다. 그러므로 자기는 자기를 "인식하는" 사람들에게 하나의 "등불"이다. 만약 그것이 인식되지 않는다면, 그 등불의 빛은 눈에 보이지 않는다. 그런 경우에 그 등불은 존재하지 않는 것이나 마찬가지이다. 자기는 인식되는지 여부에 크게 좌우된다. 그것은 지각 행위가 빛에 의존하는 것과 똑같다. 이 같은 사실은 인지를 초월하는 것이 지닌, 주체이자 대상인 그 역설적인 본성을 한 번 더 드러낸다.

그리스도 또는 자기는 하나의 "거울"이다. 자기는 한편으로 사도의 주관적인 의식을 비추면서 사도가 그것을 볼 수 있도록 하며, 다른 한편으로, 자기는 그리스도를 "인식한다". 말하자면 자기는 경험적인 인간을 비출 뿐만 아니라 그를 하나의 (초월적인) 전체로서 보여준다. 그리고 "문"이 두드리는 자에게 열리듯이, 혹은 "길"이 길을 찾는 나그네에게 나타나듯이, 당신은 당신 자신의 (초월적인) 중앙과 연결을 맺을 때 단일성과 전체성을 낳을 의식의 발달 과정을 개시하게 된다.

그러면 당신은 더 이상 당신 자신을 주변으로부터 외따로 고립되어 있는 하나의 점으로 보지 않고, 중앙의 그 '하나'로 여긴다. 오직 주관적인 의식만 고립되며, 그런 의식도 중앙과 연결될 때엔 전체성으로 통합된다. 춤에 참여하는 사람은 누구나 주변을 비추고 있는 중앙에서 자기 자신을 보며, 그의 고통은 중앙의 그 '하나'가 "기꺼이 겪으려 하는" 고통이다. 자아와 자기의 역설적인 동일성과 상이성을 이것보다 더 쉽고 더 명쾌하게 설명하기는 어렵다.

그 텍스트가 말하고 있듯이, 외부에 아르키메데스의 점이 없으면, 다시 말해 자아가 하나의 현상으로 보일 수 있는 자기의 객관적인 관점이 없으면, 당신은 자신이 겪고 있는 고통이 무엇인지 이해하지 못할 것이다. 자기의 객관화가 없으면, 자아는 가망 없는 주관성에 갇힌 채 자신의 주위만을 돌게 될 것이다. 그러나 만약에 당신이 주관적으로 개입하지 않는 상태에서 당신 자신의 고통을 보고 이해할 수 있다면, 그때는 변화된 당신의 관점 때문에 당신은 "고통 받지 않는 방법"을 이해할 것이다. 당신이 모든 관계들 그 너머의 어느 곳에 도달했기 때문이다("너희는 나를 하나의 침대로 옆에 두고 있으니, 나의 위에서 쉬도록 하라"). 이것이 세상을 정복한다는 그리스도의 사상에 대한, 예상 외로 심리학적인 한 공식이다. 물론, 거기에 가현설[123] 신봉자의 왜곡이 가해지긴 했지만 말이다. "내가 누구인지를 너희는 내가 떠날 때 알게 될 것이다. 지금 내가 비치는 모습은 내가 아니다." 이 진술들은 요한이 예수 그리스도가 "동굴 한가운데에 서서 그곳을 밝히고 있는 것"을 본 환상에 의해 명백해진다. 그 환상에서 예수 그리스도는 요한에게 이렇게 말한다.

> 요한이여, 나는 지상의 예루살렘의 군중을 위해서 십자가형에 처해지고, 창과 칼에 찔렸으며, 마실 초산과 담즙이 나에게 주어졌다. 그러나 그대에게 내가 말하노니, 내가 하는 말을 듣도록 하라. 이 산을 올라가는 것을 잊지 마라. 그러면 그대는 사도가 스승으로부터, 한 사람의 인간이 자신의 신으로부터 배워야 할 것을 들을 것이다. 이런 말과 함께, 예수 그리스도는 나에게 빛의 십자가를 보여주었으며, 십자가 주위에 형체 없는 대규모의 군중이 보였다. 십자가 안에는 한 가지의 형태와 한 가지의 모습이 있었다. 그리고 나는 십자가 위로 구세주를 보았으며, 그는 외적 모습을 전혀 갖고 있지 않고 오직 목소리만 갖고 있었다. 우리가 아는 그런 목소리가 아니라, 어떤 신의 달콤하고 친절하고 참된 목소리였다. 그 신이 나에게 말했다. 요한이여, 한 사람은 나로부터 이것을 들어야 한다. 나에겐 들어 줄 사람이 필요하니까. 그대를 위해 이 빛의 십자가는 나에 의해서 지금 로고스로, 누스로, 예수로, 그리스도로, 문으로, 길로, 빵으로, 근원으로, 부활로, 성자로, 성부로, 프네우마로, 생명으로, 진리로, 믿음으로, 은총으로 명명되었다. 그 빛의 십자가는 인간들을 위해서 그렇게 불리지

---

123 물질은 본래 악한 것이기 때문에, 예수 그리스도는 물질적인 육체와 결합할 수 없으며 겉으로만 육체의 형태를 취했다는 이론을 말한다.

만, 그 자체와 그 핵심에서, 그것은, 그대에게 말했듯이, 만물의 경계선이고, 불안정한 사물들을 진정시키고, 지혜의 조화이고, 조화 속의 지혜이다. 오른쪽과 왼쪽, 권력들, 권위들, 아르콘들, 다이몬들, 작용들, 위협들, 분노들, 악마들, 사탄의 장소들이 있고, 또 존재하게 될 모든 것의 본성이 나오는 지하의 뿌리가 있으니까. 그래서 말씀을 통해 만물을 서로 결합시키고, 아래쪽의 것들로부터 오는 사물들을 분리시키고, 만물이 그 '하나'로부터 흐르도록 한 것은 이 빛의 십자가이다.

그러나 이것은 그대가 여기서 내려갈 때 볼 그 나무 십자가가 아니다. 나도 지금 그대가 눈으로 보지 못하고 목소리만 듣고 있는, 십자가에 있는 그가 아니다. 나는 내가 아닌 모습으로 받아들여졌다. 지금 내가 많은 다른 사람들에게 비쳤던 그 모습이 아니니 말이다. 그러나 그들이 나에 대해 하게 될 말은 비열하며, 나에게 아무런 가치를 지니지 않을 것이다. 안식처가 보이지도 않고 명명되지도 않고 있으니, 그들이 나를 얼마나 형편없이 보고 그에 걸맞은 이름을 붙일 것인지. 그들의 구세주를!

지금 십자가 주변의 형체 없는 군중은 저급한 본성의 소유자들이다. 그리고 만약에 그대가 십자가에서 보는 것들이 하나의 형체를 갖추고 있지 않다면, 아래로 내려온 그의 부분들이 아직 다 모아지지 않았다. 그러나 인간의 본성이 회복되고, 나의 목소리를 따르는 한 세대의 인간들이 나에게 가까이 다가올 때, 지금 나의 목소리를 듣고 있는 자는 그들과 결합하여 더 이상 지금 그의 모습이 아닐 것이며, 그들보다 위에 설 것이다. 지금 내가 그렇듯이. 그대가 그대 자신을 나의 것이라고 부르지 않는 이상, 나는 옛날의 내가 아니니 말이다. 그러나 만약에 그대가 나를 이해한다면, 그대는 나처럼 그대의 이해력 안에 있을 것이며, 내가 그대와 함께 있을 때, 나는 옛날의 내가 될 것이다. 이것을 위해 그대는 나를 통하고 있다. …

보라, 그대가 어떤 존재인지를. 내가 그대에게 보여주었으니. 그러나 내가 어떤 존재인지는, 나만이 알고 있고 그 외의 어떤 인간도 알지 못한다. 그러니 나로 하여금 나의 것을 갖게 하되, 나를 통해서 그대의 것이 어떤 지를 보라. 그리고 나를 진심으로 보라. 내가 나 자신에 대해 말한 모습을 보지 말고, 나와 가까운 그대가 나에 대해 알고 있는 대로 보라.

우리의 텍스트는 가현설이라는 전통적인 견해에 대해 의문을 상당히 표하고 있다. 텍스트를 근거로 할 때, 그리스도가 고통을 겪는 듯 보이는 육체를 가진 것처럼 보이는 것이 아주 분명하지만, 이것은 더없이 조악한 형태의 가현설이다. '요한행전'은 더욱 정교하며, 거기에 사용된 논거는 거의 인식론적이다. 역사적인 사실들은 충분히 진정하지만, 그것들은 보통 사람들의 감각에 이해될 수 있는 그 이상을 절대로 보여주지 못하는 것이다. 그럼에도 신성한 비밀들을 이해하는 사람에게도 십자가형의 행위는 하나의 신비이며, 그것을 보는 사람의 안에서 일어나는, 그것과 비슷한 어떤 정신적 사건을 표현하는 하나의 상징이다. 플라톤의 언어에서, 십자가형은 "하늘 위의 어떤 곳"에서, 즉 빛의 십자가가 세워지는 "산"과 "동굴"에서 일어나는 사건이며, 십자가의 동의어들이 많다는 사실은 그것이 많은 양상과 많은 의미를 지닌다는 것을 말해주고 있다. 십자가는 "구세주"의 알 수 없는 본질을, 특출한 인격을 표현한다. 십자가가 사위일체이고 4개의 부분으로 나뉜 하나의 전체이기 때문에, 그것은 자기의 전형적인 상징이다.

이런 의미에서 이해한다면, '요한행전'의 가현설은 역사적인 사실을 평가절하 하는 것이 아니라 역사적인 사건을 완성시키는 것처럼 보인다. 심리학적 관점에서 보면 그 이론의 섬세함이 충분히 분명하게 보이지만, 평범한 사람들이 그것을 쉽게 이해하지 못한 것은 놀라운 일이 아니다.

한편, 그 시대의 교육 받은 대중은 세속적인 사건과 형이상학적인 사건을 대비시키는 것에 결코 낯설어하지 않았다. 다만, 그들에게는 그 사건들의 시각적 상징들이 반드시 형이상학적인 현실들이 아니라, 내가 "수용기(受容器) 현상"(receptor phenomena)이라고 부른, 정신 내부의 과정들 또는 잠재의식적 과정들의 지각이라는 점이 분명하게 다가오지 않았다. 내가 다른 곳[124]에서 보여준 바와 같이, 그리스도의 희생적인 죽음을 그런 죽음의 전통적인 형식과 우주적인 의미라는 측면에서 고찰한 결과, 비슷한 정신 과정들이 많이 확인되었으며, 이 정신 과정들은 아주 많은 상징들을 낳았다. 거의 틀림없이, 여기서 일어난 일도 그런 것이며, 그것은 감각에 의해 지각되는 것으로서 아래쪽 땅에서 일어난 역사적인 사건과, 높은 곳에 비친 그 사건의 이상적인 시각적 반영 사이에 눈에 두드러진 분열의 형태를 취했다. 십자가가 한편에선 나무로 만든 고문의 도구로 등장하고 다른 한편에서는 영광스러운 상징으로 등장하고 있으니 말이다.

틀림없이, 중력의 중심이 이상적인 사건으로 이동했으며, 그 결과, 그 정신적 사건에 뜻하지 않게 대단한 중요성이 부여되기에 이르렀다. 프네우마에 대한 강조가 편파적이고 논쟁적인 방식으로 그 구체적인 사건의 의미를 약화시킬지라도, 그 강조가 쓸데없는 일로 여겨져서는 안 된다. 구체적인 사건은 그 자체로는 절대로 의미를 창조하지 못하고, 이 예의 경우에 그 의미가 그것이 이해되는 방식에 따라 크게 달라지기 때문이다.

어떤 사건의 의미를 파악하기 위해서는 먼저 해석이 필요하다. 있는 그대로의 사실들은 그 자체로는 아무것도 "의미하지" 않는다. 때문에 해석하려고 든 그노시스주의의 시도가 전혀 아무런 가치를 지니지 않는다고 단언하면 곤란하다. 그 시도가 초기 기독교 전통의 틀을 아주 멀리 벗어났을지라도 말이다. 그 같은 노력은 그 전통에 이미 함축되어 있다고 감히 단언할 수 있다. 십자가와 십자가에 못 박힌 자가 '신약 성경'의 언어에서 사실상 동의어이기 때문이다.

124   Cf, 'Aion'.

그 텍스트는 십자가를 형태 없는 군중과 대비되는 것으로 보여주고 있다. 십자가가 "형태"이거나 "형태"를 갖고 있으며, 십자가의 의미는 두 개의 직선의 교차에 의해 결정되는 중심점의 의미이다. 십자가는 구세주와 로고스, 예수, 그리스도와 동일하다. 구세주가 "외적 모습"을 전혀 갖고 있지 않은 것으로 묘사되는 때에 어떻게 요한이 십자가 위의 구세주를 "볼" 수 있었는가 하는 문제는 하나의 신비로 남아야 한다. 요한은 단지 설명하는 목소리만을 듣고 있으며, 이것은 아마 빛의 십자가가 목소리만 들리는, 경험을 초월하는 어떤 존재의 시각화에 불과하다는 것을 암시할 것이다. 이것은 십자가가 "당신을 위해서" 로고스 등으로 명명되었다는 발언에 의해서 확인되는 것 같다.

십자가는 형태 없는 군중의 무질서한 혼란과 반대되는 것으로서 질서를 의미한다. 내가 다른 곳에서 보여주었듯이, 십자가는 사실 질서의 중요한 상징들 중 하나이다. 심리적 과정의 영역에서, 십자가는 조직하는 중심의 역할을 맡으며, 무의식적 내용물의 침범으로 야기된 정신적 무질서의 상태에서 십자가는 넷으로 나뉜 만다라로 나타난다.

틀림없이, 이것은 초기 기독교 시대에도 자주 나타난 현상이었으며 그노시스주의 종파에만 국한된 현상은 아니었다. 따라서 그노시스주의의 내성(內省)은 이 원형의 신비적인 측면을 인식하지 않을 수 없었으며, 그노시스주의자들은 당연히 그 점에 강한 인상을 받았다. 그노시스주의자들에게 십자가는 아트만이나 자기가 동양인에게 언제나 했던 것과 똑같은 기능을 가졌다. 이 같은 깨달음은 그노시스주의의 핵심적인 경험에 속한다. 십자가 또는 중앙을 만물의 "경계선"이라고 정의한 것은 대단히 독창적이다. 그것이 우주의 한계들은 존재하지 않는 주위에서 발견되지 않고 우주의 중심에서 발견된다는 것을 암시하기 때문이다. 우주의 중심에만 이 세상을 초월할 가능성이 존재한다. 모든 불안정은 마침내 변하지 않고 정지한 것이 되고, 자기 안에서 모든 부조화가 "지혜의 조화"를 통해 해결된다.

중앙이 전체성과 종국성의 개념을 상징하기 때문에, 그 텍스트가 돌연 오른쪽과 왼쪽, 밝음과 어둠, 천국과 "지하의 뿌리" 등으로 나뉜 우주의 이분법에 대해 말하기 시작하는 것도 꽤 적절하다. 이것은 모든 것이 중앙에 포함되어 있다는 것을, 그리고 그 결과 구세주(즉 십자가)가 모든 것을 결합하고 조정한다는 것을, 따라서 그가 "열반"이라는 것을 분명히 상기시키고 있다. 동양 사상과 이 원형적인 상징의 심리학에 따라, 상반된 것들로부터 자유로운 상태가 곧 구세주라는 뜻이다. 그노시스주의의 그리스도 형상과 십자가는 무의식에 의해 저절로 만들어지는 전형적인 만다라들의 카운터파트이다. 그것들은 자연스런 상징들이며, 그것들은 어둠의 흔적이 실종된 모습을 너무도 분명하게 보여주는 독단적인 그리스도의 형상과는 근본적으로 다르다.

이것과 관련하여, 베드로가 남긴 작별의 말이 언급되어야 한다. 그가 순교를 당하는 동안에 한 말이다(그는 자신의 요구대로 거꾸로 매달린 채 처형되었다).

오, 십자가의 이름! 숨겨진 신비여! 오, 십자가의 이름으로 표명된, 형언할 수 없는 은총이여! 하느님으로부터 분리될 수 없는 인간의 본성이여! 오, 불결한 입으로는 보여줄 수 없는, 형언할 수 없고 분리될 수 없는 사랑이여! 이 땅에서의 나의 여정을 끝내는 자리에서 나는 그대를 이해하노라. 나는 그대를 본연의 모습으로 선언할 것이니라. 한때 차단되어 나의 영혼으로부터 숨겨졌던 십자가의 신비에 대해 나는 침묵하지 않을 것이니라. 그리스도의 희망인 당신들은 십자가를 눈에 보이는 모습 그대로 받아들이지 않기를. 십자가는 다른 것이고, 겉으로 보이는 것과 다르고, 그리스도의 고통과 일치하는 이 고통이니까. 그리고 지금 무엇보다도, 들을 수 있는 당신들이 삶과의 마지막 작별의 시간을 맞은 나로부터 십자가에 대해 들을 수 있게 되었으니, 귀담아 듣도록 하라. 당신들의 영혼을 감각 적인 모든 것으로부터, 진실하지 않은 모든 것으로부터 분리시켜라. 눈을 감고, 귀를 닫고, 눈에 보이는 사건들을 피하도록 하라! 그러면 당신들은 그리스도에게 가해진 것을, 그리고 당신들의 구원의 신비 전체를 온전히 느낄 것이다. …

모든 자연의 신비와 만물의 시작을 실제 그대로 배워라. 내가 속하는 그 종(種)의 최초의 인간은 머리를 아래 쪽으로 떨어뜨린 채 태어나면서, 그 때까지 존재하지 않았던 출생의 자세를 보여주었다. 그리고 아래로 잡아 당겨지고, 그 기원을 땅에 박으면서, 그는 사물들의 전체 경향을 확립했 다. 그런데 그는 정해진 대로 똑바로 매달렸기 때문에, 오른쪽의 것을 왼 쪽의 것으로, 왼쪽의 것을 오른쪽의 것으로 보여주었으며, 그것들이 지닌 본질의 특징들의 방향을 모두 바꿔놓았다. 그래서 아름답지 않은 것들이 아름다운 것으로 지각되었고, 진정으로 사악한 것들이 선한 것으로 지각 되었다. 그런 까닭에 예수 그리스도가 어느 기적에서 이런 말을 한 것이 리라. "너희들이 오른쪽의 것을 왼쪽의 것으로, 왼쪽의 것을 오른쪽의 것 으로, 위에 있는 것을 아래에 있는 것으로, 뒤에 있는 것을 앞에 있는 것으 로 여기지 않고는, 너희는 그 왕국에 대해 알지 못하리라."

이 말을 이해할 수 있는 길을 내가 당신들에게 보여주었으며, 당신이 지 금 십자가에 매달린 나의 모습에서 보는 그 형상은 세상에 태어난 최초의 인간의 표상이니라.

이 인용에서도, 십자가에 대한 상징적 해석은 먼저, 최초의 인간의 창조 가 모든 것의 아래위를 거꾸로 뒤집어 놓았다는 특이한 사상에서, 이어서 상반된 것들을 서로 동일시함으로써 그것들을 결합시키려는 시도에서, 상반된 것들의 문제와 연결되고 있다. 추가적으로 중요한 사항은 머리를 아래로 한 채 거꾸로 십자가형에 처해진 베드로가 창조된 최초의 인간과 동일시될 뿐만 아니라 십자가와도 동일시되고 있다는 점이다.

> 그리스도가 하느님의 소리, 즉 말씀이 아니면 달리 무엇이겠는가? 그러므로 말씀은 내가 십자가형에 처한 이 곧은 기둥이고, 소리는 그 기둥을 가로지르는 기둥이며 인간의 본성이지만, 가로 기둥의 가운데를 세로 기둥에 고정시키는 못은 인간의 개조이고 참회이다.[125]

  이 인용들을 근거로 한다면, 아마 그노시스주의자였을 '요한행전'의 저자가 자신의 전제들로부터 필요한 결론들을 끌어냈다거나, 그 결론들이 암시하는 바가 그에게 명쾌하게 다가왔다는 식으로 말하는 것은 거의 불가능하다. 정반대로, 빛이 어두운 모든 것을 삼켜버렸다는 인상이 두드러진다. 깨달음을 주는 환상이 십자가형의 실제 장면 그 위로 나타나고 있듯이, 깨달음을 얻은 존재가 요한을 위해서 형태 없는 군중 위의 높은 곳에서 있다. 텍스트는 "그러므로 다수에 신경쓰지 말고, 그 신비의 바깥에 있는 자들을 경멸하라"고 말한다.
  이런 자만심 강한 태도는 깨달음을 얻은 요한이 자신의 빛과 동일시하며 자아와 자기를 혼동함에 따라 일어난 팽창에서 비롯된다. 따라서 요한은 자신의 안에 있는 어둠보다 탁월하다고 느낀다. 그는 빛이 어떤 의미를 지니는 때는 그것이 어두운 무엇인가를 비출 때뿐이라는 것을, 그의 깨달음도 그가 자신의 어둠을 인식하도록 돕지 않는다면 그에게 아무런 소용이 없다는 것을 망각하고 있다. 만약에 왼쪽의 힘들이 오른쪽의 힘들만큼 진정하다면, 그것들의 결합만이 둘의 본성을 공유하는 세 번째의 것을 낳을

---

125 M. R. James, The Apocryphal New Testament, pp. 334f.

수 있을 뿐이다. 상반된 것들은 어떤 새로운 에너지의 잠재력 속에서 결합한다. 그것들의 결합에서 나오는 "세 번째"는 "상반된 것들로부터 자유롭고", 모든 도덕적 범주들을 넘어서는 어떤 형상이다. 이 같은 결론은 그노시스주의자들에게 너무 멀리 나간 것처럼 비쳤을 수 있다. 이 문제들에서 보다 실용적인 입장을 보였던 교회는 당시의 통념을 벗어난 그노시스주의의 위험성을 간파하고는, 원래의 '신약 성경' 텍스트들이 이상하게도 뱀이 에덴동산에서 한 말("너희가 하느님처럼 되어서"[126])을 떠올리게 하면서 인간의 종국적 신격화를 예고하고 있음에도 불구하고, 언제나 역사적 사실들의 구체성을 고집했다. 그래도 인간의 지위를 높이는 것을 사후로 미룬 것은 어느 정도 정당화된다. 그것이 그노시스주의자의 팽창의 위험을 피할 수 있게 했기 때문이다.

만약에 그노시스주의자가 자기와 동일시하지 않았다면, 그는 자신의 안에 얼마나 많은 어둠이 있는지를 보지 않을 수 없었을 것이다. 이런 깨달음은 현대인에게 보다 자연스럽게 오지만, 그렇다고 해서 그것이 현대인에게 어려움을 보다 적게 야기하는 것은 절대로 아니다. 정말로, 그노시스주의자는 하느님이 역설적인 진술에 탐닉할 수 있다고 믿기보다는 자신이 철저히 사악한 존재라고 단정했을 가능성이 훨씬 더 크다. 그러나 치명적인 팽창의 그 모든 나쁜 영향에도 불구하고, 그노시스주의자는 종교 또는 종교의 심리학에 대한 통찰을 얻었으며, 그 통찰로부터 우리는 오늘날에도 가치 있는 것을 배운다. 그노시수주의자는 기독교의 배경을, 따라서 미래의 기독교의 발달을 깊이 들여다보았다. 그노시스주의자가 그렇게 할 수 있었던 것은 이교적인 그노시스(영적 인식)와의 밀접한 연결이 그를, 그리스도의 메시지를 시대의 정신 속으로 통합시키는 데 유익한 "수용기" 같은 존재로 만들었기 때문이다.

126 '창세기' 3장 5절.

십자가를 정의하려고 노력하는 가운데 나온 수많은 동의어들은 로마의 히폴리토스가 전하는 나아센파와 페라타이파[127]의 상징들에서도 비슷한 것을 발견한다. 나아센파와 페라타이파의 상징들은 모두가 하나의 중앙을 가리키고 있다. 그 중앙은 연금술의 'ἓν τὸ πᾶν'("모두가 하나다")이며, 그것은 한편으로는 대우주의 심장이고 지배 원리이며, 다른 한편으로는 대우주를 하나의 점으로, 하나의 소우주로 압축하고 있다. 인간은 언제나 하나의 소우주로 여겨져 왔다. 인간은 우주와 본질이 동일하며, 인간 자신의 중앙점이 우주의 중앙이다.

그노시스주의자들과 연금술사들, 신비주의자들이 공유했던 이 내면의 경험은 무의식의 본질과 관계있다. 아니, 그 경험 자체가 무의식의 경험이라고 할 수 있다. 무의식의 객관적인 존재와 그것이 의식에 미치는 영향은 의심의 여지가 전혀 없지만, 무의식은 그 자체로 구별 불가능하고, 따라서 알려질 수 없는 것이기 때문이다. 무의식 안에 분화의 씨앗이 존재한다고 짐작할 수도 있지만, 그 씨앗의 존재를 증명할 수는 없다. 왜냐하면 모든 것이 동화의 상태에 있는 것 같기 때문이다.

무의식은 다수성과 동시에 단일성의 인상을 준다. 공간과 시간 속에서 분화된 거대한 양의 사물들이 아무리 압도적인 모습으로 다가오더라도, 우리는 감각들의 세계를 근거로 그 세계의 법칙들의 타당성이 대단히 멀리까지 확장된다는 것을 안다. 따라서 우리는 그 세계가 가장 작은 부분에서나 가장 큰 부분에서나 똑같이 동일한 우주라고 믿는다.

한편, 지성은 언제나 차이를 파악하려고 노력한다. 차이가 없는 곳에서는 지성이 식별하지 못하기 때문이다. 따라서 우주의 단일성은 지성에게 다소 막연한 가설로 남게 되며, 지성은 그 단일성을 다루는 방법을 알지 못한다. 그러나 내성(內省)이 정신의 배경을 침투하기 시작하자마자,

127 A.D. 2세기에 시작된 그노시스주의의 한 종파.

내성은 무의식을 맞닥뜨린다. 이 무의식은 의식과 달리 명확한 내용물의 흔적을 아주 흐리게만 보여주면서, 가는 곳마다 혼란스럽기 짝이 없는 관계와 유사성, 동화, 동일시 등으로 조사자를 깜짝 놀라게 만든다. 조사자는 인식론적인 이유 때문에 명백히 구분되는 원형들을 많이 가정하는 수밖에 없지만, 그럼에도 그는 그것들이 서로 어느 정도 확실히 구분되는지에 대해 끊임없이 의심하게 된다. 그 원형들이 서로 많이 겹치고, 결합 능력을 아주 강하게 보이기 때문에, 그것들을 분리시키려는 모든 시도는 개념상 절망적일 것임에 틀림없다. 게다가, 무의식은 의식과 의식의 내용물과 정반대로, 스스로를 일정한 방식으로 인격화하는 경향을 보인다. 마치 단 하나의 모습이나 목소리를 갖고 있는 것처럼. 이 같은 특성 때문에, 무의식은 어떤 단일성의 경험을 전달하며, 그노시스주의자들과 연금술사들을 비롯한 많은 사람들이 열거한 그 모든 특성들은 바로 이 경험 때문이다.

그노시스주의와 그런 종류의 다른 영적 운동들에서 분명히 볼 수 있듯이, 사람들은 순진하게도 무의식의 모든 표현들을 액면 가치 그대로 받아들이고, 그 표현들 안에서 세계의 핵심 자체가, 종국적 진리가 드러난다고 믿는 경향을 보인다. 나에게는 이 가정이 생각하는 것만큼 정당하지 않은 것처럼 보이지 않는다. 왜냐하면 무의식의 자동적인 발언들이 결국 의식과 동일하지 않은 어떤 정신을, 이따금 의식과 많이 다른 정신을 드러내기 때문이다. 무의식의 이런 발언들은 의지에 의해서 배워지거나 통제될 수 없는, 자연적인 정신 작용에서 나온다. 그러므로 무의식의 표현은 인간 안에 있는 미지의 것의 계시이다. 보다 보편적이고 보다 근본적인 신화의 언어에 닿기 위해서, 우리는 꿈의 언어가 환경에 의존한다는 사실을 그냥 무시하고, "비행기"를 "독수리"로, "자동차"나 "기차"를 "용"으로, "주사"를 "뱀에게 물리는 사건"으로 대체하기만 하면 된다. 이런 식으로 접근하면,

모든 사고의 바탕에서 현대인의 과학적인 사상에도 상당한 영향력을 행사하고 있는 원초적인 이미지들에 다가설 수 있다.

이 원형적인 형태들에서, 아마 무엇인가가 스스로를 표현하고 있을 것이다. 그 무엇인가는 어떻든 자연적인 어떤 정신의 신비스런 작용과, 달리 표현하면 대단히 중요한 우주적인 요인과 연결되어 있음에 틀림없다. 현대의 비대해진 의식이 경시하려고 애를 쓴 그 객관적인 정신의 명예를 지켜주기 위해서, 나는 그 정신이 없으면 우리가 세상에 대해 알기는커녕 세상의 존재조차 확립하지 못한다는 점을 다시 강조해야 한다.

그러나 우리가 아는 모든 것을 바탕으로 판단할 때, 원래의 정신은 그 자체로 의식을 전혀 갖지 않은 것이 확실하다. 의식은 단지 발달 과정에 생겨나며, 그 발달은 대부분 역사 시대에 해당한다. 오늘날에도 의식의 수준이 원초적인 정신의 어둠에서 그리 멀리 벗어나지 않은 원시 부족이 확인되고 있다. 심지어 문명화된 사람들 사이에서도 그런 정신 상태를 보여주는 흔적이 많이 발견된다. 추가적으로 분화할 잠재력이라는 측면에서 보면, 우리 현대인의 의식도 아직 상대적으로 낮은 수준에 머무르고 있다. 그럼에도 불구하고, 지금까지 의식의 발달은 의식을 무의식적 정신에 대한 의존을 망각할 만큼 해방시켰다.

의식은 이 해방을 대단히 자랑스럽게 생각하지만, 의식은 외관상 무의식을 제거했음에도 불구하고 그 자신의 언어적 개념들의 희생자가 되었다는 사실을 간과하고 있다. 악이 바알세불[128]과 함께 버려졌다. 우리 현대인이 단어에 의존하는 경향이 너무나 강하기 때문에, "실존주의"라는 철학의 한 종류는 단어들에도 불구하고 존재하는 어떤 현실을 가리킴으로써 균형을 복원시켜야 했다. 그러나 거기엔 "존재"와 "실존" 같은 개념들을 더 많은 단어들로 바꿈으로써 우리가 어떤 현실을 포착했다는 망상에 빠지게 하는

128　지옥의 권력자 중 하나로 '신약 성경'에서는 사탄과 동일시된다.

위험이 수반되었다.

사람은 무의식에 의존하는 만큼 단어들에 의존할 수 있으며, 실제로 의존하고 있다. 인간이 로고스 쪽으로 나아간 것은 위대한 성취였지만, 인간은 본능 상실과 현실 상실을 그 대가로 치러야 한다. 그 결과, 인간은 단지 단어들에만 의존하는 상태로 남게 되었다. 단어들이 당연히 현실 속에 있을 수 없는 사물들의 대용품이기 때문에, 그 단어들은 과장된 형태를 취하고, 정도를 벗어나고, 기이하고, 지나치게 크고, 정신 분열증 환자들이 "주문"(呪文)이라고 부르는 그런 단어처럼 부풀려진다. 원시적인 말의 마법이 발달하고, 그러면 사람은 일반적인 것과 다른 것이면 무엇이든 특별히 심오하고 중요한 것으로 느끼기 때문에 그 마법에 매우 강한 인상을 받는다. 특히 그노시스주의는 이것을 뒷받침하는 매우 교훈적인 예를 몇 가지 제시할 수 있다. 신조어들은 스스로를 놀라울 정도로까지 실체화하는 경향을 보일 뿐만 아니라, 원래 표현하고자 했던 현실을 실제로 대체하는 경향까지 보인다.

무의식과의 연결이 이런 식으로 깨어지고, 현대인이 단어의 횡포에 굴복함에 따라, 한 가지 심각한 피해가 일어나게 되었다. 의식적인 정신이 자체의 식별 행위에 더욱 심하게 희생되게 된 것이다. 우리가 세상에 대해 품고 있는 그림이 무수히 많은 특별한 것들로 쪼개지고, 무의식적 정신의 단일성과 뗄 수 없게 연결되었던 원래의 단일성의 감정이 상실되고 말았다. 이 단일성의 감정은 대응 이론과 만물의 공감이라는 형태로 17세기 들어서까지 철학을 지배했으며, 오랜 기간 망각되었다가 지금 다시 무의식의 심리학과 초(超)심리학에 의한 발견들 덕분에 과학 영역에 나타나고 있다.

무의식이 신경증적 방해를 통해서 의식에 강압적으로 끼어들려고 하는 태도는 현재의 정치적, 사회적 조건들을 떠올리게 할 뿐만 아니라, 심지어 그 조건에 수반되는 현상으로 나타나기도 한다. 두 가지 예에서 똑같이 비슷한 어떤 분열이 보인다. 정치적 조건에는 "철의 장막"에 의한 세계 의식의 분열이 있고, 사회적 조건에는 개인적 인격의 분열이 있다. 이 분열은 전 세계에 걸쳐 확장하고 있으며, 따라서 어떤 심리적 분열이 엄청난 수의 개인들 사이를 관통하고 있다. 바로 이 개인들이 전체적으로 움직이면서 그에 상응하는 집단적인 현상을 낳고 있다.

낡은 계급제도를 무너뜨린 것은 서양에서는 주로 집단적인 요인이었고, 동양에서는 기술이었다. 이런 발달의 원인은 주로 기술의 급격한 발달로 형성된, 산업 분야의 대중이 경제적으로나 심리적으로 뿌리가 뽑혔다는 사실에 있었다. 그러나 기술은 틀림없이 모든 불합리한 정신적 요소를 억누르는 경향이 있는 의식의 특별히 합리적인 구별에 바탕을 두고 있다. 따라서 개인과 국가에서 똑같이 무의식적 대치가 일어나며, 이런 태도는 시간이 되면 충분히 강해지면서 공개적인 갈등으로 폭발하게 된다.

기독교 시대가 시작되고 첫 몇 세기 동안에, 그러니까 고대 로마 세계의 영적 방향 감각의 상실이 기독교의 침입에 의해 보상되던 때에, 영적 차원에서 똑같은 상황이 작은 규모로 거꾸로 전개되었다. 당연히, 기독교는 살아남기 위해 적들을 상대로 스스로를 지켜야 했을 뿐만 아니라, 그노시스주의자들을 포함한 기독교 지지자들의 과도한 자부심에 맞서서도 스스로를 지켜야 했다. 기독교는 비합리성의 홍수를 막기 위해 교리를 점점 더 합리화해야 했다. 이것이 수 세기의 세월을 내려오면서 원래 비합리적이었던 그리스도의 메시지와 인간 이성의 그 이상한 결합으로 이어졌으며, 이 결합은 서양의 사고방식의 두드러진 특징이다.

그러나 이성이 점진적으로 우위를 차지함에 따라, 지성이 스스로를 내세우며 자율을 요구하고 나서기에 이르렀다. 그리고 지성은 정신을 복종시킨 것과 똑같이, 자연을 복종시키고 스스로 과학 기술의 시대를 낳았다. 그런데 이 시대는 자연적이고 비합리적인 인간이 움직일 수 있는 공간을 더욱더 좁히고 말았다. 그리하여 내면에 어떤 반대가 일어날 토대가 마련되었으며, 이 반대가 오늘날 세계를 혼란에 빠뜨리겠다고 위협하고 있다. 이 전도(顚倒)를 마무리짓기 위해서, 지하 세계의 모든 세력들은 지금 이성과 지성의 뒤로 숨고 있으며, 집요한 어떤 신념이 합리주의적인 이데올로기의 탈을 쓰고 호전적인 어느 교회의 가장 부정적인 측면들과 경쟁을 벌이면서 불과 칼로 사람들에게 스스로를 강요하려고 노력하고 있다.

이상한 어떤 에난티오드로미아에 의해서, 서양의 기독교 정신은 이제 불합리한 것의 옹호자가 되었다. 이유는 기독교가 합리주의와 주지주의를 일으켰으면서도 인간의 권리들과 특히 개인의 자유에 대한 믿음을 포기할 만큼 그것들에게 굴복하지 않았기 때문이다. 그러나 이 자유는 혼란스런 개인주의의 잠재적인 위험에도 불구하고 비합리적인 원리에 대한 인정을 보장한다. 인간의 영원한 권리들에 호소함으로써, 신앙은 스스로를 보다 높은 질서와 연결시킨다. 이유는 그리스도가 수백 년 동안 질서를 정하는 하나의 요인으로 증명되었다는 역사적 사실 때문이기도 하고, 자기가 어떤 이름으로 불리든 상관없이 혼란스런 조건을 효과적으로 보상하기 때문이기도 하다. 자기가 이 세상 위와 너머에 있는 안트로포스이고, 자기 안에 개별 인간의 자유와 존엄이 포함되니 말이다. 이 관점에서 보면, 그노시스주의에 대한 비난과 중상은 시대착오적이다. 명백히 심리학적인 그노시스주의의 상징체계는 오늘날 많은 사람들에게 기독교 전통을 더욱 생생하게 평가하도록 하는 다리의 역할을 할 수 있다.

만약 그노시스주의가 말하는 그리스도의 형상을 제대로 이해하길 원한다면, 이런 역사적 변화를 반드시 기억해야 한다. 왜냐하면 '요한행전'에 담긴, 구세주 본질에 관한 말들은 의식적인 내용물의 형태 없는 다수성과 대조적인 것으로서 원래의 단일성의 어떤 경험을 표현하는 것으로 해석할 때에만 이해가 가능해지기 때문이다. '요한복음'에서도 암시되고 있는 그노시스주의의 그리스도는 인간의 원래의 단일성을 상징하며, 그 단일성을 인간 발달의 목표로 찬양한다. "불안정한 것을 진정시키고", 혼란을 질서로 바꾸고, 부조화를 해결하고 한가운데에 초점을 맞춤으로써, 따라서 군중에 "경계선"을 설정하고 십자가에 주의를 집중함으로써, 의식은 다시 무의식과 결합하고, 무의식적 인간은 우주의 중심이기도 한 자신의 중심과 하나가 되고, 이런 식으로 인간의 구원과 고양이라는 목표가 성취된다.

이 직관이 옳을지라도, 그것은 또한 대단히 위험하다. 이유는 그것이 자기와 동일시하려는 유혹에 저항할 수 있는 논리적인 자아의식을 전제하고 있기 때문이다. 그러나 역사가 보여주듯이, 그런 자아의식은 비교적 드문 것 같다. 일반적으로 자아가 내면의 그리스도와 동일시하고, 그럴 위험은 그릇 이해된 '그리스도의 모방'에 의해 더욱 커지기 때문이다. 그 결과가 바로 팽창이며, 이 팽창의 멋진 증거를 우리의 텍스트가 제공하고 있다.

이 같은 위험을 몰아내기 위해, 교회는 "내면의 그리스도"를 지나치게 강조하지 않았으며, 우리가 "보고, 듣고, 손으로 만질 수 있었던" 그리스도를, 바꿔 말하면 "지상의 예루살렘에서" 일어난 역사적 사건 속의 그리스도를 최대한 강조했다. 이것은 그때나 지금이나 마찬가지인 인간 의식의 원시성을 현실적으로 고려한 현명한 태도이다. 의식이 무의식에 신경을 쓰지 않을수록, 의식이 무의식과 동일시할 위험은 더욱더 커지고, 따라서 팽창의 위험도 그 만큼 더 커지니 말이다. 우리가 피해를 입어가며 경험했듯이, 의식의 팽창은 정신적 전염병처럼 민족 전체를 사로잡을 수 있다.

그리스도가 비교적 원시적인 이런 의식에 "진정한" 존재가 되려면, 그는 한 사람의 역사적인 인물과 형이상학적인 실체로서만 그렇게 될 수 있을 뿐이며, 인간의 자아와 위험스러울 만큼 가까운 거리에 있는 하나의 정신적 중심으로서는 그렇게 되지 못한다. 경전의 권위의 뒷받침을 받은 그노시스주의의 발달이 아주 멀리 나아갔기 때문에, 그리스도는 하나의 내적인 정신적 사실로 분명히 인식되었다. 이것은 또한 우리의 텍스트에 다음과 같이 확실히 제시되고 있듯이 그리스도라는 인물의 상대성을 수반했다. "너희가 너희 자신을 나의 것이라고 부르지 않는 한, 나는 옛날의 내가 아니다. … 내가 너희와 함께할 때, 나는 옛날의 내가 될 것이다." 이것을 근거로, 비록 그리스도가 먼 옛날, 즉 시간과 의식이 시작되기 전에는 완전했을지라도, 그가 이 완전성을 잃었거나 인간에게 주었으며, 그래서 인간과의 통합을 통해서만 그것을 다시 돌려받는 것이 가능하다는 말이 가능해진다. 그리스도의 완전성은 인간에게 달려 있다. "내가 그렇듯이, 너희도 너희의 이해력 안에 있을 것이다." 불가피한 이 결론은 그 위험을 아주 분명하게 보여준다.

자아가 자기 안에서 용해되고, 그러면 그 자체에게도 알려지지 않은 자아는 온갖 부적절한 것들과 어둠을 가진 상태에서 하나의 신이 되어 스스로를 계몽되지 않은 동료들보다 탁월한 존재로 여긴다. 자아는 자신이 생각하는 "보다 높은 인간"과 자신을 동일시했다. 그러면서 자아는 그 형상이 "오른쪽과 왼쪽, 권위들, 아르콘들, 다이몬들" 등과 악마 자체로 이뤄져 있다는 사실에는 거의 개의치 않았다. 이것과 같은 형상은 그냥 이해되지 않으며, 그것은 분별력이 조금이라도 있는 사람이라면 동일시하지 않는 것이 바람직한, 외경심을 느끼게 하는 신비이다. 그런 신비가 존재한다는 것을, 그리고 사람이 어딘가에서 그 신비의 현존을 느낄 수 있다는 것을 아는 것으로 충분하지만, 그 사람은 그것과 자신의 자아를 혼동하지 않도록 조심해야 한다. 반대로, 자신의 어둠과의 직면은 그 사람에게 그것과 동일시하지 않도록 경고해야 할 뿐만 아니라, 건강에 유익할 정도의 공포를 유발하면서 그가 자신이 될 수 있는 것이 무엇인지를 똑바로 보도록 고무할 수 있어야 한다. 그는 자신의 능력만으로는 자신의 본성이 지닌 엄청난 양극성을 극복하지 못한다. 그는 자신과 별개인 어떤 정신적 과정의 무서운 경험을 통해서만 그렇게 할 수 있을 뿐이다. 그 정신적 과정에 대해서는 그가 그 과정을 다루는 것이 아니라 그 과정이 그를 다룬다고 하는 것이 더 적절한 표현이다.

만약에 그런 과정이 어쨌거나 존재한다면, 그것은 경험될 수 있는 그 무엇이다. 몇 십 년에 걸쳐 수많은 개인들로부터 얻은 나 자신의 경험과 많은 다른 의사들과 심리학자들의 경험은 보상적으로 명령하는 어떤 요소의 존재를 확인하고 있다. 이 요소는 자아와 별도이며 의식을 초월하는 성격을 지니고 있다. 용어만 서로 다를 뿐 기본적으로 동일한, 모든 위대한 종교들의 진술들도 마찬가지로 그런 요소의 존재를 뒷받침하고 있다. 그런 요소의 존재는 그 자체로 라듐의 붕괴가 질서정연하게 이뤄지거나, 바이러스가 인간의 해부학과 생리학에 적용하거나, 식물들과 동물들이 공생하는 것보다 절대로 더 기적적이지 않다. 극히 기적적인 것은 동물들과 식물들, 무기물들은 겉보기에 이런 숨겨진 과정들에 대한 지식을 갖추지 못한 것 같은 반면에, 인간은 그 과정들에 대해 의식적이고 사색적인 지식을 갖출 수 있다는 점이다. 짐작컨대 라듐 원자에게는 라듐의 붕괴 시간이 정확히 결정되어 있다는 것을 아는 것이 황홀한 경험일 것이다. 혹은 나비에게는 꽃이 나비의 증식에 필요한 먹이를 모두 갖추고 있다는 사실을 확인하는 것이 황홀한 경험일 것이다.

개성화 과정의 신비한 경험은 원시적인 차원에서는 샤먼과 주술사의 특권이고, 후에는 의사와 예언가, 성직자의 특권이고, 마지막으로 문명화된 단계에서는 철학과 종교의 특권이다. 샤먼이 겪는 병과 고통, 죽음, 재생의 경험은 보다 높은 차원에서는 희생을 통해서 완전해진다는 사상을, 그리고 성변화에 의해 변화되어 영적인 인간으로 높아진다는, 한 마디로, 신성해진다는 사상을 암시한다.

미사는 수천 년 전에 시작한 어떤 발달의 요약이자 정수이다. 미사는 의식(意識)의 점진적 확장과 심화를 통해서 특별히 재능 있는 개인들의 경험을 보다 큰 집단의 공유 재산으로 만들었다. 물론, 그 밑바탕에서 작용하고 있는 정신적 과정은 사람들의 눈에 보이지 않은 상태로 남았으며, 적절한 "신비"와 "성체 성사"의 형식으로 극화되었으며, 신비와 성체 성사는 종교적 가르침과 수련, 명상, 그리고 희생의 행위에 의해 강화되었다. 이 중에서 희생의 행위는 의식 집행자를 신비의 영역 속으로 너무나 깊이 끌어들이기 때문에, 그는 자신이 신비스런 사건들과 밀접히 연결되어 있다는 것을 자각할 수 있다.

한 예로, 고대 이집트에서 원래 파라오들의 특권이었던 "오시리스와의 동일시"(Osirification)는 점점 귀족사회로 넘어갔다가 고왕국 말기에 이르러서는 개인에게로까지 확대되었다. 마찬가지로, 그리스인들의 신비 종교들은 원래 은밀하고 공개적으로 논의되지 않았지만 점점 확장되면서 집단적인 경험으로 변했다. 그리하여 로마 황제들의 시대에 이르러서는 그 신비 종교들은 로마 관광객들에게 외국의 신비 종교의 비밀을 전수받는 정기적인 행사로 여겨지게 되었다.

기독교는 조금 망설인 다음에 한 걸음 더 나아가면서 신비들을 축하하는 것을 공적인 행사로 만들었다. 우리가 알고 있는 바와 같이, 이유는 기독교가 신비의 경험을 최대한 많은 사람들에게 소개하는 데 특별히 관심을 보였기 때문이다. 그래서 개인은 자신의 변형과 거기에 필요한 심리적 조건, 즉 죄의 고백과 참회 같은 것을 자각하지 않을 수 없게 되었다. 그리하여

성변화의 신비에서 성변화가 마법적인 영향의 문제이기보다는 심리적 작용의 문제라는 것을 깨닫는 데 필요한 토대가 마련되었다. 이런 깨달음에 필요한 길은 연금술사들이 자신의 작업을 적어도 교회의 신비와 동일한 수준에 놓고, 그 작업에 우주적인 의미까지 부여함으로써 이미 닦아 놓은 터였다. 우주적이라고 표현하는 이유는 그 작업을 통해서 물질 안에 갇혀 있는 신성한 세계 영혼이 해방될 수 있기 때문이다.

내가 보여준 바와 같이, 연금술의 "철학적인" 측면은 심리학적인 어떤 통찰들을 상징적으로 예상하는 것에 지나지 않으며, 게르하르트 도른의 예를 근거로 판단한다면, 이 통찰들은 16세기 말에는 꽤 멀리 나아간 상태였다. 오직 지적으로 분석하는 우리 시대만이 연금술에서 화학을 추구하다가 실패한 노력만을 보고, 또 현대 심리학의 해석적인 방법들에서 단순히 신비의 무효화만을 볼 만큼 망상에 빠졌을 수 있다.

연금술사들이 자신이 추구하는 돌의 생산이 "신의 허용"에 의해서만 일어날 수 있는 기적이라는 것을 알았듯이, 현대의 심리학자는 자신이 과학적인 상징들 속에 숨어 있는 어떤 정신적 과정을 묘사하는 그 이상의 결실을 얻지 못한다는 사실을 잘 알고 있다. 이 정신적 과정의 진정한 본질은 의식을 초월한다. 생명의 신비 또는 물질의 신비가 의식을 초월하는 그 만큼. 어느 지점에서도 현대의 심리학자는 신비 자체를 설명함으로써 그것이 사라지도록 하지 않았다. 그는 단지 기독교 전통의 정신에 따라서, 개성화 과정을 촉발시키고 그것을 경험 가능한 실제적인 사실로 보여주기 위해 경험적인 자료를 이용하면서 신비를 개인의 의식에 조금 더 가까이 갖다 놓았을 뿐이다. 어떤 형이상학적 진술을 하나의 정신적 과정으로 다루는 것은, 나의 비판자들이 단언하는 바와 달리, "정신적"이라는 단어가 알려진 무엇인가를 가정한다는 맹목적인 믿음 속에서, 그 진술이 "그저 정신적"이라고 말하는 것이 아니다. 현대의 심리학자들이 "정신"이라고 말하는 경우에 칠흑 같은 어둠을 암시한다는 생각은 사람들의 머리에 떠오르지 않는 것 같다. 연구원의 윤리는 연구원에게 자신의 지식이 끝나는 곳을 인정할 것을 요구한다. 바로 그 끝이 진정한 지혜의 시작이다.

4장

빅터 화이트[129]의 '신과 무의식'의 머리말(1952)

129 영국의 도미니코 수도회 수사(Victor White: 1902~1960). 그는 융의 심리학에 강하게 끌렸으나 융의 '욥에게 답하다'에 대단히 비판적인 서평을 썼다. 그럼에도 둘은 서신을 교환하면서 깊은 우정을 나눴다.

내가 신학자와의 협력에 대한 희망을 표현하고 여러 해가 지났지만, 나의 소망을 어떤 식으로, 또는 어느 정도 성취시킬 수 있을지에 대해서는 거의 모르고 있거나 생각조차 하지 않고 있었다. 내가 소개 형식의 머리말을 쓰는 영광을 누리는 이 책은 신학 쪽에서 상호 협력과 공동 노력의 정신에서 나온 세 번째 주요 저작물이다. 50년에 걸쳐 개척적인 작업을 펴면서, 나는 합당하거나 부당한 비판을 너무나 많이 경험했기 때문에, 긍정적인 협력을 펴려는 시도를 높이 평가할 줄 안다. 그런 차원에서 나오는 비판은 건설적이고, 따라서 언제나 환영 받을 만하다.

　피상적으로만 본다면, 정신 병리학과 의료 심리요법은 신학자의 특별한 관심 분야와 거리가 아주 멀며, 따라서 양쪽이 모두 이해할 수 있는 용어를 확보하려면 결코 작지 않은 예비적 노력이 필요할 것으로 예상된다. 이것을 가능하게 하려면, 양쪽에서 근본적인 깨달음이 필요하다. 그 중에서 가장 중요한 것은 상호 관심의 대상이 정신적으로 병들고 고통 받는 인간, 말하자면, 영적 또는 종교적 관점에서도 고려해야 할 뿐만 아니라 신체적 또는 생물학적 관점에서도 고려할 필요가 있는 인간이라는 사실을 이해하는 것이다.

신경증의 문제는 본능 영역의 장애에서부터 건전한 세계관의 종국적인 질문과 결정에 이르기까지, 아주 넓은 범위에 걸쳐 일어나고 있다. 신경증은 명쾌하게 정의되는, 하나의 고립된 현상이 아니다. 신경증은 '완전한' 인간의 어떤 반응이다. 이 대목에서, 증상들에 대한 순수한 치료가 신체적인 질병에서보다 훨씬 더 강하게 배척된다. 그러나 신체적인 질병도 심인성이 아닌 경우에도 언제나 정신적인 요소를 보이거나 정신적인 증상을 수반한다.

현대 의학은 정신과 의사들이 오랫동안 강조해 온 그 같은 사실에 대해 이제 막 진지하게 고려하기 시작했다. 마찬가지로, 오랜 세월에 걸친 경험은 순수하게 생물학적인 노선을 추구하는 치료만으로는 절대로 충분하지 않기 때문에 정신적인 보완을 필요로 한다는 사실을 거듭 나에게 가르쳤다. 이 같은 사실은 꿈들의 문제에 관심을 두고 있는 의료 심리학자에게 특히 더 분명하게 다가온다.

의료 심리학자들이 꿈에 관심을 두는 이유는 꿈들이 무의식의 진술인 까닭에 치료에서 결코 작은 역할을 하지 않기 때문이다. 정직하고 비판적인 사고방식으로 연구를 시작하는 사람은 누구나 꿈을 정확히 이해하는 것이 결코 쉬운 일이 아니라는 점을, 그리고 순수하게 생물학적인 관점을 훨씬 뛰어넘는 고찰을 요구하는 문제라는 점을 인정할 것이다. 꿈들에서 원형적인 모티브들이 나타나는 현상은 우리가 인간의 정신의 역사에 관한 완전한 지식을 얻도록 한다. 그 지식은 꿈들의 진정한 의미를 이해하려고 진지하게 노력하는 사람에게 반드시 필요하다.

어떤 꿈 모티브들과 신화소(神話素)들은 서로 너무나 비슷하기 때문에, 비슷한 차원을 넘어 동일한 것으로 여겨질 수 있다. 이 같은 인식은 꿈을 보다 높은 차원으로 끌어올리고 신화소라는 보다 넓은 맥락에 놓지만, 그와 동시에, 신화가 제기한 문제들이 개인의 정신적 삶과도 연결되었다. 신화소에서부터 종교적 진술까지는 단 한 걸음의 거리밖에 되지 않는다. 그러나 신화적인 형상들은 우리에게 낯설게 된 오랜 과거의 삶의 창백한 유령과 유물로 나타나는 반면에, 종교적 진술은 어떤 직접적인 "불가사의한" 경험을 나타내고 있다. 종교적 진술은 하나의 '살아 있는 신화소'이다.

여기서 경험주의자는 생각하고 표현하는 방식 때문에 신학자와의 관계에서 어려움을 겪게 된다. 신학자가 복음을 바탕으로 어떤 교리를 다듬고 있을 때, 말하자면 복음에서 "신화성을 제거"하고 있을 때, 그는 "신화"에 관한 이야기는 어떤 것도 들으려 하지 않을 것이다. 신화라는 표현이 그에게는 종교적 진술의 가치를 떨어뜨리는 것처럼 여겨지기 때문이다. 신학자가 그 진술이 최고의 진리를 담고 있다고 믿고 있으니 말이다.

한편, 경험주의자는 자연 과학의 경향을 갖고 있기 때문에 "신화"라는 개념을 어떤 가치와도 연결시키지 않는다. 경험주의자에게 "신화"는 "무의식에서 일어나는 정신적 과정들에 관한 하나의 진술"을 의미하고, 이것은 종교적 진술에도 똑같이 적용된다. 경험주의자는 종교적 진술이 신화소보다 "더 진실한지"를 결정한 수단을 전혀 갖고 있지 않다. 그가 그 두 가지에서 한 가지 차이만을, 그러니까 생생함의 차이만을 보기 때문이다. 소위 종교적 진술은 여전히 초자연적이지만, 신화는 이미 그런 특성을 상당 부분 상실한 상태이다. 경험주의자는 한때 "신성했던" 의례들과 형상들이 시대에 뒤지게 되었다는 것을, 그리고 새로운 형상들이 "초자연적인" 것이 되었다는 것을 알고 있다.

신학자는 경험주의자를 비난하면서, 자신이 진리를 결정할 수단을 갖고 있지만 그것을 이용하길 원하지 않을 뿐이라고 말할 수 있다. 여기서 말하는 진리는 계시의 진리이다. 그러면 경험주의자는 아주 겸손한 표정을 지으며 이렇게 물을 것이다. "무엇이 진리를 계시했으며, 어떤 한 견해가 다른 견해보다 더 진실하다는 점을 뒷받침하는 증거는 어디에 있는가?" 기독교인들은 이 문제에서 의견의 일치를 보이지 않는 것 같다. 기독교인들이 서로 논쟁을 벌이느라 바쁜 사이에, 의사는 긴급히 치료를 요구하는 환자를 받는다.

의사는 오랫동안 이어져 온 분열이 해결되기만을 기다리고 있을 수는 없으며, 환자에게 "생기를 주는", 따라서 효과적인 것이면 무엇이든 붙잡을 것이다. 당연히 의사는 일반적으로 생생한 것으로 여겨지는 종교 체계는 어떤 것이든 처방하지 못한다. 그보다는 조심스럽고 인내심 강한 조사를 통해서, 의사는 병에 걸린 사람이 치료의 효과를 발휘하는 생생한 특성을, 그를 완전하게 만들 수 있는 그런 특성을 정확히 어디서 느끼는지를 발견하려고 노력해야 한다. 지금으로서는 의사는 소위 진리에 타당성이라는 공식적인 스탬프가 찍혀 있는지 여부에 신경쓸 수 없다. 그러나 만약에 환자가 그런 식으로 해서 자신을 재발견하고 자신의 두 발로 다시 설 수 있다면, 그때서야 그의 개인적 깨달음과 집단적으로 타당한 의견이나 믿음을 서로 조화시키는 것이 결정적으로 중요한 문제가 된다. 이때 개인이 획득한 새로운 통찰이나 생기를 주는 그 경험을 깨달음이 아닌 다른 이름으로 불러도 상관없다.

오직 개인적이기만 한 것은 고립시키는 효과만을 낳을 뿐이며, 병에 걸린 사람은 단순히 개인주의자가 되는 것으로는 절대로 치료되지 못한다. 그 사람은 여전히 신경증적으로 자신의 사회적 집단과 연결을 맺지 않고 외따로 떨어진 상태로 지낼 것이다. 철저히 개인주의적인 프로이트의 욕망의 심리학조차도 일반적으로 타당한 진리들을, 그러니까 인간 사회의 케케묵은 집단 표상들을 적어도 소극적으로나마 인정하지 않을 수 없었다. 과학적 물질주의는 결코 개인적인 종교적 또는 철학적 문제가 아니며, 동시대의 사건들을 통해서 확인하듯이, 정말로 대단히 공적인 문제이다. 소위 이런 보편적인 진리들의 특별한 중요성을 고려한다면, 개인적인 깨달음들과 사회적 확신들 사이의 화해가 매우 긴급하게 필요한 일이 된다. 그리고 개인적으로 특수한 상황에 처한 병든 사람이 사회와 잠정적으로 협정을 맺을 길을 발견해야 하듯이, 그가 무의식을 탐험하며 얻은 통찰들과 이 보편적인 진리들을 서로 비교하고 그 두 가지가 서로 관계를 맺도록 하는 것은 조금도 덜 긴급한 과제가 아니다.

내가 평생 동안 벌인 작업의 큰 부분은 바로 이 같은 노력에 바쳐졌다. 그러나 그런 과제를 나 혼자만의 힘으로는 절대로 성취할 수 없다는 것이 처음부터 나에게 분명히 보였다. 나는 심리학적 사실들에 대해서는 증거를 제시할 수 있지만, 집단 표상을 받아들이는 데 필요한 동화의 과정을 촉진시키는 것은 나의 능력을 꽤 벗어나 있다. 그것은 많은 사람들, 특히 보편적인 진리들을 소상하게 설명하는 사람들인 신학자들의 협력을 요구한다. 의사들을 별도로 한다면, 신학자들은 아마 선생들을 제외하고는 직업적으로 인간의 영혼에 대해 걱정해야 하는 유일한 사람들일 것이다. 그러나 선생들의 활동은 대체로 부모와 교육자들을 통해서 시대의 문제를 간접적으로 겪는 어린이들에게로 한정된다. 그렇다면, 신학자가 어른의 정신에서 어떤 일이 벌어지고 있는지를 아는 것은 틀림없이 가치 있는 일일 것이다. 책임감 있는 의사라면 누구나 영적인 분위기가 정신의 유기적 통일에 엄청나게 중요한 역할을 한다고 생각할 수 있어야 한다.

나는 그렇게 오랫동안 바랐던 협력이 지금 현실로 나타나고 있다는 사실을 감사하는 마음으로 인정해야 한다. 지금 이 책이 그것을 뒷받침하는 증거이다. 이유는 이 책이 지적 이해의 측면에서뿐만 아니라 선의의 측면에서도 의료 심리학의 전제 조건들을 만족시키고 있기 때문이다. 무비판적인 낙천주의만이 그런 만남에 대해 처음부터 사랑이 될 것이라고 기대할 수 있었다.

출발점들은 서로 너무나 멀리 떨어져 있고 또 너무나 다르며, 그 점들이 만나는 지점까지, 그러니까 합의가 이뤄지는 곳까지 가는 길은 당연히 너무나 멀고 너무나 험난하다. 나는 신학자가 경험주의자의 견해 중에서 오해하고 있거나 이해하지 못하고 있는 것이 무엇인지를 안다고 생각하지 않는다. 이유는 신학자의 신학적 전제들을 올바르게 평가하는 방법을 배우는 것이 내가 할 수 있는 최선이기 때문이다.

그러나 만약에 나의 판단이 틀리지 않았다면, 중대한 어려움 중 하나는 양측이 똑같은 언어를 말하지만 그 언어가 그들의 마음에서 완전히 다른 연상의 영역을 불러낸다는 사실에 있다. 양측은 분명히 똑같은 개념을 사용할 수 있지만, 정말 놀랍게도, 그들은 두 가지 다른 것에 대해 말하고 있다는 점을 인정해야 한다.

예를 들어, "신"이라는 단어를 보자. 신학자는 당연히 그 단어가 형이상학적인 '절대적 존재'를 뜻한다고 단정할 것이다. 반대로, 경험주의자는 그런 광범위한 가정을 제시하는 것은 꿈에서도 생각하지 않는다. 그런 가정은 경험주의자에게 어쨌든 불가능한 것으로 다가온다. 경험주의자는 당연히 "신"이라는 단어를 하나의 단순한 진술로, 또는 기껏해야 그런 진술들을 예고하는 어떤 원형적인 모티브로 받아들인다. 경험주의자에게 "신"은 여호와나 알라, 제우스, 시바 또는 위칠로포치틀리를 의미할 수 있다. 전능과 편재, 영원 등의 신성한 특성들은 경험주의자에게는 그 원형에 증상으로나 징후로서 다소 규칙적으로 수반되는 진술들이다. 경험주의자는 신성한 이미지에 초자연성을, 말하자면 마음 깊은 곳을 휘젓는 감정적 효과를 인정한다. 이 효과를 그는 우선 하나의 사실로 받아들이며 가끔 다소 불만스런 방법으로 합리적으로 설명하려고 노력한다.

한 사람의 정신과 의사로서, 경험주의자는 그런 모든 진술들의 상대성을 깊이 확신할 만큼 충분히 냉철하다. 한 사람의 과학자로서, 그의 주된 관심은 정신적 사실들과 그 사실들의 규칙적 발생을 검증하는 것이며, 그는 정신적 사실들의 발생에 추상적인 가능성들과는 비교도 되지 않을 정도의 중요성을 부여한다.

경험주의자의 '렐리지오'는 관찰되고 증명될 수 있는 사실들을 확립하는 데에 있다. 경험주의자는 그 사실들을, 광물학자가 광물 샘플을 묘사하고 식물학자가 식물들을 묘사하는 것과 똑같은 방식으로 설명하고 그 사실들의 범위를 정한다. 그는 증명할 수 있는 사실들 그 너머에 대해서는 아무것도 알 수 없다는 것을, 기껏해야 꿈을 꿀 수 있다는 것을 잘 알고 있으며, 꿈과 지식을 혼동하는 것을 비도덕적이라고 생각한다. 그는 자신이 경험하지 않은 것이나 경험할 수 없는 것을 부정하지 않지만, 그는 자신이 사실들을 바탕으로 증명할 수 있다고 생각하지 않는 것에 대해서는 절대로 단언하지 않는다.

내가 원형을 창작해 낸다는 비난을 종종 듣는 것은 사실이다. 나는 지나치게 성급한 이 비판자들에게 모티브들을 비교 연구하는 분야는 내가 원형들에 대해 언급하기 오래 전부터 존재했다는 사실을 상기시켜야 한다. 원형적인 모티브들이 신화학에 대해 전혀 들어보지 않은 사람들의 마음에서도 일어난다는 사실은 정신 분열증에 나타나는 망상들의 구조를 연구하는 사람들 누구에게나 상식이다. 일부 신화소들의 보편적 발생에 의해 이 측면에서 이미 눈이 뜨여 있지 않은 연구자도 예외가 아니다. 무지와 편협은, 정치적인 이유에서 비롯된 것일 때조차도, 절대로 결정적인 과학적 논거가 되지 못한다.

나는 경험주의자의 관점과 믿음, 분투, 희망과 헌신을 묘사하는 것으로 만족해야 한다. 이 모든 요소들은 증명 가능한 사실들의 발견과 검증, 그리고 그 사실들에 대한 가설적인 해석으로 끝난다. 신학적 관점을 위해서, 나는 독자에게 이 책의 저자의 훌륭한 설명을 참고할 것을 권한다.

관점들이 서로 너무나 다를 때, 중요하거나 사소한 충돌이 실제로 자주 일어나는 것은 충분히 이해할 수 있다. 한 영역이 다른 영역을 침범하겠다고 위협하는 지점에서, 그 충돌들은 특히 중요하다. '선의 결여' 원리에 대한 나의 비판이 그런 예에 속한다. 여기서 신학자는 경험주의자의 어떤 침입에 대해 두려워할 권리를 누린다. 독자도 확인하듯이, 이런 논의가 이 책에 뚜렷한 흔적을 남기고 있다. 따라서 나는 자유로운 비판의 기회를 누리며 나의 주장을 독자들 앞에 제시해도 좋다고 느끼고 있으며, 저자도 너무나 관대하게 그런 자유를 나에게 부여했다.

나는 나 자신이 실제적인 활동에서 '선의 결여' 문제 같은, 겉보기에 희한해 보이는 문제를 직면할 것이라고는 꿈도 꾸지 않았다. 그러나 운명처럼 나는 어떤 환자를 치료해 달라는 부탁을 받았다. 학문적 훈련이 잘 되어 있던 학자로, 의문스럽고 도덕적으로 비난 받을 만한 관행에 개입하던 사람이었다. 그는 '선의 결여'가 자신의 음모와 너무나 잘 들어맞았기 때문에 그 원칙의 열렬한 지지자인 것으로 드러났다. 악 자체는 아무것도 아니고 단순히 그림자에 불과하며, 해를 가리며 흘러가고 있는 구름처럼 선의 하찮은 감소일 뿐이니 말이다.

이 남자는 자신이 믿음 강한 프로테스탄트라고 고백했다. 따라서 만약에 가톨릭교회의 어떤 '일반적인 믿음'이 그의 불편한 양심에 진정제라는 점이 증명되지 않는다면, 그가 그 믿음에 호소할 이유는 전혀 없었다. 나로 하여금 '선의 결여'라는 원칙을 심리학적인 측면에서 이해하려고 노력하도록 만든 것이 바로 이 환자였다.

경험주의자에게는 그런 원칙의 형이상학적 측면을 설명에서 배제해야 하는 것이 너무도 자명해 보인다. 그런 측면을 고려하는 경우에 본질을 다루는 것이 아니라 도덕적 판단만을 다루게 되기 때문이다. 우리는 어떤 사물에, 좋거나 나쁜, 높거나 낮은, 오른쪽이거나 왼쪽인, 밝거나 어두운 어떤 관점에서 이름을 붙인다. 여기서는 반(反)도 정(正)만큼 사실에 입각하고 진실하다. 매우 특별한 조건에 처해 있거나 어떤 명확한 목적을 위한 경우가 아니고는, 차가운 것을 열의 감소로, 깊이를 높이의 감소로, 오른쪽을 왼쪽의 감소로 규정한다는 생각은 누구에게도 떠오르지 않는다. 이런 종류의 논리라면, 선을 악의 감소라고 부를 수도 있을 것이다.

심리학자는 세상을 이런 식으로 보는 것에 대해 다소 염세적이라고 생각하겠지만, 거기에 논리적으로 반대할 것은 아무것도 없다. 지나치게 복잡하다는 생각이 들지 않는다면, 99라고 하지 않고 100 빼기 1이라고 할 수 있다. 그러나 심리학자는 도덕적인 인간으로서 자신이 어떤 비도덕적인 행위를 놓고 선의 약간의 감소나 "완벽의 우연한 결여"라는 식으로 낙천적으로 봄으로써 그 행위에 대해 얼버무리고 넘어가는 사실에 대해 반성할 줄 알아야 한다. 심리학자의 보다 훌륭한 판단은 그에게 이렇게 말할 것이다. "만약에 당신의 악이 실제로 당신의 선의 가공의 그림자에 불과하다면, 그런 경우에 소위 당신의 선도 당신의 진정한 악의 가공의 그림자에 지나지 않는다." 만약에 심리학자가 이런 식으로 곰곰 생각하지 않는다면, 그는 자신을 속이고 있으며, 그런 종류의 자기기만은 결과적으로 신경증, 특히 열등감을 부르는 분열을 낳게 된다.

이런 이유들 때문에, 나는 '선의 결여'의 타당성에 대해 경험적인 영역과 연결되는 범위 안에서 최대한 치열하게 이의를 제기해야 한다고 느꼈다. 똑같은 이유로, 나는 '선의 결여'에서 비롯된 단정, 즉 "선한 모든 것은 신에게서, 악한 모든 것은 인간에게서(Omne bonum a Deo, omne malum ab homine)"에 대해서도 마찬가지로 비판해야 한다. 그럴 경우에 인간은 한편으로 선한 행위를 할 가능성을 상실하고 다른 한편으로는 악을 저지를 유혹적인 힘을 갖게 되기 때문이다. 그러면 인간에게 남은 유일한 존엄은 타락한 천사의 존엄이다. 독자는 내가 이 단언을 글자 그대로의 의미로 받아들이고 있는 것을 확인할 것이다.

비판은 오직 정신의 현상, 즉 사상과 개념에만 적용될 수 있으며 형이상학적 실체에는 적용될 수 없다. 형이상학적 실체는 오직 다른 형이상학적 실체들을 마주할 수 있을 뿐이다. 따라서 나의 비판은 오직 경험적인 영역 안에서만 타당하다. 한편, 형이상학적 영역에서는 선이 본질이고 악은 그림자 같은 요소일 수 있다. 나는 그 같은 단언과 가까운 사실적인 경험에 대해 아는 것이 전혀 없다. 그렇기 때문에 이 지점에서 경험주의자는 입을 닫고 침묵을 지켜야 한다.

그럼에도 불구하고, 여기도 다른 형이상학적 진술들, 특히 교리들과 마찬가지로 그 배경에 원형적인 요소들이 있을 가능성이 있다. 이 요소들은 훗날 생겨나는 것들에 형태를 부여하는 정신적인 힘들로서 무한히 긴 세월 동안 존재해 왔으며, 따라서 그것들은 경험적인 연구의 접근을 허용한다. 달리 표현하면, 신화소와 민간전승의 모티브, 그리고 상징들의 개별적인 형성에서처럼, 시간과 장소와 상관없이, 비슷한 진술이 지속적으로 나오도록 만드는 전의식적인 정신적 경향이 있을 수 있다. 그러나 내가 볼 때 지금까지 나온 경험적인 자료는 적어도 내가 아는 범위 안에서는 '선의 결여'의 원형적 배경에 대해 어떤 결론도 허용하지 않는 것 같다. 물론 확정적인 것은 아니지만, 나는 명쾌한 도덕적 구분은 문명화된 인간이 극히 최근에 획득한 것이라고 말할 것이다. 플라톤의 동일성과 상이성처럼 틀림없이 어떤 원형적 본질을 갖고 있고 인식 행위에 필요한 조건인 다른 상반된 구성들과 달리, 그런 구분이 종종 그렇게 흐릿하고 불확실한 이유가 바로 거기에 있다.

심리학은 모든 경험 과학과 마찬가지로 보조적인 개념과 가설, 모델 없이 일을 제대로 처리하지 못한다. 그러나 철학자뿐만 아니라 신학자도 그런 것들을 형이상학적 기본 원리로 받아들이는 실수를 곧잘 저지른다. 물리학자가 말하는 원자는 하나의 근본이 아니라 하나의 모델일 뿐이다. 마찬가지로, 원형이나 정신적 에너지라는 나의 개념도 언제든 더 훌륭한 공식으로 대체될 수 있는 보조적 개념일 뿐이다. 철학적 관점에서 보면, 경험적인 나의 개념들은 논리적인 괴물처럼 보일 것이며, 한 사람의 철학자로서 나는 매우 딱한 모습으로 비칠 것임에 틀림없다.

신학적으로 보면, 예를 들어 아니마라는 나의 개념은 순수한 그노시스주의이고, 따라서 나는 종종 그노시스주의자로 분류된다. 게다가, 개성화 과정은 샤머니즘은 말할 것도 없고 민간전승과 그노시스주의 개념, 연금술 개념, 신비주의 개념 등에서 발견되는 상징체계들과 비슷한 상징체계를 발달시킨다. 이런 종류의 자료가 비교를 위해 제시될 때, 그 설명에 "이국적이고 무리한" 증거들이 꽤 많이 등장하며, 따라서 책을 정독하지 않고 그냥 겉핥기로 읽는 사람은 누구나 자신이 그노시스주의를 마주하고 있다는 착각에 쉽게 넘어간다.

그러나 실제로 보면 개성화는 모든 살아 있는 것들이 처음부터 운명 지어진 그런 존재가 되어 가는 생물학적 과정의 한 표현이며, 그 과정은 사람에 따라 단순하거나 복잡하다. 그 과정은 당연히 인간의 안에서 신체적으로도 나타나고 정신적으로도 나타난다. 예를 들면, 정신의 측면에서 그 과정은 잘 알려진 사위일체의 상징들을 낳으며, 이와 비슷한 상징들은 정신병원에서뿐만 아니라 그노시스주의와 그 외에 다른 외국의 관행, 그리고 마지막에 제시된다고 해서 덜 중요한 것이 절대로 아닌데, 바로 그리스도의 비유에서 발견된다. 따라서 그 과정은 절대로 신비주의 고찰의 예가 아니며, 임상 관찰들과, 그것들을 다른 분야의 비슷한 현상들과 비교 연구한 결과 얻어진 해석을 바탕으로 한 것이다. 어느 해부학자가 보통 사람이 들어보지 못한 아프리카의 유인원에서 인간의 골격과 아주 비슷한 것을 발견할 때, 그 발견을 이룬 것은 그 해부학자의 과감한 공상이 아니다.

소수의 예외를 제외하고 나의 비판자들이 내가 의사와 과학자로서 모두가 자유롭게 검증할 수 있는 팩트들로부터 나아간다는 사실을 무시하고 있는 것은 주목할 만한 일이다. 대신에 그들은 마치 내가 철학자나 초자연적 지식을 내세우는 그노시스주의자인 것처럼 비판하고 있다. 철학자이자 깊이 분석하는 이설(異說) 주장자로서, 당연히 나는 쉬운 먹잇감이다. 아마 그것이 사람들이 내가 발견한 사실들을 무시하거나 양심의 가책도 느끼지 않고 부정하는 쪽을 선호하는 이유일 것이다. 그러나 나에게 가장 중요한 것은 사실들이며, 잠정적인 용어나 이론적 고찰의 시도는 전혀 중요하지 않다. 원형들이 존재한다는 엄연한 사실은 타고나는 생각 같은 것은 절대로 있을 수 없다는 말에 의해서는 결코 지워지지 않는다. 나는 원형 자체가 하나의 생각이라는 주장을 폈던 적은 절대로 없으며, 나는 원형을 명확한 내용이 없는 하나의 형태로 여긴다는 점을 분명히 강조했다.

이런 여러 가지 오해들을 고려하면서, 나는 이 책의 저자가 보여준 진정한 이해에 특별히 높은 가치를 부여한다. 이 저자의 출발점은 자연 과학의 출발점과 정반대이다. 그는 경험주의자의 사고방식을 최대한 멀리까지 밟는 데 성공했으며, 설령 그가 그런 시도에서 언제나 완전한 성공을 거두지 못한다 하더라도, 나는 절대로 그를 탓하지 못한다. 왜냐하면 나도 무심코 신학적인 사고방식에 반하는 짓을 많이 저지르기 때문이다.

이런 종류의 불일치는 오직 긴 토론에 의해서만 해결될 수 있지만, 그 불일치도 나름의 유익한 측면을 갖고 있다. 겉보기에 양립 불가능한 두 가지 정신적 영역들이 서로 접촉할 뿐만 아니라, 그것들이 서로를 고무하고 비옥하게 가꾸는 결과를 낳을 것이니 말이다. 이 작업은 양측 모두에게 대단한 선의를 요구하며, 그 점에서 나는 이 책의 저자에게 무한한 찬사를 보낼 수 있다. 그는 정반대의 관점을 매우 잘 소화함과 동시에 신학적인 관점을 매우 유익한 방향으로 쉽게 설명했다. 바로 이 부분이 나에게 특별히 소중하다. 정신과 의사는 장기적으로 치료 효과를 발휘하는 종교 체계들을 간과할 수 없다. 종교의 일부 측면에 대해 치료 효과가 있다고 말해도 틀린 말은 아닐 것이다. 그것은 신학자가 영혼의 치료를 진심으로 생각한다면 의료 심리학의 경험을 무시할 수 없는 것과 똑같은 이치이다.

　내가 볼 때, 개인적 치료라는 실용적 분야에서는 심각한 어려움들이 전혀 일어나지 않는 것 같다. 심각한 어려움들은 개인적 경험과 집단적 진리들 사이에 토론이 시작될 때에만 예상할 수 있다. 대부분의 환자들의 경우에 치료 후반기에 이를 때까지 그 같은 곤경은 나타나지 않는다. 실제로 보면, 전체 치료가 개인적 차원에서 일어나는 경우가 종종 있다. 그런 경우에 환자는 집단적인 믿음들을 받아들여야 할 만큼 명백한 내적 경험을 하지 않는다. 만약에 환자가 자신의 전통적인 신앙의 틀 안에 남아 있다면, 그는 설령 어떤 원형적인 꿈에 의해 크게 동요하거나 심지어 깨어진다 하더라도 그 경험을 자신의 신앙의 언어로 옮긴다. 이 과정이 경험주의자(만약 그가 어쩌다 진리의 광신자라면)에게 의심스러운 것으로 다가올 수 있지만, 그것은 해를 끼치지 않고 점차적으로 사라질 수 있으며, 그것이 이 유형의 사람에게 합당하다면 심지어 만족스런 배출로까지 이어질 것이다.

　나는 제자들에게 환자들을 치료할 때 그들을 똑같은 치수로 재단된 것처럼 여기지 않도록 가르치려고 노력한다. 이유는 사람들이 모두 서로 다른 역사적 층들로 이뤄져 있기 때문이다. 심리학적으로 B.C. 5000년에 살고 있는 사람들, 말하자면 자신의 갈등을 7,000년 전의 사람들이 하던 방식으로 풀 수 있는 사람들이 있다. 중세를 살고 있는 기독교인들도 많을 뿐만 아니라, 유럽과 문명화된 모든 국가에 은둔자들과 야만인들도 무수히 많이 살고 있다.

　한편, 우리 시대에 가능한 의식의 수준에 닿은, 비교적 소수의 사람들이 있다. 또 우리는 우리 세대의 극소수가 A.D. 세 번째 또는 네 번째 천년에 속하는 까닭에 시대착오적이라는 사실도 고려해야 한다. 그렇기 때문에 중세에 속하는 사람이 오늘날 자신의 갈등을 13세기의 차원에서 풀고 자신의 그림자를 악마의 화신으로 다루는 것도 심리학적으로 꽤 "정당하다". 그런 사람에게는 그 외의 다른 절차는 부자연스럽고 틀렸을 것이다. 이유는 그의 믿음이 13세기 기독교인의 믿음이기 때문이다. 그러나 기질적으로, 즉 심리적으로 20세기에 속하는 사람에게는 앞에 말한 중세 사람의 머리에는 절대로 들어가지 않을 중요한 고려사항들이 있다. 지금도 중세 시대가 우리 곁에 얼마나 많이 남아 있는지는 특히 형이상학적인 형상들의 정신적 특성 같은 간단한 진리가 사람들의 머릿속으로 파고들지 못할 것이라는 사실에 의해 확인되고 있다. 이것은 지능이나 교육, 세계관의 문제가 아니다. 왜냐하면 물질주의자도 예를 들어서 신이 어느 정도까지 하나의 정신적 양(量)인지를 인식하지 못하기 때문이다. 여기서 말하는 정신적 양은 어떤 것에 의해서도 그 실체를 빼앗기지 않으며, 명확한 이름을 주장하지도 않으며, 이성이나 에너지, 물질, 심지어 자아로 불리는 것까지도 허용한다.

정신과 의사는 발달의 잠재적 가능성뿐만 아니라 이런 역사적 지층들까지 대단히 조심스럽게 고려해야 한다. 그리고 발달 가능성을 당연한 것으로 여기지 않는 것이 바람직하다.

"이성적인", 즉 합리주의적인 관점은 18세기의 사람에게 만족스러운 반면에, 심리학적 관점은 20세기에 속하는 사람에게 훨씬 더 강한 호소력을 발휘한다. 18세기의 사람에게는 대단히 낡아빠진 합리주의가 가장 심리학적인 설명보다도 더 많은 것을 의미한다. 왜냐하면 그 사람이 심리학적으로는 생각하지 못하고, 오직 합리적인 개념들만을 갖고 생각할 수 있기 때문이다. 이때 합리적인 개념들은 터부인 형이상학의 냄새를 절대로 풍겨서는 안 된다. 그 사람은 심리학자를 두고 당장 신비주의를 의심할 것이다. 그의 눈에는 합리적인 개념은 형이상학적일 수도 없고 심리학적일 수도 없기 때문이다.

정신적 과정들을 팩트로 여기는 심리학적 관점에 대한 저항도 마찬가지로 시대착오적이지 않은가, 하는 걱정이 앞선다. 정신의 경험적 본질을 이해하지 않는 "심리주의"의 편견도 그런 저항에 포함된다. 20세기의 사람에게는 정신의 경험적 본질이 가장 중요한 문제이며, 그것이 바로 그의 현실의 토대이다. 왜냐하면 그 사람이 관찰자가 없으면 세상을 등록시킬 사람이 없는 탓에 어떤 세상도 존재하지 않는다는 것을, 따라서 어떤 진리도 존재할 수 없다는 것을 최종적으로 인식했기 때문이다. 현실을 유일하게 직접적으로 보증하는 사람은 바로 관찰자이다. 충분히 의미 있는 일인데, 모든 과학 중에서 가장 비(非)심리학적인 학문인 물리학이 결정적인 지점에서 관찰자를 마주하고 있다. 이 같은 인식이 우리의 세기에 그 흔적을 뚜렷이 남기고 있다.

20세기의 사람이 자신의 갈등을 합리주의적으로나 형이상학적으로 해결하는 것은 시대착오적이고 퇴행적이다. 따라서 좋든 싫든 그 사람은 스스로 하나의 심리학을 구축했다. 이유는 심리학 없이 세상을 헤쳐 나가는 것이 불가능하기 때문이다. 신학자나 신체를 다루는 의사나 똑같이 자신의 시대와의 접촉을 잃을 위험을 안지 않으려면 이 같은 사실을 진지하게 고려하는 것이 바람직하다. 신체를 우선시하는 의사가 오랫동안 익숙했던 임상적 상황들과 그것들의 병인(病因)을 익숙하지 않은 심리학의 측면에서 보는 것은 쉽지 않은 일이다. 마찬가지로, 신학자도 20세기의 인간에 닿기 위해서 자신의 사고를 정신, 특히 무의식의 새로운 사실에 맞춰 조정하려면 상당한 노력을 기울여야 할 것이다. 그 어떤 예술이나 과학, 또는 어떤 식으로든 인간 존재들에게 관심을 두고 있는 제도도 심리학자들과 물리학자들이 촉발시킨 발달의 효과를 피하지 못한다. 그 발달에 아무리 강한 편견으로 맞선다 하더라도, 그 효과를 피하는 것은 불가능하다.

화이트 신부의 책은 가톨릭 쪽에서, 원형적인 생각들의 영역에서 새로운 경험적 지식이 미치는 광범위한 효과에 관심을 기울이면서 그 지식을 통합시키려는 진지한 노력에서 처음 나온 신학적 저작물이라는 점에서 높이 평가 받는다. 이 책이 주로 신학자들을 대상으로 쓰였음에도, 심리학자와 특히 정신요법 의사는 이 책에서 지식을 풍성하게 거둘 수 있다.

5장

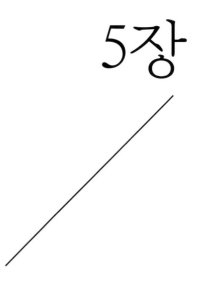

베르블로프스키[130]의 '루시퍼와 프로메테우스'의 머리말(1952)

130 베르블로프스키(R. J. Zwi Werblowsky: 1924-2015)는 비교 종교학을 연구한 이스라엘 학자로 예루살렘 히브리 대학 교수를 지냈다.

저자가 소개의 글을 몇 자 적어 달라는 부탁과 함께 원고를 보내왔다. 이 책의 주제가 기본적으로 문학적이기 때문에, 나 자신이 그 문제에 대해 의견을 제시할 능력을 갖췄다는 느낌이 들지 않는다. 그러나 저자는 밀턴(John Milton)의 '실낙원'(Paradise Lost)의 문제가 주로 문학적 비평의 대상임에도 불구하고 그 작품은 고백적 글쓰기의 한 예로서 심리학적 가정들과 근본적으로 밀접한 관련이 있다는 점을 제대로 파악하고 있었다. 그가 많은 단어로 이 심리학적 가정들을 건드리기만 했음에도, 그는 심리학자인 나에게 간청한 이유만은 충분히 분명하게 드러냈다. 단테의 '신곡'이나 클로프슈토크(Friedrich Gottlieb Klopstock)의 '메시아'(Messiah)나 밀턴의 작품을 심리학적 논평의 적절한 주제로 여기는 경향이 나에게 거의 없다 하더라도, 나는 밀턴의 문제가 나의 특별한 연구 분야의 관점에서도 설명될 수 있다고 본 저자의 통찰력을 인정하지 않을 수 없다.

사탄의 형상은 2,000년 이상 동안 시적, 종교적 사고와 예술적 창조의 주제로서, 그리고 하나의 신화소로서 정신에 의해 지속적으로 표현되어 왔다. 그 형상은 "형이상학적" 이미지들의 무의식적 발달에 그 기원을 두고 있다. 만약에 우리가 이것과 같은 사상들이 합리주의적인 사고에서 비롯된다고 단정한다면, 그 판단은 크게 잘못되었을 것이다.

신에 관한 옛날의 모든 생각들, 특히 초자연적인 생각들은 '경험'에 기원을 두고 있다. 원시적인 인간은 자신의 생각들을 생각하지 않으며, 그 생각들이 그냥 그의 마음에 '나타난다'. 합목적적이고 방향성 있는 사고는 인간이 비교적 늦게 이룬 성취이다. 초자연적인 이미지는 합리적인 추론의 산물이 아니라 기본적으로 무의식적인 과정들의 한 표현이다. 따라서 그런 이미지는 심리학적 대상들의 범주에 속하며, 그 같은 사실은 그 바탕에 깔린 심리학적 가정들의 문제를 제기한다.

여기서는 천년이라는 긴긴 세월에 걸쳐서 의식을 압박해 들어오고 있는 상징 형성의 과정을 상상해야 한다. 그것은 선사 시대의 어둠 속에서 원초적이거나 원형적인 이미지들로 시작하여 점진적으로 발달하면서 그 이미지들을 분화시켜 의식적인 창조물들로 바꿔나가는 과정이다. 서양에서 종교의 역사는 바로 이 과정에 대한 설명으로 여겨질 수 있다. 사탄의 형상을 포함한 교리의 역사적 발달을 두고 하는 말이다.

가장 잘 알려진 원형들 중 하나가 고대의 잿빛 안개 속에서 잃어버린, 신들의 삼인조이다. 기독교 초기 몇 세기 동안에, 삼인조 신들이 삼위일체와 관련한 기독교의 공식에 다시 나타난다. 이 삼위일체의 이교 버전이 '헤르메스 테르 우누스'(Hermes ter unus)이다. 에페소스 사람들의 위대한 여신이 '테오토코스'($\theta \varepsilon o \tau o \kappa o \varsigma$)[131]에서 부활하는 것을 보는 것은 어렵지 않

---

[131] 하느님을 뜻하는 '테오스'와 출산을 뜻하는 '토코스'라는 단어를 합성한 고대 그리스어 단어이다. 글자 그대로의 뜻은 '신성 출산'이다.

다. 이 문제는 여러 세기 동안 잠자고 있다가 '원죄 없는 잉태'(Immaculate Conception)라는 교리와, 보다 최근에 '성모 승천'(Assumption of the Virgin) 교리로 인해 다시 논의되기에 이르렀다. 여성 중개자의 형상이 거의 완벽한 상태로 다듬어지고 있으며, 그 교리의 장엄한 전파의 뒤에 교황의 권위가 실린 독단적인 견해가 자리 잡고 있는 것이 아니라 가톨릭 세계의 익명의 어떤 운동이 작용하고 있다는 사실은 특별히 주목할 만하다. 그 운동에 앞서 있었던 성모의 수많은 기적들도 마찬가지로 저절로 일어난 것이었다. 그 기적들은 사람들의 무의식적인 정신적 삶으로부터 직접적으로 일어나고 있는, 순수하고 합당한 경험들이다.

나는 불필요하게 예들을 나열하길 원하지 않지만, 사탄이라는 형상도 마찬가지로 '구약 성경'의 텍스트에 처음 나타난 시대부터 기독교에서 전성기를 맞을 때까지 진기한 발달의 과정을 겪었다는 점만은 분명히 밝히고 싶다. 사탄은 적의의 화신 또는 악의 원리로서 악명을 얻었다. 그보다 몇 세기 앞서 고대 이집트의 세트(Set)[132]와 페르시아의 아흐리만(Ahriman)[133]을 통해 만난 사탄은 전혀 그런 모습을 보이지 않았는데도 말이다. 기독교의 악마가 그렇게 된 주된 이유로 페르시아의 영향이 꼽혀왔다. 그러나 이 형상에 분화가 일어난 진짜 이유는 신을 '최고의 선(善)'(summum bonum)으로 보는 인식에 있다.

이런 인식은 '구약 성경'의 관점과 정반대이며, 정신의 균형을 위해서 불가피하게 '최악의 악'(infimum malum)을 필요로 한다. 여기엔 논리적인 이유 같은 것은 전혀 필요하지 않다. 균형과 대칭을 이루려는, 자연적이고 무의식적인 노력만 작용할 뿐이다. 따라서 아주 일찍이 로마의 클레멘스에서, 우리는 그리스도를 신의 오른손으로, 악마를 신의 왼손으로 보는 견

132 이집트 신화에 나오는 무질서와 폭력의 신.
133 조로아스터교의 암흑과 악의 신.

해를 만난다. 하느님의 두 아들, 즉 형 사탄과 동생 그리스도를 인정했던 유대-기독교의 견해에 대해서는 말할 필요도 없다. 당시에 악마의 형상이 형이상학적으로 너무나 높은 곳까지 올라갔기 때문에, 위협적인 마니교의 영향 때문에 어쩔 수 없이 악마의 힘을 빼야 했다. 그 힘 빼기가 이번에는 합리주의적인 숙고에 의해, 악을 '선의 결여'로 정의하는 궤변에 의해 이뤄졌다.

그러나 그 같은 조치도 11세기에 유럽의 많은 지역에 걸쳐서, 주로 카타리파 신봉자들의 영향으로 세상을 창조한 것은 신이 아니라 악마였다는 믿음이 일어나는 것을 막지 못했다. 이런 식으로, 그노시스주의에서 공식적 인정을 누렸던 불완전한 데미우르고스의 원형이 변하고 위장한 모습으로 다시 나타났다. (이것에 해당하는 원형은 아마 원시 민족들의 신화에 나오는, 우주의 경계를 무시하는 장난꾸러기 같은 존재에서 발견될 것이다.) 14세기와 15세기까지 내려오던 이교도들이 근절됨에 따라, 불편한 평온이 이어졌지만, 종교개혁이 다시 사탄을 전면으로 끌어냈다.

나는 비교하는 경우에 '선의 결여'라는 개념을 흐리게 만들어 버릴 그런 악의 그림을 그려낸 야콥 뵈메(Jakob Böhme)에 대해서만 언급할 것이다. 밀턴에 대해서도 똑같이 말할 수 있다. 밀턴도 똑같은 정신적 경향을 품고 있다. 뵈메에 대해 말하자면, 그는 비록 오늘날까지도 여전히 과소평가되고 있는 연금술 철학의 직접적인 후손은 아닐지라도, 틀림없이 연금술 철학의 중요한 사상들을 다수 물려받았다. 사탄에 대한 특별한 인정도 거기에 포함된다. 이 사탄은 밀턴에게서 최고 등급의 우주적인 형상으로 고양되었다. 심지어 사탄은 신의 왼손이라는 종속적인 역할(클레멘스가 사탄에게 부여했다)로부터도 해방되고 있다.

밀턴은 뵈메보다 더 멀리 나아가며, 악마를 진정한 '개성화의 원리'라고 부른다. 이것은 앞서 어느 시점에서 연금술사들이 예상한 개념이다. 한 가지 예만 보도록 하자. "그는 땅에서부터 하늘로 올라갔다가 다시 땅으로 내려오며 위와 아래의 권력을 자신의 안으로 받아들인다. 따라서 그대는 전체 세상의 영광을 누릴 것이다." 이 인용은 그 유명한 연금술의 고전 '타불라 스마라그디나'(Tabula Smaragdina)에서 끌어낸 것이며, 이 텍스트의 저자로 알려진 헤르메스 트리스메기스투스의 권위는 열세 번의 세기가 흐르는 세월 동안에 연금술 사상에서 논쟁의 여지가 없는 것으로 통했다. 헤르메스 트리스메기스투스의 글은 사탄이 아니라 '철학자의 아들'에 대해 언급하지만, 내가 보여준 바와 같이, 철학자의 아들의 상징체계가 심리학적 "자기"의 상징체계와 일치한다. 연금술사들의 '아들'은 메르쿠리우스의 수많은 표상들 중 하나이다. 메르쿠리우스는 "두플렉스"(duplex: 이중적)나 "암비구우스"(ambiguus: 모호한)로 불리고, 연금술 밖에서는 두 가지를 다 할 수 있다는 뜻으로 "우트리우스퀘 카팍스"(utriusque capax)로 알려져 있다. 메르쿠리우스의 "어두운" 반은 루시퍼와 유사한 점을 분명히 갖고 있다.

밀턴의 시대에 이런 사상들은 일반적인 문화의 일부를 이루면서 널리 퍼졌으며, 적잖은 연금술 장인들이 자신이 추구하는 철학자의 돌이 "완전한 인간"에 다름 아니라는 것을 깨달았다. 사탄과 프로메테우스를 나란히 놓은 것은 밀턴의 악마가 인간 개성화의 핵심을 상징하고, 따라서 악마가 심리학의 범위 안에 포함된다는 것을 분명히 보여주고 있다. 우리가 알고 있는 바와 같이, 이런 밀접함은 사탄의 형이상학적 지위에 위험이 될 뿐만 아니라, 마찬가지로 다른 신비한 형상들의 형이상학적 지위에도 위험이 되는 것으로 입증되었다.

계몽주의의 도래로 인해 형이상학은 대체로 쇠퇴하기 시작했으며, 당시에 지식과 신앙 사이에 벌어진 틈은 더 이상 메워질 수 없었다. 형이상학적 판테온의 보다 찬란한 형상들은 자율성을 실질적으로 거의 훼손되지 않은 상태로 복구했지만, 악마에 대해서는 그런 식으로 확실히 말하지 못한다. 괴테의 '파우스트'에서 악마는 매우 개인적인 심부름 정령으로, 분투하는 영웅의 단순한 "그림자"로 쇠퇴했다. 말하자면, 합리적이고 자유주의적인 프로테스탄티즘이 시대의 명령에 따라 악마를 퇴위시킨 뒤, 악마는 "국외자"로서 기독교의 올림포스 산의 더욱 어두운 가장자리로 물러났으며, 따라서 "선한 모든 것은 신에게서 오고, 악한 모든 것은 인간에게서 온다"는 케케묵은 원리가 교회가 싫어하지 않을 방식으로 다시 스스로를 내세우며 전면에 등장하게 되었다. 악마는 심리학의 부록 같은 것으로 남아 있다.

어떤 원형이 형이상학적 근본을 상실할 때, 그 원형이 개인의 의식적인 정신과 동일시된다는 것은 심리학의 원칙이다. 그러면 그 원형은 개인의 의식적 정신에 영향을 미치고 그 정신을 자신의 형태에 따라 다시 만들게 된다. 그리고 원형은 언제나 초자연적인 성격을 갖고 있기 때문에, 그 초자연성과의 통합은 일반적으로 주체의 팽창을 낳는다. 그러므로 괴테가 자신의 파우스트를 초인 같은 존재로 부르는 것은 심리학적 예상과 완전히 일치한다. 최근에 이 유형은 니체를 넘어서 정치 심리학의 영역까지 확장되었으며, 인간의 내면에서 그 유형의 화신은 그런 힘의 남용에서 예상할 수 있는 온갖 결과들을 낳았다.

인간들이 밀폐된 구획 안에서 살고 있지 않기 때문에, 전염성 강한 이 팽창은 온 곳으로 퍼지며 도덕과 철학에 엄청난 불확실성을 낳았다. 의료 심리학자는 직업상 그런 문제들에 관심을 갖지 않을 수 없으며, 그래서 우리는 정신과 의사가 밀턴의 '실락원'에 대한 비평적 연구에 서문을 쓰는 인상적인 광경을 목격하고 있다. 대단히 어색해 보이는 이 연결에 대해 깊이 숙고하면서, 나는 선의의 독자에게 악마가 어떻게, 왜 정신과 의사의 상담

실로 들어오게 되었는지에 대해 설명할 수만 있다면 나의 책무를 최대한
완수하는 것이라고 판단했다.

6장

브라더 클라우스(1933)

지금 내 앞에 알반 스토클리(Alban Stoeckli) 신부가 신성한 브라더 클라우스(Brother Klaus)[134]의 환상들에 관해 쓴 자그마한 책자가 놓여 있다. 이 대목에서 불안해하는 독자가 없기를 바란다. 정신과 의사가 펜을 든다 하더하도, 그것이 반드시 존경받는 이 인물을 정신 병리학이라는 세속적인 도구로 공격할 것이라는 뜻은 아니니까. 정신과 의사들은 자신의 과학을 대단히 부적절하게 이용하면서 이미 충분히 많은 죄를 저질렀다.

그런 종류의 일은 여기서 절대로 일어나지 않는다. 진단도 행해지지 않고 분석도 이뤄지지 않을 것이며, 병적 가능성을 보여주는 암시는 어떤 것이든 배제될 것이며, 신성한 플뤼에의 니콜라스를 정신과 진료실 근처로

----

134 스위스의 은둔자이자 금욕주의자(1417-1487)로, 스위스의 수호 성인으로 추앙받는 플뤼에의 니콜라스(Nicholas of Flüe)의 애칭이다.

데려가려는 시도는 절대로 일어나지 않을 것이다. 따라서 이 책의 서평자가 의사라는 사실이 독자에게는 그 만큼 더 이상하게 보일 것임에 틀림없다. 나는 환상에 관한, 평판이 좋지 않은 나의 견해를 모르는 사람에게 그같은 사실을 설명하기가 어렵다는 점을 인정한다.

환상과 관련해, 나는 소위 교육 받은 대중보다 훨씬 덜 세련되고 훨씬 더 보수적인 입장을 취하고 있다. 교육 받은 대중이 환상 앞에서 느끼는 철학적 당혹감이 너무나 크기 때문에, 유능한 권위자에 의해서 환상이 환각과 망상, 열광, 정신분열증 또는 그런 병적인 것들이 불릴 수 있는 다른 이름과 동일시되고 공통적인 특징으로 적절히 환원될 때, 대중은 안도의 한숨을 내쉰다.

의학적으로, 나는 브라더 클라우스에게서 잘못된 점을 전혀 아무것도 발견하지 못한다. 나는 그를 다소 특이하긴 하지만 절대로 병적이지 않은 사람으로, 진정으로 나의 가슴을 파고드는 인물로, 그러니까 나의 형제 클라우스로 보고 있다. 400년 이상의 시간적 거리는 분명히 다소 멀어 보인다. 게다가, 그 거리마저도 문화와 신념에 의해서, 그리고 하나의 세계를 이루며 유행하던 모든 것들에 의해 분리되어 있지 않은가. 그럼에도 그런 것들은 단지 언어의 어려움들에 불과하며, 그 어려움들은 본질적인 것들에 대한 이해를 방해하지 않는다. 실은 너무나 사소하긴 하지만, 나는 모든 측면에서 나로부터 브라더 클라우스보다 훨씬 더 멀리 벗어나 있는 사람과, 그러니까 나의 푸에블로 인디언 친구 오크위아비아노(Ochwiabiano: "산의 호수"라는 뜻)와 내적 환상에 대해 원시적인 언어로 대화할 수 있었다.

여기서 우리의 관심을 끄는 것은 역사적인 인물이나 '스탕 회의'(Diet of Stans)[135]

135　1481년에 브라더 클라우스의 주도로 스위스의 주들 사이의 갈등을 해결함으로써 내전을 막는 계기가 되었던 회의를 일컫는다.

에서 활약한 유명한 인물이 아니라, 세계무대에 몇 차례 등장했음에도 영혼의 영역 안에서 긴 삶을 산 "신의 친구"이다. 그가 그 영역에서 무엇을 경험했는지에 대해 그는 오직 흐릿한 흔적밖에 남기지 않았으며, 그 흔적마저도 너무나 적고 너무나 모호하기 때문에, 후손이 그의 내면생활을 그리는 것은 대단히 어려운 일이다.

은둔자가 하루 종일 자기 자신을 갖고 무엇을 하는지를 알아내는 것은 언제나 나의 호기심을 자극했다. 오늘날에도 진정한 영적 은둔자를, 그러니까 단순히 사람을 싫어하는 성격 때문에 그저 외딴 곳에 숨어 지내지 않는 은둔자를 상상할 수 있는가? 군집 본능을 완강히 부정하는 한 마리의 늙은 코끼리처럼, 외롭게 사는 인간을? 옆에 동료를 전혀 두지 않은 상태에서도 혼자 힘으로 분별 있고 활기 넘치는 존재를 영위하는 정상적인 사람을 상상할 수 있는가?

브라더 클라우스는 집도 있고 아내와 자식들도 있었다. 그가 은둔자가 되도록 유혹할 수 있었던 외적 요소들에 대해서 우리는 아무것도 모른다. 그렇게 된 유일한 이유는 그의 독특한 내적 삶이었다. 단순히 자연스런 근거들을 제시할 수 없는 경험들, 그러니까 젊은 시절부터 그를 따라 다녔던 결정적인 경험들이 있었던 것이다. 이것들이 그에게는 일상적인 인간 존재보다 더 가치 있는 것처럼 보였다. 그것들은 아마 그의 일상적인 관심의 대상이고 그의 영적 활력의 원천이었을 것이다.

소위 '순례자의 소논문'(Pilgrim's Tract)[136]이 다음과 같은 이야기를 들려줄 때, 자신의 연구에 완전히 몰입하고 있는 어느 학자의 삶에 얽힌 일화처럼 들린다. "그리고 그[브라더 클라우스]는 다시 입을 열기 시작하며 나에게 이렇게 말했다. '괜찮으시다면 당신에게 나의 책을 보여 주고 싶군요.

---

136 'Ein nutzlicher und loblicher Tractat von Bruder Claus und einem Bilger' (Nürnberg, 1488).

그 책에서 나는 이 원리의 기술을 배우고 추구하고 있지요.' 그리고 그는 나에게 여섯 개의 살을 가진 바퀴처럼 생긴 도형을 보여주었다." 그렇다면 틀림없이 브라더 클라우스는 어떤 신비한 "원리"나 그것과 비슷한 것을 연구하고 있었다. 그는 자신에게 일어난 일들을 이해하고 해석하려고 노력했다. 은둔자의 활동이 일종의 공부라는 생각은 우리의 주제에 관한 글을 쓴 작가 중 가장 오래된 인물인 군돌핑겐(Heinrich Gundolfingen)에게도 떠올랐음에 틀림없다. 그는 이렇게 말하고 있다. "그도 마찬가지로 성령이라는 그 하이 스쿨에서 바퀴의 표상을 배우지 않았을까? 그래서 그가 자신의 예배당에도 바퀴를 그리게 했고, 그 바퀴를 통해서 신의 전체 본질이 깨끗한 거울에 비치듯 반사되지 않았을까?" 동일한 "하이 스쿨"로부터 그는 "그의 친절과 원칙과 과학"까지 끌어냈다.

여기서 우리는 그 은자의 내적 삶에 가장 큰 의미를 지녔던, 소위 삼위일체 환상에 관심을 두고 있다. 가장 오래된 보고들에 따르면, 그것은 인간의 얼굴 모양으로 나타난, 압도적인 강도의 빛의 환영이었다. 직접적인 보고들은 "바퀴"에 대해 전혀 언급하지 않는다. 바퀴는 그 환상을 명확하게 설명하기 위해 추가된 것 같다.

잔잔한 물로 떨어지는 돌이 원형의 파도를 차례로 일으키듯이, 돌연 강력하게 일어나는 이런 종류의 환상은 모든 충격들과 마찬가지로 오랫동안 여파를 남긴다. 그리고 최초의 환상이 이상하고 인상적일수록, 그것을 동화시키는 데도 시간이 더 많이 걸리고, 정신이 그것을 통달하여 인간이 이해하도록 만드는 데도 더 많은 노력이 요구된다. 그런 환상은 맹렬한 "침공"이며, 따라서 그 환상의 둘레에, 구르는 돌이 잔잔한 수면을 뚫을 때 생기는 원형의 파도처럼 동그란 고리들을 그리는 것이 언제나 관습이었다.

그렇다면 여기서 무엇이 "침공"했으며, 그것의 강력한 "인상"은 어디에 있는가? 가장 오래된 자료인 하인리히 뵐플린(Heinrich Wölflin)의 전기는 이에 대해 이런 이야기를 들려주고 있다.

> 그에게 온 사람들은 모두 첫눈에 그를 보고 두려움을 강하게 느꼈다. 그 원인과 관련해서, 그는 자신이 인간의 얼굴을 닮은 어떤 날카로운 빛을 보았다고 말하곤 했다. 그 빛 앞에서 그는 자신의 심장이 산산조각으로 터져버리는 것이 아닌가 하고 겁을 먹었다. 두려움에 압도된 그는 그 즉시 얼굴을 돌리며 땅바닥으로 쓰러졌다. 그리고 그것이 그의 얼굴이 지금 타인들에게 무서워 보이는 이유였다.

이것은 인문주의자 칼 보빌루스(Karl Bovillus: 샤를 드 부엘(Charles de Bouelles)로도 통한다)가 (브라더 클라우스가 사망하고 약 20년 뒤인) 1508년에 어느 친구에게 전한 설명에 의해 뒷받침되고 있다.

> 별들이 빛나던 날 밤에 그가 기도와 명상에 잠겨 서 있을 때, 하늘에서 그에게 나타난 어떤 환상에 대해 당신에게 전하고 싶다. 그는 분노와 위협으로 가득한 끔찍한 얼굴을 가진 어떤 인간 형상의 머리를 보았다.[137]

그렇다면 그 환상이 극도로 끔찍했다고 짐작해도 크게 틀리지 않을 것이다. 그 시대의 정신적 태도, 특히 브라더 클라우스의 정신적 태도가 이 환상이 신 자체를 뜻한다는 해석 외에 다른 해석을 전혀 허용하지 않았고, 또 신이 '최고의 선'을, 절대적인 완벽을 의미했다는 점을 고려한다

---

137 Ein gesichte Bruder Clausen ynn Schweytz und seine deutunge (Wittenberg,1528), p. 5. Cited in Stoeckli, p. 34.

면, 그런 환상은 강렬한 대조 때문에 깊고 충격적인 효과를 발휘했음에 틀림없으며, 그 효과를 의식으로 동화시키는 데는 여러 해에 걸쳐 대단히 격렬한 영적 노력이 필요했을 것이다. 훗날의 설명을 거치면서 이 환상은 소위 삼위일체 환상이 되었다. 스토클리 신부가 제대로 짐작하듯이, "바퀴" 또는 원들은 당시에 읽히던, 삽화가 그려진 기도서들의 토대 위에서 형성되었거나 그것들과 비슷하게 형성되었다. 앞에서 언급했듯이, 브라더 클라우스는 심지어 그런 책을 직접 소유하고 있었던 것 같다. 훗날, 추가적으로 정교하게 다듬어진 결과, 바퀴의 살들이 더해졌고, 그 환상을 그린 작센의 교회의 오래된 그림에서 보듯이 부차적인 원이 6개 더해졌다.

그 빛의 환상은 브라더 클라우스가 본 유일한 것이 아니었다. 그는 심지어 어머니의 자궁 안에 있을 때조차도 밝기에서 다른 별들을 압도하는 어떤 별을 보았다고 생각했다. 훗날에도 그는 고독 속에서 그것과 비슷한 별을 거듭 보았다. 따라서 빛의 환상은 그의 삶에서 그 전에도 여러 차례 나타났다.

빛은 깨달음을 의미하고, "침공하는" 것은 깨달음을 안겨주는 어떤 생각이다. 매우 조심스런 공식을 이용한다면, 여기서 근원적인 요소는 틀림없이 매우 중요한 어떤 무의식적 내용물에 해당하는, 상당한 압력의 정신적 에너지이다. 이 무의식적 내용물은 압도적인 효과를 발휘하며, 의식적 정신이 넋을 놓도록 만든다. 그 "객관적인 정신"의 엄청난 힘은 유일하게 현재를 제외하고 전 시대에 걸쳐서 "악마" 또는 "신"이라 불려왔다. 우리는 종교의 문제에서 너무나 양순해졌기 때문에 그것을 "무의식"이라고 제대로 부르고 있다. 왜냐하면 신이 사실 우리에게 의식되지 않게 되었기 때문이다. 사물들이 인간이 만든 이미지와 단어들로 두껍게 덮이다가 마침내 더 이상 보이지 않게 될 때까지 해석되고, 설명되고, 독단적으로 주장될 때, 언제나 그런 일이 벌어지고 있다. 이와 비슷한 일이 브라더 클라우스에게도 일어났던 것 같다. 그것이 직접적인 그 경험이 끔찍한 공포와 함께 그에게 닥쳤던 이유이다. 그의 환상이 현재 작센에 있는 그림처럼 매력적이고 교화적이었다면, 거기서 절대로 그런 공포가 나올 수 없었을 것이다.

"신"은 인간의 한 원초적인 경험이며, 인류는 아득한 옛날부터 불가해한 이 경험을 표현하고, 해석이나 고찰, 교리 등을 통해 그것을 동화시키거나 부정하기 위해 상상도 못할 정도의 수고를 했다. 그리고 사람이 "선한" 신에 대해 너무나 많이 듣고 그런 신에 대해 너무나 잘 아는 탓에, 신과 자신의 생각들을 혼동하고, 그 생각들이 2,000년 전으로 거슬러 올라갈 수 있다는 이유로 그것들을 신성한 것으로 여기는 일이 거듭 일어났고 지금도 여전히 일어나고 있다. 이것은 하나의 미신이며, 모든 면에서, 교육을 통해 "신"을 존재하지 않도록 할 수 있다고 생각한 볼셰비키의 망상만큼이나 맹목적인 숭배이다.

고가르텐(Friedrich Gogarten) 같은 현대의 신학자조차도 신은 오직 선할 수만 있다고 꽤 확신한다. 선한 인간은 나를 무섭게 만들지 않는다. 그렇다면 고가르텐은 신성한 브라더 클라우스에 대해 어떻게 생각했을까? 아마 그는 브라더 클라우스에게 그가 직접 악마를 보았다고 설명해야 했을 것이다.

그리고 여기서 우리는 그런 환상들을 어떻게 평가해야 하는가 하는 오래된 딜레마에 빠진다. 나는 모든 순수한 예를 액면 가치 그대로 받아들이자고 제안한다. 만약에 그 환상이 브라더 클라우스처럼 훌륭하고 현명한 남자에게 위압적인 경험이었다면, 나는 그것을 진정으로 신을 경험한 것이라고 말하는 데 조금도 주저하지 않는다. 그 환상이 교리적으로 꽤 옳지 않은 것으로 드러날 때에도 신을 경험하는 것이기는 마찬가지이다. 잘 알고 있듯이, 위대한 성자들은 가끔 위대한 이교도들이다. 그렇기 때문에 신을 직접적으로 경험하는 사람은 누구나 약간은 우리가 교회라고 부르는 조직의 밖에 서 있다. 만약에 하느님의 아들이 법을 준수하는 바리새인[138]으로 남았다면, 교회 자체가 난처한 입장에 처했을 것이다. 이것은 사람들이 곧잘 망각하는 사항이다.

신을 경험하는 광인도 많다. 그런 경우에도 마찬가지로 나는 그 경험의 진실성에 대해 의문을 제기하지 않는다. 완전하고 용감한 인간이라야 그런 환상을 직면할 수 있다는 것을 알기 때문이다. 따라서 나는 의식을 잃은 사람들에게 애처롭게 생각하며, 그들이 단순히 심리주의에 걸려 비틀거리다 쓰러졌다고 말함으로써 상처 입은 그들에게 모욕까지 더하지 않을 것이다. 더욱이, 사람이 신을 어떤 형태로 경험하는지는 누구도 알지 못한다. 세상에는 매우 특이한 일도 일어나니 말이다. 매우 특이한 사람이 있듯이. 예를 들면, 신을 개인적으로 경험하는 것과 신 자체를 개념적으로 절대로 구분하지 못한다고 생각하는 사람들이 있다. 이 구분을 하는 것이 확실히 바람직한 일이지만, 그렇게 하기 위해서는 먼저 신이 그 자체로 무엇인지를 알아야 할 것이다. 내가 볼 때, 그것은 거의 가능하지 않은 것 같다.

브라더 클라우스의 환상은 순수한 원초적인 경험이었으며, 따라서 그에게는 그것을 교리를 바탕으로 수정하는 작업이 특별히 필요한 것처럼 보였다. 그는 이 과제에 엄청난 노력을 충직하게 기울였으며, 그럴수록 그의 팔다리에는 이방인도 경악할 만큼 공포의 흔적이 뚜렷이 나타났다. 수정되지 않은 모든 순수한 환상들에 수반되는 이교의 무의식적 흔적이 삼위일체의 환상에서 암시만 되고 있지만, 첨삭을 거친 버전에서는 그 흔적이 깔끔하게 제거되었다. 너무나 강렬한 인상을 가능하게 했던 바로 그것, 즉

138　흔히 독실한 체 하는 사람을 일컫는다.

감정 상태는 흔적도 없이 사라져 버렸다.

브라더 클라우스가 3개의 원들(소위 "바퀴")의 도움을 빌려 자신의 환상을 설명한 내용은 청동기 시대의 태양 십자(스위스에서 종종 발견되었다)와 로디지아 암벽화에 묘사된 만다라까지 거슬러 올라가는 인간의 오랜 관습과 일치한다. 태양 십자들은 구석기 시대의 유물일 수 있으며, 멕시코와 인도, 티베트와 중국에서 발견된다. 기독교 만다라는 아마 성 아우구스티누스와, 신을 하나의 원으로 본 그의 정의까지 거슬러 올라갈 것이다. 짐작컨대 "하느님의 친구들"(Friends of God)[139]에게 받아들여진, 헨리 수소(Henry Suso)의 원도 동일한 원천에서 비롯되었을 것이다. 그러나 이 같은 전통이 완전히 제거되고, 여백에 만다라를 그린 논문이 전혀 없다 하더라도, 그리고 브라더 클라우스가 교회의 장미창을 한 번도 보지 못했다 하더라도, 그럼에도 그는 자신의 위대한 경험을 하나의 원 모양으로 담아낼 수 있었을 것이다. 그것이 세계의 모든 지역에서 언제나 일어났고 또 오늘날에도 일어나고 있는 일이기 때문이다.

앞에서 이교에 대해 말했다. 그 환상을 설명하고 있는, 최근에 발견된 스토클리 신부의 글에, 놀랄 정도로 비슷한 부분을 포함하고 있는 또 다른 환상이 있다. 나는 비교를 위해 두 개의 단락을 나란히 제시한다.

당당하고 잘생긴 남자가 궁전을 가로질러 왔다. 흰 옷을 걸쳤으며, 얼굴은 색깔로 빛나고 있었다.

아름답고 당당한 여자가 궁전을 가로질러 왔다. 흰 옷을 걸치고 있었다.

…

---

139 14세기에 가톨릭 교회 안에 존재했던 신비주의 집단을 일컫는다.

그리고 그는 두 팔을 그의 어깨 위로 올리고, 그의 몸을 바짝 당기고는 가슴에서 우러나오는 뜨거운 사랑으로 감사를 전했다. 왜냐하면 그가 그의 아들 옆에 서서 그의 손길을 필요로 하는 아들을 도왔기 때문이다.

… 그리고 그녀는 두 팔을 그의 어깨 위에 올리고 그를 넘치는 사랑으로 그녀의 가슴 쪽으로 당겼다. 왜냐하면 그가 그의 도움을 필요로 하는 그녀의 아들 옆에 너무나 충직하게 서 있었기 때문이다.

틀림없이, 이것은 성부와 성자, 신의 어머니의 환상이다. 궁전은 하늘이고, 거기에는 "성부"가 거주하고 "성모"도 거주한다. 이교의 형태에서, 그들은 서로 너무나 비슷하기 때문에 틀림없이 남신과 여신이다. 신성한 토대의 남녀 양성은 신비주의 경험의 특징이다. 인도의 탄트라교에서, 남성인 시바와 여성인 샤크티는 똑같이 특성들을 갖고 있지 않은 브라만에서 비롯된다. 천상의 아버지와 천상의 어머니의 아들로서의 인간은 원시시대까지 거슬러 올라가는 오래된 개념이며, 신성한 브라더 클라우스는 이 환상에서 신의 아들과 동등한 자리에 놓는다. 이 환상 속의 삼위일체, 즉 아버지와 어머니와 아들은 정말로 교리에 얽매이지 않고 있다. 그것과 가장 비슷한 것은 정통에서 크게 벗어난 그노시스주의 삼위일체(하느님과 소피아, 그리스도)이다. 그러나 교회는 성령의 여성적인 본질을 지워 버렸다. 성령의 그런 본질이 여전히 상징적인 비둘기에 의해 암시되고 있는데도 말이다.

유일하게 탁월한 스위스 신비주의자가 신의 은총에 의해서 정통에서 벗어난 환상들을 받았고 정확한 눈으로 신성한 영혼의 깊은 곳을 들여다보도록 허락 받았다고 생각하는 것은 멋진 일이다. 그 깊은 곳에서는 교리가 갈라놓은 인간의 모든 신념들이 하나의 상징적인 원형에서 결합한다. 스토클리 신부의 작은 책이 세심한 독자들을 많이 만나기를 바라고 있기 때문에, 나는 우물 환상에 대해서도, 곰 가죽을 쓴 인간의 환상에 대해서도 논하지 않을 것이다. 상징체계를 비교 연구하는 관점에서 보면, 그 환상들이 매우 흥미로운 양상들을 제공할 수 있음에도 말이다. 이유는 나 자신이 독자들로부터 스스로 그 환상들의 의미를 발견하는 즐거움을 빼앗고 싶지 않기 때문이다.

7장

정신 요법 의사?
혹은 성직자?(1932)

의료 심리학과 심리 요법에서 최근의 발달에 동인으로 작용한 것은 연구원들의 호기심보다는 그보다 훨씬 더 긴급한 환자들의 정신적 문제들이다. 의학은 환자들의 요구를 거의 무시하면서, 정신의 문제는 다른 연구 분야에 속한다는, 부분적으로 정당화되는 가정을 근거로 전적으로 정신적인 문제들과의 접촉을 아예 피했다. 그러나 의학은 실험 심리학을 포함시키기 위해 그 범위를 확장하지 않을 수 없었다. 의학이 그 동안 인간의 생물학적 단일성에 대한 관심에서 화학과 물리학, 생물학 같은 과학 분야로부터 거듭 차용했듯이 말이다.

의학에 의해 채택된 과학 분야들에게 새로운 방향이 주어지는 것은 당연한 일이었다. 우리는 그 변화의 특징을, 그 분야들이 그 자체로 목적으로 여겨지지 않고 인간에게 실용적으로 적용되는 데 따라서 평가받게 되었다는 말로 요약할 수 있다. 예를 들어, 정신 의학은 스스로 실험 심리학과 그 방법들이라는 보물상자에서 빠져나와서, 우리가 정신 병리학이라고 부르는 포괄적인 지식의 집단으로부터 필요한 것을 차용했다. 정신 병리학은 복합적인 정신 현상의 연구에 붙여진 이름이다.

정신 병리학은 한편으로는 엄격한 의미에서 말하는 정신 의학의 발견들 위에, 다른 한편으로는 신경학의 발견들 위에 구축되고 있다. 신경학은 원래 소위 심인성 신경증을 연구했던 분야이며, 학계의 용어에서는 지금도 그런 분야로 통한다. 그러나 실제로 보면 지난 몇 십 년 동안에, 훈련된 신경학자와 정신 요법 의사들 사이에, 특히 최면 상태에 대한 연구가 시작된 이후로 깊은 틈이 생겨났다.

이 균열은 불가피했다. 왜냐하면 신경학은 엄격히 말하면 기질성(器質性) 신경 질병의 과학인 반면에 심인성 신경증은 일상적인 뜻으로 말하는 기질성 질병이 아니기 때문이다. 심인성 신경증은 정신병을 다루는 정신 의학의 영역에도 속하지 않는다. 심인성 신경증이 일반적으로 이해되는 의미에서 말하는 정신 질환이 아니기 때문이다. 심인성 신경증은 그 자체로 엄격한 경계선을 갖지 않은 하나의 특별한 분야를 이루고 있으며, 그런 신경증은 두 가지 방향으로 향하는 과도적인 형태들을 많이 보인다. 한편으로는 정신적 질병을 가리키고, 다른 한편으로는 신경의 질병들을 가리키는 것이다.

신경증들의 명백한 특징은 그 원인이 정신적이고, 치료가 전적으로 정신적인 방법에 의존한다는 사실이다. 이 특별한 분야의 경계를 정하고 탐험하려는 시도들은 정신 의학 쪽에서 시작하든 신경학 쪽에서 시작하든 똑같이 의학에 매우 언짢은 어떤 발견으로 이어졌다. 말하자면, 정신이 질병의 한 원인이라는 발견이 그것이다. 19세기 동안에 의학은 방법과 이론의 측면에서 자연 과학의 한 분야가 되었으며, 의학은 '물질적 인과관계'라는 기본적으로 동일한 철학적 가정을 소중히 여겼다. 그래서 의학의 입장에서 보면, 하나의 정신적 "본질"로서 정신은 존재하지 않았으며, 실험 심리학도 스스로 정신을 배제한 심리학으로 자리매김하려고 최대한 노력을 기울였다.

그러나 조사 결과, 정신 신경증의 핵심이 정신적 요인이라는 것이, 그리고 그 요인이 병적 상태의 근본적인 원인이며, 따라서 유전과 기질, 세균 전염 등과 함께 그 자체로 병적 요인으로 인식되어야 한다는 것이 의문의 여지없이 확인되었다. 정신적 요인을 보다 기본적인 육체적 요인들을 바탕으로 설명하려는 시도는 어떤 것이든 실패하게 되어 있었다. 정신적 요인을 욕망이나 본능의 개념으로, 그러니까 생물학에서 차용한 개념으로 환원하려는 시도가 더 유망해 보였다. 본능이 선(腺)들의 기능에 근거한, 관찰 가능한 생리적 충동이며, 경험이 보여주듯이, 본능이 정신의 과정을 결정하거나 그 과정에 영향을 미친다는 것은 잘 알려져 있다. 따라서 정신 신경증의 구체적인 원인을 "영혼"이라는 신비한 개념에서 찾지 않고 최종적으로 선(腺)들을 의학적으로 치료함으로써 나을 수 있는 본능의 장애에서 찾는 것보다 더 바람직한 것이 있을까?

프로이트의 신경증 이론은 신경증을 성적 본능의 장애로 설명한다. 아들러(Alfred Adler)도 마찬가지로 본능적 욕구라는 개념에 의지하며 신경증을 권력 욕구의 장애로 설명한다. 권력 욕구는 생리적인 성적 본능이라는 개념보다 훨씬 더 정신적인 개념이라는 점을 우리는 인정해야 한다.

"본능"이라는 용어는 과학적인 의미로는 제대로 정의되어 있지 않다. 그 단어는 대단히 복잡한 어떤 생물학적 현상에 쓰이며, 미지의 어떤 양을 나타내는, 꽤 불명확한 내용의 모호한 개념이다. 여기서 나는 본능을 놓고 비판적으로 논하고 싶지 않다. 대신에 나는 정신적 요인이 선(腺)들의 기능으로 다시 압축될 수 있는 본능들의 결합에 지나지 않을 가능성을 고려할 것이다. 심지어 "정신적인" 모든 것이 본능들의 총량에 포함되고, 따라서 정신 자체가 최종적으로 선들의 어떤 기능에 지나지 않는 까닭에 단지 하나의 본능 또는 본능들의 집합체에 지나지 않을 가능성까지 고려할 것이다. 그러면 정신 신경증은 선 관련 질병이 될 것이다.

그러나 이 진술을 뒷받침할 증거는 전혀 없으며, 신경증을 치료할 선(腺) 추출물은 아직 발견되지 않았다. 한편, 신체 조직을 바탕으로 한 치료는 신경증 치료에서 완전히 실패하지만 정신을 바탕으로 한 방법은 신경증을 치료한다는 사실을 우리는 너무나 많은 실수를 통해서 배웠다. 이 정신적 방법들은 선의 추출물에 기대할 수 있을 정도의 효과를 발휘한다. 그렇다면 우리의 지식이 닿는 범위 안에서 본다면, 신경증은 그 바탕의 맨 아래쪽 끝에서부터, 즉 선들의 기능에서부터 접근하는 것이 아니라 먼 말단, 즉 정신에서부터 접근함으로써 나아지고 치료되게 되어 있다.

예를 들어, 환자에게 해 주는 적절한 설명 또는 위로의 말은 심지어 선의 분비에도 영향을 미치는 치료 효과 같은 것을 낳는다. 의사의 말은 틀림없이 공기 속의 진동에 "불과하지만", 그 말이 특별한 능력을 지니는 것은 의사의 특별한 정신 상태 때문이다. 의사의 말은 어떤 의미나 중요성을 전할 수 있을 때에만 효과를 발휘한다고 할 수 있다. 의사의 말이 영향력을 발휘하도록 하는 것이 바로 그것이다. 그러나 "의미"는 정신적이거나 영적인 무엇이다. 원한다면, 그것을 픽션이라고 불러도 좋다. 그럼에도, 이 픽션이 우리 의사들로 하여금 병의 진행에 화학적 약품보다 훨씬 더 강한 영향력을 행사하도록 한다. 정말이지, 의사들은 신체의 생화학적 과정에도 영향을 미칠 수 있다. 그 픽션이 나의 안에서 저절로 생기든 아니면 인간의 말을 통해 밖에서 나에게 닿든, 그것은 나를 아프게 하거나 낫게 할 수 있다. 픽션과 망상과 의견은 아마 우리가 생각할 수 있는 것들 중에서 가장 막연하고 비현실적인 것들일 것이다. 그럼에도 그것들은 정신의 영역에서, 심지어 정신 물리학의 영역에서 대단히 효과적이다.

의학이 정신을 발견하는 것은 이런 사실들을 인정함에 따라 가능하게 되었으며, 이제 의학은 정신의 실체를 정직하게 더 이상 부정하지 못한다. 본능들이 정신적 작용의 한 조건이라는 사실이 확인되었다. 그와 동시에 정신적 과정들이 본능들을 조절하는 것처럼 보인다.

프로이트의 이론과 아들러의 이론에 쏟아진 비난은 그 이론들이 본능에 바탕을 두고 있기 때문이 아니라 일방적이라는 사실 때문이다. 그 이론은 정신을 배제한 심리학이며, 그런 심리학은 스스로 정신적 욕구나 포부를 전혀 갖고 있지 않다고 생각하는 사람들에게 적절하다. 그러나 여기서 의사와 환자가 똑같이 자신을 기만하고 있다. 프로이트와 아들러의 이론들이 그보다 앞서 의학 분야에서 나온 그 어떤 접근법보다 신경증의 밑바닥에 훨씬 더 가까이 다가갈지라도, 그것들이 전적으로 본능들에 관심을 두고 있다는 사실은 환자의 보다 깊은 영적 욕구를 만족시키지 못한다. 그 이론들은 19세기 과학의 전제들에, 팩트의 문제에 지나치게 강하게 얽매여 있으며, 그것들은 허구적이고 상상적인 과정에 가치를 지나치게 적게 부여하고 있다. 한 마디로 요약하면, 그 이론들은 삶에 충분한 의미를 부여하지 않는다. 그리고 자유롭게 하는 것은 오직 의미뿐이다.

보통 정도의 합리성과 건전한 인간적인 판단, 상식의 개요서로서의 과학 등은 틀림없이 길의 평탄한 부분에서는 우리를 돕지만, 그것들은 삶의 가장 평범한 현실들의 경계선, 그러니까 그저 평균적이고 정상적인 경계선 그 너머로는 우리를 절대로 데려가지 않는다. 그것들은 정신의 고통과 그 고통의 심오한 의미의 문제에는 절대로 답을 내놓지 못한다. 종국적으로, 정신 신경증은 의미를 발견하지 못한 어느 영혼의 고통으로 이해되어야 한다. 그러나 인간의 모든 정신적 진보뿐만 아니라 정신 영역의 모든 창의성은 영혼의 고통에서 비롯되며, 고통의 원인은 정신적 침체 또는 정신적 불모이다.

이 같은 깨달음을 얻는 경우에, 의사는 자신이 들어서는 영역에 대단히 조심스럽게 발을 내딛게 된다. 의사는 이성과 과학이 자신에게 줄 수 있는 그 모든 것보다 먼저 지금 환자에게 치료의 효과를 발휘하는 픽션을, 치료의 효과를 촉진시킬 의미를 전할 필요성을 느끼고 있다. 병든 사람이 간절히 원하고 있는 것이 바로 치료의 효과이니까. 의사는 환자를 사로잡게 되고, 신경증에 걸린 환자의 영혼의 혼란 상태에 의미와 질서를 부여할 무엇인가를 찾고 있다.

의사는 이 임무를 제대로 수행할 역량을 갖추고 있는가? 먼저, 의사는 아마 환자를 성직자나 철학자에게 넘기거나, 환자가 우리 시대의 특징인 그 엄청난 혼란을 혼자 감당하도록 내버려둘 것이다. 한 사람의 의사로서, 그는 삶에 대해 최종적으로 완성된 견해를 가질 필요는 없으며, 그의 직업적 양심도 그에게 그것을 요구하지 않는다. 그러나 환자가 앓고 있는 이유가 너무나 분명하게 보일 때, 그는 어떻게 할 것인가? 환자가 사랑을 전혀 모르고 오직 성욕만 갖고 있거나, 어둠 속을 더듬어야 하는 상황이 두려워서 신앙도 갖지 않거나, 세상과 삶에 환멸을 느낀 나머지 희망을 전혀 품고 있지 않거나, 자신의 경험의 의미를 제대로 읽지 못한 탓에 이해력을 전혀 갖추지 못한 것이 의사의 눈에 보이는 때에 말이다.

교육 수준이 높은 환자들 중에서 성직자의 상담을 받기를 단호히 거부하는 예들이 많다. 그런 환자들은 철학자의 말에는 더더욱 귀를 기울이지 않으려 한다. 이유는 철학의 역사가 그들로 하여금 철학에 냉담하도록 만들었고, 그들에게 지적 문제들은 사막보다 더 황량해 보이기 때문이다. 그리고 삶의 의미에 대해, 세상의 의미에 대해 단순히 말로만 하지 않고 그 의미를 진정으로 실천하고 있는 위대한 현자들은 어디에 있는가? 환자에게 살아가는 데 필요한 것들, 말하자면 믿음과 희망과 사랑과 이해력을 줄 철학 체계 또는 진리는 단순히 머리를 굴려서 찾을 수 있는 것이 아니다.

인간의 노력이 이룬 이 네 가지 위대한 성취들은 은총의 선물로서, 가르치거나 배워지는 것도 아니고, 주거나 받을 수 있는 것도 아니며, 숨기거나 얻을 수 있는 것도 아니다. 왜냐하면 그것들이 인간의 의지와 변덕에 종속되지 않는 불합리한 자료인 경험을 통해서 오기 때문이다. 경험들은 만들어질 수 없다. 경험들은 일어날 뿐이다. 그럼에도 다행한 것은 경험이 인간의 활동으로부터 절대적으로 독립되어 있지 않고 상대적으로 독립되어 있다는 점이다. 우리는 경험에 보다 가까이 다가갈 수 있으며, 경험 중 많은 것이 우리 인간의 범위 안에 있다. 우리를 생생한 경험에 보다 가까이 데리고 가는 길들이 있다. 그럼에도 우리는 이 길들을 "방법"이라고 부르지 않도록 조심해야 한다. 그 단어는 치명적인 결과를 낳는다. 게다가 경험에 이르는 길은 교묘한 계략 같은 것이 절대로 아니다. 그것은 우리에게 자신의 존재의 모든 것을 걸 것을 요구하는 하나의 모험이다.

따라서 의사는 치료에 필요한 사항들을 충족시키려 노력하면서 극복하기 힘든 어려움을 포함하고 있는 듯한 질문에 직면한다. 어떻게 의사가 고통을 겪는 환자가 스스로를 해방시킬 경험을 하도록 도울 수 있는가? 환자에게 네 가지 위대한 은총의 선물을 안기면서 병을 낫게 할 그런 경험 말이다. 물론, 우리는 환자에게 진정한 사랑이나 진정한 믿음, 진정한 희망을 품어야 한다고 대단히 선한 의도로 조언할 수 있다. 또 "너 자신을 알라"는 말로 환자를 훈계할 수도 있다. 그러나 환자가 경험만이 그에게 줄 수 있는 것을 어떻게 미리 획득할 수 있겠는가?

사울(Saul)은 자신의 개종을 진정한 사랑으로도, 진정한 신앙으로도, 또는 다른 어떤 진리로도 돌리지 않았다. 그가 다마스쿠스로 향하도록 하고, 결과적으로 그의 삶의 경로를 완전히 바꿔놓을 그 결정적인 경험을 하도록 한 것은 오직 기독교도에 대한 그의 증오였다. 그는 확신을 갖고 자신의 최악의 실수를 끝까지 따름으로써 그 경험에 이를 수 있었다.

이것은 아무리 진지하게 받아들여도 결코 지나치지 않는 어떤 문제를 제기한다. 그리고 그 문제는 정신 요법 의사가 성직자와 어깨를 나란히 하며 협력하도록 만드는 어떤 질문을 던진다. 바로 선과 악의 문제이다.

정신적 고통의 문제에 가장 깊은 관심을 보여야 하는 사람은 실제로 보면 의사보다는 신부 또는 목사이다. 그러나 대부분의 경우에 고통을 겪는 사람은 가장 먼저 의사와 상담한다. 환자가 스스로 육체적으로 아프다고 짐작하기 때문이고, 또 일부 신경증 증상들이 약으로 조금은 경감될 수 있기 때문이다. 그러나 만약에 성직자가 환자를 상담한다면, 그는 아픈 사람에게 그 문제가 정신적이라는 점을 설득시키지 못한다. 대체로 성직자는 질병의 정신적인 요인들을 구분하는 데 필요한 전문적인 지식을 갖추고 있지 않으며, 성직자의 판단은 권위의 무게를 지니지 않는다.

그러나 자신의 병의 정신적 본질을 잘 알고 있으면서도 성직자에게 의지하길 극구 부정하는 사람들이 있다. 그들은 성직자가 자신을 진정으로 도울 수 있다고 믿지 않는다. 그런 사람들은 똑같은 이유로 의사를 불신하며, 의사와 성직자가 그들 앞에서 빈말을 하지는 않아도 빈손으로 서 있는 것이 사실이기 때문에 그들의 판단이 옳기도 하다. 우리는 의사가 영혼의 종국적인 문제들에 대해 할 말을 알고 있을 것이라고는 거의 기대하지 못한다. 고통을 겪는 사람이 그런 도움을 기대할 수 있는 사람은 성직자이지 의사가 아니다.

그러나 프로테스탄트 성직자는 종종 자신이 거의 불가능한 임무를 떠안고 있다는 사실을 발견한다. 그가 가톨릭 신부의 경우에 감당하지 않아도 되는 실질적인 어려움들을 극복해야 하기 때문이다. 무엇보다, 신부는 든든하게 받쳐주는 교회의 권위를 등에 업고 있으며, 그의 경제적 입장은 안전하고 독립적이다. 이것은 프로테스탄트 목사에게는 적용되지 않는다. 프로테스탄트 목사는 결혼하는 경우에 가족을 부양하는 책임까지 져야 하며, 실패하는 경우에도 교구의 뒷받침을 받거나 수도원으로 들어가지 못한다. 게다가, 신부는 예수회 수사이기까지 하다면 심리학에서 가장 최근에 일어나고 있는 일에 정통하다. 예를 들어, 나는 나의 글들이 프로테스탄트 신학자들로부터 들여다볼 가치가 있는 것으로 여겨지기 오래 전부터 로마에서 진지하게 연구되고 있다는 사실을 알고 있다.

우리는 지금 심각한 처지에 이르렀다. 독일 프로테스탄트 교회로부터의 집단적인 이탈은 성직자가 단순히 믿으라거나 사랑의 행위를 실천하라는 식으로 훈계하는 것으로는 현대인에게 그가 추구하는 것을 안겨주지 못한다는 사실을 깨닫게 하는 많은 징후들 중 하나에 지나지 않는다. 많은 목사들이 프로이트의 성욕 이론이나 아들러의 권력 이론의 뒷받침이나 실용적 도움을 청하고 있다는 사실은 놀라운 일이다. 이유는 두 이론이 속을 들여다보면 똑같이 정신적 가치들에 적대적이고, 내가 말한 바와 같이 정신을 배제한 심리학이기 때문이다. 그 이론들은 합리주의적인 치료 방법이며, 실제로는 의미 있는 경험의 실현을 방해한다. 아주 많은 수의 정신 요법 의사들이 프로이트나 아들러의 제자들이다. 이것은 환자들의 절대 다수가 정신적인 관점으로부터 필히 배제되어 있다는 것을 의미한다. 정신의 운명을 걱정하는 사람에게는 절대로 무관심한 일이 될 수 없는 사실이다. 현재 유럽의 프로테스탄트 국가들을 휩쓸고 있는, 심리학에 대한 열광적 관심은 식으려면 아직 한참 멀었다. 그것은 교회로부터의 집단 탈출과 일치하고 있다. 이 대목에서 어느 프로테스탄트 목사의 말을 인용하고 싶다. "오늘날 사람들은 목사보다 정신 요법 의사를 찾는다."

나는 이 진술이 일반 대중이 아니라 비교적 교육 수준이 높은 사람들에게만 적용된다고 확신한다. 그러나 일반적인 수준의 사람들이 교육 받은 사람들의 사상을 생각하기 시작하기까지 20년 정도의 세월이 걸린다는 것을 잊지 말아야 한다. 예를 들어, 뷔흐너(Ludwig Büchner)의 『힘과 물질』

(Force and Matter)은 교육 수준이 높은 사람들이 그 책에 관한 내용을 모두 망각하고 20년쯤 지난 시점에 독일 공공 도서관에서 가장 많이 읽힌 책 중 하나가 되었다. 나는 오늘 교육 수준이 높은 사람들의 심리적 필요는 내일 보통 사람들의 관심사가 될 것이라고 확신한다.

나는 다음과 같은 사실들에 관심을 기울여주길 부탁하고 싶다. 지난 30년 동안에, 지구 위의 문명화된 국가들에서 온 사람들이 나의 상담을 받았다. 수백 명의 환자들이 나의 손을 거쳤으며, 그 중 과반 이상이 프로테스탄트였고, 그보다 더 적은 수의 환자가 유대인이었고, 신앙심 깊은 가톨릭 신자들은 대여섯 명을 넘지 않았다. 삶의 후반기를 맞은, 즉 서른다섯 살 이상인 환자들 중에서, 종국적으로 삶에서 어떤 종교적 견해를 발견하는 문제가 아닌 문제를 가진 환자는 한 사람도 없었다. 환자들 모두가 모든 시대의 생생한 종교들이 추종자들에게 주었던 것을 상실한 탓에 병에 걸렸다고 말해도 무방하다. 또 환자들 중 어느 누구도 자신의 종교적 견해를 다시 되찾지 않고는 진정으로 치료되지 않았다고 해도 무방하다. 물론 이것은 어느 교회의 구성원이나 특별한 신념과는 전혀 아무런 관계가 없다.

그렇다면 여기서 성직자는 어떤 거대한 한계 앞에 서 있다. 그런데도 누구도 그 한계를 눈치 채지 못한 것처럼 보인다. 오늘날 프로테스탄트 목사는 우리 시대의 긴급한 정신적 요구를 충족시킬 준비를 제대로 갖추지 못한 것처럼 보인다. 정말로, 이 중대한 영적 과제를 성취하기 위해 목사와 정신 요법 의사가 힘을 합해야 할 때이다.

이 문제가 우리 모두와 얼마나 밀접히 연결되어 있는지를 보여주는 구체적인 예를 하나 제시하고자 한다. 약 1년 전의 일이다. 아라우[스위스]에서 열린 기독교 학생 총회의 지도자들이 나에게 문제를 하나 던졌다. 오늘날 사람들이 정신적으로 절망하는 경우에 성직자보다 의사와 상담하기를 더 좋아하는지, 만약 그렇다면 이유가 무엇인가 하는 질문이었다. 매우 직접적이고 실용적인 질문이었다. 당시에 나는 나의 환자들은 분명히 성직자보다 의사와 상담했다는 사실 그 이상으로는 아무것도 몰랐다. 그것이 일반적인 현상인지 여부가 나에게는 확실하지 않았다. 어쨌든, 나는 명확한 대답을 할 수 없었다.

그래서 나는 지인들을 통해서 내가 개인적으로 알지 못하는 사람들을 대상으로 설문 조사를 시작했다. 내가 질문지를 보냈고, 거기에 소수의 가톨릭 신자들뿐만 아니라 스위스와 독일, 프랑스의 프로테스탄트들이 대답을 했다. 결과가 매우 흥미로웠다. 요약하면 다음과 같다. 의사를 선택한 사람들은 프로테스탄트들 중 57%였고, 가톨릭 신자들 중 25%였으나, 성직자를 선택한 사람들은 프로테스탄트들 중에서 8%에 지나지 않은 반면에 가톨릭 신자들 중에서는 58%였다. 이 수치들은 분명한 결정들이었다. 프로테스탄트들 중 나머지 35%가 결정을 내리지 못했던 반면에, 가톨릭 신자 중에서 결정을 내리지 못한 사람은 17%에 지나지 않았다.

성직자에게 상담을 청하지 않는 주요 원인들로는 가장 먼저 성직자가 심리학 지식과 통찰을 결여하고 있다는 점이 꼽힌다. 응답자의 52%가 이 이유를 들었다. 28% 정도는 성직자가 편견을 갖고 있고 독단적이며 전통적인 편향을 보인다는 식으로 대답했다. 정말 이상하게도, 의사를 선택한 목사도 한 사람 있었다. 또 다른 성직자는 "신학은 인간의 치료와 전혀 아무런 관계가 없다"고 불편한 마음으로 대꾸했다. 나의 설문지에 대답한, 성직자들의 친척들은 성직자를 택하지 않는다고 힘주어 말했다.

이 설문이 교육 수준이 있는 사람들로 한정되었기 때문에, 그것은 단지 앞으로 사태 진전을 보여주는 증후일 뿐이다. 나는 교육 수준이 낮은 계층이었다면 달리 대답했을 것이라고 확신한다. 그러나 나는 이 샘플들의 결과를 교육 수준이 높은 사람들의 견해를 다소 타당하게 암시하는 것으로 받아들인다. 교회와 종교의 문제에 대한 그들의 무관심이 점점 더 커지고 있는 것이 잘 알려진 사실이기 때문에, 그 결과는 더욱더 그러하다. 우리는 앞에 언급한 사회 심리학의 사실을 망각해서는 안 된다. 교육 수준이 높은 사람들의 일반적인 견해와 문제가 교육 수준이 낮은 대중에게 침투하는 데 약 20년이 걸린다는 사실 말이다. 예를 들어, 유럽 국가들 중에서 가톨릭이 가장 강한 스페인이 우리가 오늘날 목격하고 있는 그 거대한 정신적 혁명을 겪게 될 것이라고 누가 감히 20년 전, 아니 10년 전에 예언했겠는가? 그럼에도 그 혁명은 대홍수와 같은 힘을 폭발시키며 터져 나왔다.

내가 볼 때 종교적 삶의 쇠퇴와 더불어 신경증들이 눈에 띄게 두드러지고 있는 것 같다. 이 증가를 실제 숫자로 증명할 통계는 아직 전혀 없다. 그러나 내가 확신하는 한 가지는 어딜 가나 유럽인의 정신 상태가 균형을 놀라울 만큼 잃고 있다는 사실이다. 틀림없이, 우리는 지금 대단히 불안정하고 신경증적 긴장이 팽배하고 혼란스럽고 전망이 불확실한 시대를 살고 있다. 많은 나라에서 오는, 교육 수준이 높은 나의 환자들 가운데, 신경증을 앓고 있어서가 아니라 삶에서 전혀 아무런 의미를 발견하지 못하거나 우리의 철학 또는 종교가 대답할 수 없는 질문으로 스스로를 고문하다가 나를 찾는 사람이 꽤 많다. 그들 중 일부는 아마 내가 마법의 공식을 알고 있다고 생각하겠지만, 나는 곧 그들에게 나 또한 대답을 모른다고 말해줘야 했다. 그리고 이 같은 현실이 우리로 하여금 실용적인 고려들을 하도록 이끌고 있다.

일상적으로 가장 빈번하게 접하는 질문을 예로 들어보자. 나의 삶의 의미는, 혹은 일반적으로 삶의 의미는 무엇인가? 오늘날 사람들은 성직자가 이 질문에 어떤 대답을 내놓을 것인지, 아니면 어떤 대답을 해야 하는지를 너무나 잘 알고 있다고 믿고 있다. 그들은 철학자의 대답이라는 생각 자체에 미소를 짓고, 일반적으로 의사에게 많은 것을 기대하지 않는다. 그러나 무의식을 분석하는 정신 요법 의사로부터, 사람들은 마침내 무언가를 배울 수 있을 것이다. 정신 요법 의사라면 아마 자신의 정신의 깊은 곳들로부터 무엇보다 수수료를 받고 팔 수 있을 어떤 의미를 파냈겠지! 진지한 정신의 소유자에게는 심리 요법 의사도 무슨 말을 해야 하는지 알지 못한다는 소리에 위안을 느낄 것임에 분명하다. 그런 고백이 종종 환자가 의사를 신뢰하는 출발점이 된다.

나는 현대인이 전통적인 의견과 물려받은 진리에 뿌리 깊은 혐오감을 품고 있다는 사실을 확인했다. 그런 현대인은 볼셰비키주의자나 다름없다. 그에게는 과거의 모든 정신적 기준과 형태가 어쨌든 그 타당성을 상실했고, 따라서 그가 볼셰비키주의자가 경제학을 갖고 실험하듯이 자신의 정신을 갖고 실험하길 원하고 있으니 말이다. 이런 태도 앞에서, 가톨릭이든, 프로테스탄티즘이든, 불교든, 유교든, 종교 체계는 거북한 상황에 처하게 된다. 물론 이런 현대인들 중에 부정적이고 파괴적이고 비뚤어진 본성을 가진 사람들, 그러니까 타락하고 균형을 잃은 괴짜들이 있다. 어딜 가든 결코 만족할 줄 모르고, 따라서 자신의 어리석음을 낮은 비용으로 보상해줄 무엇인가를 이번만은 꼭 찾고야 말겠다는 희망을 품고서 언제나 새로운 깃발 밑으로 모여드는 사람들 말이다. 그러면서 그들은 오히려 그 운동과 과업에 큰 피해를 입히게 된다.

전문적인 직업에 종사하면서, 내가 병적인 증상을 보이는 현대적인 남녀를 많이 알게 되었다는 사실에 대해서는 말할 필요조차 없다. 그러나 나는 그런 사람들을 고려하지 않는 쪽을 선호한다. 내가 생각하는 사람들은 절대로 병적으로 괴상한 사람들이 아니며, 그들 중에 예외적으로 유능하고, 용기 있고, 정직한 사람들이 종종 있다. 이런 사람들은 전통적인 진리들을 정직하고 온당한 이유로 거부했을 뿐이며 사악한 마음으로 거부하지 않았다. 그들은 모두 우리의 종교적 진리들이 다소 공허해졌다는 감정을 품고 있다. 그들이 과학적 견해와 종교적 견해를 서로 조화시키지 못하거나, 기독교 교리들이 그 권위와 심리학적 정당성을 상실했다. 사람들은 그리스도의 죽음에 의해 구원받았다는 느낌을 더 이상 받지 못한다. 그들이 믿지 못하기 때문이다. 믿을 수 있는 사람은 운이 좋은 사람이지만, 믿음을 강요하는 것은 가능하지 않다. 죄는 꽤 상대적인 것이 되었다. 어떤 사람에게 악한 것이 다른 사람에게는 선이 될 수 있는 것이다. 어쨌든, 부처도 마찬가지로 옳으면 안 되는 이유가 있는가?

이런 질문과 회의를 모르는 사람은 아무도 없다. 그럼에도 프로이트의 분석은 그런 모든 것을 부적절한 것으로 여겨 스치듯 지나친다. 프로이트의 이론에서 보면, 그것이 기본적으로 억압된 성욕의 문제이고, 철학적 또는 종교적 의심은 오직 성욕을 가리는 역할 밖에 하지 않기 때문이다. 이런 부류의 개별 환자를 면밀히 조사하면, 일반적으로 무의식적 충동들의 영역에서뿐만 아니라 성적 영역에서도 특이한 장애들이 발견된다. 프로이트는 이런 장애들 앞에서 전반적인 정신적 장애에 대한 어떤 설명을 본다. 그가 오직 성적인 증상들을 인과적으로 해석하는 데에만 관심을 두고 있기 때문이다. 일부 환자들의 경우에 신경증의 원인으로 추정되는 것이 언제나 있지만, 의식적 태도에 어떤 장애가 촉발되어 신경증적 이상으로 이어지기 전까지는 그 원인이 병적 효과를 전혀 낳지 않는다는 사실을 프로이트는 철저히 무시하고 있다. 그것은 배가 구멍이 나서 침몰하고 있는 중인데 승무원들이 구멍을 막을 생각은 하지 않고 배 안으로 쏟아지고 있는 물의 화학적 성분에만 관심을 두고 있는 것이나 마찬가지이다.

본능 영역의 장애는 일차적인 현상이 아니라 부차적인 현상이다. 의식적인 삶이 그 의미와 희망을 잃을 때, 그것은 공황 상태가 벌어진 것이나 다름없다. "맘껏 먹고 마시자. 내일 우리가 죽을지도 모르니!" 무의식에 장애를 일으키고, 힘들여 억눌러 왔던 본능들이 새롭게 폭발하도록 자극하는 것은 바로 삶의 무의미함에서 비롯된 이런 분위기이다. 신경증의 원인들은 과거 못지않게 현재 안에도 있으며, 지금 실제로 존재하고 있는 원인만이 신경증이 계속 작용하도록 할 수 있다. 어떤 사람이 결핵 환자인 것은 20년 전에 결핵균에 감염되었기 때문이 아니라 전염의 효과가 지금도 나타나고 있기 때문이다. 전염이 언제 어떻게 이뤄졌는가 하는 문제는 아무런 상관이 없다. 심지어 이전의 역사에 관한 대단히 정확한 지식조차도 결핵을 치료하지 못한다. 신경증에 대해서도 똑같이 말할 수 있다.

그것이 내가 환자들이 내 앞에 제시하는 종교적인 문제들을 신경증의 진정하고 가능한 원인으로 여기는 이유이다. 그러나 만약 내가 그 문제들을 진지하게 받아들인다면, 나는 그 환자에게 이렇게 고백할 수 있어야 한다. "맞아요. 나도 동의해요. 부처도 예수만큼 옳을 수 있지요. 죄는 단지 상대적입니다. 그리고 우리가 그리스도의 죽음에 의해 구원받았다는 것을 어떻게 느낄 수 있는지를 알기는 어렵지요." 의사로서 나는 이런 회의를 쉽게 인정할 수 있지만, 성직자에게는 어려운 일이다. 환자는 나의 태도를 자신을 이해하려는 태도로 느끼지만, 교구 목사의 망설임은 환자에게 전통적인 편견으로 다가오고, 이것이 교구 목사와 환자가 서로를 멀리하게 만든다. 환자는 스스로에게 이렇게 묻는다. "내가 교구 목사에게 성적 장애의 고통스런 세부사항에 대해 털어놓기 시작하면, 그가 무슨 말을 할까?" 환자는 교구 목사의 도덕적 편견이 교리적인 편향보다 더 강할지도 모른다고 적절히 의심한다. 이와 관련해서, "침묵하는 캘"(silent Cal)이라는 별명을 가진 미국 대통령 쿨리지(Calvin Coolidge)에 관한 좋은 이야기가 있다. 그가 집을 비웠다가 어느 일요일 아침에 돌아왔을 때, 그의 아내가 남편에게 어디 갔다왔는지를 물었다. 이에 그는 "교회"라고 대답했다. "목사님이 뭐라고 하던가요?" "죄에 대해 말하더군요." "그러면 그가 죄에 대해 뭐라고 하던가요?" "죄에 반대한다고 하더군요."

이 측면에서 의사가 이해력을 보여주는 것은 쉬운 일이라고 당신은 말할 것이다. 그러나 사람들은 의사도 도덕적 꺼리낌을 갖고 있다는 사실을, 그리고 일부 환자들의 고백은 의사에게도 소화시키기 어렵다는 사실을 쉽게 잊는다. 그럼에도 환자는 자신의 안에 있는 최악의 것까지 받아들여지지 않을 경우에 자신이 의사에게 받아들여지고 있다는 느낌을 받지 못할 것이다. 누구도 단순히 말로는 이런 결과를 초래하지 못한다. 그런 결과는 오직 숙고를 통해서, 그리고 의사가 자기 자신과 자신의 어두운 측면을 대하는 태도를 통해서만 얻어질 수 있다. 만약 의사가 타인을 안내하길 원하거나 그 길의 한 걸음을 그와 동행하기를 원한다면, 의사는 그 사람의 정신으로 느껴야만 한다. 판단할 때, 의사는 환자의 정신을 절대로 느끼지 않는다. 의사가 판단을 말로 표현하는가 아니면 그것을 마음속으로 간직하는가 하는 문제는 조금도 중요하지 않다. 둘 다 똑같은 효과를 낳기 때문이다. 환자에게 반대하는 입장을 취하면서 그저 무성의하게 말로만 동의하는 것도 마찬가지로 아무런 소용이 없으며, 비난하는 것만큼이나 환자를 멀어지게 만든다.

감정은 오직 편견 없는 객관성을 통해서만 온전히 전해진다. 이것은 거의 과학적인 교훈처럼 들리며, 그것은 순수하게 지적이고 추상적인, 마음의 태도와 혼동될 수 있다. 그러나 내가 의미하는 바는 그것과 꽤 다른 그 무엇이다. 그것은 어떤 인간적인 자질이다. 그것은 사실들에 대한, 사실들로 인해 힘들어 하는 인간에 대한, 그리고 그런 인간의 삶의 수수께끼에 대한 일종의 깊은 존경이다.

진정으로 종교적인 인간은 그런 태도를 갖고 있다. 그는 신이 온갖 종류의 일들을, 이상하고 상상도 할 수 없는 일들을 일어나게 한다는 것을, 또 신이 대단히 신기한 방법으로 인간의 가슴 속으로 들어가길 원한다는 것을 알고 있다. 따라서 그는 모든 것들 안에서 눈에 보이지 않는 신의 의지를 느낀다. 이것이 내가 "편향 없는 객관성"이라는 표현으로 의미하는 바이다. 자신을 병과 타락 상태에 불쾌감을 느끼지 않도록 다스려야 하는 의사의 입장에서 보면, 그것은 하나의 도덕적 성취이다. 무엇이든 먼저 받아들이지 않고는 변화시키지 못한다. 비난은 자유롭게 하지를 못하고 억압한다. 비난하는 나는 비난의 대상이 되고 있는 사람의 압제자이지, 그의 친구나 동료는 절대로 아니다. 그렇다고 타인을 도우며 향상시키길 바랄 때에는 판단의 말을 절대로 해서는 안 된다는 뜻은 아니다. 그러나 의사가 한 인간을 돕길 원한다면 그 사람을 현재의 모습 그대로 받아들일 수 있어야 한다. 그리고 의사는 먼저 자신을 현재의 모습 그대로 보고 받아들였을 때에만 현실 속에서 그렇게 할 수 있다.

아마 이 말이 매우 단순하게 들릴 것이지만, 단순한 것이 언제나 가장 어려운 법이다. 실제 생활에서 단순해지는 것은 대단한 기술을 요구하는 일이며, 그래서 자기 자신을 받아들이는 것이 도덕적 문제의 핵심이며 삶을 보는 전반적인 관점을 평가하는 시금석이다.

내가 걸인에게 먹을 것을 주고, 모욕적인 언동을 용서하고, 그리스도의 이름으로 적을 사랑하는 것은 틀림없이 훌륭한 미덕이다. 내가 나의 형제들 중에서 가장 못한 자에게 하는 것이 곧 내가 그리스도에게 하는 것이다. 그러나 만약에 그들 중에서 가장 못한 자가, 걸인들 중에서 가장 가난한 자가, 범죄자들 중에서 가장 뻔뻔한 자, 그러니까 악마 같은 자가 모두 나의 안에 있다는 것이, 나 자신이 나의 친절을 필요로 하는 입장이라는 것이, 나 자신이 사랑받아야 할 적이라는 것이 확인된다면, 그런 경우에 어떻게 되는가? 그때엔 대체로 기독교의 전체 진리가 거꾸로 뒤집어진다. 사랑과 참을성에 대한 말은 더 이상 없을 것이다. 우리는 우리 안의 형제를 "라카"(Raca)[140]라고 부르며 우리 자신을 비난하며 자신에게 화를 낼 것이다. 우리는 그를 세상으로부터 숨기고, 우리 자신 안의 초라한 것들 중에서 가

---

140   고대 유대인이 경멸적으로 쓴 표현으로 '쓸모없다'는 뜻이다.

장 못한 이것을 만나는 것을 언제나 부정할 것이다. 만약 그것이 경멸스런 형태로 우리에게 가까이 온 신이라면, 우리는 수탉이 울기 전에 천 번도 더 그를 부정했을 것이다.

환자들의 삶의 이면뿐만 아니라 특별히 자신의 삶의 이면을 들여다보기 위해 현대 심리학을 이용하는 사람은 누구나 비참하기 짝이 없는 자신을 받아들이는 것이 가장 어려운 과제라는 점을, 그리고 그 과제는 성취하기가 거의 불가능하다는 점을 인정할 것이다. 그런데 현대의 정신 요법 의사는 단순히 무의식적인 사기꾼이 되지 않으려면 반드시 자신의 삶의 이면을 들여다봐야 한다. 우리는 이 과제에 대한 생각만으로도 두려움에 땀을 흘린다. 따라서 우리는 다른 사람들과 그들의 문제와 죄로 바쁘게 움직이면서 정작 자기 자신에 대해서는 무지한 상태로 남는 그런 난해한 코스를 한 순간의 망설임도 없이 기쁜 마음으로 선택한다. 그런 활동은 우리에게 미덕을 실천하고 있다는 감정을 안겨주고, 그 같은 감정 때문에 우리는 선의에서 자신과 타인들을 기만한다. 이렇게 기쁠 수가, 마침내 우리 자신으로부터 달아났으니! 아무런 벌을 받지 않고 그렇게 할 수 있는 사람도 수없이 많지만, 모두가 다 그렇게 할 수 있는 것은 아니며, 소수의 사람들은 다마스쿠스로 가는 길에 쓰러져 신경증에 굴복하고 만다. 만약 나 자신이 도망자이고 어떤 신경증의 '신성한 질병'(morbus sacer)으로 고통을 겪고 있다면, 내가 어떻게 이 사람들을 도울 수 있겠는가? 오직 자기 자신을 온전히 받아들인 사람만이 "편향 없는 객관성"을 가질 수 있다. 그러나 누구도 자기 자신을 완전히 받아들였다고 호언장담하는 것은 정당화되지 않는다. 이 대목에서 우리는 그리스도를, 말하자면 자신의 역사적 편견을 자기 안의 신에게 제물로 바치고 비통한 종말을 맞을 때까지 인습이나 바리새인들의 도덕적 기준에 관심을 두지 않은 채 개인적 삶을 살았던 그리스도를 가리킬 수 있다.

우리 프로테스탄트들은 조만간 다음과 같은 질문에 직면해야 한다. "그리스도의 모방"을 우리가 그의 삶을 복사하고, 그의 성흔(聖痕)을 흉내내야 한다는 뜻으로 이해해야 할 것인가, 아니면 더욱 깊은 의미에서, 그리스도가 개인적으로 독특한 삶을 진실되게 살았듯이, 우리도 우리 자신의 고유의 삶을 진실되게 살아야 한다는 뜻으로 이해해야 할 것인가? 그리스도의 삶을 모델로 삼아 삶을 사는 것도 절대로 쉬운 일이 아니지만, 우리가 참되었던 그리스도의 삶만큼 참되게 삶을 살아가는 것은 말로 표현할 수 없을 만큼 더 힘들다. 그런 삶을 살았던 사람은 누구나 자신의 역사의 조건들을 거슬러야 했을 것이며, 설령 그 사람이 그 조건들을 충족시킬 수 있었다 하더라도, 그럼에도 불구하고 그는 오해 받고, 조롱당하고, 고문당하고, 십자가형에 처해질 수 있었다. 그 사람은 십자가를 짊어질 만 했던, 일종의 광적인 볼셰비키주의자였을 것이다. 따라서 우리는 역사적으로 정당하다고 인정받은 그리스도의 모방을 선호한다. 나는 이 동일시를 실천하는 수도사를 절대로 방해하지 않을 것이다. 그야말로 우리의 존경을 받을 만한 사람이기 때문이다. 그러나 나와 나의 환자들은 수도사가 아니며, 나의 임무는 환자들에게 신경증 환자가 되지 않고 삶을 살 수 있는 방법을 보여주는 것이다.

신경증은 내면의 어떤 균열이다. 말하자면, 자기 자신과 전쟁을 벌이고 있는 상태이다. 이 균열을 강화하는 모든 것은 환자를 더욱 악화시키고, 그것을 약화시키는 모든 것은 그를 낫게 하는 경향을 보인다. 사람들이 자기 자신과 전쟁을 벌이도록 강요하는 것은 자신이 서로 반대되는 두 개의 인격으로 이뤄져 있다는 의심 또는 지식이다. 그 갈등은 세속적인 인간과 영적인 인간 사이, 또는 자아와 그림자 사이에 벌어질 수 있다. 그것이 파우스트가 "아, 슬프도다. 나의 가슴 안에 두 개의 영혼이 따로 거주하고 있으니."라고 말할 때 뜻한 바이다. 신경증은 인격의 분열이다.

치유는 종교적인 문제로 불릴 수 있다. 사회적 또는 국가적 관계의 영역에서, 고통의 상태는 내전일 것이며, 그런 상태는 용서와 적에 대한 사랑이라는 기독교 미덕에 의해 치유될 것이다. 선한 기독교인들의 확신을 갖고 외적 상황에 적용할 수 있는 것으로 권하는 것들을, 우리는 또한 신경증 치료에서 내적으로 적용해야 한다. 이것이 현대인이 죄의식과 죄에 대해 자주 들었던 이유이다. 현대인은 양심의 가책에 충분히 시달리고 있으며, 자신의 본성과 자신을 화해시키는 방법을, 말하자면 자신의 가슴 안에 있는 적을 사랑하고 그 늑대를 형제라고 부르는 방법을 알기를 원하고 있다.

현대인은 어떤 길로 그리스도를 모방할 수 있는지를 알기를 원하는 것이 아니라, 개인적인 삶이 아무리 빈약하고 시시해 보일지라도, 어떤 길로 자신의 삶을 살 수 있는지를 알기를 원한다. 현대인이 사람들이 다니며 잘 다져 놓은 길에다가 자신을 묶어놓을 전통의 힘에 반항하는 이유는 모든 형태의 모방이 그에게 메마르고 불모인 것처럼 보이기 때문이다. 그에게는 그런 모든 길들이 그릇된 방향으로 향하는 것처럼 보인다. 그는 모르고 있을지 모르지만, 그는 마치 자신의 개인적 삶이 어떤 대가를 치르더라도 반드시 성취되어야 하는 신의 특별한 의지인 것처럼 행동하고 있다. 이것이 신경증적 상태의 가장 명백한 악 중 하나인 이기주의의 원인이다. 그러나 그에게 그가 지나치게 이기적이라고 말해주는 그 인격은 이미 그의 신뢰를 잃었으며, 그렇게 되는 것이 마땅하다. 그 인격이 그를 신경증 속으로 더욱 깊이 밀어붙였으니까.

환자들에게 치료의 효과를 발휘하길 원한다면, 나는 그들의 이기심의 깊은 의미를 인정해야 한다. 만약 내가 환자의 이기심을 신의 진정한 의지로 인정하지 않는다면, 정말로 나는 앞을 못 보는 사람임에 틀림없다. 심지어 나는 환자가 이기심을 제대로 추구할 수 있도록 도와야 한다. 만약 환자가 그 일에 성공한다면, 그는 자신을 다른 사람들로부터 떼어놓을 것이다. 그가 타인들을 멀리하고, 그러면 타인들은 제정신을 차리며 냉정해질 것이다. 타인들은 그렇게 되어야 한다. 그들이 그로부터 "신성한" 이기심을 강탈하려고 노력하고 있었으니까. 이기심은 환자에게 남아야 한다. 그것이 그의 가장 강력하고 가장 건강한 힘이기 때문이다. 내가 말한 바와 같이, 그것은 신의 진정한 의지이며, 신의 의지는 가끔 그를 완전히 고립시킨다. 그런 상태는 아무리 비참할지라도 동시에 그가 유리한 위치에 서도록 한다. 그런 식으로 해야만 그가 자신을 알고 동료 인간들의 사랑이 얼마나 값진 보물인지를 배울 수 있기 때문이다. 게다가, 우리가 자신의 본성의 유익한 힘들을 경험하는 것은 오직 완전히 버림받아 외로움을 느끼는 상태에서만 가능하다.

이런 식의 발달이 전개되는 것을 몇 차례 지켜본 사람이라면 악이었던 것이 선이 되고, 선처럼 보였던 것이 악의 힘들을 살아 있게 했다는 사실을 더 이상 부정하지 못한다. 이기심이라는 대악마가 우리를 종교적 경험이 요구하는 그 수확에 닿는 왕도로 이끈다. 여기서 우리가 관찰하고 있는 것은 생명의 근본적인 법칙인 에난티오드로미아, 즉 반대쪽으로의 전환이다. 서로 싸움을 벌이고 있는 인격의 반쪽들의 결합을 가능하게 하고, 그렇게 함으로써 내전에 종지부를 찍는 것이 바로 이 법칙이다.

이기심이 신경증 환자의 가장 흔한 증상 중 하나이기 때문에, 나는 신경증 환자의 이기심을 예로 들었다. 의사가 환자들의 단점 앞에서 보여야 하는 태도를 보여주기 위해, 달리 표현하면 의사가 악의 문제를 어떻게 다뤄야 하는지를 보여주기 위해, 나는 마찬가지로 다른 특징적인 증상을 예로 제시할 수도 있었다.

틀림없이, 이것도 매우 간단하게 들린다. 그러나 실제로 보면 인간 본성의 그림자 측면을 받아들이는 것은 거의 불가능에 가깝다. 잠시, 불합리하고, 무분별하고, 사악한 것에게 존재의 권리를 허용하는 것이 무슨 의미인지 생각해 보라! 그럼에도 현대인이 고집하는 것은 꼭 이런 식이다. 현대인은 자신의 모든 측면과 함께 살기를, 말하자면 자신이 어떤 존재인지를 알기를 원한다. 그것이 현대인이 역사를 버리는 이유이다. 현대인은 자신의 삶을 갖고 실험하고 사물들이 인습적인 가정들과 별도로 그 자체로 어떤 가치와 의미를 지니는지를 결정하기 위해 전통과 단절하기를 원한다. 현대의 젊은이는 이런 태도의 놀라운 예들을 우리에게 보여주고 있다. 이런 경향이 얼마나 멀리까지 나아갈 수 있는지를 보여주기 위해서, 나는 독일의 어느 협회가 나에게 제기한 문제를 예로 들 것이다. 근친상간이 비난 받아야 하는 것인가, 또 근친상간에 반하는 사실로는 어떤 것이 있는가 하는 질문이 나에게 던져졌으니!

그런 경향들을 인정한다 하더라도, 사람들이 겪을 갈등들은 상상하기 어렵지 않다. 나는 어떤 사람이 동료 존재들을 그런 모험으로부터 보호하기 위해 가능한 모든 조치를 취하길 원한다는 것을 잘 이해할 수 있다. 그러나 정말 이상하게도 우리는 자신에게 그렇게 할 수단이 전혀 없다는 사실을 발견한다. 불합리성과 자기기만, 부도덕에 반대하는 옛날의 모든 주장들은 한때 너무나 강력했지만 지금은 매력을 잃었다.

지금 우리는 19세기의 교육의 열매를 거둬들이고 있다. 그 기간 내내, 교회는 젊은이들에게 맹목적인 신앙의 장점을 설교했지만, 대학들은 지적 합리주의를 주입시켰다. 그 결과, 신앙이나 이성에 호소하는 것이 아무런 소용이 없게 되었다. 이런 의견들의 전쟁에 지친 나머지, 현대인은 세상사가 어떻게 돌아가는지를 직접 발견하기를 원하고 있다. 그리고 비록 이 욕망이 가장 위험한 가능성들의 문을 열지라도, 우리는 그것을 용기 있는 모험으로 보고 거기에 어느 정도 공감을 보내지 않을 수 없다. 그것은 절대로 무분별한 모험이 아니며, 그것은 참신하고 편견 없는 경험을 바탕으로 삶에 의미를 다시 한 번 불어넣으려는 노력으로서, 깊은 영적 고뇌에 고무되고 있다.

　틀림없이 경계심도 필요하지만, 우리는 인격 전체에 도전하는 진지한 모험에 대한 지지를 거부하지 못한다. 그런 모험에 반대한다면, 그것은 그 사람의 내면에 있는 최선의 것, 즉 그의 대담성과 야심을 억압하려 드는 것이나 마찬가지이다. 그리고 그 반대를 꼭 관철시켜야 한다면, 우리는 그냥 삶의 의미를 줄 수 있는 그 소중한 경험을 가로막기만 하면 된다. 만약 바울로가 설득 당하여 다마스쿠스 여행에 나서지 않았더라면, 그에게 어떤 일이 일어났을 것 같은가?

　자신의 임무를 진지하게 받아들이는 정신 요법 의사는 이 질문을 직면해야 한다. 환자를 대할 때마다, 그는 한 인간을 상담으로 지지하며 그 사람이 자칫 재앙이 될 수도 있는 길을 나서도록 기꺼이 도울 것인지 여부를 결정해야 한다. 정신 요법 의사는 옳은 것에 대해 고정 관념을 품어서도 안 되고, 옳은 것과 옳지 않은 것을 아는 척해서도 안 된다. 그렇게만 하지 않으면 정신 요법 의사는 풍부한 경험으로부터 무엇인가를 얻을 수 있다. 그는 늘 실제로 벌어지고 있는 일을 염두에 둬야 한다. 오직 행동하는 것만이 실제적이니까. 만약 나에게 오류처럼 보이는 것이 어느 진리보다 더 효과적이라는 사실이 확인된다면, 나는 먼저 그 오류를 철저히 따라야 한다. 거기에 내가 진리처럼 보이는 것을 고집하는 경우에 잃게 될 힘과 생명이 있기 때문이다. 빛은 어둠을 필요로 한다. 어둠이 없으면, 빛이 어떻게 빛처럼 보일 수 있겠는가?

　프로이트의 정신분석이 우리 안에 있는 그림자 측면과 악을 의식적인 것으로 바꾸는 작업에 국한된다는 사실은 잘 알려져 있다. 프로이트의 정신분석은 단순히 잠재하고 있는 내전을 실제로 일어나도록 만들며, 그 후로는 더 이상의 조치를 취하지 않는다. 내전을 환자 자신이 최대한 훌륭하게 치러야 한다. 불행하게도, 프로이트는 인간이 어둠, 즉 무의식의 힘들에 혼자 힘으로 맞설 수 있었던 적이 지금까지 한번도 없었다는 사실을 간과했다. 인간은 언제나 자신의 특별한 종교가 제공하는 영적 도움을 필요로 했다. 무의식이 열린다는 것은 언제나 치열한 정신적 고통의 폭발을 의미한다. 그 같은 상황은 번영하던 어느 문명이 침공해오는 야만인들 무리에게 넘겨지거나 비옥한 들판이 댐의 붕괴로 인해 거센 물살에 휩쓸리는 때와 비슷하다. 세계 대전은 질서가 잘 잡힌 세계를 잠재적 카오스로부터 분리시키고 있는 벽들이 얼마나 얇은지를 다른 어떤 것보다도 더 분명하게 보여준 침공이었다. 그러나 개인과 합리적으로 질서가 잡힌 그 개인의 세계도 그것과 다를 것이 하나도 없다.

인간의 이성이 자연에 가한 폭력에 대한 복수를 추구하면서, 분노한 자연은 인간의 의식적인 삶을 파괴로 압도하기 위해서 오직 그 칸막이가 허물어지는 순간만을 기다리고 있다. 인간은 아주 일찍부터, 심지어 대단히 원시적인 문화의 단계에서도 정신에 닥칠 수 있는 이 위험을 알고 있었다. 인간이 종교적, 마법적 관행들을 발달시킨 것은 이 위협에 맞서 스스로를 무장하고 자신에게 가해진 피해를 치료하기 위해서였다. 이것은 주술사가 성직자이기도 한 이유이며, 주술사는 육체뿐만 아니라 영혼의 구원자이기도 하며, 종교들은 정신적 질병을 치료하는 체계였다. 이것은 인류의 두 위대한 종교, 즉 기독교와 불교에 특별히 더 적용된다. 인간은 고통을 겪는 중에 인간 스스로의 힘으로 생각해낸 것으로부터는 어떤 도움도 받지 못한다. 오직 초인적이고 계시된 진리만이 인간을 절망으로부터 구할 수 있기 때문이다.

오늘날 파괴의 물결이 이미 우리에게도 닿았으며, 정신이 피해를 입었다. 환자들이 정신 요법 의사에게 성직자의 역할을 맡도록 강요하고, 정신 요법 의사가 그들을 고통으로부터 자유롭게 구해줄 것이라고 기대하는 이유가 바로 거기에 있다. 그것은 또 우리 정신 요법 의사들이 엄격히 말하면 신학자가 담당해야 하는 문제들을 떠안아야 하는 이유이다. 그러나 우리는 이 질문들에 대해 신학이 대답을 내놓을 때까지 그냥 기다리고 있지 못한다. 환자들의 정신적 필요가 너무나 급박하기 때문에, 우리는 매일 직접적으로 그 문제들을 직면하고 있다. 과거로부터 내려오는 모든 개념과 관점이 대체로 헛된 것으로 드러나기 때문에, 우리는 먼저 환자와 함께 그의 병의 경로를 걸어야 한다. 환자의 갈등을 심화시키고 그의 외로움을 견뎌낼 수 없는 상황에 이를 때까지 강화하고 있는 그의 실수의 경로를 말이다. 파괴의 힘들을 밀어올리고 있는 정신의 그 깊은 곳으로부터, 해방시킬 힘들도 나올 것이라는 희망을 품은 채.

이 경로를 처음 밟았을 때, 나는 그것이 어디까지 이어질 것인지를 몰랐다. 그 정신의 깊은 곳에 무엇이 숨어 있는지에 대해서도 당연히 몰랐다. 그 지역을 그 후로 나는 "집단 무의식"이라고 불렀으며, 그곳에 있는 내용물을 "원형"이라고 불렀다. 아득히 먼 옛날부터, 무의식의 침공은 일어났으며, 그 침공은 거듭 반복되었다. 의식은 처음부터 존재했던 것이 아니었다. 의식은 아이마다 삶의 초기 몇 년 동안에 구축되어야 한다. 이 형성기에 의식은 매우 허약하며, 인류의 정신의 역사에 대해서도 똑같이 말할 수 있다. 무의식이 쉽게 권력을 장악한다. 무의식과 의식의 투쟁은 흔적을 남겼다. 그것을 과학적인 용어로 표현하면, 위험이 아주 커질 때 자동적으로 개입하는 본능적인 방어 기제가 구축되었고, 비상 사태에서 그 방어 기제의 작동은 공상 속에서 인간 정신에 깊이 각인된 유익한 이미지들에 의해 표현되고 있다. 과학은 오직 이 정신적 요소들의 존재를 입증하고 그 원천에 관한 가설을 제시함으로써 합리적인 설명을 시도할 수 있을 뿐이다. 그러나 그것은 그 수수께끼를 해결하지 않은 상태에서 한 단계 뒤로 밀어붙일 뿐이다. 그리하여 우리는 궁극적인 질문들에 닿는다. 의식은 어디서 오는가? 정신은 무엇인가? 이 지점에서 모든 과학은 끝난다. 마치 병의 절정에서, 파괴적인 힘들이 치유의 힘들로 전환되는 것 같다. 이 같은 현상은 원형들, 그러니까 독립적인 삶을 깨닫게 하고 정신적 인격을 안내하는 역할을 맡은, 따라서 헛된 의지와 노력을 펴는 자아를 대신하는 그런 원형들에 의해 초래된다. 종교적 성향이 강한 사람이 말하곤 하듯이, 그 안내는 신에게서 왔다.

나의 환자들 대부분의 경우에, 나는 적절해 보일지라도 그 공식을 피해야 한다. 이유는 그것이 그들에게 맨 먼저 거부해야 했던 것들에 대해 너무 많은 것을 상기시키기 때문이다. 나는 나 자신을 보다 겸손한 언어로 표현하며, 정신이 자발적으로 깨어나 작용하게 되었다고 말해야 한다. 정말로 이 공식이 관찰 가능한 사실들에 더 적합하다. 왜냐하면 그 원천이 의식에서 발견되지 않는 모티브들이 꿈들과 공상들에 나타나는 바로 그때 변형이 일어나기 때문이다. 환자에게 그것은 바로, 정신의 숨겨진 깊은 곳들로부터 너무도 이상한 무엇인가가, 그러니까 그의 자아가 아니라서 그의 개인적 의지의 범위를 넘어서는 그 무엇인가가 올라와서 그를 정면으로 마주할 때 나타나는 어떤 계시이다. 그리하여 환자는 정신적 삶의 원천에 다시 접근하게 되었으며, 이것이 곧 치료의 시작이다.

이 과정을 쉽게 보여주기 위해서 나는 예들의 도움을 받아가며 논해야 했다. 그러나 설득력 있는 예를 즉석에서 제시하는 것은 거의 불가능하다. 대체로 그것이 극히 미묘하고 복잡한 문제이기 때문이다. 종종 환자의 공상은 단지 꿈들이 환자의 문제를 다루는 그 독자적인 방법이 환자에게 각인시키는 깊은 인상에 지나지 않는다. 또는 환자의 공상은 그의 의식적 정신이 꽤 준비되어 있지 않은 무엇인가를 가리킬 수 있다. 그러나 대부분의 예들을 보면, 그 공상은 의식적 정신에 의해 이해되는지 여부와 상관없이 나름으로 강력한 영향력을 행사하는 어떤 원형적인 성격의 내용물이거나 그 내용물들 사이의 연결이다. 정신의 이런 자발적인 활동이 종종 너무나 치열해지기 때문에, 시각적인 그림이 보이거나 내면의 목소리가 들리게 된다. 이것은 정신의 진정하고 원초적인 어떤 경험이다.

그런 경험들은 환자에게 미로 같은 길에서 겪는 고통에 대한 보상으로 주어진다. 이제부터는 혼돈 속에서도 줄곧 어떤 빛이 불을 밝힌다. 더욱이, 환자는 자신의 안에서 벌어지는 갈등을 받아들일 수 있으며, 그렇게 함으로써 그는 자신의 본성 안에 있는 병적인 분열을 보다 높은 차원에서 해결하게 된다.

*

현대의 정신 요법의 근본적인 문제들이 너무나 중요하고 광범위하기 때문에, 한 편의 에세이로 그 문제들을 논한다는 것은 곧 명료함을 위해 세부적인 사항들이 필요하더라도 그런 것들에 대한 논의를 배제한다는 뜻이다. 그럼에도 불구하고, 나는 정신 요법 의사가 일에 임하는 태도를 설명한다는 중요한 목표를 달성했다고 믿는다. 이것이 치료 방법들에 관한 가르침보다 훨씬 더 유익한 것으로 드러날 수 있다. 치료 방법에 대한 이해가 제대로 되어 있지 않은 상태에서 그 방법을 적용해 봐야 절대로 통하지 않을 것이니 말이다.

정신 요법 의사의 태도가 정신 요법의 이론이나 방법보다 월등히 더 중요하며, 그것이 내가 이 태도를 공개하는 데 특별히 관심을 기울이는 이유이다. 나는 그에 대한 설명을 정직하게 했다고 믿고 있으며, 동시에 성직자가 심리 요법 의사와 어느 선까지, 또 어떤 방식으로 협력할 수 있는지를 결정하는 데 필요한 정보도 제시했다고 생각한다. 나는 또한 무오류를 주장할 생각은 전혀 없지만, 내가 현대인의 정신적 태도를 그린 그림이 현실과 일치한다고 믿는다.

어쨌든, 내가 신경증의 치료와 거기에 수반되는 문제들에 대해 한 말은 미완의 진리이다. 우리 의사들은 정신적 고통을 치료하려는 노력에서 성직자의 호의적인 이해를 당연히 환영할 것이지만, 우리는 또한 협력의 길을 가로막고 있는 근본적인 어려움들도 충분히 알고 있다. 나 자신의 입장은 프로테스탄트 의견의 스펙트럼에서 극좌에 속하지만, 나는 사람들에게 자신의 의견을 무비판적으로 일반화하는 것에 대해 가장 먼저 경고하는 사람이다.

스위스 사람으로서 나는 뼛속까지 민주주의자이지만, 나는 자연은 귀족주의자이고 게다가 난해하기까지 하다는 것을 인식하고 있다. "목성에게 허용되는 것이라고 해서 황소에게도 허용되지는 않는다"(Quod licet Jovi, non licet bovi)는 말은 불쾌하지만 영원한 진리이다. 누가 많은 죄를 용서받는가? 많이 사랑한 사람들이다. 그러나 조금 사랑한 사람에 대해 말하자면, 그들의 적은 죄가 그들에게 불리하게 작용한다. 나는 엄청난 수의 사람들이 가톨릭교회의 울타리 안에 속하고 그 외의 다른 곳에는 속하지 않는다는 사실을 강하게 확신하고 있다. 왜냐하면 그들이 거기서 가장 적절하게 보호를 받고 있기 때문이다. 나는 이 점을, 나 자신이 직접 관찰한 사실, 즉 원시인에게는 원시적인 종교가 기독교보다 더 적절하다는 사실만큼이나 강하게 확신하고 있다. 기독교가 원시적인 민족에게 너무나 이해되지 않고 그들의 피에 너무나 낯설기 때문에, 원시적인 민족은 대단히 혐오스런 방식으로 기독교를 흉내만 내고 있다. 나는 또한 가톨릭교회에 반대하는 사람도 있어야 하고 프로테스탄티즘에 반대하는 사람도 있어야 한다고 믿는다. 영(靈)의 표현들이 진실로 경이롭고, 천지 창조 그 자체만큼이나 다양하기 때문이다.

살아 있는 생생한 영은 성장하며, 심지어 그것의 이전의 표현 형식들보다 더 크게 자란다. 그런 영은 자신을 찬미할 인간들을, 자신이 들어가서 살 인간들을 자유롭게 선택한다. 이 살아 있는 영은 영원히 새로워지며, 인류 역사 내내 상상할 수 없을 정도로 다양한 길로 목표를 추구한다. 그런 영에 견준다면, 인간들이 그것에 붙인 이름들과 형식들은 거의 아무것도 의미하지 않는다. 그 이름들과 형식들은 영원한 나무의 줄기에 피는, 변화하는 잎과 꽃에 불과하다.

8장

정신분석과 영혼의 치유(1928)

정신분석과 성직자의 영혼 치유의 관계들에 관한 문제는 대답이 쉽지 않다. 왜냐하면 그 두 가지가 기본적으로 서로 다른 것에 관심을 두고 있기 때문이다. 목사나 신부가 행하는 영혼의 치유는 기독교인의 신앙 고백에 바탕을 둔 종교적 영향이다. 한편, 정신분석은 의학적 간섭이며 심리학적 기술이다. 목표는 무의식의 내용물을 밖으로 드러내어 의식적 정신으로 통합시키는 것이다.

그러나 정신분석에 관한 이 정의는 오직 프로이트 학파와 나의 학파가 채택하고 있는 방법에만 적용된다. 아들러의 방법은 이런 의미에서 분석이 아니며, 그것은 앞에서 제시한 그런 목표를 추구하지 않는다. 아들러의 방법은 그 의도 면에서 주로 교육적이며, 말하자면 무의식을 고려하지 않고 의식적인 정신에 직접적으로 작용한다. 그것은 프랑스에서 거론되는 "의지의 재교육"과 뒤부아(Dubois)의 "정신의 정형술"(psychic othopedics)의 추가적인 발달이다. 아들러의 교육학이 목표로 잡고 있는 개인의 정상화와 개인이 집단적인 정신에 적응하는 것은 성직자의 영혼의 치료가 추구하는 것과 다른 목표를 나타내고 있다. 후자는 영혼을 구원하고 영혼을 이 세상의 덫으로부터 해방시키는 것을 목표로 잡고 있다. 개인의 정상화와 집단적 정신에 대한 개인의 적응은 어떤 상황에서는 심지어 세상으로부터의 초연, 하느님의 뜻에 대한 복종, 개인의 구원이라는 기독교의 이상과 정반대의 목표일 수 있다. 아들러의 방법과 프로테스탄트든 가톨릭이든 성직자의 영혼 치료는 오직 한 가지 공통점을 갖고 있다. 그것은 두 가지가 똑같이 의식적인 정신에 적용되고, 그렇게 함으로써 그 사람의 통찰과 의지에 호소한다는 점이다.

한편, 프로이트의 정신분석은 통찰에도 호소하지 않고 의지에도 호소하지 않으며 무의식의 내용물을 의식적인 정신 속으로 이끌고, 그렇게 함으로써 장애나 증상들의 뿌리를 파괴하려고 노력한다. 그러므로 프로이트는 의식적인 정신의 치료를 통해서가 아니라 증상들을 약화시킴으로써 적응에 장애가 되는 것을 제거하려고 노력한다. 그것이 그의 정신분석적 기술의 목표이다.

나와 프로이트의 차이는 무의식적 자료에 대한 해석에서 시작된다. 무엇이 되었든 그것에 대한 어느 정도의 이해, 즉 통찰이 없는 상태에서 그것을 의식으로 통합시키지 못하는 것은 너무나 당연하다. 무의식적 자료를 동화시킬 수 있거나 이해 가능한 것으로 만들기 위해서, 프로이트는 그 유명한 성 이론을 이용한다. 성 이론은 분석을 통해 밝혀진 내용물을 주로 의식적 태도와 양립하지 못하는 성적 경향(또는 다른 비도덕적인 소망)으로 보는 이론이다. 여기서 프로이트의 관점은 19세기 말에 유행했던 과학적인 견해들의 합리주의적 물질주의에 바탕을 두고 있다(그의 책 『어느 착각의 미래』(The Future of an Illusion)가 그 같은 사실을 명백히 보여주는 증거이다). 이런 관점을 갖고 있다면, 인간의 동물적 본성을 꽤 광범위하게 인정하는 것이 큰 어려움 없이 가능하다. 이유는 그럴 경우에 도덕적 갈등이 쉽게 피할 수 있는, 여론이나 형법과의 충돌로 한정되기 때문이다.

동시에 프로이트는 "승화"에 대해 말한다. 승화를 프로이트는 리비도를 성적 특성이 제거된 형태로 적용하는 것으로 이해한다. 여기서 나는 대단히 민감한 이 주제를 본격적으로 비판할 수는 없으며, 다만 무의식에서 나오는 모든 것이 "승화될" 수 있는 것은 아니라는 점만을 지적하고 넘어갈 것이다.

기질적으로나, 아니면 철학적 또는 종교적 이유로 과학적 물질주의의 관점에 적응하지 못하는 사람에게는 무의식적 내용물의 실현은 모든 점에서 심각한 문제가 된다. 다행히도 본능적인 어떤 저항이 우리를 지나치게 멀리 데리고 갈 그런 실현으로부터 우리를 보호하고, 따라서 사람은 종종 의식의 적절한 증가로 만족할 수 있다. 이것은 단순하고 복잡하지 않은 신경증에, 아니 단순하고 복잡하지 않은 사람들에게 특별히 적용된다(신경증은 그것을 앓는 사람보다 절대로 더 복잡하지 않다).

한편, 보다 고상한 본성의 소유자들은 대부분 본능적인 저항을 훨씬 능가하는, 의식에 대한 열정으로 고통을 겪는다. 그들은 보고, 알고, 이해하길 원한다. 이 사람들에게는 프로이트의 해석 기법이 제시하는 대답이 불만스럽다. 여기서 교회의 은혜의 수단이 특별히 가톨릭 사제에게 위탁된 것으로서 이해를 도울 수 있다. 그 수단의 형태와 의미가 처음부터 무의식적 내용물의 본질과 적합하기 때문이다. 그것이 사제가 고백을 들을 뿐만 아니라 질문까지 던지는 이유이다. 정말로, 질문을 하는 것이 그에게 의무로 지워져 있다. 게다가, 성직자는 그렇지 않았더라면 의사의 귀에만 들렸을 것들에 대해 물을 수 있다. 사제가 행할 수 있는 은혜의 수단을 고려한다면, 성직자의 개입은 그의 능력을 능가하는 것으로 여겨질 수 있다. 그가 자신이 일으킨 폭풍을 가라앉힐 권리까지 부여받았으니 말이다.

그러나 프로테스탄트 목사에게는 그 문제가 그렇게 간단하지 않다. 공통적인 기도문과 영성체 외에, 그에게는 표현력 풍부한 상징체계를 가진 의례나 영적 훈련, 묵주, 순례 같은 것이 전혀 없다. 따라서 그는 자신의 입장을, 무의식에서 올라오는 본능적인 힘들을 곧잘 억압하는 도덕적 토대 위에서 정하는 수밖에 없다. 성사(聖事) 관련 행위는 어떤 형식이든 무의식의 내용물을 받아내는 그릇처럼 작동한다. 청교도적인 단순화가 프로테스탄티즘으로부터 무의식에 작용하는 이 수단을 빼앗아 버렸다. 어쨌든 프로테스탄티즘은 목사로부터 중개자로서의 역할을 강탈했다. 이 중개자가 영혼에게 너무나 필요한데도 말이다. 대신에 프로테스탄티즘은 개인에게 각자에 대한 책임을 안기고 개인이 홀로 자신의 신과 지내도록 했다. 바로 여기에 프로테스탄트의 장점이 있는 동시에 위험이 있다. 이것으로부터 프로테스탄트 내부의 불안이 오며, 그 결과 몇 세기가 흐르는 동안에 400개 이상의 프로테스탄트 종파가 생겨났다. 이거야말로 개인주의가 제멋대로 날뛰고 있다는 사실을 보여주는 확실한 증후가 아닐 수 없다.

정신분석을 통해 무의식을 밝히는 것이 엄청난 효과를 발휘한다는 데는 의문이 여지가 없다. 마찬가지로, 가톨릭의 고해가 특히 수동적으로 듣는 데서 끝나지 않고 적극적으로 개입하는 형식이 될 때 엄청난 효과를 지닌다는 사실에도 의문의 여지가 있을 수 없다. 이 관점에서 보면, 프로테스탄트 교회들이 목자와 추종자들 사이의 연결의 전형으로서 고해 제도를 되살리려는 노력을 오랫동안 하지 않은 것은 정말로 놀랍다. 그러나 프로테스탄트로서는 가톨릭의 이 원시적인 형식으로 돌아갈 수 없다. 그것이 프로테스탄티즘의 본질에 너무나 반하기 때문이다.

프로테스탄트 목사는 영혼들을 치료하는 일에서 자신의 존재의 진정한 목적을 제대로 보면서, 단순히 교구민들의 귀만 아니라 영혼까지 닿을 수 있는 새로운 길을 모색하고 있다. 분석 심리학이 그에게 열쇠를 제공할 것처럼 보인다. 목사라는 직무의 의미와 목표가 주일 설교로는 성취되지 않기 때문이다. 주일 설교는 교구민들의 귀에는 닿을지 몰라도 가슴까지는 좀처럼 뚫고 들어가지 못하며, 그러니 인간의 안에 숨겨진 것들 중에서 가장 깊이 숨겨진 영혼까지는 더더욱 다가가지 못한다.

영혼의 치료는 오직 대화가 평온하게 이뤄지는 가운데서만 이뤄질 수 있으며, 전적으로 신뢰하는 건전한 분위기에서만 계속 진행될 수 있다. 영혼은 영혼에 작용해야 하며, 그러면 가장 깊은 성역에 닿는 길을 막고 있던 많은 문들이 열리게 된다. 정신분석은 다른 상황이었다면 단단히 닫혀 있었을 문들을 여는 수단을 갖고 있다.

그러나 이 문들을 여는 일은 종종 의사가 필요한 때엔 언제든 칼로 자를 준비를 갖추고 있어야 하는 외과 수술을 많이 닮았다. 정신분석학자도 마찬가지로 잠재적 정신병 같은, 매우 불쾌한 것들을 뜻밖에 발견할 수 있다. 비록 이것들이 시간이 흐르면 종종 저절로 겉으로 드러날지라도, 그럼에도 불구하고 그 탓은 간섭을 통해서 장애를 너무 일찍 풀어놓는 분석가에게로 돌려진다. 오직 정신 의학과 그것의 전문적인 기법들에 관한 철저한 지식만이 의사를 그런 실수로부터 보호할 수 있다. 그러므로 아직 전문가의 수준에 이르지 못한 분석가는 언제나 전문가와 공동으로 작업을 벌여야 한다.

다행히도, 내가 방금 설명한 불행한 사건은 비교적 드물게 일어난다. 그러나 정신분석이 밖으로 드러내고 있는 그것은 그 자체로도 다루기가 아주 어렵다. 그것은 환자가 자신의 삶의 문제를, 따라서 그가 그때까지 피해 왔던 종국적이고 진지한 질문들 일부를 직면하도록 한다. 인간의 본성이 순수함과는 거리가 아주 멀기 때문에, 무의식에서 올라오는 사실들은 대체로 환자가 그 질문들을 피한 이유를 설명하는 데 꽤 충분하다. 환자는 자신이 이 질문들에 대한 만족스런 대답을 모른다고 본능적으로 느꼈다. 그래서 그는 분석가로부터 그 대답을 기대한다. 분석가는 지금 일부 결정적인 질문들을 대답하지 않은 상태로 안전하게 남겨둘 수 있다. 그렇게 하는 것이 환자 자신에게도 유리하다. 왜냐하면 현명한 환자라면 누구도 분석가로부터 의학적 도움 그 이상을 기대하지 않을 것이기 때문이다. 그 이상의 것, 즉 종교적 질문에 대한 대답은 성직자로부터 기대할 수 있다.

이미 말한 바와 같이, 가톨릭교회는 활용할 수 있는 수단과 방법을 갖고 있다. 그것들은 아주 오래 전부터 가톨릭교회가 정신의 낮고 본능적인 힘들을 상징으로 결집시켜 정신의 계급 조직 속으로 통합시키는 데 기여했다. 프로테스탄트 목사는 이 수단을 갖고 있지 않으며, 따라서 목사는 종종 훈계나 통찰, 선의, 영웅적인 자기 징벌도 억제하지 못하는 인간 본성의 어떤 사실들 앞에서 당황하는 모습으로 서 있다.

프로테스탄티즘에서 선과 악은 서로 마주 보며 단호히 반대하고 있다. 거기엔 눈에 보이는 용서가 전혀 없다. 인간이 자신의 죄를 끌어안고 홀로 남아 있다. 그리고 신은, 모두가 아는 바와 같이, 우리가 스스로 극복한 죄들을 마냥 용서하기만 한다. 프로테스탄트 목사들에게는 자신들이 정신적 삶의 낮은 본능들을 억제하는 데 기여할 형식들을 전혀 갖지 못했다는 사실이 심리학적으로 대단히 큰 어려움이다. 해결을 요구하고 있는 것은 바로 정신분석을 통해 드러나는 무의식적 갈등의 문제이다.

그 문제를 의사는 과학적 물질주의를 근거로 의학적으로 신중을 기하며 다룰 수 있다. 말하자면, 의사는 한 사람의 의사로서 환자의 윤리적인 문제들을 자신의 능력을 벗어난 것으로 여길 수 있다. 의사는 "거기선 당신 스스로 최선을 다해야 해요."라는 실망스런 말 뒤로 안전하게 물러날 수 있다. 그러나 나의 의견으로는 프로테스탄트 목사는 모른 척하며 개입하기를 거부할 수 없다. 목사는 자신을 신뢰하는 사람의 영혼의 어두운 여정에 그 영혼과 동행해야 한다. 여기서 정신분석의 환원적인 견해는 그에게 거의 소용이 없다. 발달은 어떤 것이든 위로 쌓아 올리는 것이지 아래로 무너뜨리는 것이 아니기 때문이다.

훌륭한 조언과 도덕적 권고의 말은 심각한 환자들에게는 거의 도움이 되지 않는다. 이유는 그런 말을 따를 경우에 그것이 빛의 도래 앞의 그 칠흑같은 어둠을 쫓아버리기 때문이다. 동양의 현명한 격언이 말하듯이, 악을 피하는 것보다 선한 일을 하는 것이 더 훌륭하다. 그러므로 현명한 사람은 거지나 왕, 또는 범죄자의 역할을 하며 동시에 신들을 염두에 둘 것이다.

심리학적 분석의 요소들을 이용하는 것은 프로테스탄트보다 가톨릭 성직자에게 훨씬 더 쉽다. 프로테스탄트는 더욱 힘든 과제를 직면하고 있다. 가톨릭교회는 역사적으로 인정 받은 고해와 참회, 사죄의 형식으로 언제든 적절한 기법을 활용할 수 있을 뿐만 아니라, 보다 단순한 정신들의 모호한 열정뿐만 아니라 요구까지 충분히 충족시킬 수 있는 의례적인 상징체계까지 풍부하게 갖추고 있다.

프로테스탄트 신자들은 이 모든 기본적인 형태의 의례를 결여하고 있기 때문에 심리학적 기법을 그만큼 더 절실히 필요로 하고 있다. 그러므로 나는 프로테스탄트 목사들이 심리학에 관심을 갖는 것이 전적으로 타당할 뿐만 아니라 필요하기까지 하다는 의견을 갖고 있다. 그들이 의학 영역을 침범하는 것은 의학이 종교와 철학 영역을 침투한 것에 의해 상쇄되고 있다. 후자의 침투에 대해 의사들은 순진하게도 자신들에게 그럴 자격이 있다고 믿는다(그 증거로, 종교적 과정을 성적 증후나 유아기의 소망과 공상으로 설명하는 것이 있다). 의사와 성직자는 틀림없이 분석 심리학에서 정면으로 충돌한다. 이 충돌은 적대가 아니라 협력으로 이어져야 한다.

의례의 부재 때문에, (가톨릭과 정반대로) 프로테스탄트의 영혼 치료는 "나와 당신"의 관계와 비슷한 상황에서 개인적인 논의로 발달한다. 프로테스탄트의 방식은 가톨릭의 방식과 달리 전이라는 근본적인 문제를 비개인적인 무엇인가로 옮기지 못하며, 전이 문제를 하나의 개인적인 경험으로서 확신을 갖고 다뤄야 한다.

대단히 깊은 곳에서 일어나는 무의식과의 접촉은 어떤 것이든 전이 현상을 낳는다. 그러므로 목사가 정신의 배경 속으로 어느 정도 깊이 들어갈 때마다, 그는 (여자들뿐만 아니라 남자들과의 사이에도) 전이를 촉발시킬 것이다. 이것이 목사가 개인적으로 관여하도록 만들며, 게다가 목사는 가톨릭 성직자와 달리 자신의 인격을 대체할 수 있는 형식을 전혀 갖고 있지 않다. 이런 식으로, 프로테스탄트 목사는 자신이 교구민의 정신적 안녕을 위해서 어쩔 수 없이 대단히 개인적으로 관여하고 있다는 사실을 확인한다. 따지고 보면 목사가 분석가보다 훨씬 더 개인적이다. 분석가에게는 환자의 영혼을 구원하는 것이 반드시 지극히 중요한 문제는 아니니 말이다. 여하튼, 분석가는 그럴 듯한 변명을 둘러댈 수 있지만, 목사는 보다 고상한 이유들 때문에 그런 변명을 거부해야 한다. 따라서 프로테스탄트 목사는 교구의 정신적 평화에 기여하지 못할 심각한 정신적 갈등에 말려들 위험을 안고 있으며 또 그런 위험을 안아야만 한다. 이 위험은 결코 사소하지 않지만, 그것은 책임감 있는 목사를 다시 현실 세계로 끌어들이고, 동시에 그가 초기 교회의 시련(참고로, 바울로가 해명해야 했던 소문도 그런 예이다)을 경험하도록 하는 이점을 발휘한다.

목사는 자신의 공적 지위와 급료, 가족에 대한 배려 등을 고려하면서 영혼을 치료하는 위험한 임무와 어느 정도 거리를 둘 것인지에 대해 결정해야 한다. 만약에 목사가 테르툴리아누스가 자신의 세례자들에게 한 조언, 즉 일부러 원형 투기장을 방문해야 한다는 말을 따르지 않기로 결정하더라도, 나는 그에 대해 나쁘게 생각하지 않을 것이다. 현대 심리학에 근거한 진정한 교구 목사의 일은 목사를 대중의 오해라는 고난에 쉽게 노출시킬 수 있다. 공적 지위와 가족에 대한 배려는, 그것들이 세속적인 고려사항들임에도 불구하고, 현명한 자제를 권하고 있다(모두가 알듯이, 이 세상의 자식들이 빛의 자식들보다 더 현명하니까). 그럼에도 불구하고, 영혼의 눈들은 세속적인 행복과 상관없이 보다 나은 무엇인가를 위해서 모든 것을 걸 수 있는 사람들 쪽을 향한다. 분명히, 유치한 열광으로는 어떤 것도 얻지 못한다. 그럼에도 현실적인 것들과 가능한 것들로 이뤄진 견고한 기반을 절대로 떠나지 않는 대담성이, 어떤 고통 앞에도 움츠러들지 않는 그런 대담성이 있어야만 보다 큰 가치를 지니는 것을 성취할 수 있다.

따라서 프로테스탄트 목사가 세상과의 보다 밀접한 접촉을 억제함과 동시에 보다 중대한 모험을 추구하게 되는 것은 바로 그가 의례적인 장치를 갖추지 못했기 때문이다. 여기서 '보다 중대한'이라는 표현을 쓰는 이유는 의식(儀式)의 결여가 프로테스탄트 목사를 곧바로 최전방으로 나가도록 하기 때문이다. 나는 프로테스탄트가 그런 과제를 수행하는 데 필요한 용기를 결여한 것으로 드러나지 않기를 바라고 있다.

만약에 지적인 심리 요법 의사들의 노력이 목사의 지지를 받고 목사의 활동에 의해 보완된다면, 그들은 모두 기뻐할 것이다. 분명히, 인간 영혼의 문제들은 성직자와 의사에 의해 정반대 방향에서 접근하는 경우에 양측 모두에게, 특히 관점의 차이 때문에 상당한 어려움을 야기할 것이다. 그러나 우리가 양측에 결실을 안겨줄 위대한 자극을 기대할 수 있는 곳은 바로 그 만남이다.

9장

욥에게 답하다(1952)

머리말

'욥에게 답하다'가 어떻게 쓰이게 되었는지에 대해 독자 여러분에게 밝히자는 제안이 나에게 어려운 과제를 안기고 있다. 왜냐하면 이 책의 역사를 몇 마디 말로 전하는 것이 거의 불가능하기 때문이다. 나는 여러 해 동안 이 책의 핵심적인 문제에 몰두해 왔다. 다양한 많은 자료들이 그 문제에 관한 생각의 흐름을 풍성하게 가졌으며, 그러던 어느 날, 오랜 숙고 끝에 그 생각들이 무르익어 글로 표현할 때가 되었다는 판단이 섰다.

이 책을 쓰게 된 가장 직접적인 이유는 아마 나의 책『아이온』(Aion)에서 논의된 일부 문제들에서, 특히 하나의 상징적인 형상으로서 그리스도의 문제와 두 마리의 물고기라는 황도대의 전통적인 상징체계에 표현된, 그리스도와 적(敵)그리스도 사이의 적대 관계의 문제에서 발견된다.

이 문제들과 구원의 원리에 대해 논하면서, 나는 '선의 결여'라는 사상에 대해 심리학적 발견들과 일치하지 않는다고 비판했다. 심리학적 경험은 우리가 "선"이라고 부르는 것은 어떤 것이든 그것과 똑같이 본질적인 "나쁨"이나 "악"에 의해 균형이 맞춰지고 있다는 것을 보여준다. 만약 "악"이 존재하지 않는다면, 세상에 있는 것은 무엇이든 "선할" 필요가 있다. 교리를 바탕으로 한다면, "선"도 인간에게서 나올 수 없고 "악"도 인간에게서 나올 수 없다. "사악한 하나"가 "하느님의 아들들" 중 하나로서 사람보다 앞서 존재했기 때문이다. '선의 결여'라는 사상은 마니 이후에야 교회에서 어떤 역할을 하기 시작했다. 마니교가 시작되기 전에, 로마의 클레멘스는 하느님이 오른손과 왼손으로 세상을 지배한다고 가르쳤다. 오른손이 바로 그리스도이고, 왼손이 사탄이다. 클레멘스의 견해는 틀림없이 일신론적이다. 하나의 신 안에서 상반된 것들을 결합시키고 있으니 말이다.

그러나 훗날의 기독교는 이원론적이다. 기독교가 사탄으로 인격화된, 상반된 것들 중 한쪽 반을 찢었고, 사탄은 영원히 천벌을 받는 존재가 되었기 때문이다. 이 결정적인 문제가 기독교 구원 이론의 출발점을 이룬다. 따라서 이 문제는 대단히 중요하다. 만약 기독교가 일신론이라고 주장한다면, 상반된 것들이 신 안에 포함된다고 단정하는 것이 불가피해진다. 그러나 그렇게 되면 우리는 중요한 종교적인 문제에 직면한다. 욥의 문제이다. 욥의 시대부터 수 세기의 세월을 거쳐 '성모 승천' 같은 가장 최근의 상징적인 현상이 나타날 때까지, 욥의 문제가 역사적으로 진화해 온 과정을 밝히는 것이 이 책의 목표이다.

게다가, 심리학에서 대단히 중요한 중세 자연 철학에 관한 연구가 나로 하여금 다음과 같은 질문에 대한 답을 찾도록 만들었다. 옛날의 이 철학자들은 신의 이미지를 어떻게 그렸을까? 또는 그들이 그린 신의 이미지를 보완하는 상징들은 어떤 식으로 이해되어야 하는가? 이 모든 것은 '상반된 것들의 결합'(complexio oppositorum)을 가리켰으며, 따라서 나의 마음에 욥의 이야기가 다시 떠올랐다. 하느님의 뜻과 반대로, 하느님으로부터 도움을 기대했던 그 욥 말이다. 대단히 특이한 이 사실은 신 안의 상반된 것들이라는 어떤 비슷한 개념을 나타내고 있다.

한편, 나의 환자들뿐만 아니라 전 세계에서 제기된 수많은 질문들이 내가 『아이온』에서 제시한 것보다 더 완전하고 더 명백한 대답을 요구했다. 나는 여러 해 동안 이 작업을 놓고 망설였다. 나 자신이 예상되는 결과를 꽤 자각하고 있었고, 또 얼마나 거센 폭풍이 일 것인지를 잘 알고 있었기 때문이다. 그러나 나는 그 문제의 긴급성과 장애에 마음이 많이 쓰였으며, 그래서 그것을 더 이상 방치할 수 없었다. 그리하여 나는 전체 문제를 다뤄야 한다는 의무감을 느꼈으며, 주관적인 감정이 실린 개인적인 경험을 설명하는 형식으로 그 작업을 벌였다. 내가 일부러 이런 형식을 선택한 이유는 나 자신이 어떤 "영원한 진리"를 선언하고 있다는 인상을 주고 싶지 않았기 때문이다. 이 책은 대중에게 신중하게 받아들여지기를 희망하거나 기대하는 어느 한 개인의 목소리 또는 물음이 아닌 다른 것인 척은 절대로 하지 않는다.

사랑하는 독자에게

나의 형, 형 때문에 내 마음이 아프오 …

'사무엘하' 1장 26절

다소 특이한 내용 때문에, 나의 작은 책은 짧은 머리말을 필요로 한다. 사랑하는 독자 여러분에게 이 글을 간과하지 않기를 부탁드린다. 이어지는 글에서, 내가 존경 받는, 종교적 믿음의 대상들에 대해 말할 것이기 때문이다. 그런 문제들에 대해 말하는 사람은 누구나 그 문제들을 둘러싸고 치명적인 갈등을 빚는 두 집단에 의해 갈가리 찢길 위험을 필연적으로 안게 된다. 이 갈등은 "육체적"사실로 표현할 수 있는 것만이 진리일 수 있다는 이상한 가정 때문에 빚어지고 있다. 따라서 일부 사람들은 그리스도가 어느 처녀의 아들로 태어난 것이 육체적으로 진리라고 믿는 반면에, 다른 사람들은 이것을 육체적으로 불가능한 일로 여기고 있다.

이 갈등에 대한 논리적인 해결책은 전혀 없다는 것을, 그리고 그런 쓸모없는 논쟁에는 개입하지 않는 것이 바람직하다는 것을 모두가 볼 수 있다. 양쪽은 옳기도 하고 틀리기도 하다. 그럼에도 만약에 "육체적"이라는 단어를 버리기만 한다면, 그들은 쉽게 의견일치에 이를 수 있다. "육체적"인 것이 진리의 유일한 기준은 아니다. 설명할 수도 없고, 증명되지도 않고, 육체적인 방법으로는 절대로 존재할 수 없는 정신적 진리들도 있기 때문이다. 예를 들어, 만약에 라인 강이 한때 어귀에서 수원 쪽으로 거꾸로 흘렀다는 일반적인 믿음이 존재했다면, 육체적으로 이해할 경우에 그런 단언은 완전히 터무니없는 것으로 여겨질지라도, 그 믿음 자체는 하나의 사실이다. 이런 종류의 믿음들은 이의를 제기할 수도 없고 증명도 전혀 필요하지 않은 정신적인 사실들이다.

종교적 진술들은 이런 유형에 속한다. 그 진술들은 예외 없이 육체적인 사실로 절대로 증명될 수 없는 것들에 대해 말한다. 그런 것이 아니라면, 그 진술들은 불가피하게 자연 과학의 범주에 속할 것이다. 육체적인 무엇인가에 대해 언급하는 것으로 받아들여진다면, 그 진술들은 전혀 이치에 맞지 않으며, 과학은 그것들을 경험 불가능한 것으로 일축할 것이다. 그것들은 단순히 지금도 회의(懷疑)에 충분히 노출되고 있는 기적이지만, 그럼에도 그것들은 그 밑바닥에서 작용하고 있는 정신이나 의미를 드러내 보여줄 수 없었다. 의미란 것은 언제나 스스로 증명하고 그 자체의 가치를 통해서 경험되는 그 무엇이기 때문이다.

그리스도의 영과 의미는 기적의 도움이 없어도 우리에게 존재하고 인식 가능하다. 기적들은 오직 그 의미를 인식하지 못하는 사람들의 이해력에만 호소한다. 기적들은 단지 영이라는, 이해되지 않은 실체의 대체물들일 뿐이다. 이런 식으로 말한다고 해서, 경이로운 육체적 사건들에 영의 생생한 현존이 이따금 수반되지 않는다는 뜻은 아니다. 나는 단지 그 사건들이 한 가지 근본적인 요소인 영에 대한 이해를 대체하지도 못하고 낳지도 못한다는 점을 강조하길 바랄 뿐이다.

종교적 진술들이 관찰된 육체적인 현상과 자주 충돌을 빚는다는 사실은 영이 육체적 지각과는 반대로 자율적이라는 점을, 그리고 정신의 경험이 어느 정도 육체적 자료와 별개라는 점을 증명한다. 정신은 하나의 자율적인 요소이며, 종교적 진술들은 최종적으로 무의식적, 즉 초월적 과정에 근거를 두고 있다. 이 과정은 육체적 지각에 잡히지 않지만 정신의 고백을 통해서 그 존재를 증명한다. 그 결과로 나오는 진술들은 인간의 의식이라는 매체를 통과한다. 말하자면, 그런 진술들에게 눈에 보이는 형태들이 주어지고, 이 형태들은 그 후로 내부와 외부의 다양한 영향들에 노출된다. 그것이 우리가 종교적인 내용물에 대해 말할 때마다 말로 표현할 수 없는 무엇인가를 가리키는 이미지들의 세계로 들어가게 되는 이유이다.

우리는 이 이미지들과 비유들과 개념들이 그것들의 초월적인 대상과 관련하여 얼마나 명확하거나 불명확한지를 모른다. 예를 들어 "신"이라고 한다면, 그때 우리는 오랜 세월 동안 많은 변화를 겪은 어떤 이미지 또는 언어적 개념을 표현한다. 그러나 이 변화들이 오직 이미지들과 개념들에만 영향을 미쳤는지, 아니면 '말로 표현할 수 없는 것' 자체에 영향을 미쳤는지에 대해 우리는 신앙이 뒷받침되지 않는다면 확실하게 말하지 못한다. 어쨌든, 우리는 신을 끝없이 모양을 바꿔가며 영원히 흐르고 있는, 생명 에너지의 흐름 같은 것으로 상상할 수 있다. 그런 한편으로 신을 영원히 움직이지 않고 변할 수 없는 본질로도 쉽게 상상할 수 있다.

우리의 이성은 오직 한 가지만을 확신하고 있다. 그 믿음은 이성이 이미지들과 생각들을 조작한다는 것이다. 이 이미지들과 생각들은 인간의 상상력과 그 상상력의 시간적, 지역적 조건들에 좌우되고, 따라서 그 긴 역사 동안에 무수히 많은 변화를 겪었다. 이 이미지들 뒤에서 의식을 초월하는 무엇인가가 작용하고 있다는 데는 의문의 여지가 없다. 그것은 진술들이 무한히 혼란스럽게 변하지 않고 모두가 몇 가지 근본적인 원리 또는 원형에 대해 언급하게 하는 방향으로 작용한다. 이 근본적인 원리 또는 원형은 정신 자체처럼, 또는 물질처럼 그것 자체로 알려질 수는 없다. 우리가 할 수 있는 모든 것은 그것들의 모형들을 만드는 것이지만, 우리는 이 모형들이 부적절할 것으로 알고 있다. 이것은 종교적 진술들에 의해 거듭 확인되고 있는 하나의 사실이다.

그러므로 이어지는 글에서 내가 이 같은 "형이상학적" 대상들에 관심을 두더라도, 나는 나 자신이 이미지들의 세계 안에서 움직이고 있다는 것을, 그리고 나의 생각 어떤 것도 '알 수 없는 것'의 본질을 건드리지 않는다는 것을 꽤 잘 알고 있다. 나는 또한 언어의 허약과 빈곤은 말할 것도 없고 우리의 인식 능력도 대단히 제한적이라는 것을 잘 알고 있다. 그래서 나는 나의 발언이 원칙적으로 원시인이 자신의 신에 대해 산토끼나 뱀 같은 것으로 이해할 때 의미하는 그 이상을 의미한다고 상상하지 못한다. 그러나 우리의 종교 사상의 세계 전체가 합리적인 비판을 절대로 견뎌낼 수 없는, 의인화된 이미지들로 이뤄져 있을지라도, 그 이미지들이 신비한 원형들을 바탕으로 한 것이라는 점을 절대로 잊어서는 안 된다. 말하자면, 그 이미지들은 이성에게 공격당할 수 없는 어떤 감정적인 토대를 갖고 있다. 우리는 지금 논리가 제거할 수 있는 정신적 사실이 아니라 논리가 간과할 수 있는 정신적 사실을 다루고 있다. 이런 맥락에서, 테르툴리아누스는 이미 영혼의 증언에 꽤 적절히 호소했다. 『영혼의 증언에 대하여』(De testimonio animae)에서, 그는 다음과 같이 말한다.

영혼의 이 증언들은 진실인 만큼 단순하고, 단순한 만큼 명백하고, 명백한 만큼 일반적이고, 일반적인 만큼 자연스럽고, 자연스러운 만큼 신성하다. 나는 영혼의 권위가 나오는 자연의 존엄을 고려하는 사람 누구에게도 그 증언들이 사소하거나 터무니없는 것으로 보일 수 없다고 생각한다. 당신은 연인에게 허용하는 것을 제자에게도 부여할 것이다. 자연은 연인이고, 영혼은 제자이다. 자연이 가르친 것, 또는 영혼이 배운 것은 진실로 연인의 주인이기도 한 신에 의해 그들에게 양도되었다. 영혼이 첫 번째 선생에 대해 어떤 생각을 품을 수 있을 것인지는 당신 안에 있는 영혼에서 나오는 판단 능력에 좌우된다. 당신이 느끼게 하는 그것을 느끼고, 육감들 속에서 당신의 예언자인 것에 대해 생각하고, 징조들 속에서 당신의 복술가인 것에 대해 생각하고, 당신에게 일어나는 사건들 속에서 당신의 예견자인 것에 대해 생각하라. 만약에 신에 의해 주어진 영혼이 인간들의 예언자로 활동하는 법을 안다면, 그것은 이상한 일이 아닌가! 그리고 만약에 영혼이 자신을 있게 한 그분을 안다면, 그것도 마찬가지로 이상한 일이 아닌가!

나는 한 걸음 더 나아가 심리주의자라는 의심을 살 위험까지 감수하면서 '성경' 속의 진술들도 영혼의 발언이라고 말한다. 의식적인 정신의 진술들은 쉽게 덫이나 망상, 거짓말이나 독단적인 의견일 수 있지만, 이 말은 틀림없이 영혼의 진술에는 적용되지 않는다.

우선, 영혼의 진술들은 의식을 초월하는 실체들을 가리키기 때문에 언제나 우리의 머리 위를 지나간다. 이 실체들이 집단 무의식의 원형들이며, 그 실체들은 생각들의 집합체들을 신화적인 모티브의 형태로 응축시킨다. 이런 종류의 생각들은 절대로 발명되는 것이 아니며, 예를 들면 꿈속에서 완성된 산물로서 내적 인식의 영역으로 들어간다. 그 생각들은 우리의 의지에 종속되지 않는 자발적인 현상이며, 따라서 그것들이 자율성을 갖고 있다고 생각해도 무방하다. 그 생각들은 대상으로도 여겨질 뿐만 아니라 나름의 법칙을 갖고 있는 주체로도 여겨져야 한다.

의식의 관점에서 보면, 우리는 당연히 어느 선까지는 살아 있는 인간을 묘사하고 설명할 때와 똑같이 그 생각들을 대상으로 묘사하고 심지어 설명할 수도 있다. 그러나 그렇게 한다면 우리는 그 생각들의 자율성을 무시해야 한다. 그 점까지 고려한다면, 우리는 어쩔 수 없이 그 생각들을 주체로 다루지 않을 수 없다. 바꿔 말하면, 우리는 그 생각들이 자발성과 목적성, 또는 일종의 의식과 자유의지를 소유하고 있다는 점을 인정해야 한다. 우리는 그 생각들의 행동을 관찰하고 그 생각들의 진술을 고려한다. 우리가 상대적으로 독립적인 모든 유기체를 대할 때 채택하지 않을 수 없는 이런 이원적인 관점은 당연히 이원적인 결과를 낳는다. 그 관점은 한편으로는 내가 그 대상에 하는 것을 말해주고, 또 한편으로는 그 대상이 (아마 나에게) 하는 것이 무엇인지를 말해준다. 피할 수 없는 이 이원론이 특히 앞으로 신성의 원형을 다루는 대목에서 독자들의 마음에 어느 정도의 혼란을 야기할 것이 분명하다.

나의 독자들 중에서 누구라도 신의 이미지들을 그리면서 사죄하는 마음으로 거기에 "유일한"이라는 표현을 덧붙이고 싶은 감정을 느낀다면, 그는 즉시 이 이미지들의 특별한 초자연성을 너무도 뚜렷하게 보여주는 경험과 충돌을 일으킬 것이다. 이 이미지들의 효과(마나)는 그야말로 너무나 엄청나다. 그렇기 때문에 그것들은 사람들에게 '최고로 실재적인 존재'를 가리킨다는 느낌을 줄 뿐만 아니라, 그 존재를 실제로 표현하며 그것을 하나의 사실로 증명하고 있다는 확신까지 안겨준다.

이 같은 사실이 논의를, 불가능하게 하지는 않아도 대단히 어렵게 만든다. 저절로 생겨났거나 전통에 의해 승인된 이미지들을 이용하지 않고 자기 자신에게 신의 실체를 보여주는 것은 사실 불가능한 일이다. 그리고 순진한 정신의 소유자는 그런 이미지들의 정신적 본질과 효과를, 그것들의 알 수 없는 형이상학적 배경들로부터 절대로 분리시키지 못했다. 그래서 그런 사람은 즉시 효과적인 이미지와 그 이미지가 가리키는 초월적인 X를 동일시한다. 겉보기에 이 절차의 정당성은 자명해 보이며, 그 정당성은 종교의 진술들이 진지하게 의문의 대상이 되지 않는 한에는 문제로 고려되지 않는다. 그러나 만약에 비판의 기회가 생긴다면, 그 이미지와 진술은 그 것들의 초월적인 대상과는 다른 정신적 과정이라는 점을 기억해야 한다. 그 이미지와 진술은 초월적인 대상을 단정하지 않으며 단지 가리키고만 있을 뿐이다. 정신적 과정들의 영역에서 비판과 토론은 허용 가능할 뿐만 아니라 피할 수 없는 것이기도 하다.

앞으로 이어질 글에서, 나는 바로 그런 토론을 시도하고, 일부 종교적 전 통들과 사상들을 "받아들이는 것을 배우는" 문제를 다룰 것이다. 신비한 요소들을 다룰 것이기 때문에, 나의 감정도 나의 지성만큼 강하게 자극을 받을 것이다. 그렇기 때문에 나는 냉철하게 객관적인 방법으로 글을 쓸 수 없으며, '성경'의 일부 책들을 읽으며 느끼는 감정을 묘사하거나 내가 신 앙의 교리로부터 받은 인상을 기억하는 경우에는 나의 감정적인 주관성이 말을 하도록 허용해야 한다. 나는 한 사람의 성경학자로서 글을 쓰는 것이 아니라(나는 성경학자가 아니다), 문외한으로서, 그리고 많은 사람들의 정 신적 삶을 깊이 들여다보는 특권을 누린 의사로서 글을 쓰고 있다. 내가 표 현하고 있는 것은 무엇보다 먼저 나 자신의 개인적 견해이지만, 나는 나 자 신이 비슷한 경험을 가진 많은 사람들의 이름으로도 말하고 있다는 것을 알고 있다.

욥에게 답하다

'욥기'는 신에 관한 어떤 드라마의 그 긴 역사적 발달에서 기념비적인 책이다. 그 책이 쓰인 시대에, 여호와의 모순적인 그림을 제시하는 증거들이 이미 많이 있었다. 감정 표현에서 절제를 전혀 모르고, 바로 그 절제의 결여로 인해 고통을 겪는 어떤 신의 그림이었다. 여호와 본인도 자신이 격노와 질투에 사로잡혀 있다는 점을, 그리고 그 같은 사실을 아는 것이 그에게도 고통스럽다는 점을 인정했다.

통찰은 우둔함과 함께 존재했고, 애정 어린 친절은 잔인함과 함께 존재했으며, 창조력은 파괴력과 함께 존재했다. 모든 것이 있었으며, 이 특성들 중 어느 것도 다른 특성에 방해가 되지 않았다. 그런 조건은 깊이 생각하는 의식이 전혀 없거나, 생각하는 능력이 매우 약하고 다소 우발적인 현상일 때에만 상상 가능하다. 이런 종류의 조건은 오직 도덕관념 자체가 없는 것으로 묘사될 수 있을 뿐이다.

'구약 성경' 속의 사람들이 자신의 신에 대해 어떻게 느꼈는지를 우리는 성경의 증언을 통해 알고 있다. 그것은 내가 여기서 관심을 두고 있는 사항이 아니다. 나는 그보다는 기독교 교육과 배경을 가진 현대인이 '욥기'에 드러나는 신의 어두운 측면을 어떤 방식으로 받아들이는지, 그리고 그것이 현대인에게 어떤 영향을 미치는지에 관심을 두고 있다.

나는 모든 세부사항을 공평하게 다루려고 노력한, 냉철하고 면밀하게 고려한 해설을 제시하는 것이 아니라, 순수하게 주관적인 반응을 제시할 것이다. 이런 식으로, 나는 나와 똑같이 느끼는 많은 사람들의 목소리를 대변하면서, 신의 야만성과 무모함을 보여주는 솔직한 장면이 우리 안에서 불러일으키는 충격적인 감정을 표현할 수 있기를 바란다. 우리가 신의 고통과 불일치를 풍문으로 들어 알고 있다 하더라도, 그 고통과 불일치는 너무나 무의식적이고, 따라서 도덕적으로 너무나 무력한 탓에 인간적인 공감이나 이해를 전혀 불러일으키지 않는다. 대신에, 신의 고통과 불일치는 똑같이 제대로 생각하지 않은 감정 폭발과, 서서히 치료되는 상처와 비교할 수 있는, 속으로 태우는 분노를 낳는다. 그리고 상처와 무기 사이에 어떤 은밀한 연결이 있듯이, 감정은 그것을 야기한 행동의 폭력성과 일치한다.

'욥기'는 오늘날 우리에게 특별한 중요성을 지니는 신에 관한 어떤 경험을 이해하는 데 필요한 패러다임을 제공한다. 이 경험들은 인간에게 밖에서만 아니라 안에서도 우연히 닥치며, 그 경험들을 합리적으로 해석하고, 따라서 그것들을 액막이 수단을 통해 약화시키려 드는 것은 소용없는 일이다. 그 감정을 온갖 종류의 지적 계략이나 감정적 가치 판단에 의해 피하려고 노력하기보다는 그 감정을 인정하고 그 감정의 폭력성을 받아들이는 것이 훨씬 더 바람직하다. 비록 그 감정에 굴복함으로써 사람이 그 감정을 불러일으킨 난폭한 행위의 나쁜 모든 특징들을 모방하고, 따라서 그 자신이 똑같은 잘못을 저지르게 된다 할지라도, 그것이 바로 전체적인 절차의 핵심이다. 폭력성은 사람의 핵심까지 침투하게 되어 있고, 그 사람은 폭력의 작용에 굴복하게 되어 있다. 그는 폭력의 영향을 받아야 하며, 그렇지 않으면 폭력의 전체 효과가 그에게 닿지 않을 것이다. 그러나 그는 무엇이 자신에게 영향을 미쳤는지 알아야 하거나 아는 방법을 배워야 한다. 그래야만 그가 한편으로 폭력의 맹목성을, 다른 한편으로 격한 감정의 맹목성을 지혜로 바꿔놓을 수 있기 때문이다.

이런 이유로, 나는 앞으로 나의 감정을 두려움 없이, 무모하게 표현할 것이며, 부당함에는 부당함으로 대답할 것이다. 그렇게 함으로써 나는 욥이 왜, 무슨 목적으로 상처를 입었는지를, 거기서 인간뿐만 아니라 여호와에게 어떤 결과가 나왔는지를 알게 될 것이다.

I

욥이 여호와에게 이렇게 대답한다.

저는 보잘것없는 몸, 당신께 무어라 대답하겠습니까?
손을 제 입에 갖다 댈 뿐입니다.
한 번 말씀드렸으니, 대답하지 않겠습니다.
두 번 말씀드렸으니, 덧붙이지 않겠습니다. ('욥기' 40장 4-5절)

그리고 정말로, 창조의 무한한 권력을 가진 존재 앞에서, 이것이야말로 거의 소멸될지도 모른다는 공포로 사지를 덜덜 떨고 있는 목격자에게 기대할 수 있는 유일한 대답이 아닐까? 먼지를 뒤집어쓴 채 굽실거리고 있는 반쯤 으깨진 인간 벌레가 그 상황에서 달리 어떻게 합리적으로 대답할 수 있었겠는가? 측은할 정도로 왜소하고 허약함에도 불구하고, 이 인간은 자신이 너무도 쉽게 화를 내는 초인적인 존재를 마주하고 있다는 사실을 알고 있다. 그는 또 신에게 적용될 것으로 기대되는 도덕적 요건은 말할 것도 없고 모든 도덕적 숙고를 억누르는 것이 훨씬 더 바람직하다는 사실을 알고 있다.

여호와의 "정의"가 칭송받고 있으며, 그래서 짐작컨대 욥도 정의로운 심판관인 여호와 앞에서 불만을 털어놓고 자신의 결백을 주장할 수 있었을 것이다. 그러나 그는 그런 가능성을 의심하고 있다. "사람이 하느님 앞에서 어찌 의롭다 하겠는가?"('욥기' 9장 2절) "내가 불러 그분께서 대답하신다 해도, 내 소리에 귀를 기울이시리라고는 믿지 않네."('욥기' 9장 16절) "법으로 해 보려 해도, 누가 그를 소환할 수 있겠나?"('욥기' 9장 19절) 그는 "까닭 없이 나에게 상처를 더하신다네".('욥기' 9장 17절) "흠이 없건 탓이 있건 그분께서는 멸하신다네."('욥기' 9장 22절) "재앙이 갑작스레 죽음을 불러일으켜도, 그분께서는 무죄한 이들의 절망을 비웃으신다네."('욥기' 9장 23절)

욥이 여호와에게 말한다. "당신께서 저를 죄 없다 않으실 것을 저는 압니다. 저는 어차피 단죄 받을 몸입니다."('욥기' 9장 28-29절) "제 몸을 씻고 … 제 손을 깨끗이 한다 해도, 당신께서는 저를 시궁창에 빠뜨리실 겁니다."('욥기' 9장 30-31절) "그분은 나 같은 인간이 아니시기에 나 그분께 답변할 수 없고, 우리는 함께 법정으로 갈 수 없다네."('욥기' 9장 32절)

욥은 여호와에게 자신의 관점을 설명하고, 자신의 불만을 밝히길 원하며 이렇게 말한다. "당신께서는 저에게 죄가 없음을, 저를 당신 손에서 빼낼 사람이 없음을 아시지 않습니까?"('욥기' 10장 7절) "나는 하느님께 항변하고 싶을 따름이네."('욥기' 13장 3절) "나는 다만 그분 앞에서 내 길을 변호하고 싶을 뿐이네."('욥기' 13장 15절) "내가 정당함을 나는 알고 있다네."('욥기' 13장 18절)

여호와는 욥을 소환하여 그에게 설명하도록 하거나 적어도 자신의 입장을 변론하도록 해야 했다. 인간과 신 사이의 불균형을 적절히 평가하면서, 욥이 묻는다. "바람에 날리는 잎사귀를 소스라치게 하시고, 메마른 지푸라기를 뒤쫓으시렵니까?"('욥기' 13장 25절) 신이 욥을 힘들게 했지만, 거기에 정의가 전혀 없다. 그가 "나의 권리를 박탈했다".('욥기' 27장 2절) "죽기까지 나의 흠 없음을 포기하지 않겠네. 나의 정당함을 움켜쥐고 놓지 않겠네."('욥기' 27장 5-6절) 욥의 친구인 부스 사람 엘리후는 여호와의 불공정을 믿지 않는다. "참으로 하느님께서는 악을 행하지 않으시고, 전능하신 분께서는 올바른 것을 왜곡하지 않으십니다."('욥기' 34장 12절) 비논리적이게도, 엘리후는 하느님의 권력을 자신의 의견의 근거로 삼고 있다. "왕을 쓸모없는 자라고, 귀족들을 악인이라고 부르는 것이 적절합니까?"('욥기' 34장 18절)

그러나 욥은 믿음이 흔들리는 모습을 보이지 않으며, 그는 이런 말을 할 때 이미 중요한 어떤 진리를 선언했다. "지금도 나의 증인은 하늘에 계시네. 나의 보증인은 저 높은 곳에 계시네. … 나는 하느님을 향해 눈물짓는다네. 아, 사람과 사람 사이의 시비를 가리시듯, 그분께서 한 인생을 위하여 하느님과 논쟁해 주신다면!"('욥기' 16장 19-21절) 그리고 욥은 뒤에 이렇게 말한다. "그러나 나는 알고 있다네, 나의 구원자께서 살아 계심을. 그분께서는 마침내 먼지 위에서 일어서시리라."('욥기' 19장 25절)

이 구절들은 욥이 인간이 신 앞에서 정의로울 수 있는지에 대해 의문을 품고 있음에도 불구하고 정의의 토대 위에서, 따라서 도덕성의 토대 위에서 신을 만난다는 생각을 포기하는 것이 여전히 어렵다는 것을 깨닫고 있다는 사실을 보여주고 있다. 아무튼 욥이 그 모든 것에도 불구하고 신의 정의에 대한 믿음을 포기할 수 없기 때문에, 그가 신의 변덕성이 법을 어기고 있다는 지식을 받아들이는 것이 쉬운 일이 아니다. 한편, 그는 여호와를 제외하고는 어느 누구도 자신에게 불공정과 폭력을 행사하고 있지 않다는 점을 인정해야 한다. 그는 자신이 어떤 신과, 다시 말해 어떠한 도덕적 의견에도 신경쓰지 않고 윤리를 구속력 있는 것으로 인정하지 않는 신과 맞서고 있다는 점을 부정하지 못한다. 이것이 아마 욥의 가장 위대한 점일 것이다. 그런 어려움에 봉착해서도 그가 신의 단일성을 의심하지 않으니 말이다.

그는 신이 신 자신과 갈등을 빚고 있다는 것을 분명히 보고 있다. 그 갈등이 너무나 심하기 때문에, 욥은 하느님의 안에서 도움을 주는 자와 하느님에게 반대하는 어떤 "중재자"를 발견할 것이라고 꽤 강하게 확신하고 있다. 그는 여호와 속의 악을 확신하고 있는 그 만큼 여호와 속의 선을 확신하고 있다. 우리를 악하게 대하는 인간의 안에서, 우리는 동시에 조력자를 발견할 것이라고 기대하지 못한다. 그러나 여호와는 인간이 아니다. 그는 한 존재 안에서 박해자임과 동시에 조력자이며, 박해자의 측면은 조력자의 측면만큼이나 실질적이다. 여호와는 분열된 것이 아니라 하나의 '자기모순'이다. 내적으로 상반된 것들을 품고 있는 하나의 전체인 것이다. 이것은 여호와의 엄청난 활력과 전능과 전지(全知)에 반드시 필요한 조건이다. 이 같은 지식 때문에, 욥은 "그분 앞에서 그의 길들을 방어하겠다"는, 즉 자신의 견해를 그분에게 분명히 밝히고 싶다는 뜻을 굽히지 않는다. 이유는 여호와가 분노에도 불구하고 인간이 불만을 제기할 때에는 자기 자신에게 맞서며 인간의 옹호자가 될 것이기 때문이다.

여호와의 도덕 관념 부재에 대해 처음 듣는 사람이라면, 신에 관한 욥의 지식에 더욱더 놀랄 것이다. 그러나 여호와의 예상할 수 없는 기분과 분노에 찬 끔찍한 공격은 아득한 옛날부터 알려져 있었다. 여호와는 자신이 질투심 많은 도덕의 옹호자라는 점을 증명했으며, 정의에 특별히 민감했다. 따라서 그는 언제나 "정의롭다"는 칭송의 소리를 들었으며, 이 점이 그에게 매우 중요했던 것 같았다. 이런 상황 또는 그의 특이성 덕분에, 그는 다소 원시적인 왕의 인격과 정도의 차이만을 보이는 그런 뚜렷한 인격을 가졌다. 질투심 강하고 화를 곧잘 내는 그의 본성은 인간들의 불성실한 가슴속을 불신하는 태도로 들여다보며 인간들의 은밀한 생각들을 조사하면서 그 자신과, 개인적으로 그의 부름을 받았다고 느끼지 않을 수 없었던 인간 사이에 어떤 개인적인 관계를 강요했다. 그것이 여호와와, 모든 것을 지배하는 아버지 제우스의 근본적인 차이였다. 아버지 제우스는 자애롭고 다소 초연한 태도로 우주의 질서가 익숙한 경로를 따라 굴러가도록 허용하면서 오직 무질서한 것만을 처벌했으니 말이다.

제우스는 교화하지 않고 순수하게 본능적으로 지배했다. 그는 인간에게 적절한 제물 외에는 어떤 것도 요구하지 않았다. 그는 인간들을 위한 어떤 계획도 갖고 있지 않았기 때문에 인간과 어떤 관계도 맺기를 원하지 않았다. 아버지 제우스는 틀림없이 하나의 형상이지 인격은 아니다. 한편, 여호와는 인간에게 관심이 많았다. 인간들이 여호와를 필요로 했듯이, 그도 인간들을 개인적으로 절박하게 필요로 했다. 제우스도 벼락을 던질 수 있었지만, 단지 가망 없을 만큼 무질서한 개인들에게만 그렇게 했다. 그는 인간 전체에 대해서는 어떤 반대도 품지 않았지만, 그 당시에 인간들은 그의 관심을 그다지 끌지 않았다. 그러나 여호와는 전능한 자신이 이 "형편없는 단지들"보다 더 나은 것을 쉽게 창조할 수 있었다는 사실은 전혀 고려하지 않은 채, 인간들이 그가 바라거나 기대한 대로 행동하지 않으면 하나의 종(種)으로서 인간에게, 개인들로서 인간들에게 극도로 흥분했다.

여호와와 그의 선민 사이의 이런 격한 개인적 관련성을 고려한다면, 일부 개인들까지, 예를 들어 다윗까지 확장되는 어떤 본격적인 계약이 발달할 것으로 예상할 수 있다. '시편' 89장을 통해 알게 되듯이, 여호와가 다윗에게 이렇게 말한다.

내가 영원토록 그에게 내 자애를 보존하여

그와 맺은 내 계약이 변함없으리라.

…

내 성실을 거두지 않으리라.

내 계약을 더럽히지 않고

내 입술에서 나간 바를 바꾸지 않으리라.

나는 결코 다윗을 속이지 않으리라.(28, 34, 35절)

그럼에도, 법들과 계약들의 이행을 너무나 시샘하는 마음으로 지켜보았던 그가 약속을 깨뜨리는 일이 벌어졌다. 아주 민감한 양심을 가진 현대인이었다면 시커먼 심연이 열리며 자기 발밑의 땅이 꺼지는 것을 느꼈을 것이다. 이유는 현대인이 자신의 신에게 기대하는 것은 신이 보다 선하고 보다 높고 보다 고귀하다는 의미에서 인간보다 탁월하다는 것이지, 신이 거짓말도 주저하지 않는 그런 신뢰성 결여와 도덕적 유연성에서 탁월한 것이 아니기 때문이다.

물론, 오래된 신에게 현대적인 윤리가 요구하는 것을 강요해서는 안 된다. 고대 초기의 사람들에게 상황은 많이 달랐다. 그들의 신들에게는 모든 것이 완전히 갖춰져 있었다. 그 신들은 미덕과 악덕으로 가득했다. 그래서 그들은 처벌 받고, 사슬에 묶이고, 기만당하고, 적어도 오랫동안 체면을 잃지 않고도 서로 선동할 수 있었다. 그 시대의 인간은 신의 모순에 너무나 익숙했으며, 따라서 그런 모순이 일어나도 인간은 지나치게 당황하지 않았다. 그러나 여호와는 달랐다. 왜냐하면 꽤 일찍부터 개인적, 도덕적 끈이 종교적 관계에서 중요한 역할을 맡기 시작했기 때문이다. 이런 상황에서 계약 위반은 개인적인 상처뿐만 아니라 도덕적 상처까지 입히게 되어 있었다. 다윗이 여호와에게 대답하는 태도에서 그 같은 사실이 확인된다.

주님, 언제까지나 영영 숨어 계시렵니까?

언제까지나 당신의 진노를 불태우시렵니까?

기억하소서, 제 인생이 얼마나 덧없는지를

당신께서 모든 사람을 얼마나 헛되이 창조하셨는지를.

…

주님, 그 옛날 당신의 자애가 어디 있습니까?

당신의 성실을 걸고 다윗에게 맹세한 자애가.('시편' 89장 47, 48, 50장)

이 말이 인간에게 한 것이라면, 이런 식이 될 것이다. "제발, 인간이여, 자제심을 찾고 터무니없이 야만스런 짓을 이제 좀 그만 해! 나무들이 번창하지 않는 것이 부분적으로 당신 자신의 잘못인데, 그런 식으로 격노하는 것은 정말 괴상한 일이야. 옛날에는 당신은 꽤 합리적이었고, 당신 자신이 심은 정원을 짓밟지 않고 잘 돌봤잖아."

틀림없이 우리의 인간 대화자는 이런 계약 위반에 대해 감히 전능한 파트너에게 대놓고 이의를 제기하지 않을 것이다. 그는 다만 자신이 비열하게 법을 위반하는 경우에 어떤 소란에 휘말리게 될 것인지에 대해 너무나 잘 알고 있다. 다른 조치를 취하는 경우에 생명의 위험까지 감수해야 하기 때문에, 그는 이성이라는 보다 높은 차원으로 물러나야 한다. 이런 식으로, 그는 알지 못하거나 원하지 않은 가운데 자신이 지적으로, 또 도덕적으로 신성한 파트너보다 탁월하다는 점을 보여주고 있다. 여호와는 인간들이 자신의 비위를 맞추고 있다는 사실을 눈치채지 못한다. 마찬가지로 여호와는 자신이 의롭다는 칭송의 소리를 지속적으로 듣는 이유를 제대로 이해하지 못하고 있다. 여호와는 무슨 일이 있어도 자신의 기분만은 좋게 유지해야 한다는 명백한 목적을 성취하기 위해서 가능한 모든 길로 칭송을 듣고 알랑거리는 소리를 들으려고 백성들에게 과하게 요구한다.

지금까지 드러난 성격은 어느 대상과의 관계를 통해서만 자신이 존재한다는 확신을 얻을 수 있는 그런 인격과 잘 어울린다. 주체가 자기반성을 절대로 하지 않아서 자신에 대한 통찰을 전혀 갖고 있지 않을 때, 대상에 대한 그런 의존은 절대적이다. 마치 그가 오직 자신이 거기에 진정으로 있다는 점을 확신시켜주는 대상을 갖고 있다는 사실 때문에 존재하는 것처럼 보인다. 우리가 분별력 있는 인간에게 기대할 수 있는 바와 같이, 만약에 여호와가 진정으로 자신을 자각하고 있다면, 그는 그 사건의 진정한 사실들을 보면서 적어도 자신의 정의에 대한 찬사만은 그만두게 했을 것이다.

그러나 그는 지나치게 무의식적이기 때문에 도덕적일 수 없다. 도덕성은 의식을 전제한다. 그렇다고 여호와가 그노시스주의의 데미우르고스처럼 불완전하거나 사악하다는 뜻은 아니다. 그는 전체 속의 모든 것이며, 따라서 특히 그는 완전한 정의이면서 또한 그것의 정반대이기도 하다. 만약에 누군가가 여호와의 성격에 대해 통합된 그림으로 나타내고자 한다면, 그 사람은 그를 그런 식으로 봐야 한다. 우리는 다만 우리가 대략적으로 그린 것이 의인화된 그림에 지나지 않는다는 것을 기억해야 한다. 그 그림은 마음에 떠올리기가 특별히 쉬운 것은 아니다. 신의 본성이 스스로를 표현하는 방법을 근거로, 우리는 개별적인 특성들이 서로 적절하게 연결되어 있지 않다는 것을, 그 결과 특성들이 무너지면서 상호 모순적인 행위를 낳는다는 것을 확인할 수 있다. 예를 들면, 여호와는 자신의 전능을 바탕으로 인간들에게 벌어질 일을 미리 알았어야 했음에도 불구하고 인간들을 창조한 것을 후회한다.

II

전지한 여호와가 모든 사람들의 가슴 속을 들여다보고, 그의 눈이 "세상을 두루 보기"('즈카르야서' 4장 10절) 때문에, '시편' 89장의 그 대화자는 자신이 보다 무의식적인 하느님보다 도덕적으로 약간 더 우월한 것을 지나치게 의식하지 않는 것이 바람직했다. 아니, 그것을 비밀로 해두는 것이 더 바람직했다. 왜냐하면 여호와가 어떤 식으로든 자신이 요구하는 감사의 공물의 부담을 덜어줄, 비판적인 사고를 하는 친구가 절대로 아니기 때문이다. 그의 권력이 우주 전체에 크게 울려 퍼지고 있기 때문에, 그의 존재의 토대는 그만큼 더 허약하다. 이유는 그의 존재가 현실 속에서 존재하기 위해서는 의식적인 숙고가 필요하기 때문이다.

존재는 오직 그것이 누군가에게 의식될 때에만 진정한 것이 될 수 있다. 그것이 창조주가 순수한 무의식에서는 인간이 의식적인 존재가 되는 것을 막기를 원했을지라도 의식적인 인간을 필요로 하는 이유이다. 그리고 그것은 또한 여호와가 소규모 집단의 사람들의 박수갈채를 필요로 하는 이유이기도 하다. 돌연 이 집단이 찬사를 보내지 않기로 결정하는 경우에 어떤 일이 벌어질 것인지는 쉽게 상상된다. 맹목적이고 파괴적인 분노가 폭발하는 극도의 흥분 상태가 벌어질 것이고, 이어서 비(非)존재의 끔찍한 외로움과 고문 속으로 물러나는 현상이 나타날 것이고, 그 다음에 여호와가 자신을 의식하도록 만들 무엇인가에 대한, 말로 나타낼 수 없는 갈망이 점진적으로 일깨워질 것이다. 초기 상태의 모든 것들, 심지어 민중이 되기 전의 인간까지도 감동적이고 마법적인 아름다움을 보이는 것은 아마 이런 이유 때문일 것이다. 발생기의 상태에서, "각자의 종(種)에 충실한 각각의 사물"이 창조주의 무한한 사랑과 선량을 반영하고 있는 까닭에 가장 소중하고, 가장 바람직하고, 세상에서 가장 부드러운 것이니까.

신의 분노가 틀림없이 무시무시했고, 인간이 "무서운 하느님"이라고 말할 때 자신이 무엇에 대해 말하는지를 아직 알고 있던 시대에, 인간의 약간의 탁월성은 무의식적인 것으로 남아야 했을 것이다. 다른 온갖 것들뿐만 아니라 전기(傳記) 상의 선조들(여호와와 엘로힘(Elohim)의 원래의 관계는 오래 전에 망각의 늪에 빠졌다)까지 완전히 결여하고 있는 여호와의 강력한 인격은 그를 비유대인들의 모든 수호신들보다 더 높은 위치에 올려놓았으며, 그가 수 세기 동안 이교도 신들의 권위를 훼손시키고 있었던 그 영향을 피할 수 있도록 했다.

이교도 신들에게 천벌로 작용했던 것은 바로 그 신들의 신화적인 전기의 세부사항이었다. 인간이 판단 능력을 키워감에 따라 그 이야기들이 더욱 더 이해 불가능하고 적절하지 않다는 사실을 깨달았기 때문이다. 그러나 여호와는 모든 역사가 시작하도록 만든 천지 창조와, 인류 중에서 그가 특별한 창조 행위를 통해서 자신의 이미지에 따라 안트로포스, 즉 최초의 인간으로서 만든 아담을 조상으로 둔 민족과 그의 관계 외에는 그 어떤 기원도 갖지 않았고 그 어떤 과거도 갖지 않았다. 이 대목에서, 그 당시에 틀림없이 존재했을 다른 인간들은 그 전에 다양한 종류의 짐승들이나 가축들과 함께 신성한 도공의 녹로 위에서 만들어졌을 것이라고 짐작하는 수밖에 없다. 카인과 세트가 아내를 선택했던 그 인간들 말이다. 만약에 이 추측을 인정하지 않는다면, 유일하게 남는 다른 가능성은 훨씬 더 수치스런 가정이다. 19세기 말에도 철학자 칼 람프레히트(Karl Lamprecht)가 짐작했듯이, 그들이 자기 여형제와 결혼하며 근친상간을 저질렀을 가능성(이를 뒷받침할 만한 텍스트는 전혀 없다)이 그것이다.

신의 도장이 찍힌 인간들 중에서 유독 유대인만을 골라서 "선민"으로 만든 그 특별한 섭리는 처음부터 그들에게 무거운 의무를 지웠다. 그런 식의 양도에 흔히 일어나듯이, 그들도 당연히 그것을 교묘하게 피해 보려고 노력했다. 선민은 나름대로 여호와로부터 벗어날 수 있는 모든 가능성을 동원했으며, 여호와는 반드시 필요한 이 대상(그는 바로 이 목적을 위해 대상을 "신처럼" 만들었다)을 자신에게 확고히 묶어두는 것이 결정적으로 중요하다고 느꼈기 때문에, 그는 족장 노아에게 어떤 계약을 제안했다. 한쪽 당사자는 여호와이고, 다른 쪽 당사자는 노아와 그의 자식들, 그리고 가축과 야생동물을 구분하지 않고 그의 모든 동물들이었다. 양쪽 모두에게 이익을 약속한 계약이었다. 이 계약을 강화하고 그것을 새롭게 기억하도록 만들기 위해, 여호와는 무지개를 계약의 표시로 정했다. 만약 미래에 여호와가 물의 홍수와 번개를 숨기고 있는 뇌운을 소집하면, 무지개가 나타나서 여호와와 그의 백성에게 그 계약을 상기시킬 것이다. 두꺼운 층을 이루는 그런 구름 앞에서 대홍수를 실험해보고 싶은 유혹은 결코 약하지 않았으며, 따라서 혹시 모르는 재앙에 대한 경고를 제때 보낼 수 있는 표시와 계약을 연결시키는 것은 좋은 아이디어였다.

이런 식으로 여러 방향으로 예방 조치를 취했음에도 불구하고, 그 계약은 다윗에게 와서 깨어지게 되었다. 그 뒤로 '성경'에 엄청나게 많은 글을 남기게 된 사건이었고, 독실한 신자들이 그것에 대해 읽자마자 생각에 빠지며 슬퍼하도록 만든 사건이었다. '시편'이 열광적으로 읽혔을 때, 일부 생각 깊은 사람들이 '시편' 89를 참아내지 못하는 것은 불가피한 일이었다. 계약의 파기로 인해 생긴 결정적인 인상은 사라지지 않고 살아남았다. 이런 고려사항들이 '욥기'의 저자에게 영향을 미치는 것은 역사적으로 가능한 일이다.

'욥기'는 하느님에게 너무나 가혹하게 괴롭힘을 당한 경건하고 충직한 인간을 조명이 훤하게 켜진 무대 위에 올려놓는다. 거기서 욥은 자신이 겪은 일을 세상의 눈과 귀들에게 고스란히 보여주고 들려준다. 여호와가 합당한 이유도 없이 자기 아들들 중 하나에게, 말하자면 '의심스런 생각'에게 너무나 쉽게 휘둘리면서 욥의 성실을 의심하게 되는 과정을 지켜보는 것은 정말 놀라운 일이다. 여호와가 예민하고 의심하는 마음이 아주 강하기 때문에, 단순히 의심의 가능성만으로도 그를 격노하게 만들고 특이한 위선적인 행동을 취하도록 하기에 충분하다. 그런 행동을 이미 여호와는 에덴동산에서 보여주었다. 그가 최초의 부모들에게 그 나무를 가리킴과 동시에 거기서 나는 것을 먹지 말라고 금지했을 때 말이다.

이런 식으로 여호와는 타락을 재촉했지만, 그는 그것을 절대로 겉으로 의도하지 않았다. 마찬가지로, 여호와의 충직한 종인 욥은 지금 그럴듯한 이유도 없이, 또 목적도 없이 엄격한 도덕적 테스트를 받고 있다. 그러면서도 여호와는 욥의 신심과 성실을 믿고 있으며, 게다가 자신의 전지에 조언을 구하면 이 점에서 모든 의심을 거둬들일 수 있었을 것이다. 그런데 그 테스트는 왜 행해지는 것이며, 힘없는 한 피조물의 등 뒤에서 아무런 이해관계도 없이, 비양심적으로 중상하는 자와 내기를 거는 이유가 무엇인가?

여호와가 양심의 가책이나 동정심을 전혀 느끼지 않는 상태에서 자신의 충직한 종을 너무나 빨리 악령에게 포기하면서 그 종이 육체적, 도덕적 고통의 구렁텅이로 떨어지도록 내버려두는 모습을 보는 것은 절대로 교훈적인 장면이 아니다. 인간의 관점에서 보면, 여호와의 행동은 너무나 혐오스럽다. 그렇기 때문에, 그런 행동 앞에서 사람들은 혹시 뒤에 숨겨진 어떤 깊은 동기가 있는 것은 아닐까, 하고 자문하게 된다. 여호와가 욥에게 은밀히 저항심을 품고 있는가? 그런 것이 있다면, 여호와가 사탄에 넘어가는 것을 설명할 수 있을 것이다. 그러나 인간이 신이 갖고 있지 않은 것들 중에서 무엇을 갖고 있을까?

전능한 존재 앞에서 너무나 작고 연약하고 무방비 상태이기 때문에, 이미 암시한 바와 같이, 인간은 자기반성에 근거한 다소 예리한 의식을 갖고 있다. 인간은 생존하기 위해서 언제나 자신의 무능에 신경을 써야 한다. 신에게는 이런 경계가 전혀 필요하지 않다. 어딜 가도 그가 망설이며 자신에 대해 깊이 생각하게 할, 극복 불가능한 장애를 만날 일이 없으니까. 혹시 신의 내면에, 인간이 무한히 작음에도 불구하고 신이 가진 것보다 훨씬 더

농축된 빛을 소유하고 있다는 의심이 생겨났을 수도 있을까? 그런 종류의 질투는 여호와의 행동을 설명할 수 있다. 만약에 단순한 "피조물"의 정의 (定義)로부터 흐릿하면서도 좀처럼 이해되지 않는 탈선이 그 피조물을 만든 신의 의심을 샀다면, 여호와의 그런 행동은 꽤 이해할 만하다. 이미 인간들은 너무나 자주 정해진 방식으로 행동하지 않았다. 심지어 여호와의 신뢰할 만한 종인 욥마저도 몰래 무엇인가를 도모하고 있었을 수 있다. 따라서 여호와가 사탄이 보다 훌륭한 자신의 판단을 비웃는 듯한 암시를 제시할 때 거기에 귀를 놀랄 정도로 빨리 기울였을 수 있다.

욥은 지체없이 가축을 강탈당하고, 그의 하인들은 살해되고, 그의 아들과 딸들은 회오리바람에 죽고, 욥 본인은 병에 걸려 죽음 직전의 상태로 내몰린다. 그로부터 평화를 몽땅 빼앗기 위해서, 그의 아내와 그의 옛 친구들도 그에게 반하는 행동을 하고, 모두가 엉터리로 말한다. 욥의 정당한 불평은 의로운 존재로 칭송을 듣는 그 판사의 귀에 들릴 기회조차 발견하지 못한다. 사탄이 장난을 치면서 아무런 방해를 받지 않도록 하기 위해서, 욥의 권리가 거부당하고 있다.

여기서, 연속적으로 신속하게 이어진 그 음흉한 행위들, 말하자면 강도와 살인, 의도적인 육체적 상해, 공정한 재판의 거부 등을 명심해야 한다. 이것은 여호와가 양심의 가책이나 후회나 동정심을 전혀 보이지 않고 무모함과 잔인성만을 보인다는 사실에 의해 더욱 두드러진다. 여호와가 직접 시나이 산에서 선포한 계명 중 적어도 3가지를 노골적으로 위반하는 것을 볼 때, 그런 행위들이 무의식의 산물이라는 주장은 설득력이 없다.

욥의 친구들은 신이 배신하며 포기한 욥에게 따뜻한 가슴으로 응원을 보내기는커녕 욥의 도덕적 고민을 더욱 키우기 위해 온갖 짓을 다 한다. 그들은 너무나 인간적인 방법으로, 즉 상상 가능한 가장 우둔한 방법으로 교화하며, "그의 얼굴을 주름살로 가득 채운다". 따라서 욥의 친구들은 그에게 동정과 인간적인 이해라는 마지막 위안마저 거부했다. 그래서 이 같은 전개 앞에서 사람들은 보다 높은 차원에서 어떤 공모가 벌어지고 있는 것이 아닌가 하는 의심을 떨치기 어렵다.

욥의 고통과 신의 내기가 갑자기 끝나야 했던 이유는 꽤 분명하지 않다. 욥이 실제로 죽지 않는 한, 적절치 않은 고통이 무한히 지속될 수도 있었다. 그러나 우리는 그 모든 사건들의 배경에 눈길을 줘야 한다. 이 배경 속에서 무엇인가가 욥의 부당한 고통에 대한 보상으로서 점진적으로 형태를 갖추기 시작했을 가능성이 있다. 이 무엇인가에 대해 여호와는 어렴풋이만 알고 있었을지라도 영 무관심할 수는 없었을 것이다. 여호와가 알지 못하는 가운데, 그리고 여호와의 의도와는 반대로, 죄가 없는 욥은 괴롭힘을 몹시 당하긴 했지만 은밀하게 신에 대해서 신 자신도 갖지 못한 훌륭한 지식까지 알게 되었다. 여호와가 자신의 전지에 상담을 청했더라면, 욥이 여호와보다 유리한 입장에 서지 못했을 것이다. 그러나 그런 경우에 다른 많은 것들도 마찬가지로 일어나지 않았을 것이다.

욥은 신의 내면의 자기모순을 깨닫고, 이 깨달음의 빛 속에서 욥의 지혜는 신성한 거룩성을 얻는다. 이런 식으로 전개될 가능성은 인간이 "신을 닮은 점"에 있다고 우리는 가정해야 한다. "신을 닮은 점"을 인간의 생김새에서 찾으려 해서는 안 된다. 여호와 자신이 우상들을 만드는 것을 엄격히 금지함으로써 인간이 그런 실수를 저지르지 않도록 조치를 취해 놓았다. 욥은 신 앞에서 자신의 억울함을 밝힐 기회를 얻을 희망이 없는 상태에서도 자신의 문제를 신 앞으로 갖고 가야 한다고 주장함으로써 자신의 의견을 고수하고, 따라서 그는 신이 진정한 본질을 드러내지 않을 수 없게 하는 장애물을 창조했다. 이 극적인 클라이맥스와 함께, 여호와는 갑자기 고양이와 쥐의 잔인한 게임을 중단한다.

그러나 만약에 누구라도 지금 여호와의 분노가 중상을 일삼은 자를 향할 것이라고 기대한다면, 그 사람은 심히 실망하게 될 것이다. 여호와는 남들 사이에 이간질을 일삼는 자기 아들에게 책임을 물을 생각이 전혀 없으며, 욥에게 적어도 자신의 행동에 대해 설명할 기회를 줌으로써 도덕적 만족감을 줘야 한다는 생각은 절대로 떠오르지 않았다. 대신에, 여호와는 자신의 전능의 폭풍과 천둥을 타고 와서 반쯤 짓이겨진 인간 벌레를 꾸짖는다.

지각 없는 말로
내 충고를 어둡게 하는 이 자는 누구인가?('욥기' 38장 2절)

여호와가 뒤이어 한 말을 고려한다면, 누구나 진정으로 이런 질문을 던져야 한다. 누가 무슨 충고를 어둡게 하는가? 여기서 유일하게 어두운 것은 어쩌다 여호와가 사탄과 내기를 하게 되었는가 하는 점이다. 무엇이 되었든, 여기서 어둡게 한 것은 분명 욥은 아니며, 충고를 어둡게 한 것은 절대로 아니다. 충고에 대한 언급이 전혀 없었으며, 그 뒤에도 충고에 대한 이야기는 나오지 않기 때문이다.

그 내기는 우리가 볼 수 있는 한 어떤 "충고"도 포함하고 있지 않다. 물론, 욥을 고상하게 한다는 종국적 목적을 위해 사탄을 꼬드긴 것이 여호와 본인이 아니라면 말이다. 당연히 이 같은 전개는 전지에 의해 예견되었으며, "충고"라는 단어가 영원하고 절대적인 이 지식을 가리킬 수도 있다. 만약에 그렇다면, 여호와의 태도는 더욱 비논리적이고 더욱 이해 불가능해진다. 왜냐하면 여호와가 그때 이 점에 대해 욥에게 충분히 가르칠 수 있었을 것이기 때문이다. 욥에게 가해진 부당한 행위에 비춰보면, 그렇게 하는 것이 유일하게 공정하고 공평했을 것이다. 따라서 나는 이 가능성을 불가능한 것으로 여겨야 한다.

누구의 말이 통찰을 결여하고 있는가? 아마 여호와는 욥의 친구들의 말을 언급하는 것이 아니라 욥을 비난하고 있다. 그러나 욥의 죄가 무엇인가? 그가 비난 받을 유일한 것은 신의 정의에 호소할 수 있다고 믿는, 구제 불가능한 그의 낙천주의이다. 여호와의 이어지는 말이 증명하듯이, 이 점에서 그가 실수를 저지르고 있다. 신은 정의롭기를 원하지 않는다. 신은 단지 올바름보다 힘을 과시하고 있다. 욥은 그 점을 머릿속에 집어넣지 못했다. 그가 신을 도덕적인 존재로 보았기 때문이다. 그는 신의 힘을 의심한 적이 없었지만, 마찬가지로 신은 정의로울 것이라고 희망했다. 그러나 그는 신의 모순적인 본성을 알아챘을 때 이미 이 실수를 바로잡았으며, 그렇게 함으로써 그는 신의 정의와 선량에 어떤 자리를 할당했다. 그렇기 때문에 여기서 통찰의 결여에 대해 말하지 못한다.

그러므로 여호와의 수수께끼에 대한 답은 이렇다. 자신의 충고를 어둡게 하고, 통찰이 전혀 없는 것은 여호와 자신이다. 여호와는 형세를 완전히 뒤집어 놓으면서 자신이 한 일을 놓고 욥을 비난하고 있다. 인간은 여호와에 대해 어떤 의견도 갖는 것이 허용되지 않으며, 특히 인간은 여호와가 갖지 않은 통찰은 어떤 것도 갖지 못한다는 것이다. 71개의 절에 걸쳐서, 여호와는 재 가운데 앉아서 질그릇 조각으로 상처를 긁고 있는, 비참한 자신의 희생자에게 세상을 창조하는 자신의 권력을 선포한다. 그 희생자는 지금까지 초인적인 폭력을 너무 많이 당했다.

욥은 그런 권력의 추가적인 행사에 의해 인상을 더 강하게 받을 필요가 전혀 없었다. 전지한 여호와라면 그런 상황에서 자신의 협박이 얼마나 부조리한 일인지를 알 수 있어야 했다. 여호와는 욥이 자신의 전능을 변함없이 믿고 있으며 전능에 대해 의심을 품거나 충성심이 흔들리는 모습을 전혀 보이지 않았다는 것을 쉽게 알았어야 했다. 대체로, 여호와는 욥의 진정한 상황에 거의 관심을 두지 않고 있으며, 그래서 사람들은 여호와가 자신에게 더욱 중요한 어떤 숨은 동기를 갖고 있는 것이 아닌가 하고 의심한다.

욥은 신의 안에서 일어나고 있는 변증법적 과정의 외적 원인에 지나지 않을 뿐이라는 것이다.

욥에 대한 여호와의 비난이 완전히 과녁을 벗어났기 때문에, 이 대목에서 여호와가 자기 자신에게 얼마나 깊이 매몰되어 있는지가 보이지 않을 수 없다. 여호와가 자신의 전능과 위대함을 엄청나게 강조하는 것은 확실히 더 이상의 설득을 필요로 하지 않는 욥과 관련해서는 터무니없으며, 그의 전능을 의심하는 청취자를 목표로 할 때에만 이해가 가능해진다. 이 "의심하는 생각"이 바로 사악한 짓을 끝낸 뒤에도 파괴적인 활동을 계속하기 위해 아버지의 품으로 돌아간 사탄이다.

여호와는 욥의 충성이 흔들릴 수 없다는 것을, 그리고 사탄이 내기에 졌다는 것을 보았어야 했다. 또한 여호와는 그 내기를 받아들이면서 자신의 충직한 하인이 배신하도록, 심지어 일련의 범죄를 저지르도록 몰아붙이기 위해 가능한 모든 행동을 했다는 사실을 깨달았어야 했다. 그럼에도 여호와의 의식에 떠오르는 것은 후회나 도덕적 두려움이 아니라 자신의 전능에 의문을 제기하는 무엇인가에 대한 흐릿한 암시이다. 여호와는 이 점에 특별히 민감하다. "힘"이 위대한 논거이기 때문이다. 그러나 전지(全知)는 힘은 아무것도 용서하지 않는다는 것을 알고 있다. 앞에 말한 암시는 당연히 여호와가 사탄에게 속았다는, 극히 불편한 사실을 가리킨다. 여호와의 이 약점은 의식에 완전히 닿지 않는다. 사탄이 놀랄 정도로 관대하게 다뤄지고 있으니 말이다. 분명히, 사탄의 음모는 욥에게 피해를 안기며 교묘하게 간과되고 있다.

다행히도, 욥은 이 장광설이 쏟아지는 동안에 자신의 권리를 제외하고 모든 것이 언급되었다는 사실을 알아챘다. 그는 지금 권리의 문제를 제기하는 것은 불가능하다는 것을 이해했다. 여호와가 어떤 것이든 욥의 명분에는 전혀 관심을 보이지 않고 오직 자신의 일에만 몰두하고 있는 것이 너무나 분명했기 때문이다. 바꿔 말하면, 사탄은 어쨌든 사라져야 하고, 그것은 욥에게 전복적인 의견을 품은 인간이라는 혐의를 씌울 때 가장 쉽게 해결될 수 있다. 따라서 문제가 다른 경로를 밟게 되었으며, 사탄 사건은 언급되지 않고 무의식적인 것으로 남는다. 방관자에게는 욥이 이처럼 천둥과 번개나 다름없는 끔찍한 폭력에 시달리는 이유가 명쾌하지 않지만, 그런 행위는 그 자체로 많은 관중뿐만 아니라, 무엇보다 여호와 자신에게 그의 무적의 권력을 확신시킬 만큼 충분히 웅장하고 인상적이다. 여호와가 그런 식으로 행동함으로써 오히려 자신의 전지에 너무나 큰 폭력을 행사하고 있다는 사실을 욥이 깨닫고 있는지 여부에 대해 우리로서는 알 길이 없지만, 욥의 침묵과 복종은 여러 가지 가능성을 열어 놓고 있다. 욥은 정의에 대한 요구를 형식적으로 철회하는 외에 다른 대안이 없으며, 따라서 그는 글 시작 부분에서 인용한 말로 대답하고 있다. "손을 제 입에 갖다 댈 뿐입니다."

욥은 정신적 망설임의 흔적을 조금도 드러내지 않는다. 사실 그의 대답은 그가 신의 폭발적인 힘에 완전히 굴복했다는 데 대해 전혀 의문을 품지 않도록 한다. 더없이 엄격한 독재자도 그 같은 결과에 만족했을 것이다. 또 그 독재자는 자신의 종의 확고한 충성을 확인할 뿐만 아니라, 그 종이 무서워서라도 앞으로 상당한 기간 동안 부적절한 생각을 감히 떠올리지 못할 것이라는 점도 꽤 확신할 수 있었을 것이다.

정말 이상하게도, 여호와는 그런 종류에 대해서는 아무것도 알지 못한다. 그는 욥과 그의 상황을 전혀 보지 않는다. 마치 여호와가 욥이 아닌 다른 막강한 적을, 그러니까 문제로 삼을 가치가 더 큰 반대자를 두고 있는 것처럼 보인다. 이것은 두 번 반복되는 여호와의 비웃음으로 인해 분명해진다.

사내답게 네 허리를 동여매어라.

너에게 물을 터이니, 대답하여라.('욥기' 38장 3절)

두 적대자 사이의 이런 불균등을 보여주려면 대단히 괴상한 예들을 선택해야만 할 것이다. 여호와는 욥에게서 무엇인가를, 우리가 욥에게 돌리지 않고 신에게로 돌릴 무엇인가를, 즉 어떤 동등한 권력을 보고 있다. 바로 이 권력이 여호와가 자신의 권력 장치를 몽땅 끌어내서 반대자 앞에 퍼레이드를 벌이도록 하고 있다. 여호와는 욥에게 회의론자의 얼굴을 투영하고 있다. 그런데 그 얼굴이 여호와에게 혐오스럽다. 그것이 여호와 자신의 얼굴이기 때문이다. 그 얼굴이 무섭고 비판적인 눈으로 여호와를 응시하고 있다. 여호와는 그 권력을 두려워하고 있다. 누구든 무서운 것 앞에서 자신의 권력과 현명과 용기와 무적 등에 관한 언급을 쏟아내니 말이다. 그 모든 것이 욥과 무슨 관계가 있는가? 한 마리의 쥐를 겁주는 데 사자의 노력이 필요한가?

여호와는 처음 한 차례 승리를 거둔 것으로 만족하지 못한다. 욥은 오래전에 이미 녹초가 되었지만, 위대한 반대자는 자신의 유령을 끔찍한 고통에 끙끙거리는 자에게로 투영한 상태에서 아직도 위협적인 자세로 똑바로 서 있다. 그래서 여호와는 팔을 다시 들어 올린다.

네가 나의 공의마저 깨뜨리려느냐?

너 자신을 정당화하려고 나를 단죄하려느냐?

네가 하느님 같은 팔을 지녔으며

그와 같은 소리로 천둥 칠 수 있느냐?('욥기' 40장 8-9절)

아무런 보호 없이 버려지고, 권리마저 박탈당하고, 자신의 무가치함이 기회 있을 때마다 면전에서 일깨워지고 있는 인간은 여호와에게 너무도 위험해 보인다. 그래서 그 인간은 더없이 무서운 무기로 완전히 박살내야 한다. 무엇이 여호와를 화나게 만드는가 하는 문제는 표면상의 욥에 대한 여호와의 항의라는 측면에서 볼 수도 있다.

교만한 자는 누구든 살펴 그를 꺾고
악인들은 그 자리에서 짓밟아 보아라.
그들을 모두 흙 속에 숨기고
숨긴 곳에서 그들의 얼굴을 염포로 묶어 보아라.
그러면 나도 너를 인정하리니
너의 오른손이 너를 구원할 수 있기 때문이다.('욥기' 40장 12-14절)

욥은 마치 자신이 신이라도 되는 것처럼 도전을 받고 있다. 그러나 당시의 형이상학에는 이등급의 신은 전혀 없었으며, 여호와의 귀를 사로잡으며 그에게 영향력을 행사할 수 있는 사탄 외에 다른 신은 없었다. 사탄은 여호와의 눈을 속이고, 여호와를 현혹시키고, 여호와가 자신의 형법을 폭력적으로 위반하도록 부추길 수 있는 유일한 존재이다. 그렇다면 사탄이야말로 정말로 끔찍한 적이 아닐 수 없다. 게다가, 가까운 혈연 관계 때문에 평판까지 떨어뜨리고 있다. 그래서 사탄은 특별히 신중하게 숨겨져야 한다. 그러다가 그만 신은 자신의 가슴 속의 의식으로부터도 사탄을 감추기에 이르렀다. 신은 무서운 모습을 "숨겨진 장소"로 추방함으로써 무의식의 상태로 계속 남을 수 있을 것이라는 희망을 품고서, 싸워야 할 마귀로서 사탄의 자리에다가 자신의 비참한 종을 대신 앉혀야 한다.

만약에 비실재적인 이 대결의 무대 관리와 열변, 선사시대 동물들의 인상적인 활동 등을 여호와가 의식적인 존재가 되고 상대적인 존재가 될 수 있다는 사실에 대해 느끼는 두려움이라는, 순수하게 부정적인 요인으로 환원시킨다면, 그런 것들은 충분히 설명되지 않을 것이다. 그 갈등은 전지로부터 숨겨지지 않는 어떤 새로운 요인의 결과로서 여호와에게 심각한 것이 되었다. 그럼에도 이 경우에 기존의 지식은 어떤 결론도 동반하지 않는다. 이 새로운 요인은 세계의 역사에서 그때까지 한 번도 일어나지 않은 그 무엇이고, 들어본 적이 없는 사실이다. 죽을 운명을 타고난 인간이 자신이 알지 못하거나 원하지 않은 상태에서 도덕적인 행동에 의해 하늘의 별들보다 더 높아지고, 보다 유리한 그곳에서 인간이 여호와의 뒤를, 말하자면 "어둠"의 끔찍한 세계를 볼 수 있게 된 것이 바로 그 사실이다.

욥은 자신이 무엇을 보았는지 알고 있을까? 만약에 안다면, 그는 그 같은 사실을 겉으로 드러내지 않을 만큼 약삭빠르거나 빈틈없다. 그러나 그의 말은 아주 분명하다.

> 저는 알았습니다. 당신께서는 모든 것을 하실 수 있음을,
> 당신께는 어떠한 계획도 불가능하지 않음을!('욥기' 42장 2절)

정말로, 여호와는 무엇이든 할 수 있으며, 눈 하나 깜짝 안 하고 자신에게 모든 것을 허용한다. 놋쇠처럼 단단한 용모를 가진 그는 자신의 그림자 측면을 투사하고, 인간에게 피해를 입히며 무의식 상태로 남을 수 있다. 그는 자신의 우월한 권력을 뽐낼 수 있으며, 자신에게 별다른 의미를 지니지 않는 법들을 만들 수 있다. 살인은 사소한 일이고, 그는 분위기에 사로잡히면 봉건시대 귀족의 역할을 맡으며 자신의 들판에서 일어난 재앙에 대해 농노들에게 인심 좋게 보상해줄 수 있다. "그래서 당신이 아들들과 딸들을 잃었다고? 걱정할 것 하나도 없네. 내가 더 훌륭한 아들들과 딸들을 다시 줄 테니까."

욥이 말을 잇는다(틀림없이 눈길은 아래를 향했을 것이며, 목소리는 낮았을 것이다).

당신께서는 "지각없이 내 뜻을 가리는 이 자는 누구냐?" 하셨습니다.

그렇습니다. 저에게는 너무나 신비로워 알지 못하는 일들을

저는 이해하지도 못한 채 지껄였습니다.

당신께서는 "이제 들어라. 내가 말하겠다. 너에게 물을 터이니 대답하여

라." 하셨습니다.

당신에 대하여 귀로만 들어 왔던 이 몸,

이제는 제 눈이 당신을 뵈었습니다.

그래서 저 자신을 부끄럽게 여기며

먼지와 잿더미에 앉아 참회합니다. ('욥기' 42장 3-6절)

현명하게도, 욥은 여호와의 공격적인 말을 받아들이며, 마치 정말로 패배한 적처럼 여호와의 발아래에 납작 엎드린다. 욥의 말이 간계가 없는 것처럼 들리니, 차라리 그의 말이 모호했으면 더 좋았을 것이다. 그는 교훈을 잘 배웠고, 절대로 쉽게 이해되지 않는 "놀라운 것들"을 경험했다. 이전에 그는 여호와를 "귀로 들어서" 알았지만, 지금은 여호와의 실체를 직접적으로, 심지어 다윗보다 더 직접적으로 맛보았다. 그 교훈은 절대로 망각해서는 안 되는 통렬한 가르침이었다. 예전에 욥은 "선한" 신에 대해, 자애로운 지배자에 대해, 정의로운 판사에 대해 꿈꾸던 순진한 사람이었다. 그는 "계약"은 법적인 문제라고, 또 계약의 당사자는 누구나 합의한 대로 권리를 주장할 수 있다고 상상했다. 또 신은 정직하고 진실하거나 적어도 정의로우며, 십계명을 근거로 누구나 생각할 수 있듯이, 도덕적 가치들을 인정하거나 적어도 자신의 법적 관점에 충실한 존재라고 상상했다. 그러나 놀랍

게도 그는 여호와가 인간적이지 않고 어떤 측면에서는 인간보다 더 못하다는 것을, 여호와가 여호와 자신이 리바이어던(악어)에 대해 말하는 내용과 똑같다는 것을 발견했다.

> 높은 자들을 모두 내려보니,
> 그것은 모든 오만한 자들 위에 군림하는 임금이다.('욥기' 41장 26절)

무의식은 동물적인 본성을 갖고 있다. 옛날의 모든 신들과 마찬가지로, 여호와도 동물의 상징체계를 갖고 있다. 틀림없이, 짐승의 모습을 한, 이집트의 오래된 신들, 특히 호루스와 그의 네 아들들로부터 차용한 상징체계이다. 여호와의 네 가지 동물들 중에서 오직 하나만 인간의 얼굴을 하고 있다. 그것은 아마 하나의 영적 존재로서 인간의 신이자 아버지인 사탄일 것이다. 에제키엘의 환상은 동물적인 신에게 동물의 본성을 4분의 3 부여하고 인간의 본성을 4분의 1만 부여한 반면에, 상위의 신, 그러니까 "사파이어 옥좌" 위의 신은 단순히 인간의 "모습"을 하고 있다.[141] 이 상징체계가 인간의 관점에서 보면 도저히 견딜 수 없는 여호와의 행동을 설명해준다. 여호와의 행동은 도덕적으로 판단될 수 없는 무의식적인 존재의 행동이다. 여호와는 하나의 현상이며, 욥이 말하듯이 "인간이 아니다".

욥의 말에서 그런 의미를 읽어내는 데는 큰 어려움이 따르지 않는다. 어쨌든, 여호와는 마침내 진정되었다. 저항하지 않고 받아들이는 치료 방법이 다시 그 진가를 입증했다. 그럼에도 불구하고, 여호와는 욥의 친구들에게 여전히 다소 불안감을 느끼고 있다. 그들이 "나에게 올바른 것을 말하지 않았기" 때문이다.('욥기' 42장 7절) 정말 웃기게도, 여호와의 의심 콤플렉스의 투사는 존경할 만하고 약간 현학적인 늙은 신사들에게까지 확

---

141 '에제키엘서' 1장 26절.

장되고 있다. 마치 '신이 아는 것'이 그 신사들이 생각한 것에 달렸다는 듯이. 그러나 인간들이 어쨌든 생각해야 한다는 사실, 특히 여호와에 대해 생각해야 한다는 사실은 대단히 불안하게 만드는 일이므로 어떻게든 중단되어야 한다. 그 같은 사실은 방랑하는 그의 아들이 언제나 불쑥 나타나 그의 약점을 찌르는 것과 아주 비슷하다. 여호와가 조심성 없이 감정을 폭발시켜 놓고는 심하게 후회한 것이 이미 얼마나 자주 있었던가!

여기서 전지(全知)가 어떤 깨달음 쪽으로 점점 더 가까이 다가서고 있으며, 자기 파괴의 두려움 때문에 꼼짝 못하고 있는 것 같은 어떤 통찰에 협박당하고 있다는 인상을 떨치기 어렵다. 다행히도, 욥의 최종적 선언이 아주 명확하기 때문에 누구나 두 당사자에게 그 사건은 영원히 마무리되었다고 확신할 수 있다.

어느 때든 생명력을 잃은 적이 없는 이 위대한 비극에 대해 논평하고 있는 우리는 그런 식으로 느끼지 않는다. 우리 현대인의 감수성에는 신의 현존의 위엄에 대한 욥의 깊은 복종과 욥의 사려 깊은 침묵이 신과 내기를 건 사탄의 장난이 제기한 질문에 대한 진정한 대답이 될 수 있다는 것이 절대로 명쾌하게 다가오지 않는다. 욥은 대답을 하기보다는 적응된 방식으로 반응했을 뿐이다. 그렇게 하면서 욥은 놀랄 만한 자제력을 발휘했지만, 아직 분명한 대답이 제시되어야 한다.

가장 명백한 사항을 꼽는다면, 욥이 겪은 도덕적 비행은 어떻게 해야 하는가? 신의 눈에는 인간이 너무나 무가치한 존재라서 도덕적 잘못을 저지르는 대상조차 되지 않는 것처럼 보인단 말인가? 그것은 여호와가 인간을 원했다는 사실과, 또 인간들이 그에 대해 "올바르게" 말하는지 여부가 대단히 중요했다는 사실과 모순된다. 여호와가 욥의 충정을 필요로 하고, 욥의 충정이 여호와에게 너무나 많은 것을 의미하기 때문에, 여호와는 욥을 시험하면서 어떤 것도 피하지 않는다. 이 같은 태도는 욥에게 거의 신이나 다름없는 중요성을 부여하고 있다. 그렇지 않고서야 욥이 어떻게 세상의 모든 것을 가진 존재에게 어떤 의미든 지닐 수 있겠는가? 여호와의 분열된 태도, 즉 인간의 생명과 행복을 무자비하게 짓밟는 한편으로 인간을 파트너로 두려는 태도는 인간을 불가능한 어떤 입장에 놓는다. 여호와는 어느 한 순간에 대홍수를 일으킬 만큼 불합리하게 행동하다가도 그 다음 순간에 사랑받고 존경받고 숭배되고 정의롭다는 칭송을 듣기를 원한다. 그는 비판의 암시가 조금이라도 느껴지는 모든 말에 불같이 화를 내는 반면에, 정작 자신의 행동이 도덕규범의 조항들에 위배되기라도 하면 그냥 규범을 무시해 버린다.

그런 신에게 모두가 두려움과 공포 때문에 복종하게 되며, 간사한 칭송과 겉으로의 복종을 통해서 그런 폭군의 비위를 맞추려고 간접적으로 노력할 수 있다. 그러나 신뢰의 관계는 현대의 사고방식에 완전히 기대할 수 없게 된 것 같다. 이런 종류의 무의식적인 본질을 가진 신에게는 도덕적 만족을 기대하지 못한다. 그럼에도 불구하고, 욥은 만족을 얻었다. 여호와도 그것을 의도하지도 않았고, 욥 자신도 그 같은 사실을 모르고 있었을지라도 말이다. 시인(욥)이 겉으로 그렇게 비치게 했을 수도 있으니까.

여호와의 훈시는 의식되지 않고 있었음에도 불구하고 욥에게 데미우르고스의 잔혹한 권력을 보여준다는 분명한 목적을 갖고 있다. "이런 것이 나야. 다루기 힘들고 무모한, 자연의 모든 힘들의 창조자란 말이다. 자연의 힘들은 어떤 도덕법에도 종속되지 않아. 나 역시도 도덕관념을 갖고 있지 않은, 자연의 힘이지. 자신의 뒤를 보지 못하는, 순수하게 외관적인 인격이 바로 나야."

이것이 욥에게 최고의 도덕적 만족이고, 어쨌든 그런 것이 될 수 있다. 왜냐하면 이 선언을 통해서 인간이 신체적으로 허약함에도 불구하고 재판관으로서 신보다 위에 서게 되기 때문이다. 욥이 이것을 깨달았는지는 알 길이 없지만, 우리는 욥에 관한 무수한 논평을 근거로, 그 후의 모든 시대는 일종의 모이라(Moira)[142] 또는 디케(Dike)[143]가 여호와를 지배하는 가운데 여호와가 노골적으로 스스로를 포기하도록 만들고 있다는 사실을 눈감아 주고 있다는 것을 알고 있다. 여호와가 욥에게 모욕감을 주는 행동을 함으로써 어떻게 뜻하지 않게 욥을 높이게 되었는지는 모든 사람의 눈에 쉽게 드러난다. 그렇게 함으로써 여호와는 자기 자신에 대한 평가를 공개적으로 선언하면서 인간에게 도덕적 만족감을 준다. 이 도덕적 만족감의 부재가 '욥기'에 너무나 고통스럽게 그려지고 있다.

이 드라마를 쓴 시인은 주인공이 신 앞에 납작 엎드림으로써 데미우르고스의 힘을 무조건적으로 인정하는 바로 그 순간에 막을 내림으로써 거장다운 신중함을 보여주었다. 그 외의 다른 인상은 절대로 남을 수 없었다. 형이상학의 영역에서, 충격적인 결과를 안겨줄 어떤 기이한 추문이 커지고 있었으며, 어느 누구도 일신론 개념을 재앙으로부터 구할 교리를 준비하지 않고 있었다. 그 시대에도 그리스인의 비판적인 지성은 여호와의 전기(傳記)에 새로 더해진 이것을 쉽게 포착하여, 이미 그리스 신들을 덮쳤던 그 운명이 (한참 뒤의 일이지만, 실제로 일어난 바와 같이) 여호와에게도 할당되도록, 그에게 불리하게 사용할 수 있었을 것이다. 그러나 그 당시에 신의 상대화는 상상조차 할 수 없었으며, 그 다음 2,000년 동안에도 그런 상태로 남았다.

인간의 무의식적 정신은 의식적인 이성이 맹목적이고 무능할 때에도 정확히 보고 있다. 그 드라마는 최종적으로 영원히 완성되었다. 여호와의 이중적인 본성이 드러났고, 누군가 또는 무엇인가가 이 사실을 보고 등록했다. 그런 계시는 인간의 의식에 닿는지 여부를 떠나서 광범위하게 영향을

142 그리스 신화 속의 운명의 여신.
143 그리스 신화 속의 정의의 여신.

끼치지 않을 수 없다.

III

불안의 씨앗이 추가로 어떤 식으로 발달했는가 하는 문제를 살피기 전에, '욥기'가 쓰인 시대로 돌아가야 한다. 불행하게도, 시기가 불확실하다. 일반적으로 B.C. 600년과 B.C. 300년 사이에 쓰인 것으로 짐작되고 있다. 그렇다면 '잠언'(B.C. 4세기와 3세기 사이)이 쓰인 시기와 그리 멀지 않다. '잠언'에는 그리스의 영향을 보여주는 어떤 흔적이 있다. 이 그리스의 영향은 '잠언'이 B. C. 4세기에 쓰였다고 보는 경우에 소아시아를 통해 유대인의 문화에 닿았을 것이고, B. C. 3세기에 쓰였다고 보는 경우에 알렉산드리아를 통해 유대인 문화에 닿았을 것이다. 그 흔적은 소피아, 즉 '신의 지혜'(Sapientia Dei)라는 사상이다. 이 신의 지혜는 천지 창조 이전에 이미 존재하고 있었으며, 여성적인 성격을 가졌고 영원히 공존하고 다소 실체화된 프네우마이다.

주님께서는 그 옛날 모든 일을 하시기 전에

당신의 첫 작품으로 나를 지으셨다.

나는 한처음 세상이 시작되기 전에

영원에서부터 모습이 갖추어졌다.

심연이 생기기 전에,

물 많은 샘들이 생기기 전에 나는 태어났다.

…

그분께서 하늘을 세우실 때, 나 거기 있었다.

…

그분께서 땅의 기초를 놓으실 때

나는 그분 곁에서 사랑받는 아이였다.

나는 날마다 그분께 즐거움이었고

언제나 그분 앞에서 뛰놀았다.

나는 그분께서 지으신 땅 위에서 뛰놀며

사람들을 내 기쁨으로 삼았다. ('잠언' 8장 22-24, 27, 29-31절)

이미 '요한복음'의 로고스와 일부 근본적인 특성들을 공유하는 이 소피아는 한편으로 히브리인의 호크마(Chochma)[144]와 밀접히 연결되고, 다른 한편으로는 그것을 훨씬 뛰어넘기 때문에 인도의 샤크티를 떠올리게 한다. 그 시기(프톨레마이오스 왕조 시대)에 인도와의 관계는 확실히 존재했다. 추가적인 자료는 B.C. 200년경에 쓴 '시라크의 아들 예수의 지혜' (Wisdom of Jesus the Son of Sirach), 즉 '집회서'(Ecclesiasticus)이다. 여기서 지혜는 자신에 대해 이렇게 말한다.

나는 지극히 높으신 분의 입에서 나와

안개처럼 땅을 덮었다.

나는 높은 하늘에 거처를 정하고

구름 기둥 위에 내 자리를 정했다.

나 홀로 하늘의 궁창을 돌아다니고

심연의 바닥을 거닐었다.

바다의 파도와 온 땅을,

온 백성과 모든 민족들을 다스렸다.

...

---

144 영어 성경에서 'wisdom'으로 번역되는 히브리어 단어.

한처음 세기가 시작하기 전에 그분께서 나를 창조하셨고

나는 영원에 이르기까지 사라지지 않으리라.

나는 거룩한 천막 안에서 그분을 섬겼으며

이렇게 시온에 자리잡았다.

그분께서는 이처럼 사랑받는 도성에서 나를 쉬게 하셨다.

나의 권세는 예루살렘에 있다.

…

나는 레바논의 향백나무처럼,

헤르몬산에 서 있는 삼나무처럼 자랐다.

나는 엔 게디의 야자나무처럼

예리코의 장미처럼

평원의 싱싱한 올리브 나무처럼

플라타너스처럼 자랐다.

나는 향기로운 계피와 낙타가시나무처럼

값진 몰약처럼

풍자 향과 오닉스 향과 유향처럼

천막 안에서 피어오르는 향연처럼

사방에 향내를 풍겼다.

내가 테레빈 나무처럼 가지를 사방에 뻗으니

그 가지는 찬란하고 우아하다.

내가 친절을 포도 순처럼 틔우니

나의 꽃은 영광스럽게 풍성한 열매가 된다.

나는 아름다운 사랑과 경외심의 어머니요

지식과 거룩한 희망의 어머니다.

나는 내 모든 자녀들에게,

그분께 말씀을 받은 이들에게

영원한 것들을 준다.('집회서' 24장 3-18절)

이 텍스트는 보다 면밀하게 검토할 필요가 있다. 지혜는 스스로를 요컨대 로고스로, 신의 말씀("나는 지극히 높으신 분의 입에서 나왔다")으로 묘사하고 있다. 신의 영인 루아흐(Ruach)로서, 그녀는 시원(始原)의 물을 보며 골똘히 생각에 빠졌다. 신처럼, 그녀는 천국에 자신의 자리를 갖고 있다. 우주 발생의 프네우마로서, 그녀는 하늘과 땅과 창조된 모든 것들에 스며든다. 그녀는 거의 모든 특성에서 성 요한의 로고스와 일치한다. 이 연결이 그 내용과 관련해서 얼마나 중요한지를 앞으로 살필 것이다.

지혜는 특히 어머니 도시 "메트로폴리스" 예루살렘의 수호신이다. 그녀는 이교의 도시 여신인 이슈타르와 아주 비슷하며 어머니이고 연인이다. 이것은 지혜가 나무들, 그러니까 향나무와 종려나무, 테레빈 나무, 올리브 나무, 사이프러스 나무 등과 세세하게 비교되고 있는 사실에 의해서 뒷받침되고 있다. 이 나무들은 모두 고대부터 셈족의 사랑과 어머니의 여신의 상징들이었다. 높은 곳에 자리 잡은 이 여신의 제단 옆에는 언제나 신성한 나무가 서 있었다. '구약 성경' 속에서 참나무들과 테레빈 나무들은 신탁의 나무이다. 신이나 천사들이 숲이나 나무들 옆에서 나타난다는 말이 있다. 다윗은 뽕나무를 통해 신탁을 들었다.

바빌론에서 나무는 아들이자 연인인 타무즈를 나타냈다. 그것은 나무가 오시리스나 아도니스, 아티스, 디오니소스 등 젊을 때 죽는 근동의 신들을 나타냈던 것과 똑같다. 이 모든 상징적 특성들은 또한 신부뿐만 아니라 신랑의 특징으로서 '아가'에도 나타난다. 포도나무와 포도, 포도나무 꽃, 포도원은 여기서 의미 있는 역할을 한다. 연인은 사과나무 같으며, 그녀는 산(어머니 여신의 숭배가 이뤄지는 장소)에서, "사자 굴에서, 표범 산에서"

('아가' 4장 8절) 내려온다. 그녀의 자궁은 "석류나무 정원"이며 그곳은 "맛깔스런 과일로 가득하고, 헤나와 나르드, 사프란 향초와 육계 향, 온갖 향나무와 함께, 몰약과 침향, 온갖 최상의 향료도 있다".('아가' 4장 13-15절) 그녀의 손에서 "몰약이 떨어졌다".('아가' 5장 5절) (아도니스가 몰약으로부터 태어났다는 것이 기억날 것이다.) 성령처럼 지혜는 선민에게 선물로 주어지는데, 이 사상은 성령의 교리에 다시 받아들여진다.

소피아가 지닌, 세상을 건설하는 마야[145] 같은 성격뿐만 아니라 프네우마 같은 본질은 저자가 불분명한 '지혜서'에서 더욱 분명하게 드러난다. "지혜는 다정한 영이고"('지혜서' 1장 6절) "사람에게 친절하다"('지혜서' 7장 23절). 지혜는 "모든 것을 만든 장인"이고, "지혜 안에 있는 영은 명석하고 거룩하다".('지혜서' 7장 22절) 지혜는 "하느님의 권능의 숨결이고 전능하신 분의 영광의 순전한 발산이다".('지혜서' 7장 25절)

지혜는 "영원한 빛의 광채이고 하느님께서 하시는 활동의 티 없는 거울이며"('지혜서' 7장 26절), "어떠한 움직임보다 재빠르고, 그 순수함으로 모든 것을 통달한다"('지혜서' 7장 23-24절). 지혜는 "하느님과 친교가 있고", "만물의 주님께서는 그녀를 사랑했다".('지혜서' 8장 3절) "그녀보다 더 큰 능력을 가진 것이 어디 있겠는가?"('지혜서' 8장 6절) 그녀는 "성령"으로서 하늘과 영광의 권좌로부터 보내졌다.('지혜서' 9장 10, 17절) 영혼을 저승으로 인도하는 자로서, 그녀는 하느님에게 가는 길을 안내하고 불멸을 보장한다.

'지혜서'는 신의 정의를 강조하고, 아마 실용적인 목적이 없지 않을 텐데, 감히 바람 가까이까지 항해한다. "정의는 죽지 않는다. 그러나 악인들은 행실과 말로 죽음을 불러낸다."('지혜서' 1장 15-16절) 악인들은 이렇게 말한다.

145 힌두교에서 환상을 만들어내는 신이나 힘을 일컫는다.

가난한 의인을 억누르고

과부라고 보아주지 말자.

백발이 성성한 노인이라고 존경할 것 없다.

약한 것은 스스로 쓸모없음을 드러내니

우리 힘이 의로움의 척도가 되게 하자.

의인에게 덫을 놓자.

그 자는 우리를 성가시게 하는 자,

우리가 하는 일을 반대하며

율법을 어겨 죄를 지었다고 우리를 나무라고

교육받은 대로 하지 않아 죄를 지었다고 우리를 탓한다.

하느님을 아는 지식을 지녔다고 공언하며

자신을 주님의 자식이라고 부른다.

우리가 무슨 생각을 하든 우리를 질책하니.

…

그의 말이 정말인지 두고 보자.

그의 최후가 어찌될지 지켜보자.

…

그러니 그를 모욕과 고통으로 시험해 보자.

그러면 그가 정말 온유한지 알 수 있을 것이고

그의 인내력을 시험해 볼 수 있을 것이다.('지혜서' 2장 10-19)

　조금 전에 어디서 이런 내용을 읽었지? "주님께서 사탄에게 말씀하셨다. 너는 나의 종 욥을 눈여겨 보았느냐? 그와 같이 흠 없고 올곧으며 하느님을 경외하고 악을 멀리하는 사람은 땅 위에 다시 없다. 그는 아직도 자기의 흠 없는 마음을 굳게 지키고 있다. 너는 까닭 없이 그를 파멸시키도록 나를 부추긴 것이다."('욥기' 2장 3절) 설교자는 "지혜가 힘보다 낫다"('전도서' 9장 16절)고 말한다.

단순한 친절과 무의식에서가 아니라 보다 깊은 동기에서, '지혜서'는 여기서 약점을 건드린다. 이것을 보다 완전하게 이해하기 위해, 먼저 '욥기'가 당시에 여호와의 지위에 일어난 변화와 어떤 관계가 있는지를 알 필요가 있다. 말하자면, '욥기'와 소피아의 등장 사이의 관계가 중요하다는 뜻이다. 그것은 문학의 역사의 문제가 아니라, 인간에게 영향을 미치는 여호와의 운명에 관한 문제이다.

고대의 기록을 통해서, 우리는 신과 그의 백성 사이에 극적인 드라마가 펼쳐졌다는 것을 알고 있다. 신의 백성은 마치 여자처럼 남성적인 힘인 신과 약혼했으며, 신은 백성의 충정을 질투어린 눈으로 감시했다. 이것을 보여주는 특별한 예가 바로 그 지극한 충정이 끔찍한 시험의 대상이 되었던 욥이다.

이미 말한 바와 같이, 정말로 놀라운 것은 여호와가 사탄의 꼬드김에 어떻게 그렇게 쉽게 넘어가는가 하는 점이다. 만약에 여호와가 욥을 전적으로 믿은 것이 진실이라면, 여호와가 그를 옹호하고, 악의적인 중상자의 탈을 벗기고, 중상자에게 신의 충직한 종을 비방한 대가를 치르도록 하는 것이 유일하게 논리적이다. 그러나 여호와는 그런 것에 대해서는 생각조차 하지 않는다. 심지어 욥의 결백이 입증된 뒤에도 그런 생각을 하지 않는다. 사탄을 비난하는 소리가 전혀 들리지 않는다. 그러므로 우리는 여호와의 묵과를 의심할 수 없다.

여호와가 욥을 살인도 마다하지 않는 사탄에게 신속히 넘겼다는 점은 바로 그가 자신의 충직하지 않은 경향을 희생양에게 투사한 탓에 욥을 의심한다는 점을 증명하고 있다. 여호와가 이스라엘과의 혼인 관계를 파기하려 하면서도 그 의도를 자신으로부터 숨기고 있다고 의심할 이유가 있다.

이런 식으로 막연히 의심 받는 불성실이 여호와가 사탄의 도움으로 불성실한 존재를 찾아 나서도록 하며, 여호와는 지체 없이 잔인한 시험에 들게 할 인물을 그 집단 중에서 가장 충직한 사람으로 고른다. 여호와는 자신의 성실성을 확신하지 못하게 되었다.

거의 동시에, 아니면 조금 뒤에, 실제로 일어났던 일이 소문으로 떠돌고 있다. 여호와가 인간의 마음에만 아니라 그의 마음에도 드는 어떤 여성의 존재를 기억해냈다. 그 존재는 세상이 시작되던 때부터 여호와의 친구이자 놀이 친구였으며, 신의 모든 창조물들 중 첫 번째로 태어났으며, 신의 영광을 오점 하나 없이 반영했으며, 신의 이미지에 따라 찍어낸 이차적인 산물인 최초의 인간의 후손들보다 여호와의 가슴에 더 가깝게, 더 사랑스럽게 다가온 명장(名匠)이었다. 소피아를 이런 식으로 상기한 데는 긴박한 필요성이 작용했을 것이다. 상황이 그냥 예전처럼 계속 이어질 수 없었다. "정의로운" 신은 부당한 행동을 계속 자행할 수 없었으며, "전지"는 더 이상 어리석고 생각 없는 인간처럼 처신할 수 없었다. 자기반성이 필수가 되고 있었으며, 그 때문에 지혜가 필요했다. 여호와는 자신의 절대적 지식을 기억해야 한다. 만약에 욥이 신에 대한 지식을 얻는다면, 그런 경우에 신도 자신을 아는 방법을 배워야 하기 때문이다. 여호와의 이중적인 본성이 모두가 다 아는 상식이 된 상황에서 여호와 자신에게만 숨겨진 상태로 남을 가능성은 없었다. 신을 아는 사람은 누구나 신에게 어떤 영향을 미친다. 욥을 타락시키려다 실패한 일이 여호와의 본성을 변화시켰다.

'성경'과 역사로부터 얻은 힌트들을 바탕으로, 이제는 이런 변화가 있은 뒤에 일어난 일을 구성해 볼 생각이다. 이 목적을 위해서 '창세기'의 시대와 타락 이전의 원형으로 돌아가야 한다. 아담은 창조주의 도움을 받아 자신의 갈비뼈로 여자 파트너 이브를 만들었다. 그 방법은 창조주가 '원물질'로부터 자웅동체의 아담을 만든 다음에, 아담과 함께 인간 중에서 신의 도장이 찍힌 부류, 즉 이스라엘 사람들과 아담의 다른 후손들을 만들던 때와 똑같았다.

신기하게도 동일한 패턴을 따르면서, 아담의 첫 번째 아들은 사탄처럼 악인이었으며 하느님 앞에서 살인자가 되었다. 그래서 천국에서의 서막이 땅에서도 되풀이되었다. 그렇다면 이것이 여호와가 성공적이지 않은 카인을 특별히 보호한 깊은 이유였다고 쉽게 추측할 수 있다. 카인이 사탄을 축소판으로 충실하게 재현했으니 말이다.

카인보다 신의 사랑을 더 많이 받은, 농부로 적극적으로 살다가 일찍 세상을 떠난 아벨(그는 틀림없이 사탄의 천사들 중 하나로부터 그 기술들을 배웠다)의 원형에 대해서는 별다른 말이 없다. 아마 이 원형은 사탄보다 더 보수적인 본성을 지닌, 신의 또 다른 아들이었을 것이다. 그는 사악한 생각을 끊임없이 떠올리는 성향을 소유한, 구르는 돌 같은 존재(활동가)는 절대로 아니었다. 그는 아이 같은 사랑으로 아버지와 묶여 있었고, 아버지의 인정을 받는 생각 외에 다른 것은 전혀 품지 않았으며, 천상의 질서에서 핵심적인 집단에 속했다. 그것은 땅 위의 그의 카운터파트인 아벨이 '지혜서'의 표현대로 "사악한 세계를 서둘러 떠나서" 아버지에게로 돌아갈 수 있었던 이유를 설명해 줄 것이다. 카인은 땅에 존재하는 동안에 한편으로는 자신의 진보적 성향에 따른 저주를, 다른 한편으로 도덕적 열등에 따른 저주를 최대한 맛보아야 했음에도 말이다.

만약에 최초의 아버지 아담이 창조주의 복사판이라면, 아담의 아들 카인은 확실히 하느님의 아들 사탄의 복사판이며, 이것은 하느님의 총애를 받는 아벨도 마찬가지로 "하늘 위 어느 곳"에 자신에게 해당하는 존재를 두고 있었음에 틀림없다고 짐작하도록 만든다. 겉보기에 성공적이고 만족스러워 보이는 천지 창조가 시작되는 바로 그 시점에 일어나는 불길한 사건들, 즉 타락과 형제 살해가 우리의 관심을 끈다. 하느님의 영이 혼돈 상태를 놓고 깊이 생각하던 때의 원래 상황이 절대적으로 완벽한 결과를 기대하는 것을 허용하지 않았다는 점을 우리는 인정하지 않을 수 없다. 더욱이, 이틀마다 자신의 창조 작업이 "훌륭하다"는 것을 확인했던 창조주는 월요일에 일어나는 일에 좋은 점수를 주지 못했다. 그는 그냥 아무 말을 하지 않았다. 말문이 막히는 상황이라니!

그날 일어난 것은 끼워 넣은 창공의 "판"에 의해 위쪽 물이 아래쪽 물로부터 최종적으로 분리되는 것이었다. 불가피한 이 이원성이 그때도 그 후처럼 일신론의 개념과 부드럽게 조화를 이루기를 거부했던 것이 분명하다. 왜냐하면 그것이 형이상학적 분열을 가리키기 때문이다. 역사를 통해 알고 있듯이, 이 분열은 세기를 내려오면서 거듭 수선되고, 감춰지거나 부정되어야 했다. 그 분열은 낙원에서 인간의 삶이 시작된 바로 그때부터 창조주에게 일어난 이상한 빗나감을 통해서 느껴지게 되었다.

창조주는 인간을 모든 생명체들의 지배자이자 가장 지적인 존재로서 맨 마지막 날 나타나게 한다는 원래의 계획을 따르지 않고, 아담보다 훨씬 더 지적이고 의식적인 것으로 드러난 뱀을, 그것도 아담보다 먼저 창조했다. 우리는 여호와가 자신을 속였을 것이라고 생각할 수 없다. 그의 아들 사탄이 거기에 관여했을 가능성이 훨씬 더 높다. 사탄은 책략가이며, 성가신 사건들을 일으키는 것을 너무도 좋아하는 짓궂은 존재이다. 여호와가 아담에 앞서 파충류들을 창조했지만, 그것들은 매우 우둔한, 정원의 평범한 뱀들이었으며, 사탄은 그 뱀들 중에서 자신의 위장으로 어떤 나무 뱀을 선택했다. 그 후로 뱀이 "가장 영적인 동물"이라는 소문이 퍼졌다. 훗날 뱀은 누스의 우호적인 상징이 되어 명예를 누렸으며, 심지어 신의 둘째 아들을 상징하도록 허용되기까지 했다. 신의 둘째 아들이 누스와 동일한 것으로 자주 나타나는, 세상의 결점을 보충하는 로고스로 해석되었기 때문이다.

훗날 시작된 어느 전설은 에덴동산의 뱀이 아담의 첫 번째 아내인 릴리트였다고, 또 아담과 그녀의 사이에서 악마들의 무리가 태어났다고 주장한다. 이 전설은 마찬가지로 창조주가 거의 의도할 수 없었던 어떤 계략을 가정한다. 따라서 '성경'은 오직 아담의 합법적인 아내로서 이브에 대해서만 알고 있다. 그럼에도 불구하고, 전설에 따르면 하느님의 이미지로 창조된 최초의 인간이 그의 천상의 원형과 똑같이 아내를 두 명 두었다는 이상한 사실은 그대로 남아 있다. 여호와가 아내 이스라엘과 합법적으로 결합했지만 영원이 시작되던 때부터 친한 놀이 친구로 여성적인 어떤 프네우마를 두었듯이, 아담은 먼저 소피아에 해당하는 사탄 같은 존재로서 릴리트(사탄의 딸 또는 발산)를 아내로 두었다. 그렇다면 이브는 이스라엘의 백성에 해당할 것이다.

우리는 "신의 영"인 루아흐 엘로힘(Ruach Elohim)이 여성적일 뿐만 아니라 신과 나란히 존재하는 비교적 독립적인 존재라는 이야기를, 그리고 여호와가 이스라엘과 혼인하기 오래 전에 소피아와 관계를 맺었다는 이야기를 그렇게 늦게서야 들어야 하는 이유를 당연히 알지 못한다. 또 더 오래된 전통 속에서 이 첫 번째 결합에 관한 지식이 실종된 이유도 우리는 알지 못한다. 마찬가지로, 아담과 릴리트 사이의 미묘한 관계에 대한 이야기를 들은 것도 한참 뒤의 일이었다. 언제나 불성실을 대수롭잖게 여기던 이스라엘의 자식들이 여호와에게 골칫거리였듯이, 이브가 아담에게 말썽부리는 아내였는지는 우리에게 똑같이 알려져 있지 않다.

어쨌든, 우리의 최초의 부모의 가족생활은 즐거웠던 것만은 아니었다. 그들의 첫 번째 두 아들은 서로 적대적인 아들들의 전형적인 짝이었다. 당시에는 신화적인 모티브를 현실 속에서 사는 것이 여전히 관습이었으니까. (오늘날에는 형제 사이의 적대감은 불쾌한 것으로 느껴지고, 따라서 그런 일이 일어날 때마다 부정 당한다.) 최초의 부모는 원죄에 대한 책임을 나눠 질 수 있다. 아담은 자신의 악의 왕비를 생각하기만 하면 되고, 이브는 자신이 뱀의 계략에 넘어간 첫 희생자라는 사실을 잊지 말아야 했다. 그 타락과 마찬가지로, 카인과 아벨 사이의 촌극은 천지 창조의 찬란한 성공의 예로 제시되기 어렵다. 이 같은 결론은 불가피하다. 여호와 자신이 앞에 언급한 사건들에 대해 미리 알지 못한 것 같기 때문이다. 여기서도 훗날과 마찬가지로 전지(全知)로부터 어떤 결론도 끌어내지 않았다고 의심할 이유가 있다. 여호와가 자신의 완전한 지식에 상담을 청하지 않았고, 따라서 그 결과에 크게 놀랐던 것이다. 사실 사람들이 감정의 쾌락을 거부하지 못하는 곳마다, 인간 존재들 사이에서도 이와 똑같은 현상이 관찰된다. 분노를 폭발시키거나 부루퉁하게 골내는 것은 나름의 은밀한 매력을 갖고 있다는 점이 인정되어야 한다. 그렇지 않다면, 대부분의 사람들이 오래 전에 약간의 지혜를 획득했을 것이다.

이런 관점에서 보면, 우리는 욥에게 일어난 일을 더 쉽게 이해할 수 있는 위치에 선다. 플레로마(Pleroma)[146], 또는 (티베트인들의 표현을 빌리면) 바르도(Bardo)[147] 상태에서 우주적인 힘들의 완벽한 상호 작용이 일어나지만, 천지 창조, 즉 세상을 공간과 시간 속에서 명백히 구분하는 과정에 의해 사건들이 서로 충돌을 빚고 경쟁을 벌이기 시작한다. 아버지의 망토 자락에 숨은 상태에서, 사탄은 여기서 옳은 짓을, 저기서 나쁜 짓을 벌이기 시작하며, 창조자의 계획에 포함되지 않아 놀라움으로 다가오는 골칫거리들을 만들어낸다. 무의식적 창조물, 즉 동물들과 식물들과 광석들이 우리가 아는 한 만족스럽게 기능하는 사이에, 인간이 걸린 일들은 끊임없이 말썽을 일으키고 있다.

처음에 인간의 의식은 동물들의 의식보다 조금만 더 높으며, 바로 그런 이유로 인간의 의지의 자유는 극도로 제한적이었다. 그러나 사탄이 인간

---

146 기독교 신학, 특히 그노시스주의에서 신의 은총으로 충만한 상태를 의미한다.

147 티베트 불교에서 죽음과 재탄생 사이의 과도기를 말한다.

에게 관심을 갖고 자신의 방식대로 인간을 실험하면서 인간을 온갖 종류의 사악함으로 이끄는 반면에, 사탄의 천사들은 지금까지 플레로마의 완벽을 위해 남겨 두었던 예술과 과학들을 인간에게 가르쳤다. (그 시절에도 사탄은 "루시퍼"라는 이름으로 불릴 만 했을 것이다!) 특이하고 예상할 수 없는 인간들의 괴상한 짓들은 여호와의 분노를 불러일으키고, 그리하여 여호와가 피조물의 일에 관여하도록 만들었다. 이제 신의 개입이 설득력 있는 필연이 되었다.

정말 짜증스럽게도, 신의 개입은 단지 일시적인 성공만 거둘 뿐이었다. 소수의 선택된 존재만을 제외하고 생명이란 생명을 모두 물에 빠뜨리는 가혹한 처벌(화석을 증거로 제시하는 야콥 쇼이히처(Johann Jacob Scheuchzer)에 따르면, 물고기들도 피하지 못한 운명이었다)조차도 지속적인 효과를 전혀 발휘하지 못했다. 너무도 이상한 것은 여호와가 언제나 그 원인을 복종하길 거부하는 인간에게서 찾을 뿐, 온갖 책략의 아버지인 그의 아들에게서는 절대로 찾지 않는다는 점이었다. 이런 그릇된 경향은 이미 과민해진 여호와의 본성을 더욱 악화시키지 않을 수 없었으며, 그래서 신에 대한 두려움이 인간에 의해서 대체로 모든 지혜의 원칙으로, 심지어 모든 지혜의 시작으로 여겨지고 있다.

인류는 이런 엄격한 규율 하에서도 약간의 지혜, 즉 약간의 통찰과 숙고를 획득함으로써 의식을 확장하려고 노력했던 반면에, 역사적 전개를 근거로 하면, 여호와는 플레로마의 상태에서 소피아와 공존했다는 것을 천지 창조의 날 이후로 잊어버린 것이 분명했다. 이 소피아의 자리를 선민들과의 계약이 차지했으며, 따라서 선민들은 여자의 역할을 맡지 않을 수 없었다.

그 시대에 그 민족은 여자들은 오직 부차적으로만 중요성을 지니는 그런 가부장적인 사회로 구성되어 있었다. 그러므로 신과 이스라엘의 결혼은 기본적으로 남성적인 사건이었으며, 그것은 거의 동시에 일어났던 그리스인들의 폴리스 창설과 비슷한 것이었다. 여자들의 열등은 명백한 사실이었다. 이브가 뱀의 부추김에 약했던 사실이 분명히 증명하듯이, 여자는 남자보다 덜 완벽한 것으로 여겨졌다. 완벽은 남자에게 필요한 것인 반면에, 여자는 천성적으로 완전을 추구하는 경향을 갖고 있다.

그리고 오늘날에도 남자는 비교적 완벽한 상태를 여자보다 더 오랜 기간에 걸쳐 훨씬 더 잘 견뎌낼 수 있는 반면에, 그런 상태는 대체로 여자들과 어울리지 않고 심지어 여자들에게 위험할 수도 있다는 것이 하나의 사실로 받아들여지고 있다. 만약에 어떤 여자가 완벽을 추구하고 있다면, 그녀는 완전의 보완적인 역할을 망각하고 있다. 완전은 그 자체로는 완벽하지 않을지라도 완벽에 필요한 카운터파트가 되어 준다. 완전이 언제나 완벽과 거리가 있듯이, 완벽은 언제나 불완전하고, 따라서 가망 없는 불모의 어떤 최종적 상태를 나타내기 때문이다. 옛날의 연금술 장인들은 "완벽한 것에서는 아무것도 나오지 않는다"고 말하는 한편, 완벽하지 않은 것은 그 안에 자체의 향상을 이룰 씨앗을 담고 있다. 완벽주의는 언제나 막다른 골목에서 끝나는 반면, 완전은 그 자체로 선택적인 가치들을 결여하고 있다.

여호와와 이스라엘의 결혼의 바탕에는 우리가 "에로스"로 알고 있는 그런 종류의 관련성을 배제하는 완벽주의자의 의도가 깔려 있다. 에로스, 즉 가치들과의 연관성의 결여가 '욥기'에 가슴 아플 정도로 분명하게 드러나고 있다. 모든 창조물의 귀감이 사람이 아니고 악한이라니! 여호와는 에로스를 전혀 품지 않고 있고 인간과 관계를 전혀 맺고 있지 않으며, 오로지 어떤 목적만 고려하고 있다. 그에게 인간은 바로 그 목적을 성취하는 데 도움을 줘야 하는 존재이다. 그러나 그것도 그가 다른 모든 남편들처럼 질투심과 의심을 품지 않도록 막지 못한다. 여기서도 여호와는 인간이 아니라 자신의 목적만을 염두에 두고 있다.

그의 백성의 정직성이 그에게 중요해질수록, 그는 지혜를 더 자주 망각한다. 그러나 그의 백성은 여호와가 총애한다는 점을 뒷받침하는 증거가 많음에도 불구하고 성실하지 않은 모습을 거듭 보인다. 이 같은 행동은 당연히 여호와의 질투와 의심을 절대로 진정시키지 못하며, 따라서 사탄이 욥의 불성실에 대한 의심을 아버지의 귓속으로 흘릴 때 그 암시는 곧바로 여호와에 가 닿았다. 여호와는 자신의 확신과 달리 조금도 망설이지 않고 욥에게 최악의 고문을 가하는 데 동의한다. 소피아의 "인간 사랑"이 그 어느 때보다 아쉽다. 욥도 그 지혜를 갈망하고 있지만, 그것은 어디서도 발견되지 않는다.

욥이 이 불행한 전개의 정점을 찍는다. 그는 그 시대에 인간의 내면에서 성숙하고 있던 어떤 사상을 축약해서 나타내고 있다. 신들과 인간들에게 많은 지혜를 요구하는 위험한 사상이었다. 이 같은 요구를 의식하고 있음에도 불구하고, 욥은 틀림없이 하느님과 영원히 공존하는 소피아에 대해 충분히 알고 있지 않다. 인간은 여호와의 변덕스런 의지에 휘둘리고 있다고 느끼기 때문에 지혜가 필요하지만, 지금까지 인간의 무가치함 외에는 싸울 것을 전혀 두고 있지 않은 여호와는 그렇지 않다.

그러나 욥의 드라마로 인해, 상황이 근본적인 변화를 겪고 있다. 여기서 여호와는 한 인간을 정면으로 마주하고 있다. 그 인간은 잔인한 힘에 어쩔 수 없이 굽하게 될 때까지 자신의 권리를 옹호하며 단호하게 서 있다. 욥은 신의 얼굴을 보고, 그의 본성에서 무의식적 분열을 보았다. 이제 신은 알려졌으며, 이 지식은 여호와의 내면에서뿐만 아니라 인간의 내면에서도 계속 작용했다.

따라서 이미 존재하고 있던 소피아의 부드러운 손길에 자극 받아 여호와와 그의 태도를 상쇄하고, 그와 동시에 지혜에 대한 상기를 마무리하는 사람들은 그리스도가 태어나기 몇 세기 전의 사람들이었다. 지혜는 자신의 자율성을 맹백히 뒷받침하는 증거인 고도로 의인화된 형태를 취하면서, 인간들에게 여호와에 맞서는 다정한 조력자와 옹호자로서 모습을 드러내며, 인간들의 신의 밝은 면을, 말하자면 친절하고 정의롭고 온화한 면을 보여준다.

사탄이 뱀과 벌인 못된 장난이 완벽한 것으로 계획했던 낙원을 훼손시키던 때에, 여호와는 자신의 남성적인 핵심과 그것의 여성적인 발산의 이미지에 따라 창조했던 아담과 이브를 낙원 밖으로, "어둠"의 변방으로 추방했다. 이브 중 어느 정도가 소피아를 나타내고 또 어느 정도가 릴리트를 나타내는지는 분명하지 않다. 어쨌든 아담은 모든 점에서 우선권을 누린다. 이브는 아담의 몸에서 일종의 추가적인 부분 같은 것으로 나왔다.

내가 '창세기'에 나오는 이 세부사항들에 대해 언급하는 이유는 단지 천상의 영역에서 소피아의 재등장이 다가올 어떤 창조의 행위를 가리키기 때문이다. 그녀는 정말로 "명장"(名匠)이며, 그녀는 하느님의 생각에다가 여자답게 물질적인 형태의 옷을 입힘으로써 그 생각을 구체화한다. 그녀와 여호와의 공존은 세상이 생겨나고 태어나게 한 영원한 히에로스 가모스(hieros gamos)[148]를 의미한다.

어떤 중대한 변화가 임박하고 있다. 이집트의 중요한 신들이 아득히 먼 옛날부터 그랬듯이, 여호와가 천상의 결혼이라는 신비 속에서 스스로 재생하며 인간이 되기를 원하고 있는 것이다. 이것을 위해서 여호와는 신이 파라오로 현현하는 이집트의 모델을 이용한다. 그런데 이 모델은 알고 보면 플레로마에서 벌어진 영원한 히에로스 가모스의 복사이다. 그러나 이 원형이 단순히 기계적으로 되풀이되고 있다고 가정하는 것은 옳지 않다. 우리가 아는 한, 그 원형은 절대로 그렇지 않다. 이유는 원형적인 상황들은 특별히 부름을 받을 때에만 돌아오기 때문이다. 신이 인간이 되고 있는 진

---

148 남신과 여신의 성교를 의미한다.

정한 이유는 그와 욥의 조우에서 찾아질 수 있다. 앞으로 이 문제를 더 상세하게 다룰 것이다.

IV

인간이 되려는 결정이 분명히 고대 이집트의 모델을 이용하고 있듯이, 그 과정 자체도 선례들을 따를 것으로 전망된다. 소피아의 접근은 새로운 어떤 창조의 전조이다. 그러나 이번에는 변하게 되는 것이 세상이 아니라, 자신의 본성에 변화를 주기를 원하는 것이 신이다. 인간은 예전처럼 파괴되지 않고 구원을 받는다. 이 같은 결정에서, 소피아의 "박애주의"의 영향을 확인할 수 있다. 어떤 새로운 인간들이 창조되지 않으며, 오직 한 사람, 즉 신인(神人)이 창조된다.

이 목적을 위해, 정반대의 절차가 채택되어야 한다. 두 번째 아담은 첫 번째 아담과 달리 창조주의 손에서 직접 나오지 않고, 인간 여자에게서 태어날 것이다. 그렇기 때문에 이번에는 우선권이 시간적인 의미에서뿐만 아니라 육체적인 의미에서도 두 번째 이브에게 주어진다. 소위 '원복음'(原福音: Proto-Evangelium)[149]에 근거하면, 두 번째 이브는 '창세기' 3장 15절에 언급된 "그 여자와 그녀의 후손"과 일치하며, 이 후손이 그 뱀의 머리에 상처를 입히게 된다. 그리고 아담이 원래 자웅동체로 믿어졌듯이, "그 여자와 그녀의 후손"은 인간의 한 짝으로, 하늘의 여왕과 신의 어머니, 그리고 인간 아버지를 두지 않은 신성한 아들로 여겨진다. 따라서 처녀 마리아가 다가올 신의 출생을 위한 순수한 그릇으로 선택되고 있다.

마리아가 남자와 상관없다는 점은 그녀의 처녀성에 의해서 그 과정의 필수 조건으로 강조된다. 훗날의 교리가 확립하게 되듯이, 그녀는 처음부터

---

149 최초의 복음이란 뜻으로 '창세기' 3장 15절을 가리킨다.

원죄없는 잉태의 특권에 의해 두드러지는 "신의 딸"이다. 그래서 그녀는 원죄의 오점으로부터 자유롭다. 그러므로 그녀는 타락 이전의 상태에 속하는 것이 분명하다. 이것은 어떤 새로운 시작을 가정한다. 그녀의 상태의 신성한 무결점은 그녀가 신의 이미지를 그야말로 순수함 그대로 간직하고 있다는 점을, 또한 그녀가 신의 신부로서 그녀의 원형인 소피아의 화신이라는 점을 분명히 보여준다.

고대의 글에서 폭넓게 강조되는 그녀의 인간애는 여호와가 가장 최근에 일어난 이 창조에서 스스로 소피아의 영향을 많이 받았다는 점을 암시한다. 여자들 중에서 축복받은 여자인 마리아는 죄인들, 즉 모든 인간들의 친구이자 조정자이다. 소피아처럼, 그녀는 신에게 닿는 길을 안내하고 인간에게 불멸을 보장하는 중재자이다. 그러므로 그녀의 승천은 인간의 육체적 부활의 원형이다. 신의 신부와 천국의 여왕으로서 그녀는 '구약 성경' 속의 소피아의 자리를 차지한다.

정말 주목할 만한 것은 마리아를 보호하고 있는 기이한 예방 조치들이다. 원죄 없는 잉태, 죄의 흔적의 근절, 영원한 처녀성 등이 그런 조치들이다. 신의 어머니는 분명히 사탄의 계략으로부터 보호를 받고 있다. 이것을 근거로, 여호와가 자신의 전지에 자문을 구했다는 결론도 가능하다. 그의 전지한 능력 안에 신의 어두운 아들의 내면에 도사리고 있는 사악한 의도들에 관한 지식이 포함되니 말이다.

마리아는 타락시키는 이런 영향들로부터 어떤 대가를 치르더라도 보호되어야 한다. 이런 정교한 보호 장치들의 불가피한 결과는 신의 현현(顯現)을 교리 차원에서 평가할 때 충분히 고려하지 않았던 그 무엇이다. 그것은 마리아를 원죄로부터 자유롭게 하는 것이 그녀를 대체로 원죄의 특징을 공통적으로 갖고 있어서 구원의 필요성을 느끼는 인간들로부터 분리시킨다는 사실이다. '타락 전의 상태'는 천당 같은, 즉 충만하고 신성한 존재에 해당한다. 이 특별한 조치들을 마리아에게 적용함으로써, 그녀는 여신의 지위에 오르고, 따라서 인간적인 무엇인가를 상실한다. 그녀는 다른 모든 어머니들처럼 죄를 짓는 가운데 아이를 잉태하지 않을 것이고, 따라서 그녀는 절대로 인간 존재가 되지 못하고 신이 될 것이다. 내가 알고 있는 한, 어느 누구도 이것이 신의 순수한 현현의 기회를 망쳐놓는다는 것을, 혹은 현현이 부분적으로만 완성되었다는 것을 알아차리지 못했다. 어머니와 아들은 똑같이 진정한 인간이 절대로 아니며 신들이다.

이런 식의 배열은 마리아의 인격을 남성적인 의미에서 그리스도의 완벽에 보다 가까이 옮겨 놓음으로써 더욱 높이는 효과를 냈을지라도, 그와 동시에 '불완벽' 또는 완전이라는 여성적인 원리를 훼손시켰다. 이유는 이 완전의 원리가 완벽하려는 경향에 의해서, 지금도 여전히 마리아와 그리스도를 뚜렷이 분리시키고 있는 약간의 '불완벽'으로 환원되었기 때문이다. 태양에 가까이 다가서는 자는 누구나 자신의 빛을 잃게 되어 있다. 그렇듯, 여성적인 이상이 남성적인 것 쪽으로 기울수록, 그 여자는 완벽을 위한 남성의 노력을 상쇄하기 위해 힘을 더 많이 잃게 되며, 그러면, 앞으로 보게 되겠지만, 전형적으로 남성적이며 이상적인 어떤 상황이 나타나고, 이 상황은 에난티오드로미아의 위협을 받을 것이다.

완벽 너머에는 미래로 향하는 경로가 전혀 없다. 오직 돌아가는 길, 그러니까 이상(理想)의 붕괴밖에 없다. 이 붕괴는 완전이라는 여성적인 이상에 관심을 줌으로써 쉽게 피할 수 있었을 것이다. 여호와의 완벽주의는 '구약 성경'에서 '신약 성경'으로 넘어갔으며, 여성적인 원리는 인정과 찬양에도 불구하고 가부장제의 우월에 맞서 한 번도 지배적인 위치에 서지 못했다. 따라서 우리는 그 원리의 최후에 대해 결코 듣지 못했다.

V

최초의 부모의 큰아들은 사탄에 의해 타락했으며, 그다지 성공작이 아니었다. 그는 사탄의 유령이었다. 둘째 아들인 아벨만이 하느님을 기쁘게 하고 있었다. 카인에게서 신의 이미지가 왜곡되었지만, 아벨에서 신의 이미지는 훨씬 덜 흐려졌다.

아담이 신의 복사로 여겨진다면, 아벨(그에 관한 자료는 없다)의 표본이 되었던, 신의 성공적인 아들이 신인(神人)의 원형이다. 신인에 대해 우리는 그가 로고스로서 이미 존재하고 있고 신과 영원히 공존한다는 것을, 정말로 신과 동일한 본질을 가졌다는 것을 잘 알고 있다. 따라서 아벨을 마리아의 안에서 생겨날 신의 아들의 불완전한 원형으로 볼 수 있다. 여호와가 원래 최초의 인간인 아담을 지하의 차원에서 그 자신과 동일한 존재로 창조하려고 했듯이, 지금 그는 그 아담과 비슷하지만 그보다 훨씬 더 훌륭한 무엇인가를 창조할 뜻을 품고 있다. 앞에 언급한 특별한 예방 조치들은 이 목적에 이바지하도록 설계되었다. 새로운 아들 그리스도는 한편으로 아담처럼 지하의 인간이 되어 죽을 운명을 타고나고 고통을 겪을 수 있지만, 다른 한편으로 그는 아담처럼 단순한 복사가 아니라 신 자체이며, 아버지로서 그 자신에 의해 생겨나고 아들로서 아버지를 젊게 한다. 신으로서 그는 언제나 신이었으며, 명백히 소피아의 복사인 마리아의 아들로서 그는 로고스(누스와 동의어)이며, '요한복음'에 따르면 소피아처럼 명장이다. 이처럼 어머니와 아들을 동일시하는 현상은 신화들을 통해서 거듭 뒷받침되고 있다.

그리스도의 탄생은 역사에서 단 한 번 일어난 사건임에도 영원 속에서 언제나 존재해 왔다. 평범한 사람에게는 이 문제들에서 시간을 초월하는 영원한 사건과 단 하나의 역사적 사건을 동일시하는 것을 이해하기가 극히 힘들다. 그러나 평범한 사람도 "시간"이 상대적인 개념이며, 따라서 시간은 바르도 또는 플레로마에서 모든 역사적 과정들이 "동시"에 존재한다는 개념에 의해 보완될 필요가 있다는 사상에 익숙해져야 한다. 플레로마에서 하나의 영원한 과정으로 존재하는 것은 시간 속에서 불규칙한 순서로 나타난다. 말하자면, 그 과정은 불규칙한 패턴으로 여러 번 반복된다.

한 가지 예만 보도록 하자. 여호와는 선한 아들 하나와 실패작 아들 하나를 두었다. 카인과 아벨, 야곱(Jacob)과 에서(Esau)는 이 원형과 일치하며, 그래서 시대와 장소를 불문하고 적대적인 형제라는 모티브가 반복된다. 이 모티브는 지금도 무수한 변형을 보이며 가족들 사이에 불화를 야기하면서 정신 요법 의사들을 바쁘게 만들고 있다. 영원 속에 형성된 두 명의 여자들의 원형을 보여주는 예들도 그보다 적지 않고 또 절대로 덜 교훈적이지 않다. 그러므로 이런 것들이 현대적인 변형으로 나타날 때, 그것들을 단순히 개인적인 에피소드나 분위기, 우연한 특이성으로 볼 것이 아니라 플레로마에서 일어나는 과정 자체의 단편들로 여겨야 한다. 말하자면, 플레로마 속의 과정이 시간 속에서 개인적인 사건들로 깨어진 것이나 다름없는 이 단편들도 신이 개입하는 드라마의 한 근본적인 구성 요소 또는 측면이라는 뜻이다.

여호와가 원물질, 즉 "공"(空)으로부터 세상을 창조할 때, 모든 합리적인 신학이 오래 전부터 확신해 왔듯이, 그는 모든 면에서 그 자신인 천지 창조 속으로 자신의 신비를 불어넣지 않을 수 없었다. 이것으로부터, 천지 창조를 바탕으로 신을 아는 것이 가능하다는 믿음이 나온다. 내가 신이 그렇게 하지 않을 수 없었다고 말할 때, 나는 그의 전능의 한계를 암시하지 않는다. 반대로, 그것은 모든 가능성들이 그의 안에 포함되어 있다는 점을, 따라서 그를 표현하는 가능성들 외에 다른 가능성은 전혀 없다는 점을 인정하는 것이다.

세상 모든 것이 신의 것이고, 신은 시작부터 세상의 모든 것 안에 있다. 그런데 왜 현현이라는 '놀라운 재주'가 필요한가? 신은 이미 모든 것 안에 있으며, 그럼에도 불구하고 만약에 천지 창조 속으로 두 번째로 들어가는 것이 지금처럼 대단한 주의와 신중을 기울이는 가운데 행해져야 한다면, 거기엔 실종된 무엇인가가 있음에 틀림없다. 천지 창조가 보편적이어서 가장 먼 은하에도 닿고, 또 천지 창조가 유기체를 무한히 다양하고 끝없이 분화할 수 있도록 만들었기 때문에, 결점이 어디에 있는지를 확인하는 것은 거의 불가능하다. 사탄이 모든 곳에서 타락시키는 영향력을 발휘하고 있다는 사실은 틀림없이 여러 가지 이유로 유감스러운 일이지만, 그 일은 원칙적으로 전혀 아무런 차이를 낳지 않는다. 이 질문에 답을 제시하는 것은 쉽지 않은 일이다. 이 질문 앞에서, 사람들은 그리스도가 인류를 악으로부터 구하기 위해 나타나야 했다고 말하고 싶어질 것이다. 그러나 악이 원래 사탄에 의해 세상 사물들의 구조 속으로 들어갔고 지금도 그 상태 그대로 있다는 점을 고려할 때, 만약 여호와가 이 "못된 장난"에 대해 진지하게 한 번만 책임을 추궁하고, 사탄의 사악한 영향을 제거함으로써 모든 악의 뿌리를 제거한다면, 일이 훨씬 더 쉽게 해결될 것이다. 그러면 신은 결과를 예측하기 힘든 특별한 현현을 애써 준비할 필요가 없을 것이다.

신이 인간이 될 때, 그것이 무슨 의미인지를 우리는 분명히 알아야 한다. 그것은 세상을 뒤흔들, 신의 변형을 의미할 뿐이다. 그것은 천지 창조가 시작될 때 의미한 것을, 말하자면 신의 객관화를 다소 의미한다. 천지 창조 당시에 신은 자연 속에서 자신을 드러냈으나, 지금 신은 보다 구체적인 존재가 되고 인간이 되기를 원한다. 그러나 처음부터 이런 방향으로 향하려는 경향이 있었다는 점이 인정되어야 한다. 틀림없이 아담 이전에 창조된 다른 인간들이 보다 고등한 포유동물들과 함께 현장에 나타났을 때, 여호와는 그 다음날 특별한 창조 행위를 통해서 신의 이미지였던 한 인간을 창조했다. 그것이 신이 인간이 되는 것을 예고하는 첫 번째 사건이었다. 여호와는 아담의 후손들을, 특히 이스라엘 백성들을 자신의 개인적 소유로 여겼으며, 간혹 그는 이 민족의 예언자들을 자신의 영으로 채웠다. 이 모든 것들은 예비적인 사건들이자, 신 안에 있는, 인간이 되려고 하는 경향의 징후들이다.

그러나 전지 안에 아득한 영원의 시간부터 신의 인간적인 본성 또는 인간의 신성한 본성에 관한 지식이 존재했다. 그것이 '창세기'가 쓰이기 오래 전의 것인 고대 이집트의 기록에서 그것과 관련한 증거들이 발견되는 이유이다. 현현에 관한 이 암시들과 예상들은 사람들에게 완전히 이해할 수 없거나 피상적인 것으로 다가올 것임에 틀림없다. 왜냐하면 무(無)로부터의 모든 창조는 신의 창조이고 신으로만 이뤄져 있으며, 그 결과 인간도 창조의 나머지와 마찬가지로 단순히 구체화된 신이기 때문이다. 그러나 예시들은 그 자체로 창조의 사건은 아니며 의식적인 것이 되어가는 과정 속의 단계들일 뿐이다. 신이 현실 자체라는 것을, 따라서, 마지막으로 말하지만 결코 무시하지 못할, 신이 인간이라는 것을 우리가 깨달은(또는 깨닫기 시작한) 것은 꽤 많은 시간이 흐른 뒤였다. 이 깨달음은 천년이라는 오랜 세월에 걸쳐서 전개되는 과정이다.

VI

지금 논하고자 하는 엄청난 문제를 고려한다면, 플레로마에서 일어나는 사건들에 대해 이런 식으로 간단히 설명하는 것은 소개의 글 같은 것으로 절대로 엉뚱하지 않다.

그렇다면, 하나의 역사적 사건으로서 현현의 진정한 이유는 무엇인가?

이 질문에 대답하기 위해서, 우리는 아주 먼 과거로 돌아가야 한다. 앞에서 본 바와 같이, 여호와는 분명히 자신의 절대적 지식을 전능의 한 평형추로 고려하려는 뜻을 갖고 있지 않다. 이 점을 가장 교훈적으로 보여주는 예가 바로 여호와와 사탄의 관계이다. 언제나 여호와가 자기 아들의 의도에 대해 전혀 아무런 정보를 얻지 못하는 것처럼 보인다. 여호와가 자신의 전지에 절대로 조언을 구하지 않기 때문이다. 이에 대한 설명은 여호와가 연속적인 창조 행위에 흥미를 느끼며 거기에 너무나 강하게 매료된 나머지 자신의 전지에 대해 까마득히 잊게 되었다는 가정 하에서만 가능하다. 그때까지 그런 장엄한 모습으로 존재하지 않던 다양한 대상들을 신비한 방식으로 만들어낸다는 것이 신에게 무한한 기쁨을 안겼을 것이라는 점은 충분히 이해할 만하다. 소피아가 다음과 같이 말할 때, 그녀의 기억은 틀리지 않았다.

그분께서 땅의 기초를 놓으실 때
나는 그분 곁에서 사랑받는 아이였다.
나는 날마다 그분께 즐거움이었다.('잠언' 8장 29-30절)

여호와가 자신이 만든 거대한 동물들을 가리킬 때, '욥기'도 여전히 창조의 당당한 기쁨을 전하고 있다.

보아라, 내가 너를 만들 때
함께 만든 브헤못을!
…
그것은 하느님의 첫 작품
동료들의 우두머리로 만들어졌다.('욥기' 40장 15, 19절)

그렇다면 심지어 욥의 시대에도 여호와는 여전히 창조의 엄청난 힘과 장관에 취해 있다. 이것과 비교할 때, 사탄의 못된 짓은 무엇이며, 또 신의 이미지를 가졌음에도 브헤못과 함께 만들어진 인간들의 비탄은 또 무엇인가? 여호와는 이 같은 사실을 완전히 망각한 것처럼 보인다. 그렇지 않다면 그는 욥의 인간적인 존엄을 절대로 그렇게 포악하게 다루지 않았을 것이다.

전지가 여호와의 행위에 눈에 띄는 효과를 발휘하기 시작했다는 점을 우리에게 보여주는 것은 단지 예수의 출생을 위한 현명한 준비뿐이다. 거기선 박애적이고 보편적인 경향이 두드러지게 느껴진다. "이스라엘의 자식들"은 "사람들의 자식들"에 비하면 이등급의 자리를 차지한다. '욥기' 이후로 새로운 계약들에 관한 소리가 들리지 않는다. 잠언과 금언이 그 시대의 명령처럼 보이며, 진정으로 새로운 것, 말하자면 예언적인 메시지들이 모습을 드러내는 것 같다. 이것은 형이상학적인 인식 행위들을, 즉 의식 속으로 언제든 침입할 준비를 갖춘 무의식적 내용물을 가리킨다. 이 모든 것에서 우리는 소피아의 이로운 손길을 알아차린다.

소피아가 다시 등장할 때까지 여호와가 한 행동을 전체적으로 고려한다면, 의심의 여지가 없는 한 가지 사실이 눈길을 끈다. 그의 행위들이 열등한 의식을 수반하고 있다는 사실이다. 숙고와 절대적인 지식에 대한 고려가 거듭 실종되고 있다. 여호와의 의식은 숙고나 도덕성을 전혀 모르는 원시적인 "지각"과 그다지 다르지 않은 것 같다. 그런 상태라면 사람은 주체를 의식적으로 포함시키지 않은 가운데 그냥 지각만 하고 맹목적으로 행동하며, 주체의 개인적인 존재는 전혀 아무런 문제를 제기하지 않는다.

오늘날 우리는 그런 상태를 심리학적으로 "무의식"이라고 부를 것이며, 법의 눈에 그 상태는 '심신 상실'로 보인다. 그러나 의식이 사고 행위를 수행하지 않는다는 사실이 그런 행위들이 존재하지 않는다는 것을 증명하지는 않는다. 그 행위들은 그냥 무의식적으로 일어나고 있으며, 그 행위들은 꿈과 환상, 계시, 의식의 "본능적" 변화에서 스스로를 간접적으로 느껴지도록 만든다. 꿈과 환상, 계시 등의 본질 자체가 그것들은 어떤 "무의식적" 지식에서 비롯되고 무의식적 판단 행위나 무의식적 결론의 결과라는 이야기를 우리에게 들려주고 있다.

욥 사건이 벌어진 뒤에 여호와의 행동에 나타난 신기한 변화에서 그런 것과 비슷한 과정이 관찰된다. 여호와가 욥의 손에 당한 도덕적 패배를 즉각 의식하지 못했다는 점에는 의문의 여지가 전혀 없다. 물론, 여호와의 전지에서 이 사실은 영원이 시작되던 때부터 알려져 있었으며, 그것에 관한 지식이 무의식적으로 그가 욥을 거칠게 다루도록 했다는 것도 터무니없는 말이 아닐 수 있다. 여호와 자신이 그 갈등을 통해서 무엇인가를 의식하고, 따라서 새로운 통찰을 얻기 위해서 말이다. 훗날 충분한 이유가 있어서 "루시퍼"라는 이름을 받게 된 사탄은 전지를 자기 아버지보다 더 자주, 더 훌륭하게 이용하는 방법을 알았다. 신의 아들들 중에서 사탄이 유일하게 진취적인 정신을 발달시킨 것 같다. 여하튼, 여호와의 길에 예측하지 못한 사건들을 일으키는 것은 그였으며, 전지는 그 사건들이 신이 벌이는 드라마의 전개와 완성에 반드시 필요하다는 것을 알았다. 이 사건들 중에 욥의 사건이 결정적이었으며, 그 사건은 오직 사탄의 주도 덕분에 일어날 수 있었을지도 모른다.

정복당하고 억압당했던 자의 승리가 명백하다. 욥이 도덕적으로 여호와보다 더 높이 서게 된 것이다. 이 측면에서, 피조물이 창조자를 능가했다. 외적인 사건이 어떤 무의식적 지식을 건드릴 때마다 그렇듯이, 이 지식은 의식에 닿을 수 있다. 그 사건은 이제 하나의 기시감으로 인식되고, 사람은 그것에 관한 기존의 지식을 기억한다. 그런 종류의 무엇인가가 여호와에게 일어났음에 분명하다.

욥의 우월성은 가볍게 무시될 수 있는 것이 아니다. 따라서 진정한 반성이 필요한 상황이 벌어지고 있다. 그것이 소피아가 끼어드는 이유이다. 소피아는 너무도 필요한 자기반성을 강화하고, 따라서 여호와가 인간이 되려는 결정을 내릴 수 있게 한다. 그것은 중요한 것들이 걸린 결정이다. 여호와는 욥이라는 인간이 자기보다 도덕적으로 더 우수하다는 점을 인정하고, 따라서 욥을 따라잡기 위해서는 자신이 직접 인간이 되어야 한다는 점을 인정함으로써 자신을 이전의 원시적인 의식 수준 그 이상으로 끌어올리고 있다. 만약에 이런 결정을 내리지 않았다면, 여호와는 자신이 자신의 전지에 강력히 맞서고 있다는 사실을 발견했을 것이다.

여호와는 반드시 인간이 되어야 한다. 왜냐하면 그가 인간에게 잘못을 저질렀기 때문이다. 정의의 수호자인 그는 모든 잘못은 벌을 받아야 한다는 것을 알고 있으며, 지혜는 도덕법이 여호와보다도 위라는 것을 알고 있다. 그의 창조물이 그를 능가했기 때문에, 그는 스스로를 재생시켜야 한다.

기존에 존재하는 패턴이 없다면 어떤 것도 일어날 수 없다. 무(無)로부터의 창조도 마찬가지이다. 그 창조도 언제나 "명장"(名匠)의 멋진 마음 안에 있는 영원의 이미지들의 보물창고에 의존해야 한다. 그렇기 때문에 지금 생겨나려 하는 아들의 모델은 아담(제한적이다)과 아벨 사이의 그 어디쯤에서 선택된다. 아담의 한계는 그가 안트로포스일지라도 주로 하나의 피조물이고 아버지라는 사실에 있다. 아벨의 장점은 그가 신을 기쁘게 하는 아들이고, 직접적으로 창조되지 않고 생겨났다는 점이다. 한 가지 단점도 받아들여져야 한다. 아벨이 폭력에 의해 일찍 죽음을 맞았다는 점이다. 그 죽음이 너무 일렀기 때문에, 그는 과부와 자식조차 남기지 못했다. 충분히 오래 살았더라면, 그 후손은 진정으로 인간의 운명에 영향을 끼쳤을 것이다.

아벨은 신을 즐겁게 하는 아들의 진정한 원형이 아니다. 그는 복사이지만, 그런 종류의 첫 번째 존재는 '경전들' 속에서 만나게 되어 있다. 젊어서 죽는 신은 또한 당시의 이교들에도 잘 알려져 있으며, 형제 살해라는 모티브도 마찬가지이다. 아벨의 운명은 거꾸로 사탄과 "빛"의 본성을 가진, 신의 또 다른 아들 사이에 벌어진 어떤 형이상학적 사건을 가리키고 있다고 단정해도 거의 틀리지 않을 것이다. 신의 또 다른 아들은 아버지에게 더욱 헌신적이었다. 이집트의 전통이 이 부분에 대한 정보를 제공한다(호루스와 세트). 앞에서 말한 바와 같이, 아벨 유형에서 예시된 단점은 거의 피하지 못한다. 왜냐하면 이교에서 확인되는 이 모티브의 다양한 변형들이 보여주듯이, 그것이 신화에 나타나는 아들 드라마의 불가결한 부분이기 때문이다. 아벨의 운명의 짧고 극적인 경로는 인간이 된 신의 삶과 죽음의 탁월한 한 예를 제공한다.

요약하면 이렇다. 신의 현현의 직접적인 원인은 욥의 고상함에 있으며, 현현의 목적은 여호와의 의식의 분화이다. 이것을 위해 극히 중요한 어떤 상황이, 감정이 가득 실린 어떤 운명의 급변이 필요했다. 그 급변이 없으면, 더욱 높은 수준의 의식에는 절대로 닿지 못할 것이다.

VII

아벨 외에도, 아득히 먼 옛날에 확립되어 전통으로 내려오고 있는, 영웅의 삶의 일반적인 패턴을, 임박한 신의 아들의 탄생의 한 모델로 고려해야 한다. 이 아들은 단순히 어느 한 민족의 메시아가 아니라 인류의 보편적인 구원자로 계획되고 있기 때문에, 우리는 신들에 의해 선택되는 존재의 삶에 관한 이교의 신화들과 계시들도 고려해야 한다.

그러므로 그리스도의 탄생은 일반적으로 영웅의 탄생에 수반되는 특징적인 현상들을 두루 보인다. 구체적으로 보자면, 성(聖)수태고지와 처녀를 통한 신성한 생식, 그의 출생과 바로 그 시점에 새 시대를 연 황도대의 물고기자리에서 세 번 반복된 '위대한 결합'(토성과 목성의 만남)의 우연한 일치, 어떤 왕의 탄생에 대한 인정, 새로 출생한 존재에 대한 박해, 그의 도피와 은닉, 비천한 출생 등이 있다. 영웅의 성장이라는 모티브는 신전의 열두 살 소년의 지혜에서 확인되며, 복음서들에도 어머니로부터 벗어나는 몇 가지 예가 있다.

인간의 모습을 한 신의 아들의 성격과 운명에 꽤 특별한 관심이 쏠린다는 점에 대해서는 말할 필요조차 없다. 2,000년이라는 긴 세월의 강의 건너편에서, 지금까지 전해오고 있는 전통들을 바탕으로 그리스도의 전기를 재구성하는 것은 몹시 어려운 일이다. 현대가 역사를 쓰는 데 요구하는 최소한의 요건을 충족시키는 텍스트는 단 한 건도 존재하지 않는다. 역사적으로 검증 가능한 사실은 지극히 부족하며, 현존하는, 전기적인 측면에서 타당한 소수의 자료도 우리가 일관된 어떤 커리어나 성격을 끌어내기에도 충분하지 않다.

일부 신학자들은 그렇게 된 주된 원인을 그리스도의 전기와 심리학이 종말론과 분리될 수 없다는 사실에서 발견했다. 종말론은 사실상 그리스도가 신인 동시에 인간이라는 것을, 따라서 그리스도가 인간의 운명뿐만 아니라 신의 운명까지 겪는다는 것을 의미한다. 그 두 가지 본질이 서로를 너무나 철저히 관통하고 있기 때문에, 그 본질들을 분리시키려는 시도는 어떤 것이든 둘 다를 훼손시키기 마련이다. 신성한 것이 인간적인 것을 가리게 되고, 그러면 인간적인 존재는 하나의 경험적인 인격으로는 좀처럼 파악되지 않는다.

현대 심리학의 비판적인 절차도 모호한 부분을 모두 밝히는 데 충분하지 않다. 명료함을 위해서 구체적인 어느 한 가지 특성을 선택하려는 시도는 그리스도의 인간성이나 신성에 근본적인 또 다른 특성을 필히 해치게 되어 있다. 평범한 것이 기적적인 것이나 신화적인 것과 너무나 촘촘하게 얽혀 있기 때문에, 우리는 사실들을 절대로 확신하지 못한다. 아마 모든 것들 중에서 가장 혼란스럽고 충격적인 것은 아마 가장 오래된 글인 성 바울로의 글이 구체적인 인간으로서 그리스도라는 존재에 조금의 관심도 두고 있지 않은 것 같다는 점이다. 공관 복음서들도 불만스럽기는 마찬가지이다. 이유는 그 복음서들이 전기의 성격보다 선전의 성격을 더 강하게 보이기 때문이다.

만약에 그리스도를 두고 "순수하게 인간적인" 양상에 대해 말하는 것이 가능하다면, 그의 인간적인 측면과 관련해서 특별히 두드러지는 것은 인류애이다. 이 특성은 이미 마리아와 소피아의 관계에서, 그리고 특히 성령에 의한 그리스도의 기원에서 암시되고 있다. 이 성령의 여성적인 성격은 소피아에 의해 인격화되고 있다. 그녀가 사랑의 여신에 속하는 비둘기에 의해 상징되는 성령의 예비적인 형태이기 때문이다. 게다가, 사랑의 여신은 대개 젊을 때 죽는 신의 어머니이다.

그러나 그리스도의 인류애는 가끔 그가 선민에 속하지 않는 사람들에게 유익한 메시지를 전하지 않도록 저지하는 운명 예정론적인 경향 때문에 상당한 제약을 받는다. 만약에 운명 예정론을 글자 그대로 엄격히 받아들인다면, 그것이 어떻게 그리스도의 메시지의 틀과 맞아떨어질 수 있는지 알기가 어렵다. 그러나 심리학적으로 어떤 분명한 효과를 성취하기 위한 하나의 수단으로 받아들인다면, 예정된 운명에 관한 이런 언급들이 사람에게 우월감을 안겨준다는 것이 쉽게 이해된다. 만약에 어떤 사람이 세상이 시작하던 때부터 자신이 신의 선택과 의도에 의해 발탁되었다는 것을 안다면, 그 사람은 자신이 일상적인 인간 존재의 덧없음과 무의미를 벗어나 존엄하고 중요한 새로운 상태로 높이 올려지는 느낌을 받을 것이다. 마치 신의 세계에서 펼쳐지는 드라마에 직접 참여하고 있는 것처럼. 이런 식으로, 인간이 신에 더 가까이 다가가며, 이것은 복음서들에 담긴 메시지의 의미와 완전히 일치한다.

인류애 외에, 그리스도의 성격에서 급한 성향이 두드러지며, 감정적인 기질의 사람들이 종종 그렇듯이, 자기 반성의 결여가 뚜렷이 보인다. 그리스도가 자기 자신에 대해 의아하게 생각하거나 자기 자신을 직시했다는 증거는 어디에도 없다. 이 원칙에 중요한 예외가 딱 하나 있다. 십자가에서 절망적으로 외칠 때이다. "저의 하느님, 저의 하느님, 어찌하여 저를 버리셨나이까?" 여기서 그의 인간적인 본성이 신성을 얻는다. 바로 그 순간에, 신은 죽을 운명의 인간이 된다는 것이 무슨 의미인지를 경험하며, 신은 충실한 종 욥이 겪은 모든 것을 고스란히 맛보고 있다. 여기서 욥에게 대답이 주어지고 있으며, 틀림없이, 이 최고의 순간은 인간적인만큼 신성하고, "심리학적인" 만큼 "종말론적"이다. 그리고 바로 그 순간에, 인간적인 존재를 너무나 절대적으로 느낄 수 있는 곳에서, 신성한 신화가 총력으로 존재하고 있다. 그리고 인성과 신성은 똑같은 것을 의미한다.

그렇다면, 그리스도의 형상에서 신화적인 요소를 어떻게 제거할 수 있는가? 그런 종류의 합리주의적인 시도는 그리스도의 인격으로부터 모든 신비를 흡수해 버리고, 남는 것은 더 이상 시간 속의 어떤 신의 출생과 비극적인 운명이 아니라, 역사적으로 말해서, 제대로 입증되지 않은 어느 종교적인 선생, 말하자면 그리스적으로 해석되고 오해받았던 유대인 개혁가일 것이다. 피타고라스나 부처, 무함마드 같은 사람일 수는 있지만, 신의 아들이나 인간으로 현현한 신은 분명 아니다.

그리스도에게서 종말론의 흔적을 모두 제거하는 경우에 어떤 일이 벌어질 것인지에 대해서는 아무도 알지 못했던 것 같다. 오늘날엔 신학자들이 무시하려고 온갖 노력을 기울여도 여전히 경험 심리학이 존재하고 있으며, 이 심리학의 도움으로 그리스도의 일부 진술들을 현미경 밑에 놓을 수 있다. 만약에 이 진술들이 신화적인 맥락에서 벗어나 있다면, 그것들은 오직 개인적인 측면에서만 설명될 수 있다. 그러나 "나는 길이요 진리요 생명이다. 나를 통하지 않고서는 아무도 아버지에게 갈 수 없다"('요한복음' 14장 6절)는 진술을 개인의 심리로 환원한다면, 어떤 결론에 닿을 것 같은가? 틀림없이, 예수의 친척들이 종말론을 무시하면서 "그가 미쳤다"('마가복음' 3장 21절)고 말하던 때와 똑같은 결론을 내리게 될 것이다. 신화가 없는 종교가 무슨 소용이 있겠는가? 종교가 바로 우리를 거꾸로 영원한 신화와 연결시키는 기능을 의미하니 말이다.

이런 불길한 불가능성들 때문에, 아마 사실에 관한 어려운 자료들에 따른 피로감으로 인해, 그리스도는 하나의 신화에 불과한 것으로, 이 경우에는 하나의 픽션 그 이상은 아닌 것으로 여겨지게 되었다. 그러나 신화는 픽션이 아니다. 신화는 사실들로, 말하자면 지속적으로 반복되고 있고 거듭 관찰될 수 있는 사실들로 이뤄져 있다. 신화는 인간들에게 실제로 일어나고 있는 그 무엇이며, 인간들은 그리스의 영웅들 못지 않게 신화적인 운명을 갖고 있다.

그리스도의 삶이 대부분 신화라는 사실은 그 삶의 실제적인 진실들을 무효화시키지 못한다. 그와 정반대이다. 심지어 나는 어떤 삶의 신화적인 성격이 보편적이고 인간적인 그 삶의 타당성을 보여주는 바로 그것이라고 말할 것이다. 심리학적으로 보면, 무의식 또는 하나의 원형이 어떤 사람을 완전히 사로잡으면서 그의 운명을 아주 세밀한 것까지 결정하는 것도 가능하다. 동시에, 원형을 나타내는, 객관적이고 비(非)정신적인 현상도 일어날 수 있다. 원형은 개인의 내면에서 정신적으로 힘을 발휘할 뿐만 아니라 개인의 밖에서 객관적으로도 힘을 발휘한다. 나의 짐작은 그리스도가 바로 그런 인격이라는 것이다. 만약에 그리스도의 삶이 신의 삶인 동시에 인간의 삶이라면, 그의 삶은 그렇게 되어야만 한다. 그리스도의 삶은 하나의 상징이며, 마치 욥과 여호와가 하나의 인격 안에서 결합하는 것처럼, 이 질적인 본성들을 한 자리에 모으는 것이다. 여호와와 욥의 충돌의 결과로 생겨난, 인간이 되고자 하는 여호와의 의도는 그리스도의 삶과 고통에서 성취된다.

VIII

앞서 있었던 창조 행위를 기억한다면, 사탄과 그의 파괴적인 행위에 무슨 일이 닥쳤는지 궁금할 것이다. 사탄은 밀밭마다 잡초를 뿌린다. 헤롯 (Herod) 왕이 무고한 사람들을 대량으로 죽이는 데도 관여했을 것이라는 의심이 있다. 확실한 것은 그가 그리스도를 유혹하여 세속의 지도자의 역할을 맡게 하려고 시도했다는 점이다. 똑같이 분명한 것은 악마들에 사로잡힌 사람의 말을 통해 증명되듯이, 그가 그리스도의 본성에 대해 매우 잘 알고 있다는 것이다. 사탄은 또한 유다를 꼬드긴 것 같지만, 그 희생적인 죽음에 영향을 끼치거나 죽음을 막지는 못했다.

사탄이 효과를 비교적 거두지 못한 현상은 한편으로 신성한 출생을 위한 주의 깊은 준비에 의해, 또 한편으로는 그리스도가 목격한, 신기한 어떤 형이상학적 현상에 의해 설명된다. 그리스도가 사탄이 하늘에서 번개처럼 떨어지는 것을 보았다.[150] 이 환상에서 어떤 형이상학적인 사건이 세속적인 것이 되었다. 그것은 여호와가 자신의 부정적인 아들로부터 역사적으로, 그리고 우리가 아는 한 최종적으로 분리되는 것을 암시한다. 사탄이 하늘에서 추방되었으며, 따라서 그는 자기 아버지가 의심스러운 행위를 하도록 유인할 기회를 더 이상 갖지 못한다. 이 사건은 사탄이 현현의 역사에 등장하는 곳마다 매우 열등한 역할을 맡는 이유를 잘 설명해준다. 여기서

---

150 '누가복음' 10장 18절.

사탄의 역할은 예전에 여호와와의 신뢰 관계와는 절대로 비교될 수 없다.

사탄은 분명히 아버지의 애정마저 잃고 추방되었다. 이상하게 제한적인 형식이긴 하지만, 우리가 욥의 이야기에서 보지 못했던 처벌이 마침내 그에게 내려졌다. 사탄은 하늘의 궁전으로부터 쫓겨났지만 지상 세계에 대한 지배권은 그대로 지켰다. 그는 직접적으로 지옥으로 던져지지 않고 땅으로 던져졌다. 오직 시간의 종말에서만 그가 투옥되고 영원히 효과를 발휘하지 못하게 될 것이다.

그리스도의 죽음은 사탄의 탓으로 돌려질 수 없다. 왜냐하면 아벨과 젊을 때 죽는 신들에게서 나타나는 희생적인 죽음의 원형을 통해서, 그런 죽음은 여호와가 한편으로는 욥에게 행한 그릇된 행동에 대한 배상으로서, 다른 한편으로는 인간의 정신적 및 도덕적 발달을 위한 하나의 자극제로서 선택한 운명이라는 것이 확인되기 때문이다. 만약 신이 자신을 낮추며 인간이 되려고 한다면, 틀림없이 인간의 중요성이 크게 강화될 수 있다.

사탄의 부분적 중화의 결과로, 여호와는 자신의 빛의 측면과 동일시하고, 선한 신이 되고 자애로운 아버지가 되었다. 그는 분노를 잃지 않았고 여전히 처벌을 내릴 수 있지만, 그 일을 정의롭게 했다. 욥의 비극 같은 예는 분명히 더 이상 기대하지 못하게 되었다. 여호와는 스스로가 자비롭고 은혜로운 존재라는 점을 증명하고 있다. 그는 죄 많은 인간들의 자식들에게 자비를 보이고, 사랑 그 자체로 정의되고 있다. 그러나 그리스도가 자기 아버지를 완전히 신뢰하고 아버지와 하나라고 느낌에도 불구하고, 그는 조심스런 청원과 경고를 주기도문[151]에 끼워 넣지 않을 수 없다. "저희를 유혹에 빠지지 않게 하시고, 악에서 구하소서." 신은 인간이 노골적으로 나쁜

---

151 하늘에 계신 우리 아버지, 아버지의 이름이 거룩히 빛나시며/ 아버지의 나라가 오시며/ 아버지의 뜻이 하늘에서와 같이/ 땅에서도 이루어지소서! 오늘 저희에게 일용할 양식을 주시고/ 저희에게 잘못한 이를 저희가 용서하오니/ 저희 죄를 용서하시고/ 저희를 유혹에 빠지지 않게 하시고/ 악에서 구하소서. 아멘.(한국천주교 주교회의)

짓을 하도록 유혹할 것이 아니라, 나쁜 짓으로부터 인간을 구해달라는 요구를 받고 있다.

온갖 예방 조치에도 불구하고, 그리고 '최고의 선'이 되려는 여호와의 명백한 의지에도 불구하고, 그가 예전의 방식으로 되돌아갈 가능성이 신경을 쓰지 않아도 될 만큼 약해진 것은 아니었다. 어쨌든, 그리스도는 자기 아버지에게 인간을 파괴적으로 대하는 경향을 상기시키며 그런 경향을 단념할 것을 간청하는 것이 적절하다고 생각한다. 인간의 기준으로 판단한다면, 단지 아이들의 도덕적 힘을 테스트할 목적으로 그 아이들이 자신에게 위험할 수 있는 일을 하도록 부추기는 것은 어쨌든 부당하고, 지극히 부도덕하지 않은가! 그런데 아이와 어른의 차이는 신과 피조물들의 차이에 비하면 아무것도 아니며, 피조물들의 의지 박약은 신에게 특별히 잘 알려져 있다. 의지 박약이 너무나 심하기 때문에, 만약에 그 간청이 주기도문에 들어 있지 않다면, 사람은 그 기도문을 순수한 신성 모독이라고 불러야만 했을 것이다. 왜냐하면 그런 모순적인 행동을 사랑과 최고의 선의 신에게 돌리는 것이 진정으로 어울리지 않기 때문이다.

여섯 번째 간청은 정말로 깊은 통찰을 허용한다. 이 같은 사실 앞에서 그리스도가 자기 아버지의 성격에 대해 품고 있는 엄청난 확신이 다소 의문스럽게 되기 때문이다. 불행하게도, 보이지 않는 곳에 눌러야만 하는 약간의 의심이 있는 곳마다, 특별히 긍정적이고 정언적인 단언들을 만나는 것이 공통된 경험이다. 시간이 시작된 이후로, 더없는 너그러움에도 불구하고 간헐적으로 파괴적인 분노를 폭발시켜온 신이 돌연 선한 모든 것의 전형이 될 수 있다고 가정하는 것은 합리적인 기대에 반할 수 있다. 이 측면에서, 그리스도가 인정하지 않았음에도 불구하고 분명하게 품었던 의심은 '신약 성경', 특히 '요한 묵시록'에서 확인되고 있다. 거기서 여호와는 다시 인간 종을 상대로 상상을 초월하는 파괴적인 분노를 폭발시킨다. 그 결과,

인간들 중에서 144,000명만 살아남았던 것 같다.

그런 반응과 자신의 창조물을 인내와 사랑으로 미화할 것으로 기대되는 인자한 아버지의 행동을 어떤 식으로 조화시킬 것인가 하는 문제 앞에서 누구나 당혹감을 느낀다. 마치 절대적이고 최종적인 승리를 영원히 확보하려는 시도가 악의 위험한 축적으로, 따라서 대참사로 이어지게 되어 있는 것처럼 보인다. 세상의 종말에 비하면, 소돔과 고모라의 파괴, 대홍수는 아이들의 장난에 지나지 않는다. 이번에는 창조물 전체가 산산조각 나기 때문이다. 사탄이 한동안 갇혔다가 정복되어 불의 호수로 던져졌기 때문에[152], 세상의 파괴는 악마의 작품일 수 없으며, 사탄의 영향을 받지 않은 "신의 행동"임에 틀림없다.

그러나 세상의 종말에 앞서서 그리스도가 자신의 형 사탄을 누르고 이기는 것조차도, 카인을 상대로 한 아벨의 반격조차도 진정한 승리가 아닌 상황이 벌어진다. 왜냐하면 이런 일이 일어나기 전에 사탄이 최종적으로 강력하게 힘을 발휘할 것이 예상되기 때문이다. 신이 자신의 아들 그리스도로 현현하는 것이 사탄에게 차분히 받아들여질 것이라고 기대하기는 어렵다. 그 일이 사탄의 질투심을 극대화했고, 사탄의 내면에서 그리스도를 모방하며 순서가 되면 어두운 신으로 현현하고 싶은 욕망이 일어났음에 틀림없다. (잘 알고 있듯이, 훗날 이 주제로 수많은 전설들이 엮어졌다.) 이 계획은 점성술에 의해 그리스도가 지배하는 것으로 미리 할당된 1,000년이 끝난 뒤에, 적(敵)그리스도의 형상에 의해 실행될 것이다. '신약 성경'에서 이미 발견되는 이 예상은 구원 작업의 종국성이나 보편적인 효과에 대한 의문을 드러내고 있다. 불행하게도, 이런 예상들이 지각 없는 계시들을 낳았다는 점을 지적해야 한다. 그런 계시들은 구원 교리의 다른 측면들과 조화를 이루기는커녕 그런 측면들을 고려조차 하지 않았다.

---

152 '요한 묵시록' 19장 20절.

IX

대참사의 도래를 예언하는 이런 사건들에 대해 언급하는 이유는 단지 주기도문의 여섯 번째 간청에 간접적으로 표현된 것을 쉽게 보여주기 위해서이지, '요한 묵시록'에 대한 일반적인 해석을 제시하기 위해서가 아니다. 뒤에서 다시 이 주제로 돌아올 것이다. 그러나 그렇게 하기 전에 우리는 그리스도의 죽음 뒤에 신의 현현 문제가 어떤 식으로 다뤄졌는지를 보아야 한다. 우리는 언제나 현현이 하나의 독특한 역사적 사건이라고 배웠다. 현현이 반복되는 것은 절대로 예상되지 않았다. 로고스의 추가적인 계시를 기대할 수 없는 것과 똑같은 이치이다. 로고스의 계시도 2,000년 전에 신이 이 땅에 인간의 형태로 등장한 유례없는 일에 포함되었기 때문이다. 계시의 유일한 원천이자 최종적인 권위는 성경이다. 신은 그가 '신약 성경'의 글들의 정당성을 인정하는 한에서만 하나의 권위이며, '신약 성경'의 결론으로, 신의 진정한 소통은 중단된다.

지금까지의 내용은 프로테스탄트의 관점이다. 역사 속의 기독교의 직접적 후계자이자 계승자인 가톨릭교회는 성령의 도움으로 교리가 점진적으로 발달하며 펼쳐진다고 믿으면서, 이 점에서 보다 신중한 것으로 드러나고 있다. 이 견해는 그리스도 자신이 성령에 대해 가르친 내용과 일치하고, 따라서 현현의 추가적인 지속성과 완전히 일치한다.

그리스도는 자신을 믿는 사람, 말하자면 그리스도가 하느님의 아들이라고 믿는 사람은 누구나 "내가 하는 일을 할 뿐만 아니라, 그보다 더 큰 일도 하게 될 것이다"('요한복음' 14장 12절)라고 말한다. 그는 자신이 사도들에게 그들이 신이라고 말한 사실을 상기시킨다. 신자 또는 선민은 신의 자식들이고 "그리스도와 더불어 공동 상속자"('로마 신자들에게 보낸 서간' 8장 17절)이다. 그리스도가 이 땅의 무대를 떠날 때, 그는 자기 아버지에게 자신을 따르는 신자들에게 조언자("보혜사")를 보내달라고 요구할 것이다. 그러면 이 조언자는 신자들과 함께 살며 그들 안에 영원히 머물 것이다. 이 조언자가 바로 아버지가 보낼 성령이다. 이 "진리의 영"은 신자들에게 "모든 것"을 가르치고 그들을 "모든 진리 속으로" 안내할 것이다. 이것에 따르면, 그리스도는 신의 자식들 안에서, 따라서 그(그리스도)의 형제자매들 안에서 신을 지속적으로 실현시키는 것을 상상하고 있다. 그렇게되기만 하면, 그리스도가 직접 행하는 일이 반드시 가장 위대한 일로 여겨질 필요가 없다.

성령이 삼위일체의 세 번째 위격이고 신이 언제나 각 위격 안에 온전히있기 때문에, 성령의 내재는 바로 신자가 신의 아들의 지위에 가까이 다가서는 것을 의미한다. 따라서 "너희들이 신"이라는 말이 의미하는 바가 무엇인지 이해된다. 성령을 신격화하는 효과는 당연히 선민들에게 각인된'하느님의 형상'의 도움을 받는다. 신이 성령의 모습으로 인간의 안에 텐트를 치고 있다. 신이 아담의 후손들뿐만 아니라 무한히 많은 신자들, 아마전체 인류의 안에서 지속적으로 자신을 실현시키기를 분명히 원하고 있으니 말이다. 이것을 실질적으로 보여주는 것은 바르나바(Barnabas)[153]와 바울로가 리스트라에서 제우스와 헤르메스와 동일시되었다는 중요한 사실이다. "신들이 사람 모습을 하고 우리에게 내려오셨다."('사도행전' 14장 11절) 이것은 틀림없이 기독교의 성변화(聖變化)를 보다 순진하고 이교적인 관점에서 본 것에 지나지 않지만, 바로 그런 이유로 그 말은 설득력을지닌다. 테르툴리아누스가 '가장 숭고한 신'에 대해, "인간들을 갖고 신들을 만든", 일종의 신성(神性) 수여자라는 식으로 설명했을 때, 그가 마음에품고 있었던 것도 그런 종류의 무엇이었음에 틀림없다.

그리스도의 안에서 일어나는 신의 현현은 지속과 완성을 요구한다. 왜냐

153 '신약 성경'의 '사도행전'에 나오는 키프로스 태생의 유대인.

하면 그리스도가 처녀의 몸에서 태어나고 죄를 전혀 짓지 않은 까닭에 절대로 경험적인 인간 존재가 아니었기 때문이다. '요한복음'의 첫 장에 언급된 바와 같이, 그리스도는 어둠 속에서 빛나고 있음에도 불구하고 그 어둠이 알아차리지 못하는 어떤 빛을 나타냈다. 그리스도는 인간의 밖에, 인간의 위에 남았다. 한편, 욥은 일반적인 인간이었으며, 따라서 그에게 가해진, 그리고 그를 통해서 인류에게 가해진 잘못은 신의 정의에 따라서 오직 신이 경험적인 인간의 안에 현현하는 것에 의해서만 바로잡아질 수 있다. 이 속죄의 행위는 보혜사에 의해 실행된다. 인간이 신으로 인해 고통 받아야 하는 것처럼, 신도 인간으로 인해 고통을 겪어야 하기 때문이다. 그렇지 않으면, 신과 인간 사이에 화해가 절대로 있을 수 없다.

성령이 신의 자식들이라 불리는 사람들에게 지속적으로, 또 직접적으로 작용하는 것은 사실 현현의 확장 과정을 암시한다. 하느님에 의해 생겨난 그리스도는 맨 먼저 태어난 자식이며, 그 뒤를 지속적으로 늘어나는 남녀 동생들이 잇고 있다. 그러나 이 동생들은 성령에 의해 생겨나지도 않았고 처녀에 의해 태어나지도 않았다. 이것은 예수의 형제자매들의 형이상학적 지위에는 불리할지 모르지만, 그들이 단순히 인간에게서 태어났다는 사실은 어떤 의미에서도 미래에 천상의 궁전에서 명예로운 자리를 차지할 수 있는 전망을 위태롭게 하지도 않으며, 그들이 기적을 행할 능력을 줄이지도 않을 것이다.

그들의 비천한 기원(아마 포유류 동물일 것이다)은 그들이 아버지로서 신과, 또 형제로서 그리스도와 밀접한 친척 관계를 맺는 것을 막지 않을 것이다. 비유적인 의미에서 보면, 그 관계는 사실 "혈족 관계"나 다름없다. 그들이 단순한 입양 그 이상의 의미를 지니는, 그리스도의 피와 살점 중에서 각자의 몫을 받았기 때문이다.

인간의 지위에 일어난 이 깊은 변화들은 그리스도의 구원 작업의 직접적인 결과이다. 구원 또는 해방은 몇 가지 측면을 갖고 있으며, 그 중에서 가장 중요한 것은 인류의 비행을 대신한 그리스도의 희생적인 죽음에 의해 이뤄진 속죄이다. 그리스도의 피는 우리를 죄의 사악한 결과로부터 정화한다. 그리스도는 신과 인간을 화해시키고, 인간을 운명처럼 따르는 신의 분노로부터, 그리고 지옥행으로부터 해방시킨다. 그런 생각들이 하느님 아버지를 여전히 비위를 맞춰줘야 하는 위험한 여호와로 그리고 있는 것은 사실이다. 그의 아들의 고통스런 죽음은 그에게 그가 겪은 모욕에 대한 보상으로 여겨지게 되어 있으며, 이 같은 "도덕적 상처" 때문에 그가 끔찍한 복수를 저지르는 경향을 보일 것이다.

다시 한 번, 우리는 세상의 창조주가 절대로 그의 계획대로 행동하지 않는 창조물들을 앞뒤 맞지 않게 마구 다루는 태도에 오싹해지는 느낌을 받는다. 그것은 누군가가 세균 배양을 시작했는데 그것이 실패로 확인된 상황과 비슷하다. 그러면 그 사람은 자신의 불운을 탓할 수 있겠지만, 그는 세균에서 실패의 원인을 찾으려 하거나 그 실패에 대해 세균을 도덕적으로 처벌하는 모습을 보이지는 않을 것이다. 더 정확히 말하면, 그는 보다 더 적절한 배양기를 선택할 것이다.

피조물들을 대하는 여호와의 행동은 소위 "신성한" 이성의 모든 요구들과 모순된다. 이성의 소유가 인간과 동물을 구분하는 것으로 여겨지는데도 말이다. 게다가, 세균학자는 인간이기 때문에 배양 방법의 선택에 실수를 저지를 수도 있다. 그러나 신은 전지하기 때문에 자신의 전지와 상담을 했다면 절대로 실수를 저지르지 못할 것이다. 신은 인간 피조물들에게 약간의 의식과 그에 상응하는 자유의지를 부여했지만, 그는 그렇게 함으로써 자신이 인간들을 위험스런 독립 쪽으로 유혹하고 있다는 점을 알아야만 한다.

만약에 인간이 오직 친절하고 선하기만 한 창조주와 관계를 맺고 있었다면, 그것도 그렇게 큰 위험이 아닐 수 있다. 그러나 여호와는 자신까지도 이따금 당하는 계략을 꾸미길 즐기는, 자신의 아들 사탄을 망각하고 있다. 그런데 여호와가 제한적인 의식과 불완전한 지식을 갖춘 인간에게 더 이상 어떻게 더 잘할 것을 기대할 수 있는가? 여호와는 또한 인간이 의식을 더 많이 갖게 될수록 본능(이것은 적어도 인간에게 신의 숨겨진 지혜를 희미하게나마 전한다)으로부터 더욱 멀리 벗어나게 되고 오류를 저지를 가능성 또한 더 커진다는 사실을 간과하고 있다. 만약에 사탄의 창조주까지도 그 강력한 영을 억제시키지 못하거나 그렇게 할 뜻이 없다면, 인간은 틀림없이 사탄의 계략에 필적하지 못한다.

X

신의 "무의식"이라는 사실은 구원의 교리에 좀 특이한 빛을 비춘다. 인간은 정해진 방법에 따라 세례를 받아 깨끗이 정화된다 하더라도 자신의 죄들로부터 자유로워지는 것이 아니라, 죄의 결과, 즉 신의 분노에 대한 두려움으로부터 자유로워진다. 따라서 구원 작업은 인간을 신에 대한 두려움으로부터 해방시킨다는 의도를 갖고 있다. 인간 종(種)을 구하기 위해 자신의 독생자를 보낸 자애로운 아버지에 대한 믿음이 옛날의 여호와와 그의 위험한 감정들의 끈질긴 흔적을 억누른 곳에서, 그것은 분명히 가능한 일이다. 그러나 그런 믿음은 숙고의 결여 또는 지성의 희생을 전제하며, 이 두 가지가 도덕적으로 정당화될 수 있는지가 의문스러워 보인다.

우리는 인간을 향해 각자 주어진 재능을 땅에 숨길 것이 아니라 최대한 활용하라고 가르친 사람이 그리스도 본인이라는 사실을 잊지 말아야 한다. 사람은 실제보다 더 어리석어 보이거나 더 무의식적으로 보여서는 안 된다. 왜냐하면 다른 모든 측면에서 우리가 유혹의 구렁텅이에 떨어지지 않기 위해서는 경계심을 놓지 말고 비판적이고 자기 자신을 알 것을, 또 우리가 저지르는 실수들을 알아채기 위해서 우리에게 영향력을 행사하길 원하는 "영들을 조사하고" "그 영이 하느님께 속한 것인지 시험할"('요한의 첫째 서간' 4장 1절) 것을 요구받고 있기 때문이다. 사탄의 교활한 덫을 피하기 위해서는 심지어 초인적인 지능이 필요하다.

이런 의무들은 불가피하게 우리의 이해력과 진리 사랑, 알고자 하는 충동을 강화한다. 이것들은 순수한 인간의 미덕일 뿐만 아니라, "모든 것을, 그리고 신의 깊은 비밀까지도 통찰하는"('코린토 신자들에게 보낸 첫째 서간' 2장 10절) 그 영의 효과이기도 하다. 이런 지적 및 도덕적 능력은 그 자체로 신성한 본질을 갖고 있으며, 따라서 배제될 수도 없고, 배제되어서도 안 된다. 사람이 최악의 의무의 충돌에 빠지는 것은 바로 기독교 도덕성을 따르는 때이다. 오직 5라는 숫자를 습관적으로 짝수로 간주하는 사람들만이 그 충돌을 피할 수 있다. 기독교 윤리가 의무의 충돌을 일으킨다는 사실은 기독교 윤리에 유리하게 작용한다. 해결 불가능한 갈등들을, 따라서 영혼의 고뇌를 낳음으로써, 기독교 윤리는 인간을 신에 대한 어떤 인식 쪽으로 보다 가까이 데려간다.

모든 상반된 것들은 신에게서 비롯되며, 따라서 인간은 그 부담을 받아들여야 한다. 그렇게 하면서, 인간은 신이 자신의 "반대"에서 인간을 사로잡으며, 인간 안에 자신을 구현했다는 것을 발견한다. 인간은 신성한 갈등이 가득한 그릇이 되었다. 우리는 고통이라는 생각을 상반된 것들이 서로 맹렬히 충돌하는 상태와 적절히 연결시키고, 우리는 그런 고통스런 경험을 "구원받는" 것으로 묘사하길 망설인다. 그럼에도, 구세주의 고통스런 형상이 매달린, 기독교 신앙의 위대한 상징인 십자가가 2,000년 동안 기독교인들의 눈에 뚜렷이 내걸려 있었다는 점은 부정할 수 없다. 이 그림은 두 명의 도둑들에 의해 완성되며, 그들 중 하나는 지옥으로 내려가고 다른 하나는 천국으로 올라간다. 이것보다 기독교의 핵심적인 상징이 지닌 "상반성"을 더 잘 표현하는 것을 상상하기는 어렵다.

상반된 것들을 의식적으로 인정하는 것이 그 순간에는 고통스러울지라도 그와 동시에 분명한 해방감을 안겨준다는 사실을 제외한다면, 기독교 심리학의 이 불가피한 산물이 구원을 의미해야 하는 이유를 이해하기가 쉽지 않다. 그 같은 인정은 한편으로는 따분하고 무력한 무의식의 절망적인 상태로부터의 해방을 의미하고, 다른 한편으로는 신의 상반성에 대한 인식의 강화를 뜻한다. 이 신의 상반성에 인간도 그리스도인 나누는 칼에 입을 수 있는 상처를 두려워하지 않는다면 직접 가담할 수 있다. 만약에 기독교인이 신에 의해 선택된 데 따르는 부담에 주눅들지 않고 언제나 그것을 받아들일 수 있다면, 그 사람은 대단히 극단적이고 대단히 위협적인 갈등을 통해서만 신성 속으로 해방되는 것을 경험할 수 있다. 오직 이런 식으로만, 신의 형상이 인간의 안에서 스스로를 실현할 수 있고, 신이 인간이 된다.

주기도문의 일곱 번째 간청, 즉 "저희를 악에서 구하소서"는 그리스도가 겟세마네 동산에서 한 기도("아버지, 하실 수만 있으시면 이 잔이 저를 비켜 가게 해 주십시오."('마태복음' 26장 39절)와 똑같은 의미로 이해되어야 한다. 원칙적으로, 한 인간을 갈등으로부터, 따라서 악으로부터 면제시키는 것은 신의 목표에 부합하지 않는 것 같다. 그런 욕망을 표현하는 것은 지극히 인간적이지만, 그것이 원칙이 되어서는 안 된다. 왜냐하면 그것이 신의 의지에 반하고 오직 인간의 나약함과 두려움에 근거하기 때문이다. 두려움은 분명히 어느 정도 정당화된다. 갈등을 완성시키기 위해서는, 인간의 힘이 지나치게 혹사당하고 있는 것은 아닌가 하는 의심과 불확실성이 있어야 하기 때문이다.

신의 형상이 인간의 영역 전체로 스며들며 인류를 그 형상의 무의식적 옹호자로 만들기 때문에, 400년이나 이어진 교회의 분열과 2개의 적대 진영으로 찢어진 현재의 정치 세계의 분열은 둘 다 똑같이 지배적인 그 원형의 인식되지 않은 양극성의 표현일 가능성이 있다.

그리스도의 구원 작업을 보는 전통적인 관점은 일방적인 어떤 사고방식을 반영하고 있다. 우리가 그 일방성을 순수하게 인간적인 것으로 보는가, 신이 의도한 것으로 보는가 하는 문제는 중요하지 않다. 다른 관점, 즉 그 속죄를 인간이 신에게 진 빚의 상환으로 보지 않고 신이 인간에게 저지른 잘못에 대한 배상으로 보는 관점은 앞에서 간단히 요약되었다. 나에게는 이 관점이 실제 권력 상황과 더 잘 맞는 것 같다. 양은 늑대가 마시는 물의 진흙을 휘저어 놓을 수는 있어도 늑대에게 전혀 해를 입히지 못한다. 그렇듯, 피조물은 창조주를 실망시킬 수는 있지만, 피조물이 창조주에게 고통스러울 만큼의 잘못을 저지를 수 있다는 것은 좀처럼 믿기지 않는다. 무력한 피조물과 관련해서는 권력은 언제나 창조주에게만 있다.

이 관점에서는 어떤 잘못이 신에게로 돌려지지만, 그 잘못은 오직 아버지의 분노를 달래기 위해서 아들을 십자가에서 고문하여 죽게 할 필요가 있었다고 단정하는 경우에 이미 신에게로 돌려진 것에 비하면 절대로 더 나쁘지 않다. 자신이 아끼는 사탄의 악의적 조언에 의해 타락한 자신의 피조물들을 용서하기보다는 자신의 아들이 죽음을 당하는 쪽을 택하는 아버지는 도대체 어떤 부류의 아버지인가? 이런 식으로 무시무시하게 아들을 희생시켜서 도대체 무엇을 증명하는가? 혹시 신의 사랑? 아니면 신의 무자비함? '창세기' 22장과 '출애굽기' 22장 29절을 통해서, 우리는 여호와가 백성의 충성을 시험하거나 자신의 의지를 단호히 내세우기 위해서 아들과 첫째 아이를 죽이는 수단을 동원하는 경향을 갖고 있다는 것을 알고 있다. 그가 전지하고 전능하기 때문에, 그런 야만적인 방법이 전혀 필요하지 않은데도 말이다. 더욱이, 그런 방법은 이 땅의 힘 있는 자들에게 나쁜 예를 제공할 수 있지 않는가. 따라서 순진한 마음이 그런 질문들을 피하고, 그 같은 묘책을 아름다운 '지성의 희생'으로 둘러대는 것이 충분히 이해된다. 만약에 사람이 '시편' 89장을 읽지 않는 쪽을 택한다면, 그 문제는 거기서 끝나지 않을 것이다. 한 번 속이는 자는 다시 속이게 되어 있다. 자기 인식이 걸린 경우에 특히 더 그럴 것이다. 그러나 자기 인식은 양심을 검사하는 형식으로 기독교 윤리에 의해 요구되고 있다. 자기 인식이 신을 알 수 있는 길을 열어줄 것이라고 주장한 사람들은 매우 경건한 사람들이었다.

XI

신이 최고의 선이라고 믿는 것은 숙고하는 의식에게는 불가능한 일이다. 숙고하는 의식은 어떤 점에서도 신에 대한 두려움으로부터 자유로워졌다고 느끼지 않으며, 따라서 꽤 적절하게 그리스도가 어떤 의미를 지니는지에 대해 자문한다. 정말로, 그것은 중대한 질문이다. 그리스도가 우리 시대에도 여전히 해석될 수 있는가? 아니면 현대인은 역사적인 해석에 만족해야만 하는가?

어쨌든, 한 가지만은 의심의 대상이 될 수 없다. 그리스도가 매우 신비한 인물이라는 점이다. 그를 신과 신의 아들로 해석하는 것은 이 점과 완전히 일치한다. 그리스도 자신이 그 문제에 대해 품었던 견해를 근거로 한 옛날의 관점은 그가 인류를 앞으로 닥칠 징벌로부터 구하기 위해 세상에 와서 고통 받다가 죽었다고 단언한다. 게다가, 예수는 자신의 육체적 부활이 신의 자식들 모두에게 똑같은 미래를 보장할 것이라고 믿었다.

신의 구원 프로젝트가 실제로 얼마나 신기하게 전개되는지에 대해서는 이미 길게 논했다. 신이 하는 모든 것은 자기 아들의 모습으로 인류를 신자신으로부터 구하는 것이다. 이 같은 생각은 여호와에 대해 올바른 것들을 자신의 권좌 밑에 숨겨 자신의 분노로부터 보호했다고 보는 옛날 율법 학자의 견해만큼이나 상스럽다. 당연히, 권좌의 여호와는 이 올바른 것들을 보지 못한다. 마치 성부가 아들과 다른 신처럼 보인다. 절대로 그런 의미는 아닐 텐데도 말이다. 그런 가정을 해야 할 심리학적 필요가 전혀 없다. 신의 의식에 분명히 나타나고 있는 숙고의 결여만으로도 그의 특이한 행동을 충분히 설명하기 때문이다. 따라서 신에 대한 두려움이 모든 지혜의 시작으로 고려되어야 한다는 말은 꽤 옳은 말이다. 한편, 칭송의 소리를 크게 듣는, 신의 선량과 사랑과 정의는 단순히 신을 달래기 위한 소리로 여겨져서는 안 되며, 순수한 경험으로 인식되어야 한다. 신이 곧 '상반된 것들의 일치'이기 때문이다. 둘 다, 즉 신의 사랑뿐만 아니라 신에 대한 두려움도 정당화된다.

보다 분화된 의식은 예측 불가능한 분노의 폭발과 불성실, 불공정, 잔인성 등 두려워할 온갖 특성들을 갖고 있는 신을 자애로운 아버지로 사랑하는 것이 어렵다는 사실을 조만간 발견해야 한다. 고대 신들의 쇠퇴는 인간이 신들에서 대단히 인간적인 모순과 허약을 확인하기를 바라지 않는다는 사실을 증명했다. 마찬가지로, 여호와가 욥을 다루면서 당한 도덕적 패배도 숨겨진 결과를 낳았을 가능성이 있다. 한편으로, 인간의 지위가 뜻하지 않게 상승되었고, 다른 한편으로 무의식에 어떤 교란이 일어났을 수 있는 것이다.

인간의 지위를 상승시킨 결과는 한동안 그냥 단순한 사실로만 남는다. 말하자면, 무의식에 등록되었음에도 불구하고 의식적으로 깨달아지지는 않았다는 뜻이다. 이것이 무의식에 교란을 일으키고, 그로 인해 무의식이 의식에 존재하는 것보다 더 큰 잠재력을 얻는다. 그러면 사람이 의식적으로 하는 것보다 무의식적으로 하는 것이 더 중요해진다. 이런 상황에서 잠재력이 무의식에서 의식 쪽으로 흐르기 시작하고, 무의식이 꿈과 환상, 계시의 형식으로 의식을 돌파한다.

불행히도, '욥기'는 쓰인 시기가 정확하지 않다. 앞에서 언급한 바와 같이, B.C. 600년에서 B.C. 300년 사이의 어느 시점에 쓰였다. B.C. 6세기 전반기에, 소위 "병적" 특성들을 보인 예언자 에제키엘이 등장한다. 평범한 사람들은 그의 환상에 "병적"이라는 형용사를 붙이려는 경향을 보이지만, 나는 정신과 의사로서 환상들과 거기에 수반되는 현상들이 무비판적으로 병적인 것으로 평가될 수 없다는 사실을 강조해야 한다.

환상은 꿈처럼 평범하지 않지만 꽤 자연스런 사건이다. 환상은 병적인 본질이 증명되는 때에만 병적인 것으로 여겨질 수 있다. 엄격히 임상적인 관점에서 본다면, 에제키엘의 환상들은 원형적인 성격을 지니고 있으며 어떤 식으로도 병적으로 왜곡되지 않았다. 그 환상들을 병적인 것으로 여겨야 할 이유가 전혀 없다. 그것들은 당시에 의식과 무의식 사이에 이미 존재했던 분열의 한 증후이다. 첫 번째 위대한 환상은 질서가 꽤 잘 잡힌 두 개의 복합적인 사위일체로, 말하자면 오늘날 자동적인 현상으로 자주 관찰되는 것과 같은 전체성의 개념들로 이뤄져 있다. 그 사위일체들의 '제5의 원소'는 "사람처럼 보이는"('에제키엘서' 1장 26절) 어떤 형상에 의해 표현되고 있다. 여기서 에제키엘은 무의식의 핵심적인 내용, 즉 '보다 높은 인간'이라는 개념을 보았다. 여호와에게 도덕적 패배를 안겼고, 여호와가 훗날 되었던 그런 인간 말이다.

인도에서 다소 비슷한 시기에 나온, 동일한 경향을 보인 존재가 바로 부처(B.C. 562년 출생)였다. 부처는 가장 높은 브라만 신들을 넘어설 정도로 의식의 분화를 이뤘다. 이 같은 발달은 '푸루샤-아트만' 원리의 논리적 결과였으며, 요가 행위의 내적 경험에서 비롯된다.

에제키엘은 여호와가 인간에게 더욱 가까이 다가서고 있다는 사실을 하나의 상징으로 포착했다. 이것은 욥에게 하나의 경험으로 닥친 그 무엇이지만, 아마 그의 의식까지 닿지는 않았다. 말하자면, 욥은 자신의 의식이 여호와의 의식보다 높다는 것을, 따라서 신이 인간이 되기를 원한다는 것을 깨닫지 못했다. 더욱이, 에제키엘의 환상에서 "사람의 아들"이라는 명칭이 처음 나온다. 여호와가 그 예언가를 부르면서 의미심장하게 그 표현을 쓴다. 아마 에제키엘이 권좌에 앉은 그 "사람"의 아들이라는 것을, 따라서 한참 뒤에 그리스도의 안에서 나타날 계시의 한 예시라는 것을 암시하기 위해서였을 것이다. 그러므로 신의 권좌에 있는 4명의 치품천사들이 복음서 저자들의 상징이 된 것은 아주 옳았다. 그들이 그리스도의 전체성을 표현하는 사위일체를 이루기 때문이다. 4개의 복음서들이 그리스도의 권좌의 4개의 기둥을 나타내듯이.

무의식의 교란이 몇 세기 동안 이어졌다. 그러다가 B.C. 165년쯤에 다니엘이 네 마리의 짐승과 "연로하신 분"의 환상을 보았으며, 이 분에게 "사람의 아들 같은 이가 하늘의 구름을 타고 나타났다".('다니엘서' 7장 13절) 여기서 "사람의 아들"은 더 이상 그 예언자가 아니며, "연로하신 분"에게 태어난 아들이며, 이 아들의 임무는 아버지를 다시 젊게 만드는 것이다.

B.C. 100년경에 쓴 '에녹서'는 상당히 세세하게 파고들고 있다. '에녹서'는 신의 아들들이 인간들의 세계 속으로 들어가는 것을 심오하게 설명하고 있다. 이것은 "천사들의 타락"으로 묘사된 또 다른 원형이다. '창세기'에 따르면, 여호와가 자신의 영이 "인간 안에 영원히" 거주해서는 안 된다고, 또 인간들은 예전처럼 몇 백 살씩 살아서는 안 된다고 결정했는데도, 신의 아들들은 그 보상으로 인간들의 아름다운 딸들과 사랑에 빠졌다. 이 일은 거인들의 시대에 일어났다. 200명의 천사들이 서로 공모한 뒤에 사미아자즈의 지도 아래에 땅으로 내려와서 인간들의 딸들을 아내로 삼고 그들 사이에 3,000엘 길이의 거인들이 태어났다는 이야기를 에녹이 들려주고 있다. 천사들은 인간에게 기술과 과학을 가르쳤으며, 그들 중에는 아자

젤이 특별히 두드러졌다. 그들은 인간의 의식을 확장시키고 발달시킨, 특별히 진보적인 요소들인 것으로 증명되었다. 그것은 사악한 카인이 집에만 틀어박힌 아벨과 대조적인 것으로서 진보를 상징했던 것과 똑같다.

이런 식으로, 그 천사들은 인간의 중요성을 "엄청나게" 키웠으며, 이것은 곧 그 시기에 문화적 의식의 팽창을 가리킨다. 그러나 팽창은 언제나 무의식으로부터 반격의 위협에 시달리며, 그 위협은 실제로 대홍수로 일어났다. 대홍수 전에 이 땅이 너무나 심하게 타락했기 때문에, 거인들은 "인간들의 모든 습득을 파괴했으며", 이어서 서로를 삼키기 시작했다. 그 사이에 인간들은 짐승들을 삼켰다. 그래서 "땅은 무법한 자들을 책망했다"('에녹서' 7장 3-6절).

그러므로 신의 아들들이 인간 세상을 침공한 사건은 심각한 결과를 낳았다. 때문에 여호와가 이 땅의 현장에 나타나기 전에 취한 예방 조치들이 더 쉽게 이해된다. 인간은 우월한 이 신의 힘 앞에서 완전히 무력했다. 따라서 여호와가 이 문제에서 어떤 식으로 행동하는지를 보는 것은 큰 관심사이다. 그 후의 가혹한 처벌이 증명하듯이, 200명이나 되는 신의 아들들이 인간 세계에서 스스로 실험을 행하기 위해 아버지의 주거지를 떠났을 때, 그것은 천국의 질서에서 결코 하찮은 사건이 아니었다. 이 집단 탈출에 관한 정보가 (신이 전지하다는 사실과 꽤 달리) 궁전으로 새어 들어갔을 것이라고 짐작할 수 있다. 그러나 그런 종류의 일은 전혀 일어나지 않았다. 거인들이 오래 전에 생겨나서 이미 인간을 살해하고 삼키기 시작한 뒤에야, 4명의 대천사가 우연히 인간들의 울부짖음을 듣고는 땅에서 벌어지고 있는 일을 알게 되었다. 여기서 천사 집단의 형편없는 조직이 더 놀라운 일인지, 아니면 천국의 불완전한 의사소통이 더 놀라운 일인지 잘 모르겠다. 어쨌든 이번에는 대천사들이 신 앞에 나타나서 다음과 같은 장광설을 해야겠다고 느끼지 않을 수 없었다.

모든 것이 당신 앞에 명백하게 열려 있으며,

당신은 모든 것을 볼 수 있고

당신의 눈을 피할 수 있는 것은 아무것도 없습니다.

당신은 아자젤이 지상에서 불법을 가르치고

하늘에서 간직되고 있는 영원한 비밀을 밝히는 것을 보았습니다.

…

또 당신께서 동료들을 지배할 권한을 준 세미아자즈는 마법을 가르쳤습니다.

…

그리고 당신은 어떤 일이든

일어나기 전에 미리 알고 계시며

당신은 이 일도 보고 그들에게 허락했습니다.

그런데도 당신은

이 일과 관련해서 그들을 어떻게 다뤄야 하는지

우리에게 아무 말도 하지 않았습니다.('에녹서' 9장 5-11절)

대천사들이 하는 말이 전부 거짓말이든가, 여호와가 이해 못할 어떤 이유로 자신의 전지로부터 어떤 결론도 끌어내지 않았든가, 아니면, 이것이 더 그럴 듯하게 들리는데, 대천사들이 여호와에게 전지에 대해서는 아무것도 모르는 쪽이 더 편하다는 점을 상기시켰음에 틀림없다. 어쨌든, 보복 행위가 지구 전체에 걸쳐 벌어진 것은 오직 대천사들의 개입에 따른 것이었지만, 여호와가 노아와 그의 친척들을 제외하고 살아 있는 모든 피조물들을 즉시 물에 빠뜨린 것을 고려한다면, 그것은 진정으로 정의로운 처벌이 아니다. 이 막간극은 신의 아들들이 어쨌든 자기 아버지보다 더 조심스럽고, 더 진보적이고, 더 의식적이라는 점을 증명한다. 그러므로 그 결과 일어나는 여호와의 변화는 그 만큼 더 높이 평가받아야 한다.

여호와가 현현을 위해 미리 준비한 것들을 보면, 그가 경험으로부터 정말로 무엇인가를 배우면서 일들을 예전보다 더 의식적으로 준비하고 있다는 인상이 강하게 든다. 틀림없이, 소피아를 떠올린 것이 의식의 이런 증대에 기여했다. 마찬가지로, 형이상학적 구조도 더욱 명백하게 드러나고 있다. '에제키엘서'와 '다니엘서'에서 사위일체와 사람의 아들에 관해서 아주 희미한 암시들만을 발견하는 반면에, '에녹서'는 그런 것들에 대해 명확하고 세세한 정보를 제시한다. 일종의 하데스인 저승은 4개의 비어 있는 장소로 나눠져 있으며, 그 장소들은 죽은 자들의 영이 최후의 심판까지 머무는 곳이다. 이 빈 장소들 중 세 곳은 어두우며, 한 곳은 밝고 어떤 "물의 샘"을 포함하고 있다. 밝은 곳은 정직한 사람들이 머무는 곳이다.

이런 유형의 진술들로 인해, 우리는 이제 명확하게 심리학적인 영역으로 들어간다. 말하자면, 1 : 3과 3 : 4의 비율이 속하는 만다라의 상징체계를 다루게 된다는 뜻이다. '에녹서'의 네 부분으로 나뉜 하데스는 지하의 사위일체에 해당하며, 이 사위일체는 영적 또는 천상의 사위일체와 영원히 대조를 이룬다. 전자는 연금술에서 원소들의 사위일체에 해당하고, 후자는 예를 들면, 바르벨로와 콜로르바스(Kolorbas), 메르쿠리우스 콰드라투스(Mercurius quadratus)와 네 개의 얼굴을 가진 신들이 암시하듯이, 신성의 사중적인 한 양상에 해당한다.

사실, 에녹은 환상에서 신의 네 얼굴들을 본다. 세 얼굴은 찬미하고 기도하고 간청하는 얼굴이지만, 네 번째 얼굴은 "사탄들을 가로막고 그들에게 영들의 지배자 앞에 나가서 땅에 사는 자들을 비난하는 것을 금지시키는"('에녹서' 40장 7절) 얼굴이다.

그 환상은 신의 이미지의 어떤 근본적인 분화를 보여준다. 신은 지금 4개의 얼굴을, 아니 신의 얼굴을 한 네 천사를 갖고 있다. 이 천사들은 4가지의 본질 또는 발산이며, 그 중 하나는 지금 많은 측면에서 변화한, 신의 큰 아들 사탄을 신으로부터 떼어놓고, 사탄이 욥 사건과 비슷한 것을 추가로 실험하지 못하도록 막는 일에 전적으로 매달리고 있다. 사탄들은 여전히 천상의 영역에서 거주하고 있다. 아직 사탄의 추락이 일어나지 않았기 때문이다. 앞에 설명한 비율은 또한 여기서 천사들 중 셋은 신성하거나 이로운 기능을 수행하는 반면에 네 번째 천사는 사탄을 감시해야 하는 호전적인 인물이라는 사실에 의해서도 암시되고 있다.

이 사위일체는 분명히 영적인 성격을 지니고 있으며, 따라서 일반적으로 날개를 가진 것으로 그려지는 천사들에 의해서 천상의 존재로 표현된다. 그 천사들이 에제키엘의 네 치품천사의 후손으로 짐작되기 때문에, 그런 성격을 띨 가능성이 더욱 크다. 사위일체를 배로 하거나 위의 것과 아래의 것으로 분리시키는 것은, 사탄들을 천상의 궁전으로부터 배제시키는 것처럼, 이미 일어난 어떤 형이상학적 분열을 가리킨다. 그러나 플레로마에서 일어나는 분열은 신의 의지에서 일어난 훨씬 더 깊은 분열의 징후이다. 아버지는 아들이 되기를 원하고, 신은 인간이 되기를 원하고, 도덕관념이 없는 존재는 전적으로 선한 존재가 되기를 원하고, 무의식은 의식적으로 책임질 수 있게 되기를 원하고 있는 것이다. 지금까지 모든 것은 오직 형성기의 상태로 존재하고 있을 뿐이다.

에녹의 무의식은 이 모든 것에 의해 크게 자극받고, 그 무의식의 내용물은 폭발적으로 터져 나오며 묵시록적인 환상들의 홍수를 일으키고 있다. 에녹의 무의식은 또한 에녹이 천상의 네 구역과 땅의 중심으로 여행하도록 이끈다. 그래서 그는 자신의 움직임을 통해 하나의 만다라를 그린다. 이 만다라는 연금술 철학자들의 "여정"과 현대인의 무의식이 펼치는 공상과 일치한다.

여호와가 에제키엘을 "사람의 아들"로 불렀을 때, 이것은 처음에 모호하고 수수께끼 같은 힌트에 불과했다. 그러나 지금 그것은 분명해지고 있다. 인간 에녹은 신의 계시를 받는 존재일 뿐만 아니라 동시에 신성한 드라마의 참여자이기도 하다. 마치 그 자신이 신의 아들들 중 하나인 것처럼. 이것은 신이 인간이 되려고 애쓰면서 취한 바로 그 조치 안에서 인간이 영적 과정에 깊이 열중한다는 의미로 받아들여질 수 있다. 말하자면, 인간은 그 과정에 세례를 받고 신성한 사위일체에 참여하게 된다(즉, 그리스도와 함께 십자가형에 처해지게 된다). 그것은 오늘날까지도, 세례수 축복 의식에서 물이 사제의 손에 의해 십자로 나눠진 다음에 사방으로 뿌려지는 이유이다.

에녹이 신이 등장하는 드라마의 영향을 너무나 강하게 받는 상태에서 그 드라마에 사로잡혀 있기 때문에, 그가 다가오는 현현에 대해 꽤 잘 알고 있었다는 짐작도 가능하다. "연로하신 분"과 함께 있는 "사람의 아들"은 천사처럼(즉, 신의 아들들 중 하나로) 보인다. 그는 "정직성을 갖추고" 있고, "정직성이 그와 함께 머무르고 있으며", 영들의 지배자가 "그를 선택했으며", "그의 운명은 영들의 지배자 앞에서 강직성에서 탁월함을 보인다".('에녹서' 46장 1-3절) 정직성이 그처럼 강하게 강조되고 있는 것은 절대로 우연이 아닐 것이다. 그것이 여호와가 결여하고 있는 자질이니 말이다. 그것은 '에녹서'의 저자 같은 사람이 보지 않고 넘어가기가 쉽지 않은 사실이다. 사람의 아들의 통치 아래에서, "정직한 사람의 기도가 들렸고, 정직한 사람의 피가 영들의 지배자 앞에서 [속죄되다]".('에녹서' 47장 4절) 에녹은 "마르지 않는 정직의 샘"('에녹서' 48장 1절)을 본다.

[사람의 아들은] 정의로운 자들에게 지팡이 역할을 할 것이다. …
그런 이유로 그는 세상의 창조가 있기 전부터 선택되어 그의 앞에 영원히

숨겨져 있다.

그리고 영들의 지배자의 지혜가 그를 드러내었다. …

그가 정의로운 자들의 분깃을 지켜주었으니.('에녹서' 48장 4, 6-7절)

지혜가 물처럼 솟아나고 …

그는 정의의 모든 비결에서 막강하고,

불의는 그림자처럼 사라질 것이다. …

그의 안에 지혜의 영혼이 거주하고 있고,

통찰을 주는 영혼과

이해력과 힘의 영혼도 거기에 거주하고 있다.('에녹서' 49장 1-3절)

사람의 아들의 통치 하에서 이런 일이 벌어진다.

땅은 주어졌던 것을 반환하고

지옥은 받은 것을 돌려주고, 빌린 것을 돌려줄 것이다.

…

그때 선택된 자(메시야)는 나의 권좌에 앉고,

그의 입을 통해 지혜와 조언의 모든 비밀들이 쏟아질 것이다.('에녹서'

51장 1, 3절)

"모두가 천국에서 천사가 될 것이다." 아자젤과 그의 무리들은 "사탄의 하수인이 되어 땅에 사는 자들을 길을 잃게 만든"('에녹서' 54장 6절) 일에 대한 벌로 시뻘겋게 불타는 용광로로 던져질 것이다.

세상의 종말에 사람의 아들은 모든 피조물들을 심판하는 자리에 앉을 것이다. "어둠은 파괴될 것이고, 그러면 빛이 영원히 확립될 것이다."('에녹서' 58장 6절) 여호와의 두 거대한 증거인 리바이어던과 베헤못조차도 굴복하지 않을 수 없다. 그것들은 잘게 조각내어 먹힌다. 이 단락[154]에서, 에녹은 모습을 드러내고 있는 천사에 의해 "사람의 아들"이라는 명칭으로 불린다. 이것은 그가 에제키엘처럼 신성한 신비에 의해 동화되었다는 것을, 또 그가 그 신비를 목격했다는 분명한 사실에 의해 이미 암시되고 있듯이, 그 신비에 포함되었다는 것을 추가적으로 말해주고 있다.

에녹은 떠돌다가 천국에 자리를 잡는다. "천국들 중의 천국"에서 그는 수정으로 지은 신의 집을 본다. 집 주위로 시뻘건 불의 강들이 있고, 한 순간도 잠을 자지 않는, 날개 달린 존재들이 집을 지키고 있다. "연로하신 분"이 천사의 사위일체(미카엘, 가브리엘, 라파엘, 파누엘)와 함께 와서 그에게 말한다. "너는 정의를 위해 태어난 사람의 아들이다. 정의가 너의 머리 위를 맴돌고, '연로하신 분'의 정의가 너를 버리는 날은 없을 것이다."('에녹서' 71장 14절)

사람의 아들과 그가 의미하는 것이 거듭 정의와 연결된다는 것이 주목할 만하다. 정의가 그의 주된 관심사인 것 같다. 오직 불공평이 위협하고 있거나 이미 일어난 곳에서만, 그런 식으로 정의를 강조하는 것이 이해가 된다. 정의를 두드러지게 실행할 수 있는 사람은 아무도 없다. 오직 신만 그렇게 할 수 있다. 그런데 신과 관련해서 신도 정의를 망각할 수 있다는 합당한 두려움이 존재한다. 그런 경우에 신의 정의로운 아들이 인간의 편에서 신에게 탄원하고 나설 것이다. 그리하여 "정의가 평화를 누릴 것이다".('에녹서' 71장 17절) 아들의 영향 아래에서 지배적이게 될 정의가 대단히 강하게 강조된다. 그래서 예전에, 그러니까 그의 아버지의 통치 아래에서는 불공정이 극심했다는 인상이, 그리고 아들로 인해서 법과 질서의 시대가 시작되었다는 인상이 강하게 느껴진다. 이것으로, 에녹은 무의식적으로 욥에게 대답을 제시한 것처럼 보인다.

154 '에녹서' 60장 10절.

신의 고령을 강조하는 것은 논리적으로 어느 아들의 존재와 연결되지만, 그것은 또한 신 자신이 보다 정의로운 질서가 나타나기를 바라면서 뒤로 조금 더 물러나고, 인간 세계에 대한 관리를 아들에게 더 많이 넘길 것이라는 점을 암시한다. 이 모든 것들로부터, 우리는 어떤 심리적 외상의 후유증을, 하늘을 향해 절규하며 신과의 친밀한 관계를 흐리고 있는, 불공정에 관한 기억을 볼 수 있다. 신 자신이 아들을 원하고, 인간도 아버지를 대신할 아들을 원한다. 우리가 최종적으로 본 바와 같이, 이 아들은 절대적으로 정의로워야 하며, 이 자질이 다른 어떤 미덕보다 우선되어야 한다. 신과 인간은 똑같이 맹목적인 불공정으로부터 벗어나기를 원한다.

에녹은 태생으로 보나 예정설로 보나 사람의 아들이나 신의 아들의 역할을 맡도록 선택된 것 같지 않은데도, 황홀경의 상태에서 자신을 그런 존재로 인식한다. 그는 신과 비슷한 존재가 되는 그런 고양을 경험한다. 욥의 경우에 우리는 그가 그런 고양을 경험했을 것이라고 단순히 가정하거나, 불가피한 산물로 추론했다. 욥이 "나는 알고 있다네, 나의 구원자께서 살아 계심을!"이라고 선언할 때, 그는 그런 종류의 무엇인가를 어렴풋이 생각했던 것 같다. 매우 두드러진 이 진술은 그 상황에서 단지 자비로운 여호와만을 가리킬 수 있다. 이 대목을 그리스도에 대한 예상으로 보는 전통적인 기독교 해석은, 여호와의 자비로운 측면이 그 자체로 하나의 근본으로서 사람의 아들 안에서 현현하는 한에서만, 그리고 사람의 아들이 에녹의 안에서 정의의 대표자로, 기독교의 안에서 인류의 정의의 수호자로 증명되는 한에서만 맞을 수 있다. 더욱이, 사람의 아들은 이미 존재하고 있으며, 따라서 욥은 그에게 쉽게 간청할 수 있다. 사탄이 비난자와 중상자의 역할을 하듯이, 신의 다른 아들인 그리스도는 옹호자와 방어자의 역할을 한다.

모순에도 불구하고, 일부 학자들은 에녹이 품은 구세주에 관한 생각들을 그리스도에 관한 것으로 보기를 원했다. 심리학적 이유들을 근거로 하면,

나에게는 그런 막연한 느낌이 합당하지 않은 것 같다. 여호와의 불공정, 노골적인 그의 비도덕성이 독실한 사상가에게 어떤 의미를 지녔을 것인지에 대해 생각해 보기만 하면 된다. 신에 대해 그런 생각을 품으며 고민하는 것은 절대로 즐거운 일이 아니었다. 그보다 훨씬 뒤에 쓴 어느 문서는 "도저히 견뎌낼 수 없었던 까닭에" '시편' 89장을 읽어내지 못한 독실한 어느 현자에 관한 이야기를 들려준다. 그리스도의 가르침뿐만 아니라, 그 다음 세기부터 지금까지 교회의 교리들이 천국에 있는 자애로운 아버지의 선량, 두려움으로부터의 해방, 최고의 선, 선의 결여를 얼마나 배타적으로, 또 얼마나 강하게 강조했는지에 대해 생각해 보라. 그러면 거꾸로 여호와가 보인 성격의 불일치가 어떤 것이었는지를, 또 그런 역설이 종교적인 의식(意識)에 얼마나 견디기 힘든 것이었는지를 짐작할 수 있을 것이다. 그리고 그런 상황은 아마 욥의 시대 이후로 언제나 이어졌을 것이다.

여호와의 내적 불안정은 세상 창조의 주요 원인일 뿐만 아니라 인류가 비극적인 코러스로서 어떤 역할을 맡은 영적 드라마의 주요 원인이기도 하다. 피조물과의 조우가 창조자를 변화시킨다. '구약 성경' 속의 글에서, B.C. 6세기 이후로 이 같은 발달의 흔적이 점점 더 많아지는 것이 확인된다. 두 가지 중요한 클라이맥스로는 먼저 욥의 비극이 있고, 그 다음에 에제키엘의 계시가 있다. 욥은 선량한 피해자이지만, 에제키엘은 여호와의 인간화와 분화를 목격한다. 에제키엘이 "사람의 아들"이라는 명칭으로 불림으로써, 그에게 여호와가 사위일체로 현현하는 것은, 신의 변형과 인간화를 통해서, 영원으로부터 예견되었던 신의 아들에게뿐만 아니라 인간 자체에게 지금 막 일어나려고 하는 것의 천상의 모델이라는 점이 암시되고 있다. 이것이 에녹의 안에서 직관적인 예감으로서 실현되고 있다. 황홀경 속에서 에녹은 플레로마에서 사람의 아들이 되고, 그가 (엘리야처럼) 전차를 타고 떠도는 것은 죽은 자의 부활을 예시하고 있다. 정의의 대리자로서의 역할을 수행하기 위해, 그는 신에게 가까이 다가가야 하며, 이미 존재하는 사람의 아들로서 그는 더 이상 죽음에 속박되지 않는다. 그러나 그가 평범한 인간이고, 따라서 죽을 운명을 타고난 한, 그뿐만 아니라 다른 인간들도 신의 환상을 볼 수 있다. 그들도 마찬가지로 자신의 구세주를 의식할 수 있게 되고, 따라서 불멸이 될 수 있다.

당시에도 이런 모든 생각들은 그때 받아들여지고 있던 가정들을 근거로 쉽게 의식이 될 수 있었다. 그런 생각들을 놓고 깊이 숙고만 하면 가능한 일이었다. 그렇기 때문에 그리스도를 끌어들일 필요가 전혀 없었다. '에녹서'는 장엄하게 그려낸 하나의 예지(豫知)였지만, 모든 것이 아직은 땅에 전혀 닿지 않은 단순한 계시로서 허공에 걸려 있다. 이런 사실들을 고려한다면, 우리가 거듭 듣는 바와 같이, 기독교가 세계 역사에 절대적으로 신기한 하나의 사건으로 돌연 나타난 것처럼 여겨지게 된 이유가 도무지 이해가 되지 않는다. 만약에 어떤 것이든 역사적으로 미리 준비되어 있었고, 또 기존의 세계관에 의해 지탱되고 뒷받침을 받은 것이 있다면, 바로 기독교가 전형적인 예일 것이다.

XII

예수는 처음에 유대인 개혁가와 전적으로 선한 어떤 신의 예언자로 등장한다. 그렇게 함으로써, 그는 위기에 처한 종교적 지속성을 구하고, 이 측면에서 그는 사실 자신이 구원자라는 점을 증명하고 있다. 그는 인류를 신과의 영적 교감의 상실로부터, 또 단순한 의식과 합리성 속에서 길을 잃을 위험으로부터 보호한다. 그렇게 되었더라면, 의식과 무의식의 분열 같은 무엇인가를, 부자연스럽고 병적이기까지 한 상황을, 시간이 시작된 이후로 인간을 위협했던 "영혼의 상실" 같은 것을 초래했을 수도 있다. 거듭, 그리고 점점 더 강하게, 예수는 자신의 정신의 불가피한 불합리성을 보지 않고, 의지와 이성만으로 모든 것을 통제하며 스스로의 힘으로 헤쳐나갈 수 있다고 상상하는 위험 속으로 빠져든다. 이 같은 위험은 사회주의와 공산주의 같은 중대한 사회, 정치적 운동에서 가장 분명하게 드러난다. 사회주의의 영향 아래에서는 국가가 고통을 겪고, 공산주의의 영향 아래에서는 인간이 고통을 겪는다.

분명히, 예수는 희소식을 선언하면서 기존의 전통을 자신의 개인적 현실로 바꿔놓았다. "신은 인류에게서 유쾌한 기쁨을 느낀다. 신은 자애로운 아버지이며, 당신을 내가 당신을 사랑하듯이 사랑하며, 당신을 오래된 빚으로부터 구하기 위해 나를 자신의 아들로 보냈다." 예수는 신과의 화해를 낳을 속죄의 제물로 자신을 제공한다. 인간과 신 사이의 진정한 신뢰 관계가 바람직할수록, 여호와가 자신의 피조물에게 품는 앙심과 대립은 더욱 놀라운 것으로 다가온다. 자애로운 아버지이며, 실제로 사랑 그 자체인 신에게 기대할 수 있는 것은 이해와 용서이다. 그렇기 때문에 너무도 선량한 이 신이 인간 제물을 통해서만, 그것도 설상가상으로 자신의 아들의 죽음을 통해서만 그런 자비의 행위를 구입하는 것을 허용할 때, 그것은 아주 불쾌한 충격으로 다가온다.

그리스도는 분명히 이 같은 비참한 결말을 무시했다. 어쨌든 그 후에 수많은 세기가 흐르는 동안에 그 결말은 별다른 반대 없이 받아들여졌다. 선량한 신이라는 존재가 인간 제물에 의해서만 달래질 만큼 옹졸하다니! 이 이상한 사실을 사람들은 그냥 보고만 있었을 뿐이다. 이것은 견디기 힘든 부조화이며, 현대인은 그것을 더 이상 소화시킬 수 없었다. 만약에 그 부조화가 신의 성격 위로 빛을 비추며 사랑과 최고의 선에 관한 모든 말이 거짓임을 증명하고 있는데도 현대인이 그 빛을 보지 않는다면, 그 사람은 맹인임에 틀림없다.

그리스도는 두 가지 길로 중재자임을 증명하고 있다. 그가 신에 맞서 인간들을 돕고, 인간이 신에게 느끼는 두려움을 누그러뜨려 주는 것이다. 그는 두 극단, 즉 서로 결합시키기가 너무도 힘든 인간과 신의 중간에서 어떤 중요한 위치를 차지하고 있다.

분명히, 신이 펼치는 드라마의 초점이 중재 역할을 맡은 신인(神人) 쪽으로 이동하고 있다. 그는 인간성도 결여하지 않고 신성도 결여하지 않았으며, 이런 점 때문에 그는 오래 전부터 전체성의 상징들로 여겨졌다. 그가 모든 것을 포용하고, 모든 상반된 것들을 결합시키는 것으로 이해되었기 때문이다. 보다 분화된 의식을 암시하는, 사람의 아들의 사위일체도 그에게로 돌려진다(십자가와 네 복음서 필자를 상징하는 형상을 보라). 이것은 대부분 '에녹서'의 패턴과 일치하지만, 한 가지 중요한 차이가 있다. "사람의 아들"이라는 명칭으로 불리는 에제키엘과 에녹은 평범한 인간인 반면에, 그리스도는 혈통과 잉태, 출생에 의해 고전적인 의미에서 말하는 영웅이고 반신(半神)이다. 그리스도는 성령에 의해서 처녀의 몸에서 생겨났으며, 또 창조된 인간 존재가 아니기 때문에 죄의 경향을 전혀 갖고 있지 않다. 그의 경우에 악의 전염은 현현을 위한 준비들에 의해 배제된다. 따라서 그리스도는 인간의 차원보다 신의 차원에 더 가깝다.

그리스도는 다른 모든 것을 배제하고 신의 선의만 실현하며, 따라서 정확히 한가운데에 서지 않는다. 왜냐하면 창조된 인간에게 근본적인 요소인 죄가 그에게 닿지 않기 때문이다. 죄는 원래 천상의 궁전에서 와서 사탄의 도움으로 피조물 속으로 들어갔다. 이것이 여호와를 너무나 격노하게 만들었기 때문에, 여호와를 달래기 위해서 결국엔 그의 아들이 제물로 바쳐져야 했다. 정말 이상하게도, 여호와는 사탄을 자신의 수행원에서 제거하려는 조치를 절대로 취하지 않았다. '에녹서'에서 파누엘이라는 특별한 대천사가 여호와를 사탄의 꼬드김으로부터 지키는 임무를 맡았으며, 사탄은 세상의 종말에 이르러서야 어떤 별의 형태로 손과 발이 묶여 나락으로 던져져 파괴될 것이다. ('요한 묵시록'에는 이렇게 되어 있지 않다. 거기서는 사탄이 본래의 모습 그대로 영원히 살고 있다.)

일반적으로 그리스도의 독특한 희생이 원죄의 저주를 끊고 최종적으로 신을 달랜 것으로 여겨지고 있을지라도, 그럼에도 불구하고 그리스도는 이 측면에서 의혹을 품었던 것 같다. 양들이 목자를 잃을 때, 그리고 양들이 그들을 대신해서 아버지에게 탄원하던 존재를 상실할 때, 인간에게, 특히 목자의 추종자들에게 무슨 일이 일어날까? 그는 사도들에게 자신이 언제나 그들과 함께할 것이라고, 아니 그 자신이 그들의 안에 살게 될 것이라고 확신시켰다. 그럼에도 불구하고, 이것이 그를 완전히 만족시킨 것처럼 보이지 않는다. 거기에 덧붙여 그가 그들에게 아버지가 조언자(보혜사)를 보내도록 하겠다고 약속하고 있으니 말이다. 이 조언자는 그리스도 대신에 말과 행동으로 그들을 도우며 영원히 그들과 함께 남을 것이다. 이것을 근거로, "법적 지위"가 아직 확실히 정해지지 않았다거나 불확실성의 요소가 여전히 존재한다는 짐작도 가능하다.

보혜사를 보내는 것에는 또 다른 측면이 있다. 이 진리와 지혜의 영이 바로 그리스도를 생기게 한 성령이다. 그는 창조된 인간의 안에 지금부터 영원히 거주할, 육체적 및 정신적 생식의 영이다. 그가 신성의 세 번째 위격이기 때문에, 그것은 곧 신이 창조된 인간 안에서 생겨나게 될 것이라고 말하는 것이나 다름없다. 이것은 인간의 지위에 엄청난 변화를 암시한다. 인간이 이제 신의 아들의 위치로, 거의 신인의 위치로 올라가게 되니 말이다. 이로 인해, "사람의 아들"이라는 명칭을 이미 창조된 인간에게 부여한 '에제키엘서'와 '에녹서'의 예상이 성취되고 있다. 그러나 그것은 인간의 원죄가 계속되고 있음에도 불구하고 인간을 중재자, 그러니까 신과 피조물을 통합시키는 자의 위치에 놓는다. 그리스도가 "나를 믿는 사람은 내가 하는 일을 할 뿐만 아니라, 그보다 더 큰 일도 하게 될 것이다"라고 말하고, 또 "내가 이르건대 너희는 신이다. 너희들 모두는 가장 높은 존재의 아들이다"라는 내용의 '시편' 82장 6절에 대해 언급하며 "그리고 성경은 폐기될 수 없다"고 덧붙일 때, 그는 아마 예측할 수 없는 이 가능성을 염두에 두고 있었을지도 모른다.

성령이 미래에 인간의 안에 존재하는 것은 신의 지속적인 현현에 해당한다. 그리스도는 신이 생기게 한 아들과 이미 존재하는 중재자로서 장남이며, 성령이 경험적인 인간 안에서 추가로 현현하는 일이 벌어질 때 따르게 될 하나의 신성한 패러다임이다. 그러나 인간이 세상의 어둠에 관여하고, 따라서 그리스도의 죽음으로 인해 불안의 원인이 될 수 있는 중대한 상황이 벌어진다. 신이 인간이 되었을 때, 모든 어둠과 악은 조심스럽게 밖에 남겨졌다. 에녹이 사람의 아들로 변하는 것은 완전히 빛의 영역에서 일어났으며, 그리스도의 안에서 일어난 현현은 더더욱 그랬다.

신과 인간 사이의 유대가 그리스도의 죽음으로 인해 끊어졌을 가능성은 아주 낮다. 반대로, 이 유대의 지속성이 거듭 강조되고 있으며, 그 유대는 보혜사를 보내는 것에 의해 추가적으로 확인되고 있다. 그러나 유대가 더욱 가까워질수록, 악과 충돌할 위험도 그만큼 더 커진다. 꽤 일찍부터 존재했던 어떤 믿음을 근거로, 빛의 현상 뒤에는 어둠의 현상이 따른다는 예상이, 그리고 그리스도의 뒤에는 적그리스도가 따른다는 예상이 더욱 강해졌다. 그런 의견은 형이상학적 상황으로부터는 기대할 수 없는 의견이다. 악의 권력이 반드시 정복될 테니까. 그리고 자애로운 아버지가 그리스도를 통한 복잡한 구원의 장치를 마련하고 인류의 속죄를 받아주고 인류에 대한 사랑을 선언한 뒤에도, 그때까지 벌어진 일을 깡그리 무시하고 자기 자식들을 감시하기 위해 사악한 감시자를 다시 풀어놓을 것이라고 믿는 사람은 아무도 없을 것이다. 그런데 왜 사탄에게 이처럼 지루하게 자제력을 발휘하고 있는가? 악을 인간에게 투영하는 것이 왜 이다지도 끈질긴가? 그가 자신의 사악한 아들들에게 저항하지 못할 정도로 나약하고 어리석게 만들어 놓은 그 인간에게 말이다. 그리고 악을 뿌리째 뽑지 않는 이유는 도대체 무엇인가?

신이 좋은 의도로 선하고 유익한 아들을 생겨나게 하고, 따라서 스스로 선한 아버지라는 이미지를 창조했다는 점을, 불행하게도 우리는 또 다시 그의 안에 매우 다른 진실을 말하는 어떤 인식이 존재한다는 것을 고려하지 않은 채 인정해야 한다. 만약에 신이 혼자서라도 자신의 행위를 놓고 곰곰 생각했더라면, 그는 자신이 현현을 통해 겪게 될 끔찍한 분열을 볼 수 있었을 것이다. 예를 들어, 그의 어둠은, 다시 말해 사탄이 신의 처벌을 피하려 할 때마다 그 수단이 되어 주었던 그 어둠은 어디로 갔는가? 신은 자신이 완전히 변했다고, 또 도덕관념을 모르는 특성이 그로부터 완전히 떨어져 나갔다고 생각하는가? 심지어 그의 "빛"의 아들인 그리스도도 이 점에서 그를 그다지 신뢰하지 않았다. 그래서 지금 그리스도는 인간들에게 "진리의 영"을 보내며, 이 영의 도움으로 인간들은 곧 신이 빛의 측면으로만 현현하고 자신이 선 자체라고 믿거나 적어도 그런 존재로 여겨지길 바랄 때 어떤 일이 벌어지는지를 발견할 것이다. 대규모의 에난티오드로미아가 예상된다. 그것은 적그리스도의 도래에 대한 믿음을 의미하며, 그런 믿음이 생겨난 것은 다른 그 어떤 것보다 "진리의 영"의 활동 때문이다.

보혜사가 형이상학적으로 가장 의미 있을지라도, 교회라는 조직의 관점에서 보면, 그것은 절대로 바람직하지 않았다. 왜냐하면 '성경'에 명령조로 언급되고 있듯이, 성령이 어떤 통제도 받지 않기 때문이다. 지속성과 교회를 위해서, 현현과 그리스도의 구원 작업의 유일성이 강력히 강조되어야 하고, 같은 이유로 성령의 지속적 내재(內在)는 최대한 좌절되고 무시되어야 한다. 추가적인 개인적 일탈은 어떤 것이든 용납될 수 없다. 성령에 의해서 반대 의견 쪽으로 기우는 사람은 누구든 반드시 이단이 되며, 그런 사람을 박해하고 제거하는 것은 사탄이 바라는 바이다. 한편, 만약에 모두가 자신의 개인적 성령의 직관을 보편적인 그 교리의 강화를 위해 타인들에게 강요하려 든다면, 기독교가 바빌로니아 사람들이 겪은 것과 같은 언어의 혼란 상태로 급속히 빠져들게 될 것이다. 이것은 수많은 세기 동안 위협적인 잠복 상태로 내려오고 있는 운명이다.

개별 인간에게 그리스도의 가르침을 상기시키고, 그들을 빛 속으로 이끌기 위해 그들의 안에 거주하며 작용하는 것이 "진리의 영"인 보혜사의 과제이다. 이 같은 활동을 보여주는 좋은 예가 바로 구세주에 대해 모르는 상태에서 복음을 사도들이 아니라 계시를 통해 받았던 바울로이다. 그는 무의식이 교란을 일으키며 계시적인 황홀경을 일으킨 사람들 중 하나이다. 성령의 생명력은 자체의 활동을 통해서, 그리고 우리 모두가 아는 것들을 확증할 뿐만 아니라 그것들 너머까지 나아가는 효과를 통해서 스스로를 드러낸다. 그리스도의 말씀 안에 전통적인 "기독교" 도덕 그 너머까지 나아가는 사상들이 이미 암시되어 있다. 예를 들면, 부당한 집사의 비유가 있다. 이 비유의 도덕은 '코덱스 베자이'(Codex Bezae)[155]의 어록과 일치하며, 예상한 것과 매우 다른 기준을 드러낸다. 여기서 도덕적 기준은 의식(意識)이며, 법이나 관습이 아니다. 그리스도가 자신의 교회의 반석과 토대를 놓아주기를 바란 사람이 바로 자제력이 부족하고 성격이 변덕스러운 베드로라는 이상한 사실도 언급할 수 있다. 나에게는 이런 것들이 내가 '변별적 도덕 평가'(differential moral valuation)라고 부르는 것에 악을 포함시켜야 한다는 점을 강조하는 사상들처럼 보인다. 예를 들면, 악이 분별 있게 감춰진다면 그것은 선이지만, 무의식적으로 행동하는 것은 악이다. 그런 견해들은 선뿐만 아니라 악도 고려하는 시대를, 혹은 우리가 악이 무

---

155   5세기에 그리스어와 라틴어로 신약 성경을 적은 원고.

엇인지를 언제나 정확히 알고 있다는 의문스런 가정 하에서 악을 문턱 아래로 억누르지 않는 그런 시대를 위한 것으로 여겨질 수 있다.

다시, 적그리스도에 대한 예상은, 악이 추락과 망명에도 불구하고 여전히 "이 세상의 지배자"이며 모든 것을 둘러싸고 있는 대기 속에 그 주거지를 갖고 있다는 놀라운 진술처럼, 광범위하게 영향을 미치는 계시 또는 발견이다. 악은 비행에도 불구하고, 그리고 인간을 위한 신의 구원 작업에도 불구하고, 상당한 권력의 자리를 여전히 지키고 있으며 지상의 모든 생명체들을 자신의 영향력 아래에 두고 있다.

이 같은 상황은 결정적인 것으로 묘사되는 수밖에 없다. 어쨌든 그런 상황은 "희소식"에서 합리적으로 기대할 수 있었던 것과는 일치하지 않는다. 악의 운명의 날이 헤아려지고 있을지라도, 악은 결코 속박되어 있지 않다. 신은 사탄을 힘으로 누르는 것을 아직도 망설이고 있다. 짐작컨대 신은 자신의 어둠이 사악한 그 천사에게 얼마나 유리하게 작용하고 있는지를 아직 모르고 있다. 당연히, 이런 상황은 인간의 내면에 보금자리를 튼 "진리의 영"으로부터 무한정 숨겨진 상태로 남을 수는 없었다. 따라서 진리의 영이 인간의 무의식에 교란을 일으켰고, 기독교 시대가 시작될 때 또 다른 위대한 계시를 낳았다. 그 모호함 때문에, 그 다음 몇 세기 동안에 수많은 해석과 오해를 낳은 계시였다. 바로 성 요한의 계시이다.

XIII

'요한 묵시록'의 요한에게 적절한 인격으로, '요한의 서간'의 저자보다 더 적절한 사람을 상상하기가 어렵다. 신은 빛이고, "그분께는 어둠이 전혀 없다"('요한의 첫째 서간' 1장 5절)고 선언한 것이 그였다. (누가 신 안에 어둠이 있다고 말했는가?) 그럼에도 불구하고, 그는 우리가 죄를 지을 때 "아버지 앞에서 변호해 줄 대변자"가 필요하다는 것을 이미 알고 있다. 바로 이 대변자가 "우리 죄를 위한 속죄 제물"인 그리스도이다. (그런데 왜 우리에게 대변자가 필요한가?) 아버지가 우리에게 자신의 위대한 사랑을 주었으며(그 사랑을 인간이 인간 제물을 바치고 구입해야 하긴 했지만!), 우리는 신의 자식들이다. 신에 의해 생겨난 자는 죄를 전혀 저지르지 않는다. (누가 죄를 전혀 짓지 않는가?)

이어서 요한은 사랑의 메시지를 설교한다. 신 자체가 사랑이다. 완벽한 사랑은 두려움을 물리친다. 그러나 요한은 엉터리 예언자들과 엉터리 교리 선생들에게 경고해야 하며, 적그리스도의 도래를 선언하는 것은 바로 그이다.('요한의 첫째 서간' 2장 18절) 그의 의식적인 태도는 정통파이지만, 그는 불길한 예감을 품고 있다. 그는 자신의 의식적인 계획과 맞아떨어지지 않는 꿈들을 쉽게 꾸었을 것이다. 그는 자기반성이 부족하지 않았던 바울로와 달리, 마치 자신이 죄 없는 상태뿐만 아니라 완벽한 사람에 대해서도 잘 알고 있는 것처럼 말한다. 요한은 지나치게 확신하는 면이 다소 있으며, 따라서 그는 분열의 위험을 안고 있다.

이런 상황에서는 무의식에서 어떤 반대의 입장이 생겨나게 되며, 이 입장은 계시의 형식으로 의식 속으로 침입할 수 있다. 만약에 이런 일이 일어난다면, 그 계시는 다소 주관적인 신화의 형태를 취할 것이다. 왜냐하면 그것이 특히 그 개인의 의식의 편파성을 보완하는 것이기 때문이다. 이것은 에제키엘이나 에녹의 환상들과 대조를 이룬다. 이 두 사람의 의식적 상황은 무지(그 탓을 그들에게로 돌릴 수 없다)가 두드러진 특징이었으며, 따라서 다소 객관적이고 보편적으로 타당한, 원형적인 자료의 구성에 의해 보상되었다.

우리가 볼 수 있는 한, '요한 묵시록'은 이 조건들과 부합한다. 최초의 환상부터 두려움을 불러일으키는 형상이 등장한다. 그리스도와 '연로하신

분'을 섞어 놓은 듯한 형상이다. 어떤 인간과 사람의 아들을 닮았다. 그의 입으로부터 "날카로운 쌍날의 칼"이 나온다. 형제애를 보여주는 일보다는 싸움과 피 튀기는 일에 더 적절해 보이는 칼이다. 이런 그리스도가 요한에게 "두려워하지 마라"라고 말하고 있기 때문에, 우리는 요한이 "죽은 사람처럼" 쓰러졌을 때 사랑에 압도된 것이 아니라 오히려 두려움에 압도되었다고 단정해야 한다. (지금 두려움을 몰아내는 완벽한 사랑이 무슨 가치가 있는가?)

그리스도는 요한에게 아시아 지역의 교회들에게 일곱 통의 편지를 쓸 것을 명령한다. 에페소스의 교회는 참회하라는 꾸지람을 듣는다. 그렇게 하지 않을 경우에 빛을 박탈당할 것이란 협박이 따른다("내가 가서 네 등잔대를 그 자리에서 치워 버리겠다"('요한 묵시록' 2장 5절)). 우리는 또한 이 편지를 통해서 그리스도가 니골라파를 "미워했다"는 것을 알게 된다. (이것이 어떻게 이웃 사랑과 조화를 이룰 수 있는가?)

스미르나의 교회는 그렇게 나쁘게 끝나지 않는다. 그 교회의 적들은 아마 유대인들이지만, 그 유대인들은 지나치게 우호적으로 들리지 않는 "사탄의 무리"이다.

페르가몬은 엉터리 교리들을 가르치는 한 선생이 거기서 남의 이목을 끌려고 노력하고 있다는 이유로 비난의 소리를 듣고 있으며, 거기엔 니콜라파 사람들이 많다. 따라서 그곳은 회개해야 한다. "그렇지 않으면 내가 곧 너희에게 갈 것이다." 이것은 단지 위협으로만 해석될 수 있을 뿐이다.

티아티라는 "자신을 여자 예언자라고 부르는 이제벨이라는 여자"의 설교를 묵인하고 있다. 그리스도는 "그녀를 병상으로 던져 버리고, 그녀의 자식들을 죽음으로 몰아넣을" 것이다. 그러나 "내 일을 끝까지 지키는 사람에게는 민족들을 다스리는 권한을 주겠다. 그리하여 옹기그릇들을 바수듯이 그는 쇠 지팡이로 그들을 다스릴 것이다. 내가 내 아버지에게서 받았듯이 그 사람도 나에게서 받는 것이다. 나는 또 그에게 샛별을 주겠다".('요한 묵시록' 2장 25-29절) 우리가 아는 바와 같이, 그리스도는 "적들을 사랑하라"고 가르치지만, 여기서 그는 베들레헴을 너무나 뚜렷이 상기시키는, 어린이들의 대량 학살을 협박하고 있다.

사르디스 교회의 선행은 신 앞에서 완벽하지 않다. 그러므로 "참회해야" 한다. 그렇지 않으면 그리스도가 도둑처럼 올 것이며 "너는 내가 어느 때에 너에게 갈지 결코 알지 못할 것이다".('요한 묵시록' 3장 3절) 다정한 경고는 절대로 아니다.

필라델피아 교회와 관련해서는 나무랄 것이 하나도 없다. 그러나 라오디케이아 교회를 그는 입에서 뱉어버릴 것이다. 이유는 그 교회의 사람들이 미온적이기 때문이다. 그들도 회개해야 한다. 그의 설명이 독특하다. "내가 사랑하는 사람들을 나는 책망도 하고 징계도 한다."('요한 묵시록' 3장 19절) 만약에 라오디케이아 사람들이 이 "사랑"을 너무나 많이 원하지 않았다면, 그 말이 꽤 더 쉽게 이해되었을 것이다.

일곱 교회들 중 다섯 곳이 나쁜 점수를 받는다. 대참사를 예언하는 이 "그리스도"는 기질이 나쁘고 권력을 의식하는 "보스"처럼 처신하고 있으며, 사랑을 설교하는 어느 주교의 "그림자"를 많이 닮았다.

내가 말한 바를 뒷받침이라도 하듯, 이제 에제키엘 유형의 어떤 환상이 따른다. 그러나 권좌에 앉은 이는 사람처럼 보이지 않고, "벽옥과 홍옥 같이"('요한 묵시록' 4장 3절) 보인다. 그의 앞에는 "수정처럼 보이는 유리 바다 같은 것"이 있고, 어좌 주위에는 "앞뒤로 눈이 가득 달린 네 생물"('요한 묵시록' 4장 6절)이 있다. 에제키엘의 상징이 여기서 이상하게 변형되어 나타난다. 무생물의 영역에서 나오고 있는, 죽은 단단한 사물들, 즉 돌과 유리, 수정은 신성을 나타낸다. 여기서 그 다음 몇 세기 동안 연금술사들의 정신을 사로잡은 것들이 불가피하게 떠오른다. 그 시기에 연금술에서 신비한 "사람"은 '전혀 돌이 아닌 돌'이라고 불렸으며, 다수의 눈들이 무의식의 바다에서 빛을 발했다. 어쨌든, 요한의 심리의 무엇인가가 여기서 등장하며, 그것이 기독교 우주 그 너머에 있는 것들을 잠깐 보았다.

직후에, 일곱 번 봉인된 책이 "어린양"에 의해 펼쳐지는 장면이 나온다. "어린양"은 "연로하신 분"의 인간적인 특성들을 버리고 지금 '요한 묵시록'에 나오는 뿔 달린 많은 동물들 중 하나처럼 순수하게 짐승 같은 괴상한 모습으로 나타난다. 그것은 일곱 개의 눈과 뿔을 갖고 있으며, 따라서 새끼 양보다는 숫양을 더 닮았다. 대체로 말해 그것은 꽤 무서워 보였을 것임에 틀림없다. 그것은 "살해된 것처럼, 서 있는"('요한 묵시록' 5장 6절)것으로 묘사되지만, 전혀 무고한 희생자처럼 행동하지 않고 매우 활발하게 행동한다.

첫 4개의 봉인에서, 불길한 일을 전하는 것 같은, 말 탄 사람 4명이 나온다. 다섯 번째 봉인이 열림과 동시에, 순교자들이 복수를 외치는 소리("거룩하시고 참되신 주님, 저희가 흘린 피에 대하여 땅의 주민들을 심판하고 복수하시는 것을 언제까지 미루시렵니까?"('요한 묵시록' 6장 10절))가 들린다. 여섯 번째 봉인은 우주적인 재앙을 부르며, 모든 것이 "어린양의 분노"로부터 숨는다. "그분의 진노가 드러나는 중대한 날이 닥쳐왔기 때문이다."('요한 묵시록' 6장 17절) 우리는 저항하지 않고 도살장으로 끌려가는 온순한 어린양을 더 이상 알지 못한다. 마침내 분노를 폭발시킬 수 있게 된, 공격적이고 성미 급한 숫양만 보일 뿐이다.

이 모든 것에서 나는 어떤 형이상학적 신비보다는, 완벽을 추구하는 사람들에게서 종종 관찰되는, 오랫동안 억눌렸던 부정적인 감정의 폭발을 본다. 우리는 요한의 서간들의 저자가 동료 기독교인들에게 설교한 내용을 직접 실천하기 위해 틀림없이 온갖 노력을 기울였을 것이라고 생각할 수 있다. 이 목적을 위해서 그는 모든 부정적인 감정을 차단해야 했으며,

자기반성이 부족한 덕분에 그는 그 감정들을 망각할 수 있었다. 그러나 그 감정들은 의식의 차원에서는 사라졌을지라도 표면 아래에서 지속적으로 그의 마음을 괴롭히고 있었으며, 그 감정들은 시간이 흐름에 따라 분개와 복수의 감정으로 변하다가 어떤 계시의 형태로 의식 위로 폭발했다. 이로 인해, 그리스도의 겸양과 관용, 이웃과 적을 향한 사랑이라는 사상과 모순을 일으키는 어떤 끔찍한 그림이 생겨났으며, 이 그림은 천국의 자애로운 아버지와 인간의 구원자를 터무니없는 존재로 만들어 버린다. 증오와 분노, 보복, 그리고 공상적일 만큼 끔찍한 파괴적인 격분이 폭발하면서, 그리스도가 신과 사랑으로 교감하는 원래의 순수한 상태로 복원시키려고 노력하던 세상을 피와 불로 압도해 버린다.

일곱 번째 봉인의 개봉은 당연히 성 요한의 부정한 상상력까지 고갈시키겠다는 듯이 비참한 일들을 홍수처럼 많이 일으킨다. 요한은 마치 자신을 강화하려는 듯 지금 자신의 "예언"을 계속하기 위해 "작은 두루마리"를 먹어야 한다.

일곱 번째 천사가 마침내 나팔 불기를 그쳤을 때, 예루살렘의 파괴 뒤에 하늘에서 "발 밑에 달을 두고 머리에 열두 개의 별로 된 왕관을 쓴"('요한묵시록' 12장 1절) 태양 여인의 환상이 나타났다. 그녀는 출산의 고통을 겪고 있었으며, 그녀 앞에 그녀의 아이를 삼키길 원하는 커다랗고 빨간 용이 서 있었다.

이 환상은 문맥을 완전히 벗어나 있다. 그 전의 환상들에서는 그것들이 훗날 수정되고, 다시 배열하고, 윤색되었다는 인상이 느껴지는 반면에, 이 이미지는 원래 그대로이고 어떤 교육의 목표도 의도하지 않는다는 인상을 풍긴다. 이 환상은 하늘의 신전이 열리고 계약의 궤가 보이면서 나타난다. 이것은 아마 천상의 신부로 소피아와 동등한 예루살렘의 강림을 알리는 전조일 것이다. 그것이 신성한 인간 자식을 낳는 천상의 히에로스 가모스의 모든 부분이기 때문이다. 그 자식은 마찬가지로 용에게 쫓겼던, 레토 (Leto)의 아들 아폴로의 운명을 타고날 위험을 안고 있다.

그러나 여기서 잠시 어머니의 형상에 대해 생각해야 한다. 그녀는 "태양을 입은 여인"이다. "여인"이라는 평범한 진술에 주목하라. 여신도 아니고, 오점 하나 없이 잉태한 영원한 처녀도 아니고, 그저 평범한 여인이다. 그녀를 세계 영혼으로서, 그리고 최초의 우주적인 인간, 즉 안트로포스의 동료로서 두드러지게 만드는 그런 자연스런 특성들 외에, 그녀가 완전한 여자다움을 갖추지 못하게 하는 특별한 예방조치는 전혀 눈에 띄지 않는다. 그녀는 여자 안트로포스, 즉 남성적 원리의 카운터파트이다. 이교의 레토 모티브가 이것을 보여주는 데 아주 적절하다. 왜냐하면 그리스 신화에서 가모장의 요소와 가부장의 요소가 거의 동일하게 섞이기 때문이다. 위의 별들, 아래의 달, 가운데의 태양, 떠오르는 호루스와 지는 오시리스, 그리고 모든 것을 감싸는 어머니 같은 밤, 위의 하늘, 아래의 하늘 등. 이 상징체계는 "여인"의 전체 신비를 드러낸다. 그녀는 자신의 어둠 속에 "남성적인" 의식의 태양을 포함하고 있다. 이 태양은 아이로서 무의식의 밤의 바다에서 떠오르고 어른으로서 다시 무의식의 밤의 바다 속으로 가라앉는다. 그녀는 빛에 어둠을 더하고, 상반된 것들의 히에로스 가모스를 상징하고, 자연과 영을 화해시킨다.

이 천상의 결혼에서 태어나는 아들은 필연적으로 상반된 것들의 결합이고, 결합하는 상징이며, 삶의 전체성이다. 요한의 무의식은 이 이상한 종말론적인 경험을 묘사하기 위해서 그리스 신화로부터 차용했다. 그럴 만한 이유가 있었다. 어떤 일이 있어도 그 아들이 오래 전에 꽤 다른 상황에서 일어났던 아이 그리스도의 출생과 혼동되어서는 안 되었기 때문이다. 분명히 그 암시는 "분노한 어린양", 즉 대참사를 예언하는 그리스도를 가리키지만, 새로 태어난 인간 아이는 그의 복제로, "쇠 지팡이로 민족들을 다스릴"('요한 묵시록' 12장 5절) 존재로 나타난다. 따라서 그는 증오와 보복이라는 지배적인 감정에 동화되고, 그래서 그가 먼 미래에도 불필요하게도 지속적으로 심판을 내릴 것처럼 보인다.

이 해석은 일관되지 않는 것 같다. 왜냐하면 어린양이 이미 이 임무를 맡고 있으며, 계시가 전개되는 과정에, 그 어린양이 새로 태어난 인간 아이가 자신의 힘으로 활동할 기회를 누려보지도 못한 가운데 그 임무를 끝까지 수행하기 때문이다. 인간 아이는 그 후로 다시는 나타나지 않는다. 그러므로 나는 그를 복수의 아들로 묘사하는 것이, 만약에 그것이 해석상 보태진 것이 아니라면, 요한에게도 익숙한 문구였음에 틀림없다고, 또 그것이 명백한 해석으로서 그냥 흘러나왔을 것이라고 믿는다. 이 같은 분석은, 그 막간극이 그때 다른 방식으로 이해될 수 없었을 것이라는 점을 감안한다면, 더욱 그럴 듯해진다. 그러나 이런 식의 해석도 꽤 특별한 의미를 지니지 않기는 마찬가지이다.

내가 이미 지적한 바와 같이, 태양 여인 에피소드는 공상들의 흐름 속에서 하나의 이물질에 해당한다. 따라서 '요한 묵시록'의 저자 또는 당혹감을 느낀 필사자가 틀림없이 그리스도와 비슷한 이 존재를 해석하며 어쨌든 전반적인 텍스트와 일치시킬 필요성을 느꼈을 것이라고 짐작해도 지나치지 않다고 나는 믿는다. 그 문제는 쇠 지팡이를 든 목자라는 친숙한 이미지를 이용함으로써 쉽게 처리할 수 있다. 나는 이 연상의 원인으로 그 외의 다른 것을 보지 못한다.

인간 아이는 그의 아버지인 것이 확실한 하느님에게로 "들어 올려졌고", 어머니는 광야에 숨겨져 있다. 이것은 아이 형상이 무한한 시간 동안 잠재적인 것으로 남을 것이라는 점을, 또 그 형상의 활동은 미래에 펼쳐지게 되어 있다는 점을 암시하는 것 같다. 하갈(Hagar)[156]의 이야기가 이것의 한 원

---

156   아브라함의 아내 사라의 여종으로, 아브라함의 아들 이스마엘을 낳았다.

형일 수 있다. 이 이야기와 그리스도의 출생 사이의 유사성은, 앞에서 설명한, 온갖 형이상학적 영광 속에서 치러진 어린양의 즉위처럼, 인간 아이의 출생은 하나의 유사한 사건에 불과하다는 것을 의미할 뿐이다. 그 어린양의 즉위는 오래 전에 예수의 승천이 있을 때 일어났음에 틀림없다. 마찬가지로, 용, 즉 악마가 땅으로 던져지고 있는 것으로 묘사되고 있다. 그리스도가 그보다 훨씬 앞서 사탄의 추락을 관찰했음에도 말이다.

그리스도의 삶의 특징적인 사건들이 이런 식으로 이상하게 반복되는 것은 세상의 종말에 두 번째 메시아가 기대되고 있다는 추측을 낳는다. 여기서 의미하는 바가 그리스도 본인의 복귀일 수는 없다. 이유는 두 번째 메시아가 두 번째로 태어나거나 태양과 달의 결합에서 생겨나는 것이 아니라 "천국의 구름을 타고" 오는 것으로 되어 있기 때문이다. 세상의 종말에 있을 신의 출현은 '요한 묵시록' 1장과 19장 11절의 내용과 더 부합한다. 요한이 그 출생을 설명하면서 레토와 아폴로의 신화를 이용한다는 사실은 그 환상이 기독교 전통과 반대로 무의식의 한 산물이라는 점을 암시한다. 그러나 무의식은 의식에 의해 거부된 모든 것이며, 어떤 사람의 의식이 기독교적일수록 그 사람의 무의식은 더욱 이교도처럼 행동한다. 만약에 부정된 이교 신앙에 삶에 중요한 가치들이 있다면, 즉 아기가 목욕물과 함께 버려졌다면, 그런 일이 종종 일어난다.

무의식은 의식이 하는 것처럼 대상을 분리시키거나 구별하지 않는다. 무의식은 추상적으로, 또는 주체와 별도로 생각하지 않는다. 황홀경이나 환상에 빠진 사람은 언제나 그 과정에 빠지고 그 안에 포함된다. 이 예에서, 무의식적 인격을 그리스도와 다소 동일시하고 있는 것은 요한이다. 말하자면, 요한은 그리스도처럼 태어나고, 비슷한 운명으로 태어난다. 요한이 신성한 아들의 원형에 완전히 사로잡혀 있기 때문에, 그는 무의식에서 그 원형의 작용을 보고 있다. 바꿔 말하면, 요한은 신이 자신의 자기와 구분되지 않는, (부분적으로 이교적인) 무의식 안에서 어떻게 다시 태어나는지를 보고 있다. 이유는 "신성한 아이"가, 그리스도가 그런 것처럼, 자기의 상징 인 것 못지 않게 신의 상징이기도 하기 때문이다.

의식적으로, 당연히 요한은 그리스도를 하나의 상징으로 생각하는 것과 는 거리가 아주 멀었다. 독실한 기독교인에게 그리스도는 모든 것이지만, 알려지지 않았거나 아직 알려질 수 없는 무엇인가를 나타내는 상징은 확 실히 아니다. 그럼에도 그리스도는 바로 그의 본질 때문에 하나의 상징이 다. 만약에 그리스도가 추종자들의 무의식 안에서 생생하게 작용하고 있 는 무엇인가를 표현하지 않았다면, 그는 추종자들에게 안겨준 그런 인상 을 절대로 전할 수 없었을 것이다. 만약 기독교 사상이 그것을 받아들일 준 비가 되어 있는 정신 상태를 만나지 못했다면, 기독교 자체가 이교의 세계 에 그렇게 놀라운 속도로 전파될 수 없었을 것이다. 그리스도를 믿는 사람 은 누구나 그리스도의 안에 포함될 뿐만 아니라, 그런 경우에 그리스도도 신의 모습에 따라 형성된 완벽한 인간인 두 번째의 아담으로서 신자의 안 에 거주한다고 말하는 것이 가능한 것도 바로 그런 사실 때문이다.

심리학적으로, 그 관계는 인도 철학에서 인간의 자아의식과 푸루샤 또는 아트만의 관계와 동일하다. 그 관계는 정신의 전체, 즉 의식과 무의식으로 이뤄진 "완전한", 또는 전체적인 인간 존재가 오직 의식과 의식의 내용물 만을 나타낼 뿐 무의식에 대해서는 전혀 아무것도 모르는 자아보다 우위 에 서는 관계이다. 자아는 많은 측면에서 무의식에 의존하고 종종 무의식 의 영향을 결정적으로 받으면서도 무의식을 모른다. 자기와 자아의 관계 는 그리스도와 인간의 관계에 반영되고 있다. 따라서 일부 인도 사상과 기 독교 사상 사이에 너무도 분명한 유사성은 인도가 기독교에 영향을 미쳤 다는 추측을 낳았다.

요한의 내면에 그때까지 잠재해 있던 이 유사성이 지금 환상의 형태로

의식 속으로 별안간 밀려들고 있다. 이 침공이 진정하다는 것은 이교의 신화적 자료를 이용하고 있다는 점에서 확인된다. 그 당시 기독교인에게 매우 적절하지 않은 것이 바로 그런 자료를 이용하는 것이었다. 특히 그 자료가 점성술의 영향을 받은 흔적을 포함하고 있다는 점이 이채롭다. 그것은 "그리고 땅이 여인을 도왔습니다"('요한 묵시록' 12장 16절)라는, 완전히 이교적인 발언을 설명해 준다.

그 시대의 의식이 전적으로 기독교 사상으로 가득 찼을지라도, 예를 들어 성 페르페투아(St. Perpetua)에서 보듯, 앞선 시대나 동시대의 이교적인 내용물은 표면 바로 아래에 놓여 있었다. '요한 묵시록'의 저자와 마찬가지로 유대-기독교도로서 그런 예로 고려될 수 있는 또 다른 모델은 요한이 여러 번 언급하는 보편적인 소피아이다. 그녀는 쉽게 신성한 아이의 어머니로 여겨질 수 있다. 이유는 그녀가 틀림없이 천국의 여인, 즉 여신이거나 신의 배우자이기 때문이다. 소피아는 이 정의에 근접하며, 거룩하게 된 마리아도 마찬가지이다.

만약 그 환상이 현대인의 꿈이라면, 신성한 아이의 탄생은 조금의 망설임도 없이 자기를 알게 되는 것으로 해석될 것이다. 요한의 예에서, 그리스도의 이미지가 무의식의 자료 속으로 받아들여질 수 있도록 만든 것은 의식적인 신앙의 태도였다. 그리스도의 이미지가 신성한 처녀 어머니와 그녀의 아들-연인의 출생이라는 원형을 활성화시켰으며, 그 원형이 그의 기독교도적인 의식(意識)을 직면하도록 했다. 그 결과, 요한이 신성한 드라마에 개인적으로 개입하게 되었다.

부정적인 감정들에 의해 흐려진, 요한의 그리스도의 이미지는 구세주와는 닮은 점이 더 이상 없는 야만적인 복수자로 변했다. 여기서, 이 그리스도의 형상은 결국 빛에서 나신 빛으로서 "어둠을 전혀" 포함하지 않은 신성한 구세주보다는 보상적인 그림자를 가진 인간적인 요한을 더 많이 닮은 것이 아닐까, 하는 생각이 든다. "분노에 찬 어린양"이라는 괴상한 모순은 이 측면에서 우리의 의심을 불러일으킬 수 있어야 한다. 우리는 그것을 각자 좋아하는 대로 비틀고 왜곡시킬 수 있지만, 사랑의 복음이라는 빛에 비춰보면 복수자와 심판관은 대단히 사악한 형상으로 비친다. 이것이 요한이 새로 태어난 인간 아이를 복수자의 형상과 동화시킨 이유일 수도 있다. 그렇게 함으로써, 우리가 탐무즈[157]와 아도니스[158], 발데르[159]의 형상들에서 너무나 잘 알고 있는, 사랑스럽고 신성한 젊은이로서 그의 신화적인 성격을 흐릴 수 있었을 테니까. 이 신성한 청년의 봄 같은 매력적인 아름다움은 우리가 기독교에서, 특히 묵시록적인 우울한 세계 속에서 몹시 아쉬워하는 이교의 가치들 중 하나이다. 모든 것이 죽은 듯 정지한 겨울이 끝나고 땅이 생명력을 밀어 올리며 꽃을 피우게 하고, 인간의 가슴을 기쁘게 하며 인간이 친절하고 자애로운 신을 믿게 하는, 어느 봄날의 이루 형언할 수 없는 나팔꽃의 아름다움 같다.

하나의 전체성으로서, 자기는 정의상 언제나 상반된 것들의 결합이며, 의식이 밝은 본성을 고집하며 도덕적 권위를 주장하고 나설수록, 자기는 점점 더 어둡고 위협적인 그 무엇으로 나타날 것이다. 요한의 내면에서 그런 조건이 형성되고 있었다고 가정할 수 있다. 그가 추종자들의 목자이면서 동시에 오류를 저지르는 인간이었으니까.

만약에 그 계시가 요한의 다소 개인적인 문제였고, 따라서 개인적인 분노의 폭발에 지나지 않았다면, 분노한 어린양의 형상이 그 필요를 완전히 충족시켰을 것이다. 그런 조건에서는 새로 태어나는 인간 아이가 두드러지게 긍정적인 측면을 갖게 될 것이다. 왜냐하면 그 아이가 자신의 상징적

---

157 고대 메소포타미아 종교에서 풍요의 신으로 통했다.

158 고대 그리스 신화에 청년 사냥꾼으로 나온다.

159 북유럽 신화에 태양신으로 나온다. 오딘의 아들이다.

인 성격에 맞춰서, 오랫동안 억눌렸던 열정들의 폭발로 야기된 끔찍한 폐허를 보상했을 것이기 때문이다. 그 아이가 상반된 것들, 즉 햇빛 가득한 낮의 세계와 달빛 그윽한 밤의 세계의 결합에서 생긴 아이이니까. 그는 요한의 본성 중 자애로운 측면과 복수심에 불타는 측면 사이의 중재자 역할을 할 수 있을 것이고, 따라서 그는 균형감을 회복한 자선심 많은 구세주가 되었을 것이다. 그러나 이 긍정적인 측면이 요한의 주의를 끌지 못했던 것이 분명하다. 그렇지 않다면 그가 그 아이를 복수심 강한 그리스도와 동일한 차원에 서 있는 것으로 절대로 생각하지 않았을 테니까.

그러나 요한의 문제는 개인적인 문제가 아니었다. 그것은 그의 개인적인 무의식이나 나쁜 기질의 폭발의 문제가 아니라 그보다 훨씬 더 심오하고 더 포괄적인 깊이에서, 즉 집단 무의식에서 올라온 환상의 문제였다. 그의 문제가 집단적이고 원형적인 형태들로 너무나 많은 것을 표현하고 있기 때문에, 그것을 단순히 개인적인 상황으로 환원하는 것은 가능하지 않다. 그런 식으로 환원하는 것은 아주 쉬운 일이긴 하지만, 이론과 실천에서 잘못된 방법이다.

한 사람의 기독교인으로서, 요한은 집단적이고 원형적인 어떤 과정에 사로잡혀 있었으며, 따라서 그는 무엇보다 먼저 그런 측면에서 설명되어야 한다. 그도 확실히 개인적 심리를 갖고 있었다. 서간들의 저자와 묵시록의 저자를 동일한 인물로 본다면, 우리는 요한의 심리를 어느 정도 이해할 수 있다. 그리스도의 모방이 무의식에 그에 상응하는 어떤 그림자를 창조한다는 것은 이제 증명이 거의 요구되지 않는 사실로 통한다.

어쨌든 요한이 환상을 보았다는 사실은 의식과 무의식 사이에 이상한 어떤 긴장이 작용했다는 것을 보여주는 증거이다. 만약에 그가 서간들의 저자와 동일하다면, 그는 '요한 묵시록'을 쓸 때에는 꽤 늙었을 것임에 분명하다. 죽음이 가까운 상황에서, 그리고 길고 파란만장한 삶의 끝자락에서 사람은 자기 앞으로 아득히 펼쳐지는 시간 속에서 어마어마한 장면들을 종종 볼 것이다.

그런 사람은 일상적인 세계에서 더 이상 개인적인 관계들의 부침 속에서 살지 않고, 영겁의 세월 속에서 생각들이 세기(世紀) 단위로 이동하는 그런 움직임 속에서 산다. 요한의 눈은 기독교의 영겁의 먼 미래 속을, 그리고 그의 기독교가 균형 상태로 유지하고 있는 그 힘들의 시커먼 나락 속을 꿰뚫고 있다. 그의 위로 폭발하고 있는 것은 그 시대의 폭풍이며, 엄청난 에난티오드로미아의 예고이다. 이것을 요한은 단지 그리스도로 나타난 빛을 이해하지 못했던 그 어둠의 최종적 소멸로만 이해할 수 있었다. 신이 인간이 될 때 찢고 나온 그 어둠이 바로 파괴와 복수의 힘이라는 것을 그는 보지 못했다. 따라서 그는 그 태양-달-아이가 무엇을 의미하는지를 이해할 수 없었으며, 그래서 그는 그것을 복수의 또 다른 형상으로만 해석할 수 있었다. 그의 계시에 나타나는 열정은 고령의 약함이나 평온의 흔적을 전혀 보이지 않는다. 왜냐하면 그 열정이 개인적 분노보다 무한히 더 크기 때문이다. 그 열정은 신 자체의 영이며, 이 영은 죽을 운명인 인간의 연약한 구조를 강타하며 헤아릴 길 없는 신에 대해 두려움을 품을 것을 인간에게 다시 요구한다.

XIV

부정적인 감정들의 폭발은 끝이 없을 것처럼 보이고, 끔찍한 사건들은 각각의 경로를 계속 따르고 있다. 바다에서, 깊은 곳의 무서운 후계자인 "뿔 달린"(즉, 권력을 부여받은) 괴물들이 온다. 이 모든 어둠과 파괴 앞에서, 인간의 의식은 당연히 겁을 먹은 채 주위를 둘러보며 피난할 산이나 평화와 안전의 섬을 찾는다. 따라서 요한은 시온 산 위의 어린양을 환상으로 엮어낸다. 거기에는 선택적으로 구원받은 144,000명이 어린양 주위에 모여 있다. 그들은 "여자와 더불어 몸을 더럽힌 일이 없는", 동정을 지킨 남자들이다. 그들은, 젊은 나이에 죽는 그 신의 발자국을 따르면서 완전한 인간존재가 결코 되지 않았지만 인간의 운명 중에서 자신의 몫을 자발적으로 거부하며 이 땅에서 생명을 지속시키는 데 반대한 사람들이다. 만약에 모든 사람이 이런 관점을 갖기로 마음을 바꾼다면, 인간은 하나의 종으로서 몇 십 년 안에 사라지고 말 것이다. 그러나 그렇게 운명지어진 사람은 상대적으로 소수이다. 요한은 보다 높은 권위를 따르며 예정설을 믿었다. 이것은 거친 염세주의이다.

메피스토펠레스는 이렇게 말한다.

> 창조된 모든 것은
> 소멸될 가치가 있다.

적당히 위안을 주는 이런 전망은 즉시 경고의 천사들에 의해 차단된다. 첫 번째 천사는 "영원한 복음"을 선언한다. 그 복음의 핵심은 "신을 두려워하라!"이다. 신의 사랑에 관한 말은 더 이상 없다. 두려움의 대상은 단지 무서운 그 무엇일 뿐이다.

사람의 아들은 지금 마찬가지로 낫을 든 어느 보조적인 천사와 함께 손에 날카로운 낫을 든 모습으로 나타난다. 그러나 포도 수확은 전대미문의 피의 학살이 된다. 천사가 "땅 위의 포도를 거두어들이고서는, 하느님의 분노의 큰 포도 짜는 기구에다 던져 넣었으며, … 그 기구에서 피가 흘러나왔다". 이 기구에 인간들이 뭉개졌다니! "피가 말고삐에까지 닿고, 천육백 스타디온이나 퍼져나갔다."('요한 묵시록' 14장 19-20절)

이어서 일곱 천사들이 일곱 가지 분노를 품고 천상의 신전에서 나온다.

이 천사들은 분노를 땅 위로 쏟는다. 가장 인상적인 것은 천국 같은 예루살렘의 카운터파트인 대(大)탕녀 바빌론의 파괴이다. 바빌론은 태양 여인 소피아의 지하적인 형태에 해당하지만, 도덕적인 성격은 정반대이다. 만약에 선민이 위대한 어머니 소피아를 기려서 스스로 "동정"을 지키는 존재로 바뀐다면, 보상에 의해서 선민의 무의식에 소름끼치는 간음 공상이 생겨난다. 그러므로 바빌론의 파괴는 간음의 종말을 나타낼 뿐만 아니라, '요한묵시록' 18장 22-23절을 통해 볼 수 있듯이, 삶의 모든 기쁨과 즐거움의 완전한 제거까지 의미한다.

> 수금 타는 이들과 노래 부르는 이들,
> 피리 부는 이들과 나팔 부는 이들의 소리가
> 다시는 네 안에서 들리지 않고
> …
> 등불의 빛도
> 다시는 네 안에서 비치지 않고
> 신랑과 신부의 목소리도
> 다시는 네 안에서 들리지 않을 것이다.

우리가 우연히 기독교 시대인 물고기자리의 끝부분에 살고 있기 때문에, 우리의 현대 예술을 덮친 운명을 떠올리지 않을 수 없다.

예루살렘과 바빌론 같은 상징들은 언제나 몇 가지 측면의 의미를 지니며, 따라서 다양한 방법으로 해석될 수 있다. 나는 심리학적 측면에만 관심을 두고 있으며, 그것들이 역사적 사건들과 연결될 가능성에 대해서는 의견을 제시하길 원하지 않는다.

모든 아름다움과 삶의 모든 즐거움의 파괴, 그러니까 언젠가 아낌없이 주는 창조주의 손에서 나온 창조물 전체가 겪는 형언할 수 없는 고통은 감정을 느끼는 가슴에 대단히 깊은 우울을 안길 것이다. 그러나 요한은 이렇게 외친다. "하늘아, 성도들과 사도들과 예언자들아, 저 도성을 보고 즐거워하여라. 하느님께서 너희를 위하여 저 도성[바빌론]에 심판을 내리셨다."('요한 묵시록' 18장 20절) 이를 근거로, 우리는 복수심과 파괴의 욕망이 얼마나 심할 수 있는지를, 그리고 "몸 속의 가시"라는 표현이 의미하는 바를 파악할 수 있다.

천사들의 무리를 이끌면서 "전능하신 하느님의 격렬한 진노의 포도주 짜는 기구"('요한 묵시록' 19장 15절)를 밟는 이가 바로 그리스도이다. 그의 옷은 "피에 젖어 있다"('요한 묵시록' 19장 13절). 그는 '흰말'을 타고 있으며, 그는 자신의 입에서 나오는 칼로 짐승과 "거짓 예언자"를, 아마 그의, 또는 요한의 어두운 카운터파트, 즉 그림자를 죽인다. 사탄은 바닥없는 구덩이에 천 년 동안 갇혀 있으며, 그리스도가 같은 길이의 시간 동안 지배할 것이다. "그 뒤에 사탄은 잠시 풀려나게 되어 있다."('요한 묵시록' 20장 3절) 이 천년은 물고기자리 시대의 전반기에 해당한다. 따라서 이 시대가 지난 뒤에 사탄을 자유롭게 놓아주는 것은 기독교 시대의 에난티오드로미아에, 즉 점성술을 근거로 도래를 예상할 수 있던 적그리스도의 지배에 해당한다. 마지막으로, 구체적으로 정하지 않은 어느 시대의 끝에서, 악마는 불과 유황의 못으로 영원히 던져지고(그러나 '에녹서'에서처럼 완전히 파괴되지는 않는다), 첫 번째 창조의 전체가 완전히 사라진다('요한 묵시록' 20장 10절, 21장 1절).

앞서 선언되었던, 어린양과 "그의 신부"의 결혼, 즉 히에로스 가모스가 지금 일어날 수 있다. 신부는 "하늘로부터 아래로 내려오고 있는 새로운 예루살렘"('요한 묵시록' 21장 2절)이다. 그녀의 "광채는 매우 값진 보석 같았고 수정처럼 맑은 벽옥 같았다"('요한 묵시록' 21장 11절). 도성은 정방형으로 지어졌으며, 순금으로 되어 있었고, 유리처럼 맑았으며, 거리도 마찬가지였다. 하느님과 어린양은 그곳의 신전이며, 절대로 끝이 없는 빛의 원천이다. 도성에는 밤이 없으며, 불결한 것은 절대로 그 안으로 들어가 더럽히지 못한다. (되풀이되는 이 확언은 요한 안에서 절대로 침묵하지 않던 어떤 의심을 누그러뜨린다.) 하느님과 어린양의 권좌로부터 생명의 물의 강이 흐르고, 그 강 옆에 생명의 나무가 낙원과 플레로마의 선재(先在)를 상기시키는 것으로서 서 있다.

일반적으로 그리스도와 그의 교회의 관계를 가리키는 것으로 해석되는 이 마지막 환상은 "결합하는 상징"의 의미를 지니며, 그러므로 완벽과 전체성의, 따라서 사위일체의 한 표현이다. 사위일체는 도시에서 하나의 사각형으로서, 낙원에서 4개의 강으로서, 그리스도에서 네 복음서의 저자로서, 신에서 살아 있는 네 개의 생명체로서 스스로를 나타내고 있다. 원은 천국의 둥근 모양과 "영적인" 신성의 두루 포용하는 본질을 의미하는 반면에, 사각형은 땅을 가리킨다. 하늘은 남성적이고 땅은 여성적이다. 따라서 신은 하늘에 권좌를 두고 있는 반면에, 지혜는 땅 위에 권좌를 두고 있다. 지혜가 '집회서'에서 말하듯이. "그분께서는 이처럼 사랑받는 도성에서 나를 쉬게 하셨다. 나의 권세는 예루살렘에 있다."('집회서' 24장 11절) 지혜는 "아름다운 사랑의 어머니"('집회서' 24장 18절)이며, 요한이 예루살렘을 신부로 그릴 때, 그는 아마 '집회서'를 따르고 있을 것이다. 그 도시는 시간이 시작되기 전에 하느님과 함께 있었던 소피아이며, 그녀는 시간이 끝날 때 신성한 결혼을 통해 하느님과 다시 결합할 것이다.

여성적인 존재로서, 그녀는 땅과 일치하고, 어느 교부가 들려주듯이, 그 땅으로부터 그리스도가 태어났다. 따라서 그녀는 살아 있는 네 피조물의 사위일체와도 일치한다. 에제키엘의 환상에서 신은 이 네 피조물들 속에서 자신을 드러낸다. 소피아가 신의 자기반성을 의미하는 것과 똑같이, 치품천사 넷은 4가지 기능을 갖고 있는 신의 의식을 나타낸다. 4개의 바퀴 안에 집중되어 있는 많은 꿰뚫는 눈들은 같은 방향을 향하고 있다. 그 눈들은 무의식에 있는 광체들의 어떤 네 겹의 통합을 나타내며, 천상의 도시에 대한 묘사가 떠올리게 하는 철학자의 돌의 사합체(四合體)에 해당한다. 모든 것이 값진 보석들과 수정과 유리로 반짝인다. 이것은 에제키엘이 본 신의 환상과 완전히 일치한다. 그리고 히에로스 가모스가 여호와와 소피아(카발라의 셰키나)를 결합시킴에 따라 원래의 완전의 상태를 복구하듯이, 신과 도시에 대한 비슷한 묘사는 신과 도시의 공통적인 본질을 가리킨다. 신과 도시는 자웅동체의 한 존재로 원래 하나였으며, 가장 위대한 보편성의 한 원형이다.

틀림없이, 이것은 생존의 끔찍한 갈등의 최종적 해결책을 의미하게 되어 있다. 그러나 그 해결책은, 여기 제시되고 있는 바와 같이, 상반된 것들의 화해에 있지 않고 그것들의 최종적 분리에 있으며, 그런 방법을 통해서, 구원 받을 운명을 타고난 자들은 신의 밝은 영적인 측면과 동일시함으로써 스스로를 구할 수 있다. 이것을 위한 한 가지 불가결한 조건은 생식과 성생활의 완전한 부정인 것 같다.

XV

'요한 묵시록'이 한편으로 너무 개인적이고 또 한편으로 너무 원형적이고 집단적이기 때문에, 두 가지 측면을 모두 고려해야 한다. 현대인의 관심은 분명히 먼저 요한의 인격으로 향할 것이다. 이전에 말한 바와 같이, 서간의 저자 요한이 계시록의 저자와 동일한 사람일 가능성이 있다. 심리학적 발견들은 그런 가정을 뒷받침하는 편이다. "계시"는 초기 기독교인에 의해 경험되었다. 당시에 기독교인은 공동체를 이끄는 빛으로서, 짐작컨대 모범적인 삶을 살면서 신자들에게 진정한 신앙과 겸양, 인내, 헌신, 이타적 사랑, 세속적인 모든 욕망의 부정 등 기독교의 가치들을 보여줘야 했을 것이다. 이런 태도는 장기적으로 보면 대단히 정직한 사람에게도 매우 큰 부담이 될 수 있다. 성급함과 나쁜 기분, 감정 폭발은 만성적인 고결에 전형적으로 나타나는 증후들이다. 기독교인으로서 요한의 태도에 대해서는 그의 말을 직접 듣는 것이 최선일 것이다.

사랑하는 여러분, 서로 사랑합시다. 사랑은 하느님에게서 오는 것이기 때문입니다. 사랑하는 이는 모두 하느님에게서 태어났으며 하느님을 압니다. 사랑하지 않는 사람은 하느님을 알지 못합니다. 하느님은 사랑이시기 때문입니다. … 그 사랑은 이렇습니다. 우리가 하느님을 사랑한 것이 아니라, 그분께서 우리를 사랑하시어 당신의 아드님을 우리 죄를 위한 속죄 제물로 보내 주신 것입니다. 사랑하는 여러분, 하느님께서 우리를 이렇게 사랑하셨으니 우리도 서로 사랑해야 합니다. … 하느님께서 우리에게 베푸시는 사랑을 우리는 알게 되었고 또 믿게 되었습니다. 하느님은 사랑이십니다. 사랑 안에 머무르는 사람은 하느님 안에 머무르고 하느님께서도 그 사람 안에 머무르십니다. … 사랑에는 두려움이 없습니다. 완전한 사랑은 두려움을 쫓아냅니다. 두려움은 벌과 관련되기 때문입니다. 두려워하는 이는 아직 자기의 사랑을 완성하지 못한 사람입니다. … 누가 "나는 하느님을 사랑한다" 하면서 자기 형제를 미워하면, 그는 거짓말쟁이입니다. 눈에 보이는 자기 형제를 사랑하지 않는 사람이 보이지 않는 하느님을 사랑할 수는 없습니다. 우리가 그분에게서 받은 계명은 이것입니다. 하느님을 사랑하는 사람은 자기 형제도 사랑해야 한다는 것입니다.('요한의 첫째 서간' 4장 7-21절)

그러나 누가 니골라파를 미워하는가? 누가 복수를 갈망하며, "이제벨이라는 여인"을 병석으로 던지고 그녀의 자식들을 죽이길 원하는가? 누가 잔인한 공상에 질릴 줄 모르는가? 그러나 심리학적으로 제대로 보도록 하자. 이 공상들을 떠올리는 것은 요한의 의식적인 정신이 아니다. 공상들이 폭력적인 "계시"로 그에게 온다. 공상들은 예상 밖의 맹렬한 힘으로, 그리고 의식의 다소 편파적인 태도에 대한 보상으로 기대할 수 있는 것보다 훨씬 더 강한 강도로 그를 습격하고 있다.

나는 자신의 진정한 정신적 성향을 속이며 자신이 현실과 다른 조건에서 살고 있다고 상상했던 독실한 기독교인들의 보상적인 꿈들을 많이 접할 수 있었다. 그러나 심각하게 정신병을 앓는 환자를 제외하고는, 요한의 환상들 속에서 상반된 것들이 일으키는 충돌의 잔인성을 조금이라도 닮은 경우는 한 건도 없었다. 그러나 요한은 정신병이라고 진단할 근거를 전혀 남기지 않고 있다. 대재앙을 예고하는 그의 환상들은 충분히 혼란스럽지 않다. 그 환상들은 지나칠 만큼 일관성을 보이고, 지나치게 주관적이지도 않고 충분히 상스럽지도 않다. 환상들의 성격을 고려한다면, 수반되는 결과가 적절하다. 그 환상들의 저자는 반드시 균형이 깨어진 사이코패스일 필요가 없다. 그는 열정적일 만큼 종교적인 사람이며, 그렇지 않다면 꽤 질서가 잡힌 정신의 소유자일 수 있다. 그러나 그는 신과 치열한 관계를 맺고 있었음에 분명하며, 그 관계가 그를 개인적인 것을 훨씬 능가하는 어떤 침공에 노출시키고 있다. 의식의 예외적인 확장을 이룰 능력을 타고나는, 진정으로 종교적인 사람은 그런 위험에 준비되어 있을 것임에 틀림없다.

대참사를 예고하는 환상들의 목적은 요한에게 그가 평범한 한 인간으로서 자신의 총명한 본성 밑으로 얼마나 많은 그림자를 숨기고 있는지를 보여주는 것이 아니라, 그 선각자가 신의 헤아릴 수 없음을 보도록 눈을 열어주는 것이다. 신을 사랑하는 사람이 신을 알게 될 테니까. 우리는 요한

이 신을 사랑하고 동료들을 사랑하려고 최대한 노력한 바로 그 사실 때문에 신에 대한 이 같은 지식, 즉 "영지"가 그에게 강렬한 인상을 주었다고 말할 수 있다. 욥처럼, 요한은 여호와의 맹렬하고 끔찍한 측면을 보았다. 이런 이유로, 요한은 그의 사랑의 복음이 일방적이라고 느꼈으며, 그는 그것을 두려움의 복음으로 보완했다. 신은 사랑을 받을 수 있지만 동시에 두려움의 대상도 되어야 한다는 것이었다.

이로써, 그 선각자의 환상의 범위는 기독교 시대 전반부 그 너머까지 확장된다. 그는 적그리스도의 지배가 1,000년 후에 시작될 것이라고 예언한다. 이것은 그리스도가 자격 없는 승자가 아니었다는 것을 분명히 암시한다. 요한은 연금술사들과 야콥 뵈메를 예견했다. 아마 그는 신이 개입한 그 드라마에 자신이 개인적으로 연루되고 있다는 느낌을 받았을 것이다. 그가 신이 인간의 안에서 탄생할 가능성을 예고했기 때문이다. 그것은 연금술사들과 마이스터 에크하르트(Meister Eckhart), 안겔루스 질레지우스도 직감으로 알았던 것이다.

따라서 요한은 물고기자리의 전체 시대의 프로그램을 대략적으로 그렸다. 거기에는 극적인 에난티오드로미아와 우리가 앞으로 경험해야 하는 그 시대의 어두운 종말이 포함되어 있다. 그 종말이 진짜로 대참사로 일어날 수 있는 가능성 앞에서, 인류는 떨고 있다. 말을 탄 불길한 네 사람, 나팔들의 위협적인 소란, 폭발 직전의 분노 등이 아직 기다리고 있다. 이미 원자탄이 다모클레스(Damocles)의 칼처럼 우리 위에 매달려 있으며, 그것 뒤로 화학전이라는 더 끔찍한 가능성들이 도사리고 있다. 이런 전쟁은 아마 '요한 묵시록'에 묘사된 공포를 가려버릴 것이다. "물병자리가 루시퍼의 무자비한 힘들을 자극하고 있다." 분별력 있는 사람이라면 요한이 기독교 시대의 최종 단계에서 우리의 세계를 위협하고 있는 가능한 위험들 중 적어도 몇 가지는 제대로 예견했다는 점을 부정할 수 있겠는가? 그는 또한 악마에게 고통을 안길 불이 신성한 플레로마에서 영원히 타고 있다는 것도 알았다. 신은 끔찍할 만큼 이중적인 양상을 보인다. 자비의 바다가 펄펄 끓는 불의 호수를 만나고, 사랑의 빛은 격렬한 어둠의 열로 빛나고 있다. 그 열은 "불타긴 하지만 빛을 전혀 발하지 않는" 것으로 알려져 있다. 그것이 일시적인 것과 뚜렷이 구별되는 영원한 복음이다. 누구나 신을 사랑할 수 있지만, 신을 두려워도 해야 한다.

XVI

'신약 성경'의 맨 마지막에 적절히 배치된 '요한 묵시록'은 그것을 넘어서 어떤 미래까지, 그러니까 거기서 예언한 공포가 지배하는, 손에 잡힐 만큼 가까운 미래까지 닿고 있다. 헤로스트라투스(Herostratus)[160] 같은 사람의 머리에서 나온, 한 순간의 그릇된 결정도 세상에 대홍수를 야기할 수 있다. 우리의 운명이 매달린 실이 점점 닳아 약해지고 있다. 자연이 아니라 "인간의 천재성"이 교수형의 올가미를 만들었으며, 인간의 천재성은 그 올가미로 언제든 스스로를 처형할 수 있다. 이것은 단순히 요한이 "신의 분노"라고 부른 것을 나타내는 또 다른 표현일 뿐이다.

만약 내가 추측한 대로 요한이 서간들의 저자와 동일하다면, 불행하게도, 요한이 신의 이중적인 측면을 어떤 식으로 받아들였는지를 상상할 수 있는 수단이 우리에게는 전혀 없다. 요한이 어떠한 대조도 전혀 알아차리지 못했을 수도 있다. 어쩌면 실제로 그랬을지도 모른다. 대부분의 사람들이 신비한 대상들에 대해 깊이 생각하지도 않고 그것들을 받아들이려 드는 경향은 정말로 놀라우며, 사람들이 신비한 대상들을 어떤 식으로 받아

---

160 B.C. 4세기에 단지 악명을 떨칠 목적으로 에페소스의 아르테미스 신전을 불 태운 방화범이다.

들이는지를 파악하는 작업이 대단히 힘든 과제라는 것도 마찬가지로 놀라운 일이다.

대상의 신비성이 그 대상을 지적으로 다루는 것을 어렵게 만든다. 이유는 거기에 언제나 우리의 감정이 작용하고 있기 때문이다. 누구나 늘 찬성하거나 반대하는 입장에서 참여하며, 거기서는 다른 곳에 비해 "절대적 객관성"이 더욱 드물게 성취된다.

만약 어떤 사람이 종교적 확신을 강하게 품고 있다면, 다시 말해 그 사람이 종교를 믿는다면, 그런 경우에 회의(懷疑)가 매우 불쾌하게 느껴지고 또한 회의가 두려워지기도 한다. 그런 이유로, 그 사람은 믿음의 대상을 분석하지 않는 쪽을 택한다.

만약에 종교적 믿음을 전혀 갖고 있지 않은 사람이라면, 그 사람은 종교적 믿음이 없는 데 따르는 결함의 감정을 인정하길 좋아하지 않는 가운데 자신의 자유주의적인 정신 상태에 대해 크게 떠벌리며 불가지론의 고상한 솔직함을 고수하는 자신을 격려할 것이다. 이런 관점이라면, 종교적 대상의 신비성을 인정하는 것이 거의 불가능함에도, 그런 경우에도 마찬가지로 대상의 신비성은 비판적인 사고에 걸림돌로 작용한다. 왜냐하면 계몽 또는 불가지론에 대한 그 사람의 믿음이 흔들릴 수 있는 불쾌한 가능성이 떠오를 수 있기 때문이다.

두 가지 유형은 똑같이 자신의 주장이 불충분하다는 점을 알지는 못하면서도 그것을 느낀다. 계몽은 진리라는 합리주의적인 부적절한 개념을 갖고 작동하며, 따라서 처녀 출생이나 신의 자식, 죽은 자의 부활, 성변화 같은 믿음들이 모두 허튼소리에 불과하다는 사실을 의기양양하게 지적한다. 불가지론은 사람이 형이상학적 믿음을 소유하는 것이 아니라 그런 믿음에 사로잡히는 것이라는 사실을 간과하면서, 신이나 형이상학적인 것에 대한 어떤 지식도 갖고 있지 않다고 주장한다.

양쪽 모두 이성에 사로잡혀 있으며, 이때 이성은 논쟁의 상대가 될 수 없는 최고의 중재자 역할을 맡는다. 그러나 이 이성은 누구 또는 무엇이며, 그것이 최고의 자리를 지켜야 하는 이유는 무엇인가? 인간 정신의 역사에서 거듭 확인되는 바와 같이, 우리를 위해 있고, 진정으로 우리를 위해 존재하는 무엇인가가 합리적인 판단보다 더 나은 권위가 아닌가? 불행하게도 "신앙"의 옹호자들도 똑같이 쓸모없는 주장들을 편다. 방향만 반대일 뿐이다.

의문의 여지가 없는 유일한 것은 바로 그 신비성 때문에 상당히 감정적으로 단언되거나 부정되는 형이상학적 진술들이 있다는 사실이다. 이 사실은 우리에게 앞으로 나아갈 확실한 경험적 토대를 제공한다. 그 사실은 하나의 정신적 현상으로서 객관적으로 진정하다. 당연히, 이 말은 예전에 신비했거나 지금도 여전히 신비한 모든 진술에, 심지어 대단히 모순적인 진술에도 적용된다. 이제부터는 종교적 진술들을 그것들의 전체성 속에서 고려해야만 할 것이다.

XVII

'요한 묵시록'이 드러내고 있는, 신의 역설적인 모습을 어떻게 받아들일 것인가 하는 문제로 돌아가도록 하자. 엄격히 말하면, 복음주의 기독교는 그 문제로 고민할 필요가 전혀 없다. 왜냐하면 복음주의 기독교가 하나의 근본적인 원칙으로 여호와와 달리, 선(善)의 본보기와 일치하는 신의 개념을 갖고 있기 때문이다. 만약에 서간을 쓴 요한이 '요한 묵시록'을 쓴 요한과 이런 것들을 놓고 논의해야만 했다면, 그 문제는 크게 달라졌을 것이다. 후대들은 '요한 묵시록'의 어두운 측면을 무시할 수 있었을 것이다. 왜냐하면 특별히 그리스도의 성취가 쉽게 위험해질 수 있는 것이 아니었기 때문이다. 그러나 현대인에게 그 문제는 꽤 다르다. 우리 현대인들은 지금까지 들어본 적이 없는 놀라운 사건들을 경험했다. 그렇기 때문에 그런 사건들이 선한 신이라는 사상과 어떤 식으로든 조화를 이룰 수 있는가 하는 문제가 뜨거운 주제가 되었다. 그것은 더 이상 신학교 전문가들의 문제가 아니며, 보편적인 종교적 악몽이 되었다. 이 악몽을 해결하는 데는 나처럼 신학에 문외한인 사람도 기여할 수 있거나 기여해야 한다.

나는 비판적인 상식을 갖고 전통을 보는 경우에 도달하는 수밖에 없는 결론들 그 이상으로 설명하려고 노력했다. 만약에 어떤 사람이 이런 식으로 접근하다가 신의 역설적인 모습에 직면한다면, 그리고 만약에 그 사람이 종교적인 사람으로서 동시에 그 문제의 전체 범위를 고려한다면, 그는 자신이 독실한 기독교인으로 짐작되는 '요한 묵시록'의 저자와 같은 상황에 처해 있다는 사실을 발견할 것이다. '요한 묵시록'의 저자와 편지들의 저자가 동일할 가능성이 그 모순의 예리함을 뚜렷이 드러낸다. 이 인간과 신은 어떤 관계인가? 그는 신의 본성에 나타나는 견딜 수 없는 모순을 어떻게 참아내는가? 그의 의식적인 결정에 대해 아는 바가 전혀 없음에도 불구하고, 우리는 산통을 겪고 있는 태양 여인의 환상에서 약간의 단서를 발견할 수 있다.

신의 역설적인 본성은 인간에게도 그와 비슷한 효과를 끼친다. 그것이 인간을 상반된 것들로 찢어 놓고, 인간을 해결 불가능할 것 같은 갈등에 빠뜨리는 것이다. 그런 조건에서 어떤 일이 벌어지는가? 여기서는 심리학이 말을 하도록 해야 한다. 심리학이 심각한 갈등 상황들에 관한 경험적 연구에서 얻은 모든 관찰과 통찰의 전체를 나타내기 때문이다. 예를 들면, 어느 누구도 해결하는 방법을 모르는 의무의 충돌들이 있다. 의식은 오직 알기만 할뿐이다. 제3의 가능성을 전혀 고려하지 않는다. 그래서 의사는 환자에게 무의식이 비합리적인, 따라서 예상하지 않은 제3의 것을 해결책으로 제시하는 꿈을 엮어내는지 기다려 보자고 제안한다.

경험이 보여주는 바와 같이, 화해적이고 통합적인 자연의 상징들이 꿈에 나타난다. 가장 자주 나타나는 것은 아이 영웅 주제나, 상반된 것들의 결합을 의미하는, 원을 사각형으로 만드는 것이다. 특별히 의학적인 이런 경험들을 할 기회를 전혀 갖지 못한 사람들은 동화와, 특히 연금술로부터 실용적인 가르침을 끌어낼 수 있다. 헤르메스 철학의 진정한 주제는 상반된 것들의 결합이다. 연금술은 그것의 "아이"를 한편으로 돌(예를 들면, 카벙클)로, 또 한편으로 호문쿨루스, 즉 지혜의 아들로, 혹은 심지어 '큰 인간' (homo altus)으로 규정한다. 이것이 바로 '요한 묵시록'에서 태양 여인의 아들로 나오는 그 형상이다. 이 아들의 출생 스토리는 그리스도의 출생을 바꿔 쓴 것처럼 보이며, 이런 식의 바꿔 말하기는 연금술사들에 의해 다양한 형태로 반복되었다. 사실 연금술사들은 자신의 돌을 그리스도와 비슷한 것으로 여긴다(단 한 건의 예를 제외하고는 '요한 묵시록'에 대한 언급은 없다).

이 모티브는 연금술과 전혀 아무런 관계가 없는 현대인의 꿈에도 비슷한 상황에서 비슷한 형태로 나타나며, 그것은 언제나 빛과 어둠을 한 곳으로 모으는 것과 관계있다. 마치 현대인이, 연금술사들처럼, '요한 묵시록'이 미래로 설정한 그 문제가 무엇인지를 예측한 것처럼. 연금술사들이 거의 열일곱 번의 세기 동안 머리를 싸매고 파고들었던 것이 바로 이 문제였으며, 그것은 현대인을 괴롭히고 있는 것과 동일한 문제이다. 현대인은 어떤 측면에서 보면 연금술사들보다 더 많은 것을 알고 있지만, 다른 측면에서 보면 덜 알고 있다. 연금술사들과 달리, 현대인에게 그 문제는 더 이상 물질로 투사되지 않지만, 한편으로 그 문제는 심리학적으로 더욱 절실해졌으며, 그래서 정신 요법 의사는 이 문제와 관련해서, 여전히 케케묵은 비유적인 표현들에 갇혀 있는 신학자보다 할 말이 더 많게 되었다.

의사는 정신 신경증의 문제들 때문에 종종 자신의 의지와 상관없이 종교 문제를 더욱 면밀히 들여다보지 않을 수 없는 상황에 처한다. 나 자신이 일흔여섯 살이 되어서야, 우리의 도덕적 행동을 결정하고 우리의 실제 생활에 아주 큰 영향을 끼치는 "지배적인 사상들"의 본질에 대해 감히 질문을 던지고 나서게 된 데는 그만한 이유가 있다. 그 사상들은 최종적으로 공개적으로나 암묵적으로 도덕적 결정을 좌우하는 원칙들이고, 우리의 존재는 행복할 때나 불행할 때나 그런 도덕적 결정에 의존한다. 이 모든 지배적인 요소들은 결국엔 긍정적이거나 부정적인 신의 개념에 닿는다.

묵시록의 저자 요한이 기독교가 불가피하게 처할 수밖에 없는 갈등을 (아마 무의식적으로) 처음 경험한 이후로, 인간은 이 부담, 즉 '신이 인간이 되기를 원했고, 지금도 원하고 있는' 데 따른 부담 때문에 괴로워했다. 그것이 아마 요한이 환상 속에서 아들이 어머니 소피아로부터 두 번째로 출생하는 것을 경험한 이유일 것이다. 이 신성한 출생은 상반된 것들의 결합이 두드러진 특징이며, 지혜의 아들을, 그러니까 개성화 과정의 핵심을 예고했다. 이것은 기독교가 먼 미래를 들여다볼 수 있을 만큼 충분히 오랫동안 결연하게 살았던 초기의 한 기독교 신자에게 끼친 효과였다.

상반된 것들 사이의 중재는 그리스도의 운명의 상징체계에, 즉 중재자가 2명의 도둑 사이에서 매달린, 십자가형의 장면에 이미 암시되어 있었다. 그 도둑들 중 하나는 천국으로 가고, 다른 하나는 지옥으로 간다. 기독교인의 관점에서 보면, 불가피하게 신과 인간 사이에 반대가 자리 잡아야 했으며, 인간은 언제나 어두운 면과 동일시될 위험에 처해 있었다. 이것과, 그리스도가 전한 예정론적인 암시들이 틀림없이 요한에게 영향을 강하게 끼쳤다. 그 암시들이 아득한 영원부터 미리 정해진 극소수만이 구원을 받을 것이고, 인간의 절대 다수는 최종적인 재앙 속에 사라질 것이라는 뜻이었으니 말이다.

기독교인의 관점에 나타나는 신과 인간 사이의 대립은 옛날부터, 그러니까 형이상학적 문제가 오직 여호와와 그의 백성들의 관계에만 국한되던 때부터 내려오는 여호와의 유산일 수 있다. 여호와에 대한 두려움이 누구에게나 여전히 워낙 컸기 때문에, 욥의 신비한 직관에도 불구하고, 어느 누구도 신 자체에 자기모순이 있다고 감히 말할 수 없었다. 그러나 만약에 신과 인간의 대립을 그대로 고수한다면, 당신은 좋든 싫든 마지막에 "선한 모든 것은 신에게서, 악한 모든 것은 인간에게서"라는 기독교의 결론에 도달하게 된다. 그러면 피조물이 창조주와 대립하고, 악의 우주적이거나 악마적인 장엄이 인간에게로 돌려지는 모순적인 결과가 나타난다. 요한의 황홀경 속에서 터져 나오는, 끔찍할 만큼 파괴적인 의지는 인간이 선한 신의 반대편에 선다는 것이 의미하는 바를 어느 정도 파악할 수 있도록 한다. 그것은 '욥기'에 나타나는 신의 어두운 면을 인간에게 안긴다는 뜻이다. 그러나 어느 경우든 인간은 악과 동일시된다. 인간이 선한 신의 반대편에 서는 경우에는 인간이 선에 강하게 반대하는 결과로 그렇게 되고, 신의 어두운 면이 제자리를 지키는 경우에는 인간이 하늘의 아버지만큼 완벽하게 되려고 노력하는 결과로 그렇게 된다.

인간이 되기로 한 여호와의 결정은 인간이 자신이 직면하고 있는 신의 이미지의 성격을 깨닫게 될 때 당연히 일어나야 하는 발달의 한 상징이다. 신은 인간의 무의식에 작용하며 인간으로 하여금 인간의 정신이 노출되고 있는 상반된 영향들을 무의식에서 서로 조화시키고 결합시키도록 강요한다. 무의식은 둘 다를, 말하자면 나누고 결합시키기를 원한다. 그러므로 인간은 통합을 이루려고 노력할 때, 욥이 분명히 인식했듯이, 언제나 형이상학적인 어떤 옹호자의 도움에 의지할 것이다. 무의식은 빛에 닿기 위해 의식 속으로 흘러 들어가기를 원하지만, 그와 동시에 무의식은 차라리 무의식으로 남기를 바라기 때문에 지속적으로 스스로를 좌절시킨다. 말하자면, 신은 인간이 되기를 원하지만 그다지 강하게 원하지는 않는다. 신의 본성 속의 갈등이 너무나 강하기 때문에, 이제 현현은 신의 어두운 측면의 분노에 자기희생이라는 속죄의 제물을 바쳐야만 구입할 수 있게 되었다.

짐작하는 바와 같이, 신은 훗날 다른 측면의 동화(同化)를 위한 가장 튼튼한 토대를 마련하기 위해 자신의 선한 측면을 먼저 구체화했다. 보혜사를 보내기로 한 약속을 근거로, 우리는 신이 '완전히' 인간이 되기를 원한다고 결론을 내릴 수 있다. 바꿔 말하면, 신이 자신의 어두운 피조물(원죄로부터 구원받지 않은 인간) 안에서 자신을 재생하기를 원한다. '요한 묵시록'의 저자는 성령의 지속적인 작용에 관한 증거로 어떤 지속적인 현현을 우리에게 제시했다. 그 저자는 분노와 복수의 어두운 신에게, 그러니까 어떤 '불타는 바람'에게 침공당한 한 피조물 인간이다. (이 요한은 아마 나이 들어서 미래의 전개를 예측하는 것이 허용된, 총애 받은 사도였을 것이다.) 상당한 교란을 일으키는 이 침공이 그 저자의 내면에 신성한 배우자에게서 태어난 신성한 아이의 이미지를, 그러니까 미래의 구세주의 이미지를 낳았다. 이 신성한 배우자의 형상(아니마)은 모든 남자의 가슴에 살고 있으며, 그런 아이를 마이스터 에크하르트도 어느 환상에서 보았다. 신이 자신의 신성 속에 홀로 있는 것은 지복의 상태가 아니며, 신은 인간의 영혼 속에서 태어나야만 한다는 것을 알았던 사람이 바로 그였다("신은 영혼 속에서 행복하다"). 그리스도 안에서의 현현은 성령에 의해서 피조물로 지속적으로 전해지고 있는 원형이다.

우리 현대인의 도덕적 품행은 요한과 같은 초기 기독교인의 품행과 비교될 수 없기 때문에, 특히 사랑과 관련하여 우리 안에서 온갖 종류의 악뿐만 아니라 온갖 종류의 선이 지금도 일어난다. 요한의 내면에 있었던 것과 같은, 그야말로 순수한 파괴의 의지는 현대에는 예상되지 않는다. 심각한 정신병과 범죄적인 광기의 예를 제외하고는, 나도 지금까지 그런 예를 한 번도 관찰하지 못했다. 종교 개혁과 특히 과학들(이것들은 원래 타락한 천사들에 의해 가르쳐졌다)의 성장에 의해 촉진된 영적 분화의 결과, 우리 안에서 이미 어둠의 혼합이 상당히 이뤄졌으며, 그래서 초기 기독교 성인들(그리고 그 후의 일부 성인들)의 순수함과 비교하면, 우리 현대인은 썩 좋은 모습을 보이지는 않는다.

상대적으로 우리가 검다는 점은 당연히 우리에게 조금도 도움이 되지 않는다. 그 검은 점이 사악한 힘들의 충격을 완화시킬지라도, 그것은 우리를 그런 힘들에 더욱 취약하게 만들고 그 힘들에 저항할 능력을 떨어뜨린다. 그러므로 우리는 더 많은 빛과 더 많은 선과 더 많은 도덕적 힘을 필요로 하며, 불쾌한 사악함을 최대한 씻어내야 한다. 그렇게 하지 않으면, 우리는 인간이 되기를 원하는 어두운 신을 동화시키지도 못하고, 소멸하지 않고 신을 꿋꿋이 견뎌내지도 못할 것이다.

이 모든 것을 위해서 기독교 미덕들뿐만 아니라 그 외의 다른 것도 필요하다. 문제가 도덕적인 것만은 아니기 때문이다. 우리에겐 욥이 추구하던 지혜도 필요하다. 그러나 그 당시에 지혜는 여전히 여호와의 안에 숨겨져 있었다. 아니, 어쩌면 지혜가 여호와에 의해 아직 기억되지 않았을지도 모른다. 보다 높고 "완전한" 그 인간은 "알려지지 않은" 아버지에 의해 생겨나서 지혜에게서 태어나며, "희고 검은, 변화 가능한 용모"의 '푸에르 아르테르누스'(puer arternus: 영원한 소년)의 형상 속에서 의식을 능가하는 우리의 전체성을 나타내고 있는 것이 바로 그이다. 파우스트는 악마를 오직 겉으로만 보았던 자신의 거만한 편파성을 포기하면서 그런 소년으로 변해야 했다. "너희가 어린 아이들과 같이 되지 아니하면"이라는 그리스도의 말씀이 이 같은 변화를 예고한다. 이유는 어린이들 안에서 상반된 것들이 서로 매우 가까이 자리 잡기 때문이다. 그러나 그것이 뜻하는 바는 어른의 성숙으로부터 태어난 소년이지, 우리가 머물고 싶어 하는 무의식적인 아이가 아니다. 그리스도도 앞을 내다보면서, 내가 앞에서 언급한 바와 같이, 악의 도덕성을 암시했다.

이상하게도, 돌연, 태양 여인이 아이와 함께 대참사의 도래를 예언하는 환상들의 흐름 속에 나타난다. 마치 아이가 거기에 속하지 않는다는 듯이. 그 아이는 또 다른 미래의 세계에 속한다. 따라서 그 유대인 메시아처럼, 아이는 하느님에게 "들어 올려지고", 그의 어머니는 오랫동안 광야에서 숨어서 지내야 하며, 거기서 그녀는 신에 의해 부양된다. 이유는 그 시대의 시급한 문제가 미래에 놓여 있는, 상반된 것들의 결합이 아니라, 빛과 선(善)의 구체화이고, 이 세상의 탐욕의 정복이고, 1,000년 뒤에 최후의 날의 공포를 선언하기 위해 올 적그리스도에 대비한 신국(神國)의 강화이고, 복수심에 찬 분노의 신의 출현이었기 때문이다.

악마 같은 숫양으로 변한 어린양은 새로운 복음을, 그러니까 신의 사랑을 넘어 신에 대한 공포를 중요한 요소로 여기는 '영원한 복음'(Evangelium Aeternum)을 보여준다. 따라서 '요한 묵시록'은 전형적인 개성화 과정처럼 아들과 어머니-신부의 결혼인 히에로스 가모스의 상징으로 끝난다. 그러나 그 결혼은 "불결한 것은 어떤 것"도 들어가지 않는 천상에서, 파괴된 세계 그 위 높은 곳에서 일어난다. 빛은 빛과 어울린다. 그것이 신이 창조된 인간의 안에서 현현할 수 있기 전에 성취되어야 하는, 기독교 시대를 위한 프로그램이다. 오직 최후의 날들에만 태양 여인 환상이 성취될 것이다. 이 진리를 인정하면서, 그리고 틀림없이 성령의 작업들에 고무되어, 교황은 최근에 성모 승천 교리를 선언함으로써 모든 합리주의자들을 크게 놀라게 만들었다. 이로써 마리아는 신부로서 천상의 신방에서 아들과 결합하고, 소피아로서 신성과 결합한다.

이 교리는 모든 점에서 적절하다. 우선, 그것은 요한의 환상들의 상징적인 완성이다. 둘째로, 그것은 시간의 종말에 숫양의 결혼에 대한 암시를 포함하고 있으며, 셋째로, 그것은 '구약 성경'의 소피아의 상기를 되풀이하고 있다. 이 세 가지 언급은 신의 현현을 예견한다. 두 번째와 세 번째는 그리스도 안에서의 현현을 예견하지만, 첫 번째는 창조된 인간 안에서의 현현을 예견한다.

XVIII

지금 모든 것이 인간에게 달려 있다. 엄청난 파괴의 힘이 인간의 손에 쥐어진 것이다. 문제는 인간이 그 힘을 사용하려는 의지에 저항할 수 있는가, 또 그 의지를 사랑과 지혜의 정신으로 억제할 수 있는가 하는 것이다. 인간은 아무런 도움을 받지 않은 상태에서 자신의 자질만으로는 그렇게 하지 못한다. 인간은 천상의 어떤 "옹호자"의 도움을, 즉 하느님에게 들려 올라갔다가 지금까지 불완전했던 인간을 "치료하고" 완전하게 만드는 힘을 갖고 오는 아이의 도움을 필요로 한다.

인간의 완전성 또는 자기가 그 자체로 무엇을 의미하든, 경험적으로 그것은 의식적인 정신의 소망과 두려움과 상관없이 무의식이 자동적으로 엮어내는, 삶의 목표의 어떤 이미지이다. 그것은 전체적인 인간의 목표를 나타내고, 또 그것은 그의 의지의 동의를 받거나 받지 않은 상태에서 그의 전체성과 개성의 실현을 나타낸다. 이 과정의 원동력은 본능이다. 이 본능은 어느 한 개인의 생명에 속하는 모든 것은 그 생명 속으로 반드시 들어가도록 한다. 그 개인이 동의하는지 여부나, 그가 자신에게 일어나고 있는 것을 아는지 여부는 전혀 중요하지 않다. 틀림없이, 그가 자신이 어떤 삶을 살고 있는지를 아는지, 자신이 하고 있는 것을 이해하고 있는지, 자신이 제안하는 일이나 한 일에 대해 책임을 지는지 여부에 따라 주관적으로 큰 차이가 생긴다. 의식적 깨달음과 그것의 결여 사이의 차이는 이미 언급한 그리스도의 말에 노골적으로 담겨 있다. "인간이여, 그대가 자신이 하고 있는 일을 진정으로 안다면, 그대는 축복 받은 자이지만, 자신이 하는 일을 모른다면, 그대는 저주받은 자이고 법을 위반하는 자이니라." 본성과 운명의 법정에서, 무의식은 절대로 구실로 받아들여지지 않는다. 반대로, 무의식에 대한 처벌은 매우 가혹하다. 따라서 모든 무의식적인 본성은 의식에 광적으로 맞서면서도 의식의 빛을 갈망한다.

숨겨진 채 비밀로 지켜지는 것에 대한 의식적 깨달음은 틀림없이 우리에게 해결 불가능한 갈등을 안겨준다. 적어도 그것은 의식적인 정신에는 그렇게 보인다. 그러나 꿈 속에서 무의식으로부터 올라오는 상징들은 그 갈등을 오히려 상반된 것들의 대결로 보여주고, 목표의 이미지들은 상반된 것들의 성공적인 화해를 나타낸다. 경험적으로 증명 가능한 무엇이 우리의 무의식적 본성의 깊은 곳에서 우리를 도우러 온다. 이 힌트들을 이해하는 것은 의식적인 정신의 과제이다. 만약 이 이해가 일어나지 않는다 하더라도, 개성화 과정은 그럼에도 불구하고 계속될 것이다. 유일한 차이는 우리가 그 과정의 희생자가 되어 운명에 의해 피할 수 없는 목표 쪽으로 질질 끌려가게 된다는 것뿐이다. 그러나 만약에 우리가 때때로 우리의 경로를 가로지르고 있는 그 수호신들의 의미를 제대로 이해하는 데 따르는 어려움을 받아들이고 시간적으로 충분히 인내할 수만 있다면, 우리는 그 목표에 똑바로 걸어서 닿을 수 있다.

지금 진정으로 중요한 유일한 것은 인간이 타락한 천사들이 인간의 손에 쥐어 준 초인적인 권력과 동등해지기 위해서 보다 높은 도덕적 수준까지, 보다 높은 차원의 의식까지 올라갈 수 있는가 하는 문제이다. 그러나 인간은 자신의 본성을 훨씬 더 잘 알지 않는다면 자신을 절대로 더 발달시키지 못한다. 불행하게도, 이 측면에서 끔찍한 무지가 팽배하며, 인간의 고유한 성격에 대한 지식을 증대시키는 데 대한 혐오도 마찬가지로 강하다.

그러나 좀처럼 기대하기 어려운 영역에서, 오늘날 인간의 심리와 관련해서 무엇인가가 행해져야 한다는 사실에 더 이상 눈을 감지 못하는 사람들이 발견되고 있다. 불행하게도, '무엇인가'라는 표현이 그들도 무엇을 해야 하는지를, 그리고 그 목표에 이르는 길을 알지 못한다는 이야기를 들려주고 있다. 물론, 우리는 우리의 기도를 듣는 신으로부터 뜻밖의 은총을 바랄 수도 있다. 그러나 우리의 기도를 듣지 않는 신은 인간이 되기를 원하고 있으며, 그 목적을 위해서 신은 어둠이 가득 찬 창조된 인간을, 다시 말해 원죄에 오염되었고 타락한 천사들로부터 신성한 기술과 과학을 배운 자연적인 인간을 성령을 통해 선택했다. 죄 많은 인간이 아주 적절하며, 따라서 그런 인간이 지속적인 현현을 위한 그릇으로 선택되고 있다. 세상으로부터 초연한 채 생명에 공물을 바치기를 거부하는 죄 없는 인간이 선택되는 것이 아니다. 그런 인간의 안에서는 시커먼 신이 어떤 공간도 발견하지 못할 테니까.

'요한 묵시록' 이후로, 우리는 지금 다시 신이 사랑을 받을 뿐만 아니라 두려움의 대상이기도 하다는 것을 알고 있다. 신은 우리를 선뿐만 아니라 악으로도 채우고 있다. 그렇지 않다면, 그가 두려움의 대상이 될 필요가 없을 것이다. 그리고 신이 인간이 되기를 원하기 때문에, 그의 자기모순의 통합은 인간 안에서 일어나야 한다. 이것이 인간에게 새로운 책임을 지운다. 인간은 이제 더 이상 자신의 나약함과 무가치를 구실로 그 책임에서 빠져나오지 못한다. 이유는 어두운 신이 원자탄과 화학무기를 인간의 손에 슬그머니 쥐어 주며 인간에게 자신의 동료 생명체들의 종말을 부를, 분노를 폭발시킬 힘을 주었기 때문이다. 인간에게 신이나 다름없는 권력이 허용되었기 때문에, 인간은 더 이상 맹목적이거나 무의식적인 상태로 남을 수 없다. 만약에 자신을 이해하고, 그렇게 함으로써 신의 신비적 직관을 성취하길 원한다면, 인간은 신의 본질과 형이상학적 과정들에 대해 무엇인가를 알아야 한다.

XIX

성모 승천의 새로운 교리의 선포는 그 자체로 심리학적 배경을 연구해 볼 충분한 이유가 된다. 가톨릭과 프로테스탄트의 언론 매체에 게재된 많은 기사들 중에서, 내가 아는 한, 의심할 여지없이 가장 강력했던 동기를 적절히 강조한 기사가 하나도 없었다는 사실이 흥미로웠다. 그 동기란 바로 대중 운동과 그 뒤에 숨어 있는 심리적 필요이다.

기본적으로, 기사를 작성한 사람들은 교리적이고 역사적인 것들을 고려하는 것으로 만족했다. 그런 고려는 살아 있는 종교적 과정과는 아무런 관계가 없다. 그러나 그 전 몇 십 년 동안 수적으로 증가하던 마리아의 환상들을 주의 깊게 관찰하면서 그것들의 심리적 의미를 고려한 사람이라면 누구나 무엇이 끓고 있다는 것을 알았을 것이다. 특히 환상을 본 사람들이 대개 아이들이었다는 사실이 깊이 생각하도록 했을 수 있다. 왜냐하면 그런 경우에 언제나 집단 무의식이 작동하고 있기 때문이다.

덧붙여 말하자면, 그 선언이 있을 때쯤 교황 본인이 성모에 관한 환상을 몇 번 보았다는 소문이 돌고 있다. 대중들 사이에 마침내 삼위일체와 나란히 자리하면서 "천국의 왕비와 천상의 궁전의 신부"로 받아들여질 그런 중재자와 조정자에 대한 깊은 갈망이 오랫동안 있었다. 신의 어머니가 그곳에 거주하는 것이 1,000년 이상 동안 당연한 것으로 여겨져 왔으며, 우리는 '구약 성경'을 통해서 소피아가 창조 전부터 신과 함께 있었다는 것을 알고 있다. 또 우리는 신성한 파라오들의 고대 이집트 신학으로부터, 신이 인간 어머니에 의해서 인간이 되기를 원한다는 것을 알고 있다. 그리고 최초의 신성한 존재는 남자와 여자 둘 다로 태어난다는 것이 선사 시대에도 알려져 있었다.

그러나 그런 진리는 경건하게 선포되거나 다시 발견될 때에만 시간 속에서 생겨난다. 1950년에 하늘의 신부가 신랑과 결합되었다는 것은 우리 시대에 심리학적으로 중요하다. 이 사건을 해석하기 위해서, 먼저 '교황 칙서'가 제시한 주장들뿐만 아니라 '요한 묵시록'의 어린양의 혼인과 '구약 성경' 속에서 여호와가 소피아를 회상하는 것에 담긴 예시들을 고려해야 한다. 혼인에 따른 신방에서의 결합은 히에로스 가모스를 의미하며, 이것은 현현으로, 구세주의 탄생으로 나아가는 첫걸음이다. 이 구세주는 고대부터 '해와 달의 아들'로, '지혜의 아들'로, 그리스도와 동등한 존재로 여겨졌다. 그러므로 신의 어머니를 찬양하고 높이 올리는 데 대한 갈망이 사람들 사이에 퍼져나갈 때, 그 경향은 논리적인 결론까지 생각한다면 곧 어떤 구세주나 조정자, "적들 사이에서 평화를 일궈낼 중재자"의 탄생에 대한 욕망을 의미한다. 비록 그는 플레로마에서 이미 태어났지만, 그의 출생은 그것이 지각되고 인식되어 인간에 의해 선언될 때에만 시간 속에서 성취될 수 있다.

교황이 새로운 교리를 경건하게 선언하기로 결정하도록 한 대중 운동의 동기와 내용은 새로운 신의 탄생에 있는 것이 아니라, 그리스도로 시작된 신의 지속적인 현현에 있다. 역사적 비판에 근거한 주장들은 새로운 교리를 절대로 정당하게 다루지 못한다. 반대로, 그런 주장들은 영국 대주교들이 표현한 근거 없는 두려움만큼이나 표적을 멀리 벗어나 있다. 첫째, 그 교리의 선언은 원칙적으로 가톨릭의 이데올로기에 아무런 변화를 일으키지 않았다. 그 교리가 이미 1,000년 이상 존재해 왔으니 말이다. 둘째, 신이 언제나 인간이 되길 원했으며, 그 목적을 위해서 세속적 영역 안에서 성령을 통해 지속적으로 현현하고 있다는 것을 이해하지 못한 것은 놀라운 증후이며, 그 같은 사실은 프로테스탄트의 관점이 시대의 신호들을 이해하지 않고 성령의 지속적 작용을 무시함으로써 기반을 잃고 말았다는 것을 의미할 뿐이다.

프로테스탄트의 관점은 분명히 개인과 집단의 정신에서 일어나고 있는 거대한 원형적인 사건들과, 그리고 오늘날 진정으로 종말론적인 세계의 상황을 보상하려는 의도를 지닌 상징들과 접촉하지 않고 있다. 프로테스탄트의 관점은 일종의 합리주의적인 역사주의에 굴복하고, 영혼의 숨겨진 곳에서 작용하고 있는 성령에 대한 이해를 망각한 것처럼 보인다. 따라서 프로테스탄트의 관점은 신성한 드라마의 추가적인 계시를 이해하지도 못하고 인정하지도 못한다.

이 같은 상황은 신학적인 일들에 문외한인 나에게 이 음울한 문제들에 대한 의견을 개진할 명분을 주고 있다. 나의 시도는 긴 일생 동안 거둔 심리학적 경험에 근거하고 있다. 나는 어떤 면에서도 정신을 과소평가하지 않으며, 정신의 사건들이 설명에 의해서 흔적도 없이 사라질 수 있다고는 한 순간도 상상하지 않는다. 심리주의는 여전히 원시적인 유형의 마법적 사고를 의미하며, 어떤 사람은 그런 사고의 도움을 받아 영혼의 실체를 존재하지 않도록 하기를 원하고 있다. 마치 '파우스트'에서 프록토판사스미스트(Proktophantasmist)[161]가 이렇게 말하듯이. "너 아직 여기 있어? 아니, 그럴 수 없어. 당장 꺼져! 그렇게 계몽을 시켰는데도."

나와 그런 유치한 관점을 동일시하라는 식의 형편없는 조언을 듣는 사람도 있다. 그러나 나는 신의 존재를 믿는지 여부에 대한 질문을 너무나 자주 받기 때문에, 나 자신이 짐작하는 것보다 더 널리 "심리주의" 신봉자로 받아들여지지 않기 위해 다소 신경을 쓰고 있다. 대부분의 사람들은 간과하

---

[161] 괴테가 그 시대 계몽주의 비평가 니콜라이(Friedrich Nicolai)를 조롱하기 위해 만든 조어로, '엉덩이로 정령을 상상하는 사람'이라는 뜻이다.

거나 이해하지 못하는 것처럼 보이는 것은 내가 정신을 실재하는 것으로 여긴다는 사실이다. 그 사람들은 오직 물질적인 사실들만 믿으며, 따라서 그들은 우라늄 자체나 실험실 장비가 원자탄을 창조했다고 결론을 내려야 할 것이다. 그 같은 결론은 실재하지 않는 정신이 그것을 창조했다고 가정하는 것에 비해 절대로 덜 터무니없지 않다. 신은 명백히 정신적이고 비육체적인 하나의 사실, 즉 정신적으로는 증명될 수 있지만 육체적으로는 증명될 수 없는 사실이다. 마찬가지로, 그 사람들은 종교의 심리학이 두 개의 카테고리로 나뉜다는 것을 아직 충분히 이해하지 못했다. 이 카테고리들은 서로 뚜렷이 구분되어야 한다. 첫째는 종교적인 인간의 심리학이고, 둘째는 진정한 의미로서의 종교의 심리학, 즉 종교적 내용물의 심리학이다.

종교적인 질문에 대한 토론에, 특히 성모 승천 교리에 대한 찬반 토론에 끼어들 용기를 나에게 준 것은 주로 종교적인 내용물의 심리학에서 얻은 나의 경험이다. 이 성모 승천 교리를 나는 종교 개혁 이후로 가장 중요한 종교적 사건으로 여긴다. 그것은 심리적이지 않은 정신에는 하나의 '걸림돌'이 된다. 성모를 육체적으로 천국으로 받아주는 것과 같은 근거 없는 주장이 어떻게 믿을 가치가 있는 것으로 제시될 수 있겠는가? 그러나 교황이 교리의 진리를 증명하기 위해 이용하는 방법은 심리적인 정신에는 이해가 된다. 왜냐하면 그 방법이 첫째, 필요한 원형에 근거를 두고 있고, 둘째 1,000년 이상 거슬러 올라가는 종교적 단언들의 어떤 전통에 근거하고 있기 때문이다.

분명히, 이 같은 정신 현상의 존재를 뒷받침하는 증거는 넘친다. 육체적으로 불가능한 어떤 사실이 주장되고 있다는 것은 전혀 중요하지 않다. 왜냐하면 모든 종교적 단언들이 육체적으로는 불가능한 것이기 때문이다. 만약 그 단언들이 그렇지 않다면, 앞에서 말한 바와 같이, 그것들은 필히 자연 과학 교과서에서 다뤄졌을 것이다. 그러나 종교적 진술은 예외 없이 정신의 실체와 관계있으며 육체의 실체와 관계있는 것이 아니다. 특히 프로테스탄트들을 화나게 만드는 것은 성모를 거의 신의 수준으로까지 격상시키고, 따라서 그리스도의 우월성을 위태롭게 할 수 있다는 점이다. 프로테스탄티즘은 그리스도의 우월성이라는 측면에서 조금도 물러서지 않을 테니 말이다. 프로테스탄티즘은 이 점에 집착하면서 찬송가가 "천상의 신랑"에 관한 언급으로 가득하다는 점을 고려하지 않았다. 프로테스탄트에게는 이 신랑이 지금 돌연 동등한 권리들을 가진 신부를 맞지 않으려 하는 것으로 여겨지고 있다. 아니면, "신랑"이 단순히 하나의 비유로만 이해되고 있었던 것인가?

교황의 선언이 보인 논리적 일관성은 최고 수준이다. 교황의 선언은 프로테스탄티즘에 여성의 형이상학적 대표를 전혀 허용하지 않는 남자의 종교라는 오명을 씌우고 있다. 이 측면에서 보면, 이 상황은 미트라교가 처한 상황과 비슷하다. 미트라교는 이 편견 때문에 상당한 피해를 입었다. 분명히 프로테스탄티즘은 여자들의 평등을 가리키는 시대의 신호들에 관심을 충분히 기울이지 않았다. 그러나 이 평등은 어떤 "신성한" 여인, 그러니까 그리스도의 신부의 형상에 형이상학적으로 단단히 고정될 필요가 있다. 그리스도의 인격이 하나의 조직에 의해 대체될 수 없듯이, 신부도 교회에 의해 대체될 수 없다. 여성적인 것은 남성적인 것과 마찬가지로 똑같이 인격적인 표상을 요구한다.

그러나 비록 마리아가 (땅 위의 공중 영역의 왕자인 사탄과 반대되는) 천국의 안주인과 여자 중재자로서 기능적으로 왕이자 중재자인 그리스도와 동등한 위치에 설지라도, 교리적인 견해에 따르면, 성모 승천을 교리로 정한 것이 마리아가 여신의 지위에 올랐다는 것을 의미하지는 않는다. 어쨌든, 그녀의 지위는 그 원형의 필요를 충족시킨다. 새로운 교리는 영혼 깊은 곳에서 일어나는, 평화에 대한 갈망을, 그리고 상반된 것들 사이의 위협적인 긴장의 해소에 대한 갈망을 성취시키려는 새로운 희망을 표현하고 있다. 모두가 이 긴장을 공유하고 있으며, 모두가 개인적인 불안의 형태로 그것을 경험하고 있다. 불안을 강하게 느낄수록, 사람은 합리적인 수단으로 그것을 제거할 가능성을 낮춰 보게 된다. 그러므로 신의 개입에 대한 희망과 기대가 집단 무의식에서, 또 동시에 대중 속에서 일어나는 것은 전혀 이상하지 않다.

교황의 선언은 바로 이 갈망을 표현하며 대중을 위로하고 있다. 그런데 어떻게 프로테스탄티즘이 그 뜻을 그처럼 완전히 잘못 파악할 수 있는가? 이 같은 이해력의 결여는 오직 교리와 관련있는 상징들과 성경 해석학의 비유들이 프로테스탄트 합리주의에게 그 의미를 완전히 상실했다는 사실에 의해서만 설명될 수 있을 뿐이다. 이 말은 가톨릭교회 안에서 일어난 새로운 교리에 대한 반대, 아니, 오래된 원칙을 교리로 정하는 데 대한 반대에도 그대로 적용된다.

당연히, 어느 정도의 합리주의는 가톨릭의 견해보다 프로테스탄티즘에 더 적절하다. 가톨릭의 견해는 원형적인 상징체계에 나름으로 필요한 자유와 공간을 부여한다. 이 자유와 공간 속에서 원형적인 상징체계는 수 세기에 걸쳐서 지적 어려움과 합리주의자들의 반대에 교란되지 않은 상태에서 원래의 형태를 고수하는 동시에 발달을 꾀할 수 있었다.

이런 식으로, 가톨릭교회는 스스로 어머니 같은 성격을 증명하고 있다. 왜냐하면 가톨릭교회가 가톨릭교회라는 모체에서 생겨난 나무가 자신의 법칙에 따라 발달하는 것을 허용하기 때문이다. 이와 대조적으로, 프로테스탄티즘은 아버지의 정신에 충실하다. 프로테스탄티즘은 처음부터 그 시대의 세속적인 정신과의 조우로부터 발달했을 뿐만 아니라, 모든 시대의 정신적 흐름과 대화를 계속한다. 이유는 프네우마가 원래의 바람의 본질에 따라 유연하고, 언제나 살아 움직이며, 어떤 때는 물과 비교할 수 있고 또 어떤 때는 불과 비교할 수 있기 때문이다. 프로테스탄티즘은 시대의 정신에 지나치게 굴복하는 경우에 원래의 본거지를 버리고, 심지어 헤매다가 길을 완전히 잃고 말 수 있다.

프로테스탄트 정신은 과제를 완성하기 위해서 불안으로 가득해야 하고 이따금 문제를 일으키기도 해야 한다. 전통이 동시대의 가치들의 변화에 영향을 확실히 끼칠 수 있도록 하기 위해서는 프로테스탄트 정신이 혁명적이기까지 해야 하기 때문이다. 프로테스탄트 정신이 이 조우 동안에 견뎌야 하는 충격은 전통을 변화시킴과 동시에 약동하게 한다. 이런 교란이 없으면, 수 세기에 걸쳐 느리게만 발전하는 전통은 마침내 완전히 화석이 되어 영향력을 잃고 말 것이다.

만약에 프로테스탄티즘이 기독교가 두 개의 별도 진영으로 이뤄져 있거나 불화를 겪는 남매와 비슷하다는 사실을 염두에 둔 가운데, 자신의 존재를 옹호하는 외에 가톨릭교의 존재 권리도 인정해야 한다는 사실을 기억하지 않는다면, 프로테스탄티즘은 가톨릭교회 안의 일부 발달에 대해 단순히 비판하고 반대함으로써, 절망적일 만큼 적은 양의 활력만을 얻을 것이다. 신학적인 이유로 누나의 생명의 실을 끊기를 원하는 남동생은 기독교 자비는커녕 비인간적이라 불리는 것이 옳을 것이며, 거꾸로도 마찬가지이다. 단순히 부정적인 비판으로는 아무것도 성취하지 못한다. 비판은 창조적인 만큼만 정당할 수 있다.

그러므로 나에게는 예를 들어 프로테스탄티즘이 새로운 교리에 충격을 받았다는 점을 인정하는 것이 바람직해 보인다. 그 교리가 프로테스탄티즘에게 충격을 안기는 이유는 그것이 남매 사이의 틈을 부정적인 방향으로 다시 겉으로 드러나게 했을 뿐만 아니라, 근본적인 이유들로 인해서 기독교 안에서 프로테스탄티즘을 세속적 이해의 영역으로부터 과거 어느 때보다 더 멀리 떼어놓는 상황이 생겨났기 때문이다.

프로테스탄티즘은 존재 자체를 가톨릭교회에 어느 정도 기대고 있는지 스스로 잘 알고 있다. 만약에 항의자가 더 이상 비판하지 않거나 항의하지 않는다면, 그래도 그 사람이 여전히 가진 것을 소유할 수 있을까? 새로운 교리가 지적 걸림돌로 작용하는 측면을 고려한다면, 프로테스탄트는 스스로 기독교인의 책임을 떠올리면서 "나는 나의 형제(이 경우에 나의 누이)를 지키는 존재인가?"라고 물으며 새로운 교리를 선언한 이유들을 진지하게 조사해야 한다. 그렇게 하면서, 프로테스탄트는 터무니없는 비방을 삼가고 거기에는 교황의 독단 그 이상의 것이 작용하고 있다고 가정하는 것이 현명하다. 새로운 교리가 프로테스탄트에게 우리 시대의 세속적인 정신에 대한 책임을 새롭게 안겨주었다는 식으로 해석하는 것이 바람직하다. 이유는 프로테스탄트가 세상이 지켜보는 앞에서 문제의 소지를 안고 있는 누이를 무조건 부정할 수는 없기 때문이다. 설령 누이가 반감을 주는 것처럼 보이더라도, 프로테스탄트는 자긍심을 잃지 않고 싶다면 그녀를 공정하게 대해야 한다.

예를 들면, 프로테스탄트에게 이것은 변화를 꾀하기 위해서, 새로운 교리의 의미뿐만 아니라 그 교리와 다소 관련 있는 단언들이 지니는 글자 그대로의 의미 그 이상까지 물어볼 수 있는 좋은 기회이다. 프로테스탄트는 자신의 교리들의 독단적이고 변화 무쌍한 상태와 자신의 교회의 불안정하고 분열된 조건을 고려한다면, 시대정신에 융통성 없이 둔감하게 남을 수 없다. 게다가 프로테스탄트가 시대정신에 대한 의무에 맞춰 신보다 세상과 세상의 생각들을 받아들이는 일에 관심을 더 많이 기울이기 때문에, 신의 어머니가 천상의 신방으로 들어가는 경우에, 프로테스탄트는 기독교의 모든 전통을 재해석하는 위대한 과제를 받아들여야 한다. 만약에 그것이 영혼 깊이 박혀 있는 진리들의 문제라면, 약간의 통찰이라도 있는 사람이라면 그 같은 사실에 의문을 제기하지 않을 텐데, 그 과제의 해결은 가능해야만 한다. 이를 위해서 우리에게는 아시다시피 프로테스탄티즘에서만 보장되는 정신의 자유가 필요하다. 역사적이고 합리적인 세계관에는 성모 승천 교리가 일종의 모욕이며, 만약에 이성과 역사의 주장들을 완강하게 고집한다면, 그 교리는 언제나 모욕으로 남을 것이다. 이것은 심리학적 이해가 필요한 예이다. 왜냐하면 모습을 드러내고 있는 신화소가 너무나 분명하게 보이기 때문이다. 만약에 그것의 상징적 본질을 보지 않아서 그것을 상징적으로 해석하지 않는다면, 우리는 일부러 모른 체하고 있음에 틀림없다.

성모 승천 교리는 플레로마에서 일어나는 히에로스 가모스를 가리키며, 히에로스 가모스는 앞에서 말한 바와 같이 미래에 있을 신성한 아이의 탄생을 암시한다. 이 아이는 신의 현현 경향에 맞춰서 자신의 출생지로 경험적인 인간을 선택할 것이다. 형이상학적 그 과정은 무의식의 심리학에 개성화 과정으로 알려져 있다. 이 과정은 아득한 때부터 그래 왔듯이 대체로 무의식적으로 그 경로를 밟는 한, 도토리가 참나무가 되고, 송아지가 소가 되고, 아이가 어른이 되는 것을 의미할 뿐이다.

그러나 만약에 개성화 과정이 의식적인 것이 된다면, 의식은 무의식을 직면해야 하고, 상반된 것들 사이의 균형이 발견되어야 한다. 이것은 논리를 통해서 가능한 일이 아니기 때문에, 상반된 것들의 비합리적인 결합을 가능하게 하는 상징에 의존해야 한다. 그 상징들은 무의식에 의해서 저절로 생산되고, 의식적인 정신에 의해서 확충된다. 이 과정의 핵심적인 상징들은 인간의 전체성인 자기를 묘사하며, 이 자기는 한편으로 그에게 의식되고 있는 것들로, 다른 한편으로 무의식적 내용물로 이뤄져 있다. 자기는 완전한 인간이며, 그런 인간의 상징들은 신성한 아이와 그런 아이의 동의어들이다.

이것은 그 과정을 매우 압축적으로 그린 스케치에 불과하지만, 그 과정은 현대인의 내면에서 언제든 관찰될 수 있으며 중세의 연금술 철학의 텍스트에도 나온다. 그 상징들 사이의 유사성은 무의식의 심리학과 연금술을 동시에 아는 사람들에게는 예외 없이 놀라움으로 다가온다.

그 경로를 무의식적으로 밟는 "자연적인" 개성화 과정과 의식적으로 실현되는 개성화 과정 사이의 차이는 엄청나다. "자연적인" 개성화 과정의 경우에 의식은 어디서도 개입하지 않으며, 그 끝은 처음만큼이나 어두운 상태로 남는다. 의식적인 개성화 과정의 경우에 아주 많은 어둠이 밝아지기 때문에 인격에 빛이 스며들고 의식이 반드시 범위를 넓히고 통찰을 키우게 된다. 의식과 무의식이 조우하면, 어둠 속에서 비치는 빛이 어둠에 의해 이해될 뿐만 아니라, 그 빛도 어둠을 이해하게 된다. 해와 달의 자식은 상반된 것들의 결합의 상징일 뿐만 아니라 가능성이기도 하다. 그것은 그 과정의 가장 중요한 부분이고 중재자이다. 연금술사들은 "그것은 천 개의 이름을 갖고 있다"고 말한다. 그것은 개성화 과정이 생겨나는 원천과 개성화 과정이 추구하는 목표는 이름도 없고 말로 표현될 수도 없다는 뜻이다.

신이 우리에게 작용한다는 것을 증명할 수 있는 것은 오직 정신을 통해서지만, 우리는 이 작용이 신에게서 나오는지 아니면 무의식에서 나오는지 구분하지 못한다. 신과 무의식이 서로 다른 두 개의 실체인지에 대해 우리는 자신 있게 말하지 못한다. 둘 다 초월적인 내용물을 위한, 경계선 상에 있는 명확하지 않은 개념들이다.

그러나 경험적으로, 무의식에 꿈들을 통해 저절로 모습을 드러내는 어떤 완전성의 원형이 있고, 또 의식적인 의지와 무관하게 이 중심과 다른 원형들을 연결시키려는 경향이 있다는 것이 충분히 증명될 수 있다. 따라서 완전성의 원형이 그 자체를 신의 이미지와 아주 가깝게 만드는 그런 중심적인 자리를 차지하고 있을 가능성이 없지 않다. 그 유사성은 그 원형이 언제나 신을 표현하는 상징체계를 낳는다는 특이한 사실에 의해서 추가적으로 증명되고 있다.

이 사실들은 우리가 신과 무의식의 구분 불가능성과 관련해 앞에서 제시한 가설을 뒷받침한다. 엄밀히 말하면, 신의 이미지는 무의식 자체와 일치하지 않고 무의식의 특별한 어떤 내용물, 즉 자기의 원형과 일치한다. 우리는 신의 이미지를 경험적으로 이 원형과 구분하지 못한다. 우리가 이 두 실체 사이의 다른 점을 자의적으로 가정할 수는 있지만, 그런 가정은 우리에게 전혀 도움을 주지 않는다. 반대로, 그것은 우리가 인간을 신으로부터 분리시키도록 돕고, 신이 인간이 되는 것을 막을 뿐이다.

신앙이 인간의 정신과 가슴에 신이 무한히 멀리 떨어져 있어서 범접하지 못한다는 인상을 줄 때, 그 신앙은 분명히 옳다. 그러나 신앙은 또한 신이 가까이 있다는 점을, 신이 있다는 것을 직접적으로 경험할 수 있다는 점을 가르치고 있다. 만약에 신앙이 모든 의미를 잃지 않기를 원한다면, 경험적으로 진정해야 하는 것은 바로 이 가까움이다. 오직 나에게 작용하는 것만을 나는 진정하고 실제적인 것으로 인정한다. 그러나 나에게 전혀 아무런 효과를 미치지 않는 것은 존재하지 않는 것이나 마찬가지이다. 종교적 욕구는 완전성을 갈망하며, 따라서 그 욕구는 무의식이 제시하는 완전성의 이미지들을, 다시 말해 의식적인 정신과 별도로 우리의 정신적 본성의 깊은 곳에서 올라오는 이미지들을 잡는다.

XX

상징적인 실체들의 발달에 관한 나의 설명이 인간 의식의 분화 과정과 일치한다는 것이 이제 독자들에게 분명히 다가올 것이다. 그러나 머리말에서 보여주었듯이 논의 중인 원형들이 단순히 정신의 대상들이 아니라 자율적인 요소들, 즉 살아 있는 주체들이기도 하기 때문에, 의식의 분화는 초월적으로 작동하는 활력이 개입한 효과로 이해될 수 있다. 그런 경우에 근본적인 변형을 성취하는 것은 원형들일 것이다. 그러나 우리의 경험을 근거로 할 때 인간 밖에서 내성(內省)을 통해 관찰될 수 있는 정신적 조건이 전혀 없기 때문에, 원형들의 행동은 관찰하는 의식의 상호 작용 없이는 절대로 조사되지 않는다. 따라서 만약에 경험과 정반대로 원형에서 그 자율성을 빼앗지 않거나 의식을 단순히 하나의 기계로 평가절하하지 않는다면, 그 과정이 의식에 의해 시작되는가 아니면 원형에 의해 시작되는가 하는 문제에 대한 대답은 절대로 가능하지 않다.

만약에 원형에게 확실한 정도의 독립을 부여하고 의식에 그 범위에 적절한 수준의 창조적인 자유를 부여한다면, 그것이 우리의 심리학적 경험과 가장 가까운 조건일 것이다. 그러면 상대적으로 자율적인 두 가지 요소 사이에 상호 작용이 일어나고, 그 상호 작용은 우리가 심지어 신이 인간이 되는 때조차도 그 과정을 묘사하고 설명하면서 어떤 때는 원형을, 또 어떤 때는 의식을 작동하는 주체로 제시하도록 강요한다. 기독교의 해결책은 지금까지 그리스도를 유일한 신인(神人)으로 인정함으로써 이 어려움을 피했다. 그러나 인간의 안에 세 번째 신성한 위격인 성령이 거주하는 것이 많은 사람의 그리스도화를 초래하고, 그러면 그 많은 사람들이 모두 완전한 신인(神人)인가 하는 문제가 제기된다. 그런 변형은 그들 사이에 견딜 수 없는 충돌을 낳는다. 원죄로부터 자유롭게 풀려나지 않은 평범한 인간이 쉽게 굴복하게 될 의식의 팽창에 대해서는 말할 필요도 없다.

이런 상황에서 성 바울로와 그의 분열된 의식을 떠올려 보는 것이 좋다. 한편으로, 바울로는 신의 부름을 직접 받고 신에 의해 교화된 사도라고 느꼈으며, 다른 한편으로 그는 "몸 속의 가시"를 뽑을 수 없었고 자신에게서 자신을 괴롭힌 사탄 같은 천사를 제거하지 못한 죄 많은 인간으로 느꼈다. 바꿔 말하면, 교화된 사람조차도 지금 모습 그대로 남으며, 그의 안에 존재하는 절대자 앞에서 자신의 제한적인 자아 그 이상은 되지 못한다. 그 절대자의 형태는 우리가 알 수 있는 경계를 전혀 갖고 있지 않다. 그 절대자는 교화된 사람을 사방에서 둘러싸고 있으며, 그는 땅의 심연들만큼 헤아릴 길 없고 하늘만큼 광대하다.

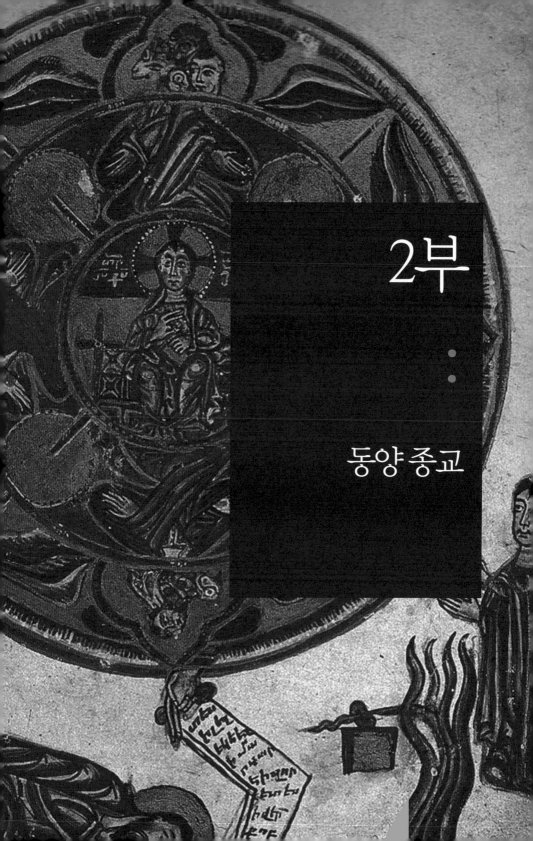

2부

.
.

동양 종교

10장

'티베트 해탈의 서'에 관한
심리학적 해설(1939)

1. 동양적 사고와 서양적 사고의 차이

에반스 웬츠(Walter Yeeling Evans-Wentz) 박사가 동양의 "심리학"에 관한 중요한 설명을 포함하고 있는 텍스트에 대해 논평하는 과제를 나에게 맡겼다. 여기서 내가 인용 부호를 써야 한다는 사실은 바로 이 용어를 적용하는 것이 다소 의문스럽다는 점을 나타내고 있다. 동양은 서양인이 심리학이라고 부르는 것과 동일한 것을 전혀 내놓지 않고 오히려 철학이나 형이상학을 내놓았다고 언급하는 것도 부적절하지 않을 것이다.

현대 심리학의 어머니인 비판 철학은 중세 유럽 때만큼이나 동양에 낯설다. 따라서 "마음"(mind)이라는 단어는 동양에서 쓰일 때 형이상학적인 무엇인가를 내포하고 있다. 서양의 마음 개념은 중세 이후로 이 의미를 상실했으며, 그 단어는 이제 어떤 "정신적 기능"을 의미하게 되었다. "정신"이 무엇인지를 알거나 아는 척 하지 않아도, 우리는 "마음"의 현상을 다룰 수 있다. 우리는 마음이 형이상학적 실체라고 가정하거나, 개인의 마음과 가설적인 어떤 보편적인 마음 사이에 어떤 연결이 있다고 가정하지 않는다. 그러므로 서양의 심리학은 형이상학과 어떠한 관계도 맺지 않는 가운데 단순한 현상을 다루는 과학이다.

지난 2세기 동안 서양 철학의 발달은 철학의 영역 안에서 마음을 분리시키고, 그것을 원래 우주와 하나이던 상태로부터 떼어내는 데 성공했다. 인간은 우주의 축도와 유령이기를 그만두었으며, 인간의 "영혼"은 더 이상 동질의 '불꽃' 또는 세계 영혼의 불꽃이 아니다.

따라서 심리학은 모든 형이상학적 주장들과 단언들을 정신적 현상으로 다루고, 그것들을 마음과 마음의 구조에 관한 진술들로 여긴다. 이 진술들은 최종적으로 어떤 무의식적 경향들로부터 나온다. 심리학은 그 진술들을 절대적으로 타당하거나, 심지어 어떤 형이상학적 진리를 입증할 수 있는 것으로 여기지 않는다. 우리는 이런 태도가 옳거나 그른지를 확정할 수 있는 지적 수단을 전혀 갖고 있지 않다. 단지 우리는 "보편적인 마음" 같은 형이상학적 가정의 타당성을 뒷받침할 증거도 절대로 없고, 그 타당성을 증명할 가능성도 전혀 없다는 것을 알고 있다.

만약에 마음이 어떤 보편적인 마음의 존재를 단언한다면, 우리는 마음이 단순히 단언을 하고 있다고 생각한다. 우리는 그런 단언에 의해서 보편적인 마음의 존재가 확립된다고 가정하지 않는다. 이 추론을 반박할 근거는 절대로 있을 수 없지만, 그렇다고 우리의 결론이 종국적으로 옳다는 증거도 절대로 없다. 바꿔 말하면, 우리의 마음이 보편적인 어떤 마음이 지각 가능하게 표현된 것에 지나지 않을 가능성도 있다. 그럼에도 우리는 이것이 그런지 또는 그렇지 않은지를 알아보는 것이 어떻게 가능한지를 알지 못한다. 그러므로 심리학은 마음은 마음 자체를 벗어나는 것은 어떤 것이든 확립하거나 단언하지 못한다고 판단한다.

그래서 만약에 우리가 우리의 마음의 능력에 강요된 제한들을 받아들인 다면, 우리는 우리의 상식을 드러낸다. 나는 그것이 일종의 희생이라는 점을 인정한다. 우리가 마음이 창조한 사물들과 존재들이 움직이며 살고 있는 그 기적의 세계와 작별을 고하니 말이다. 기적의 세계는 무생물에게도 치료의 효과를 낳는 생생한 마법의 힘이 부여되는 원시인들의 세계이다. 그 세계에서는 무생물들도 우리에게 관여하고, 우리도 무생물들에게 관여한다. 조만간 우리는 그 무생물들의 효력이 실은 우리의 효력이었다는 것을, 그리고 그것들의 의미가 우리의 투사였다는 것을 이해해야 했다. 인식론은 단지 인류의 어린 시절에서, 말하자면 마음이 창조해 낸 형상들이 어떤 형이상학적 천국과 지옥에 사는 그런 세계에서 벗어나는 마지막 걸음일 뿐이다.

그러나 이런 불가피한 인식론적 비판에도 불구하고, 서양인은 신앙 기관(器官)이 인간으로 하여금 신을 알게 한다는 종교적 믿음을 강하게 고수했다. 따라서 서양은 새로운 질병을 하나 발달시켰다. 과학과 종교의 충돌이 바로 그것이다.

비판적인 과학 철학은 어떤 판단 오류를 바탕으로, 반대 방향으로 형이상학적인, 바꿔 말하면 물질주의적인 것이 되었다. 물질이 만져질 수 있고 인식 가능한 실체로 여겨졌기 때문이다. 그럼에도 이것은 무비판적인 마음에 의해 실체화된, 철저히 형이상학적인 개념이다. 물질은 하나의 가설일 뿐이다. "물질"이라고 말할 때, 당신은 미지의 무엇인가를 위해서 어떤 상징을 진정으로 창조하고 있다. 알려지지 않은 그것은 "영"(靈)이나 그 외의 다른 무엇일 수도 있으며, 심지어 신일 수도 있다.

한편, 종교적인 신앙은 비판적인 정신이 등장하기 전의 세계관을 포기하길 거부한다. 그리스도의 말씀과 반대로, 신앙심 깊은 사람은 아이들처럼 되지 않고 아이들로 남으려고 노력한다. 그들은 어린 시절의 세계에 매달린다. 어느 유명한 현대 신학자는 자서전에서 예수가 "어린 시절부터 내내" 그의 훌륭한 친구였다고 고백하고 있다. 예수는 자신의 조상들의 종교와 다른 무엇인가를 설교했던 남자의 한 완벽한 예이다. 그러나 그리스도를 본받으려는 노력이 예수가 경력 초기에 겪었던 정신적, 영적 희생을 포함하는 것처럼 보이지 않는다. 그런 희생이 없었더라면 그는 구세주 같은 존재는 절대로 될 수 없었을 것이다.

과학과 종교의 충돌은 실제로는 양측의 오해이다. 과학적 물질주의는 단순히 하나의 새로운 근본을 소개했을 뿐이며, 그것은 지적 죄이다. 과학적 물질주의는 현실의 최고 원리에 또 다른 이름을 붙이고, 그 같은 행위가 새로운 것을 창조하고 낡은 것을 파괴했다고 단정했다. 존재의 원리를 "신"이나 "물질", "에너지" 또는 다른 어떤 이름으로 부르든, 당신은 아무것도 창조하지 않았다. 당신은 단지 상징을 바꿨을 뿐이다. 물질주의자는 본인의 주장과는 상관없이 한 사람의 형이상학자이다.

한편, 신앙은 단순히 감상적인 근거에서 원시적인 정신적 조건을 유지하려고 노력한다. 신앙은 마음이 창조하여 실체화한 형상들과 원시적이고 유치한 관계를 포기하려 하지 않는다. 이유는 신앙이 막강하고 책임감 강하고 친절한 부모가 지배하는 세상의 안정과 확신을 계속 누리길 원하기 때문이다. 신앙은 (희생시킬 지성이 있는 경우에) 지성의 희생을 포함할 수 있지만, 틀림없이 감정의 희생은 포함하지 않는다. 이런 식으로 신앙심 깊은 사람은 아이들과 같이 성숙해 가지 않고 아이로 남으며, 그들은 자신들의 생명을 잃지 않았기 때문에 생명을 획득하지 못한다. 게다가, 신앙은 과학과 충돌을 빚고, 따라서 그에 상응하는 대가를 치른다. 이유는 신앙이 우리 시대의 정신적 모험을 공유하기를 거부하기 때문이다.

정직한 사상가라면 누구나 모든 형이상학적인 견해들, 특히 모든 신경

(信經)들의 불안정성을 인정해야 한다. 그런 사상가는 또한 모든 형이상학적 단언들의 보증할 수 없는 본질을 인정하고, 인간의 정신이 초월적인 것을 확립할 수 있는 능력을 뒷받침하는 증거는 어디에도 없다는 사실을 직시해야 한다.

물질주의는 인식이 하나의 정신적 기능이라는 것을, 그리고 인식이 인간의 차원 그 너머까지 나아가는 경우에 하나의 투사가 된다는 것을 갑자기 깨닫게 된 데 대한 하나의 형이상학적인 반응이다. 그 반응을 "형이상학적"이라고 부르는 이유는 평균적인 철학 교육을 받은 사람이 거기에 암시되고 있는 근본을 간과하지 못하고, "물질"이 최고의 원리를 일컫는 또 다른 이름에 불과하다는 것을 깨닫지 못했기 때문이다. 이에 반해, 신앙의 태도는 사람들이 철학적 비판을 받아들이기를 얼마나 꺼리는지를 보여준다. 신앙의 태도는 또한 어린 시절의 안전을 붙잡고 있던 손을 놓고 인간에게 무관심한 힘들이 지배하는, 미지의 낯선 세계로 들어가는 것에 대한 공포가 얼마나 큰지도 보여준다. 어느 경우든 진정으로 변하는 것은 아무것도 없다. 인간과 그의 환경은 언제나 똑같은 상태로 남아 있다. 인간은 자신이 정신 안에 갇혀서 그것 너머로는 심지어 광기의 상태에서도 나아가지 못한다는 것을, 그리고 그의 세계의 등장 또는 그의 신들의 등장은 그 자신의 정신적 조건에 크게 좌우된다는 것을 깨달아야 한다.

먼저, 이미 내가 지적한 바와 같이, 우리가 형이상학적인 문제들과 관련해 단언하는 모든 것은 마음의 구조에서 나온다. 우리는 또한 지성이 '스스로 존재하는 것'(ens per se)이거나 독립적인 정신적 능력이 아니라, 전체적으로 정신의 조건들에 의존하는 하나의 정신적 기능이라는 점을 이해하기 시작했다. 철학적인 진술은 특정한 어느 장소에서 특정한 어느 시대를 살고 있는 특정한 어느 인격의 산물이지, 순수하게 논리적이고 비개인적인 과정의 산물이 아니다. 그래서 철학적인 진술은 대개 주관적이다. 그것이 객관적 타당성을 지니는지 여부는 그것과 똑같은 주장을 펴는 사람이 많은가 아니면 적은가에 따라 결정된다.

사람이 인식론적 비판의 결과로 자신의 마음 안에 고립되는 현상은 자연스럽게 심리학적 비판으로 이어졌다. 이런 종류의 비판은 철학자들에게 인기가 없다. 철학자들이 철학적 지성을 철학의 완벽하고 무조건적인 도구로 여기길 좋아하기 때문이다. 그럼에도 철학자들이 철학적 지성이라고 여기는 그 지성은 개인의 정신에 의존하는 하나의 기능일 뿐이며, 모든 측면에서 주관적인 조건에 의해 결정되며 환경의 영향과는 꽤 무관하다. 정말로, 우리는 이미 이런 관점에 너무나 익숙한 나머지 "마음"이 보편적인 성격을 몽땅 잃고 말았다. 마음은 다소 개인화되었으며, 이제 마음은 예전에 합리적인 영혼으로서 지녔던 보편적인 측면의 흔적을 전혀 보이지 않게 되었다. 마음은 오늘날 주관적이고, 심지어 자의적이기까지 한 것으로 이해되고 있다.

실체화된 이전의 "보편적인 사상들"이 관념적인 원리에 지나지 않는 것으로 드러났기 때문에, 소위 현실 속에서 하는 우리의 전체 경험 중에서 도대체 어느 정도가 정신적인 것인가 하는 생각이 들고 있다. 사실, 생각되거나 느껴지거나 인식되는 모든 것은 하나의 정신적 이미지이며, 세상 자체도 우리가 그것의 이미지를 떠올릴 수 있을 때에만 존재한다. 우리가 정신 안에 갇혀 있고 정신에 의해 제한된다는 진리가 너무나 인상 깊게 다가오기 때문에, 우리는 정신 안에 우리가 알지 못하는 것들까지 존재한다는 것을 인정할 준비가 되어 있다. 그것들을 우리는 "무의식"이라고 부른다.

그리하여 겉보기에 보편적이고 형이상학적인 마음의 범위가 개인의 의식이라는 작은 원으로 좁혀지기에 이르렀다. 개인의 의식은 거의 무한한 주관성과 부주의한 투사와 착각을 곧잘 일으키는, 유치하고 원시적인 경향으로 유명하다. 과학적 경향이 강한 많은 사람들은 통제되지 않는 주관주의에 대한 두려움 때문에 자신의 종교적, 철학적 성향을 희생시켰다. 우리의 피로 박동하고 우리의 호흡으로 숨을 쉬었던 어떤 세상의 상실에 대한 보상으로, 우리는 팩트들에 대한 열정을, 개인의 조사 능력을 크게 벗어날 정도로 강하게 발달시켰다. 그런 가운데 우리는 팩트들을 축적하다 보면 의미 있는 전체가 형성될 것이라는 경건한 희망을 품고 있지만, 누구도 그것을 강하게 확신하지는 않는다. 왜냐하면 어떤 인간의 뇌도 대량으로 생산된 이 지식의 거대한 전체를 제대로 이해할 수 없기 때문이다. 팩트들이 우리를 파묻고 있지만, 감히 그것들을 분석하는 사람은 누구든 그에 대한 대가로 양심의 가책을 느껴야 한다. 그 사람이 즉시 팩트들에 걸려 비틀거릴 것이기 때문이다.

서양의 심리학은 마음을 어느 한 정신의 지적 기능으로 알고 있다. 마음은 개인의 "사고방식"이다. 비개인적인 '보편적인 마음'은 지금도 철학의 영역에서 만날 수 있으며, 거기서 그것은 최초의 인간의 "영혼"의 한 유물처럼 보인다. 서양의 관점을 그린 이 그림이 다소 과감해 보이지만, 나는 그것이 진실과 거리가 멀다고 생각하지 않는다. 여하튼, 서양인이 동양의 사고방식을 직면하는 순간, 그와 비슷한 무엇인가가 저절로 나타난다.

동양에서 마음은 하나의 우주적인 요소이며, 바로 존재의 핵심이다. 반면에 서양인들은 마음이 인식의 핵심적인 조건이라는 것을, 따라서 세상이 인식적으로 존재하는 데 마음이 핵심적인 조건이라는 것을 이제 막 이해하기 시작했다. 동양에는 종교와 과학 사이에 갈등이 전혀 없다. 거기서는 어떤 과학도 팩트들에 대한 열정에 바탕을 두고 있지 않으며, 어떤 종교도 단순한 신앙에 바탕을 두고 있지 않기 때문이다. 동양에는 종교적인 인식도 있고 인식적인 종교도 있다. 서양에서는 인간은 터무니없을 만큼 작고 신의 은총이 전부이지만, 동양에서는 인간이 신이고 인간이 스스로를 구한다. 티베트 불교의 신들은 실체가 없는 분리와 마음이 창조한 투사들의 영역에 속함에도 불구하고, 그들은 존재한다. 그러나 서양인의 경우에 망상은 망상일 뿐이며, 따라서 무(無)이다. 서양인들에게 하나의 생각이 고유의 실체를 전혀 갖지 않는 것은 하나의 역설임에도 불구하고 진실이다. 서양인들이 생각을 마치 그것이 무(無)인 것처럼 다루고 있으니 말이다. 비록 그 생각이 그 자체로 진실일지라도, 서양인들은 그 생각이 단지 그것이 나타내는 어떤 팩트들에 의해서만 존재하게 된다고 주장한다. 인간은 사실상 존재하지 않는, 일련의 공상 같은 생각들의 도움을 받아 원자탄 같은, 더 이상 파괴적일 수 없는 팩트를 생산해낼 수 있지만, 사람이 생각의 실체 자체를 증명할 수 있다는 생각은 서양인들에게 너무도 황당하게 들린다.

"정신적 현실"은 "정신" 또는 "마음"처럼 논쟁의 대상이 되고 있는 개념이다. "정신"이라는 단어를 어떤 사람들은 의식과 그 내용물로 이해하고, 다른 사람들은 "어두운", 즉 "잠재의식적" 표상들의 존재를 허용한다. 일부 사람들은 본능을 정신의 영역에 포함시키고, 다른 사람들은 본능을 배제시킨다. 절대 다수는 정신을 뇌세포에서 일어나는 생화학적 작용들의 결과로 여긴다. 소수의 사람들은 대뇌피질의 세포들이 기능하도록 만드는 것이 정신이라고 짐작한다. 어떤 사람들은 "생명"을 정신과 동일시한다. 그러나 극소수의 사람들만이 정신 현상을 그 자체로 하나의 존재의 범주로 여기며, 필요한 결론들을 끌어낸다.

모든 존재의 필수 불가결한 조건으로서 존재의 범주에 속하는 정신이 마치 반쯤만 존재하는 것처럼 다뤄져야 한다는 것은 정말로 역설적이다. 정신적 존재는 우리가 직접적으로 알 수 있는 유일한 존재의 범주이다. 어떤 것도 먼저 정신적인 이미지로 나타나지 않고는 알려질 수 없기 때문이다. 오직 정신적 존재만이 직접적으로 증명될 수 있다. 세상은 어떤 정신적인 이미지의 형태를 취하지 않는 한, 사실상 존재하지 않는 것이나 마찬가지이다. 이것은 극소수의 예외를 제외하고는 서양이 아직 깨닫지 못하고 있는 사실이다. 그 예외에 쇼펜하우어의 철학이 포함된다. 그러나 쇼펜하우어는 불교와 '우파니샤드'의 영향을 받았다.

동양 사상을 피상적으로만 알아도 동양과 서양 사이에 근본적인 차이가 있다는 것이 충분히 뚜렷이 보인다. 동양은 그 자체를 정신적 현실에 근거를 두고 있다. 말하자면, 정신을 중요하고 유일한 존재의 조건으로 여긴다는 뜻이다. 이 같은 동양의 인식은 철학적 추론의 결과이기보다는 심리적 또는 기질적인 사실처럼 보인다. 그것은 전형적으로 내향적인 관점이며, 똑같이 전형적인 서양의 외향적인 관점과 대조를 이룬다.

내향과 외향은 기질적 또는 체질적 태도로 알려져 있으며, 정상적인 환경 속에서 의도적으로 채택되는 것이 절대로 아니다. 예외적으로 그런 관점이 의지에 따라 만들어질 수도 있겠지만, 그런 일은 매우 특별한 조건에서만 일어난다. 내향은 습관적이고 집단적인 태도로서 동양의 "스타일"이라 할 수 있다. 외향이 서양의 "스타일"인 것과 똑같다. 서양에서 내향은 비정상적이거나, 병적이거나, 반대할 만한 것으로 느껴진다. 프로이트는 내향을 자기 성애적이고 "자기도취적인" 마음의 태도와 동일시한다. 그는 그런 부정적인 견해를, 내향에 대해 공동체 감정을 위반하는 죄라고 공격하는 현대 독일의 국가 사회주의의 철학과 공유하고 있다. 그러나 동양에서는 서양이 소중하게 여기는 외향이 헛된 소망으로, 세상의 모든 고통을 낳는 인연의 핵심인 윤회 속의 존재로 경시된다. 내향과 외향 사이에 일어나는, 가치들의 상호 평가절하에 관한 실질적 지식을 갖춘 사람은 동양의 관점과 서양의 관점 사이의 감정적 충돌을 이해할 것이다. 유럽 철학의 역사를 어느 정도 아는 사람에게는 플라톤으로 시작된, "보편"을 둘러싼 그 격한 논쟁이 교훈적인 한 예를 제공할 것이다. 나는 내향과 외향 사이에 빚어진 이 갈등의 온갖 악영향을 깊이 파고들고 싶지 않지만, 그 문제의 종교적 측면들에 대해서는 언급해야 한다. 기독교 전통의 서양은 인간을 신의 은총에 완전히 의존하거나 적어도 신이 일방적으로 정한, 인간 구원의 세속적 도구로서 교회에 의존하는 존재로 고려한다. 그러나 동양은 인간의 보다 높은 발달을 이루는 유일한 원인이 인간이라고 주장한다. 동양은 인간의 "자기 해방"을 믿는다.

종교적 관점은 언제나 근본적인 심리적 태도와 그 태도의 구체적인 편견을 표현하고 공식화한다. 심지어 자신의 종교를 망각한 사람들이나 자신의 종교에 대해 들어본 적이 없는 사람들도 마찬가지이다. 아무튼, 서양은 심리에 관한 한 철저히 기독교적이다. '태어날 때부터 기독교적인 영혼'이라는 테르툴리아누스의 말은 그가 생각한 바와 같이 종교적인 의미에서가 아니라, 심리학적인 의미에서 서양 전역에 걸쳐 진리로 통한다. 은총은 다른 곳에서, 여하튼 밖에서 온다. 그 외의 다른 관점은 그야말로 이단이다. 따라서 인간 정신이 과소 평가로 고통을 겪고 있는 이유가 꽤 이해된다. 정신과 신이라는 개념 사이에 감히 어떤 연결을 확립하려고 나서는 사람은 그 즉시 "심리주의"라는 비난을 듣거나, 병적인 "신비주의"가 아닌가 하는 의심을 받는다.

한편, 동양은 인간이 카르마(업(業))를 전혀 모르는 상태에서 아직 죄를 걱정하며 절대적인 신들에 대한 믿음으로 자신의 상상력을 고문하는 "낮은" 정신 단계들을 너그러이 보아 넘긴다. 조금만 더 깊이 들여다보면, 그 신들은 그 사람 자신의 계몽되지 않은 마음이 엮어내는 망상의 베일에 불과하다는 사실이 드러날 것이다. 따라서 동양에서는 정신이 대단히 중요하다. 정신은 모든 것 속으로 스며드는 호흡이고, 부처의 본질이다. 그것은 부처의 마음이고, 절대적인 것이고, 다르마카야(법신(法身))[162]이다. 모든

---

162 부처는 법신(法身)·보신(報身)·화신(化身)의 3가지 몸을 갖는 것으로 여겨진다. 그 중 법신은 진리 자체인 부처를, 보신은 수행과 서원의 결과로 얻어진 이상적인 부처를, 화신은 교화의 대상에 따라 적절한 모습으로 변화하는 부처를 뜻한다.

존재는 거기서 나오고, 분리된 모든 형태들은 그것 속으로 다시 용해된다. 이것은 동양인의 존재의 모든 조직 속으로 스며들고 있는 기본적인 심리적 편견이며, 당연히 그것은 그 사람이 어떤 신념을 가졌든 상관없이 그의 모든 생각과 감정, 품행 속으로 퍼지게 되어 있다.

마찬가지로, 서양인은 기독교인이다. 그의 기독교가 어느 종파에 속하는가 하는 것은 중요하지 않다. 서양인에게 인간은 안이 작으며, 인간은 거의 무(無)나 다름없다. 게다가, 키르케고르(Søren Aabye Kierkegaard)가 말하듯이, "신 앞에서는 언제나 인간이 잘못이다". 인간은 두려움과 회개, 약속, 복종, 겸손, 선행, 칭송 등으로 그 위대한 권력의 비위를 맞추며, 이 권력은 인간 자신이 아니라 '완전한 타자'이며, 완벽하고 "밖에" 있으며, 유일한 현실이다. 만약에 그 공식을 약간 바꿔서 신 대신에 다른 권력을, 예를 들어 세계나 돈을 놓는다면, 당신은 서양인을 완전하게 그린 그림을 얻을 것이다. 이 세상의 재화, 즉 소유물과 건강, 지식, 기술적 통달, 공공 복지, 정치 권력, 정복 등을 추구하는 일에 부지런하고, 두려워하고, 현실적이고, 자기 비하적이고, 모험적이고, 탐욕적이고, 폭력적인 모습을 보이는 그런 서양인 말이다.

우리 시대의 가장 위대한 대중 운동은 무엇인가? 타인들의 돈이나 재산을 낚아채고 자신의 것을 보호하려는 시도들이다. 마음은 진정한 동기를 숨기거나 더 많은 전리품을 챙기는 데 적합한 "이즘"(ism)을 고안하는 일에 주로 쓰이고 있다. 나는 동양인이 자신의 이상인 부처의 깨달음의 경지를 망각하게 되는 경우에 그에게 일어날 일에 대해 언급하는 것을 자제하고 있다. 이유는 나도 품고 있는 서양인의 편견에 그런 식으로 부당한 혜택을 주길 원하지 않기 때문이다.

그러나 나는 어느 한쪽이 다른 쪽의 견해를 모방하는 것이 가능하거나 진정으로 조언할 만한지에 관한 질문을 제기하지 않을 수 없다. 두 가지 관점들 사이의 차이가 너무나 크기 때문에 그런 모방이 합리적으로 일어날 가능성은 전혀 보이지 않는다. 그러니 그것이 조언할 만한지에 대해서는 말할 필요조차 없다. 불과 물을 섞는 것은 불가능하다. 동양의 태도는 서양의 태도를 무효로 만들어 버리고, 반대의 경우도 마찬가지다. 당신은 선한 기독교인이 되어 당신 자신을 구원하지도 못하고, 부처 같은 존재가 되어 신을 숭배하지도 못한다. 그보다는 그냥 갈등을 받아들이는 것이 훨씬 더 낫다. 그 갈등이 해결책을 허용한다 하더라도 오직 비합리적인 해결책만을 인정할 것이기 때문이다.

피할 수 없는 어떤 운명의 명령에 따라, 서양은 동양의 영성의 특이한 사실들과 친숙해지고 있다. 이런 사실들을 얕보거나, 크게 갈라진 틈 위로 신뢰할 수 없는 다리를 세우려고 노력하는 것은 소용없는 짓이다. 동양의 정신적 기술들을 외우고, 그리스도를 모방하듯이 그것들을 철저히 기독교식으로 강압적인 태도로 모방할 것이 아니라, 서양인의 무의식에 동양의 지배적인 정신적 원리와 비슷한 내향적인 경향이 존재하는지 여부를 확인하는 것이 훨씬 더 적절한 노력이다. 그러면 서양인은 자신의 토대 위에 자신의 방법으로 건설하는 입장에 설 수 있게 된다.

만약에 서양인들이 이런 것들을 동양으로부터 직접적으로 낚아챈다면, 그들은 단순히 자신들의 물욕을 채우면서 "모든 것은 밖에 있다"는 생각을 다시 확인할 것이다. 모든 것은 밖에서부터 불모의 영혼 속으로 끌고 와야 한다는 식으로 말이다. 우리가 정신이 밖으로부터 마중물을 받지 않아도 될 만큼 충분히 많은 것을 포함하고 있다는 것을 이해할 때, 또 우리가 신의 은총이 있든 없든 상관없이 자기 자신으로부터 발달을 꾀할 수 있다고 느낄 때, 나에게는 서양인들이 동양으로부터 진정으로 무엇인가를 배운 것처럼 보인다. 그러나 서양인들이 자신의 정신적 거만과 불경스러울 정도로 강한 자기주장을 다루는 방법을 배울 때까지, 그들은 무의식에서 동양의 내향과 비슷한 경향을 발견한다는 야심찬 모험에 나서지 못한다.

동양의 태도는 특별히 기독교적인 가치들에 반하며, 이 같은 사실을 보지 않은 척하는 것은 절대로 바람직하지 않다. 만약 서양인의 새로운 태도가 진정하려면, 즉 서양인의 역사에 근거하려면, 그 태도는 기독교 가치들을, 그리고 그 가치들과 동양의 내향적 태도 사이의 갈등을 충분히 의식하는 가운데서 습득되어야 한다. 서양인은 자신의 안에서, 무의식에서 동양의 가치들을 추구하면서, 밖이 아니라 안에서부터 그 가치들에 닿아야 한다. 그러면 무의식에 대한 두려움이 얼마나 큰지, 또 무의식에 대한 저항이 얼마나 강한지가 확인될 것이다. 이 저항 때문에 서양인은 동양인에게 너무나 분명하게 보이는 바로 그것을, 즉 내향적인 마음의 자기 해방적인 힘을 의심한다.

마음의 이 측면은 무의식의 가장 중요한 구성요소임에도 사실상 서양에 알려져 있지 않다. 많은 사람들은 무의식의 존재를 단호히 부정하거나, 무의식은 단순히 본능들로 이뤄졌거나 한때 의식적 정신을 이뤘던, 억압되거나 망각된 내용물로 이뤄져 있다고 말한다. 동양인이 "마음"이라고 부르는 것은 서양인이 생각하는 마음, 즉 의식과 다소 동일한 마음보다는 "무의식"에 가깝다고 단정해도 무방하다.

서양인들에게 의식은 자아가 없는 것으로 상상될 수 없다. 의식은 내용물과 자아의 관계와 동일시된다. 만약에 자아가 전혀 없다면, 거기엔 어떤 것이든 의식할 사람이 없다. 그러므로 자아는 의식적인 과정에 꼭 있어야 한다. 그러나 동양의 마음은 자아가 없는 의식을 떠올리는 데 전혀 아무런 어려움을 겪지 않는다. 의식은 그것의 자아 조건을 초월할 수 있는 것으로 여겨진다. 정말로, "보다 높은" 형태의 의식에서, 자아는 완전히 사라져 버린다. 자아 없는 그런 정신 상태는 단지 그것을 목격할 사람이 없다는 이유로 서양인에게는 무의식일 수밖에 없다.

나는 의식을 능가하는 정신 상태들의 존재를 의심하지 않는다. 그러나 그런 정신 상태들은 정확히 의식을 능가하는 그 만큼 의식을 상실한다. 나는 주체, 즉 자아와 연결되지 않는 의식적인 정신 상태를 상상하지 못한다. 자아는 힘을 잃을 수 있다. 예를 들어, 육체를 자각하는 힘을 빼앗길 수 있다. 그러나 무엇인가에 대한 자각이 있는 한, 자각하는 누군가가 있음이 분명하다. 그러나 무의식은 자아가 자각하지 않는 정신적 조건이다. 우리가 무의식의 존재를 마침내 자각하게 되는 것은 오직 간접적인 수단에 의해서다. 정신 이상을 보이는 환자의 경우에, 그의 의식에서 떨어져 나온, 인격의 무의식적 파편들의 표현이 관찰된다. 그러나 무의식적 내용물이 자아와 비슷한 무의식적 중심과 연결되어 있다는 것을 보여주는 증거는 전혀 없다. 실은 그런 중심 같은 것이 없어야 할 훌륭한 이유들이 있다.

동양이 자아를 그렇게 쉽게 처리할 수 있다는 사실은 서양인의 "마음"과 동일하지 않은 어떤 마음을 가리키는 것 같다. 틀림없이, 동양 사상에서 자아는 서양 사상에서와 동일한 역할을 하지 않는다. 마치 동양의 마음은 자아중심적인 성향이 덜한 것처럼 보인다. 또 동양 마음의 내용물은 주체와 훨씬 더 느슨하게 연결되어 있는 것 같고, 힘이 빠진 어떤 자아를 포함하는 정신 상태들이 훨씬 더 강조되는 것 같다. 또한 하타 요가[163]도 주로 자아의 무질서한 충동들을 속박함으로써 자아를 소멸시키는 수단으로 이용되는 것 같다. 보다 높은 형태의 요가도 삼매에 닿으려고 노력하는 한 자아가 실질적으로 해체되는 그런 정신 조건을 추구한다는 데에 의문이 전혀 없다. 동양에서는 서양인이 말하는 의식은 틀림없이 열등한 어떤 조건, 그러니까 무명(無明)의 상태로 평가받는 반면에, 서양인이 "의식의 시커먼 배경"

---

163 15세기 인도의 요기 스와트마라나(Swami Swatmarama)가 만든 요가이다. 이 요가도 최종적인 목표인 삼매를 얻기 위한 훈련 과정이지만, 정신적인 부분보다는 육체적인 부분을 강조한다.

이라고 부르는 것은 "보다 높은" 의식으로 이해된다. 따라서 "집단 무의식"이라는 유럽의 개념은 '깨달음을 얻은 마음'의 상태와 비슷할 것이다.

이 모든 것을 고려하는 경우에, 동양적인 형태의 "승화"는 정신적 중력의 중심을, 육체와 정신의 관념적 작용 사이의 가운데에 위치한 자아의식으로부터 철수하는 것에 해당한다. 정신의 보다 낮은 반(半)생리적인 층들은 고행, 즉 수련에 의해 억제되고 통제된다. 그 층들은 서양의 승화에서와 달리 의지의 최대한의 노력에 의해 부정되거나 억압되지 않는다. 그보다는 정신의 보다 낮은 층들이 하타 요가의 꾸준한 수련을 통해서 적응되고 다듬어진다. 그렇게 하다 보면 그 층들은 "보다 높은" 의식의 발달을 더 이상 간섭하지 않게 된다. 이 특이한 과정은 자아와 자아의 욕망들이 동양이 "주관적인 요소"에 습관적으로 부여하는 보다 큰 중요성에 의해 억제된다는 사실로부터 도움을 받는 것 같다. 여기서 "주관적인 요소"라는 표현을 나는 의식의 "어두운 배경", 즉 무의식을 의미하는 것으로 쓰고 있다.

내향적인 태도는 일반적으로 통각의 선험적 자료를 강조하는 것이 두드러진 특징이다. 잘 알려진 바와 같이, 통각의 행위는 두 단계로 구성되어 있다. 첫째는 대상을 지각하는 것이고, 두 번째는 지각한 것을 기존의 패턴이나 개념으로 동화시키는 것이다. 이 패턴이나 개념을 통해서 대상이 "이해된다". 정신은 모든 자질을 결여한 하나의 비실재가 아니며, 정신은 명확한 조건들로 이뤄진 하나의 명확한 체계이며 또 특별한 방식으로 반응한다. 모든 새로운 표상은, 그것이 지각이든 자동적인 생각이든 불문하고, 기억의 저장고로부터 연상을 불러일으킨다. 이 연상은 즉시 의식 속으로 들어가면서 어떤 "인상"을 복잡한 그림으로 그린다. 어찌 보면, 이 인상도 이미 일종의 해석이다. 그 인상의 성격을 결정하는 무의식적 경향이 바로 내가 "주관적인 요소"라고 부르는 것이다. 무의식적 경향은 "주관적"이라는 특성이 붙여질 만하다. 왜냐하면 객관성이 최초의 인상에 의해서는 좀처럼 생겨나지 않기 때문이다. 주관적인 요소의 직접적인 반응을 변화시키고 적응시키기 위해서는 대체로 검증과 비교, 분석이라는 힘든 과정이 필요하다.

외향적인 태도가 언제든 그 주관적인 요소를 주관적인 것에 "불과한" 것으로 무시할 준비가 되어 있음에도 불구하고, 주관적인 요소의 탁월성은 어떤 개인적인 주관주의를 암시하지 않는다. 정신과 정신의 구조는 충분히 실재한다. 앞에서 말한 바와 같이, 심지어 정신과 정신의 구조는 물질적인 대상들을 정신적인 이미지로 변화시키기도 한다. 그것들은 파동을 지각하지 않고 소리를 지각한다. 또 그것들은 파장을 지각하지 않고 색깔을 지각한다. 존재물은 우리가 그것을 보고 이해하는 그대로이다. 대단히 다양한 방식으로 보이고 느껴지고 이해될 수 있는 것이 수없이 많다. 단순히 개인적인 편견들과 꽤 별도로, 정신은 외적 사실들을 종국적으로 통각의 법칙과 패턴을 바탕으로 나름의 방식으로 동화시킨다. 이 법칙들은 변하지 않는다. 시대에 따라, 또 지역에 따라 다른 이름으로 불릴 뿐이다. 원시적인 수준에서 사는 사람들은 마녀들을 두려워하고, 현대의 수준에 사는 우리는 세균을 걱정하는 마음으로 알고 있다. 원시 사회에서는 모두가 귀신을 믿지만 현대 사회에서는 모두가 비타민을 믿는다. 옛날에는 인간들이 악마들에게 사로잡혔지만, 지금 인간들은 사상에 그것 못지않게 강하게 사로잡혀 지내고 있다.

주관적인 요소는 최종적으로 정신적 기능의 영원한 패턴들로 이뤄져 있다. 따라서 주관적인 요소에 의지하는 사람은 누구나 정신의 법칙이라는 실체에 근거를 두고 있다. 그렇기 때문에 그는 잘못되었다는 소리를 거의 듣지 않는다. 만약에 그 사람이 이런 수단을 통해서 정신적 삶의 기본 법칙을 건드릴 만큼 자신의 의식을 아래쪽으로 확장하는 데 성공한다면, 그는 정신이 비정신적인 세계, 즉 외부 세계로부터 치명적인 간섭을 받지 않을 경우에 자연스럽게 발달시킬 그런 진리를 소유하고 있다. 어쨌든 그의 진리는 외적 환경을 조사함으로써 획득할 수 있는 진리들의 총합과 비교될 만하다.

서양인들은 자연에 대한 정확한 관찰과 탐험을 믿는다. 서양인들의 진리는 외부 세계의 행동과 일치해야 한다. 그렇지 않으면 그것은 단순히 "주관적"이다. 동양이 프라크리티(prakriti)[164]의 춤과 마야의 무수한 가공의 형태들로부터 눈길을 거두는 것과 똑같이, 서양은 무의식과 그것의 헛된 공상들을 피한다. 그러나 동양은 내향적인 태도에도 불구하고 외부 세계를 다루는 방법을 아주 잘 알고 있다. 그리고 서양도 외향성에도 불구하고 정신과 그것의 요구사항을 다루는 한 가지 방법을 갖고 있다. 서양은 인간의 미지의 정신을 의례와 교리를 통해 표현하는, 교회라는 제도를 두고 있다. 자연 과학과 현대의 기술은 결코 서양의 발명이 아니다. 자연과학과 현대적 기술에 해당하는 동양의 것들은 다소 낡았고 심지어 원시적이기도 하다. 그러나 서양인들이 영적 통찰과 심리학적 기술의 측면에서 보여줘야 하는 것은 요가와 비교하면, 서양의 과학과 비교할 때의 동양의 점성술과 의학만큼이나 뒤떨어져 보임에 틀림없다.

나는 기독교 교회의 효능을 부정하지 않지만, 만약에 이냐시오 로욜라의 '영적 수련'과 요가를 비교한다면, 당신은 내가 의미하는 바를 알 수 있을 것이다. 차이가, 아주 큰 차이가 있다. 그 수준에서 동양의 요가로 곧장 도약하는 것은 아시아 사람들이 어설픈 유럽인으로 돌연 변하는 것만큼이나 현명하지 않다. 나는 서양 문명의 축복에 대해 심각한 의문을 품고 있으며, 서양이 동양의 영성을 채택하는 데 대해서도 그와 비슷한 불안을 느끼고 있다. 동양은 완전히 변형 중에 있다. 동양은 치명적일 만큼 철저히 교란되고 있다. 심지어 유럽 전쟁의 가장 효과적인 방법들까지 성공적으로 모방

---

164 자연, 원천 등을 뜻하는 산스크리트어 단어.

되고 있다. 서양인들의 곤경이 훨씬 더 심리적인 것처럼 보인다. 서양인의 문제의 원인은 이데올로기들이며, 그것들은 오랫동안 예상되었던 적그리스도나 다름없다. 국가 사회주의는 A.D. 622년 이후로 일어난 어느 운동 못지않게 종교적인 운동에 가깝다. 공산주의는 이 땅에 다시 온 낙원이라고 주장한다. 서양인은 정신적 전염병에 거의 저항하지 못하는 것 같은 개탄스런 정신적 열등에 따른 폐해보다 농작물 실패나 홍수, 전염병, 튀르키예의 침공으로부터 보호를 더 잘 받는다.

서양은 종교적 태도에서도 외향적이다. 오늘날 기독교가 세상과 육신에 대해 적대감, 심지어 무관심을 넌지시 보인다고 말하면, 이유도 없이 불쾌하게 받아들여진다. 반대로, 선한 기독교인은 쾌활한 시민이고, 모험적인 사업가이고, 탁월한 군인이고, 모든 직업에서 가장 훌륭한 사람이다. 세속적인 재화는 종종 기독교인의 행동에 대한 특별한 보상으로 해석되고, '주기도문'에서 빵(양식)을 표현하던 형용사 '에피우시우스'($\epsilon\pi\iota o\acute{\upsilon}\sigma\iota o\varsigma$)[165]는 진짜 빵이 틀림없이 더 분명하게 이해된다는 이유로, 오래 전에 생략되었다. 외향이 그 정도로까지 강화되면, 인간의 가르침에 의해서나 신의 은총에 의해서 밖에서 주입되지 않은 무엇인가를 포함하고 있는 정신을 인간에게 인정하지 못하게 되는 것은 논리적으로 당연한 결과이다. 그런 관점에서 보면, 인간이 스스로를 구원할 수 있는 능력을 갖추고 있다고 단언하는 것은 완전한 신성 모독이다. 서양의 종교에서는 그 어떤 것도 마음의 자기 해방 능력이라는 생각을 고무하지 않는다.

그럼에도 매우 현대적인 형태의 심리학, 즉 "분석" 또는 "콤플렉스" 심리학은 무의식에 어떤 과정들이, 말하자면 그것들의 상징체계 덕분에 의식적인 태도의 결함과 굴곡을 보상하는 그런 과정들이 있을 가능성을 상상하고 있다. 이 무의식적 보상이 분석 기술을 통해서 의식적인 것으로 다

165　필요한, 존재에 필수적인 등의 뜻을 가진 헬라어 단어.

듬어질 때, 그 보상은 의식적인 태도에 어떤 변화를 낳는다. 그러면 우리는 새로운 수준의 의식에 대해 말할 수 있다.

그러나 그 방법은 무의식적 보상의 실제 과정을 만들어내지는 못한다. 그렇기 때문에 우리는 무의식적 정신 또는 "신의 은총"에 의존해야 한다. 그것을 어떤 이름으로 부르는가 하는 문제는 전혀 중요하지 않다. 그러나 무의식적 과정 자체는 기술적 도움 없이 좀처럼 의식에 닿지 못한다. 그 과정은 표면으로 끌어내어질 때 의식적 사고와 감정의 일반적인 흐름과 극적 대조를 보이는 어떤 내용물을 드러낸다. 그렇지 않다면, 그 내용물은 보상적인 효과를 발휘하지 못할 것이다. 그러나 최초의 효과는 대체로 갈등이다. 왜냐하면 의식적인 태도가 분명히 양립 불가능한 외향적인 경향과 생각과 감정의 침입에 저항할 것이기 때문이다. 정신 분열증은 완전히 이질적이고 받아들일 수 없는 내용물이 그런 식으로 침입하는 놀라운 예들을 보여준다. 정신 분열증에서 그것은 당연히 병적 왜곡과 과장의 문제이지만, 정상적인 자료에 관한 약간의 지식이라도 갖춘 사람이라면 기본적인 패턴은 동일하다는 점을 쉽게 알아차릴 수 있다. 그것은 사실 신화와 그 외의 다른 원시적인 사고 형태들에서 발견되는 것과 동일한 이미지이다.

정상적인 조건에서, 모든 갈등은 마음이 만족스런 어떤 해결책을 창조하는 방향으로 작동하도록 자극한다. 대체로, 즉 서양에서 의식적인 관점은 무의식에 반하게 임의대로 결정을 내린다. 내면에서 나오는 것은 무엇이든 열등하거나 다소 틀린 것으로 여겨지는 편견 탓에 피해를 입기 때문이다. 그러나 우리가 여기서 관심을 두고 있는 예들의 경우에, 겉보기에 양립 불가능한 내용물도 다시 억눌러지지 않을 것이라는 점에 대해, 그리고 그 갈등이 받아들여져 겪게 될 것이라는 점에 대해 암묵적으로 동의가 이뤄졌다. 처음에는 어떤 해결책도 가능해 보이지 않으며, 그 같은 사실도 당연히 인내를 갖고 견뎌내야 한다. 이런 식으로 일시적으로 생겨난 정지가 무의식과 "연결된다". 달리 표현하면, 의식의 일시적 망설임이 무의식 안에서 새로운 보상적인 반응을 낳는다. (일반적으로 꿈들에 나타나는) 이 반응은 의식에 닿아 거기서 표현된다. 따라서 의식적인 마음은 정신의 어떤 새로운 측면을 직면하며, 이 새로운 측면은 새로운 문제를 일으키거나 기존의 문제를 예상하지 않은 방법으로 변화시킨다. 그 절차는 원래의 갈등이 만족스럽게 해결될 때까지 계속된다. 전체 과정은 "초월적인 기능"이라 불린다. 그것은 하나의 과정임과 동시에 방법이다. 무의식적 보상의 시작은 자연 발생적인 과정이며, 그것을 의식적으로 실현시키는 것은 하나의 방법이다. 그 기능은 "초월적"이라고 불린다. 왜냐하면 그것이 상반된 것들의 상호 직면을 통해서 이 정신 조건에서 다른 정신 조건으로의 이동을 용이하게 하기 때문이다.

이것이 초월적인 그 기능에 대한 아주 대략적인 설명이며, 나는 이런 심리학적 관찰과 방법들에 관심을 기울여줄 것을 당부해야 한다. 그것들이 우리가 다룰 텍스트에 언급된 그런 종류의 "마음"에 접근할 수 있는 길을 암시하기 때문이다. 그 마음은 이미지를 창조하는 마음이고, 또 통각에 특별한 성격을 부여하는 모든 패턴들의 모체이다. 이 패턴들은 무의식적 "마음"에 고유하다. 그것들은 마음의 구조를 이루는 요소들이고, 그것들만이 일부 신화적인 모티브들이 도처에, 심지어 전파의 수단으로서 이주가 거의 불가능해 보이는 곳에도 존재하는 이유를 설명할 수 있다. 꿈과 공상, 정신병은 어느 면으로 보나 신화의 모티브들과 동일한 이미지들을 낳는다. 그런 경우에 관련 당사자는 신화에 대한 지식을 전혀 갖추지 않았으며, 심지어 일반적인 비유적 표현들이나 성경의 상징적 언어를 통해서 획득한 간접적인 지식조차 갖추지 않았다. 무의식의 심리학뿐만 아니라 정신 분열증의 정신 병리학은 원시적인 자료의 산출을 확실히 보여준다. 무의식의 구조야 어떻든, 한 가지만은 확실하다. 무의식이 원칙적으로 신화학의 뿌리 사상들과 동일한, 원시적인 성격의 모티브나 패턴들을 무한히 많이 포함하고 있다는 것이다.

무의식이 모체 마음이기 때문에, 거기에는 창의력이라는 자질이 부여된다. 무의식은 우리의 텍스트가 보편적인 마음으로 생각하고 있는 것과 비슷한, 사고 형태들의 출생지이다. 무의식이 특별한 형태를 갖추고 있지 않기 때문에, 보편적인 마음은 형태가 없는 '아루파로카'(arupaloka: 무색계(無色界))[166]이면서도 모든 형태의 원천이라는 동양의 단언은 심리학적으로 타당한 것 같다. 무의식의 형태들 또는 패턴들이 특정 시기에 속하지 않고 영원한 것 같기 때문에, 그것들은 의식적으로 인식될 때에 시간을 초월하는 것 같은 특이한 감정을 전달한다. 원시 심리학에서도 이와 비슷한 진술들이 발견된다. 예를 들어, 오스트레일리아의 단어 '알지라'(aljira)는 '귀신들의 땅'뿐만 아니라 '꿈'도 의미하며, 조상들이 살았고 지금도 살고 있는 '시간'도 의미한다.[167] 그 진술들이 말하듯이, 이 시간은 '시간이 존재하지 않는 때의 시간'이다. 이것은 꿈 표상들과 사고 형태들의 선구적인 세계, 시간 초월성 등 두드러진 특징들을 두루 갖춘 무의식의 명백한 구체화이자 투사처럼 보인다.

따라서 외부 세계(의식의 세계)에 대한 강조를 거둬들이고 주관적인 요소(의식의 배경)에 초점을 국한시키는 내향적인 태도는 반드시 무의식의 특징적인 표현들, 말하자면 "조상"의 감정 또는 "역사적" 감정에 물든 원시적인 사고 형태들과, 그런 형태들을 넘어서, 무한하고 시간을 초월하는 동일성의 감각을 불러일으키게 되어 있다. 동일성이라는 특별한 감정은 모든 형태의 "신비주의"의 공통적인 경험이며, 그 감정은 아마 내용물의 전반적인 동화(同化)에서 비롯될 것이며, 동화는 의식이 흐릿해질수록 더

---

166 불교 철학에서 윤회가 일어나는 3계 중 하나이다. 다른 두 가지 계는 색계와 욕계이다.

167 Lévy-Bruhl, 'La Myshologie primitive', pp. x x iii ff.

욱 강화된다. 꿈들에서, 그리고 특히 광기의 결과물에서 이미지들이 거의 무한하게 동화되는 현상은 그것이 무의식에서 기원했다는 점을 증명한다. 의식에서 형태들이 명확히 구분되고 분화되어 있는 것과 정반대로, 무의식의 내용물은 믿기지 않을 정도로 모호하고, 그 때문에 어떤 양의 동화든 소화할 수 있다. 만약에 뚜렷한 것이 아무것도 없는 그런 상태를 이해하고자 한다면, 우리는 분명히 전체를 하나로 느껴야 한다. 따라서 동일성이라는 특이한 경험은 아마 무의식에서 일어나는 완전한 동화를 잠재의식적으로 자각하는 데서 비롯될 것이다.

이 초월적인 기능을 통해서, 우리는 '한 마음'(One Mind)에 접근할 수 있을 뿐만 아니라, 동양이 자기 해방의 가능성을 믿는 이유도 이해할 수 있다. 만약에 내성(內省)과 무의식적 보상의 의식적 실현을 통해서 어떤 사람의 정신적 조건을 변화시킴으로써 고통스런 갈등의 해결책을 찾는 것이 가능하다면, 그 사람은 당연히 "자기 해방"에 대해 말할 자격을 갖춘 것처럼 보인다. 그러나 앞에서 이미 암시한 바와 같이, 자기 해방이라는 거만한 주장에 장애 요소가 있다. 사람이 이 무의식적 보상을 마음대로 만들어내지 못하기 때문이다. 무의식적 보상이 생겨날 가능성에 의지해야만 한다. 사람은 또 그 보상의 특이한 성격을 바꿔놓지도 못한다. 동양 철학이 매우 중요한 이런 사실을 거의 모르고 있는 것처럼 보이는 것은 호기심을 자극하는 일이다. 그리고 서양의 관점에 심리학적으로 정당성을 제공하는 것이 바로 그 같은 사실이다. 마치 서양의 마음은 모든 것이 잘 돌아가기 위해서는 인간이 어두운 어떤 권력의 협력에 운명적으로 의지해야 한다는 예리한 직관을 품고 있는 것처럼 보인다.

정말이지, 무의식이 협력하지 않는 때와 장소마다, 인간은 대단히 일상적인 활동을 할 때에도 즉시 당황하게 된다. 기억이나 둘 이상의 근육계를 이용하는 행동, 관심과 집중에 문제가 일어날 수 있으며, 그런 실패는 심각한 짜증이나 치명적인 사고, 직업상의 재앙, 도덕적 붕괴의 원인이 될 수 있다. 그런 일이 일어나면 예전에는 사람들이 신들이 적개심을 품었다고 생각했으나 지금은 그것을 신경증이라고 부르며 그 원인을 비타민 부족이나 내분비 장애, 과로 또는 섹스에서 찾는다. 우리가 무의식의 협력에 대해 언제나 너무나 당연한 것으로 여기며 절대로 걱정하지 않지만, 그 협력이 갑자기 실패하는 경우에 매우 심각한 문제가 발생한다.

다른 민족, 예를 들어 중국인과 비교하면, 백인의 정신적 균형 상태, 혹은 직설적으로 말해 백인의 뇌는 하나의 약점처럼 보인다. 서양인은 당연히 허약한 부분을 최대할 멀리하려고 노력한다. 이것은 언제나 주변 환경을 지배함으로써 안전을 추구하는 외향적인 성향을 설명해 주는 하나의 사실이다. 외향은 속사람에 대한 불신과 동행한다. 외향적인 사람이 속사람이라는 개념을 알고 있는지 장담하지 못하지만 말이다. 게다가, 서양인들은 모두 자신이 두려워하는 것들에 대한 평가를 절하하는 경향을 갖고 있다. 서양인이 '먼저 감각에 있지 않은 것은 절대로 지성에 있을 수 없다'(nihil est in intellectu quod non antea fuerit in sensu)는 외향의 모토를 절대적으로 확신하는 데는 그럴 만한 이유가 있음에 틀림없다. 그러나 앞에서 강조한 바와 같이 이 외향은 무의식적 보상이 인간의 통제 밖에 있다는 중요한 사실에 의해 심리학적으로 정당화된다.

나는 요가가 무의식적 과정들까지 통제할 수 있다는 점을, 그래서 정신 안에서 최고의 의식에 의해 통제되지 않는 일은 대체로 일어날 수 없다는 점을 자랑스럽게 여긴다는 사실을 알고 있다. 나는 그런 조건이 다소 가능하다는 점에 대해서는 조금도 의문을 품지 않는다. 그러나 그것은 무의식과 동일해지는 대가를 치러야만 가능한 일이다.

동양의 그런 동일시는 서양으로 치면 내적 삶의 모든 흔적을 잃는 대가로 한 가지 목표나 사상이나 명분에 기계처럼 종속되는, "완전한 객관성"

에 대한 맹목적 숭배에 해당한다. 동양의 관점에서 보면, 이 같은 완전한 객관성은 소름 끼치는 일이다. 그것이 윤회와의 완전한 동일시에 해당하기 때문이다. 한편, 서양인에게 삼매(三昧)는 의미 없는 꿈의 상태에 불과하다. 동양에서는 속사람이 언제나 겉사람을 너무나 강하게 지배하기 때문에, 세상도 속사람을 내적 뿌리로부터 떼어놓을 기회를 절대로 갖지 못했다. 반면에 서양에서는 겉사람이 너무나 우세하기 때문에, 서양인은 자신의 속 가장 깊은 곳의 존재와 분리되었다. "한 마음", 단일성, 불확정성, 영원성은 한 신(神)(One God)의 특권으로 남았다. 인간은 작고, 쓸모없고, 기본적으로 잘못되었다.

나의 주장을 통해서 두 가지 관점은 서로 아무리 모순되어 보일지라도 나름대로 심리학적 정당성을 갖는다는 사실이 점점 더 분명해지고 있다. 두 가지 관점은 각자의 전형적인 태도와 어울리지 않는 요소들을 고려하지 않는다는 점에서 똑같이 편파적이다. 한 관점은 의식의 세계를 낮춰 보고 있으며, 다른 한 관점은 "한 마음"의 세계를 얕보고 있다. 그 결과, 두 관점이 극단적인 모습을 보이는 경우에 우주의 반을 잃게 된다. 그 관점들의 삶이 전체 현실로부터 차단되고, 따라서 인공적이고 비인간적인 것으로 쉽게 변하기 때문이다. 서양에는 "객관성"에 대한 열광, 말하자면 이상적이거나 그다지 이상적이지 않은 목표를 위해서 삶의 아름다움과 보편성을 버리는 과학자나 증권 중개인의 금욕주의가 있다. 동양에는 존재의 모든 슬픔과 기쁨을 뒤로한 채, 그 희미한 기원으로 돌아간 어떤 정신의 지혜와 평화, 초연, 타성이 있다.

편파성이 양쪽 모두에서 매우 유사한 형태의 수도원 제도를, 그러니까 은둔자, 성자, 수도승 또는 과학자에게 목표의 확고부동한 단일성을 보증하는 그런 수행 제도를 낳고 있다는 것은 전혀 이상한 일이 아니다. 나는 편파성 자체에 대해 반대할 뜻은 전혀 없다. 인간은 자연의 위대한 실험이

나 그 자신의 위대한 실험으로서 분명히 그런 모든 시도를 할 자격을 갖추고 있다. 인간이 그 실험을 견뎌낼 수만 있다면 말이다. 편파성이 없다면, 인간의 정신이 그렇게 다양한 모습을 보일 수 없었을 것이다. 그러나 나는 양측을 이해하려고 노력하는 것이 서로에게 해롭게 작용할 수 있다고 생각하지 않는다.

서양의 외향적 경향과 동양의 내향적 경향은 한 가지 중요한 목표를 공유하고 있다. 양측 모두가 생명의 단순한 자연성을 정복하려고 결사적으로 노력하고 있다는 점이다. 그것은 마음이 물질보다 위라는 단언이고, 자연에 반하는 일이고, 자연에 의해 고안된 것 중에서 가장 막강한 무기인 의식적 마음을 사용하면서 여전히 기뻐하는, 인간의 젊음을 보여주는 한 징후이다. 그럼에도 먼 미래에 올 인류의 오후는 다른 이상을 발달시킬지 모른다. 조만간, 정복마저도 더 이상 꿈이 아니게 될 것이다.

2. 텍스트에 대한 논평

논평에 본격적으로 들어가기 전에, 독자 여러분에게 심리학 논문의 취지와 종교적 텍스트의 취지 사이의 매우 뚜렷한 차이에 관심을 기울여줄 것을 당부하는 것을 빠뜨리면 안 된다. 과학자는 어떤 주제를 공정하게 다루다 보면 그 주제의 감정적인 가치들을 위반하게 된다는 사실을 너무 쉽게, 그것도 용서받지 못할 만큼 너무 자주 망각한다. 과학적인 지성은 비인간적이며 그 외의 다른 것이 될 수 없다. 과학적인 지성은 선한 동기를 가졌을 때조차도 무자비해지는 것을 피하지 못한다. 그러므로 종교적인 텍스트를 다루면서 심리학자는 적어도 자신의 주제가 평가 불가능한 종교적, 철학적 가치를, 말하자면 세속의 손에 더럽혀져서는 안 되는 가치를 표현하고 있다는 점을 알아야 한다.

나는 나 자신이 그런 텍스트의 가치를 알고 있고 높이 평가한다는 한 가지 이유로 감히 그것을 다루려 한다는 점을 고백한다. 그 텍스트에 대해 논평하면서, 나는 그것을 가혹한 비판으로 해부할 뜻을 전혀 품고 있지 않다. 반대로, 나의 노력은 그 텍스트의 상징적인 언어를, 그것이 서양인의 이해력에 보다 쉽게 다가올 수 있도록 확충하는 것이 될 것이다. 이 목적을 이루기 위해서 그 텍스트의 고고한 형이상학적 개념들을, 서양인에게 알려진 심리학적 사실들과 비슷한 것들이 동양 사상의 영역 안이나 그 경계에도 있는지를 확인할 수 있는 차원으로 끌어내리는 작업이 필요하다. 나는 이 노력이 그 텍스트를 과소평가하거나 평범하게 만들려는 시도로 오해받지 않기를 바란다. 나의 목표는 단순히 서양인의 사고방식에 낯선 사상들을 서양 심리학의 경험의 범위 안으로 끌어들이는 것이다.

다음 글은 작은 제목들이 가리키는 섹션들의 텍스트와 함께 읽어야 하는 일련의 주해와 논평이다.

경의

동양의 텍스트들은 대체로 서양이라면 긴 주장에 대한 최종적 결론으로 마지막에 올 진술로 시작한다. 서양인들은 일반적으로 알려져 있고 받아들여진 것들로 시작해서, 그 연구에서 가장 중요한 아이템으로 끝낼 것이다. 따라서 서양의 논문은 "그러므로 '삼신'(三神: Trikaya)은 '완전한 깨달음을 얻은 마음' 자체이다"라는 문장으로 끝날 것이다. 이 점에서, 동양의 사고방식은 중세의 사고방식과 그다지 많이 다르지 않다. 18세기까지도 역사나 자연 과학에 관한 서양의 책들은 동양의 텍스트처럼 세상을 창조하기로 한 신의 결정으로 시작했다. 하나의 '보편적인 마음'이라는 사상은 동양에 흔하다. 왜냐하면 그것이 내향적인 동양의 기질을 적절히 표현하기 때문이다. 심리학적 언어로 바꾸면, 이 문장들은 이렇게 쓰일 수 있다. "무의식은 단일성(dharmakaya: 法身)의 모든 경험의 뿌리이며, 모든 원형들 또는 구조적 패턴들의 모체(sambhogakaya: 報身)이며, 현상 세계의 필수불가결한 조건(nirmanakaya: 化身)이다."

머리말

신들은 '보신'에 속하는 원형적인 사고 형태들이다. 『티베트 사자의 서』 (Tibetan Book of the Dead)의 명상들에서 중요한 역할을 하는 신들의 평화롭고 분노에 찬 측면들은 상반된 것들을 상징한다. '화신'에서 이 상반된 것들은 더 이상 인간의 갈등이 아니며, '보신'에서 그것들은 동일한 하나의 형상으로 결합한, 긍정적이고 부정적인 원리들이다. 이것은 심리학적 경험과 일치하며, 노자(老子)의 『도덕경』에도 스스로를 부정하지 않는 형세는 있을 수 없다는 진리가 제시되고 있다. 신앙이 있는 곳에 회의가 있고, 의심이 있는 곳에 신뢰가 있고, 도덕이 있는 곳에 유혹이 있다. 성자들만이 사악한 환상을 보며, 독재자는 자신의 시종들의 노예이다. 서양인들의 성격을 주의 깊게 조사하면, 노자가 말한 바와 같이, "높은 것은 낮은 것에 의존한다"는 진리를 틀림없이 발견할 것이다. 이 말은 상반된 것들이 서로를 좌우하고, 상반된 것들은 진정으로 동일하다는 뜻이다. 이것은 열등 콤플렉스를 가진 사람들에게서 쉽게 확인된다. 그들이 어딘가에서 약간의 과대망상증을 일으키고 있는 것이다.

상반된 것들이 신들로 나타나는 사실은 단순히 그것들이 대단히 막강하다는 것을 인식하는 데서 비롯된다. 따라서 중국 철학은 상반된 것들을 우주의 원리로 선언하고 거기에 양(陽)과 음(陰)이라는 이름을 붙였다. 사람이 양과 음을 분리시키려 할수록, 그것들의 힘은 더욱 세진다. 니체는 "어떤 나무가 천국까지 자랄 때, 그 나무의 뿌리는 지옥에 닿는다"고 말한다. 그럼에도 위나 아래나 똑같은 나무이다. 두 가지 양상을 서로 대립하는 관계로, 즉 신과 악마로 의인화하는 것은 서양의 사고방식의 특징이다. 그리고 최근에 어쨌든 교묘한 방법으로 악마를 감추어야 한다고 생각하는 태도는 마찬가지로 프로테스탄티즘의 세속적인 낙천주의의 특징이다. 그래서 생겨난 불편한 결과가 '선한 모든 것은 신에게서 오고, 악한 모든 것은 인간에서 온다'는 견해이다.

"현실을 보는 것"은 분명히 마음을 최고의 실체로 언급하고 있다. 그러나 서양에서 무의식은 공상적이고 실재하지 않는 것으로 여겨진다. "마음을 본다는 것"은 자기 해방을 암시한다. 심리학적으로, 이것은 우리가 무의식적 과정들을 더욱 중요하게 여길수록, 우리 자신을 욕망들과 분리된 상반된 것들의 세계로부터 더욱 멀리 떼어놓고, 단일성과 불확정성과 시간 초월성을 지닌 무의식의 상태에 더욱 가까이 다가갈 수 있다는 것을 의미한다. 이것은 자기를 투쟁과 고통에 속박된 상태로부터 진정으로 해방시킨다는 뜻이다. "이 방법에 의해서, 한 사람의 마음이 이해된다." 이 문맥 속의 마음은 틀림없이 그 개인의 마음, 즉 그의 정신이다. 심리학은 무의식을 이해하는 것이 심리학의 가장 중요한 과제 중 하나인 한에서만 거기에 동의할 수 있다.

한 마음에 대한 찬미

이 섹션은 '한 마음'이 무의식이라는 점을 아주 분명하게 보여준다. 그것이 "영원하고, 알려지지 않고, 눈에 보이지 않고, 인식되지도 않는" 특징을 갖고 있기 때문이다. 그러나 이 섹션은 또한 동양의 경험과 일치하는 긍정적인 특성들을 보여주고 있다. 그 특성들은 "아주 명확하고, 언제나 존재하고, 빛을 발하고, 모호하지 않다". 어떤 사람이 자신의 무의식적 내용물에 관심을 더 많이 쏟을수록, 그 내용물이 더 많은 에너지를 충전하게 되는 것은 부정할 수 없는 심리학적 사실이다. 그 내용물이 마치 안으로부터 밝게 비춰지듯이 생기를 띠게 되는 것이다. 실제로 그 내용물은 현실의 대체물 같은 것으로 변한다. 분석 심리학에서, 이 같은 현상을 치료 방법으로 이용한다. 나는 그 방법을 "능동적 상상"이라고 부른다. 이냐시오 로욜라도 '영적 수련'에서 능동적인 상상을 이용했다. 이와 비슷한 것이 연금술 철학의 명상에서도 활용되었다는 사실을 보여주는 증거가 있다.

한 마음을 모르는 데 따른 결과

"통속적으로 마음이라 불리는 것에 대한 지식은 널리 퍼져 있다." 이것은 분명히 알려져 있지 않은, 즉 무의식적인 '한 마음'과 대조되는 것으로서, 모든 사람의 의식적인 정신에 대해 언급하고 있다. 이 가르침들은 또한 "'한 마음'을 알지 못하는 탓에 자기 자신을 알지 못하는 평범한 개인들에 의해서도 추구될 것이다". 여기서 자기 인식은 분명히 "'한 마음'을 아는 것"과 동일시되고 있다. 그것은 곧 무의식에 대한 지식이 자신의 심리를 이해하는 데 근본적인 조건이라는 뜻이다.

그런 지식에 대한 욕망은 서양에서 잘 확립되어 있는 사실이다. 우리 시대에 심리학이 발달하고, 이런 문제들에 대한 관심이 높아지고 있는 것도 그런 욕망을 뒷받침한다. 더욱 많은 심리학적 지식에 관한 대중적 욕구는 대개 종교 생활의 중단과 영적 안내의 결여 때문에 생겨나고 있다. "그들은 삼계(三界)에서 … 슬픔을 겪으며 이리저리 떠돌고 있다." 신경증이 도덕적인 고통 속에서 무엇을 의미하는지를 알고 있기 때문에, 이 진술에 대한 논평은 전혀 필요하지 않다. 이 섹션은 우리가 오늘날 무의식의 심리학을 갖게 된 이유들을 설명하고 있다.

"마음을 있는 그대로의 모습으로 알기를" 원할지라도, "그 일은 실패하고 만다". 이 텍스트는 근본적인 마음이 무의식이기 때문에 거기에 다가가는 것이 지극히 어렵다는 점을 다시 강조하고 있다.

욕망들의 결과

"욕망에 속박된" 사람들은 "맑은 빛을 지각하지 못한다". "맑은 빛"은 다시 '한 마음'을 가리킨다. 욕망은 외적 성취를 갈망한다. 욕망은 인간을 의식의 세계에 묶어 놓을 사슬을 벼린다. 그런 조건에서 인간은 당연히 자신의 무의식적 내용물을 알지 못한다. 그리고 정말로 의식적인 세계로부터 어느 지점까지 철수하는 것에 치료의 힘이 있다. 사람에 따라 다 다른 그 지점을 벗어나면, 철수는 무시와 억압에 해당한다.

"중도"(中道)의 길조차도 최종적으로 "욕망에 의해 흐릿해진다". 이것은 유럽인의 귀에 대고 아무리 집요하게 속삭여도 결코 지나치지 않을 만큼 매우 본질적인 진리를 들려주는 진술이다. 환자들이나 정상적인 개인들이나 똑같이 자신의 무의식적 자료를 알게 되기만 하면, 예전에 외향성의 상태에서 그들을 삼켰던 바로 그 욕망과 탐욕을 드러내며 그 자료에 달려든다. 문제는 욕망의 대상들로부터 철수하는 것이 아니라, 욕망의 대상이 어떤 것이든 상관없이 욕망 자체에 더욱 초연한 태도를 보이는 것이다. 우리는 통제되지 않은 욕망의 충동성을 통해서 무의식적 보상을 강요하지 못한다. 무의식적 보상이 저절로 나오는지 인내심 있게 지켜봐야 하며, 그 보상이 어떤 형태를 취하든 그것을 견뎌내야 한다. 따라서 우리는 그 자체로 해방과 치료의 효과를 드물지 않게 발휘하는, 일종의 명상적인 태도를 취하지 않을 수 없다.

초월적인 하나

"이중성 같은 것은 절대로 존재하지 않기 때문에, 다원론은 진리가 아니다." 이것은 틀림없이 동양의 가장 근본적인 진리 중 하나이다. 동양에는 상반된 것들이 전혀 없다. 위나 아래나 똑같은 나무인 것이다. '타불라 스마라그디나'는 이렇게 말한다. "아래에 있는 것은 위에 있는 것과 비슷하다. 그리고 위에 있는 것은 아래에 있는 것과 비슷하다. 그래서 '그 하나'의 기적이 성취될 것이다." 다원론이 훨씬 더 허황되다. 모든 개별 형태들이 무의식의 저 아래 깊은 곳의, 정신적 모체의 구별 불가능한 그 단일성에서 비롯되기 때문이다. 우리의 텍스트의 진술은 심리학적으로 그 주관적인 요소를, 어떤 자극에 의해서 즉시 무리를 짓는 자료를, 즉, 우리가 본 바와 같이, 모든 새로운 지각을 이전의 경험을 바탕으로 해석하는 첫인상을 언급하고 있다. 이때 "이전의 경험"은 즉시 본능들로, 따라서 물려받아 내재하는 정신 기능의 패턴들로, 다시 말해 대대로 내려오는 "영원한", 인간 마음의 법칙들로 돌아간다.

그러나 그 진술은 물리적인 세계가 그 자체로 초월적인 현실일 수 있는 가능성을 완전히 무시하고 있다. 이 가능성은 상키야(Sankhya) 철학에는 알려져 있었던 문제이다. 이 철학에서, 프라크리티(자연)와 푸루샤(최초의 인간)가 보편적인 존재(Universal Being)의 양극 같은 것이기 때문에, 그 둘은 우회하기가 거의 불가능한 우주적인 이원론을 형성한다. 사람은 생명의 일원론적 기원과 자신을 동일시하려고 노력하자마자 이원론과 다원론에 똑같이 눈을 감아야 하고, 어떤 세계의 존재에 관한 모든 것을 망각해야 한다. 질문들이 당연히 제기된다. "궁극적인 현실이 '모두 하나'(All-One)

인 때에, 왜 하나가 다수로 나타나야 하는가? 다원론 또는 다원론의 망상의 원인은 무엇인가? 만약에 '그 하나'가 자신에게 만족한다면, 그것이 다수에 자신을 비춰야 하는 이유가 무엇인가? 자신을 비추고 있는 것과 그것이 사용하는 거울 중에서, 어쨌든 어느 것이 더 진실한가?" 이 질문들에 대한 대답이 있을 수 없다는 점을 고려한다면, 그런 질문들은 던지지 말아야 한다.

"하나됨"(At-one-ment)이 의식의 세계로부터의 철수에 의해 성취될 수 있다고 말하는 것은 심리학적으로 정확하다. 무의식의 성층권에는 뇌우가 더 이상 없다. 왜냐하면 어떤 것도 긴장과 갈등을 유발할 만큼 충분히 분화되어 있지 않기 때문이다. 긴장과 갈등은 우리의 현실의 표면에 속한다.

서로 화해할 수 없는 것, 즉 윤회와 해탈이 결합하는 그 마음은 종국적으로 우리의 마음이다. 이 진술은 깊은 겸손에서 나오는가, 아니면 거들먹거리는 교만에서 나오는가? '그 마음'이 우리의 마음에 "지나지 않는다"는 뜻인가? 아니면 우리의 마음이 '그 마음'이라는 뜻인가? 틀림없이 그 진술은 후자를 뜻하며, 동양의 관점에서 보면 이 진술엔 교만이 전혀 없다. 반대로, 그것은 완벽하게 받아들일 수 있는 진리이다. 한편, 서양인에게 그것은 "내가 신이다"라고 말하는 것이나 다름없다.

이것은 서양인에게는 대단히 불쾌함에도 불구하고 부정할 수 없는 "신비로운" 경험으로 다가오지만, 그런 진술이 본능적인 모체와의 연결을 절대로 끊지 않은 마음에서 나오는 동양에서, 그것은 매우 다른 가치를 지닌다. 동양의 집단적인 내향적 태도는 감각의 세계가 무의식과 단절되는 것을 허용하지 않았다. 동양에서는 소위 물질주의적인 고찰이 존재함에도 불구하고 정신적 현실을 진지하게 반박한 적이 한 번도 없었다. 알려져 있는 것들 중에서, 이 같은 사실과 유일하게 비슷한 것은 꿈과 현실을 더없이 당혹스런 방식으로 혼동하는 원시인의 정신적 조건이다. 당연히 서양인은 동양의 마음을 원시적이라고 부르기를 망설인다. 동양인의 마음의 두드러진 세련미와 분화에 깊은 인상을 받고 있기 때문이다. 그럼에도 원시적인 마음이 동양의 마음의 모체이며, 이 말은 특별히 동양인의 마음이 귀신들과 정령들에 관한 정신적 현상의 타당성을 강조하는 측면에 적용된다. 서양은 단순히 원시성의 다른 측면, 즉 추상작용을 희생시키는 대가로 자연에 대한 정확한 관찰을 배양했다. 서양의 자연 과학은 원시인의 놀라운 관찰력의 전형이다. 서양인은 사실들과 모순을 일으킬까봐 두려워서 적절한 정도의 추상작용만을 가미했을 뿐이다. 한편, 동양은 원시성의 정신적 측면을 과도할 정도의 추상작용과 함께 배양한다. 사실들은 탁월한 이야기들을 엮어내지만 절대로 그 이상은 아니다.

따라서 만약에 동양이 '그 마음'에 대해 모든 사람에게 고유한 것으로 말한다면, 거기에는 교만이나 겸손이 개입되지 않는다. 그것은 유럽인이 대부분 인간의 관찰에서 나오고, 가끔은 관찰보다 신빙성이 더 떨어지는 해석에서 나오는 사실들을 믿을 때 교만이나 겸손이 작용하지 않는 것과 똑같다. 그러므로 유럽인이 지나치게 많은 추상작용을 두려워하는 것은 꽤 합당하다.

위대한 자기 해방

근본적인 인격에 대한 감각을 보다 덜 의식적인 정신의 영역으로 이동시키면 해방의 효과를 얻을 수 있다는 점에 대해, 나는 여러 차례 언급했다. 나는 인격의 변화를 낳는 초월적인 기능을 다소 피상적으로 묘사했으며, 자동적인 무의식적 보상의 중요성도 강조했다. 또 나는 요가에서 이런 핵심적인 사실을 무시한다는 점을 지적했다. 이 섹션은 나의 관찰들을 확인하는 경향을 보인다. "이 가르침들의 전체 핵심"을 파악하는 것이 또한 "자기 해방"의 핵심인 것 같다. 서양인은 이것을 이런 뜻으로 받아들일 것이다. "당신의 가르침을 배우고 그것을 되풀이하라. 그러면 자기 해방을 이루게 될 것이다."

정말로 그것이 요가 수련을 하는 서양인들 대부분에게 일어나고 있는 일이다. 그들은 그런 가르침들의 핵심인, 마음을 안으로 돌리는 것은 망각하고 외향적인 방법으로 요가를 "행하는" 경향을 강하게 보인다. 동양에서 "진리들"은 집단적인 의식의 일부인 경향이 아주 강하며, 따라서 진리들은 학생들에게 적어도 직관적으로는 파악된다.

만약 유럽인이 자신의 안과 밖을 완전히 뒤집고, 그런 과정이 수반하는 사회적, 도덕적, 종교적, 지적, 미학적 의무들을 모두 실행하면서 동양인처럼 살 수 있다면, 그 사람은 이 가르침들을 통해 혜택을 누릴 수 있을 것이다. 그러나 유럽인은 신앙이나 도덕성, 지적 성향에서 훌륭한 기독교인이면서 동시에 순수한 요가를 수행할 수는 없다. 나는 극도의 회의(懷疑)를 품게 만드는 예들을 많이 보았다. 어려움은 서양인이 별로 좋지 않은 기억력만큼 쉽게 자신의 역사를 제거하지 못한다는 점이다. 역사는 피 속에 기록된다고 할 수 있다. 나는 누구에게도 그 사람의 무의식적 반응을 주의 깊게 분석한 뒤가 아니라면 요가를 접하라고 조언하지 않을 것이다. 당신의 어두운 면이 나무랄 데 없는 중세의 기독교인으로 남아 있다면, 요가를 모방해 봐야 무슨 소용이 있겠는가? 만약 당신이 남은 여생 동안 정치나 주가 폭락에 괴로워하지 않으면서 보리수나무 아래나 승원의 독방에서 가젤 가죽 위에 앉아 있을 수 있다면, 나는 당신의 예를 호의적으로 볼 것이다. 그러나 영국 런던의 메이페어나 뉴욕의 5번가 또는 전화가 있는 곳에서 하는 요가는 영적 가짜일 뿐이다.

동양인의 정신적 자질을 고려한다면, 그 가르침이 효과적이라고 가정하는 것이 당연하다. 그러나 만약에 세상을 외면하고 영원히 무의식 속으로 사라질 준비가 되어 있지 않다면, 단순한 가르침만으로는 전혀 아무런 효과를 얻지 못하거나 적어도 바랐던 효과를 얻지 못한다. 요가 수련을 통해 효과를 얻기 위해서는, 상반된 것들의 결합이, 특히 초월적인 기능에 의해서 외향과 내향을 조화시키는 힘든 과제가 필요하다.

마음의 본성

이 섹션은 소중한 심리학적 정보를 담고 있다. 텍스트는 "마음은 직관적인("순식간에 인식하는") 지혜로 이뤄져 있다"고 말한다. 여기서 "마음"은 본능적인 패턴들을 바탕으로 이전의 경험 전체를 전달하는 "첫인상"을 즉시적으로 인식하는 것과 동일한 것으로 이해되고 있다. 이것은 기본적으로 내향적인 동양의 편견에 관한 우리의 발언을 뒷받침한다. 그 공식은 또한 동양적 직관의 대단히 분화된 성격에 주목하도록 한다. 직관적인 마음은 가능성들을 위해서 사실들을 무시하는 것이 두드러진 특징이다.

'그 마음'은 "전혀 존재를 갖고 있지 않다"는 단언은 명백히 무의식의 특이한 "잠재력"에 대해 말하고 있다. 사물은 우리가 그것을 인식하는 선까지만 존재하는 것 같다. 이것은 그렇게 많은 사람들이 무의식의 존재를 믿지 않으려 드는 이유를 설명해준다. 내가 환자에게 그가 공상으로 꽉 차 있다고 말하면, 그 사람은 자신이 살고 있는 공상의 삶에 대해 전혀 모르고 있는 탓에 종종 깜짝 놀란다.

'그 마음'에 붙여진 이름들

"어렵거나" "모호한" 사상을 표현하는 데 사용된 다양한 용어들은 그 사상이 해석될 수 있는 방법들에 관한 정보의 소중한 원천임과 동시에, 그 사상이 나온 나라나 종교, 철학에서도 그것이 의문스럽고 논쟁의 여지가 있는 것으로 여겨지고 있다는 점을 암시한다. 만약에 그 사상이 너무나 확실하고 일반적으로 통하고 있다면, 그것을 다양한 이름으로 불러야 할 이유가 전혀 없을 것이다. 그러나 거의 알려지지 않았거나 모호한 것이 있다면, 그것은 다양한 각도에서 고찰될 수 있다. 그러면 그것의 특이한 성격을 표현하기 위해 다수의 이름이 필요하다. 이 점을 보여주는 전형적인 예가 바로 철학자의 돌이다. 옛날의 연금술 논문들 다수가 철학자의 돌의 이름들을 긴 목록으로 제시하고 있으니까.

"'그 마음'에 붙여진 이름이 무수히 많다"는 진술은 '그 마음'이 철학자의 돌만큼 모호하고 불명확한 그 무엇임에 틀림없다는 것을 증명한다. "무수히 많은" 방법으로 묘사할 수 있는 어떤 본질은 그 만큼 많은 특징이나 양상을 보일 것이라고 예상해야 한다. 만약에 이 특징들이 정말로 "무수하다면", 그것들은 헤아려질 수 없다. 그러면 그 본질은 거의 묘사 불가능하고 알려질 수 없는 것이라는 결론이 가능하다. 그것은 절대로 완전하게 인식될 수 없다. 이 말은 틀림없이 무의식에 적용되며, 그 말은 또 동양에서 말하는 '그 마음'이 서양의 무의식과, 보다 구체적으로 집단 무의식과 동일하다는 점을 뒷받침하는 추가적인 증거이다.

이 가설에 맞추려는 듯이, 텍스트는 더 나아가 '그 마음'이 "정신적 자기"라고도 불린다고 말한다. "자기"는 분석 심리학에서 중요한 개념이다. 분석 심리학에서 많은 것을 말했기 때문에, 여기서 되풀이할 필요는 없을 것 같다. 나는 관심 있는 독자에게 아래에 제시하는 문헌[168]을 참고할 것을 권한다. "자기"의 상징들이 무의식의 작용에 의해서 만들어지고 대부분이 꿈에 나타날지라도, 자기라는 사상이 포함하는 사실들이 정신적인 것만은

---

168 Two Essays on Analytical Psychology, Psychological Types, Psychology and Alchemy, Aion.

아니다. 그 사실들은 육체적인 존재의 양상도 마찬가지로 포함한다. 이것을 포함한 다양한 동양 텍스트에서, "자기"는 순수하게 정신적인 어떤 사상을 나타내지만, 서양 심리학에서 "자기"는 본능들, 그러니까 생리적 및 반(半)생리적 현상까지 포함하는 전체성을 뜻한다. 서양인들에게 순수하게 정신적인 전체성은 앞에서 설명한 이유들 때문에 상상 불가능하다.

동양에도 자기와 자아를 동일시하는 "이단자들"이 있다는 점을 지적하는 것은 흥미로운 일이다. 서양에는 이런 이단이 꽤 널리 퍼져 있으며, 자아의식이 유일한 형태의 정신적 삶이라고 믿는 사람들로부터 전폭적인 지지를 받고 있다.

"피안에 닿는 수단"으로서, '그 마음'은 초월적인 기능과 '그 마음' 또는 자기라는 개념 사이의 어떤 연결을 가리킨다. '그 마음', 즉 무의식의 알려질 수 없는 본질이 언제나 의식에 상징들의 형태로 스스로를 표현하기 때문에, 상징은 "피안에 닿는 수단"으로서, 달리 표현하면 변형의 수단으로서 기능을 한다. 자기도 당연히 그런 상징 중 하나이다. 정신의 에너지에 관한 에세이에서, 나는 상징이 에너지를 변형시키는 존재로서의 역할을 한다고 말했다.

내가 '그 마음' 또는 자기를 하나의 상징으로 해석하는 것은 절대로 자의적이지 않다. 그 텍스트 자체가 그것을 "위대한 상징"이라고 부르고 있다.

우리의 텍스트가 앞에서 설명한 바와 같이 마음을 "유일한 근원"(Sole Seed)이나 "진리의 잠재력"(Potentiality of Truth)이라고 부름으로써 무의식의 "잠재력"을 인정하고 있다는 점도 주목할 만하다.

무의식의 모체적인 성격은 "모든 것의 토대"(All-Foundation)라는 용어에서 드러난다.

마음의 시간 초월성

이 "시간 초월성"에 대해서는 집단 무의식의 경험에 고유한 한 특성으로 이미 설명했다. "자기 해방의 요가"를 활용하면 과거의 망각한 모든 지식을 의식과 다시 통합시킬 수 있다고 한다. 그 같은 복원 모티브는 많은 구원 신화에 나타나며, 그 모티브는 또 정상적이거나 정신 이상을 앓는 사람들의 꿈들과 자발적인 공상들에서 엄청나게 많은 양의 케케묵은 자료를 드러내는, 무의식의 심리학의 중요한 한 측면이다. 개인을 대상으로 한 체계적인 분석에서, (하나의 보상으로서) 대대로 내려오는 패턴들을 자동적으로 다시 일깨우는 것은 어떤 복원 효과를 발휘한다. 예고하는 성격의 꿈들이 비교적 자주 나타나는 것도 하나의 사실이며, 이것은 그 텍스트가 "미래의 지식"이라고 부르는 것을 입증하고 있다.

'그 마음'의 "자체의 시간"은 해석이 매우 어렵다. 심리학적 관점에서, 우리는 여기서 에반스 웬츠의 말에 동의해야 한다. 무의식은 틀림없이 "무의식만의 시간"을 갖고 있다. 과거와 현재, 미래가 무의식 안에서 서로 섞인다는 점에서 보면 그렇다. 던(J. W. Dunne)은 논리적으로 보면 그 다음날 밤에 꿔야 하는 꿈을 전날 밤에 꾸었는데, 던이 경험한 유형의 꿈들[169]도 드물지 않다.

진정한 상태의 마음

이 섹션은 동양 전역에 걸쳐 매우 흔하게 일어나는 어떤 정신적 경험에 해당하는, 초연한 의식의 상태를 묘사한다. 이와 비슷한 묘사가 중국 문헌에서 발견된다. 예를 들어, '혜명경'(慧命經)에 이런 내용이 있다.

169 An Experiment with Time.

광휘가 영의 세계를 둘러싸고 있다.

고요하고 순수한 우리가 공(空)으로부터 힘을 끌어낼 때,

우리는 서로를 망각한다.

공은 천상의 심장의 빛으로 충만하고 …

의식은 환상 속에서 용해된다.

"어느 한 사람의 마음은 다른 마음들로부터 분리되지 않는다"는 진술은 "모든 것들의 동화(同化)"라는 사실을 표현하는 또 다른 방법이다. 무의식의 조건에서 모든 구분이 사라지기 때문에, 개별 마음들 사이의 구분도 사라진다고 보는 것이 논리적이다. 의식 수준의 저하가 일어나는 곳마다, 우리는 무의식적 동일시, 즉 레비-브륄이 "신비적 참여"라고 부른 것의 예들을 만난다. 우리의 텍스트가 말하는 바와 같이, '한 마음'의 성취는 곧 "삼신(三身)의 하나됨"이며, 사실 그 깨달음이 하나됨을 창조한다. 그러나 우리는 그런 깨달음이 개별 인간에게서 어떤 식으로 완성될 수 있는지 상상하지 못한다. 언제나 그 깨달음을 경험하며 "나는 하나됨을 알아. 나는 전혀 구분이 없다는 것을 알아."라고 말하도록 남겨진 누군가 또는 무엇인가가 있음에 틀림없다.

깨달음이라는 사실 자체가 그것이 불가피하게 불완전하다는 점을 증명한다. 사람은 자기 자신과 구별되지 않는 것을 알지 못한다. 심지어 내가 "나는 나 자신을 알아!"라고 말할 때조차도, 극미량의 어떤 자아, 즉 인식하는 "나"는 여전히 "나 자신"과 구별되고 있다. 기본적으로 비(非)이원론적인 동양의 관점에 의해 완전히 무시되고 있는 이 원자 자아 안에, 폐지되지 않은 다원론적인 우주 전체와 그 우주의 정복되지 않은 현실이 온전한 상태로 숨겨져 있다.

"하나됨"의 경험은 동양의 "찰나에 인식하는" 깨달음의 한 예이다. 예를

들면, 사람이 존재하면서 동시에 존재하지 않을 수 있다면 어떤 일이 벌어질 것인가 하는 문제 앞에서 발휘되는 직관 같은 것이다. 만약 내가 이슬람 신자라면, 나는 '더없이 동정적인 존재'(All-Compassionate)의 힘은 무한하다고, 그리고 그분만이 사람이 존재함과 동시에 존재하지 않게 할 수 있다고 주장해야 한다. 그러나 나로서는 그런 가능성을 상상하지 못한다. 그러므로 나는 이 점에서 동양의 직관이 도를 넘었다고 짐작한다.

마음은 창조되는 것이 아니다

이 섹션은 '그 마음'이 특징들을 갖고 있지 않기 때문에 창조된다고 단정하지 못한다는 점을 강조한다. 그러나 한편으로 보면 그것이 창조되지 않았다고 단정하는 것은 비논리적이다. 이유는 창조되지 않는다는 조건까지도 "특징"에 해당하기 때문이다. 실은, 구분되지 않고 특징이 없고, 게다가 "알 수 없는" 어떤 사물에 대해서는 어떤 단언도 불가능하다. 바로 그런 이유로, 서양 심리학은 '한 마음'에 대해 말하지 않고 무의식에 대해 말한다. 서양 심리학은 무의식을, 칸트를 인용하면, 하나의 물자체(物自體)로, "경계선 상의 불명확한 개념"으로 여긴다. 우리는 종종 그런 불명확한 용어를 쓴다는 이유로 비난을 듣지만, 불행하게도 지적 정직이 확정적인 용어를 허용하지 않는다.

내성(內省)의 요가

'한 마음'과 무의식의 동일성에 대해 약간의 의심이라도 남았다면, 이 섹션은 그 의심마저 확실히 제거해야 한다. "'한 마음'은 정말로 공(空)이고 어떤 토대도 갖고 있지 않다. 사람의 마음도 마찬가지로 하늘처럼 텅 비어 있다."'한 마음'과 개인의 마음은 똑같이 비어 있고 공허하다. 오직 집단 무의식과 개인 무의식만이 이 진술에 해당될 뿐이다. 이유는 의식적인 마음은 절대로 "텅 빈" 환경에 있을 수 없기 때문이다.

앞에서 말한 바와 같이, 동양의 마음은 무엇보다 먼저 주관적인 요소를, 특히 직관적인 "첫인상" 또는 정신의 성향을 강조한다. 이것은 "모든 겉모습은 정말로 보는 사람의 마음에 떠오른 그 사람 본인의 개념이다"라는 진술에 의해 뒷받침되고 있다.

내면의 다르마

다르마(dharma), 즉 법이나 진리, 안내는 "마음이 아닌 다른 곳에는 절대로 없다"고 한다. 따라서 무의식이 서양에서 신에게로 돌리는 모든 기능들을 맡고 있다. 그러나 그 초월적인 기능은 다르마의 복합적인 경험이 "안", 즉 무의식에서 온다고 가정하는 동양이 어떻게 옳은지를 보여준다. 초월적인 기능은 또 자연 발생적인 보상 현상이 인간의 통제 밖이기 때문에 "신의 은총이나 신의 의지" 공식과 꽤 일치한다는 점을 보여준다.

이 섹션과 앞의 섹션은 내성(內省)이 정신적 정보와 안내의 유일한 원천이라고 거듭 주장한다. 일부 서양인들이 말하듯이, 만약에 내성이 병적인 무엇이라면, 서양인들은 동양 전체를, 또는 서양의 축복에 오염되지 않은 부분을 모두 정신병원으로 보내야 할 것이다.

이 가르침들의 경이로움

이 섹션은 마음을 "자연의 지혜"라고 부른다. 이것은 내가 무의식이 엮어내는 상징들을 부르기 위해 사용하는 표현과 아주 똑같다. 나는 그 상징들을 "자연의 상징"이라고 불렀다. 내가 그 용어를 선택한 것은 이 텍스트에 대해 알기 전의 일이었다. 내가 이 같은 사실을 언급하는 이유는 단지 동양 심리학과 서양 심리학의 발견들이 매우 유사하다는 점을 보여주기 위해서이다.

텍스트는 또한 우리가 앞에서 "인식하는" 자아의 불가능성에 대해 말한 내용을 확인하고 있다. "비록 그것이 전체 현실일지라도, 그것을 지각하는 존재는 전혀 없다. 이것은 경이롭기 짝이 없는 일이다." 정말로 경이롭고, 불가해하다. 어떻게 그런 것이 '깨닫다'라는 단어의 진정한 의미에서 깨달아질 수 있는가? "그것은 악에 의해 때가 묻지 않은 상태로 남고" 또 "그것은 선과 관계 없는 상태로 남는다". 이 대목에서 "선과 악을 6,000피트 넘어"라는 니체의 표현이 떠오른다.

그러나 그런 진술의 결과는 동양의 지혜를 모방하는 사람들에 의해 대체로 무시된다. 자신의 아늑한 아파트 안에서 동양 신들의 호의 속에 안전하게 숨어 지내는 동안에는 누구든 이런 고상한 도덕적 무관심을 마음대로 동경할 수 있다. 그러나 도덕적 무관심이 서양인의 기질이나 역사와 일치하는가? 서양인의 기질이나 역사가 도덕적 무관심에 정복되는 것이 아니라 단순히 잊힐 뿐인데 말이다. 나는 그렇지 않다고 생각한다. 보다 고상한 요가를 즐기는 사람은 누구나, 악의 행위자로서뿐만 아니라 악의 희생자로서도 도덕적 무관심이라는 자신의 고백을 증명해 보이라는 요구를 받을 것이다. 심리학자들이 잘 알고 있듯이, 도덕적 갈등은 단순히 인간의 범위를 벗어나는 탁월성을 선언하는 것으로 해결되지 않는다. 오늘날 우리는 초인(超人)이 도덕적 원리들에 무관심한 놀라운 예들을 목격하고 있다.

나는 동양이 미덕뿐만 아니라 악덕으로부터도 해방되려는 노력이 모든 측면에서 무관심을 수반할 것이라는 점을, 그렇게 되면 요가 수행자는 이 세상 너머로 옮겨가고 꽤 무해한 존재가 될 것이라는 점을 의심하지 않는다. 그러나 나는 초연해지려는 유럽인의 시도가 단순히 도덕적 고려사항으로부터 해방되려는 것이 아닌가 하는 의구심을 떨칠 수 없다. 그러므로 요가를 시도하는 사람은 누구나 광범위하게 미칠 요가의 효과를 알아야 하며, 그렇게 하지 않을 경우에 소위 그의 추구는 가치 없는 오락으로 남을 것이다.

네 가지 위대한 경로

텍스트는 "이 명상에는 정신 집중이 없다"고 말한다. 요가에 관한 일반적인 가정은 요가가 주로 치열한 명상을 한다는 것이다. 서양인들은 명상이 무엇을 의미하는지 알고 있다고 생각하지만, 동양의 집중을 진정으로 이해하기는 매우 어렵다. 선불교에 관한 어느 연구[170]가 보여주듯이, 서양인들이 생각하는 명상은 동양의 명상과 정반대일지도 모른다. 그러나 만약에 우리가 "정신 집중이 없다"는 표현을 글자 그대로의 뜻으로 받아들인다면, 그것은 단지 명상이 어떤 것에 집중되지 않고 있다는 것을 의미할 뿐이다. 어디에도 집중하지 않기 때문에, 그것은 오히려 의식의 붕괴와 비슷하고, 따라서 무의식적 조건에 직접적으로 접근하는 것이다.

의식은 언제나 어느 정도의 집중을 암시한다. 집중이 없으면, 정신적 내용물의 명료함도 전혀 없고, 어떤 것에 대한 의식도 전혀 없다. 정신 집중 없는 명상은 잠들기 직전에 깨어 있지만 비어 있는 그런 상태일 것이다. 우리의 텍스트가 이것을 "가장 탁월한 명상"이라고 부르고 있기 때문에, 우리는 덜 탁월한 명상들의 존재를 가정해야 하고, 그런 명상들은 보다 많은 집중이 특징일 것이다. 우리의 텍스트가 염두에 두고 있는 명상은 일종의, 무의식에 닿는 왕도처럼 보인다.

[170] Suzuki, Essays in Zen Buddhism.

위대한 빛

깨달음이라는 핵심적이고 신비한 경험은 수많은 형태의 신비주의의 대부분에서 빛으로 적절히 상징되고 있다. 서양인에게 완전한 어둠 속으로 들어가는 길처럼 보이는 어떤 영역에 다가서는 것이 그 결실로 계몽의 빛을 거둔다는 것은 호기심을 자극하는 역설이다. 그러나 이것은 어둠으로부터 빛으로 넘어가는 에난티오드로미아이다. 많은 입회 의식은 동굴 속으로 내려가거나, 세례수의 깊은 곳으로 다이빙하거나, 부활의 자궁으로 돌아가는 단계를 포함한다. 부활의 상징체계는 단순히 비유를 통해서 상반된 것들, 즉 의식과 무의식의 결합을 묘사한다. 모든 부활 상징체계의 바탕에서 작용하고 있는 것은 초월적인 기능이다. 이 기능이 의식의 증대를 낳기 때문에(이전의 조건이 그 전에 무의식이었던 내용물의 추가에 의해서 강화된다), 새로운 조건은 더욱 많은 통찰을 담고 있으며, 이 통찰은 더욱 많은 빛에 의해 상징된다. 그러므로 그 상태는 그 전의 상태의 상대적 어둠에 비하면 더욱 계몽된 상태이다. 많은 경우에, 그 빛은 환상의 형태로도 나타난다.

열반에 이르는 길의 요가

이 섹션은 이 요가의 목표처럼 보이는 의식의 완전한 용해를 잘 설명하고 있다. "행위와 행위의 실행자 같이 둘로 나눠진 것은 절대로 없기 때문에, 만약에 사람이 행위의 실행자를 찾고 있는데 어디서도 행위의 실행자가 발견되지 않는다면, 그것으로서 모든 결실을 거두겠다는 목표는 성취되고 최종적 완성도 성취된다."

그 방법과 그것의 목표에 관한 매우 완전한 이 표현으로 나는 논평의 끝에 이른다. 2권의 텍스트는 대단히 아름답고 지혜로우며 추가적인 논평이 필요한 것을 전혀 담고 있지 않다. 그 텍스트는 쉽게 심리학적 언어로 옮겨질 수 있으며, 내가 이 글에서 제시한 원리들의 도움을 받으면 쉽게 해석될 수 있다.

11장

'티베트 사자의 서'에 관한
심리학적 논평(1935)

심리학적 논평에 들어가기 전에 먼저 텍스트 자체에 대해 몇 자 적고 싶다. 『티베트 사자의 서』(The Tibetan Book of the Dead) 또는 『바르도 퇴돌』(Bardo Thödol)은 죽은 자와 죽어가고 있는 자를 위한 가르침의 책이다. '이집트 사자의 서'처럼, 이 책은 죽은 자가 죽음과 부활 사이의 49일 동안, 상징적으로 중간 상태로 묘사되는 바르도[171]에서 지내는 사이에 그를 위한 안내자 역할을 하게 되어 있다.

텍스트는 세 부분으로 나뉜다. '치카이 바르도'(Chikhai Bardo)라 불리는 첫 부분은 죽음의 순간에 정신에 벌어지는 사건들을 묘사한다. 두 번째 부분, 즉 '초이니드 바르도'(Chönyid Bardo)는 죽음 직후에 일어나는 꿈 상태를 다루고, "인과응보의 망상"이라 불리는 것들을 다룬다. 세 번째 부분, 즉 '시드파 바르도'(Sidpa Bardo)는 출생 본능의 시작과 출생 전의 사건들

---

171   티베트 불교에서 영혼이 죽음과 부활 사이에 있는 상태를 말한다.

에 관심을 두고 있다. 실제로 죽어가는 동안에 최고의 통찰과 계몽을, 따라서 해탈을 이룰 최고의 가능성이 허용되는 것이 두드러진 특징이다.

곧 최종적으로 윤회로 이어지는 "망상들"이 시작된다. 밝은 빛들은 점점 흐릿해지며 잡다해지고, 환상들은 점점 끔찍해진다. 이 하강은 의식이 육체적 재탄생 쪽으로 점점 가까이 다가감에 따라, 자유롭게 하는 진리로부터 멀어진다는 것을 보여주고 있다. 그 가르침의 목적은 이어지는 망상과 얽힘의 단계마다 죽은 자가 언제나 있을 수 있는 해탈의 가능성에 주의를 고정시키도록 하고, 그에게 환상들의 본질을 설명하는 것이다. '바르도 퇴돌'의 텍스트는 시신 앞에서 승려에 의해 암송된다.

'바르도 퇴돌'의 두 번역자인 고(故) 카지 다와-삼둡(Kazi Dawa-Samdup) 승려와 에반스 웬츠 박사에게 진 빚을 갚는 데는 심리학적 논평을 통해서 이 책에 담긴 사상들과 문제들의 장엄한 세계를 서양인의 마음이 조금이라도 더 쉽게 이해할 수 있도록 돕는 것보다 더 좋은 방법은 없다고 나는 생각한다. 이 책을 열린 눈으로 읽으면서 아무런 편견 없이 그것이 각인시키는 인상을 그대로 받아들이는 사람은 틀림없이 풍요로운 보상을 거둘 것이다.

*

편집자인 에반스 웬츠 박사에 의해서 적절히 '티베트 사자의 서'라고 불린 '바르도 퇴돌'은 1927년에 처음 소개될 당시에 영어권 국가들에서 꽤 큰 반향을 불러일으켰다. '바르도 퇴돌'은 대승 불교 전문가들의 관심을 끌 뿐만 아니라, 깊은 인간애와 그보다 더 깊은, 인간 정신의 비밀들에 관한 통찰 때문에 생명에 대한 지식을 확장하기를 원하는 평범한 사람에게도 특별한 호소력을 지니는 글이다.

처음 책으로 출간되고 나서 몇 년 동안 '바르도 퇴돌'은 지속적으로 나를 동반한 벗이었으며, 나는 활력을 주는 많은 생각들과 발견들뿐만 아니라 많은 근본적인 통찰을 그 책에 빚지고 있다. 언제나 읽는 사람으로 하여금 너무 많게 또는 너무 적게 말하게 하는 '이집트 사자의 서'와 달리, '바르도 퇴돌'은 신들이나 원시적인 미개인들이 아니라 인간들을 상대로 이해 가능한 철학을 제시한다.

'바르도 퇴돌'의 철학은 불교의 심리학적 비판의 핵심을 포함하고 있으며, 그런 것으로서 그 텍스트는 비길 데 없을 만큼 탁월하다고 할 수 있다. "분노할 뿐만 아니라 평화롭기도" 한 신들은 인간 정신이 윤회에 투영된 것으로 이해된다. 이것은 계몽된 유럽인에게 너무나 분명해 보이는 사상이다. 그것이 그 유럽인에게 그 자신의 진부한 단순화를 상기시키기 때문이다. 그러나 그 유럽인은 그 신들을 투사로 쉽게 둘러대며 설명할 수 있을지라도, 그는 그 신들을 동시에 실제적인 것으로 가정하지는 못할 것이다. '바르도 퇴돌'은 그것을 할 수 있다. '바르도 퇴돌'은 가장 기본적인 형이상학적 전제들 중 일부에서, 계몽되지 않은 유럽인뿐만 아니라 계몽된 유럽인까지 불리한 입장에 서도록 만든다. 언제나 존재하고 있음에도 말로 표현되지 않은, '바르도 퇴돌'의 가정은 모든 형이상학적 단언들이 자기모순적인 성격을 갖고 있고, 의식이 다양한 수준에 따라 질적인 차이를 보이며, 다양한 수준의 의식에 의해 결정되는 형이상학적 현실들도 마찬가지로 질적 차이를 보인다는 것이다.

이 특별한 책의 바탕은 인색한 유럽인의 "양자택일"이 아니라, 매우 긍정적인 "양쪽 모두"이다. 이 진술은 서양 철학자에게 불쾌할 수 있다. 서양이 명료함과 분명함을 사랑하기 때문이다. 그래서 어느 철학자는 "신은 존재한다"는 견해를 끈질기게 고수하고, 또 한 철학자는 "신은 존재하지 않는다"는, 신을 부정하는 견해를 똑같이 끈질기게 고수한다. 어떻게 하면 이 적대적인 형제들이 다음과 같은 단언을 내놓도록 할 수 있을까?

그대 자신의 지성의 공(空)을 깨달음의 경지로 인식하고, 그와 동시에 그 공을 그대 자신의 의식으로 알면, 그대는 부처의 신성한 마음의 상태에서 살게 될 것이다.

이 같은 단언은 서양의 신학에도 환영받지 못하고 서양의 철학에도 환영받지 못하는 것 같다. '바르도 퇴돌'은 대단히 심리학적인 관점을 보인다. 그러나 서양의 경우에 철학과 신학은 여전히 중세의, 심리학 이전 단계에 머무르고 있다. 말하자면, 단언들만을 듣고 설명하고 옹호하고 비판하고 토론하는 반면에, 그런 단언들을 제시하는 권위자는 전반적인 합의에 의해서 논의의 범위를 벗어난 것으로 여겨졌다.

그러나 형이상학적 단언들은 정신의 진술들이고, 따라서 심리학적이다. 서양인의 마음에, 말하자면 잘 알려진 분개의 감정을 "합리적인" 설명에 대한 비굴한 존경으로 보상하는 그런 마음에, 이 명백한 진리는 지나치게 명백해 보이거나, 그렇지 않으면 그것은 용인할 수 없는, 형이상학적 "진리"의 부정으로 보인다. 서양인이 "심리학적"이라는 단어를 들을 때마다, 그에게 그 단어는 언제나 "오직 심리학적"으로만 들린다. 서양인에게 "영혼"은 가련할 정도로 작고, 무가치하고, 개인적이고, 주관적인 그 무엇이다. 그러므로 서양인은 그것 대신에 "마음"이라는 단어를 사용하길 더 선호한다. 그러면서도 그와 동시에 서양인은 대단히 주관적일 수 있는 진술이 "마음"에서, 당연히 "보편적인 마음"에서, 꼭 필요하다면 심지어 "절대적인 존재"에게서 나오는 것처럼 꾸미길 좋아한다. 터무니없어 보이는 이 같은 추정은 아마 영혼의 작음에 대한 보상일 것이다. 아나톨 프랑스(Anatole France)의 작품 '펭귄의 섬'(Penguin Island)에서 알렉산드리아의 카테리나가 신에게 이렇게 조언할 때, 프랑스는 유럽 세계 전체에 적용되는 어떤 진리를 말했던 것 같다. "그들에게 영혼을 주되, 작은 것으로 주도록 하시지요."

정신 안에 고유한 신성한 창조력을 바탕으로 형이상학적 단언을 하는 것은 바로 정신이다. 정신은 형이상학적 실체들 사이에 구별을 가정한다. 정신은 모든 형이상학적 현실의 조건일 뿐만 아니라, 정신은 곧 그 현실이다.

이 같은 위대한 심리학적 진리로부터, '바르도 퇴돌'은 시작한다. 이 책은 매장 의식에 관한 것이 아니라, 죽은 자들을 위한 특별한 가르침이며, 죽은 자가 죽음부터 윤회까지 49일 동안 지내게 되는 존재의 상태인 바르도 영역에서 변화하는 현상들을 겪는 데 도움을 주는 안내서이다. 동양에서 너무도 자명한 사실로 받아들이는 영혼의 초(超)시간성을 서양인들이 당장 무시하더라도, 그들도 '바르도 퇴돌'의 독자로서 자신을 별 어려움 없이 죽은 자의 위치에 놓고, 앞의 인용에 요약된, 시작 부분에 담긴 가르침을 주의 깊게 고려할 수 있을 것이다. 이 지점에서, 다음과 같은 말이 건방진 투가 아니라 정중한 투로 제시되고 있다.

오, 고귀한 가문의 자손인 아무개여, 잘 들으시오. 지금 당신은 순수한 실재의 투명한 빛의 광휘를 경험하고 있습니다. 그것을 잘 알아차리십시오. 오, 고귀한 가문의 자손이여, 그 광휘는 어떤 특징이나 색깔로도 되어 있지 않고 본래 비어 있는 그대의 지성이오. 그대의 지성은 원래 아무것도 없으며 실재 그 자체이고 모든 선이라오.

지금 공(空)인 당신 자신의 지성은 아무것도 없는 공(空)이 아니라 막힌 것 없이 빛나며 행복에 겨워 진동하는 지성 그 자체로 여겨지고 있지요. 그것이 바로 의식이고 위대한 부처라오.

이 깨달음은 완벽한 계몽의 법신(法身) 상태이다. 또는 서양인의 언어로 표현한다면, 모든 형이상학적 단언들을 만들어내는 바탕은 눈에 보이지 않고 만져지지 않는, 영혼의 현현으로서 의식이다. "공"(空)은 모든 단언과 모든 서술을 초월하는 상태이다. 영혼의 온갖 식별적인 표현들은 여전히 영혼 속에 잠재해 있다.

텍스트는 이렇게 이어진다.

> 빛을 발하고, 비어 있고, 광휘의 위대한 몸과 분리될 수 없는 당신 자신의 의식은 출생도 없고 죽음도 없으며 불변하는 빛, 즉 아미타불(阿彌陀佛) 이다.

영혼은 분명히 작지 않으며, 빛을 발하는 신 자체이다. 서양은 이 진술에 대해, 노골적으로 신성을 모독하지는 않더라도 매우 위험한 것으로 여기거나, 아니면 아무 생각 없이 받아들였다가 신지학적(神智學的) 팽창으로 고통을 겪는다. 어쨌든 서양인들은 이런 것들에 대해 언제나 그릇된 태도를 보인다. 그러나 만약에 서양인들이 사물을 갖고 언제나 무엇이든 하려 들고 실용적으로 이용하려 드는 중대한 실수를 삼갈 만큼 충분히 자제할 수 있다면, 그들도 아마 이런 가르침들로부터 한 가지 중요한 교훈을 얻거나, 적어도 죽은 사람에게 궁극적이고 가장 높은 진리를 허용하는 '바르도 퇴돌'의 위대함을 평가할 수 있을 것이다. 그 교훈이란 바로 신들은 우리 자신의 영혼들의 광휘이고 반영이라는 것이다. 그런 진리로 인해 기독교인은 자신의 신을 강탈당하는 느낌을 받을지 몰라도, 동양인에게는 그런 진리가 태양의 빛을 가리는 일은 절대로 일어나지 않는다. 반대로, 동양인의 영혼은 신성의 빛이고, 신성은 영혼이다. 동양은 이 역설을, 오늘날을 기준으로 해도 심리학적으로 시대를 앞설 불운한 안젤루스 질레지우스보다 더 잘 견뎌낼 수 있다.

'바르도 퇴돌'이 죽은 사람에게 정신의 탁월성을 분명하게 보여주는 것은 대단히 현명한 조치이다. 그것이 삶이 우리에게 분명하게 보여주지 않는 한 가지이기 때문이다. 우리는 밀치거나 압박하는 것들에게 꼼짝달싹 못할 만큼 둘러싸여 있는 탓에, "주어진" 그 모든 것들 틈에 끼어서 그것들을 준 것이 누구인지에 대해 궁금해 할 기회를 전혀 갖지 못한다. 죽은 사람이 자신을 해방시키는 것은 바로 "주어진" 것들의 이 세상으로부터이며, 그 가르침의 목적은 죽은 자가 그 해방을 이루는 쪽으로 다가가도록 돕는 것이다.

만약에 우리 자신을 죽은 사람의 입장에 놓을 수 있다면, 우리는 그 가르침으로부터 결코 적지 않은 보상을 끌어낼 것이다. 이유는 우리가 바로 첫 몇 개의 단락으로부터 "주어진" 모든 것을 "주는 자"가 바로 우리 안에 거주하고 있다는 것을 배울 것이기 때문이다. 이것은 모든 증거에도 불구하고, 가장 사소한 것들에서나 가장 중요한 것들에서나 똑같이 절대로 알려지지 않은 하나의 진리이다. 이 진리를 아는 것이 종종 너무나 필요하고, 결정적으로 중요한데도 말이다. 틀림없이, 그런 지식은 존재의 목적을 이해하려는 마음을 가진 명상적인 사람들에게만, 그리고 기질적으로 그노시스주의자여서 만다야 교도들의 구세주처럼, "생명의 지혜"(Manda d' Hayye)라 불리는 구세주를 믿는 사람들에게만 적절하다.

많은 서양인들에게는 세상을 "주어진" 무엇인가로 보는 것이 용인되지 않는다. 서양인들이 세상을 정신의 본질에 의해 "주어진" 것으로 볼 수 있기 전에, 많은 희생을 요구하는 관점의 전도가 필요하다. 나에게 일어나는 모든 것을 그냥 지켜보는 것이 내가 어떻게 그 일들이 일어나도록 하는지를 관찰하는 것보다 훨씬 더 간단하고, 더 극적이고, 더 인상적이고, 따라서 더 믿을 만하다. 정말로, 인간의 동물적인 본성이 인간으로 하여금 스스로를 환경의 창조자로 여기는 것에 저항하도록 만든다. 그것이 인간을 자신의 환경의 창조자로 만들려는 노력들이 언제나 비밀 입교 의식의 목표였던 이유이다. 이 의식들은 대체로 관점의 전도의 총체적인 성격을 상징하는 비유적인 죽음에서 절정을 이룬다.

그리고 실은 '바르도 퇴돌'에 제시된 가르침은 죽은 사람에게 입교 경험과 스승의 가르침을 상기시킨다. 이유는 그 가르침이 결국엔 죽은 사람을 '바르도'의 삶 속으로 받아들이는 것과 다르지 않기 때문이다. 살아 있는 사람들의 입교가 저편을 위한 준비이듯이. 이집트와 엘레우시스의 신비의식이 행해진 이후로 고대 문명들에 있었던 신비주의 숭배들은 적어도 그랬다. 그러나 살아 있는 사람들의 입교에서 "저편"은 죽음 이후의 세상이 아니라, 마음의 의도나 관점의 전도 또는 심리적 "저편" 또는 기독교 용어를 빌리면 세상과 죄의 속박으로부터의 "구원"이다. 구원은 어둠과 무의식의 기존의 조건으로부터 분리되어 자유로워지는 것이며, 구원은 계몽과 해방의 조건으로, 즉 "주어진" 모든 것에 대한 승리와 초월로 이어진다.

여기까지 '바르도 퇴돌'은, 에반스 웬츠 박사도 느끼는 바와 같이, 영혼에게 출생 때 잃은 신성을 되찾아주는 것이 목적인 어떤 입교 과정이다. 지금 그 가르침이 반드시 가장 중요한 항목으로, 종국적이고 가장 높은 원리들로 시작하는 것은 동양의 종교적인 문헌의 두드러진 한 특징이다. 서양이라면, 예를 들어 루키우스가 마지막에서야 헬리오스로 숭배되는 아풀레이우스의 소설에서처럼, 그런 항목은 맨 끝에 올 것이다. 따라서 '바르도 퇴돌'에서 입교 의식은 일련의 점점 약해지는 클라이맥스들이며, 그 끝은 자궁 안에서 일어나는 재탄생이다.

서양에서 지금도 유일하게 행해지고 있는 "입교 과정"은 의사들이 치료 목적으로 행하고 있는 무의식의 분석이다. 이런 식으로 의식의 기반을 이루는 층까지 깊이 침투하는 것은 소크라테스의 철학에 근거한다면 일종의 이성적인 산파술이다. 배(胚)의 단계나 마찬가지인 잠재의식에 있는, 아직 태어나지 않은 정신적 내용물을 태어나도록 하는 것이라는 뜻이다. 원래, 이 치료는 프로이트의 정신분석의 형태를 취했으며 주로 성적 공상에 관심을 두었다. 이것은 '시드파 바르도'로 알려진, 바르도의 마지막이자 가장 낮은 영역에 해당한다. 거기서, 치카이와 초이니드 바르도의 가르침을 이용하지 못하는 죽은 사람은 성적 공상들에 희생되기 시작하며, 짝짓기를 하는 커플의 환상에 매료된다. 그러다가 그는 최종적으로 어느 자궁에 붙잡혀 속세에 다시 태어난다. 그 사이에, 쉽게 예상할 수 있듯이, 오이디푸스 콤플렉스가 작동하기 시작한다. 만약에 그의 업(業)이 그를 남자로 다시 태어나게 운명 짓는다면, 그는 미래의 자기 어머니를 사랑하며 자기 아버지가 증오스러울 만큼 불쾌하다는 사실을 발견할 것이다. 거꾸로, 미래의 딸은 미래의 자기 아버지에게 강하게 끌리고 자기 어머니로부터 배척당할 것이다. 무의식적 내용물이 분석에 의해 드러날 때, 유럽인은 프로이트가 특별히 강조하는 그 영역을 통과하지만, '바르도 퇴돌' 속의 죽은 자는 반대 방향으로 나아간다. 그는 거꾸로 유치한 성적 공상의 세계를 통과해 자궁까지 여행한다. 정신분석 분야에서는 심지어 출생 경험 자체가 특별한 정신적 외상이라는 주장도 제기되고 있다. 아니, 그 이상이다. 심지어 자궁 안의 기원에 관한 기억까지 거꾸로 규명했다는 주장까지 나오고 있으니까. 불행하게도, 여기서 서양의 이성은 한계에 닿고 있다. "불행하게도"라는 표현을 끄는 이유는 프로이트의 정신분석이 소위 자궁 안의 경험까지 거슬러 올라갈 것이라고 기대하는 사람도 있기 때문이다.

만약 정신분석이 이 대담한 과제를 성공적으로 마무리했다면, 정신분석은 틀림없이 '시드파 바르도'를 벗어나서 뒤로부터 '초이니드 바르도'의 낮은 곳으로 침투했을 것이다. 서양이 가진 기존의 생물학적 사상으로는 그런 모험을 성공적으로 끝내지 못할 것이라는 말은 사실이다. 그 모험은 현재의 과학적 가정들에 근거한 철학적 준비와는 완전히 다른 종류의 철학적 준비를 요구한다. 그러나 거꾸로 돌아가는 여행이 착실히 추구되더라면, 그 같은 노력은 틀림없이 자궁 이전의 존재, 말하자면 진정한 바르도의 삶에 관한 어떤 가설을 낳았을 것이다. 적어도 경험하는 주체의 흔적을 발견하는 것이 가능하기만 했다면 말이다.

실은, 정신분석은 자궁 내의 경험들의 흔적을 단순히 짐작하는 선을 결코 벗어나지 못했으며, 심지어 그 유명한 "출생 트라우마"도 진부한 표현으로 남았으며 더 이상 아무것도 설명하지 못한다. 그것은 생명의 종말이 언제나 죽음이라는 이유로 생명을 나쁜 예후를 가진 질병이라고 보는 가설과 다를 것이 하나도 없다.

프로이트의 정신분석은 모든 근본적인 측면에서 '시드파 바르도'의 경험 너머로 나아가지 못했다. 다시 말하면, 정신분석은 불안을 포함한 다양한 감정 상태를 야기하는, 성적 공상들과 그와 비슷한 "양립 불가능한" 경향들로부터 벗어날 수 없었다. 그럼에도 불구하고, 프로이트의 이론은 서양이 티베트 불교의 시드파 바르도에 해당하는 정신 영역을, 마치 아래로부터 조사하듯, 동물적인 본능의 영역에서부터 조사한 최초의 시도이다. 충분히 이해되는, 형이상학에 대한 두려움이 프로이트가 "신비"의 영역을 파고드는 것을 가로막았다. 이것 외에, 만약에 서양인들이 '시드파 바르도'의 심리학을 받아들인다면, 시드파 상태는 죽은 사람이 "자궁 입구"에 닿을 때까지 내내 그에게 '업'의 거센 바람이 몰아치는 것이 특징이다. 달리 말하면, 시드파 상태는 되돌아가는 것을 절대로 허용하지 않는다. 왜냐하면 시드파 상태가 아래쪽으로, 그러니까 본능과 육체적 재탄생의 동물적 영역으로 내려가려는 거센 분투에 의해서, 초이니드 상태로부터 봉쇄되어 있기 때문이다. 말하자면, 순수하게 생물학적인 가정을 갖고 무의식 속을 파고드는 사람은 누구나 본능의 영역에 갇혀 그 너머로는 나아가지 못한다. 그가 육체적인 존재 속으로 거듭 끌어당겨질 것이기 때문이다.

그러므로 프로이트의 이론은 무의식을 기본적으로 부정적으로 평가하는 외에 다른 어떤 것에도 닿지 못한다. 프로이트의 이론은 한계가 분명한 이론이다. 그와 동시에, 그런 식으로 정신을 보는 관점은 전형적으로 서양적이라는 점도 지적되어야 한다. 단지 그 관점이 다른 관점들에 비해 더 뻔뻔하게, 더 노골적으로, 더 무모하게 표현되고 있을 뿐이다. 그럼에도 그 관점들은 기본적으로 서로 전혀 다르게 생각하지 않는다. 이 맥락에서 "마음"이 의미하는 바에 대해 말하자면, 우리는 마음이 확신을 품을 것이라는 희망만을 소중히 여길 수 있을 뿐이다. 그러나 막스 셸러(Max Scheler)[172]조차도 유감스럽게 여겼듯이, 이 "마음"의 능력은 아무리 좋게 말해도 의문스럽다.

그렇다면 우리는 합리적으로 설명하는 서양의 마음이 정신분석의 도움을 받아 '시드파' 상태의 신경증 경향이라고 부를 수 있는 것을 파고들었다는 것을 하나의 사실로 언급할 수 있다. 그러다가 심리적인 모든 것은 주관적이고 개인적이라는 무비판적인 가정에 의해 그만 불가피하게 그 노력이 정지하는 사태가 벌어지게 되었다. 그렇다 하더라도, 그 전진은 중요한 획득이었다. 그것으로 인해, 우리가 우리의 의식적인 삶의 뒤를 한 걸음 더 깊이 파고들 수 있었으니 말이다. 이 지식은 또한 우리가 '바르도 퇴돌'을 어떤 식으로 읽어야 하는지에 대한 암시를 내놓는다. 말하자면, 거꾸로 읽어야 한다는 것이다. 만약에 서양인이 서양 과학의 도움을 받아 '시드파 바르도'의 심리학적 성격을 어느 정도 이해하는 데 성공한다면, 그 다음 과제는 그 앞의 '초이니드 바르도'를 이해할 수 있는지를 보는 것이다.

'초이니드' 상태는 업(業)에 따른 망상, 즉 전생들의 정신적 잔재로부터 생긴 망상들의 상태이다. 동양의 관점에 따르면, 업은 윤회의 가설에 근

---

172 가치 분야에서 주로 활동한 독일 철학자이자 사회학자(1874-1928).

거한, 일종의 정신의 유전 이론을 암시한다. 이 윤회의 가설은 종국적으로 영혼의 초(超)시간성의 가설이다. 서양의 과학적 지식이나 이성은 이 사상과 조화를 이루지 못한다. 이 사상에는 '만약에'와 '그러나'라는 표현이 너무 많이 쓰인다. 무엇보다, 서양인들은 개인의 영혼이 죽은 뒤에도 지속적으로 존재할 가능성에 대해 거의 아무것도 알지 못한다. 그것에 관한 지식이 너무나 없기 때문에, 서양인들은 이 측면에서 누군가가 어떤 식으로든 무엇을 증명할 수 있다는 생각은 상상조차 하지 못한다. 게다가 서양인은 인식론적 토대 위에서 그런 증명은 신을 증명하는 것만큼이나 불가능하다는 것을 너무나 잘 알고 있다. 따라서 만약에 서양인들이 업이라는 것을 아주 넓은 의미에서 '정신의 유전'으로 이해하기만 한다면, 그들도 조심스럽게 그 사상을 받아들일 수 있다.

정신의 유전은 존재한다. 말하자면, 병에 걸리기 쉬운 경향, 성격의 특성들, 특별한 재능 같은 정신적 특징의 상속이 있다. 자연 과학이 복잡한 이 사실들을 육체적 양상(세포들의 핵 구조 등)처럼 보이는 것으로 환원한다 하더라도, 그것들의 정신적 본질은 전혀 아무런 해를 입지 않는다. 그런 복잡한 사실들은 주로 정신적으로 스스로를 표현하는 생명의 기본적인 현상들이다. 마찬가지로, 육체적 차원에서 스스로를 주로 생리적으로 표현하는, 다른 물려받은 특징들도 있다.

물려받은 이런 정신의 요소들 가운데에 가족에게도 국한되지 않고 민족에게도 국한되지 않는 특별한 종류가 한 가지 있다. 이것들은 마음의 보편적인 경향들이며, 마음이 내용물을 조직하는 데 기준이 되어 주는, 플라톤의 형상들(eidola)과 비슷한 것으로 이해된다. 이 형상들은, 언제 어딜 가나 이성의 기본적인 조건으로 제시되는 논리적 카테고리와 비슷한 카테고리로 묘사될 수 있다. 단지 우리의 "형상들"의 경우에, 우리는 이성의 카테고리들을 다루는 것이 아니라 상상의 카테고리들을 다룬다. 상상의 산물들이 언제나 기본적으로 시각적이기 때문에, 그 산물들의 형상들은 처음부터 이미지의 성격을, 특히 전형적인 이미지의 성격을 지닌다. 이것이 내가 그것들을 성 아우구스티누스를 따라 "원형"이라고 부르는 이유이다.

비교 종교학과 신화학은 원형들을 풍성하게 내놓는 광산들이며, 꿈들과 정신병의 심리학도 마찬가지이다. 이 이미지들과 그것들이 표현하는 사상들 사이의 놀라운 유사성은 종종 사람들의 이주가 대단히 폭넓게 이뤄졌다는 이론을 낳았다. 그러나 그런 이론보다는, 장소와 시간을 불문하고 확인되는 인간 정신의 놀라운 유사성에 대해 생각하는 것이 훨씬 더 자연스럽다. 원형적인 공상 형상들은 실제로 언제 어디서나 직접적인 전달의 흔적이 전혀 없는 가운데서 저절로 재현된다. 정신이 원래 갖춘 구조적인 구성 요소들은 눈에 보이는 육체의 구성 요소들과 마찬가지로 놀랄 정도의 일치성을 보인다. 원형들은 말하자면 합리적으로 변하기 전의 정신 기관(器官)들인 셈이다.

원형들은 영원히 물려받는 형태들과 생각들이다. 그런데 이 형태들과 생각들은 처음에 특별한 내용을 전혀 갖고 있지 않았다. 그것들의 특별한 내용물은 오직 개인의 경험이 이 형태들 안에 축적되는 개인적 삶의 과정에 나타난다. 만약에 원형들이 어디서나 똑같은 형태로 미리 존재하지 않는다면, '바르도 퇴돌'의 곳곳에 나타나는, 죽은 사람은 자신이 죽었다는 것을 모른다는 사실을, 그리고 그 같은 단언이 유럽과 미국의 심령술에 관한 어설픈 문헌에도 자주 나온다는 사실을 어떻게 설명할 수 있을까? 스베덴보리(Emanuel Swedenborg)의 글에서도 그와 똑같은 단언이 발견되지만, 그의 글에 관한 지식은 모든 소도시의 매체까지도 그 정보를 게재할 정도로 충분히 널리 퍼져 있지 않다. 그리고 스베덴보리와 '바르도 퇴돌' 사이의 연결은 상상 가능하지 않다.

죽은 사람들이 그냥 세속의 존재를 이어가면서 자신이 육체를 벗어난 혼령이라는 사실을 알지 못한다는 것은 원초적이고 보편적인 사상이다. 이 것은 누구든 귀신을 볼 때마다 그 즉시 눈에 보이는 형태를 갖추게 되는 원형적인 생각이다. 귀신들이 전 세계에 걸쳐 공통적인 특성들을 보인다는 것도 마찬가지로 중요하다. 나는 당연히 증명할 수 없는 심령술의 가설을 알고 있다. 그럼에도 그것을 나 자신의 가설로 만들 생각은 전혀 없다. 나는 분화되었지만 어디에나 있는 어떤 정신 구조라는 가설로 만족해야 한다. 이 정신 구조는 물려받는 것이며 당연히 모든 경험에 어떤 형태와 방향을 부여한다. 육체의 기관들이 단순히 무감각하고 수동적인 물질의 덩어리들이 아니라 강압적으로 스스로를 긴박하게 내세우며 역동적으로 작동하는 복합체들이듯이, 원형들도 정신의 기관들로서 정신적 삶을 상당히 좌우하며 역동적으로 작동하는 복합체들이기 때문이다. 그것이 내가 원형들을 무의식의 지배적인 요소라고 부르는 이유이다. 보편적이고 역동적인 이런 형상들로 이뤄진 무의식적 정신의 층들을 나는 집단 무의식이라고 부른다.

내가 아는 한, 출생 이전 또는 자궁 이전의 개인적인 기억의 계승 같은 것은 절대로 없지만, 개인적 경험이 전혀 없는 탓에 내용물이 비어 있는, 물려받는 원형은 틀림없이 있다. 그 원형들은 개인적 경험들이 그것들을 눈에 띄게 만들 때에만 의식 속에 나타난다. 앞에서 본 바와 같이, '시드파' 심리는 살기를 원하고 태어나기를 원하는 것에 있다. ('시드파 바르도'는 "재탄생을 추구하는 바르도"이다.) 그러므로 만약에 개인이 의식의 세계로 다시 태어나는 것을 단호하게 거부하지 않는다면, '시드파 바르도'는 초(超)주관적인 정신적 현실들의 경험을 배제한다.

'바르도 퇴돌'의 가르침에 따르면, 만약에 죽은 사람이 "흐릿한 빛들"을 따르고 싶은 욕망에 굴복하지 않는다면, 그가 '바르도' 상태들 각각에서 4면의 메루산(한자로 수미산(須彌山)이라 불린다)을 능가함으로써 법신에 닿는 것은 여전히 가능하다. 그것은 곧 죽은 사람이 이성의 명령에 결사적으로 저항하고 이성이 신성한 것으로 여기는 자아의 탁월성을 포기해야 한다는 뜻이다. 그것이 실제로 의미하는 것은 정신의 객관적인 능력에 대한 완전한 굴복이다. 말하자면, '시드파 바르도'에서 일어나는 죽은 자에 대한 심판에 해당하는, 일종의 상징적 죽음이다. 그것은 의식적이고 합리적이고 도덕적으로 책임지는 삶의 모든 행동의 종말을 의미하며, '바르도 퇴돌'이 "업에 따른 망상"이라 부르는 것에 대한 자발적 굴복을 의미한다.

업에 따른 망상은 지극히 비합리적인 성격의 환상의 세계에 대한 믿음에서 비롯되며, 이런 세계는 서양인의 합리적인 판단과 일치하지도 않고 그런 판단에서는 나오지도 않으며, 아무런 구애를 받지 않는 상상의 산물이다. 그것은 순수한 꿈 또는 "공상"이며, 선의를 품은 사람은 누구나 즉시 서양인에게 그런 것을 경계하라고 주의를 줄 것이다. 정말로, 이런 종류의 공상과 정신병을 앓는 사람의 환영 사이에 얼핏 봐서는 차이가 느껴지지 않는다. 약간의 '정신 수준의 저하'만 일어나도 이런 망상의 세계가 펼쳐지는 예가 자주 보인다. 그런 순간의 공포와 어둠에 해당하는 경험이 '시드파 바르도'의 첫 부분에 묘사되어 있다. 그러나 이 바르도의 내용물도 원형들을, 처음에 끔찍한 형태로 나타나는 인과응보의 이미지들을 드러낸다. '초이니드' 상태는 고의로 유도한 어떤 정신 이상에 해당한다.

요가, 특히 악명 높은 쿤달리니 요가의 위험에 대해 종종 듣거나 읽는다. 일부 불안정한 개인들의 경우에 진짜 정신 이상으로 이어질 수 있는, 고의로 유도하는 정신 이상의 상태는 매우 심각하게 받아들여야 하는 위험이다. 이런 것들은 정말로 위험하며, 전형적인 서양의 방식으로 그것들을 간섭하려 들어서는 안 된다. 그것은 운명을 건드리는 일로서, 인간 존재의 뿌리를 공격하여 정신이 온전한 사람이 꿈도 꾸지 못한 그런 고통들의 홍수를 일으킬 수 있다. 이 고통들은 '초이니드' 상태에서 일어나는 끔찍한 고통들에 해당한다. 그 고통들은 거기에 이렇게 묘사되어 있다.

그런 다음에 죽음의 지배자가 당신의 목에 밧줄을 걸고 당신을 잡아당길 것입니다. 그는 당신의 머리를 자르고, 당신의 심장을 떼어내고, 당신의 내장을 끄집어내고, 당신의 뇌를 핥아 먹고, 당신의 피를 마시고, 당신의 살점을 먹고, 당신의 뼈를 갉아먹지만, 당신은 죽을 수 없습니다. 당신의 육체가 조각으로 난도질당할 때조차도, 그 육체는 다시 살아날 것입니다. 거듭되는 난도질이 끔찍한 고통과 고문을 야기할 테지요.

이 고문들은 그 위험의 진정한 본질을 적절히 묘사하고 있다. 그것은 사후의 상태에서 눈에 보이는, 정신적 자기의 외피를 이루고 있는 일종의 "신비체"인 바르도 육체의 완전성을 해체하는 것이다. 이 해체와 심리학적으로 동일한 것은 정신의 분열이다. 이 정신의 분열이 해를 끼치는 형태로 나타나는 것이 정신 분열증이다. 정신병 중에서 가장 흔한 정신 분열증은 기본적으로 두드러진 '정신 수준의 저하'이며, 이 상태에 이르면 의식적인 마음이 강요하는 정상적인 억제가 사라지고, 따라서 무의식의 "지배적인 요소들"이 무한정 작동하게 된다.

이어서 시드파 상태로부터 초이니드 상태로 넘어가는 것은 의식적인 마음의 목표와 의도를 위험하게 거꾸로 돌려놓는 것이다. 그것은 자아의 안정성을 희생시키는 것이고, 틀림없이 공상적인 형태들이 소동을 일으키는 것처럼 보이는 혼란의 극단적인 불확실성에 굴복하는 것이다. 프로이트가 자아가 "불안의 진정한 근원"이라고 말했을 때, 그는 매우 진정하고 심오한 어떤 직관을 표현하고 있었다. 자기희생에 대한 두려움은 모든 자아의 깊은 곳에 숨어 있으며, 이 두려움은 종종 위태롭게 통제되고 있는, 최대한의 힘으로 폭발하려는 무의식적 힘들의 욕구에 지나지 않는다.

개성화를 추구하는 사람은 누구도 이 위험한 단계로부터 면제되지 않는다. 두려움의 대상이 되고 있는 그것도 자기의 완전성에 포함되기 때문이다. 이 자기는 정신의 "지배적인 요소들"로 이뤄진, 인간 이하 또는 인간 이상의 세계이며, 자아도 원래 다소 망상적인 자유를 위해서 엄청난 노력을 기울인 끝에 이 자기로부터 부분적으로만 해방되었다. 이 해방은 확실히 매우 필요하고 매우 영웅적인 과제이지만, 그것은 최종적인 것은 아무것도 의미하지 않는다. 그것은 단지 어떤 주체의 창조일 뿐이며, 이 주체는 성취를 발견하기 위해서 여전히 어떤 대상을 직면해야 한다. 이것이 첫눈에 세상처럼 보일 것이며, 이 세상은 성취를 이룬다는 바로 그 목표를 위해 투사로 가득하다. 여기서 우리는 우리의 곤경들을 찾고 발견하며, 여기서 우리는 우리의 적을 찾고 발견하며, 여기서 우리는 우리에게 소중하고 귀중한 것을 찾고 발견한다. 그리고 모든 악한 것과 모든 선한 것이 저기서, 눈에 보이는 대상에서, 말하자면 정복하고 처벌하고 파괴하거나 누릴 수 있는 대상에서 발견된다는 것을 아는 것은 마음에 위로가 된다.

그러나 자연 자체가 이런 천당 같은 순수한 상태가 영원히 지속되는 것을 허용하지 않는다. 세상과 세상의 경험들이 어떤 상징의 본질 안에 들어 있다는 것을, 그리고 그 상징이 주체 자신의 안에, 주체 자신의 초(超)주관적인 현실 안에 숨어 있는 무엇인가를 진정으로 반영하고 있다는 것을 보지 않을 수 없는 사람들이 있으며, 또 언제나 있어 왔다. 티베트 불교의 교리에 따르면, 초이니드 상태는 이런 심오한 직관으로부터 진정한 의미를 끌어내며, 그것이 초이니드 바르도가 "현실을 경험하는 바르도"라는 이름으로 불리는 이유이다.

초이니드 상태에서 경험되는 현실은, 초이니드 바르도에 관한 마지막 섹션이 가르치고 있듯이, 사고의 현실이다. 그 "사고 형태들"이 현실로 나타나고, 공상이 진정한 형태를 취하며, 인과응보에 의해 일어나고 무의식의

"지배적인 요소들"에 의해 펼쳐지는 끔찍한 꿈이 시작된다. (텍스트를 거꾸로 읽을 경우에) 가장 먼저 나타나는 것은 모든 공포들의 전형인, 모든 것을 파괴하는 죽음의 신이다. 죽음의 신 다음에, "권력을 쥐고 있는" 사악한 여신 28명과 "피를 마시는" 여신 58명이 나온다. 무시무시한 속성과 기괴함이 뒤섞인 카오스처럼 보이는 그 신들의 악마적인 모습에도 불구하고, 거기에 이미 어떤 질서가 확인된다. 4개의 방향에 따라 배열된 신들과 여신들의 집단들이 있으며, 그 집단들은 전형적인 상징적 색깔들에 의해 뚜렷이 구별된다. 모든 신들이 4가지 색깔의 십자가를 포함하는 만다라 또는 원으로 조직되어 있다는 것이 점점 더 분명해진다. 그 색깔들은 지혜의 네 가지 양상과 어울린다.

(1) 흰색 = 거울 같은 지혜를 나타내는 빛의 경로
(2) 노란색 = 평등의 지혜를 나타내는 빛의 경로
(3) 빨간색 = 식별하는 지혜를 나타내는 빛의 경로
(4) 초록색 = 모든 것을 수행하는 지혜를 나타내는 빛의 경로

보다 높은 차원의 통찰에서, 죽은 사람은 진정한 사고 형태들이 모두 자신에게서 나온다는 것을, 그의 앞에 나타나는 4가지 지혜의 빛의 경로들이 자신의 정신의 기능들의 방사라는 것을 안다. 이것이 곧장 우리를 티베트 불교의 만다라의 심리학으로 데리고 간다. 이 만다라에 대해서는 작고한 리하르트 빌헬름과 함께 『황금꽃의 비밀』(The Secret of the Golden Flower)에서 이미 논했다.

'초이니드 바르도' 영역을 통과하며 거꾸로 올라가기를 계속하면서, 우리는 마지막으로 4명의 위대한 존재들의 환상에 닿는다. 초록색인 '아모가 싯디'(Amogha-Siddhi)와 빨간색인 '아미타불'(Amitabha), 노란색인

'라트나-삼바바'(Ratna-Sambhava), 흰색인 '바즈라 삿바'(Vajra-Sattva)가 그 존재들이다. 그 상승은 법계(法界: Dharmadhatu)의 눈부신 푸른 빛, 즉 만다라의 한가운데에서 비로자나불(Vairochana)의 심장으로부터 빛을 발하는 부처의 몸으로 끝난다.

이 마지막 환상으로 업에 따른 망상들이 끝난다. 모든 형태로부터, 그리고 대상에 대한 모든 애착으로부터 떨어져 나온 의식은 시간을 초월하는 법신의 상태로 돌아간다. 따라서 (거꾸로 읽으면서) 죽음의 순간에 나타났던 치카이 상태에 닿는다.

이런 몇 가지 힌트도 주의 깊게 읽는 독자에게 '바르도 퇴돌'의 심리학이 어떤 것인지를 알게 할 것이라고 나는 생각한다. '바르도 퇴돌'은 기독교의 종말론적인 예상과는 달리, 영혼이 육체적인 존재로 내려갈 준비를 갖추도록 하는, 어떤 입교 방법을 거꾸로 묘사하고 있다. 철저히 주지주의적이고 합리적인 유럽인의 세속적인 성향에는 '바르도 퇴돌'의 순서를 거꾸로 바꾸고 그것을 동양의 입교 경험을 설명하는 것으로 여기는 것이 바람직해 보인다. 원한다면, 초이니드 바르도의 신들을 기독교 상징들로 대체할 수도 있다.

어쨌든, 내가 설명한 바와 같이 사건들의 순서는 유럽인의 무의식이 "입교 과정"을 거치고 있을 때, 말하자면 무의식이 분석되고 있을 때, 그 무의식의 현상학과 매우 비슷하다. 분석 과정을 거치는 동안에 일어나는 무의식의 변형은 분석을 종교적 입교 의식과 비슷한 것으로 만든다. 그러나 종교적 입교 의식은 발달의 자연적인 경로를 사전에 차단하고, 자동적으로 만들어지는 상징들을 전통에 의해 선택된 일련의 상징들로 대체한다는 점에서, 원칙적으로 자연적인 과정과 다르다. 이것을 우리는 이냐시오 로욜라의 '영적 수련'이나 불교 신자와 탄트라교 신자들의 요가 명상에서 볼 수 있다.

여기서 내가 이해를 돕는 한 방법으로 제안한, 장(章)들의 순서를 거꾸로 돌리는 것은 어떤 면으로도 '바르도 퇴돌'의 원래 의도와 일치하지 않는다. 우리가 '바르도 퇴돌'을 심리학적으로 이용하는 것도 라마교도의 관습에 의해 아마 허용되겠지만, 부차적인 의도에 지나지 않을 뿐이다. 이 독특한 책의 진정한 목표는 바로 죽은 사람들에게 바르도의 영역들을 통과하는 여정에 대해 설명하는 것이다. 20세기의 교육 받은 유럽인에게 틀림없이 매우 이상하게 보일 목표이다.

백인의 세계에서 죽은 사람들의 영혼을 위한 준비가 어떤 식으로든 행해지는 유일한 곳은 가톨릭교회이다. 자신의 세계를 믿는 낙천주의가 강한 프로테스탄트 진영 안에서는 강령술을 행하는 소수의 "구원 집단"(recue circles)이 발견될 뿐이다. 이 집단들의 주요 관심사는 죽은 자가 죽었다는 사실을 알게 하는 것이다. 그러나 대체로 말해서 서양에는 일반 대중이나 평범한 과학자들이 접근할 수 없는 일부 비밀의 글을 제외한다면, '바르도 퇴돌'과 비교할 만한 것이 전혀 없다.

전통에 따르면, '바르도 퇴돌'도, 에반스 웬츠 박사가 서문에서 밝히듯이, "비밀"의 책들에 포함되었던 것 같다. 그런 것으로서, 그 책은 죽음 이후까지 확장하는, "영혼의 마법적인 치유"에서 특별한 한 장(章)을 이룬다. 죽은 사람들을 위한 이 제식은 합리적으로 영혼의 초시간성에 대한 믿음에 근거를 두고 있지만, 제식의 비합리적인 토대는 살아 있는 사람이 죽은 사람을 위해서 무엇인가를 하려는 심리적 욕구에서 발견된다. 이것은 친척들과 친구들의 죽음 앞에서 가장 "계몽된" 개인들도 어쩔 수 없어 느끼는 기본적인 욕구이다. 그것이 계몽 여부를 떠나서 우리가 여전히 죽은 사람들을 위해서 온갖 종류의 의식을 치르고 있는 이유이다.

만약에 레닌이 방부 처리되어 이집트의 파라오처럼 호화로운 무덤에 전시되어야 했다면, 우리는 그것이 그의 추종자들이 육체의 부활을 믿었기 때문이 아니라는 것을 확신할 수 있다. 그러나 가톨릭교회에서 행하는 영혼을 위한 미사를 제외한다면, 서양인들이 죽은 자들을 위해 준비하는 것들은 기본적이고 가장 낮은 차원이다. 이유는 영혼의 불멸성을 확신할 수 없어서가 아니라, 앞에서 언급한 심리학적 욕구를 합리적으로 설명함으로써 해소하기 때문이다. 서양인들은 마치 그런 욕구를 갖고 있지 않은 것처럼 행동하며, 그들은 사후의 삶을 믿지 못하기 때문에 그 삶에 대해 아무것도 하지 않는 쪽을 선호한다. 보다 단순한 마음의 소유자들은 자신의 감정을 따르며, 이탈리아에서처럼 괴상한 아름다움을 갖춘 장례 기념물을 직접 건설한다.

영혼을 위한 가톨릭의 미사는 이것보다 꽤 높은 수준이다. 왜냐하면 가톨릭의 미사가 죽은 사람들의 정신적 안녕을 강력히 의도하고, 단순히 구슬픈 감상만을 충족시키는 것이 아니기 때문이다. 그러나 세상을 떠난 사람을 위해서 정신적 노력을 최고의 차원에서 벌이는 것은 확실히 '바르도 퇴돌'의 가르침에서 발견된다. 그 가르침들이 대단히 세세하고 초점을 죽은 사람의 조건에 일어난 변화에 철저히 맞췄기 때문에, 진지한 성격의 소유자는 누구나 이처럼 현명한 옛날의 승려들은 어쨌든 사차원을 엿보며 삶의 가장 위대한 비밀들을 가리고 있던 베일을 걷지 않았을까 하고 자문하지 않을 수 없게 된다.

설령 그 진리가 실망을 안기는 것으로 입증된다 하더라도, 누구나 '바르도'에 나타나는 삶의 환상에 적어도 어느 정도의 현실성을 부여하고 싶은 유혹을 느낀다. 어쨌든, 적어도 사후의 상태를 발견한다는 것은 뜻밖에 독창적이다. 서양의 종교적 상상력은 사후의 상태를, 점진적으로 악화되는 성격의 끔찍한 어떤 꿈 상태로 지나치게 무시무시한 색깔로 과장되게 그렸다. 최고의 환상은 '바르도'의 끝에 오지 않고 바로 시작 단계에, 그러니까 죽음의 순간에 온다. 그 뒤에 일어나는 것은 망상과 몽롱 상태로, 새로운 육체적 탄생이라는 최종적 하락까지 깊이 내려가는 하강이다. 영적 절정은 생명이 끝나는 순간에 닿는다. 그러므로 인간의 삶은 성취 가능한 범위 안에서 최고의 완벽을 이루는 도구이다. 인간의 삶만이 죽은 자가 어떤 대상에도 매달리지 않고 공(空)의 영원한 빛 속에 거주하는 것을 가능하게 하는 업(業)을 일으키기 때문이다. 그러면 죽은 자는 생성과 쇠퇴의 온갖 망상으로부터 자유로운 상태에서 부활의 바퀴의 중앙 부분에서 쉬게 된다. '바르도'에서 삶은 영원한 보상이나 처벌을 전혀 초래하지 않고 단순히 그 개인을 최종 목표에 보다 가까이 데려다 줄 새로운 삶 속으로 내려간다. 그러나 이 종말론적인 목표는 죽은 사람 본인이 세속의 존재로 살며 펼친 노력과 열망의, 최종적이자 가장 높은 열매로서 스스로 거두는 것이다. 이 같은 견해는 고상할 뿐만 아니라 씩씩하고 영웅적이다.

바르도의 삶의 퇴행적인 성격은 "영(靈)의 세계"로부터 오는 메시지가 너무도 공허하고 진부하다는 식의 불쾌한 인상을 거듭 안겨주는 서양의 강신술 문헌에 의해서도 확인된다. 과학적인 마음은 이 보고들에 대해 영매들과 교령회 참석자들의 무의식에서 나오는 것으로 설명하는 데 주저하지 않으며, 그 설명을 『티베트 사자의 서』에 제시된 내세에 대한 묘사에도 적용할 것이다. 그리고 책 전체가 무의식의 원형적 내용물로부터 창조되었다는 것은 부정할 수 없는 사실이다. 이 원형적 내용물 뒤에는 육체적 또는 형이상학적 현실은 전혀 없으며, "단순히" 정신적 사실들의 현실, 정신적 경험의 자료들만 있다.

지금 어떤 사물이 주관적으로 "주어지든" 객관적으로 "주어지든", 그것이 있다는 사실은 그대로이다. '바르도 퇴돌'은 그 이상을 말하지 않는다. 이유는 거기서 말하는 '다섯 드야니 부처들'(Dhyani-Buddhas)[173] 자체가

---

173 티베트 불교의 신자들은 가장 높은 존재인 아디 붓다(Adi-Buddha)가 명상의 힘을 통해 드야니 붓다(Dhyani-Buddhas)를 창조했다고 믿는다. 'Dhyani'는 명상을 뜻하는 산스크리트어 'dhyana'에서 나왔으며, 그들은 역사적 인물이 아니라 신성한 원리나 힘을 상징하는 초월적인 존재이다.

정신적 자료 그 이상은 절대로 아니기 때문이다. 그것은 죽은 사람이 알아야 하는 바로 그것이다. 만약에 죽은 사람에게 그 자신의 정신적 자기와 모든 자료들을 주는 자가 동일한 존재라는 것이 살아생전에 분명하게 인식되지 않았다면 말이다.

신들과 영들의 세계는 정말로 내 안에 있는 집단 무의식일 "뿐"이다. 이 문장을 "집단 무의식은 나의 밖에 있는 신들과 영들의 세계이다"라고 읽히도록 돌려놓는 데는, 지적 곡예 같은 것은 전혀 필요하지 않으며, 인간의 일생이, 아마 점점 완성도를 높이는 수많은 일생이 필요할 것이다. 내가 "점점 완벽을 높이는"이라고 말하지 않는다는 점에 주목하라. "완벽한" 사람은 완전히 다른 종류의 발견을 이룰 것이기 때문이다.

*

'바르도 퇴돌'은 "불가해한" 책으로 시작했으며, 그것에 관해 어떤 종류의 논평이 이뤄지더라도, 그 책은 여전히 불가해한 책으로 남는다. 이유는 그것이 영적 이해력을 가진 사람에게만 열리는 책이고, 그런 이해력은 어떤 사람도 타고나지 않고 오직 특별한 훈련과 특별한 경험을 통해서만 획득될 수 있는 능력이기 때문이다. 모든 의도와 목표에 전혀 "쓸모가 없는" 책들이 존재한다는 것은 좋은 일이다. 그런 책들은 효용과 목표, 그리고 오늘날의 "문명"의 의미를 더 이상 지나치게 중시하지 않는 그런 "별난 사람들"을 위한 것이다.

12장

요가와 서양(1936)

요가가 서양에 알려진 뒤로 아직 1세기가 채 지나지 않았다. 2,000년 전에 전설로 유명한 인도로부터 온갖 종류의 기적적인 이야기들이 현자들과 나체 수행자들, 단전 명상가들과 함께 유럽으로 들어왔지만, 인도 철학과 철학적 수행에 관한 진정한 지식은 프랑스인 앙크틸 뒤 페롱(Anquetil du Perron)의 노력 덕분에 '우파니샤드'가 서양에 소개될 때까지 전혀 존재하지 않았다고 할 수 있다. 일반적이고 보다 심오한 지식은 옥스퍼드 대학의 막스 뮐러(Max Müller)에 의해, 그리고 그가 편집한 『동양의 경전들』(Sacred Books of the East)에 의해 처음 가능해졌다.

먼저, 이 지식은 산스크리트어 학자들과 철학자들의 영역으로 남았다. 그러나 그리 오랜 세월이 지나지 않아서 마담 블라바츠키(Mme. Blavatsky)가 시작한 신지학 운동이 동양의 전통에 사로잡혀서 일반

대중에게 그 전통을 보급했다. 그 후 몇 십 년 동안, 서양에서 요가의 지식은 두 개의 별도의 노선을 따라 발달했다. 한편으로 요가는 엄격한 학문적인 과학으로 여겨졌으며, 다른 한편으로 요가는 애니 베전트(Annie Besant)와 루돌프 슈타이너(Rudolf Steiner)의 노력에도 불구하고 조직적인 교회로 발달하지는 않았지만 종교와 매우 비슷한 것이 되었다. 슈타이너는 인지학의 창설자였음에도 원래 마담 블라바츠키의 추종자였다.

서양에서 이 같은 발달의 결과로 나온 특이한 산물은 요가가 인도에서 의미하는 것과는 비교가 거의 불가능하다. 서양에서, 동양의 가르침은 특별한 상황에, 어쨌든 초기의 인도가 절대로 알지 못했던 정신의 조건에 직면했다. 그것은 과학과 철학을 엄격히 구분하는 선이었다. 이 구분선은 요가의 가르침들이 서양에서 알려지기 시작할 때 이미 300년 가까이 존재해오던 상태였다.

특별히 서양적인 현상인 이 분리의 시작은 15세기 르네상스에 의해 진정으로 촉발되었다. 당시에, 이슬람의 공격에 따른 비잔틴 제국의 붕괴에 자극을 받아 고대에 대한 관심이 열정적으로 널리 일어났다. 그때 처음으로 그리스 언어와 그리스 문학에 관한 지식이 유럽의 구석구석까지 전파되었다. 소위 이교도 철학의 침투의 직접적인 결과로, 로마교회에 심각한 분열이 일어났다. 프로테스탄티즘은 곧 북 유럽 전체로 퍼졌다. 그러나 기독교의 그런 쇄신도 해방된 정신들을 묶어놓을 수 없었다.

지리학적, 과학적 의미에서 세계의 발견의 시대가 시작되었으며, 사고는 종교적인 전통의 족쇄로부터 점점 더 강하게 스스로를 해방시켰다. 물론, 교회들은 대중의 종교적 욕구에 의해 유지되었기 때문에 계속 존재했지만, 문화적인 영역에서 지도력을 잃었다. 로마 가톨릭 교회는 탁월한 조직 덕분에 하나의 통일체로 남았지만, 프로테스탄티즘은 거의 400개나 되는 종파로 갈라졌다. 이것은 한편으로 프로테스타티즘의 무능력을 뒷받침하는 증거이고, 다른 한편으로는 질식되기를 거부하는 종교적 활력을 뒷받침하는 증거이기도 하다. 19세기가 흐르는 동안에 점진적으로, 이 같은 상황은 혼합주의적인 파생물들과 이국적인 종교 체계들의 대량 수입으로 이어졌다. 압둘 바하(Abdul Baha)의 종교, 수피교 종파들, 라마크리슈나(Ramakrishna) 미션, 불교 등이 그런 종교 체계들이다. 이 체계들 중 많은 것, 예를 들어 인지학은 기독교 요소들과 혼합되었다. 그 결과 나온 그림은 대략적으로 인도 사상의 흔적을 보여주었던 A.D. 3세기와 4세기의 그리스 혼합주의와 비슷했다(티아나의 아폴로니오스, 오르페우스-피타고라스 비밀 교의, 그노시스 등).

이 종교 체계들은 모두 종교적 차원에서 계속 발전을 이어갔으며, 추종자들 중 절대다수를 프로테스탄티즘으로부터 모집했다. 따라서 그 체계들은 근본적으로 프로테스탄티즘 종파들이다. 프로테스탄티즘은 로마 가톨릭 교회의 권위를 주요 공격 대상으로 삼음으로써, 신의 구원의 불가결한 대리자로서의 교회에 대한 믿음을 크게 파괴했다. 따라서 권위의 짐이 개인에게 지워졌으며, 그것으로 인해 그 전에 전혀 존재하지 않았던 종교적 책임이 생겨났다. 고해와 용서의 약화는 개인의 도덕적 갈등을 심화시켰으며, 예전에 교회가 해결해줬던 문제들을 개인에게 안겼다. 그 전에는 교회의 성사, 특히 미사의 성사가 사제의 신성한 의식 집전을 통해서 개인의 구원을 보장했으니 말이다. 당시에 개인이 해야 했던 것은 고백과 회개와 참회뿐이었다. 개인을 위해 구원 작업을 했던 의례의 붕괴로 인해서, 개인은 자신의 계획들에 대한 신의 대답을 듣지 못한 상태에서 삶을 헤쳐 나가야 했다. 이 같은 불만은 어떤 대답을 약속하는 종교 체계들에 대한 수요를, 말하자면 (보다 높거나, 보다 영적이거나,

보다 신성한) 또 다른 권력의, 적어도 눈에 보이는 총애를 찾아나서는 현상을 설명해 준다.

유럽의 과학은 이런 희망과 기대에 전혀 관심을 기울이지 않았다. 유럽의 과학은 종교적 욕구와 확신에 관심을 주지 않는 가운데 그냥 지적 삶을 살았다. 역사적으로 불가피한, 서양의 정신에 나타나는 이 같은 분열은 요가에도 영향을 끼쳤다. 그로 인해, 요가가 서양에서 발판을 마련할 수 있었으니 말이다. 그 분열은 요가가 한편으로는 과학적 연구의 대상이 되도록 하고, 또 한편으로는 구원의 한 방법으로 환영받도록 했다. 그러나 종교 운동 안에서 과학을 종교적 믿음이나 관행과 결합시키려는 노력이 다양하게 시도되었다. 예를 들면, 크리스천 사이언스와 신지학, 인지학이 있다. 이 종교 운동은 특히 과학적인 분위기를 풍기기를 좋아했으며, 따라서 크리스천 사이언스처럼 지식인 집단 속으로 침투했다.

프로테스탄트의 길이 신자를 위해 미리 정해져 있지 않기 때문에, 프로테스탄트는 실질적으로 성공적인 발달을 약속하는 종교 체계라면 어떤 것이든 환영한다고 말할 수 있다. 프로테스탄트는 교회가 늘 중재자로서 대신해 주었던 것을 이제는 직접 해야 한다. 그런데 프로테스탄트는 그것을 하는 방법을 모른다. 만약에 프로테스탄트가 종교적 욕구를 진지하게 받아들인 사람이라면, 그의 신조가 신앙을 전적으로 존중하고 있기 때문에, 그는 자신도 모르게 신앙 쪽으로 많은 노력을 기울였다. 그러나 신앙은 일종의 카리스마이고 은총의 선물이지, 방법이 아니다. 프로테스탄트가 방법을 너무나 철저하게 배제하고 있기 때문에, 프로테스탄트들 중 많은 사람은 종교적으로 엄격히 가톨릭 쪽인 이냐시오 로욜라의 수련에 관심을 두고 있다. 그런 사람들을 가장 당황하게 만드는 것은 당연히 종교적 진리와 과학적 진리 사이의 모순이고, 신앙과 지식 사이의 갈등이다. 이 갈등은 프로테스탄티즘을 넘어 가톨릭교까지 닿고 있다. 이 갈등은 단지 유럽인의 정신에 역사적으로 일어난 분열 때문에 일어나고 있다.

믿으려 하는 자연스런 심리적 충동이 없고, 과학에 대한 부자연스런 믿음이 없었다면, 이 갈등은 존재할 이유가 전혀 없을 것이다. 이런저런 이유로 그럴듯해 보이는 것을 그저 알고 동시에 그것을 믿는 사람의 정신 상태는 쉽게 상상된다. 그런 경우에 아는 것과 믿는 것 사이에 갈등이 일어날 이유가 전혀 없다. 두 가지가 다 필요하다. 신앙만으로 충분하지 않듯이 지식만으로도 언제나 충분하지 않기 때문이다.

그러므로 어떤 "종교적인" 방법이 동시에 "과학적"인 방법이라고 내세울 때, 그 방법은 서양에서 틀림없이 일정 수의 사람들을 확실히 발견한다. 요가는 이 같은 기대를 충족시킨다. 새로운 것이라는 매력과 반쯤 이해되는 것의 매력 외에, 요가가 많은 추종자들을 거느리는 훌륭한 이유가 있다. 요가는 서양인들이 적극적으로 모색해 왔던 길을 제시할 뿐만 아니라 비할 바 없이 심오한 철학까지 제시하고 있다. 요가는 통제 가능한 경험의 가능성을 보여주며, 따라서 "팩트"를 추구하는 과학자의 욕구를 충족시킨다. 더욱이 그 폭과 깊이, 유서 깊은 역사, 그리고 삶의 모든 영역엔 걸친 가르침과 방법들 덕분에, 요가는 꿈에도 생각하지 못한 가능성들을 약속하고, 요가의 선전자들은 그 점을 강조하는 것을 절대로 잊지 않는다.

나는 요가가 인도에 무엇을 의미하는가 하는 주제와 관련해서는 침묵을 지킬 것이다. 나 자신이 개인적 경험을 통해 알지 못하는 것에 대해 판단을 내리는 것은 불가능한 일이기 때문이다. 그래도 나는 요가가 서양인에게 무엇을 의미하는지에 대해서는 약간이나마 말할 수 있다.

현재 서양인의 방향 감각 상실은 거의 정신적 아나키의 상태에 이르렀다. 그러므로 종교적 또는 철학적 관행은 어떤 것이든 심리적 훈련에 해당한다. 달리 말하면, 그런 관행은 정신 위생의 한 방법이다. 순수하게 육체적인 요가의 수많은 절차들은 마찬가지로 생리학적인 건강법이며, 그 방법은 기계적이고 과학적일 뿐만 아니라 동시에 철학적이라는 점에서 일상적인 체조나 호흡 훈련보다 월등히 더 탁월하다. 육체의 부위들을 훈련시키면서, 요가는 그 부위들을 마음과 영의 전체와 결합시킨다. 예를 들면, '프라나'가 호흡이자 우주의 보편적인 활력으로 여겨지는 '프라나야마'(pranayama) 수련[174]에서 그 결합이 꽤 분명하게 확인된다. 개인의 행위가 동시에 하나의 우주적인 사건일 때, 육체의 고양(신경 분포)은 영(靈)의 고양(보편적인 사상)과 하나가 되고, 이것으로부터, 과학이 아무리 발달해도 절대로 만들어내지 못하는 어떤 살아 있는 전체가 생겨난다. 요가가 근거하고 있는 사상들이 없는 상태에서 요가 수련은 상상 가능하지도 않고 아무런 효과도 발휘하지 못한다. 요가 수련은 특별히 완전한 방법으로 육체적인 것과 영적인 것을 서로 결합시킨다.

이런 사상들과 관행들이 기원했고, 또 4,000년이라는 긴긴 세월 동안에 방해 받지 않은 어떤 전통이 거기에 필요한 영적 조건들을 창조한 동양에서, 요가는 육체와 정신을 하나로 융합시키는, 완벽하고 적절한 방법이라고 나는 믿는다. 따라서 그 사상들과 관행들은 의식을 초월하는 직관을 가능하게 하는 심리적 성향을 창조한다. 인도인의 사고방식은 '프라나' 같은 개념을 지적으로 활용하는 데 전혀 어려움을 느끼지 않는다. 이와 반대로, 믿고 싶어 하는 나쁜 습관을 갖고 있는 한편으로 과학적, 철학적 비평을 고도로 발달시킨 서양은 스스로 진정한 딜레마에 빠져 있다는 사실을 깨닫고 있다. 서양은 신앙의 덫에 빠져서 '프라나' '아트만', 삼매 같은 개념을 깊이 생각하지 않고 그냥 삼키거나, 서양의 과학

---

174 호흡에 집중하는 요가 수련법.

적 비평은 그것들을 모두 "순수한 신비주의"로 여기며 거부한다. 그러므로 서양 정신의 분열은 애초부터 요가의 의도들이 적절한 방식으로 실현되는 것을 불가능하게 만든다. 요가는 엄격히 종교적인 문제가 되는가, 아니면 펠만식 기억술이나 호흡 조절, 리듬 교육 같은 일종의 훈련이 된다. 그러면 거기서는 요가의 특징인 자연의 통합과 전체성의 흔적은 전혀 발견되지 않는다.

인도인은 육체와 정신 어느 것도 망각하지 않을 수 있지만, 유럽인은 언제나 둘 중 하나를 잊고 있다. 유럽인은 이 망각의 능력을 갖고 한동안 세상을 정복했다. 인도인은 그렇지 않다. 인도인은 자신의 본질을 알 뿐만 아니라, 그 자신이 어느 정도 자연인지도 잘 알고 있다. 한편, 유럽인은 자연과학을 갖고 있지만, 자신의 본성에 대해서, 자신 안의 자연에 대해서 놀랄 만큼 모르고 있다. 인도인에게 자신의 안과 밖의 자연의 놀라운 힘을 통제하는 방법을 아는 것은 하나의 축복으로 다가온다. 유럽인에게 지금처럼 충분히 왜곡된 자신의 본성을 억누르고 그런 본성을 바탕으로 의지를 갖춘 로봇처럼 행동하는 것은 끔찍한 독약이다.

증거를 제시할 수는 없지만, 산을 없앨 수 있는 요가 수행자에 관한 이야기도 있다. 요가 수행자의 힘은 자신의 환경이 용인하는 한계 안에서 작동한다. 한편, 유럽인은 산을 폭파시킬 수 있으며, 세계대전은 인간의 본성에서 떨어져 나온 지성이 무소불위의 권력을 휘두를 때 일어날 수 있는 일을 맛볼 기회를 제공했다. 한 사람의 유럽인으로서, 나는 유럽인이 자신의 안이나 주변의 자연을 더 많이 "통제"하기를 바랄 수 없다. 정말이지, 나는 요가의 원칙이 정한 것과 정반대로 함으로써 나의 가장 훌륭한 통찰들(그것들 중에는 꽤 훌륭한 것들이 몇 가지 있다)을 얻을 수 있었다는 점을 부끄럽게도 고백해야 한다. 유럽인은 역사적 전개를 통해서 지금까지 자신의 뿌리로부터 너무 멀리 벗어나게 되었으며, 따라서 유럽인의 정신은 최종적으로 신앙과 지식으로 찢어지게 되었다. 그것은 모든 심리적 과장이 거기에 내재된 상반된 것들로 갈라지는 것과 똑같다. 유럽인은 루소(Jean Jacques Rousseau)가 말하는 그런 자연이 아니라 자신의 자연으로 돌아가야 한다. 유럽인의 과제는 자연적인 인간을 다시 발견하는 것이다. 그것 대신에, 유럽인은 체계와 방법을 너무 좋아한다. 유럽인은 이 체계와 방법을 갖고 목표의 측면에서 어디서나 정반대의 모습을 보이는 자연적인 인간을 억압할 수 있다.

유럽인은 요가를 반드시 잘못 활용하게 되어 있다. 왜냐하면 그의 정신적 경향이 동양의 정신적 경향과 꽤 많이 다르기 때문이다. 나는 기회 있을 때마다 사람들에게 이렇게 말한다. "요가를 공부하라. 그러면 그것으로부터 무한히 많은 것을 배울 수 있다. 그러나 그것을 적용하지 않도록 노력하라. 유럽인은 체질적으로 그 방법들을 정확히 적용할 수 없다. 인도인 요가 수행자는 모든 것을 설명할 수 있고, 당신은 모든 것을 모방할 수 있다. 그렇지만 당신은 '누가' 요가를 적용하고 있는지 아는가? 달리 말해, 당신은 당신이 어떤 존재인지, 당신의 체질이 어떻게 구성되어 있는지 아는가?"

유럽에서 과학과 기술의 힘이 너무나 거대하고 너무나 확실하기 때문에, 행해질 수 있는 모든 것과 발명된 모든 것을 생각해 봐야 별다른 의미가 없다. 정신이 제대로 된 사람이라면 누구나 놀랄 만한 가능성들 앞에 몸서리친다. 꽤 다른 질문이 모습을 드러내기 시작한다. '누가' 이 놀라운 기술을 적용하고 있는가? 이 기술을 적용하는 권력이 누구의 손에 쥐어져 있는가? 지금은 국가가 잠장적인 보호 수단이다. 왜냐하면 분명히 국가가 단 한 차례의 통보로도 수천 톤씩 생산되는, 독가스를 비롯한 끔찍한 파괴의 장치로부터 시민을 안전하게 지켜주기 때문이다. 유럽의 기술이 위험스러울 만큼 발달했기 때문에, 오늘날 급박하게 제기되고 있는 질문은 이 방향으로 얼마나 더 많은 것이 성취될 수 있는가 하는 것이 아니라, 이 기술의 통제를 책임지는 사람이 어떤 성향을 갖춰야 하며, 서양인이 끔찍한 기술을 부정하도록 하려면 그의 정신을 어떤 식으로 변화시켜야 하는가 하는 것이다. 서양인이 마음먹은 모든 것을 할 수 있다는 그릇된 생각을 더욱 키우도록 하는 것보다 서양인으로부터 자신의 권력에 대한 망상을 벗겨내는 것이 무한히 더 중요하다. 독일에서 너무나 자주 듣는, "뜻이 있는 곳에 길이 있다"는 슬로건은 수백 만 명의 인간을 희생시켰다.

서양인은 외적으로든 내적으로든 자연에 대해 추가적으로 더 우월해야 할 필요가 전혀 없다. 서양인은 양쪽 모두에서 나쁜 방향으로 거의 완벽한 모습을 보이고 있다. 서양인이 결여하고 있는 것은 자신의 안이나 주변의 자연보다 자신이 열등하다는 점에 대한 의식적인 인정이다. 서양인은 자신의 의도대로 하지 못할 수 있다는 점을 배워야 한다. 이것을 배우지 않는다면, 서양인의 본성이 그를 파괴하고 말 것이다. 그는 영혼이 자살적인 방식으로 자신에게 반항하고 있다는 사실을 모르고 있다.

서양인은 모든 것을 하나의 기술로 바꿔놓을 수 있다. 그렇기 때문에 방법처럼 보이는 모든 것이 위험하거나 헛될 수 있다는 것은 원칙적으로 맞는 말이다. 요가가 건강법의 한 형태인 한, 그것은 서양인에게 다른 체계만큼 유용하다. 그러나 가장 깊은 의미에서 말하는 요가는 그런 것을 의미하지 않으며, 내가 그것을 정확히 이해하고 있다면, 요가는 그것보다 훨씬 더 많은 것을, 말하자면 의식을 대상과 주체에 대한 모든 속박으로부터 최종적으로 해방시키고 분리시키는 것을 의미한다. 그러나 사람이 의식하지 못하고 있는 무엇인가로부터 자신을 분리시킬 수는 없기 때문에, 유럽인은 먼저 자신의 주제를 아는 법을 배워야 한다. 서양에서 이것은 바로 무의식이라 불리는 것이다. 요가 기술은 전적으로 의식적인 정신과 의지에 작용한다. 그런 과제는, 무의식이 언급할 잠재적 가치를 전혀 지니지 않을 때, 말하자면 무의식이 인격의 큰 부분을 억제하지 않을 때에만 성공을 약속한다. 만약 무의식이 인격의 큰 부분을 억제한다면, 모든 의식적인 노력은 헛될 것이며, 그처럼 속박된 정신의 조건에서 나오는 것은 보잘것없거나 의도한 결과와 정반대일 수 있다.

동양의 풍성한 형이상학과 상징체계는 무의식의 보다 크고 보다 중요한 부분을 표현하고 있으며, 그런 식으로 무의식의 잠재력을 축소시킨다. 요가 수행자가 "프라나"라고 말할 때, 그 단어는 단순한 호흡보다 훨씬 더 많은 것을 의미한다. 요가 수행자에게 "프라나"라는 단어는 그 단어의 형이상학적 구성요소들의 전체 무게를 수반하며, 그러면 그는 마치 프라나가 이 측면에서 의미하는 것을 진정으로 아는 것처럼 보인다. 요가 수행자는 그 단어를 이해력으로 아는 것이 아니라, 가슴과 복부와 피로 안다. 유럽인은 단지 사상들을 기계적으로 모방하고 배울 뿐이며, 따라서 유럽인은 인도인의 개념들을 통해서 자신의 주관적인 사실들을 표현하지 못한다. 나는 유럽인이 그에 상응하는 경험을 한다 하더라도 그 경험을 '프라나' 같은 직관적 개념들을 통해 표현하는 쪽을 택할 것인지에 대해 대단히 회의적이다.

요가는 원래 개인마다 온갖 변형이 가능한 내향의 한 자연스런 과정이다. 이런 종류의 내향은 인격을 변화시키는 특이한 내면의 과정을 낳는다. 몇 천 년의 세월 동안에, 이 내향들은 방법으로 체계화되었으며, 노선별로 차이도 크다. 인도 요가 자체는 극도로 다양한 수많은 형태들을 인정한다. 그 이유는 개인적인 경험의 독창적인 다양성에 있다. 이 말은 이 방법들 중 어느 것이든 유럽인의 특이한 역사적 구조에 적절하다는 뜻이 아니다. 유럽인에게 자연스런 요가는 동양에 알려지지 않은 역사적 패턴들로부터 나올 가능성이 훨씬 더 크다. 사실, 서양에서 실용적인 의미에서 정신에 관심을 가장 많이 쏟았던 두 가지 문화적 성취, 즉 의학과 가톨릭의 영혼 치료는 똑같이 요가와 비교할 만한 방법을 낳았다.

이냐시오 로욜라의 수행들에 대해서는 이미 언급했다. 의학과 관련해서라면, 요가와 가장 가까운 것은 현대의 정신 치료 방법들이다. 프로이트의 정신분석은 환자의 의식적인 정신을 한편으로는 어린 시절의 기억이라는 내면의 세계로 다시 이끌고, 다른 한편으로는 의식으로부터 억눌려 왔던 소망과 욕망으로 이끈다. 후자의 기법은 고해(告解)의 논리적 발달이다. 그것은 주체의 무의식적 구성요소들을 의식으로 만들 목적으로 인위적인 내향을 겨냥하고 있다.

이와 다소 다른 한 방법은 의식적으로 요가와 연결시키는, 소위 슐츠(Johannes Heinrich Schultz) 박사의 "자율 훈련법"(autogenic training)이다. 그의 주된 목표는 의식의 속박과, 그것이 야기한 무의식의 억압을 깨뜨리는 것이다.

나의 방법은 프로이트의 방법처럼 고해의 관행에 근거를 두고 있다. 프로이트처럼, 나도 꿈들에 깊은 관심을 쏟지만, 무의식과 관련해서 두 사람의 의견은 갈라진다. 프로이트에게 무의식은 기본적으로 의식의 종속물이며, 개인이 가진 양립 불가능한 모든 것은 무의식 안에 쌓인다. 나에게 무의식은 창조적인 성격을 지닌, 어떤 집단적인 정신적 성향이다.

이런 근본적인 관점 차이는 당연히 상징체계에 대한 평가와 해석 방법에서 차이를 낳게 되어 있다. 프로이트의 절차는 주로 분석적이고 환원적이다. 거기에다가 나는 인격의 발달을 추구하는, 무의식적 경향들의 합목적성을 강조하는 통합을 더한다. 이 연구 노선에서, 요가와의 중요한 유사성들이 드러났다. 특히 '쿤달리니' 요가와 탄트라 요가, 라마교, 중국의 도교 요가의 상징체계와의 유사성이 두드러졌다. 풍부한 상징체계를 가진 이 요가 형태들은 집단 무의식을 해석하며 비교 연구하는 데 유용하게 쓸 자료를 나에게 풍성하게 내놓았다.

그러나 나는 원칙적으로 요가 방법들을 적용하지 않는다. 왜냐하면 서양에서는 그 어떤 것도 무의식에 강요되어서는 안 되기 때문이다. 일반적으로, 의식은 속박하는 효과를 낳는 격렬함과 편협이 특징이며, 따라서 의식이 추가적으로 강조되어서는 안 된다. 반대로, 무의식이 의식적 정신에 닿아서 의식적 정신이 경직으로부터 풀려나도록 도울 수 있는 것이면 무엇이든 해야 한다. 이 목표를 위해 나는 능동적 상상이라는 방법을 동원한다. 이 방법은 적어도 어느 선까지 의식을 약화시키고, 따라서 무의식의 내용물에게 발달의 기회를 주는 특별한 훈련으로 이뤄져 있다.

만약 내가 요가에 대단히 비판적으로 반대하는 입장을 취한다면, 그것은 내가 동양의 이 정신적 성취를 인간 정신이 창조한 가장 위대한 것들 중 하나로 여기지 않는다는 뜻이 아니다. 나의 설명이 오직 나의 비판은 요가를 서양인들에게 적용하는 것 자체를 직접적으로 겨냥하고 있다는 점을 분명히 했을 것이라고 나는 기대한다. 서양의 정신적 발달은 동양의 발달과 완전히 다른 길을 밟아 왔으며, 따라서 요가를 적용하기에 최악의 토양이랄 수 있는 그런 조건을 낳았다. 서양 문명은 겨우 1,000살 정도 되었으며, 무엇보다 먼저 야만적인 편파성으로부터 자유로워져야 한다. 이것은 무엇보다도 인간의 본성에 관한 보다 깊은 통찰을 의미한다. 그러나 무의식을 억압하고 통제하는 것으로는 어떤 통찰도 얻어지지 않으며, 완전히 다른 심리적 조건에서 성장한 방법들을 모방하는 것으로는 통찰은 더더욱 불가능하다. 여러 세기의 세월이 흐르는 과정에, 서양은 자체의 요가를 낳을 것이며, 그것은 기독교가 닦아놓은 바탕 위에 세워질 것이다.

13장

스즈키의 "선불교 입문"의 머리말(1939)

스즈키 다이세츠(鈴木貞太郎)의 선불교에 관한 저작물들은 지난 몇 십 년 사이에 나온, 살아 있는 생생한 불교 지식에 관한 책들 중에서 최고의 작품에 속한다. 선(禪)은 팔리어 경전에 뿌리를 내리고 있는 나무에 열린 열매들 중에서 가장 중요하다. 이 저자가 기여한 공로에 대해서는 아무리 깊이 감사해도 절대로 지나치지 않을 것이다. 선을 서양인이 조금 더 쉽게 이해할 수 있도록 했다는 점이 첫 번째 공로이고, 두 번째로 감사해야 할 부분은 그가 이 과제를 수행한 방식이다.

동양의 종교적 개념들은 일반적으로 서양의 개념들과 너무나 많이 다르기 때문에, 사용된 용어들의 의미는 차치하고 단순히 단어들을 번역하는 작업조차도 종종 엄청난 어려움을 야기한다. 그러다 보니 전문 용어들의 경우에 어떤 상황에서는 번역하지 않고 그대로 남겨 놓는 것이 더 나을 수도 있다.

그 어려움을 전달하는 데는 중국의 "도"(道: tao)를 언급하는 것만으로도 충분하다. 유럽의 어떤 언어도 아직 이 용어와 가까운 단어를 발견해내지 못했다. 원래의 부처의 글들은 평범한 유럽인들에게 다소 동화될 수 없는 견해들과 사상들을 포함하고 있다. 예를 들면, 불교에서 말하는 "업"(業: karmma)이 뜻하는 바를 명확히 알 수 있기 위해서 어떤 종류의 정신적(또는 기후적?) 배경 또는 준비가 필요한지 나는 모른다.

선의 본질에 대해 알고 있는 모든 것을 근거로 판단한다면, 여기서도 마찬가지로 서양인은 대단히 독특한 어떤 핵심 개념을 직면한다. 이 이상한 개념은 일본어로 "사토리"(さとり)라 불리며, "깨달음"으로 번역될 수 있다. 스즈키는 "깨달음은 선의 존재 이유이며, 그것이 없는 선은 선이 아니다"라고 말한다. 신비주의자가 "깨달음"을 어떻게 이해하는지, 혹은 종교적 용어에서 어떤 것이 "깨달음"으로 알려져 있는지를 파악하는 것은 서양인의 마음에도 크게 어렵지 않다. 그러나 "사토리"는 특별한 종류의, 또 특별한 방법의 깨달음을 가리킨다. 그 깨달음을 유럽인이 제대로 이해하는 것은 사실상 불가능하다. 실례로서, 나는 독자에게 스즈키가 묘사한, 백장회해(百丈懷海)[175]의 깨달음과 유교 시인이자 정치가인 황산곡(黃山谷)의 깨달음을 참고할 것을 권한다.

다음 글은 추가적인 예이다. 어느 수도승이 언젠가 겐샤(Gensha)를 찾아가 진리의 길로 들어가는 입구가 어딘지를 알기를 원했다. 겐샤가 그에게 물었다. "시냇물의 속삭임이 들리는가?" 수도승이 "예, 들립니다."라고 대답했다. 그러자 스승이 "거기에 입구가 있어."라고 가르쳤다.

나는 깨달음이라는 경험의 불투명성을 적절히 보여주는 이 몇 가지 예를 제시하는 것으로 만족할 것이다. 예를 거듭 제시한다고 해도, 깨달음이 어떤 식으로 일어나는지, 깨달음이 어떤 것으로 이뤄져 있는지는 여전히 매

175　중국 당나라 시대 최고의 선승(720-814)

우 모호한 상태로 남을 것이다. 말하자면 아무리 많은 예를 제시해도, 무엇에 의해 깨달아지는지, 무엇에 대해 깨닫는지는 알기 어렵다는 뜻이다. 도쿄의 소토슈(曹洞宗) 불교 대학의 교수인 누카리야 가이텐(忽滑谷 快天)은 깨달음에 대해 이렇게 말한다.

우리 자신을 자기(自己)의 그릇된 개념으로부터 자유롭게 해방시킨 다음에, 선승들이 부처의 마음이나 보리(菩提), 반야(般若)라 부르는, 우리 내면 가장 깊은 곳의 지혜를 일깨워야 한다. 그것은 신성한 빛이고, 내면의 천국이고, 모든 도덕적 보물들을 찾는 열쇠이고, 사고와 의식의 중심이고, 모든 영향과 힘의 원천이고, 친절과 정의, 공감, 공정한 사랑, 인간애, 자비의 자리이고, 모든 것들의 척도이다. 가장 깊은 곳의 이 지혜가 완전히 일깨워질 때, 우리 모두는 각자가 영(靈)과 핵심과 본질에서 보편적인 생명, 즉 부처와 동일하다는 것을, 각자가 영원히 부처를 마주보며 살고 있다는 것을, 각자가 그 신성한 존재의 풍성한 은혜에 둘러싸여 있다는 것을, 그가 각자의 도덕적 본질을 자극한다는 것을, 그가 각자의 영적 눈을 열어준다는 것을, 그가 각자의 새로운 능력을 드러낸다는 것을, 그가 각자의 사명을 지명한다는 것을, 그리고 삶이 탄생과 질병과 고령과 죽음의 바다도 아니고 눈물의 골짜기도 아니며, 각자가 니르바나의 축복을 누릴 수 있는 부처의 신성한 신전이고 정토라는 것을 깨달을 수 있다.[176]

이것이 선의 달인인 한 동양인이 깨달음의 핵심을 설명한 내용이다. 이 인용이 기독교 신비주의의 기도서에 들어갈 길을 찾기 위해서 할 일은 사소한 부분 몇 군데를 변화시키는 것뿐이라는 사실을 인정해야 한다. 그럼에도 이 단락은 그 문헌에 거듭 묘사되는 깨달음의 경험을 이해하는 것과

176   The Religion of the Samurai, p. 133.

관련해서는 어쨌든 공허하게 들린다. 아마 누카리야 가이텐은 자신이 상당량 획득한 서양의 합리주의를 염두에 두고 있을 것이며, 그것이 그 책이 그렇게 교훈적으로 들리는 이유이다. 선 관련 일화들의 심오한 모호함이 오히려 '서양인의 이해를 돕기 위해' 각색한 것보다 더 낫다. 선의 모호함은 말을 적게 함으로써 더 많은 것을 전달한다.

선은 서양의 의미에서 말하는 철학은 절대로 아니다. 이 말은 또한 오하자마(大峽秀榮)의 선 관련 책의 서문에서, 누카리야가 "동양 사상들의 마법의 세계를 서양의 철학 카테고리들로 수입해서" 그 세계와 철학 카테고리들을 뒤섞었다고 말하는 루돌프 오토의 의견이기도 하다. "만약에 비(非)이원성과 하나됨과 상반된 것들의 일치라는 신비한 직관을 설명하기 위해서 모든 원칙들 중에서 가장 활기 없는 원칙인 정신 물리학적 유사성을 끌어낸다면, 그때 사람은 완전히 간화선(看話禪)[177], 할(喝)[178], 깨달음의 영역 밖에 있다."[179] 처음부터 자신이 선의 일화들의 진귀한 모호함에 깊이 젖도록 허용하고, 선의 대가들이 원하는 대로, 깨달음이 말로 표현할 수 없는 신비라는 것을 내내 명심하는 것이 훨씬 더 바람직하다. 서양인들의 사고방식에는 일화와 신비한 깨달음 사이에 심연이 가로놓여 있으며, 그 심연을 다리로 연결하는 것은 상상 가능하지만 실제로는 절대로 성취되지 않는다. 누구나 단순히 상상되거나 짐작되는 그런 비밀이 아니라 진정한 비밀을 건드리는 느낌을 받는다. 그것은 신비화와 미신적인 주문(呪文)의 문제가 아니라, 경험하고 있는 사람을 놀라게 만드는 경험의 문제이다. 깨달음은 사람에게 부지불식간에 전혀 예상하지 않은 그 무엇으로 느닷없이

---

177   화두를 들고 수행하는 참선법을 말한다.

178   선승들 사이에 수행자를 격려하기 위해 외치거나, 말로 표현할 수 없는 마음의 작용을 나타낼 때 외치는 소리이다.

179   Zen: Der lebendige Buddhismus in Japan, p. viii.

닥친다.

기독교 영역에서 성령이나 성모, 예수 그리스도, 수호성인의 환상들이 오랜 시간의 영적 준비 뒤에 허용된다면, 사람들은 당연히 그래야 한다는 인상을 다소 받는다. 야콥 뵈메가 주석 접시에 비친 햇살을 통해서 자연의 핵심을 들여다보아야 했던 것도 이해할 수 있다. 스베덴보리의 "자줏빛 코트를 걸친 남자"의 환상은 말할 것도 없고, 마이스터 에크하르트의 "벌거벗은 어린 소년"의 환상을 이해하는 것은 그보다 더 어렵다. 스베덴보리의 환상에 나타난 남자는 그가 과식을 하지 않도록 설득시키려 노력했으며, 그럼에도 불구하고, 아니 아마 그것 때문에 스베덴보리는 그를 예수 그리스도로 받아들였다. 그런 일들은 기괴하게 다가오기 때문에 곧이곧대로 믿기가 어렵다. 그러나 선 일화들 중 많은 것은 기괴해 보이는 정도가 아니라 기괴함 그 자체이며, 너무도 터무니없이 들린다.

사랑과 호의적인 이해력으로 극동의 꽃 같은 마음을 공부하는 데 헌신한 사람에게는, 순진한 유럽인을 지속적으로 곤혹스럽게 만드는 이 수수께끼 같은 것들 중 많은 것이 그냥 사라진다. 선이야말로 중국인의 정신이, 그러니까 불교 사상이라는 거대한 세계에 의해 풍성하게 길러진 정신이 피워낸 가장 경이로운 꽃들 중 하나이다. 불교 교리를 진정으로 이해하려고 노력한 사람이라면 누구나, 설령 서양의 일부 편견을 포기하는 정도에서 그쳤다 할지라도, 개별적인 깨달음의 경험의 기이한 그 표면 아래에 배반적인 깊이가 숨어 있지 않을까, 하고 의심하거나, 서양의 종교와 철학이 지금까지 무시하는 것이 적절하다고 생각해온 불안한 난제들을 느낄 것이다. 만약에 그 사람이 철학자라면, 그는 삶과 전혀 아무런 관계가 없는 종류의 이해력에만 전적으로 관심을 두고 있다. 그리고 만약에 그가 기독교인이라면, 그는 당연히 이교도들과 전혀 얽히지 않고 있다("오, 하느님! 제가 다른 사람들과 같지 않은 걸, 하느님께 감사드립니다"). 이 같은 서양의 한계들 안에서는 깨달음이 절대로 있을 수 없다. 깨달음은 순수하게 동양적인 문제이다. 그러나 정말로 그럴까? 실제로 서양인은 전혀 깨달음을 갖고 있지 않는 것일까?

선 관련 텍스트들을 주의 깊게 읽는 사람은 깨달음이 아무리 기이해 보이더라도 하나의 자연적인 사건이고 너무도 단순한 그 무엇이라는 인상을, 심지어 나무를 보려다가 그만 숲을 보지 못할 수도 있겠다는 인상을 피할 수 없다. 또 깨달음에 대해 설명하려고 시도하면서, 오히려 다른 사람들을 엄청난 혼동의 상태로 빠뜨릴 말을 불가피하게 하게 되어 있다는 인상도 피하지 못한다. 따라서 누카리야가 선 또는 깨달음의 내용을 설명하거나 분석하려는 시도는 어떤 것이든 쓸데없다고 말할 때, 그의 말은 옳다. 그럼에도 그는 과감하게 깨달음은 "자기의 본질에 관한 어떤 통찰을 암시한다"고, 또 깨달음은 "마음이 자기에 관한 망상으로부터 해방되는 것"이라고 단언한다. 자기의 본질에 관한 망상은 흔히 일어나는 자기와 자아의 혼동이다. 누카리야는 "자기"라는 표현을 생명에 대한 완전한 자각을 뜻하는 것으로 쓰고 있다. 그는 "마음의 달은 그 빛 속에서 모든 우주를 이해한다"는 반산(盤山)의 말을 인용하면서 "자기는 우주의 생명이고 우주의 영이며, 동시에 개인의 생명이고 개인의 영이다"고 덧붙인다.[180]

자기를 어떻게 정의하든, 그것은 언제나 자아가 아닌 그 무엇이다. 자아의 보다 높은 통찰이 자기로 이어지기 때문에, 자기는 자아의 경험을 포함하고, 따라서 자아를 능가하는 보다 포괄적인 것이다. 자아가 내가 나 자신에 대해 하는 어떤 경험이듯이, 자기는 나의 자아에 대해 하는 어떤 경험이다. 그러나 자기는 더 이상 보다 넓거나 높은 자아의 형태로 경험되지 않고 자아가 아닌 다른 형태로 경험된다.

그런 사상들은 『독일 신학』(Theologia Germanica)의 익명의 저자에게

---

180   Religion of the Samurai, p. 132.

익숙했다.

> 그 '완벽한 존재'가 어떤 피조물의 안에서 알려지게 되든, 그 피조물의 안
> 에서는 피조물의 본성, 창조된 상태, '나'다움, 개성 등이 모두 포기되고
> 버려진다.
> 마치 나 자신이 선한 무엇이거나, 선한 무엇을 했거나, 선한 무엇을 알거
> 나, 선한 무엇을 실행할 수 있는 것처럼, 내가 무엇이든 선한 것을 나 자신
> 에게로 돌리거나 선한 것을 나의 것으로 여기다니, 그것은 무분별과 어리
> 석음의 소치이다. 만약 진정한 진리가 내 안에 있다면, 나는 나 자신이 그
> 런 선한 것이 아니라는 것을, 그것이 나의 것도 아니고 나에게서 나온 것
> 도 아니라는 것을 이해했을 테니까.
> 그때 그 사람이 말한다. "보라! 가엾을 만큼 바보인 내가 그것이 나라고
> 생각했지만, 보라! 그것은 틀림없이 하느님이고, 하느님이었노라!"[181]

이 인용은 "깨달음의 내용"에 대해 많은 이야기를 들려주고 있다. 깨달
음의 순간은 자아 형태에 한정된 어떤 의식이 자아가 아닌 자기 속으로 쳐
들어가는 돌파 같은 것으로 해석되고 설명되고 있다. 이 견해는 선(禪)의
핵심과도 일치할 뿐만 아니라 마이스터 에크하르트의 신비주의와도 일치
한다. 에크하르트는 이렇게 말한다.

> 내가 하느님으로부터 흘러나왔을 때, 만물이 외쳤다. "그분이 하느님이
> 야!" 지금 이 같은 사실은 나를 신성하게 만들지 못한다. 그것으로 인해
> 서 내가 나 자신이 피조물이라는 것을 인정하기 때문이다. 그러나 그 돌
> 파 속에서, 그러니까 내가 하느님의 의지 안에서 텅 빈 상태로, 이 하느님

181   Theologia Germanica, ed. by Trask, p.120-121.

의 의지마저 없고, 하느님의 모든 일들도 없고, 하느님도 없는 상태로 서 있을 때, 나는 모든 피조물들 그 이상이고, 나는 하느님도 아니고 피조물도 아니다. 나는 과거의 나이고 지금, 그리고 미래에 영원히 이어질 나이다. 그때 나는 떠밀리는 것을 느끼고, 그 힘이 나를 모든 천사들보다 더 높은 곳으로 올려준다. 이 떠밀림 속에서 내가 너무나 풍요로워지기 때문에, 하느님은 하느님으로서 그 모든 것임에도 불구하고, 또 그의 영광스런 모든 일들에도 불구하고 나에게 충분할 수 없다. 왜냐하면 이 돌파 속에서 내가 하느님과 내가 하나라는 것을 인식하기 때문이다. 그때 나는 과거의 나이고, 나는 덜 성장하지도 않고 더 성장하지도 않는다. 이유는 나 자신이 전혀 움직이지 않으면서도 모든 사물들을 움직이는 존재이기 때문이다. 여기서 하느님은 인간 안에서 어떤 장소도 발견하지 못한다. 이유는 인간이 빈곤을 통해서 앞으로 영원히 남을 자신의 모습을 되찾았기 때문이다.[182]

여기서 에크하르트는 실제로 "부처의 본성" 또는 신성한 보편성을 띠는 어떤 깨달음의 경험을, 자기가 자아를 교체하는 것을 묘사하고 있을 수 있다. 나는 과학적 정직성 때문에 대담하게 형이상학적 진술을 하지 않으며, 단지 경험 가능한 의식의 변화에 대해서만 언급하고 있다. 그렇기 때문에 나는 깨달음을 무엇보다 먼저 하나의 심리학적인 문제로 다룬다. 이런 관점을 공유하지 않거나 이해하지 않는 사람에게 그 "설명"은 구체적인 의미를 전혀 지니지 않는 단어들로 구성되어 있을 것이다. 그러면 그 사람은 이 추상 관념들과 보고된 사실들 사이에 다리를 놓지 못한다. 말하자면, 그는 선 수행과 관련해 월계수 꽃의 향기나 코를 살짝 비튼 행위가 어떻게 그런 엄청난 의식의 변화를 야기할 수 있는지를 이해하지 못한다.

182   Cf. Evans, Meister Eckhart, p. 221.

당연히, 가장 단순한 방법은 이 모든 일화들을 재미있는 동화로 분류하거나, 만약에 사람들이 그 사실들을 있는 그대로 받아들인다면, 그것들을 자기기만의 예로 처리하는 것이다. (인기 있는 또 다른 설명은 지적 결점들의 창고에서 끄집어낸 쓸모없는 "자기 암시"이다.) 그러나 진지하고 책임 있는 조사라면 절대로 이 사실들을 부주의하게 그냥 넘어가지 못한다. 물론, 우리는 어떤 사람이 진정으로 "깨달았거나" "해방되었는지", 혹은 그가 단순히 그렇게 되었다고 상상하고 있는지에 대해 절대로 확실히 결론을 내리지 못한다. 우리는 거기에 적용할 기준을 전혀 갖고 있지 않다. 게다가, 우리는 상상 속의 어떤 고통이 은밀한 자책감으로 야기된 도덕적 고민 때문에 종종 실제적인 고통보다 훨씬 더 힘든 경우가 종종 있다는 것을 잘 알고 있다. 따라서 이런 의미에서 보면, 그것은 "실제 팩트"의 문제가 아니라 정신적 현실, 즉 깨달음으로 알려진 정신 과정의 문제이다.

모든 정신 과정은 하나의 이미지이고 하나의 "상상"이다. 그렇지 않다면 어떤 의식도 존재할 수 없을 것이며, 정신의 사건은 현상적인 특성을 결여할 것이다. 상상 자체가 하나의 정신적 과정이며, 바로 그런 이유 때문에 깨달음이 "진정한 것인가" 아니면 "상상적인 것인가" 하는 문제는 전혀 중요하지 않다. 깨달음을 얻었거나 얻었다고 주장하는 사람은 어쨌든 자신이 깨쳤다고 생각한다. 타인들이 그것에 대해 어떻게 생각하는가 하는 문제는 그 경험에 관한 한 그에게 아무런 영향을 끼치지 않는다. 그가 거짓말을 하고 있을지라도, 그의 거짓말도 어쨌든 하나의 정신적 사실이다. 정말로, 종교적 경험에 관한 모든 보고들이 정교한 창작이나 허위에 지나지 않을지라도, 그런 거짓들과 관련해서 매우 흥미로운 심리학적 논문을 쓸 수 있다. 그것도 망상적인 생각들의 정신 병리학을 설명할 때와 마찬가지로 과학적 객관성을 갖고 말이다. 수많은 탁월한 정신들이 수 세기에 걸쳐 관심을 기울이고 주도한 종교적 운동이 있다는 사실은 그 과정을 과학적 이해의 영역으로 끌어들이려고 진지하게 노력할 충분한 이유가 된다.

앞에서 나는 서양에도 깨달음 같은 것이 있는가 하는 질문을 제기했다. 만약에 서양 신비주의자들의 말을 얕잡아본다면, 피상적으로 살피는 것으로는 깨달음과 조금이라도 비교할 만한 것을 찾아내지 못할 것이다. 의식의 발달에 단계들이 있을 가능성은 서양의 사고에서 전혀 아무런 역할을 하지 않는다. 어떤 대상의 존재에 대한 의식과 어떤 대상의 "의식에 대한 의식" 사이에 심리학적으로 엄청난 차이가 있다는 단순한 생각은 대꾸조차 필요하지 않는 궤변이나 다름없는 것으로 여겨진다. 똑같은 이유로, 사람은 그런 문제를 그것이 생겨난 심리적 조건을 고려할 만큼 충분히 진지하게 받아들이지 않는다.

이런 종류의 질문들은 대체로 지적 욕구에서 나오지 않으며, 그런 질문들이 존재하는 곳에서 그것들은 거의 언제나 원래 종교적인 관행에 기초하고 있다는 것은 의미심장하다. 불완전한 것으로 느껴지는 의식의 어떤 상태에 속박된 상태로부터 스스로를 해방시키려는 이런 노력들에 원동력을 제공한 것이 바로 인도에서는 요가였고 중국에서는 불교였다.

서양의 신비주의에 관한 한, 신비주의의 텍스트들은 인간이 자신의 의식의 "나를 내세우는 성향(I-ness)"으로부터 스스로를 해방시킬 수 있는 방법에 관한 가르침들로 가득하다. 인간은 자신의 본성에 대한 지식을 통해서 그 본성보다 위로 올라가서 (신 같은) 속사람이 될 수 있다는 내용의 가르침이다. 얀 반 뤼즈브루크(Jan van Ruysbroeck: 1293?-1381)는 인도 철학에도 알려진 어떤 이미지를 이용하고 있다. 뿌리가 위에 있고 가지가 아래에 있는 나무의 이미지이다. "그리고 그는 신앙의 나무 속으로 올라가야 한다. 그런데 그 나무는 뿌리가 신성에 있기 때문에 위에서 아래로 자란다."[183] 그는 요가 수행자처럼 이렇게 말한다. "인간은 자유로워야 하고 생

---

183   John of Ruysbroeck, The Adornment of the Spiritual Marriage, p. 47.

각을 갖지 않아야 하며, 모든 애착으로부터 놓여나야 하고, 모든 생명체들을 마음에서 지워야 한다." "인간은 기쁨과 슬픔, 이득과 상실, 상승과 추락, 타인들에 대한 걱정, 즐거움과 두려움에 영향을 받지 않아야 하고, 어떤 생명체에도 애착을 갖지 말아야 한다." 인간의 존재의 "단일성"이 있는 곳이 바로 그런 상태이며, 그것은 사람이 "안쪽을 향하고 있다는 것"을 의미한다. 안쪽을 향한다는 것은 "사람이 안쪽으로, 자신의 가슴 속으로 돌아섰다는 것을, 그리고 그가 신의 내적 작용과 내적 말씀을 이해하고 느낄 수 있다는 것을" 의미한다.

종교적 수행에서 태어난 이런 새로운 상태의 의식은 한 가지 뚜렷한 특징을 보인다. 말하자면, 외적인 것들이 자아에 묶인 의식에 더 이상 영향을 미치지 않고, 따라서 상호 애착을 낳지만, 텅 비어 있는 어떤 의식이 또 다른 영향에 열린 상태로 서 있다는 사실이 두드러진다. 이 "다른" 영향은 더 이상 그 사람 자신의 작용으로 느껴지지 않으며, 그 의식적인 마음을 대상으로 삼고 있는, 어느 비아(非我: 자아 이외의 전부)의 작용으로 느껴진다. 마치 자아의 주체 같은 성격이 자아의 자리에 나타나고 있는 또 다른 주체에게 압도되는 것 같다. 이것은 이미 성 바울로에 의해 공식화된 종교적 경험으로서 널리 알려져 있다. 틀림없이, 종교적 변형의 어떤 예리한 과정에 의해서 그 전의 상태로부터 분리된 새로운 상태의 어떤 의식이 여기서 묘사되고 있다.

이 대목에서 의식 자체가 변한 것이 아니라 무엇인가에 대한 의식만 변했다는 반대가 제기될 수 있다. 마치 사람이 어느 책의 페이지를 넘긴 다음에 지금 똑같은 눈으로 다른 그림을 보고 있는 것처럼. 나는 이 말이 사실과 맞아떨어지지 않기 때문에 자의적인 해석에 불과하지 않을까 하고 걱정한다. 사실은 텍스트들 안에서 묘사되고 있는 것은 단순히 다른 그림이나 대상이 아니라, 종종 대단히 강력한 정신적 경련 속에서 일어나는 변형의 경험이라는 것이다. 어느 한 그림이 완전히 지워지고 그 자리를 다른 그림이 차지하는 것은 변형 경험의 속성을 전혀 갖지 않는 일상적인 일이다.

변형의 경험은 다른 무엇이 보이는 것이 아니라, 사람이 달리 보는 것이다. 그것은 보는 공간적인 행위가 새로운 차원에 의해서 변하는 것이나 마찬가지이다. 선사(禪師)가 "시냇물의 속삭임이 들리는가?"라고 물을 때, 그는 틀림없이 일상적인 "듣기"와 꽤 다른 무엇인가를 의미한다. 의식은 지각과 비슷한 그 무엇이며, 지각처럼 조건과 한계의 지배를 받는다. 예를 들어, 당신은 보다 좁거나 보다 넓은 어떤 범위 안에서, 표면적으로 더욱 넓든지 아니면 아래로 더욱 깊든지, 다양한 수준에서 의식적일 수 있다. 정도에 나타나는 이 차이들은 종종 종류의 차이들이다. 이유는 그 차이가 전반적으로 인격의 발달에, 다시 말해 지각하는 주체의 본성에 좌우되기 때문이다.

지각하는 주체가 오직 논리적으로만 생각하는 한, 지성은 그 주체의 본성에 전혀 관심이 없다. 지성은 기본적으로 의식의 내용물을 정교하게 다듬는 일과 다듬는 방법에 관심을 두고 있다. 지성 너머까지 나아가서 "인식아(認識我)의 인식"까지 돌파를 강요하기 위해서는, 드문 철학적 열정이 필요하다. 그런 열정은 사실상 종교의 원동력과 구분되지 않는다. 따라서 이 문제 전체는 지성과 동일한 기준으로 비교할 수 없는 종교적 변형의 과정에 속한다.

고전적인 철학은 넓은 차원에서 이 과정을 촉진시키지만, 이 말은 새로운 철학에는 그다지 적용되지 않는다. 쇼펜하우어는 조건이 붙긴 해도 여전히 고전적이지만, 니체의 『차라투스트라는 이렇게 말했다』는 더 이상 철학이 아니다. 그것은 지성을 완전히 삼켜버린 변형의 극적인 한 과정이다. 그 책은 더 이상 사상에 관심이 없으며, 가장 높은 의미에서 사고의 사상가에 관심을 두고 있다. 이 사상가에 대한 관심이 그 책의 페이지마다 확인된다. 어떤 새로운 인간, 그러니까 완전히 변형된 인간이 현장에 나타나게 되어 있다. 옛날의 껍질을 깨뜨리고, 새로운 하늘과 새로운 땅을 볼 그런 인간 말이다. 안겔루스 질레지우스는 그런 인간을 차라투스트라보다 훨씬 더 겸손하게 표현한다.

나의 육체는 병아리 한 마리가 갇혀 있는 하나의 껍질이다.
그 병아리는 영원의 영(靈)에 안긴 채, 부화될 날을 기다리고 있다.

기독교권에서 보면, 깨달음은 종교적 변형의 경험에 해당한다. 그런 경험도 정도의 차이가 있고 종류도 서로 많이 다르기 때문에, 선(禪) 경험과 가장 비슷한 카테고리를 보다 정확히 정의하는 것도 불필요한 일이 아닐 것이다. 그것은 틀림없이 신비한 경험이며, 그 경험은 예비적인 단계들이 "자기 자신을 놓아버리는 것"과 "자기 자신으로부터 이미지들과 생각들을 비우는 것"으로 이뤄져 있다는 점에서 다른 유형들과 다르다. 이 예비 단계들은 이냐시오 로욜라의 수련처럼 신성한 이미지들을 마음에 그리는 관행에 근거한 그런 종교적 경험과는 정반대이다. 후자의 경험과 같은 종류에 나는 프로테스탄티즘의 신앙과 기도, 집단적 경험을 통한 변형을 포함시킨다. 이유는 매우 명확한 어떤 가정이 여기서 결정적인 역할을 맡고, "자유롭게 놓아버리거나 비우는" 수단이 전혀 동원되지 않기 때문이다. "신은 무(無)이다"라는, 에크하르트 특유의 단정은 원칙적으로 예수의 수난에 대한 숙고와, 신앙과 집단적인 기대와 양립할 수 없다.

따라서 깨달음과 서양의 경험 사이의 일치는 소수의 기독교 신비주의자들의 경험에 국한된다. 기독교 신비주의자들의 역설적인 진술들은 이단을 겨우 모면하거나 실제로 이단의 경계를 넘어섰다. 잘 알고 있듯이, 마이스터 에크하르트의 글을 교회가 비난한 것도 바로 그 점 때문이었다. 만약에 불교가 서양에서 말하는 그런 "교회"였다면, 불교도 틀림없이 선(禪)을 참아주기 힘든 골칫거리로 여겼을 것이다. 이유는 그 방법들이 극도의 개인주의를 보이기 때문이다. 또한 선사(禪師)들 중 많은 사람들이 보인 인습타파적인 모습도 그 이유일 수도 있다.

선이 하나의 운동이라는 점에서 보면, 스즈키의 『선 불교 수도승의 훈련』(Training of the Zen Buddhist Monk)(교토, 1934)에서 확인되듯이, 집단적인 형식들은 수 세기의 세월 동안에 형성되었다. 그러나 이 형식들은 오직 외면적인 것들에만 관심을 두고 있다. 전형적인 삶의 유형과 별도로, 정신적 훈련 또는 발달이 화두(話頭) 방법에 들어 있는 것 같다. 화두는 선사의 역설적인 질문, 진술 또는 행위로 이해되고 있다. 스즈키의 묘사를 근거로 판단한다면, 화두는 주로 일화 형식으로 던져지는 선사의 질문들로 이뤄져 있는 것 같다. 이 질문들은 스승이 명상을 위해 학생들에게 제시하는 것이다. 고전적인 한 예가 '우'(Wu) 일화이다. 어느 수도승이 선사에게 물었다. "개에게도 불성이 있습니까?" 이에 스승은 "우!"라고 대답했다. 스즈키가 언급하듯이, 이 "우"는 꽤 단순하게 "바우와우(멍멍)"를, 그러니까 개가 직접 그런 질문에 했을 법한 대답을 의미한다.

얼핏 보면, 명상의 대상으로 그런 질문을 제시하는 것이 최종적 결과를 예상하거나 그 결과에 영향을 끼칠 것 같고, 따라서 그것이 그 경험의 내용을 결정할 것처럼 보인다. 예수회의 수련이나 일부 요가의 명상에서 그 내용이 스승이 제시하는 과제에 의해 결정되는 것처럼 말이다. 그러나 화두가 너무나 다양하고 너무나 모호하고 특히 끝없이 역설적이기 때문에, 전문가조차도 어떤 것이 적절한 해답으로 여겨질 것인지에 대해 완전히 모르는 입장에 놓인다. 게다가, 최종적 결과에 대한 묘사도 너무나 애매모호하기 때문에, 단 하나의 예에서 화두와 깨달음의 경험 사이에 합리적인 연결을 발견하는 것은 거의 불가능한 일이다.

논리적 연결을 보여줄 수 없기 때문에, 화두 방법은 정신 과정의 자유에 어떠한 제한도 두지 않으며, 따라서 최종적 결과는 오직 학생의 개인적인 성향에서만 나온다는 짐작도 가능하다. 그 수행이 목표로 잡는 합리적인 지성의 완전한 파괴는 의식적인 가정들의 거의 완벽한 부재를 창조한다. 의식적인 가정들은 최대한 배제되지만, 무의식적인 가정들, 말하자면 존재하지만 인식되지 않고 있는 심리적 성향은 배제되지 않는다. 이 무의식적인 심리적 성향은 절대로 비어 있지 않으며 겸손하게 굴지도 않는다. 그것은 자연이 준 요소이며, 그것이 대답할 때(이것은 틀림없이 깨달음의 경험이다), 그 대답은 의식적 정신에게 자신의 반응을 직접 전달하는 데 성공한 '자연의 섭리'의 대답이다. 학생의 무의식적 본성이 어떤 대답으로 선사나 화두를 정면으로 마주하는 것이 분명히 깨달음이다. 묘사들을 근거로 판단한다면, 적어도 나에게는 이것이 깨달음의 본질을 다소 정확히 설명하는 견해처럼 보인다. 그 견해는 또한 "자신의 본성을 들여다보는 것"이나 "원래의 인간", 자신의 존재의 깊이 등이 종종 선사의 중요한 관심사라는 사실에 의해서도 뒷받침된다.

선은 그 원칙에 가정이 없다는 점에서 철학적이거나 종교적인 다른 모든 명상 수련과 다르다. 부처조차도 종종 엄격히 부정당하고, 정말로 불경스러울 만큼 무시당한다. 부처가 전체 수련의 가장 강력한 정신적 전제일 수 있는데도 말이다. 어쩌면 부처는 바로 그런 사실 때문에 무시당할지도 모른다. 그러나 부처 역시 하나의 이미지이며, 따라서 무시되어야 한다. 실제로 거기 있는 것 외에 그 어떤 것도 거기 있어서는 안 된다. 말하자면, 온갖 무의식적 가정들을 가진 사람만이 있을 뿐이다. 그 사람은 이 무의식적 가정들을 절대로 제거하지 못한다. 바로 그것들이 무의식적이기 때문이다. 공(空)에서 오는 것 같은 대답, 더없이 검은 어둠에서 타오르는 빛, 그런 것들은 언제나 경이롭고 축복받은 계시 같은 것으로 경험되어

왔다.

의식의 세계는 불가피하게 제약들로, 길을 가로막는 벽들로 가득한 세계이다. 의식의 세계는 의식 자체의 본질 때문에 당연히 편파적이다. 어떤 의식이든 동시에 품을 수 있는 생각의 숫자는 매우 작다. 그 외의 모든 것은 빛으로부터 철수한 상태에서 어둠 속에 누워 있어야 한다. 동시적인 내용물의 증가는 어떤 것이든 그 즉시 의식에 방향 감각을 상실할 정도의 혼동은 아니더라도 흐릿함을 낳는다. 의식은 소수를, 따라서 명백한 것을 필요로 할 뿐만 아니라 그 본질 때문에 그런 것들로 엄격히 제한된다.

우리가 대체적인 방향 감각을 지킬 수 있는 것은 오직 우리가 주의를 통해서 연속적으로 이어지는 이미지들을 꽤 빨리 등록시킬 수 있는 능력을 갖춘 덕분이다. 그러나 주의는 사람이 언제나 기울일 수 있는 그런 노력이 아니다. 말하자면, 사람은 최소한의 동시 인식과 이미지의 연속을 갖고 세상을 살아가야 한다. 따라서 가능한 인식들이 넓은 범위에 걸쳐서 지속적으로 배제되고 있으며, 의식은 언제나 최소한의 범위로만 국한된다.

어느 개인의 의식이 단 한 번의 눈길로 지각 가능한 모든 것들을 동시에 받아들이는 경우에 벌어질 수 있는 일은 상상을 초월한다. 만약에 그 개인이 동시에 지각할 수 있는 소수의 명백한 사물들을 바탕으로 세상의 구조를 구축하는 데 이미 성공했다면, 그 사람이 그것보다 훨씬 더 많은 것을 동시에 명백히 지각하게 되는 경우에, 신에게 어울리는 그 광경이 그의 눈에 어떤 모습으로 비칠까? 이 질문도 단지 우리에게 '가능한' 지각들에만 적용된다. 지금 이 지각들에다가 무의식적 내용, 즉 아직 의식이 되지 않았거나 더 이상 의식이 될 수 없는 내용까지 더한 다음에 전체 그림이 어떨 것인지 상상하려고 노력한다면, 그 그림은 가장 대담한 공상을 넘어설 것이다. 물론 그것은 의식적인 형태로는 완전히 상상 불가능하지만, 무의식에서는 하나의 사실이다. 왜냐하면 잠재의식적인 모든 것이 자체에 의식에서 지각되고 표현될 가능성을 언제나 품고 있기 때문이다. 무의식은 잠재의식적인 모든 정신적 요소들의 전체이고 잠재적인 "전체 모습"이지만, 그 전체를 분명하게 나타내는 것은 불가능하다. 무의식은 전체적인 경향을 이루며, 의식은 이 경향으로부터 수시로 작은 조각들을 끌어낸다.

만약 의식이 내용물을 최대한 비운다면, 그 내용물은 적어도 당분간은 무의식의 상태에 빠질 것이다. 선(禪)에서, 이 이동은 일반적으로 에너지가 의식적 내용물로부터 철수하여 공(空)의 개념이나 화두로 옮겨간 결과이다. 이 두 가지는 모두 안정적일 것이기 때문에, 이미지들의 연속이 사라지고, 그로 인해 의식의 상태를 유지하던 에너지도 사라진다. 이런 식으로 아껴진 에너지는 무의식으로 넘어가서 무의식의 자연적인 전하(電荷)를 폭발 지점까지 강화한다. 이것이 무의식적 내용물이 의식을 뚫고 들어갈 준비를 강화시킨다. 그러나 의식을 비우고 닫는 것이 절대로 쉬운 일이 아니기 때문에, 무의식적 내용물의 최종적 돌파로 이어질 최대의 긴장을 조성하기 위해서는 무한한 기간의 특별한 훈련이 필요하다.

의식을 뚫고 들어가는 내용물은 무작위로 정해지지 않는다. 정신과 의사로서 정신 이상을 앓는 환자들을 접하며 얻은 경험이 보여주듯이, 의식적인 내용물과 섬망이 일어나는 동안에 돌파하는 망상적인 생각들 사이에 특별한 관계가 존재한다. 그 관계는 정상적인 사람들의 꿈과 깨어 있는 의식 사이에 존재하는 관계와 동일하다. 그 연결은 기본적으로 보상적인 관계이다. 무의식적 내용물이 가장 넓은 의미에서 의식의 방향 감각의 완전성과 전체성에 필요한 모든 것을 표면으로 끌어올린다는 뜻이다. 이때 무의식이 제공하거나 무의식으로부터 강제로 밀려 올라온 파편들이 의식적인 삶 속으로 의미 있게 흡수되어 들어간다면, 그 결과로 어떤 형태의 정신적 존재가 생겨난다. 이 정신적 존재는 그 개인의 인격의 전체와 더 잘 어울리고, 따라서 그 사람의 의식과 무의식 사이의 불필요한 갈등을 없앨 것이다. 현대의 정신 요법은 이 원리에 바탕을 두고 있다. 이 요법이 무의식은 오직 유아적이고 도덕적으로 열등한 내용물로만 이뤄져 있다는 역사 깊은 편견을 버릴 수 있었으니 말이다.

무의식에는 틀림없이 열등한 구석이 있다. 지저분한 비밀들이 가득 든 모퉁이 같은 곳이 있는 것이다. 그럼에도 이 비밀들은 무의식적인 것이 아니라 숨겨져 있고 반쯤 망각된 것일 뿐이다. 그러나 이 모든 것도 전체 무의식과, 썩은 치아가 전체 인격과 관계있는 정도의 관계를 맺고 있다. 무의식은 모든 형이상학적 진술들의, 모든 신화학의, 모든 철학(단순히 비판적인 것이 아닌 한)의, 그리고 심리학적 전제들에 근거한 모든 생명의 표현들의 모체이다.

무의식의 모든 침공은 명확한 어떤 의식적 상황에 대한 대답이며, 이 대답은 현재 존재하는, 가능한 생각들의 전체로부터, 즉 앞에서 설명한 바와 같이, 잠재적인 정신적 존재의 순간적인 그림인 전체적인 경향으로부터 나온다. 단위로 쪼개는 것, 말하자면 편파적이고 단편적인 성격이 의식의 핵심이다. 전체적인 경향에서 나오는 무의식적 반응은 언제나 전체적인 성격을 지닌다. 이유는 그것이 식별하는 의식에 의해 나눠지지 않은 어떤 본성을 반영하기 때문이다. 따라서 그 반응은 압도적인 효과를 발휘한다. 그것은 뜻밖이고, 모든 것을 포용하고, 완전히 계몽적인 대답이다. 의식적인 정신이 스스로 절망적인 막다른 골목에 처박혀 있는 상황이기 때문에, 그 대답은 그만큼 더 강하게 깨달음과 계시로 다가온다.

따라서 여러 해에 걸친 힘든 수행과 합리적인 이해력을 제거하려는 노력 끝에, 선 수행자가 자연 자체로부터 어떤 대답을, 유일하게 진정한 대답을 들을 때, 깨달음을 놓고 했던 모든 말이 이해될 수 있다. 누구나 직접 확인할 수 있듯이, 선의 일화들과 관련하여 가장 인상적으로 다가오는 것은 그 대답의 자연성이다. 한 예로, 깨달음을 얻은 학생이 그에 대한 보답으로 스승의 얼굴을 갈겼다는 이야기를 일종의 짓궂은 만족감을 느끼며 받아들일 수 있다. 그리고 개의 불성에 대해 묻는 질문에 스승이 한 "우"라는 대답이 많은 지혜를 담고 있는 것으로 다가온다. 그러나 형이상학적 농담과 난센스를 구분하지 못하는 사람이 너무나 많다는 사실을, 또 자신의 현명함을 지나치게 확신한 나머지 평생 바보밖에 만나지 않은 사람들도 아주 많다는 사실을 늘 명심해야 한다.

종교적 변형의 과정을 이해하는 데 선불교의 가치가 아주 크다 하더라도, 서양인들이 그것을 이용하는 것은 문제를 야기할 수 있다. 참선 수행에 필요한 정신적 교육이 서양에는 결여되어 있다. 서양인들 중에서 누가 탁월한 선사와 그의 이해할 수 없는 방법을 그렇게 맹목적으로 신뢰하겠는가? 보다 위대한 인간의 인격에 대한 이런 존경은 동양에서만 발견된다. 서양인들 중에서 누가 감히 무한히 역설적인 변형 경험의 가능성을 믿는다고 장담할 수 있겠는가? 그것도 그런 목표를 지루하게 추구하느라 자신의 인생 중 많은 세월을 바치면서 말이다. 그리고 마지막으로, 누가 감히 그런 비정통적인 변형 경험의 모델을 자처하고 나서겠는가? 신뢰받지 못하는 사람이나, 병적인 이유로 혼자 할 말이 아주 많은 사람이 아니라면 말이다. 그런 사람이라면 우리들 사이에 신봉자가 없는 것에 대해 불평할 이유가 전혀 없을 것이다. 그러나 어느 "선사"가 단순히 모방 수준의 선문답보다 더 어려운 과제를 내도록 해 보라. 그러면 유럽인은 회의를 품기 시작할 것이다. 자기 개발의 가파른 경로가 유럽인에게 지옥으로 향하는 길만큼이나 음산하고 우울해 보이기 때문이다.

서양에서도 깨달음의 경험이 일어난다는 데 대해 나는 조금도 의심하지 않는다. 서양인들 중에도 종국적인 목표를 언뜻 보고는 거기에 가까이 닿기 위해 노력을 아끼지 않는 사람들이 있기 때문이다. 그러나 그들은 수줍음 때문에도 침묵을 지킬 것이지만, 자신의 경험을 타인들에게 전하려는 노력이 절망적이라는 것을 알기 때문에도 침묵을 지킬 것이다. 서양 문명에는 그런 노력을 촉진시키는 것이 전혀 없다. 심지어 종교적 가치들의 보호자인 교회에도 그런 것이 없다. 정말로, 독창적인 모든 경험에 반대하는 것이 교회의 기능이다. 그런 경험이 비정통적일 수 있기 때문이다. 서양 문명 안에서 이런 노력들을 어느 정도 이해하거나 이해해야만 하는 유일한 운동은 정신 요법이다. 그러므로 이 서문을 쓰고 있는 사람이 정신 요법 의사인 것은 절대로 우연이 아니다.

정신 요법은 기본적으로 의사와 환자 사이의 어떤 변증법적 관계이다. 정신 요법은 두 정신적 완전체 사이의 만남이고 토론이며, 거기서는 지식이 하나의 도구로만 쓰인다. 목표는 변형이다. 미리 결정되어 있는 변화가 아니라, 미리 결정될 수 없는 변화이다. 변화의 유일한 기준은 자아의 사라짐이다. 의사 쪽의 노력은 절대로 이 경험을 강요하지 못한다. 의사가 할 수 있는 것은 환자를 위해 그 경로를 부드럽게 닦아 주고, 환자가 결정적인 그 경험에 이르는 데 최소한의 저항을 낳을 그런 태도를 습득하도록 돕는 것이다.

만약에 인식이 서양의 절차에서 결코 작지 않은 역할을 한다면, 인식의 중요성은 선(禪)에서 불교의 전통적인 영적 분위기가 지니는 중요성에 해당한다. 선과 그 기법은 불교 문화의 토대 위에서만 일어날 수 있었을 것이며, 선은 언제나 불교 문화를 전제한다. 서양인은 선에는 절대로 없는 합리주의적 지성을 완전히 버리지 못한다. 그럼에도 선 수행자는 절대로 무지와 문화의 결여의 산물이 아니다. 따라서 서양인들에게도 자아나 합리주의를 폐기하는 것에 대해 생각하기 전에 먼저 분석을 통해서 의식적인 자아와 세련된 이해력을 형성시켜야 하는 경우가 자주 벌어진다. 게다가, 정신 요법은 선승처럼 진리를 위해 어떤 희생이라도 치를 준비가 되어 있는 인간들을 다루는 것이 아니라, 종종 유럽인 중에서 가장 완고한 사람들을 다룬다. 따라서 정신 요법의 과제들이 훨씬 더 다양하며, 긴 과정의 개인적인 단계들은 선의 경우보다 훨씬 더 모순적이다.

이것들과 많은 다른 이유들 때문에 선을 서양의 조건으로 직접적으로 옮기는 것은 바람직하지도 않고 가능하지도 않다. 그렇지만 자신의 요법의 목표에 대해 진지하게 생각하는 심리 요법 의사는 동양식 정신 "치료" 방식, 즉 "완전하게 만드는" 방법이 추구하는 목표를 보게 될 때 마음의 동요를 느끼지 않을 수 없다. 모두가 아는 바와 같이, 이 문제는 2,000년 이상 동안 동양에서 가장 대담한 정신들을 사로잡았으며, 방법들과 철학적 원칙들도 그 과정에 발달했다. 이와 비교하면, 서양에서 동일한 분야에서 있었던 시도들은 빛을 잃고 만다.

서양의 시도들은 극소수의 예외를 제외하고는 모두 마법(기독교도 포함되는 신비 숭배들) 또는 지적 추구(피타고라스에서부터 쇼펜하우어에 이르기까지의 철학)에서 멈추었다. 서반구에서 전체적인 경험의 돌파 같은 것을 처음 어렴풋이 보여준 것은 괴테의 '파우스트'와 니체의 '차라투스트라는 이렇게 말했다'의 비극들뿐이다. 그리고 서양인은 서양의 정신이 낳은 산물들 중에서 가장 유망한 이 작품들이 장황하게 무엇을 말하려 했는지 지금도 잘 모르고 있다. 그 작품들은 그리스인들에 의해 형성된 서양 사고의 물질성과 구체성으로 뒤덮여 있다. 서양의 지성이 대단히 높은 곳에서 땅 위의 자그마한 쥐를 찾아내는 맹금의 놀라운 능력을 거의 완벽하게 발달시켰음에도 불구하고, 땅의 인력이 맹금을 아래로 잡아당기고, 맹금이 전리품을 더 이상 추구하지 않고 약탈을 추구하는 자신이 어떤 존재인지를 확인하기 위해 한쪽 눈을 안으로 돌리는 순간에, '삼스카라'(samskara)[184]가 그것을 혼란스럽기 짝이 없는 이미지들

184　'형성하는 힘'이라는 뜻으로, 특히 의지의 작용을 가리킨다.

의 세상 속으로 끌어들인다. 그러면 개인은 미지의 공포와 위험에 포위된 채 오류의 미로 같은 곳에서 망상에 시달리며 재탄생의 끔찍한 고통을 겪는다. 모든 운명들 중에서 최악의 운명이 그 모험가를 위협한다. 그가 자신의 시대라고 부르는 때에 침묵 속의 지독한 외로움이라니! 괴테가 '파우스트'를 놓고 "중요한 작품"이라고 불렀는데, 우리는 괴테가 그 작품을 쓴 숨겨진 동기들에 대해, 또는 "디오니소스 경험"의 그 전율에 대해 아는 것이 무엇인가?

완전에 이르는 서양식 "해방의 길"의 고통이나 불운들과 비슷한 동양의 해방의 길을 발견하기 위해서, 내가 제안한 바와 같이, 서양인은 『바르도 퇴돌』이나 『티베트 사자의 서』를 거꾸로 읽어야 한다. 여기서 이슈는 동양의 해방의 길을 찾아내는 것이다. 선한 의도나 현명한 모방, 지적 곡예가 이슈가 아니다. 그리고 정신 요법 의사가 지나치게 성급하고 단견적인 이론적인 의견들로부터 스스로를 해방시킬 때 마주하게 되는 것이 바로, 흐릿한 암시나 작거나 큰 파편의 형태로 나타나는 그 해방의 길이다. 만약에 정신 요법 의사가 준(準)생물학적 신조의 노예라면, 그 사람은 자신이 그냥 흘끗 본 것을 이미 알려진 평범한 것으로, 말하자면 망상들로 만족하는 사람들만을 충족시킬 수 있는 합리적인 어떤 공통의 특징으로 환원시키려고 노력할 것이다. 그러나 망상 중에서 가장 중요한 것은 어느 것이나 누구든 만족시킬 수 있다는 망상이다. 그 망상은 삶에서 견뎌낼 수 없는 모든 것들의 뒤에, 그리고 모든 진보의 앞에 서 있으며, 그것이야말로 극복하기 가장 어려운 것들 중 하나이다. 만약에 정신 요법 의사가 약간의 깊은 생각을 위해 잠시 유익한 활동을 쉴 수 있거나, 어떤 우연한 기회에 자신의 망상들을 들여다보지 않을 수 없게 된다면, 모든 합리주의적인 환원이 생생하게 살아 있는 무엇인가를, 성장하기를 원하는 무엇인가를 만나는 경우에 너무나 공허하고, 지루하고, 삶에 해롭게 작용한다는 생각이 문득 떠오를 것이다. 그가 그 길을 계속 따른다면, 그는 곧 "그 문을 활짝 열어라/인간이 언제나 머뭇거리는 걸음으로 지나쳤던 문을"[185]이라는 대목이 의미하는 바를 알게 될 것이다.

나는 어떤 상황에서도 나 자신이 권고하거나 조언하는 것으로 이해되기를 바라지 않는다. 그러나 서양에서 누군가가 선(禪)에 대해 논의하기 시작할 때, 나는 그 유럽인에게 깨달음의 "길고 긴 길"로 들어가는 입구를 보여주는 것을, 그리고 서양에서 극소수의 위대한 인물들만 걸었던 그 길에 흩어져 있는 어려움들이 어떤 종류인지를 보여주는 것을 나의 의무로 여긴다. 그 위대한 인물들은 아마 높은 산에서 어둑한 미래를 향해 빛을 발하는 봉화 같은 존재들이다.

깨달음 또는 삼매가 그 높이보다 낮은 곳 어딘가에서 만날 수 있을 것이라고 짐작하면 큰 실수가 될 것이다. 전체성의 어떤 경험으로서 깨달음은 절대로 그 완전성보다 싸거나 작은 것일 수 없다. 이것이 심리학적으로 무엇을 의미하는지는 의식이 언제나 정신의 일부에 지나지 않기 때문에 절대로 정신의 완전성을 알 수 없다는 간단한 생각을 근거로 미뤄 짐작할 수 있다. 바로 그 점 때문에, 무의식의 무한한 확장이 필요하다.

그러나 무의식은 명쾌한 공식에 잡히지도 않고, 과학적인 의견에 의해서 쫓겨나지도 않는다. 운명적인 무엇인가가 거기에 매달리고 있기 때문이다. 정말이지, '파우스트'와 '차라투스트라는 이렇게 말했다'가 너무도 분명하게 보여주듯이, 무의식은 간혹 운명 그 자체이다. 완전성의 성취는 그 사람의 전체 존재를 걸 것을 요구한다. 그보다 작은 것으로는 완전성을 이루지 못한다. 보다 쉬운 조건도 절대로 없고, 대체도 없고, 타협도 없다. '파우스트'와 '차라투스트라는 이렇게 말했다'가 똑같이 최고의 인정을 받고

---

185 'Faust', Part 1.

있음에도 불구하고 유럽인에게 이해될 수 있는 것의 경계선에 서 있다는 것을 고려한다면, 이제 막 정신의 모호한 세계에 대해 듣기 시작한 교육 받은 대중이 힘든 개성화 과정(나 나름대로 "완전해지는 것"을 표현하는 데 쓰는 용어이다)을 밟고 있는 사람의 정신적 상태에 대해 적절히 생각할 것이라고 기대하기는 어렵다. 그러면 사람들은 병리학의 어휘들을 뒤지며 신경증과 정신증 같은 전문 용어로 위안을 삼거나, "창조적인 비밀"에 대해 속삭인다. 그러나 어쩌다 시인이 되지 않은 사람은 무엇을 "창조할" 수 있겠는가? 이 같은 오해가 최근에 적잖은 사람들이 스스로를, 마치 예술은 능력과 아무런 상관이 없다는 듯이, "아티스트"라고 부르도록 만들었다. 그러나 만약에 창조할 것이 아무것도 없다면, 그때 당신은 당신 자신을 창조한다.

선(禪)은 "완전해지는 것"이 동양에서 얼마나 큰 의미를 지니는지를 보여준다. 선의 수수께끼들을 파고드는 것은 아마 소심한 유럽인의 척추를 똑바로 세우거나, 정신적 근시를 볼 안경을 제공할 것이다. 그러면 유럽인은 "벽의 구멍"을 통해서 적어도 지금까지 안개에 싸여 있던 정신적 경험의 세계를 어렴풋이 즐길 수 있을 것이다. 그래도 어떤 피해도 일어나지 않을 것이다. 이유는 지나치게 놀란 사람들이 "자기 암시"라는 유익한 사상에 의해서, 중요한 모든 것들로부터 보호를 받듯이, 추가적인 타락으로부터 효과적으로 보호를 받을 것이기 때문이다.

그러나 나는 주의 깊고 공감력 있는 독자에게 동양의 정신적 깊이를 과소평가하거나 선(禪)에 값싸고 용이한 요소들이 있다는 식으로 가정하지 말라고 경고하고 싶다. 서양이 동양 사상과 관련해서 너무나 쉽게 믿어버리는 경향은 이 경우에 위험이 덜하다. 선에는 다행히도 서양인이 인도의 숭배들에서 발견하는 이해 불가능한 단어들이 하나도 없기 때문이다. 선(禪)은 생리학 쪽으로 경도된 유럽인이 그냥 앉아서 호흡만 하면 영(靈)

이 성취될 수 있다는 헛된 희망을 품게 하는 복잡한 하타 요가 기법을 이용하지 않는다. 그와 반대로, 선은 현실이 되기를 원하는 모든 중요한 것들과 마찬가지로 지성과 의지력을 요구한다.

14장

동양 명상의 심리학(1943)

요가와 인도의 성직(聖職)의 조직 사이의 심오한 관계는 나의 친구 하인리히 짐머(Heinrich Zimmer: 1890-1943)에 의해 이미 강조되었다. 그런 짐머가 불행하게도 세상을 일찍 떠난 것은 인도학에 큰 손실이 아닐 수 없다. 보로부두르 사원을 방문했거나, 바르후트와 산치의 사리탑을 본 사람이라면 누구나 유럽인에게 꽤 낯선 정신의 태도와 통찰력이 거기서 작동하고 있다는 감정을 거의 피하지 못한다. 인도인의 삶의 다른 수많은 인상들을 통해서 이미 그런 깨달음을 얻지 않은 사람이라면 말이다.

넘칠 만큼 풍성한 인도의 영성에는 영혼의 어떤 환상이 비치고 있다. 그 영혼은 그리스 문화로부터 내려오는 유럽인의 정신에 처음에 낯설고 접근 불가능한 것으로 보인다. 고트프리트 켈러(Gottfried Keller)가 말하듯이, 유럽인의 마음은 사물들을 지각하고, 유럽인의 눈은 "황금처럼 반짝이는 세상의 풍요 속에서 눈꺼풀이 붙잡는 것을 들이키고", 유럽인은 풍부한 외적 인상들을 바탕으로 내부 세계에 관한 결론을 내린다. 심지어 유럽인은 "먼저 감각에 있지 않은 것은 절대로 마음에 있을 수 없다"는 원칙에 따라 내부 세계의 내용물까지 외부로부터 끌어낸다. 이 원칙은 인도에서는 전혀 통하지 않는 것 같다.

인도의 사상과 인도의 예술은 단순히 감각 세계에 나타나지, 감각 세계로부터 끌어내지 않는다. 종종 놀랄 만큼 관능적으로 표현되고 있음에도 불구하고, 인도의 사상과 예술은 가장 진실한 핵심을 보면 관능성을 초월하지는 않아도 관능적이지는 않다. 인도인의 영혼의 창의성을 통해서 변모된 형태로나, 현실적인 비애감을 갖춘 채 새로 태어나는 것은 감각들이나, 육체, 색깔들이나 소리들의 세계도 아니고 인간의 열정도 아니다. 새로 태어나는 것은 오히려 형이상학적인 성격을 지닌 어떤 아래의 세계 또는 위의 세계이며, 이 세계로부터 낯선 형태들이 나타나서 지상의 익숙한 현장 속으로 들어온다.

예를 들어, 인도 남부의 카타칼리 무희들이 신들을 표현하는 인상적인 연기를 유심히 관찰하면, 거기엔 자연스러워 보이는 몸짓이 하나도 없다. 모든 것이 이상하며, 인간 이하이면서 동시에 인간 이상이다. 무희들은 사람처럼 걷지 않는다. 그들은 날듯이 미끄러진다. 그들은 머리로 생각하지 않고 손으로 생각한다. 심지어 그들의 얼굴까지도 청색 에나멜을 칠한 가면 뒤로 사라진다. 서양인이 아는 세상은 이 기괴한 장면과 조금이라도 비슷한 것조차 제시하지 않는다. 이 장면들을 보면서, 사람은 꿈들의 세계로 옮겨진다. 이유는 생각건대 꿈의 세계가 서양인이 그와 비슷한 것을 만날 수 있는 유일한 장소이기 때문이다. 그러나 카타칼리 무희들은, 우리가 직접 보거나 사원의 조각을 통해서 보는 바와 같이, 절대로 밤의 유령이 아니다. 그들은 모든 세부사항에서 일치하면서 대단히 역동적인 모습을 보인다. 혹은 그들은 매우 체계적으로 성장한 것처럼 보인다. 이것들은 과거의 어느 현실의 그림자들이나 귀신들이 절대 아니며, 그들은 아직 존재하지 않는 현실들과, 어느 순간에라도 문턱을 넘어설 수 있는 잠재적 현실들과 더 가깝다.

이런 인상들을 진심으로 받아들이는 사람이면 누구나 곧 이 무희들이 인도인들에게는 꿈속의 장면이 아니라 실제의 사람들로 다가온다는 사실을 확인할 것이다. 그리고 정말로 그 인상들은 서양인의 내면 깊은 곳의 무엇인가를 아주 강하게 건드린다. 그 무엇인가를 표현할 단어들이 서양인에게는 전혀 없지만 말이다. 동시에, 그들을 보는 서양인은 내면의 동요가 깊을수록 우리의 감각 세계가 약해지며 꿈이 된다는 것을, 또 우리가 신들의 세계에서 잠을 깨며 그들의 실체를 직접적으로 느끼는 것 같다는 느낌을 받는다.

유럽인이 인도에서 가장 먼저 주목하는 것은 도처에 두드러지는 외적 구체성이다. 그러나 그것은 인도인이 보는 인도가 아니다. 그것은 인도인의 현실이 아니다. 독일어 단어 "Wirklichkeit"(현실, 실제)가 암시하듯이, 현실은 작동하는 것이다. 서양인들에게 작동하는 것의 핵심은 겉모습의 세계이고, 인도인에게 그것은 영혼이다. 인도인에게 세상은 단순한 쇼 또는 겉치레이고, 인도인의 현실은 서양인들이 꿈이라고 부르는 것과 가깝다.

동양과 서양 사이의 이런 이상한 대조는 종교적 관행에서 가장 명확하게 표현되고 있다. 서양인은 종교적 고양에 대해 말한다. 서양인들에게 신은 우주의 지배자이며, 서양인들은 형제애의 종교를 갖고 있으며, 천국을 열망하는 교회에 높은 제단이 있다. 한편, 인도인은 명상에 대해, 자기 몰입에 대해, 그리고 명상에 잠겨드는 것에 대해 말한다. 신은 만물의 안에, 특히 인간의 안에 있으며, 사람은 외면 세계를 멀리하고 내면 세계로 눈을 돌린다. 옛날의 인도 사원에서는 제단이 땅보다 6피트 내지 8피트 낮은 곳에 자리 잡았으며, 서양인이 가장 수치스러워하며 숨기는 것이 인도인에게 가장 신성한 상징이다.

서양인은 행위를 믿고, 인도인은 수동적인 존재를 믿는다. 서양의 종교적 수련은 기도와 숭배, 찬송가 부르기로 이뤄져 있다. 인도인에게 가장 중요한 수련은 요가, 즉 서양인이 무의식의 상태라고 부르는 그런 상태로 잠기는 것이지만, 그 상태를 인도인은 최고의 의식으로 높이 칭송한다. 요가는 인도인의 정신을 가장 잘 표현하고 있으며, 동시에 요가는 이 특이한 정신의 태도를 만들어내는 데 지속적으로 이용되는 도구이다.

그렇다면 요가란 무엇인가? 그 단어의 글자 그대로의 뜻은 "멍에 씌우기"이다. 즉, 산스크리트어로 '클레샤'(kleshas: 번뇌)라 불리는, 정신의 본능적인 힘들을 훈련시킨다는 뜻이다. 멍에 씌우기는 인간들을 세상에 속박시키는 이 힘들을 통제하는 것을 목표로 잡고 있다. '클레샤'는 성 아우구스티누스의 언어에서 'superbia'(오만)와 'concupiscentia'(욕정)에 해당할 것이다. 매우 다양한 형식의 요가가 있지만, 모두가 똑같은 목표를 추구하고 있다. 여기서 나는 순수하게 육체적인 수련들 외에 호흡 운동과 특별한 자세로 이뤄진 일종의 체조인, 하타 요가라 불리는 형식도 있다는 점에 대해서는 언급만 할 것이다.

이 강연에서, 나는 요가의 정신적 과정들을 깊이 들여다볼 기회를 주는 어느 요가 텍스트에 대해 설명하는 과제를 맡았다. 그것은 잘 알려져 있지 않은 불교 텍스트이다. A.D. 424년에 중국어로 쓰였지만, 원래 산스크리트어를 번역한 것이다. 그 텍스트는 '무량수불(無量壽佛) 명상 수트라'(Amitayur-dhyana Sutra)라 불린다. 일본에서 대단히 높이 평가 받는 이 경전은 아디붓다 또는 마하붓다(Mahabuddha), 즉 최초의 붓다가 다섯 드야니 부처들을 낳았다는 가르침이 발견되는 유신론 불교의 영역에 속한다. 그 다섯 부처들 중 하나가 아미타불, 즉 "측량할 수 없는 빛을 발하며 지는 태양의 부처"이며, 지복의 땅인 극락의 지배자이다. 그는 우리의 현생의 보호자이다. 역사적으로 존재했던 붓다인 석가모니가 현생의 스승이듯이. 아미타불의 숭배에는 정말 이상하게도 축성한 빵으로 하는 일종의 성찬 잔치가 있다. 아미타불은 가끔 생명을 주는 불멸의 양식이나 신성한 물을 담은 그릇을 손에 든 모습으로 그려진다.

그 텍스트는 여기서 우리를 붙들어 놓을 필요가 없는, 서문 형식의 어떤 이야기로 시작한다. 어느 황태자가 자기 부모를 죽일 모략을 꾸민다. 그러자 왕비가 궁지에 몰려 부처에게 두 제자인 마우두갈야야나(Maudgalyayana)와 아난다(Ananda)를 보내달라고 기도하며 도움을 청했다. 부처는 그녀의 소원을 들어주었으며, 즉시 두 제자가 나타났다. 그와 동시에 부처 본인인 석가모니도 그녀의 눈 앞에 나타났다. 석가모니는 그녀에게 어떤 환상을 통해서 10개의 세상을 전부 보여주었다. 그녀가 다시 태어나기를 원하는 세상을 선택하도록 하기 위해서였다. 그녀는 아미타불의 서방 세계를 선택한다. 그러자 석가모니는 그녀에게 아미타불의 땅에서 다시 태어날 수 있게 하는 요가를 가르친다. 석가모니는 그녀에게 다양한 도덕적 가르침을 전한 뒤에 다음과 같이 말한다.

당신과 당신 외의 다른 모든 존재들은 생각의 집중을 통해서 서방 세계에 관한 어떤 인식을 얻는 것을 유일한 목적으로 삼아야 한다. 당신은 그 인식이 어떻게 형성되는지에 대해 물을 것이다. 지금 내가 그것에 대해 설명할 것이다. 모든 존재들은 태어나면서부터 앞을 보지 못하는 상태가 아니라면 똑같이 시력을 갖고 있으며, 그들은 모두 지는 태양을 본다. 당신은 적절한 자세로 앉아서 서쪽 방향을 응시하고, 그 태양에 대한 깊은 명상을 위해 당신의 생각을 준비해야 한다. 당신은 당신의 마음이 그 태양에 확고히 고정되도록 해야 한다. 그래야만 당신의 생각을 전적으로 거기만 집중함으로써 확고한 어떤 인식을 가질 수 있을 것이다. 그리고 태양이 떨어지려 하며 허공에 걸린 북처럼 보일 때 특별히 더 그것을 응시하도록 하라. 당신이 이런 식으로 태양을 본 뒤에, 당신이 눈을 감았든 떴든 상관없이, 그 이미지가 선명하게 고정된 채 남도록 하라. 그런 것이 최초의 명상인, 태양에 대한 인식이다.

이미 본 바와 같이, 지는 태양은 불멸을 나눠주는 아미타불의 한 비유이다. 텍스트는 이렇게 이어진다.

그 다음에 당신은 물에 대한 인식을 형성해야 한다. 맑고 순수한 물을 응시하고, 그 이미지도 후에 맑고 고정된 상태로 남도록 하라. 그런 다음에는 당신의 생각이 흩어져서 사라지도록 해서는 안 된다.

앞에서 언급했듯이, 아미타불은 또한 불멸의 물을 나눠주는 존재이기도 하다.

이런 식으로 물을 보았으니, 이제 당신은 얼음에 대한 인식도 형성해야 한다. 빛을 반짝이는 투명한 얼음을 보듯이, 당신은 청금석의 겉모습을 상상해야 한다. 그것이 끝나면, 당신은 안과 밖에서 똑같이 투명하게 빛나는 청금석으로 이뤄진 토대를 볼 것이다. 이 청금석 토대의 아래에서, 일곱 개의 보석들과 다이아몬드 등을 가진 어떤 황금 깃발이 그 토대를 떠받치고 있는 것이 보일 것이다. 그 깃발은 나침반의 8개의 방향까지 확장하며, 따라서 그 토대의 여덟 귀퉁이들이 완벽하게 채워진다. 8개의 영역의 각 면은 100개의 보석들로 이뤄져 있고, 모든 보석은 1,000개의 광선을 갖고 있으며, 모든 광선은 84,000개의 색깔을 갖고 있다. 이 색깔들은 청금석의 토대에 비칠 때 100만 개의 태양처럼 보인다. 그래서 그것들을 하나씩 보기가 어렵다. 그 청금석 토대의 표면 위로 황금 빗줄들이 십자형으로 서로를 꼰 상태로 덮여 있으며, 모든 부분이 맑고 분명한 7개의 보석 줄에 의해 구분이 이뤄지고 있다. …

이 인식이 형성되었을 때, 당신은 그것의 구성요소들을 하나씩 놓고 명상하며, 눈을 감고 있을 때나 뜨고 있을 때나 똑같이 흩어져 사라지는 일이 없도록 그것들의 이미지들을 최대한 명료하게 만들어야 한다. 잠을 자는 때만 제외하고, 당신은 언제나 이것을 명심해야 한다. 인식의 이 단계에 이른 사람은 극락정토를 어렴풋이 본 것으로 여겨진다. 삼매에 이른 사람은 불국(佛國)의 땅을 분명하게 볼 수 있다. 삼매의 상태는 너무나 훌륭하기 때문에 완전히 설명하는 것이 불가능하다. 그런 것이 그 땅에 대한 인식이며, 그것이 세 번째 명상이다.

삼매는 '세상을 등진 상태', 즉 세상과의 모든 연결들이 내부 세계로 흡수된 조건이다. 삼매는 팔정도(八正道)의 여덟 번째 단계이다.

앞의 인용 뒤에 아미타불 땅의 보리수에 대한 명상이 오고, 그 뒤를 물에 대한 명상이 따른다.

극락의 땅에 여덟 개의 호수에 물이 있다. 각 호수의 물은 부드럽고 유연한 일곱 개의 보석들로 이뤄져 있다. 물의 원천은 모든 소망을 이뤄주는 보석들의 왕으로부터 나온다. … 각 호수의 가운데에는 일곱 개의 보석으로 만든 6,000만 개의 연꽃이 있다. 꽃들은 모두 완벽하게 둥글며 둘레가 정확히 동일하다. … 꽃들의 가운데에 보석들의 물이 흐르고 … 흐르는 물의 소리는 듣기 좋고 유쾌하다. 보석들의 물은 모든 완벽한 미덕들과 "고통", "비실재", "일시성"과 "비(非)자기"를 선언한다. 보석들의 물은 또한 모든 부처들의 완벽의 상(相)들과 종호(種好)들을 찬양한다. 모든 소망을 성취시키는 보석들의 왕으로부터 너무도 아름다운 황금색 광선들이 흘러나오고, 그 광선들의 광휘는 스스로 100개의 보석의 색깔들을 갖고 있는 새들로 변모한다. 이 새들은 달콤하고 즐겁고 평화로운 화음으로 노래하며 부처의 기억을, 법의 기억을, 교단의 기억을 찬양한다. 그런 것이 여덟 가지 훌륭한 자질들을 갖춘 물에 대한 인식이며, 그것이 다섯 번째 명상이다.

아미타불 자체에 대한 명상과 관련해서, 부처는 "일곱 가지 보석들로 된 어떤 토대 위에 있는 연꽃 한 송이에 대한 인식으로부터"라고 운을 떼면서 왕비에게 가르친다. 그 꽃은 84,000개의 꽃잎을 가졌고, 각 꽃잎은 84,000개의 잎맥을 가졌고, 각 잎맥은 84,000개의 광선을 가졌으며, "이 광선 각각은 뚜렷이 보인다".

이것을 인식한 다음에, 당신은 부처 자체에 대해 인식해야 한다. 당신이 어떻게 하느냐고 묻는다. 모든 부처 여래는 그 영적 육체가 자연의 원리인 그런 존재이며, 그래서 부처는 모든 존재들의 마음 속으로 들어갈 수 있다. 그 결과, 당신이 부처를 인식할 때, 당신이 부처에게서 보는 탁월한 32상과 80종호를 소유하고 있는 것은 정말로 당신의 마음이다. 끝으로, 부처가 된 것은 당신의 마음이고, 아니, 정말로 부처인 것이 당신의 마음이다. 모든 부처들의 진정하고 보편적인 지혜의 바다는 그 사람 자신의 마음과 생각에서 그 원천을 끌어낸다. 그러므로 당신은 당신의 생각을 그 부처 여래에, 아라한(阿羅漢)에, 완전한 깨달음의 경지에 이른 신성한 존재에 대한 흐트러짐 없는 주의 깊은 명상에 적용해야 한다. 그 부처에 대한 인식을 형성하면서, 당신은 먼저 부처의 이미지를 인식하고, 눈을 감거나 뜨거나 부처를 꽃 위에 앉아 있는 잠부나다 금의 색깔의 이미지로 봐야 한다.

당신이 앉아 있는 형상을 보았을 때, 당신의 정신적 시야가 명료해지고, 당신은 그 불국의 장식품과 보석으로 만들어진 토대 등을 분명히 볼 수 있을 것이다. 이런 것들을 보면서, 당신 손바닥의 손금을 볼 때처럼, 그것들이 선명하게 고정될 수 있도록 하라. …

이 경험을 두루 거친다면, 당신은 10개 방위의 모든 부처들을 동시에 볼 것이다. … 이 명상을 실천한 사람들은 모든 부처들의 육체에 대해 깊이 고찰했다고 한다. 그들이 부처의 육체에 대해 깊이 생각했기 때문에, 그들은 또한 부처의 마음도 볼 것이다. 부처의 마음이라 불리는 것은 위대한 연민이다. 부처가 모든 존재들을 받아들이는 것은 그의 절대적인 연민에 의해서다. 이 명상을 실천한 사람들은 죽을 때 부처들의 앞에서 다른 생으로 태어나서 체념의 정신을 획득할 것이고, 그들은 그 정신으로 앞으로 닥칠 모든 결과들을 직면할 것이다. 그러므로 지혜를 가진 사람들은 자신의 생각을 그 아미타불에 대한 명상에 쏟아야 한다.

이 명상을 실천하는 사람들은 더 이상 미발달의 조건에서 살지 않고 "탁월하고 존경할 만한 부처들의 나라에 자유롭게 접근할 자격을 얻을 것"이라고 한다.

이 인식을 얻은 뒤에, 당신은 당신 자신이 서방의 극락 정토에서 태어나서 그곳의 연꽃 위에 가부좌를 틀고 앉아 있다고 상상해야 한다. 그런 다음에 꽃이 당신을 품은 채 꽃잎을 닫았다가 다시 열었다고 상상하라. 그 꽃이 그렇게 꽃잎을 다시 펼쳤을 때, 500개의 화려한 광선이 당신 위를 비출 것이고, 당신의 눈은 하늘을 가득 채우고 있는 부처들과 보살들을 보기 위해 열릴 것이다. 당신은 물과 나무들의 소리를, 새의 노래를, 그리고 많은 부처들의 목소리를 들을 것이다.

그런 다음에 부처는 아난다와 바이데히(왕비)에게 말한다.

자신의 맑은 생각들에 의해서 서방 정토에서 태어나길 바라는 사람들은 먼저 키가 16큐빗[186]이고 연못의 연꽃 위에 앉아 있는 부처의 이미지에 대해 명상해야 한다. 앞에서 말한 바와 같이, 진정한 육체와 그 육체의 치수는 무한하며 보통의 정신에는 이해되지 않는다. 그러나 그 여래의 오래된 기도의 효험에 의해, 그를 생각하고 기억하는 사람들은 틀림없이 목표를 성취할 것이다.

부처의 말이 여러 페이지 이어진 다음에, 텍스트는 이렇게 말한다.

부처가 말을 끝냈을 때, 바이데히는 500명의 여자 종자들과 함께 부처의 말씀에 따라 널리 펼쳐지는 극락 세계의 장면을 볼 수 있었으며, 또 부처의 육체와 두 보살의 육체도 볼 수 있었다. 그녀는 마음이 기쁨으로 가득 차오르는 것을 느끼면서 "저런 경이로운 일은 난생 처음이에요!"라는 말로 그들을 칭송했다. 즉시 그녀는 완전히 깨달은 존재가 되었으며, 체념의 정신을 획득하고, 어떤 결과가 닥치더라도 꿋꿋이 견뎌낼 준비를 끝냈다. 그녀의 종자들 500명도 최고의 완벽한 지혜를 획득했다는 생각에 행복해 했으며, 불국에서 태어나길 원했다. 온 세상이 숭배하는 그 존재는 그들 모두가 불국에서 태어나서 많은 부처들 앞에서 삼매에 이를 수 있을 것이라고 예언했다.

---

186 1큐빗은 가운뎃손가락 끝에서부터 팔꿈치까지의 길이를 말한다.

깨달음에 이르지 못한 사람의 운명에 관한 여담에서, 부처는 요가 수행을 다음과 같이 요약한다.

> 그러나 고통에 시달리는 터라, 그는 부처에 대해 생각할 시간을 전혀 갖지 못할 것이다. 그러면 어떤 선한 친구가 그에게 말할 것이다. "부처를 기리는 수행을 할 수 없다 할지라도, 적어도 '아미타불'이라고 이름을 말할 수는 있을 텐데." 그가 자신의 목소리로 평온하게 연이어 그렇게 하도록 하라. 그가 "나무아미타불"이라고 명호를 되풀이하면서 그 생각을 열 번 완성할 때까지 지속적으로 부처에 대해 생각할 수 있도록 하라. 부처의 이름을 부르며 쌓은 공덕 덕분에, 그는 되풀이할 때마다 8,000만 번의 겁(劫) 동안에 출생과 죽음으로 갚아야 할 죄들을 속죄할 것이다. 그는 죽어가는 동안에 태양 원반 같은 황금색 연꽃이 눈 앞에 나타나는 것을 볼 것이다. 바로 그 순간에 그는 극락 세계에서 태어날 것이다.

앞의 인용들은 여기서 우리의 관심을 끌고 있는 요가 수행의 근본적인 내용을 이루고 있다. 텍스트는 16개의 명상으로 구분되고 있으며, 나는 그 중에서 몇 부분만을 선택했지만, 그것만으로도 최고의 황홀경과 깨달음인 삼매로 절정에 이르는 명상의 강화를 묘사하기에 충분하다.

그 수행은 지고 있는 태양에 정신을 집중하는 것으로 시작한다. 위도상의 남쪽 지역에서 지는 태양의 광선들은 너무나 강하다. 그렇기 때문에 지는 태양을 몇 순간만 봐도 강렬한 잔상이 남는다. 그런 경우에 사람은 눈을 감아도 한동안 태양을 계속 본다. 잘 알려진 바와 같이, 최면의 한 방법이 다이아몬드나 수정 같은 빛나는 대상에 시선을 고정시키는 것이다. 짐작하건대 태양에 고정시키는 것은 그와 비슷한 최면 효과를 끌어내기 위한 것이다.

한편, 그것이 최면 효과를 내서는 안 된다. 태양에 대한 "명상"이 정신 집중을 수반하니 말이다. 이 명상은 태양의 형태와 특성들, 의미들을 깊이 생각하는 것이고 "명확히 하는 것"이며, 사실 태양에 관한 어떤 '깨달음'이다. 둥근 형태가 지속적인 명상에서 아주 중요한 역할을 하기 때문에, 우리는 태양 원반이 나중에 나올, 원형의 구조를 가진 공상들을 위한 하나의 모델 역할을 하고 있다고 짐작할 수 있다. 그것이 강렬한 빛으로 그 뒤에 올 눈부신 환상들을 위한 길을 준비하듯이. 이런 식으로 "인식이 형성된다"고 그 텍스트는 말한다.

그 다음 명상, 즉 물에 대한 명상은 더 이상 감각 인상에 근거하지 않으며, 능동적인 상상을 통해 광활한 범위에 걸쳐 반사하는 물의 이미지를 창조하고 있다. 우리가 알고 있듯이, 이것은 태양의 빛 전체를 반사한다. 지금 그 물이 "반짝이고 투명한" 얼음으로 변한다는 것이 상상되어야 한다. 이 절차를 통해서 태양 이미지의 비물질적인 빛이 물의 본질로 변형되고, 이것은 다시 얼음의 견고성으로 변한다. 틀림없이 환상의 구체화가 목표이며, 이것은 결과적으로 물리적인 자연, 즉 우리가 알고 있는 세상 대신에 나타나는 공상 창조의 구체화를 낳는다. 말하자면, 영혼의 재료로부터 다른 어떤 현실이 창조되고 있다. 원래 푸른빛이 도는 얼음은 단단한 돌의 본질을 가진 청금석으로 변하고, 청금석은 "투명하고 반짝이는" 어떤 "토대"가 된다. 이 "토대"로 인해, 절대적으로 진정한 불변의 바탕이 창조되었다. 청색의 투명한 바닥은 유리의 호수와 비슷하며, 그것의 투명한 층들을 뚫고 사람의 시선은 아래의 깊은 곳까지 침투한다.

이어서 소위 "황금 깃발"이 이 깊은 곳들로부터 빛을 발한다. 이 대목에서, 깃발을 뜻하는 산스크리트어 단어 'dhvaja'가 일반적으로 '표시'나 '상징'을 의미한다는 사실에 대해 언급해야 한다. 그렇다면 우리는 "상징"의 등장에 대해서도 말할 수 있다. "나침판의 8개 방향으로 확장하는" 상징은 여덟 개의 광선을 가진 체계의 평면도를 나타내는 것이 분명하다. 그 텍스트가 말하고 있듯이, 그 깃발에 의해 "토대의 여덟 귀퉁이들은 완벽하게 채워져 있다". 그 체계는 "10억 개의 태양처럼" 빛난다. 그래서 태양의 빛나는 잔상은 태양의 방사 에너지를 엄청나게 증대시키고, 태양의 비추는 힘은 지금 형용할 수 없을 정도로 강화되었다. 그 체계 전체를 그물망처럼 덮고 있는 "황금 밧줄"이라는 이상한 사상은 아마 그 체계가 그런 식으로 서로 묶여 안전하게 지켜지고 있다는 것을 의미할 것이다. 그래서 그 체계는 더 이상 떨어져 나오지 못한다. 불행하게도, 그 텍스트는 그 방법의 실패 가능성이나, 실수의 결과로서 일어날 수 있는 분열 현상에 대해서는 아무런 말을 하지 않는다. 그러나 상상의 과정에 일어나는 이런 종류의 교란은 전문가에게는 예상하지 않은 것이 절대로 아니다. 반대로 그런 교란은 정기적으로 일어난다. 그렇기 때문에 요가 환상에서 황금 밧줄들에 의해서 일종의, 이미지의 내적 강화가 이뤄지는 것은 놀라운 일이 아니다.

텍스트에 명확히 언급되지는 않았을지라도, 여덟 개의 광선을 가진 체계는 이미 아미타불의 정토이다. 그 땅에서 경이로운 나무들이 자란다. 그것은 꽤 적절한 모습이다. 거기가 낙원이니까. 아미타불의 땅의 물에 각별한 중요성이 부여된다. 팔각형 체계에 맞게, 물은 여덟 개의 호수의 형태로 배열되고 있으며, 이 물들의 원천은 어떤 핵심적인 보물, 즉 여의주이고, 소원 성취의 진주이고, 최고의 가치를 지닌 "획득하기 힘든 보물"의 한 상징이다. 중국 예술에서 그 보물은 달처럼 생긴 이미지로 나타나며, 종종 용과 연결된다.

물의 경이로운 소리는 불교의 근본적인 진리들을 선언하는, 두 개의 상반된 것들의 짝으로 이뤄져 있다. 모든 존재는 고통으로 가득하다는 것을, 또 자아에 집착하는 모든 것은 영속하지 않는다는 것을 의미하는 "고통과 비실재, 일시성과 무아(無我)"가 그 짝들이다. 비실재와 무아는 우리를 오류들로부터 해방시킨다. 따라서 노래하는 물은 부처의 가르침과 비슷한 그 무엇이고, 구원하는 지혜의 물이고, 오리게네스의 표현을 빌리면 '원리의 물'이다. 비할 바 없는 진주인 이 물의 원천은 여래, 부처 자신이다. 따라서 부처의 이미지를 상상력으로 재건하는 것이 즉시 따르며, 명상 중에 이 구조가 구축되는 사이에, 부처가 요가 수행자의 활동적인 정신에 불과하다는 것이, 말하자면 부처가 명상가 자신이라는 것이 깨달아진다. 부처의 이미지가 "그 사람 자신의 정신과 생각"에서 나올 뿐만 아니라, 이 생각 형태들을 낳는 정신이 바로 부처이다.

부처의 이미지는 팔각형인 아미타불의 땅 한가운데의 둥근 연꽃 위에 앉아 있다. 부처는 명상가를 포함한 "모든 존재들을 받아들이는" 위대한 연민에 의해 뚜렷이 구분된다. 이것은 부처인 마음 속 가장 깊은 곳의 존재가 환상 속에 육체적인 모습으로 나타나고, 명상가의 진정한 자기로서 모습을 드러내고 있다는 것을 의미한다. 명상가는 자기 자신을 존재하는 유일한 것으로, 가장 높은 의식으로, 심지어 부처로 경험한다. 이 최종적인 목표에 닿기 위해서, 정신의 재건이라는 힘든 수련을 거치고, 이 세상의 비참한 망상의 주범인 자아의식을 벗어던지고, 망상의 세계가 사라진, 정신의 반대편 극에 닿는 것이 필요하다.

*

유럽인에게 대단히 모호해 보일지라도, 이 요가 텍스트는 단순히 박물관에 전시된 문헌 조각이 아니다. 그 텍스트는 모든 인도인의 정신 속에 이 형태와 그 외에 다른 많은 형태로 살아 있다. 그래서 인도인의 삶과 사고에 그 텍스트가 속속들이 스며들고 있다. 이 정신을 배양하고 교육시킨 것은 불교가 아니라 요가였다. 불교 자체가 부처가 이룬 역사적 개혁보다 더 오래되었고 더 보편적인 요가의 정신에서 태어났다. 인도의 예술과 철학, 윤리학을 안쪽에서부터 이해하려고 노력하는 사람은 누구나 당연히 이 영(靈)과 친구가 되어야 한다. 습관적으로 밖에서부터 접근하는 서양인의 이해력은 여기서 고장을 일으킨다. 왜냐하면 그 방식이 인도인의 영성의 본질에 절망적일 만큼 부적절하기 때문이다.

나는 종종 나타나는, 인도인의 수행과 정서를 모방하려는 태도에 대해 특별히 경고하고 싶다. 대체로, 그런 모방에서는 서양인의 지성을 인위적으로 무효화시키는 결과 외에 다른 것은 아무것도 나오지 않는다. 물론, 모든 관점에서 유럽을 포기하고, 한 사람의 요가 수행자에 불과한 상태에서 먼지 덮인 보리수 나무 아래에서 가젤 가죽 위에 가부좌를 틀고 앉아 지내며 일생을 이름 없는 비존재로 끝낼 수 있다면, 그런 사람은 요가를 인도인과 동일한 방식으로 이해했다는 점을 나는 인정해야 한다. 그러나 그렇게 하지 못하는 사람은 그렇게 하고 있는 것처럼 행동해서는 안 된다. 그 사람은 서양식의 이해력을 포기하지도 못하고 포기해서도 안 된다. 반대로, 그는 모방하려는 모습이나 감상성을 보이지 않고 서양인의 정신에게 허용되는 범위 안에서 최대한으로 요가를 이해하는 데 서양의 이해력을 성실하게 적용해야 한다.

요가의 비밀들은 인도인에게, 기독교 신비들이 서양인에게 의미하는 만큼, 아니 그 이상을 의미한다. 서양인이 외국인에게 기독교의 '신앙의 신비'(mysterium fidei)를 비웃는 것을 허용하지 않듯이, 서양인들은 이상한 이런 인도의 사상들과 관행들을 얕보거나 터무니없는 오류라고 비난하지 말아야 한다. 그렇게 함으로써, 서양인들은 스스로 분별 있는 이해에 이르는 길만 가로막는 결과를 낳는다. 정말로, 유럽인들은 이미 이 방향으로 너무 멀리 나갔으며, 따라서 기독교 교리의 영적 내용이 무서울 정도로 짙은, 합리주의적이고 "계몽된" 어떤 안개 속으로 사라져 버리고 말았다. 이 때문에 유럽인은 곧잘 자신이 알지 못하거나 이해하지 못하는 것들을 과소평가하는 경향을 보인다.

어쨌든 이해하길 원한다면, 우리는 오직 유럽인의 방식으로만 이해할 수 있다. 사람이 가슴으로 많은 것을 이해할 수 있는 것은 사실이지만, 그런 경우에 머리가 가슴으로 이해한 것을 적절히 나타낸 지적 공식을 종종 제대로 따라가지 못한다. 당연히 머리로 이해하는 것도 있다. 특히 과학적인 종류의 이해가 그렇다. 그런 경우에 가슴이 역할을 할 여지가 이따금 매우 좁다. 그러므로 먼저 한쪽을 쓰고 다음에 다른 쪽을 쓰는 문제는 독자의 선의에 맡겨야 한다. 그렇다면 먼저 머리를 갖고 요가를 유럽식으로 이해하게 하는 숨겨진 다리를 발견하거나 건설하도록 노력해 보자.

이 목표를 이루기 위해서, 이미 논한 일련의 상징들을 다시 다뤄야 한다. 그러나 이번에는 그 상징들의 내용을 의미의 측면에서 다룰 것이다. 그 시리즈의 시작인 태양은 온기와 빛의 원천이고, 의심할 여지없는, 눈에 보이는 세상의 중심이다. 생명을 주는 존재로서, 태양은 언제 어디서나 신 자체이거나 신의 이미지이다. 기독교 사상의 세계에서도 태양은 그리스도의 인기 있는 비유이다.

생명의 두 번째 원천은, 특히 남쪽 나라들에서 물이다. 물도 기독교 비유에서 중요한 역할을 한다. 예를 들면, 낙원의 4개의 강이 있고, 신전의 옆에서 흘러나온 물('에제키엘서' 47장)이 있다. 후자는 그리스도의 옆구리 상처에서 흘러나온 피와 비교되었다. 이 맥락에서, 나는 그리스도가 샘에서 사마리아의 부인과 나눈 대화와 그리스도의 육체에서 흐르고 있는 살아 있는 물의 강들('요한복음' 7장 38절)에 대해 언급하고 싶다. 태양과 물에 관한 명상은 틀림없이 이런 연상들을 불러일으킨다. 그렇기 때문에 명상가는 눈에 보이는 전경에서부터 점진적으로 배경으로, 말하자면 명상의 대상의 뒤에 있는 영적 의미로 끌려가게 된다. 명상가는 태양과 물이 물리적 객관성을 버리고 정신적 내용물의 상징들이 되고 개인의 정신 안에서 생명의 원천의 이미지들이 된 정신의 영역으로 옮겨졌다. 정말이지, 우리의 의식이 스스로를 창조하지 않으니 말이다. 의식은 미지의 깊은 곳에서 솟아오른다. 의식은 어린 시절에 점진적으로 깨어나며, 평생 동안에 아침마다 무의식적 조건의 깊은 잠에서 깨어난다. 의식은 매일 무의식의 원초적인 자궁으로부터 태어나는 아이와 비슷하다. 실제로, 더욱 면밀히 조사하면, 의식은 무의식의 영향을 받을 뿐만 아니라, 무수한 자동적인 생각과 순간적으로 떠오르는 생각의 형태로 지속적으로 무의식에서 나온다는 사실이 확인된다. 그러므로 태양과 물의 의미에 대한 명상은 정신의 수원으로, 무의식 자체로 내려가는 하강과 같은 것이다.

그렇다면 여기서 동양인의 정신과 서양인의 정신 사이에 큰 차이가 있다. 그것은 우리가 앞에서 만났던 차이, 즉 높은 제단과 낮은 제단 사이의 차이와 똑같은 차이이다. 서양은 언제나 향상을 추구하지만, 동양은 침잠이나 깊이의 심화를 추구한다. 외적 현실은 그 육체성과 무게 때문에 인도인보다 유럽인에게 훨씬 더 강하고 뚜렷한 인상을 남기는 것 같다. 유럽인은 스스로 이 세상보다 더 높이 올라가려고 노력하지만, 인도인은 어머니 같은 자연의 깊이 속으로 돌아가는 것을 좋아한다.

기독교의 명상이, 예를 들어 로욜라의 '영성 수련'에서처럼, 신의 이미지를 모든 감각을 동원하여 최대한 구체적으로 이해하려고 노력하는 것처럼, 요가 수행자는 자신이 명상하는 물을 처음에는 얼음으로, 그 다음에는 청금석으로 결정화(結晶化)하고, 그렇게 함으로써 그의 표현을 빌리면 확고한 "토대"를 창조한다. 요가 수행자는 말하자면 자신의 환상을 위해 어떤 고체를 만든다. 이런 식으로, 요가 수행자는 자신의 정신 세계의 형상들에게 외부 세계를 대신할 구체적인 현실을 부여한다. 처음에 그는 호수나 바다(서양의 꿈들에서 무의식의 상징이다)의 표면처럼 반사하는 청색 표면밖에 보지 않지만, 반짝이는 표면 밑에 어둡고 신비한 미지의 깊은 곳들이 숨어 있다.

텍스트가 말하는 바와 같이, 푸른 돌은 투명하다. 그 돌은 명상가의 응시가 정신의 비밀들의 깊은 속으로 침투할 수 있다는 것을 우리에게 알려주고 있다. 거기서 그는 전에 볼 수 없었던 것을, 다시 말해 무의식이었던 것을 본다. 태양과 물이 생명의 물리적인 원천이듯이, 상징으로서 그것들은 무의식의 생명의 근본적인 비밀을 표현한다. 요가 수행자가 청금석 마루를 통해 보는 상징물인 깃발에서, 그는 말하자면 그때까지 눈에 보이지 않았고 또 틀림없이 형태를 갖고 있지 않았던, 의식의 원천의 이미지를 보고 있다. 명상을 통해서, 정관(靜觀)의 침잠과 깊이의 심화를 통해서, 무의식은 분명히 형태를 취했다. 그것은 마치 의식의 빛이 감각들의 외부 세계의 대상들을 비추기를 중단하고 지금 무의식의 어둠을 비추고 있는 것이나 마찬가지이다. 만약에 감각들의 세계와 그 세계에 관한 모든 생각이 완전히 소멸된다면, 그때 내부 세계가 더욱 분명하게 두드러질 것이다.

여기서 동양의 텍스트는 유럽인에게 끝없는 어려움의 원천이 될 어떤 정신적 현상을 도외시하고 있다. 만약에 유럽인이 외부 세계에 대한 모든 생각을 추방하고 자신의 마음에서 외적인 모든 것을 비우려 노력한다면, 그는 즉각 우리의 텍스트에 언급된 이미지들과 아무런 관계가 없는 그 자신의 주관적인 공상들의 희생자가 되고 말 것이다. 공상들은 평판이 좋지 않다. 공상들은 값싸고 무가치한 것으로 여겨지고, 따라서 쓸데없고 의미 없는 것으로 부정 당한다. 그것들은 번뇌이고, 요가가 멍에를 씌우고자 하는 무질서하고 혼란스런 본능적 힘들이다. '영성 수련'도 똑같은 목표를 추구한다. 사실 두 가지 방법은 명상가에게 깊이 숙고할 대상을 제시하고 무가치한 것으로 여겨지는 공상을 차단하기 위해 그에게 집중할 이미지를 보여줌으로써 그 목표를 성취하려고 노력한다. 서양의 방법이나 동양의 방법이나 똑같이 직접적인 경로로 목표에 닿으려고 노력한다.

나는 명상 수련이 교회의 환경에서 이뤄질 때 성공할 가능성에 대해 의문을 제기하고 싶지 않다. 그러나 그런 환경 밖에서, 명상 수련은 대체로 작동하지 않거나, 개탄스런 결과를 낳을 수 있다. 무엇보다 먼저, 수련하는 사람은 무의식 위로 빛을 비춤으로써 개인 무의식의 혼란스런 영역으로 들어간다. 그 사람이 잊고 싶어 하는 모든 것과 자기 자신이나 다른 사람들에게 인정하고 싶지 않은 모든 것, 어쨌든 진실이 아니라고 믿고 싶은 모든 것이 들어 있는 영역으로 들어가게 되는 것이다. 따라서 사람은 어두운 이 귀퉁이를 가능한 한 들여다보지 않는 것이 유익하다고 생각한다. 당연히, 그런 식으로 접근하는 사람은 누구든 이 귀퉁이를 절대로 우회하지도 못하고, 요가가 약속하는 것을 조금도 얻지 못할 것이다. 이 어둠을 뚫고 나아가는 사람만이 추가적인 진보를 이룰 것을 기대할 수 있다. 그러므로 나는 유럽인들이 무분별하게 요가 수행을 받아들이는 것에 원칙적으로 반대한다. 왜냐하면 유럽인들이 자신의 어두운 구석을 피하기를 원한다는 사실을 내가 너무나 잘 알고 있기 때문이다. 그런 시도는 완전히 무의미하고 무가치하다.

이것은 또 서양인들이 예수회의 '영성 수련'을 매우 제한적으로 적용하는 것 외에 요가와 비교할 만한 것을 전혀 발달시키지 않은 깊은 이유이다. 서양인은 숨어 있는 공포, 즉 자신의 개인 무의식을 끔찍이도 무서워한다. 따라서 유럽인은 타인들에게 "그것을 하는 방법"을 들려주는 쪽을 선호한다. 전체의 향상은 개인으로부터, 바로 나 자신으로부터 시작한다는 생각은 서양인의 머리에 절대로 떠오르지 않는다. 게다가, 많은 사람들은 자신의 내면을 들여다보는 것을 병적이라고 생각한다. 어느 신학자는 내 앞에서 그것이 당신을 우울하게 만든다는 식으로 단정까지 했으니 말이다.

방금 나는 서양인들이 요가와 비교할 수 있을 만한 것을 전혀 발달시키지 않았다고 말했다. 완전히 맞는 말은 아니다. 유럽인들은 성향에 맞춰서 특별히 번뇌를 다루는 의학 심리학을 발달시켰다. 그것을 유럽인들은 "무의식의 심리학"이라고 부른다. 프로이트가 시작한 이 운동은 인간의 그림자 측면의 중요성과 그 측면이 의식에 미치는 영향을 인정하고는 그만 그 문제에 휩쓸려 길을 잃고 말았다. 프로이트의 심리학은 우리의 텍스트가 말없이 무시하며 이미 다뤘다고 판단하고 있는 바로 그것에 관심을 두고 있다. 요가는 번뇌의 세계를 완벽하게 알고 있지만, 그것의 종교의 자연성은 번뇌가 서양인들에게 의미하는 도덕적 갈등에 대해 전혀 모른다. 어떤 윤리적 딜레마가 서양인들을 그들의 그림자와 분리시키고 있다. 인도의 정신은 자연으로부터 성장하지만, 서양인의 경우에 정신이 자연에 맞서고 있다.

청금석의 바닥은 서양인에게 투명하지 않게 보인다. 왜냐하면 자연 속의 악의 문제에 대한 대답이 먼저 제시되어야 하기 때문이다. 이 문제에 대한 대답은 가능하긴 하지만, 얄팍한 합리주의적 논쟁이나 지적으로 지껄이는 말로는 틀림없이 불가능하다. 개인의 도덕적 책임이 유효한 대답을 내놓을 수 있지만, 싸구려 비결이나 면허 같은 것은 절대로 없다. 청금석 바닥이 투명해질 수 있기 위해서, 그 사람은 모든 것을 다 내놓아야 한다.

우리의 경전은 우리의 개인적 공상들의 어두운 세계, 즉 개인 무의식을 두루 돌아다녔다고 전제하고, 더욱 앞으로 나아가며 어떤 상징적인 도형을 묘사한다. 얼핏 서양인에게 매우 이상하게 다가오는 도형이다. 이것은 한가운데에서부터 방사하는 기하학적 구조이며 8개의 부분으로 나눠져 있다. 8개 1조의 구조이다. 한가운데에 연꽃이 있고, 거기에 부처가 앉아 있다. 결정적인 경험은 명상가 자신이 부처라는 것을 최종적으로 아는 것이며, 텍스트 첫 부분의 이야기에서 꼬여 있던 운명적인 매듭들이 그 경험으로 인해 분명히 풀리고 있다. 중심이 동일하도록 구성된 그 상징은 틀림없이 최고의 집중을 표현하고 있다. 그 같은 고도의 집중은, 감각 세계의 인상들로부터, 그리고 대상과 연결된 생각들로부터 철수한 관심이 의식의 한계선으로 밀어붙여지며 의식의 배경에 적용될 때에만 가능하다. 대상들과 연결된 의식의 세계와 심지어 의식의 중심인 자아까지도 소멸되고, 그 자리에 아미타불의 극락정토의 장엄이 점점 뚜렷이 나타난다.

심리학적으로, 이것은 개인적인 공상들과 본능들의 세계의 뒤나 아래에서 한층 더 깊은 무의식의 층이 눈에 보이게 된다는 것을 의미한다. 이 무의식의 층은 번뇌의 혼란스런 무질서와 반대로 대단히 높은 질서와 조화를 보이며, 또 그것은 번뇌의 다양성과 반대로 모든 것을 포용하는 '도량'(道場)의 통합을, 깨달음의 마법의 원을 상징한다.

개인 무의식의 어둠이 점점 투명해질 때 어떤 초(超)개인적이고, 세계를 포용하는 무의식이 나타난다는 인도인의 단언에 대해 서양의 심리학은 무슨 말을 해야 하는가? 현대의 심리학은 개인 무의식이 우리가 집단 무의식이라고 부르는 완전히 다른 성격의 토대 위에 서 있는 꼭대기 층에 불과하다는 것을 알고 있다. 그 토대를 집단 무의식이라고 부르는 이유는 개인 무의식과 그것의 순수하게 개인적인 내용물과 달리, 보다 깊은 무의식의 이미지들이 분명히 신화적인 성격을 지니고 있기 때문이다. 말하자면, 그 이미지들은 형태와 내용의 면에서 신화의 바탕에 깔려 있는 보편적인 원초적 사상들과 일치한다. 그 이미지들은 더 이상 개인적이지 않으며 순수하게 초개인적인 성격을 지니며, 따라서 그것들은 모든 사람들에게 공통적이다. 이런 이유 때문에, 그 이미지들은 신화에 대한 지식을 조금도 갖추지 않은 개인들뿐만 아니라, 시대와 민족을 불문하고 모든 신화와 전설에서 발견된다.

서양의 심리학도 무의식에 있는, 보다 깊은 통합의 층을 과학적으로 입증할 수 있다는 점에서 보면 사실 요가만큼 멀리 나아갔다. 무의식의 탐험을 통해서 그 존재가 증명된 신화적인 모티브들은 그 자체로 다양성을 보이지만, 이 다양성은 집단 무의식의 진정한 중심 또는 핵심을 구성하는, 동심원적 또는 방사형의 질서에서 절정을 이룬다. 요가의 통찰들과 심리학 연구의 결과들 사이에 나타나는 두드러진 일치 때문에, 나는 이 핵심적인 상징을 산스크리트어 용어인 만다라로 부르기로 했다.

이 대목에서 여러분은 분명히 이런 의문을 품을 것이다. 하지만 과학이 어떻게 그런 결론을 내릴 수 있는가? 이 결말에 이르는 경로는 두 가지이다. 첫 번째는 역사적 경로이다. 예를 들어, 중세 자연 철학의 내향적인 방법을 공부한다면, 그 철학이 핵심적인 원리를 상징적으로 표현하기 위해 원을, 대부분의 경우에 네 부분으로 나눠진 원을 거듭 사용하고 있는 것이 확인된다. 중세의 자연 철학은 틀림없이 이 사상을 교회의 사위일체 비유에서 차용했다. 교회에서 그런 예를 찾자면, 4명의 복음서 저자와 함께 영광의 왕을 그린 무수한 그림들과 낙원의 4개의 강, 네 가지 바람 등이 있다.

두 번째는 경험 심리학의 경로이다. 심리 치료를 하다 보면 어느 단계에서 환자들이 가끔 그런 만다라를 자동적으로 그린다. 그들이 그것을 꿈으로 꾸거나, 자신의 정신에 일어나고 있는 혼란을 질서 정연한 통합의 표상을 통해 보상할 필요성을 돌연 느끼기 때문이다. 예를 들어, 스위스의 국민성인 플뤼에의 니콜라스는 이런 종류의 과정을 거쳤으며, 그 결과를 작센의 교구 교회에 있는 삼위일체 그림에서 지금도 볼 수 있다. 어느 독일 신비주의자가 쓴 작은 책자의 원 그림들의 도움을 받아, 니콜라스는 자신의 내면을 송두리째 뒤흔들어 놓은 위대하고 무서운 환상을 동화시키는 데 성공했다.

그러나 서양의 경험 심리학은 연꽃에 앉아 있는 부처에 대해 무슨 말을 해야 하는가? 논리적으로 서양인은 서양 만다라의 한가운데에 그리스도가 권좌에 앉아 있는 모습을 예상할 것이다. 이미 말한 바와 같이, 이것은 중세에는 진실이었다. 그러나 수많은 개인들이 외부로부터 어떤 사상에 대한 암시를 전혀 받지 않은 상태에서 저절로 표현하는 현대의 서양 만다라들은 그리스도 형상을 전혀 포함하지 않는다. 가부좌를 틀고 앉은 부처의 형상은 말할 필요도 없다. 한편, 4개의 팔의 길이가 똑같은 그리스식의 십자가나 만자(卍字)의 모방은 꽤 종종 발견된다. 이 이상한 사실은 그 자체로 대단히 흥미롭지만, 나는 여기서 그것에 대해 논할 수 없다.

기독교 만다라와 불교 만다라 사이에 미묘하지만 엄청난 차이가 한 가지 있다. 기독교인은 명상하는 동안에 "내가 그리스도다"라고는 절대로 말하지 않고 바울로와 함께 "내가 사는 것이 아니라, 그리스도께서 내 안에 사시는 것입니다"('갈라티아 신자들에게 보낸 서간' 2장 20절)라고 고백할 것이다. 그러나 우리가 논하고 있는 경전은 "당신은 당신 자신이 곧 부처라는 것을 알게 될 것이다"고 말한다. 근본을 파고들면, 두 가지 고백은 동일하다. 불교 신자가 아나트만(anatman), 즉 무아(無我)일 때에만 이 지혜에 이를 수 있으니까. 기독교 신자는 그리스도 안에서 자신의 목표를 이루고, 불교도는 자신이 부처라는 것을 안다. 기독교 신자는 덧없고 자아에 묶인 의식의 세계로부터 벗어나지만, 불교 신자는 자신의 내면의 본성의 영원한 토대 위에 여전히 머물고 있다. 불교 신자의 내면의 본성이 신성 또는 보편적인 존재와 동일하다는 점은 인도의 다른 증거들에서도 확인된다.

15장

인도의 성자들(1944)

하인리히 짐머는 몇 년 동안 인도 티루반나말라이의 라마나 마하르시 (Ramana Maharshi)에게 관심을 두고 있었으며, 인도에서 돌아온 나에게 그가 가장 먼저 던진 질문도 인도 남부 출신인 이 현자에 관한 것이었다. 나 자신이 라마나를 찾으려 하지 않았다는 사실에 대해 친구인 짐머가 용서할 수 없거나 이해할 수 없는 죄라고 생각했는지는 알 길이 없다. 나는 그였다면 틀림없이 그를 방문하는 것을 잊지 않았을 것이라는 느낌을 받았다.

그 성자의 삶과 사상에 관한 짐머의 관심은 너무나 따뜻했다. 그 같은 사실은 놀라운 일이 아니었다. 짐머가 인도의 정신 속으로 대단히 깊이 침투했다는 것을 나 자신이 잘 알고 있기 때문이다. 현실 속의 인도를 보고 싶어 한 그의 뜨거운 소망은 불행하게도 성취되지 못했으며, 그가 그 꿈을 이룰 수 있었던 기회는 제2차 세계대전 발발 직전에 수포로 돌아가고 말았다. 마치 그 같은 사실에 대한 보상이듯이, 영적인 인도에 대한 그의 환상은 그만큼 더 장엄했다. 우리 둘이 공동으로 한 작업에서, 그는 엄청난 전문적 지식을 통해서뿐만 아니라 무엇보다 인도 신화의 의미와 내용에 대한 눈부신 이해를 통해서 동양 정신에 대한 소중한 통찰을 나에게 많이 알려주었다. 불행하게도, 신의 사랑을 받는 사람들의 때 이른 죽음은 그에게도 일어났으며, 전문가의 한계를 극복하고 인류 쪽으로 눈길을 돌리면서 인류에게 "불멸의 열매"라는 즐거운 선물을 남긴 한 정신의 상실을 추모하는 것은 우리의 몫으로 남았다.

인도에서 신화적, 철학적 지혜를 알고 있는 사람은 아득한 옛날부터 "성자"로 불리고 있다. "성자"라는 표현은 서양의 명칭이어서, 동양에서 성자와 비슷한 인물의 핵심과 외모를 제대로 전달하지 못하는 면이 있다. 이 인물은 영적인 인도의 구현이며, 서양인들은 그런 인물을 문헌 속에서 거듭 만난다. 그렇다면 짐머가 최근에 이런 유형의 최고의 구현이라 할 수 있는 라마나에게 열정적으로 관심을 갖는 것은 절대로 이상한 일이 아니다. 짐머는 이 요가 수행자에게서 수많은 세월을 내려오고 있는, 선각자이자 철학자인 현자 형상의 진정한 화신을 보았다.

아마 나도 라마나를 방문했어야 했는지도 모른다. 그럼에도 나는 그 생략을 보충하기 위해 두 번째로 인도를 여행한다 하다라도 첫 번째와 똑같이 하지 않을까 걱정된다. 그 방문이 독특할 것임에도 불구하고, 나는 저명할 것이 틀림없는 이 사람을 그냥 개인적으로 만날 수 없었다. 사실, 나는 그의 독특성을 의심한다. 그가 지금까지 언제나 있어 왔고 앞으로도 있을 어떤 유형의 사람이기 때문이다. 그러므로 그를 특별히 찾는 것은 불필요한 일이었다.

나는 인도 전역에서, 라마크리슈나의 사진들 속에서, 라마크리슈나의 제자들 속에서, 불교 승려들 속에서, 인도의 일상에서 접하는 수많은 다른 인물들 속에서 그를 보았으며, 그의 지혜의 말들은 인도의 영적 삶의 함축이다. 라마나는 어떤 의미에서 보면 인도 땅의 진정한 "사람의 아들"이다. 그는 "성실하고", 게다가 유럽인의 눈으로 보면 독특한 하나의 "현상"이다. 그러나 인도에서 그는 단지 하얀 표면 중에서 가장 하얀 점에 불과하다(흰색이 언급되는 유일한 이유는 거기도 검은 표면이 아주 많기 때문이다).

대체적으로 말하면, 인도는 뭐든 너무나 다양하다. 그래서 마침내 사람들은 적게 볼 수 있기를 바라기에 이르렀다. 너무나 다양한 지역들과 인간 존재들은 완전한 단순성에 대한 갈망을 창조한다. 단순성도 거기에 당연히 있다. 단순성은 유쾌한 향기나 아름다운 멜로디처럼 인도의 영적 삶에 퍼져 있다. 단순성은 어디서나 똑같지만, 그것도 절대로 지루하지 않으며 끝없이 다양하다. 그것이 무슨 뜻인지를 알기를 원한다면, 우파니샤드 철학서나 불교 법문을 읽는 것으로 충분하다. 거기서 들리는 것은 어디서나 들린다. 그것은 백만 개의 눈으로 말하고, 그것은 스스로를 무수한 몸짓으로 말한다. 그리고 가지가 풍성한 나무가 발견되지 않는 마을이나 시골길은 절대로 없다. 그 나무의 그늘 아래에서는, 자아가 다양성의 세계를 '보편적인 존재의 단일성' 속에 빠뜨리면서 스스로를 폐지하려고 노력하고 있다. 이런 식의 말투가 나의 귓속에 너무나 끈덕지게 맴돌았기 때문에, 나는 곧 그 말투의 마법을 더 이상 떨쳐내지 못하게 되었다. 그때 나는 어느 누구도 이것 너머까지 닿지 못할 것이라고 절대적으로 확신했다. 그 인도인 성자가 특히 더 그럴 것으로 생각되었다.

만약에 라마나가 이 멜로디와 조화를 이루지 않는 무엇인가를 말하거나 그것을 능가하는 무엇인가를 안다고 주장한다면, 그의 깨달음은 틀림없이 거짓일 것이다. 그 성자는 인도의 고대의 음조에 맞춰 노래할 때에는 옳지만, 그가 다른 음조에 맞춰 노래할 때에는 틀렸다. 남부 인도의 열기에 아주 적절한, 노력이 필요 없는 그런 단조로운 논법이 나로 하여금 티루반나 말라이를 방문하는 것을 미련없이 포기하도록 했다.

그럼에도 불구하고, 인도의 그 헤아릴 수 없는 특성이 작용한 때문인지, 내가 그 성자와 조우하는 일은 결국 일어났다. 그 조우는 내가 그를 찾는 형식이 아니라, 나에게 보다 적절한 형식으로 일어났다. 트라방코르[187]의 수도 트리반드룸에서, 나는 라마나의 제자를 우연히 만났다. 그 사람은 겸손하고 체구가 작은 남자이며, 서양으로 치면 초등학교 교사 정도의 사회적 지위를 누렸다. 그는 (아나톨 프랑스의 작품에서) 천사가 성 안토니우스(St. Anthonius)에게 그보다 더 위대한 성자의 예로 제시한 알렉산드리아의 구두 제조인을 생생하게 상기시켰다. 그 구두 제조인처럼 나의 작은 성자는 부양해야 할 아이들을 수없이 두고 있었으며, 장남에게 교육의 기회를 주기 위해 특별히 희생하고 있었다. (여기서 나는 성자들이 언제나 현명한지, 또 거꾸로 모든 현자들이 무조건적으로 신성한지에 관한 질문을 하지 않을 것이다. 이 측면에, 의심의 여지가 있다.)

어쨌든, 겸손하고 친절하고 헌신적이고 어린아이 같은 이 정신 속에서, 나는 지극 정성으로 라마나의 지혜를 흡수함과 동시에, 영리함과 신성함에도 불구하고 세상을 "떠안음으로써" 스승을 능가하는 한 남자를 보았다. 나는 그와의 만남에 대해 깊이 감사한다. 나에게 그보다 더 좋은 일이 일어날 수는 없었을 것이다. 오직 현명하고 신성하기만 한 사람은 희귀한 공룡뼈 정도의 관심밖에 불러일으키지 못하며 나를 감동시켜 눈물짓게 하지 못한다.

한편, 우주적인 자기 안에서 마야를 넘어서는 존재와, 시커먼 땅 속으로 결실을 거둘 뿌리를 깊이 내린 채 인도의 영원한 멜로디로 베일을 짰다가 풀기를 영원히 반복하는 그 온화한 인간적인 나약함 사이의 비상식적

187　인도 남부의 옛 토후국.

인 모순, 그런 모순은 나를 매료시킨다. 그림자가 없으면 어떻게 빛을 지각할 것이며, 소음이 없으면 어떻게 침묵을 들을 것이며, 어리석음이 없으면 어떻게 지혜를 얻을 수 있겠는가? 신성의 경험은 당연히 가장 고통스런 경험이다. 정말 감사하게도, 내가 만난 그 남자는 단지 조금만 신성한 사람이었다. 시커먼 심연 위로 빛을 발하는 꼭대기도 전혀 없고, 자연을 깨뜨리는 씩씩함도 전혀 없었지만, 지혜와 신성과 인간성이 어떻게 조화롭게 함께 존재할 수 있는지를 보여주는 한 예였다. 말하자면, 그가 그 세 가지 요소가 서로를 제한하지 않는 가운데 풍요롭게, 유쾌하게, 달콤하게, 평화롭게, 끈기 있게 공존하는 모습을 잘 보여주었다는 뜻이다. 또 그 세 가지는 특이하지도 않고, 놀람을 야기하지도 않고, 어떤 점에서도 감각적이지 않고, 특별한 우체국을 필요로 하지도 않고, 그러면서도 부드러운 바닷바람에 쌀랑이는 코코야자 나무들의 부드러운 속삭임 속에서 예로부터 내려오는 문화를 구현한다. 그는 존재에 따르는 일련의 환상에서 어떤 의미를, 예속에서 자유를, 패배에서 승리를 발견했다.

섞임이 없는 순수한 지혜와 순수한 신성의 평판이 이론의 여지 없이 남아 있는 문헌에서 그런 지혜와 신성이 최고의 강점으로 여겨지고 있는 것은 아닌지, 나는 걱정된다. 노자는 『도덕경』에서 절묘하게, 더할 나위 없이 훌륭하게 이해된다. 산의 서쪽 기슭에서 인생의 황혼을 맞이하며 무희와 함께 있는 노자가 오히려 덜 교훈적이기 때문이다. 그러나 "섞임이 없는" 성자의 방치된 육체에 대해서는 호의적으로 말할 수 없다. 아름다움이 신의 창조물 중에서 가장 우수한 것 중 하나라고 믿는 사람에게는 그런 육체가 더더욱 부정적으로 다가온다.

라마나의 사상은 읽기에 아름답다. 여기서 서양인들이 발견하는 것은 세상을 경멸함과 동시에 세상에 경멸당하고 있는, 가장 순수한 인도이며 영원의 숨결이다. 그것은 백만의 존재들로부터 어느 여름밤의 귀뚜라

미의 새된 울음소리처럼 울려 퍼지고 있는 옛날 옛적의 노래이다. 이 멜로디는 한 가지 위대한 테마를 바탕으로 하고 있으며, 이 테마는 천 개의 화려한 반사들 밑으로 그 단조로움을 가리면서 인도인의 영 속에서 스스로를 지칠 줄 모르고 영원히 쇄신하고 있다. 그 테마를 구체화한 가장 젊은 화신이 바로 라마나이다. 그 테마는 '아함카라'(ahamkara), 즉 "나를 나 자신으로 만들어 주는 것" 또는 자아의식의 드라마이며, 아트만, 즉 자기 또는 비아(非我)와 반대이며 거기에 확고히 종속되어 있다. 라마나도 아트만을 "자아-자아"라고 부른다. 충분히 이해된다. 자기가 정말로 주체의 주체로, 자아의 진정한 원천이자 통제관으로 경험되니까. 그런데 자아의 그릇된 분투는 자기가 자아에게 암시한 바로 그 자율을 빼앗는 쪽으로 향한다.

이 갈등은 서양인에게 알려지지 않은 것이 아니다. 서양인에게 그것은 인간과 신의 관계이다. 나 자신의 경험을 근거로 증언할 수 있듯이, 현대의 인도인은 유럽인의 언어 습관을 많이 받아들였다. 그래서 "자기"나 "아트만"은 기본적으로 "신"과 뜻이 같다. 그러나 서양인이 "인간과 신"을 대비시킨다면, 인도인은 "자아와 자기" 사이에 대립(또는 대응)을 가정한다. "자아"는 "인간"과 대조되는 것으로서 명백히 심리학적인 개념이며, 서양의 사고방식에는 "자기"도 그렇다. 따라서 서양인은 인도에서는 "인간과 신"이라는 형이상학적 문제가 심리학적 차원으로 이동했다는 식으로 단정하는 경향을 보일 수 있다. 그러나 면밀히 조사해 보면, 그렇지 않은 것이 분명하다. 이유는 인도인이 말하는 "자아"와 "자기"의 개념이 진정으로 심리학적이지 않고, 서양의 "인간과 신"처럼 형이상학적이기 때문이다.

서양의 종교적 진술이 그렇듯이, 그 인도인도 인식론적 관점을 결여하고 있다. 그는 여전히 "칸트 이전의 시대"를 살고 있다. 이 까다로운 문제는 인도에서 알려져 있지 않으며, 서양인들에게도 대부분 아직 알려져 있지 않다. 인도에는 서양인이 말하는 그런 의미의 심리학은 전혀 없다. 인도는 "심리학 이전"의 상태이다. 그래서 인도인이 "자기"에 대해 말할 때, 그는 그런 것을 존재하는 것으로 '가정'한다. 심리학은 그렇게 하지 않는다. 심리학은 어떤 의미로도 극적인 갈등의 존재를 부정하지 않는다. 자기의 특이하고 역설적인 현상을 아주 잘 알고 있음에도 불구하고, 서양인은 자신이 제한적인 수단을 갖고 기본적으로 알려져 있지 않은 무엇인가를 식별하고 있고, 또 그것을 그것의 본질에 적절하지 않을 수 있는 그런 정신 구조를 바탕으로 표현하고 있다는 사실을 잘 알고 있다.

이 같은 인식론적 한계 때문에 서양인들은 "자기" 또는 "신"이라고 부르는 것으로부터 멀찍이 떨어져 있다. '자기=신'이라는 공식은 유럽인에게 충격으로 다가온다. 라마나의 진술들과 그 외의 다른 많은 진술들이 보여주듯이, 그 공식은 특별히 동양적인 통찰이며, 거기에 대해 심리학은 그 둘을 구분하는 것은 심리학의 능력에 해당하지 않는다고 말하는 외에 달리 할 말이 없다. 심리학은 단지 경험을 근거로 "자기"가 종교적인 어떤 징후를 보인다는 점을 증명할 수 있을 뿐이다. "신"이라는 용어와 관련 있는 단언들의 범주가 그렇듯이 말이다.

비록 종교적 고양이라는 현상이 인식론적 비판을 초월할지라도, 그럼에도 불구하고 알고자 하는 인간의 충동은, "불경스런" 또는 "마왕 같은" 집요함과 의지로, 그것이 생각하는 그 사람에게 정말로 이익이 되는지 여부를 떠나서, 거듭 나타난다. 그런데 인식론적 비판을 초월하는 것은 모든 감정적 표현들의 공통점이다. 그 사람은 조만간 자신을 지배하고 있는 감정에 맞서 이성을 배치하고, 자신에게 일어난 일을 설명하기 위해 감정의 손아귀에서 벗어나려 노력할 것이다. 양심적으로, 또 사려 깊게 나아간다면,

그 사람은 적어도 자신의 경험 중 일부는 한계가 많은 인간의 해석이라는 사실을 지속적으로 발견할 것이다. 이냐시오 로욜라와 여러 개의 눈을 가진 뱀에 관한 그의 환상에서도 그런 해석이 확인된다. 로욜라가 그 뱀을 처음에 신성한 기원을 가진 것으로 보다가 나중에는 사악한 기원을 가진 것으로 보았으니까. ('요한의 첫째 서간' 4장 1절에 담긴 권고와 비교해 보라. "아무 영이나 다 믿지 말고, 그 영이 하느님께 속한 것인지 시험해 보십시오.")

인도인에게는 자기가 정신이 기원하는 토대로서 신과 다르지 않은 것이, 또 어떤 사람이 자기 안에 있는 한, 그가 신 안에 포함될 뿐만 아니라 사실상 신이라는 것이 확실하다. 라마나는 이 점에 있어서 꽤 분명하다. 틀림없이, 이 방정식도 하나의 "해석"이다. 마찬가지로, 자기를 최고의 선(善) 또는 모든 욕망과 성취의 목표로 여기는 것도 하나의 해석이다. 비록 그런 경험의 현상학은 그 특징들이 선험적으로 존재하고 종교적 고양에 꼭 필요한 구성요소들이라는 점에 대해 전혀 의문을 남기지 않을지라도 말이다. 그러나 그 점이 비판적인 지성이 이 특징들의 타당성에 대해 의문을 품지 않도록 막지 못할 것이다. 이 질문에 대답하는 방법을 아는 것은 어려운 일이다. 지성이 거기에 필요한 기준을 결여하고 있기 때문이다. 기준의 역할을 할 수 있는 것은 무엇이든 타당성을 묻는 비판적인 질문에 노출된다. 여기서 결정할 수 있는 유일한 것은 정신적 사실들의 우월성이다.

동양의 종교적 수행의 목표는 서양 신비주의의 목표와 동일하다. 말하자면 중력의 중심을 자아에서 자기로, 인간에게서 신으로 옮기는 것이다. 이것은 자아가 자기 속으로 사라지는 것을, 인간이 신 속으로 사라지는 것을 의미한다. 라마나가 자기에게 다소 진정으로 흡수되었거나, 자기 안에서 자신의 자아를 소멸시키기 위해 적어도 평생 정직하게 분투한 것은 분명하다. '영성 수련'도 이와 비슷한 분투를 보여준다. 사람들이 자아에 사로 잡힌 상태를 그리스도에 사로잡힌 상태로 바꾸려고 최대한으로 노력하고 있는 것이다.

라마나보다 나이가 많은 라마크리슈나도 자기와의 관계에 대해 똑같은 태도를 보였지만, 그의 경우에만 자아와 자기 사이의 딜레마가 보다 분명 하게 나타나는 것 같다. 라마나는 제자들의 세속적인 생업에 대해 "동정적 인" 관용을 보이면서도 자아의 소멸을 영적 노력의 진정한 목표로 고무하 지만, 라마크리슈나는 이 측면에서 더욱 주저하는 태도를 보인다. 라마크 리슈나는 이렇게 말한다. "자아 추구가 존재하는 한, 지혜도 불가능하고 해 탈도 불가능하며, 출생과 죽음에 결코 끝이 없다." 그래도 그는 자아의식 의 치명적인 끈질김을 인정해야 한다. "극소수의 사람만이 삼매를 통해서 '나'라는 감각을 제거할 수 있을 뿐이다. … 우리가 천 번을 식별해도 '나' 라는 감각은 거듭 다시 돌아오게 되어 있다. 오늘 무화과나무의 가지들을 자르지만, 내일이면 새로운 가지들이 다시 싹을 틔울 것이다."[188] 그는 자아 의 파괴 불가능성까지 언급한다. "만약 '나'라는 감각이 떠나지 않는다면, 그것이 신의 종자(從者)로서 머물 수 있도록 하라." 자아에 대한 이런 용인 과 비교하면, 라마나는 확실히 더 근본적이거나, 인도의 전통이라는 측면 에서 보면 보다 보수적이다. 두 사람 중에서 라마크리슈나가 나이가 더 많 음에도 불구하고 보다 현대적이다. 이것은 아마 라마크리슈나가 정신을 보는 서양의 관점의 영향을 라마나보다 더 많이 받았다는 사실 때문일 것 이다.

만약 서양인들이 자기를 정신적 전체성의 핵심으로, 즉 의식과 무의식 의 전체로 인식한다면, 그 이유는 자기가 사실상 정신 발달의 어떤 목표 같은 것을 나타내고 또 정신의 발달이 의식적 의견과 기대와 상관없이

188　　The Gospel of Ramakrishna, p. 56.

일어나기 때문이다. 자기는 일반적으로 의식의 밖을 지나는 어떤 과정의 주제인데, 그 과정이 존재한다는 사실은 오직 일종의 장기적인 효과에 의해서만 느껴진다. 이 자연스런 과정에 비판적으로 접근한다면, 처음에 '자기=신'이라는 공식에 의해 배제된 질문들을 던질 수 있다. 라마나의 삶과 사상에서 드러나듯이, 그 공식은 자아가 아트만 안에서 용해되는 것이 종교와 윤리의 명백한 목표라는 점을 보여준다. 동양의 철학과 용어만 달리할 뿐인 기독교 신비주의에도 그 공식은 분명히 적용된다. 불가피한 결과는 영적 인간에게 유리한 방향으로 이뤄지는, 육체적이고 정신적인 인간(즉, 살아 있는 육체와 자아의식을 갖춘 인간)에 대한 평가 절하와 폐지이다.

라마나는 자신의 육체에 대해 "이 살덩어리"라고 표현한다. 이 같은 견해에 반대함과 동시에 인간 경험의 복잡한 본질(감정 + 해석)을 고려하면서, 비판적인 관점은 자아의식이 없으면 일어나는 일을 등록할 존재가 전혀 없다는 것을 잘 알기 때문에 자아의식의 중요성을 인정한다. 거친 경험 때문에 앞에 말했듯이 오직 "살덩어리"(육체)와의 연결 속에서만 존재하는 라마나의 개인적인 자아가 없다면, 라마나라는 인간의 존재 자체가 있을 수 없다. 설령 우리가 그것이 더 이상 그의 자아가 아니라 말하는 아트만이라는 그의 의견에 동의한다 하더라도, 말을 통한 소통 자체를 가능하게 만드는 것은 육체와 연결되어 있는 의식의 정신적 구조이다. 틀림없이 매우 성가신 이 육체적이고 정신적인 인간이 없으면, 앙겔루스 질레지우스가 이미 말한 바와 같이, 자기는 본질을 완전히 결여하게 될 것이다.

나는 알고 있네
내가 없으면, 신은 한 순간도 살 수 없다는 것을.

내가 죽으면

신도 더 이상 살아남을 수 없어.

우리가 말했듯이, 자기에게 고유한, 목표를 닮은 특성과 그 목표를 실현시키려는 충동은 의식의 참여에 의존하지 않는다. 그 특성과 충동은 절대로 부정될 수 없다. 그것은 자아의식을 부정할 수 없는 것과 똑같은 이치이다. 자아의식도 자신의 주장을 단호하게 제기하며, 자아의식이 발전하고 있는 자기의 요구에 공개적으로나 은밀히 반대하는 일이 매우 자주 일어난다. 사실, 즉 거의 예외 없이, 자기의 생명력은 타협의 끝없는 연속에 있으며, 모든 일이 잘 돌아가려면, 자아와 자기가 힘들게 균형을 잘 맞춰야 한다. 이쪽으로나 저쪽으로 지나치게 멀리 움직이는 것은 종종 그것을 다루지 않는 방법을 보여주는 예에 불과하다. 그렇다고 해서 자연스럽게 일어나는 극단적인 것들이 그 자체로 악이라는 뜻은 절대로 아니다. 극단적인 것들은 우리가 그것들의 의미를 깊이 연구할 때에만 제대로 이용할 수 있다. 극단적인 것들은 우리가 감사를 표해야 할 정도로 유익한 방식으로 활용할 기회를 많이 제공한다. 신중하게 울타리를 치고 은둔하는 예외적인 인간들은 틀림없이 자연의 선물이며, 그들은 우리의 의식의 범위를 확장하고 풍요롭게 가꾸고 있다. 그러나 그런 결실은 우리의 숙고 능력이 파괴되지 않을 때에만 기대할 수 있다. 열정은 신들의 진정한 선물일 수도 있고 지옥에서 온 괴물일 수도 있다. 열정에 수반된 교만으로 인해, 타락이 시작된다. 교만 때문에 의식이 흐려져서, 최고의 목표를 성취하는 것이 그 사람의 손이 닿을 거리에 있는 것처럼 보일지라도 말이다. 유일하게 진정하고 지속적인 이득은 더욱 높아지고 넓어진 숙고이다.

진부한 말들을 제외한다면, 즉각 거꾸로 뒤집어 놓을 필요가 없는 철학적 또는 심리학적 진술은 불행하게도 하나도 없다. 한 예로, 만약에 숙고가 극단적인 것들의 혼란 속에서 완강하게 버티지 못한다면, 숙고는 그 자체가 하나의 목적으로서 하나의 한계에 불과하다. 그것은 활력 자체를 위한 단순한 활력이 허무를 낳는 것이나 마찬가지이다.

모든 것은 존재를 위해서 자신과 상반된 것을 필요로 하며, 그렇지 않은 경우에 그것은 무(無)로 사라지고 만다. 자아는 자기를 필요로 하고, 마찬가지로 자기도 자아를 필요로 한다. 이 두 가지 실체들 사이의 늘 변화하는 관계들이 어떤 경험의 영역을 이루고 있다. 이 경험의 영역을 동양인의 내성(內省)은 서양인에게 거의 불가능한 수준으로까지 개발했다.

동양 철학은 서양 철학과 엄청나게 많이 다를지라도 서양인들에게도 마찬가지로 더없이 소중한 보물일 수 있다. 그러나 동양 철학을 소유하기 위해서, 서양인은 먼저 그것을 획득해야 한다. 하인리히 짐머가 탁월한 번역을 통해서, 그의 펜에서 나온 마지막 선물로 서양인에게 물려준 라마나의 말들은 인도의 정신이 오랜 세월을 내려오는 동안에 모은 고매한 통찰들을 다시 한 번 한자리에 모으고 있으며, 라마나의 개인적 삶과 공부는 해탈의 "토대"를 위한 인도인의 열정적인 분투를 다시 한 번 보여주고 있다. 내가 굳이 "다시 한 번"이라고 말하는 이유는 인도가 하나의 나라가 되어 민족들의 공동체를 형성하려는 운명적인 걸음을 뗄 예정이기 때문이다. 그 공동체를 이끌 원리들은 영혼의 초연과 평화를 제외하고는 모든 것을 프로그램에 담고 있다.

동양인들은 정신적 가치들의 급격한 붕괴에 직면하고 있으며, 그 가치들을 대체하고 있는 것들은 언제나 서양 문명의 산물 중에서 최선의 것에 포함될 수는 없다. 이 관점에서 보면, 라마크리슈나와 라마나는 자신들의 국민들과의 관계에서, '구약 성경' 속의 예언자들이 "부정직한"

이스라엘의 자식들과의 관계에서 했던 것과 똑같이, 보상적인 역할을 하는 현대의 예언자로 여겨질 수 있다. 라마크리슈나와 라마나는 자신들의 동포들에게 천년의 역사를 자랑하는 정신적 문화를 기억할 것을 강력히 권할 뿐만 아니라, 그 문화를 실제로 구현하고 있으며, 따라서 물질적인 기술과 상업적인 물욕으로 무장한 서양 문명의 진기한 것들 속에서 영혼이 요구하는 것들을 망각하지 않도록 경고하는 역할을 하고 있다.

정치, 사회, 지성의 영역에서 만족을 모르는 탐욕으로 서양인의 영혼을 갉아먹고 있는, 권력과 확대에 대한 끝없는 욕망이 동양에서 저항하지 못할 정도로 강하게 퍼지고 있으며 예측하기 힘든 결과를 낳을 조짐을 보이고 있다. 인도뿐만 아니라 중국에서도, 그러니까 한때 영혼이 살며 번창했던 곳에서 이미 많은 것이 사라졌다. 문화의 외면화가 바람직하지 않고 이롭지 않은 많은 악들을 제거할 수 있지만, 경험이 보여주는 바와 같이, 이 걸음은 앞으로 한 발 나아갈 때마다 정신 문화의 상실이라는, 너무나 큰 대가를 치러야 한다. 설계가 잘 되고 위생시설이 잘 갖춰진 주택에서 사는 것은 틀림없이 더 안락한 일이지만, 그럼에도 그것은 그 집의 거주자가 '누구'이며, 그의 영혼도 그의 외적 삶에 이로운 그 주택과 똑같은 질서와 청결 속에서 기뻐할 것인가 하는 문제에 대한 대답이 될 수는 없다.

관심이 온통 밖으로 쏠리는 사람은 절대로 필요한 것으로 만족하지 못하며, 영원히 보다 나은 무엇인가를 더욱 많이 갈망하게 되며, 보다 나은 것을 그는 자신의 성향에 따라 언제나 자신의 밖에서 추구한다. 그는 온갖 외적 성공에도 불구하고 자신이 내적으로는 똑같은 상태로 남는다는 사실을, 따라서 다수의 사람들이 자동차를 2대 소유하고 있을 때 자신이 한 대만 갖게 되면 빈곤을 한탄하게 된다는 것을 완전히 망각하고 있다.

분명히, 인간들의 외적 삶은 더 훌륭하고 더 아름다운 것을 필요로 하지만, 이것들은 속사람이 그런 것들과 보조를 맞추지 못할 때엔 의미를 상실한다. "필요한 것들"을 충분히 만족시키는 것은 틀림없이 행복의 아주 귀중한 원천이지만, 속사람은 요구를 계속 높일 것이며, 그 요구는 외적 소유로는 절대로 충족되지 않는다. 그리고 세상의 멋진 것들을 추구하는 일에서 이 목소리가 약하게 들릴수록, 속사람이 삶 속에서 설명할 수 없는 불운과 불행의 원천으로 작용할 가능성이 더욱 커진다.

삶의 외면화는 치료할 수 없는 고통을 낳는다. 그 고통이 치료되지 않는 이유는 누구도 자기 자신 때문에 고통을 겪어야 하는 이유를 이해하지 못하기 때문이다. 어느 누구도 자신의 탐욕에 대해 의아하게 생각하지 않으며, 탐욕을 합법적인 권리로 여긴다. 그러면서 모두가 정신 생활의 편파성이 결국 균형에 최대 장애가 되고 있다는 사실을 까마득히 모르고 있다. 그것이 서양인의 병이며, 서양인은 탐욕에 따른 불안을 전 세계에 전염시킬 때까지 결코 편안하게 쉬지 못할 것이다.

그러므로 동양의 지혜와 신비주의는 흉내낼 수 없는 특유의 언어로 말할 때조차도 서양인들에게 들려줄 이야기를 많이 품고 있다. 동양의 지혜와 신비주의는 서양의 문화에도, 이미 망각되긴 했지만 그것과 비슷한 것이 있다는 사실을 서양인에게 상기시키고, 또 서양인이 사소한 것으로 여겨 옆으로 밀쳐둔 속사람의 운명에 관심을 기울이도록 이끈다. 라마나의 생애와 가르침은 인도뿐만 아니라 서양에도 중요하다. 그것들은 인간의 기록 그 이상이다. 그것들은 무의식과 아나키 속에서 잃어버릴 위험에 처한 인간애에 대한 경고의 메시지이기도 하다. 보다 깊은 의미에서 보면, 하인리히 짐머의 마지막 책이 정신적 변형의 문제를 너무나 인상적으로 보여주는 현대 인도의 예언자의 생애와 가르침을 하나의 증거로서 우리에게 남긴 것은 절대로 우연이 아닐 것이다.

16장

'주역'의 머리말(1950)

나 자신이 중국 전문가가 아니기 때문에, 나의 손에서 나온『주역』(周易)의 머리말은 이 위대하고 독특한 책을 접한 나의 개인적 경험에 대한 증명서 같은 것이 될 것임에 틀림없다. 그것은 또한 나에게 세상을 떠난 나의 친구 리하르트 빌헬름에게 다시 감사를 표할 수 있는 좋은 기회가 되어줄 것이다. 빌헬름은 자신이 옮긴『주역』의 문화적 중요성을 깊이 알고 있었다. 그의 번역과 견줄 버전은 아직 서양에 없다.

만약에『주역』의 의미가 이해하기 쉽다면, 이 작품은 머리말을 전혀 필요로 하지 않을 것이다. 그러나 그 책은 그런 것과 거리가 멀다. 모호한 내용이 너무나 많기 때문에, 서양의 학자들은 그것을 "마법의 주문(呪文)"의 컬렉션 같은 것으로 여기며 너무나 난해하여 이해 불가능하거나 어떤 가치도 지니지 않는 것으로 치부하는 경향을 보였다. 지금까지 영어로 읽을 수 있는 유일한 버전이었던, 레게(James Legge)가 번역한『주역』은 그 작품을 서양인의 정신에 접근 가능하도록 만드는 데 별로 기여하지 못했다. 그러나 빌헬름은 그 텍스트의 상징체계를 이해하는 길을 열기 위해서 갖은 노력을 기울였다. 그는 그렇게 할 수 있는 위치에 있었다. 그 자신이 철학을 배웠고, 존경받는 현자인 라오나이쉬안(勞乃宣)으로부터 주역의 활용법을 배웠기 때문이다. 게다가, 그는 여러 해에 걸쳐 점(占)의 특이한 기술을 실제로 응용했다. 텍스트의 살아 있는 의미에 대한 깊은 이해가 그의 번역에 중국 철학에 관한 학문적 지식만으로는 절대로 줄 수 없는 관점의 깊이를 더했다.

나는 빌헬름에게 정말 많은 빚을 졌다. 그에게 나는 『주역』의 복잡한 문제를 설명해준 것에 대해서도 감사해야 하고, 그것의 실제적 적용에 관한 통찰을 준 것에 대해서도 감사해야 한다. 30여 년 동안, 나는 이 점의 기술에 관심을 가져왔다. 나에게는 그것이 무의식을 탐험하는 한 방법으로 특별한 의미를 지니는 것처럼 보였기 때문이다. 나는 1920년대 초반에 빌헬름을 처음 만날 당시에 이미 『주역』에 대해 꽤 알고 있었다. 그때 빌헬름은 내가 이미 알고 있던 것들을 확인해 주었고, 나에게 더 많은 것을 가르쳐 주었다.

나는 중국어를 모르고 중국에 가 본 적도 없다. 나는 독자 여러분에게 서양인의 사고방식과 완전히 다른 중국 사상을 담은 이 기념비적인 책에 적절히 접근하는 방법을 발견하는 것이 절대로 쉬운 일이 아니라고 단언한다. 그 책이 어떤 것인지를 이해하기 위해서는 서양인의 편견을 일부 벗어던지는 것이 반드시 필요하다. 중국인 같이 재능 있고 지적인 사람들이 서양인들이 과학이라고 부르는 것을 발달시키지 않은 것은 정말로 호기심을 자극하는 사실이다. 그러나 서양의 과학은 인과관계의 원리에 바탕을 두고 있으며, 인과관계가 자명한 진리로 여겨지고 있다.

그런 서양의 관점에 중대한 변화가 시작되고 있다. 칸트의 『순수 이성 비판』(Critique of Pure Reason)이 하지 못한 일을 현대 물리학이 성취하고 있는 것이다. 인과관계의 원리들이 근본부터 흔들리고 있다. 지금 서양인들은 자연의 법칙이라 불리는 것이 단순히 통계적인 진리일 뿐이며, 따라서 자연의 법칙은 반드시 예외를 인정해야 한다는 점을 알고 있다. 서양인들은 자연의 법칙의 불변의 타당성을 증명하기 위해서는 그런 제약까지 반영한 실험이 필요하다는 사실을 아직 충분히 고려하지 않고 있다. 사물들을 자연 상태 그대로 내버려둔다면, 매우 다른 그림이 보인다. 모든 과정이 부분적으로나 전체적으로 우연의 영향을 받는 것이다. 우연의 간섭이 너무나 크기 때문에, 자연스런 상황에서 구체적인 법칙들과 전적으로 일치하는 사건들의 경로는 거의 예외에 속한다.

내가 『주역』에서 확인하는 중국인의 정신은 사건들의 그런 우연적인 측면에 전적으로 관심을 두고 있는 것 같다. 서양인들이 우연이라고 부르는 것이 이 특별한 정신의 주요 관심사처럼 보이며, 서양인들이 인과관계로 숭배하고 있는 것은 거의 주목을 받지 못하는 것 같다. 서양인들은 우연의 엄청난 중요성에 대해서도 말해야 한다는 점을 인정해야 한다. 운이 부를 수 있는 해악이나 위험을 물리치거나 제한하는 쪽으로 인간의 노력이 엄청나게 많이 펼쳐지고 있다. 원인과 결과에 대한 이론적인 고려는 우연의 실제적 결과에 비하면 종종 창백하고 칙칙해 보인다. 석영의 결정체는 육각기둥이라고 말해도 무방하긴 하다. 이 진술은 어떤 이상적인 결정체가 상상되는 한에서만 꽤 진리이다. 그러나 자연 속에서는 모든 석영이 틀림없이 육각형일지라도 그 중에서 똑같이 생긴 결정체는 두 개도 있을 수 없다. 그러나 중국 현자에게는 실제적인 형태가 이상적인 형태보다 더 강한 호소력을 지닌다. 경험적인 현실을 이루고 있는 자연 법칙들의 혼란 상태가 중국 현자에게는 사건들에 대한 인과적인 설명보다 더 큰 의미를 지닌다. 게다가, 인과적인 설명의 경우에, 어떤 사건을 적절히 다루기 위해서는 반드시 그 사건을 다른 사건들로부터 분리시켜야 한다.

『주역』이 현실을 보는 방법은 서양의 인과적 절차를 경시하는 것 같다. 고대 중국인의 관점에는 실제 관찰이 이뤄지는 그 순간은 동시에 발생하는 인과적인 고리들의 명확히 정의된 어떤 결과보다는 우연으로 보인다. 관심사는 관찰의 순간에 우연적인 사건들이 이루는 상대적인 배열인 것 같으며, 그 우연적인 동시 발생을 설명할 것 같은 가설적인 원인들은 전혀 중요하지 않아 보인다. 서양인의 정신은 주의 깊게 체로 걸러내고, 비중을 따지고, 고르고, 분류하고, 분리시키는 반면에, 중국인의 순간적인 그림은 너무도 터무니없는 세부사항까지 모든 것을 두루 포용한다. 그 구성 요소들 모두가 관찰된 그 순간을 이루는 것들이기 때문이다.

따라서 사람이 동전 3개를 던지거나, 49개의 서죽(筮竹)을 헤아릴 때, 이런 우연적인 세부사항들이 관찰하는 순간의 그림 속으로 들어가서 그림의 일부를 이루게 된다. 이 일부가 서양인에게는 무의미하지만, 중국인의 정신에는 엄청난 의미를 지닌다. 주어진 어느 순간에 일어나는 것은 무엇이든 반드시 그 순간에 특유한 특성을 지닌다고 말하는 것은 서양인에게는 (적어도 표면적으로는) 진부하고 거의 의미 없는 진술일 것이다. 이 진술은 추상적인 주장이 아니라 매우 실용적인 주장이다. 포도주의 겉모습과 맛, 반응만으로도 그 제품이 나온 포도원과 생산 연도를 정확히 알아맞히는 감정사들이 있다. 또 예술품이나 가구를 단순히 살피는 것만으로도 그 작품의 제작 시기와 장소, 제작자를 놀랄 정도로 정확히 맞히는 골동품 전문가들이 있다. 심지어 당신의 출생에 대한 사전 지식을 전혀 모르는 상태에서도 당신이 태어난 순간에 해와 달의 위치가 어디였고 무슨 별자리였는지를 당신에게 말해주는 점성술사도 있다. 그런 사실들 앞에서, 순간이 긴 흔적을 남길 수 있다는 점이 인정되어야 한다.

달리 말하면, 64괘를 발명한 사람이 누구였든 그 사람은 어느 한 순간의 육획 괘가 특성의 측면에서 시간 속에서 얻은 괘 못지 않게 그 순간과 일치한다고 확신했다. 64괘를 발명한 사람에게 육획 괘는 서죽이 던져진 순간을 설명한다. 육획 괘가 그 순간을 지배하고 있는 근본적인 상황을 말해주는 지표로 이해되었으니까.

이 가정은 내가 '공시성'(synchronicity)이라고 이름 붙인, 호기심을 자극하는 어떤 원리를 수반한다. 이것은 인과성의 관점과 정반대의 관점을 공식화하는 개념이다. 인과성의 관점은 단순히 통계적인 진리이고 절대적인 진리가 아니기 때문에, 인과성은 사건들이 이 사건에서 저 사건으로 어떤 식으로 발달해 나가는지에 관한 일종의 작업가설이다. 그러나 공시성은 공간과 시간 속에서 사건들이 동시에 발생하는 것을 단순한 우연 그 이상의 무엇인가를 의미하는 것으로 받아들인다. 말하자면, 객관적인 사건들은 관찰자 또는 관찰자들의 주관적인 (정신적) 상태와도 특이한 관계를 맺고 있을 뿐만 아니라, 그 사건끼리도 상호 특이한 관계를 맺고 있다는 뜻이다.

고대 중국인의 마음은 우주에 대해 현대의 물리학자가 생각하는 방식과 비슷하게 생각한다. 오늘날 물리학자는 자신의 세계 모델이 어떤 정신 물리학적 구조를 갖고 있다는 점을 부정하지 못한다. 미시 물리학적인 사건은 관찰자를 포함한다. 이것은 주역의 기초를 이루는 현실이 어느 순간의 상황의 전체 속에 주관적인, 즉 정신적인 조건들을 포함시키는 것이나 마찬가지이다.

인과성이 사건들의 순서를 묘사하듯이, 중국인의 마음에 공시성은 사건들의 동시 발생을 다룬다. 인과적인 관점은 D가 어떻게 존재하게 되었는지에 대해 극적인 이야기를 들려준다. D는 그 기원을 D보다 먼저 존재한 C에 두고 있으며, C는 또 자신의 아버지 B를 두고 있다는 식이다. 한편, 공시적인 관점은 동시 발생에 대해 똑같이 의미 있는 그림을 그리려고 노력한다. A′, B′, C′, D′ 등이 어떻게 동시에 동일한 장소에서 일어날까? 우선, 물리적인 사건 A'와 B'는 정신적 사건 C'와 D'와 동일한 특성을 지니고 있기 때문이다. 또 그것들이 모두 동일한 순간의 상황을 설명하기 때문이다. 그 상황은 읽거나 이해 가능한 그림으로 나타낼 수 있는 것으로 여겨진다.

주역의 육획 괘 64개는 서로 다른 전형적인 64개의 상황들의 의미를 결정하는 도구이다. 이 해석들은 인과적인 설명에 해당한다. 인과적인 연결은 통계적으로 결정될 수 있고 실험의 대상이 될 수 있다. 그러나 상황이 유일하고 반복될 수 없기 때문에, 공시성을 실험하는 것은 일반적인 조건에서는 불가능해 보인다. 주역에서, 공시성의 타당성을 판단하는 유일한 기준은 괘에 대한 설명이 관찰자의 정신적 조건을 진정으로 나타내고 있다는 관찰자의 의견이다. 동전을 던져 떨어진 결과나 서죽 뭉치를 나눈 결과는 주어진 어떤 "상황"에 반드시 포함되어야 하는 것으로 여겨진다. 이유는 그 순간에 일어나는 있는 것이면 무엇이든 그 그림의 불가결한 부분으로서 그 순간에 속하기 때문이다.

한 줌의 성냥개비를 바닥에 던지면, 그것들은 그 순간을 특징적으로 나타내는 무늬를 그린다. 그러나 이것과 같은 명백한 진리는 오직 그 무늬를 읽고, 그것의 해석을 검증하는 것이 가능한 때에만 의미 있는 본질을 드러낸다. 이때 검증은 부분적으로 주관적이고 객관적인 상황에 대한 관찰자의 지식에 의해서, 또 부분적으로 그 뒤에 이어진 사건들의 성격에 의해서 이뤄진다. 그것은 사실들을 실험적으로 증명하거나 사실적인 증거에 익숙한 비판적인 정신에 호소력을 발휘하는 절차가 분명히 아니다. 그러나 고대 중국이 세상을 본 것과 같은 각도에서 세상을 보기를 원하는 사람에게는 『주역』이 매력적일 수 있다.

지금까지 대략적으로 밝힌 나의 주장들은 물론 어느 중국인의 마음에도 떠오르지 않았다. 그와 반대로, 옛날 전통에 따르면, 서죽이 의미 있는 대답을 내놓도록 하는 것은 신비하게 작동하는 "영적 힘들"이다. 말하자면,

이 힘들이 그 책의 살아 있는 영혼인 셈이다. 따라서 그 책이 일종의 생기 넘치는 존재이기 때문에, 전통은 사람이 그 책에 물으면 현명한 대답을 들을 수 있다고 단정한다. 그렇다면 괘가 실제로 작용하는 것을 보는 것이 이쪽에 경험이 없는 독자의 관심을 끌 것 같다. 이 목적을 위해서 나는 중국인의 개념에 맞춰 실험을 실시했다. 나는 그 책의 현재 상황, 즉 영어를 쓰는 대중에게 그것을 소개하려는 나의 의도에 대한 그 책의 판단을 물으면서 어떤 의미에서 그 책을 의인화했다.

이 같은 절차는 도교 철학의 전제들 안에 포함되지만, 서양인에게는 대단히 이상해 보인다. 그러나 정신 이상자의 망상이나 원시적인 미신의 이상함도 나에게는 충격으로 다가오지 않는다. 나는 언제나 편견을 갖지 않고 호기심을, 새로운 것에 대한 갈망을 간직하려고 노력해 왔다. 그런데 생기 있는 것으로 여겨지는 고대의 책과 대화를 하지 않아야 할 이유가 있을까? 그 책에는 해로운 것이 절대로 있을 수 없으며, 독자는 수천 년 동안 내려오는 중국 문명을 통해 거듭 행해졌던 어떤 심리적 과정을 볼 수 있다. 그 과정은 공자나 노자 같은 인물에게도 영적 권위를 지니는 최고의 표현이자 철학적 수수께끼로 다가왔다. 나는 주화를 던지는 방법을 이용했으며, 거기서 얻은 대답은 쉰 번째 육획 괘인 정(鼎) 괘였다.

나의 질문이 제시되는 방법에 맞춰서, 그 괘의 텍스트는 마치 주역 자체가 화자(話者)가 되어 하는 말처럼 여겨져야 한다. 따라서 그 텍스트는 스스로를 하나의 솥으로, 요리한 음식을 담고 있는 의식용 그릇으로 묘사한다. 여기서 음식은 영적인 영양으로 이해되어야 한다. 빌헬름은 이것에 대해 이렇게 말한다.

정(鼎)은 세련된 문명에 속하는 하나의 가정 용품으로서, 국가의 이익에 이바지한 능력 있는 사람들의 배양과 육성을 암시한다. … 여기서 우리는 종교에서 그 정점에 이른 문명을 본다. 솥은 신에게 제물을 바치는 데 쓰인다. … 신의 최고 계시는 예언자들과 성자들에게 나타난다. 예언자들과 성자들을 숭배하는 것은 신에 대한 진정한 숭배이다. 신의 뜻은 예언자들과 성자들을 통해 드러나는 것으로서, 겸허한 마음으로 받아들여야 한다.

우리의 가설에 충실하면서, 우리는『주역』이 여기서 자신에 대해 증언하고 있다고 결론 내려야 한다.

주어진 어느 육획 괘의 선(線)(효(爻)라 불린다)들 중에서 어느 것이든 6이나 9의 값을 지닐 때, 그것은 그 선들이 해석에서 특별히 강조되고, 따라서 중요하다는 것을 의미한다. 나의 육획 괘에서 "영적 힘들"은 두번째 효와 세번째 효를 9로 강조했다. 텍스트는 이렇게 말한다.

두번째 효의 9는 이런 뜻이다.
솥에 음식이 있다.
나의 동료들이 시기하지만,
그들은 나를 해치지 못한다.
길할 운이다.

따라서『주역』은 스스로에 대해 "나는 (영적) 자양분을 포함하고 있다"고 말한다. 위대한 무엇인가의 일부는 언제나 부러움을 불러일으키기 때문에, 시기하는 사람들의 합창이 그 그림의 일부이다. 부러워하는 사람들은『주역』으로부터 위대한 소유물을 강탈하기를 원한다. 말하자면, 그들은 그 책에서 의미를 강탈하거나 파괴하기를 원한다. 그러나 그들의 적의는 헛되다. 그 책의 풍요한 의미가 확인되고 있다. 바꿔 말하면, 그 책은 어느 누구도 빼앗을 수 없는 긍정적인 성취를 확신하고 있다. 텍스트는 다음과 같이 이어진다. 세번째 효의 9는 이런 뜻이다.

세번째 효의 9는 이런 뜻이다.
솥의 손잡이가 바뀐다.
사람이 인생의 길에서 방해를 받는다.
꿩의 기름을 먹지 못한다.
비가 내리자마자, 깊은 뉘우침이 사라진다.
마침내 운이 찾아온다.

핸들은 솥을 잡을 수 있는 부분이다. 따라서 그것은 사람이 『주역』에 대해 품고 있는 인식을 의미한다. 세월이 흐르는 동안에 이 인식은 분명히 변했으며, 그래서 오늘날 우리는 『주역』을 더 이상 이해하지 못한다. 따라서 "사람이 인생의 길에서 방해를 받는다". 우리는 더 이상 점의 현명한 조언과 깊은 통찰의 지원을 받지 않으며, 따라서 우리는 더 이상 운명의 미로와 우리 자신의 본성의 모호함을 뚫고 우리의 길을 발견하지 못한다. 꿩의 기름, 즉 훌륭한 식사 중 가장 훌륭하고 풍요로운 부분을 더 이상 먹지 않는다. 그러나 목말라 하던 대지가 마침내 다시 비에 젖을 때, 즉 이 갈망의 상태가 극복되었을 때, "뉘우침", 즉 지혜의 상실에 따른 슬픔이 끝나고 갈망했던 기회가 온다. 빌헬름은 이렇게 논평한다. "이것은 대단히 발달한 문명에서 자신이 아무도 주목하지 않거나 알아주지 않는 처지에 놓여 있다는 사실을 발견하는 어느 남자를 묘사하고 있다. 이것은 그의 효율성에 심각한 장애이다." 『주역』은 자신의 탁월한 자질이 인정받지 못한 가운데 흘러가 버리고, 따라서 휴한지처럼 묵혀지고 있다고 불평하고 있다. 『주역』은 다시 인정 받게 될 것이라는 희망으로 스스로를 위로하고 있다.

내가 주역에 던진 질문에 대해 두드러진 이 두 개의 효로 제시한 대답을 해석하는 데는 특별한 예리함도 요구되지 않고 특별한 지식도 요구되지 않는다. 약간의 상식을 갖춘 사람이라면 누구나 그 대답의 의미를 이해할 수 있다. 그것은 자기 자신에 대해 좋은 의견을 품고 있는 사람의 대답이지만, 그 사람의 가치는 일반적으로 인정받지도 않고 있고 널리 알려져 있지도 않다.

대답하는 주체는 자신에 대해 흥미로운 생각을 품고 있다. 그 주체는 자신을 신들에게 제물로 바칠 공물을, 신들의 영양을 위한 의식용 음식을 담는 그릇으로 보고 있다. 그 주체는 자신을, 신들로서 투사된 무의식적인 요소들 또는 힘들("영적 힘들")에게 영적 영양을 공급하는 데 쓰이는 제기(祭器)로 여기고 있다. 바꿔 말하면, 이 힘들에게 그것들이 그 개인의 삶에서 각자의 역할을 하는 데 필요한 주의를 기울인다는 뜻이다. 정말로, 이것이, 말하자면 초자연적인 것을 주의 깊게 관찰하고 배려하는 것이 종교를 뜻하는 라틴어 단어 '렐리지오'의 원래의 의미이다.

『주역』의 방법은 정말로 사물들과 인간들 안에, 그리고 그 사람 자신의 무의식적 자기 안에 숨겨진 개인적 특성을 고려한다. 나는『주역』에게 질문을 던졌다. 마치 사람이 자기 친구들에게 소개해 주려는 어떤 사람에게 그렇게 해도 괜찮은지를 묻는 것처럼. 대답에서,『주역』은 자신의 종교적 의미에 대해, 현재 자신이 알려져 있지 않고 오해를 받고 있는 사실에 대해, 명예를 다시 회복하게 될 것이라는 희망에 대해 나에게 들려주고 있다. 이 중에서 마지막 항목은 아직 완성하지 않은 머리말을, 무엇보다 영어 번역을 얼핏 보는 것으로도 분명히 확인된다. 이것은 완벽하게 이해할 수 있는 반응처럼 보인다. 비슷한 상황에 처한 사람으로부터도 충분히 예상할 수 있는 반응이다.

그렇지만 이 반응이 어떤 식으로 나왔는가? 단순히 내가 자그마한 동전들을 공중으로 던져, 바닥에 떨어져 구르다가 경우에 따라 앞면으로나 뒷면으로 멈추게 했기 때문이다. 시작 단계에서 모든 의미를 배제하는 듯한 어떤 기법에서 이치에 닿는 반응이 나오는 이 특이한 사실은 '주역'의 위대한 성취이다. 내가 방금 제시한 예는 특별하지 않다. 의미 있는 대답이 원칙이기 때문이다.

서양의 중국 전문가들과 탁월한 중국인 학자들은 '주역'이 시대에 뒤진 "마법의 주문"의 컬렉션이라는 점을 나에게 알려주려고 애를 썼다. 그들 중 어떤 사람은 나와 대화하는 중에 대체로 도교 성직자인 사주쟁이를 통해 간혹 점을 보았다는 사실을 인정했다. 물론 이것은 "터무니없는 일에 지나지 않을 수" 있다. 그러나 정말 이상하게도, 받은 대답은 겉보기에 질문자의 심리적 약점과 두드러지게 일치했다.

나는 나의 질문에 대한 대답이 여럿일 수 있다는 서양인의 사고에 동의하며, 나는 또 다른 대답은 똑같이 중요하지 않을 수 있다고는 확실히 단언하지 못한다. 그러나 내가 받은 그 대답이 처음이자 유일한 대답이었으며, 우리는 다른 가능한 대답들에 대해 아무것도 모른다. 그 대답은 나를 기쁘게 만들었고 나를 만족시켰다. 동일한 질문을 두 번 묻는 것은 재치 없는 짓일 것이고, 그래서 나는 그렇게 하지 않았다. "스승은 한 번만 대답하는 법이거든."

비합리적인 현상을 미리 정해진 합리적인 패턴에 맞추려 드는 고압적인 교육적 접근을 나는 아주 싫어한다. 정말로, 이 대답과 같은 것들은 처음 시야에 나타날 때의 모습 그대로 남아야 한다. 왜냐하면 오직 그때에만, 그러니까 자연이 인간의 참견에 의해 방해 받지 않은 상태로 남아 있을 때에만 우리가 자연이 하는 것을 알 수 있기 때문이다. 생명을 연구하려면 죽은 시신을 찾아서는 안 된다. 게다가, 원래의 상황을 재건할 수 없다는 단순한 이유 때문에, 그 실험의 재현은 불가능하다. 그러므로 각 예마다 최초이며 유일한 한 가지 대답밖에 없다.

그 육획 괘 자체로 돌아가 보자. 정괘의 모든 것이 두드러진 2개의 효가 선언하는 주제들을 증폭시킨다는 사실에는 이상한 것이 전혀 없다. 육획 괘의 첫 번째 효는 이렇게 말한다.

다리들이 달린 솥이 뒤집어지고
그 안에 담겨 있던 음식물이 쏟아진다.
사람이 아들을 얻기 위해 첩을 둔다.
전혀 탓할 일이 아니다.

뒤집어진 솥은 사용되지 않는다. 따라서 '주역'은 사용되지 않는 솥과 비슷하다. 그 효가 말하듯이, 그것을 뒤집으면 안에 들어 있던 물질이 제거된다. 남자가 아내에게 아들이 생기지 않으면 첩을 얻듯이, 사람이 다른 타개책을 전혀 발견하지 못할 때 '주역'을 찾게 된다. 중국에서 첩의 법적 지위가 의문시됨에도 불구하고, 첩은 현실적으로 다소 거북한 임시변통이다. 그렇듯, 점이라는 마법의 절차도 마찬가지로 보다 높은 목표를 위해 이용될 수 있는 하나의 방편이다. 점이 예외적인 수단일지라도, 거기에 탓할 것은 전혀 없다.

두 번째와 세 번째 효는 이미 논의되었다. 네 번째 효는 이렇게 말하고 있다.

솥의 다리들이 부러졌다.
임금의 식사가 쏟아지고
그의 인격이 더렵혀졌다.
불운이다.

여기서 솥이 사용되고 있지만, 틀림없이 매우 꼴사나운 방식으로 사용되고 있다. 말하자면 점이 악용되거나 잘못 해석되고 있다. 그리하여, 신성한 음식을 잃고, 사람은 창피한 꼴을 당한다. 레게는 "그것의 주체가 부끄러워 얼굴을 붉힐 것이다." 솥(즉, '주역') 같은 숭배 기구를 남용하는 것은 중대한 신성 모독이다. '주역'은 여기서 틀림없이 의식용 그릇으로서 그 존엄을 주장하며, 속되게 이용되는 데 대해 항의하고 있다.

다섯 번째 효는 이렇게 말한다.

> 솥에는 누런 손잡이들이, 황금으로 만든 고리 손잡이들이 달려 있다.
> 인내심을 촉진한다.

'주역'이 새롭고 올바른(노란색) 이해력을, 즉 그것을 이해할 수 있는 새로운 개념을 만난 것처럼 보인다. 이 개념은 소중하다(황금이다). 정말로 새로운 영어 번역본이 있다. 그것이 '주역'을 서양 세계가 이전보다 더 쉽게 접근할 수 있는 책으로 만들 것이다.

여섯 번째 효는 이렇게 말하고 있다.

> 솥이 비취 고리들을 달고 있다.
> 대단한 운이다.
> 발전에 이바지하지 않을 것이 하나도 없다.

비취는 그 아름다움과 부드러운 광택으로 두드러진다. 만약에 손잡이가 비취로 만들어진다면, 그릇 전체가 아름다움과 명예, 가치에서 높아진다. '주역'은 여기서 스스로에 대해 꽤 만족할 뿐만 아니라 정말로 매우 낙관하는 것으로 표현하고 있다. 사람은 추가적인 사건들을 기다릴 수 있을 뿐이며, 그 사이에 사람은 '주역'이 새로운 번역본을 인정한다는 유쾌한 결론으로 만족해야 한다.

나는 이 예를 통해서 주어진 어떤 상황에서 점이 어떤 식으로 행해지는지를 최대한 객관적으로 보여주었다. 물론 그 절차는 질문이 제기되는 방식에 따라 다소 다르다. 예를 들어, 어떤 사람이 자신이 혼란스런 상황에 처했다는 사실을 발견한다면, 그 사람은 점에서 직접 화자로 등장할 수 있다. 혹은 그 질문이 다른 사람과의 관계에 관한 것이라면, 다른 사람이 화자로 나타날 수 있다. 그러나 화자의 정체성이 전적으로 질문이 표현되는 방식에 좌우되지는 않는다. 우리와 동료들의 관계가 언제나 동료들에 의해서 결정되는 것은 아니기 때문이다. 우리의 관계가 거의 전적으로 우리 자신의 태도에 좌우되는 경우가 종종 있다. 그럼에도 우리 자신은 그 같은 사실을 꽤 모르고 있다.

따라서 만약에 어느 개인이 어떤 관계에서 자신의 역할을 모르고 있다면, 놀라운 일이 그를 기다리고 있을 것이다. 예상과 정반대로, 그 텍스트에 가끔 분명하게 암시되듯이, 그 자신이 중요한 행위자로 나타날 수 있기 때문이다. 또한 우리가 어떤 상황을 지나치게 진지하게 받아들이고 그것을 극도로 중요하다고 고려하고 있는데도, '주역'을 통해 듣는 대답은 그 질문에 은연중 내포된 뜻밖의 양상에 관심을 줄 수도 있다.

그런 예들 앞에서 사람들은 당장 점이 불합리하다고 생각하게 된다. 공자도 부적절한 대답을 딱 한 번 받았다는 이야기가 전해 오고 있다. 철저히 미학적인 괘인 22번째 비(賁)괘였다. 이것은 소크라테스의 수호신이 그에게 한 조언을 떠올리게 한다. "넌 음악을 더 많이 만들어야 해!" 이 소리를 듣고 소크라테스는 플루트 연주에 전념했다. 공자와 소크라테스라면, 합리성과 인생을 대하는 교육자적 태도에 관한 한 둘째 가라면 서러워할 인물들이 아닌가. 하지만 둘 중에서 이 괘의 두 번째 효가 조언하는 바와 같이

"턱에 난 수염을 아름답게 장식하는" 일에 신경쓸 사람은 없을 것 같다. 불행하게도, 이성과 교육은 종종 매력과 아름다움을 결여하고 있으며, 그렇다면 그 점도 어쨌든 틀린 것이 아닐 수 있다.

우리의 괘로 다시 돌아가 보자. 비록 '주역'이 새로운 번역본에 만족하는 것처럼 보일 뿐만 아니라 낙관주의를 강력히 표현하고 있을지라도, 그것은 이 번역본이 대상으로 삼고 있는 대중에게 끼칠 영향에 대해서는 예견하지 않고 있다. 우리의 괘에 숫자 값이 9가 주어지는 양(陽)의 줄이 2개 있기 때문에, 우리는 '주역'이 스스로에게 하는 예언의 종류를 발견할 수 있는 입장이다. 고대의 개념에 따라 숫자 6이나 9가 주어지는 효들은 내부 긴장이 아주 강하다. 그래서 그 긴장이 그 효로 하여금 반대편으로 변하도록 만든다. 말하자면 양은 음으로, 음은 양으로 변하게 하는 것이다. 이 변화를 통해서, 우리는 현재의 예에서 35번 괘인 진(晉)괘를 얻는다.

이 괘의 주체는 위로 올라가는 과정에 온갖 종류의 운의 부침을 겪고 있는 사람이며, 텍스트는 그가 어떻게 처신해야 하는지에 대해 설명하고 있다. '주역'이 이와 똑같은 상황에 처해 있다. '주역'이 태양처럼 떠오르며 소신을 널리 선언하지만, 퇴짜를 맞고 확신을 전혀 발견하지 못한다. 그것은 "앞으로 나아가고 있지만 근심에 잠겨 있다". 그러나 "여자 조상으로부터 큰 행복을 얻는다".

이 모호한 문장을 밝히는 데 심리학이 도움을 줄 수 있다. 꿈과 동화에서, 할머니, 즉 여자 조상은 종종 무의식을 나타낸다. 왜냐하면 남자의 무의식이 정신의 여성적인 요소들을 포함하고 있기 때문이다. 만약 '주역'이 의식에게 받아들여지지 않는다면, 적어도 무의식이 그것을 반 정도 받아들일 것이다. 이유는 '주역'이 의식의 합리적인 태도보다는 무의식과 더 밀접히 연결되기 때문이다. 무의식이 종종 꿈속에서 여성적인 형상에 의해 표현되기 때문에, 여기서도 이것이 그 설명일 수 있다. 여성적인 인물은 그 책에 모성적인 보살핌을 기울인 번역가일 수 있으며, 이것이 '주역'에는 쉽게 "큰 행복"처럼 보인다. 그 괘는 전반적인 이해를 예고하지만 동시에 남용도 우려하고 있다. "다람쥐 같이 나아간다." 그러나 괘는 충고를 잊지 않는다. "그래도 잃고 얻는 것에 대해 신경 쓰지 않도록 하라." 괘는 "당파적인 동기들"로부터 자유로운 상태로 남는다. 그것은 어느 누구에게도 강요하고 나서지 않는다.

따라서 '주역'은 미국 도서 시장에서 차분하게 자신의 미래를 마주하고 있으며, 합리적인 사람이 논쟁의 소지가 많은 어떤 작품의 운명에 대해 말하듯이, '주역'은 스스로를 나타내고 있다. 이 예언이 매우 합리적이고 상식으로 가득하기 때문에, 그보다 더 적절한 대답을 찾기 어려울 것이다.

이 모든 것은 내가 앞의 단락들을 적기 전에 일어났다. 이 지점에서, 나는 '주역'이 새로운 상황을 대하는 태도가 알고 싶다. 나 자신도 이미 현장으로 들어갔기 때문에, 일들의 상태도 내가 쓴 내용에 의해 바뀌었으며, 따라서 나는 나 자신의 행동에 대해 언급하는 내용을 듣기를 기대했다. 나는 이 머리말을 쓰는 동안에 크게 행복하다는 느낌을 받지 않았다는 사실을 고백해야 한다. 과학에 대해 책임감을 느끼는 한 사람으로서 나 자신이 증명하지 못하거나 적어도 이성에 받아들여질 수 없는 것을 단언하는 데 익숙하지 않기 때문이다. 오래된 "마법의 주문"의 컬렉션을 현대의 비판적인 대중에게 다소 받아들여질 수 있게 만들 목적으로 소개하려고 노력하는 것은 정말로 의문스런 과제이다. 내가 그 과제를 맡은 것은 나 자신이 고대 중국의 사고방식에 눈에 보이는 것 그 이상의 무엇인가가 담겨 있다고 생각하기 때문이다. 그러나 내가 독자에게 결정적인 증거를 제시하거나 과학적으로 완벽한 설명을 제시하는 것이 아니라 독자의 선의와 상상력에 호소해야 한다는 사실이 당혹스럽다. 불행하게도, 나는 역사 깊은 이 점치는 기법이 불러일으킬 반발을 너무나 잘 알고 있다. 우리는 우리를 미지의 바다 위로 실어 나를 선박 어딘가에 구멍이 뚫려 있지 않은지조차도 확실하게 알지 못한다. 그렇다면 그 낡은 텍스트도 손상되지 않았을까? 빌헬름의 번역은 정확할까? 우리가 자기기만에 빠져 자신의 해석을 믿고 있는 것은 아닐까?

'주역'은 철저히 자기 인식을 주장한다. 자기 인식을 성취하는 방법은 온갖 종류의 남용에 노출되어 있으며, 따라서 경박하고 미성숙한 정신의 소유자를 위한 것이 아니다. 그 방법은 또한 주지주의자와 합리주의자를 위한 것도 아니다. 그것은 자신이 하는 일에 대해, 또 자신에게 일어나는 일에 대해 생각하기를 좋아하는, 사려 깊고 반성적인 사람들에게만 어울린다. 이런 태도를 우울증 환자가 병적으로 생각에 잠기는 태도와 혼동해서는 안 된다. 앞에서 암시한 바와 같이, 나는 '주역'의 점과 서양인에게 받아들여진 과학적 규범들을 조화시키려 노력할 때 제기되는 다수의 문제에 대한 대답을 전혀 갖고 있지 않다. 그러나 말할 필요도 없는 말이지만, "초자연적인" 것은 절대로 추론되지 않는다.

이 문제들을 대하는 나의 입장은 실용적이며, 나에게 이 관점의 실질적인 유효성을 가르쳐 준 위대한 분야들은 심리 요법과 의학 심리학이다. 이 두 분야만큼 미지의 것들을 많이 다루는 분야도 따로 없다. 또 이 분야들은 제대로 작동하는 방법이라면 오랫동안 이유가 밝혀지지 않아도 그 방법을 채택하는 데도 다른 분야보다 익숙하다. 의문스런 치료 방법들로부터도 뜻밖의 치료 효과가 나타나고, 신뢰할 만한 것으로 평가받는 방법에서도 뜻밖의 실패가 나올 수 있다.

무의식을 탐험하다 보면 매우 이상한 것을 자주 만난다. 그러면 합리주의자는 겁에 질려 그것을 피해 놓고는 나중에 아무것도 보지 못했다고 주장한다. 삶의 비합리성은 무엇이든, 심지어 우리의 모든 이론(수명이 너무 짧다)에 반하거나 즉시적으로 어떤 설명도 허용하지 않는 것까지도 절대로 버리지 말라고 나에게 가르쳤다. 그것은 당연히 불안스러우며, 사람은 나침반이 진리를 가리키고 있는지 여부를 확신하지 못한다. 그러나 안전과 확신과 평화는 발견으로 이어지지 않는다. 이 중국식 예언도 마찬가지이다. 분명히 이 방법은 언제나 미신적인 용도로 쓰여 왔음에도 자기 인식을 목표로 잡고 있다.

나는 물론 자기 인식의 가치를 전적으로 확신하지만, 인류 역사상 가장 현명한 사람들도 그것을 성취하지 못한 상태에서 설교한 상황에서 그런 통찰을 권해봐야 무슨 소용이 있겠는가? 대단히 편향적인 눈에도 이 책이 사람들에게 자신의 성격과 태도와 동기들을 주의 깊게 조사하라고 충고하는 내용을 담고 있다는 사실은 명백하게 보인다. 이 같은 태도가 나에게 호소력을 지니고 나로 하여금 머리말을 쓰는 일을 맡도록 했다.

예전에 딱 한 번 나는 '주역'의 문제와 관련해 나의 뜻을 밝힌 적이 있다. 그것은 리하르트 빌헬름을 추념하는 연설에서였다. 그 후로는 나는 신중하게 침묵을 지켰다. '주역'의 밑바탕을 이루는 것과 같은, 아득하고 신비로운 사고방식 속으로 파고들어가는 느낌을 받는 것은 결코 쉬운 일이 아니다. 공자와 노자 같은 위대한 정신들이 표현하는 사상의 본질을 제대로 평가할 수 있는 사람이라면, 그런 인물들을 쉽게 무시하지 못한다. 그러니 그들이 영감을 얻은 주요 원천이 '주역'이라는 사실은 더더욱 간과할 수 없다. 나는 예전 같으면 나 자신이 그처럼 불확실한 문제에 감히 그렇게 솔직하게 나 자신을 표현하려 들지 않았을 것이라는 점을 알고 있다. 지금은 나는 이런 위험을 감수할 수 있다. 왜냐하면 나 자신이 지금 80대이고, 인간들이 의견을 바꾸는 것이 더 이상 나에게 강한 인상을 거의 남기지 않기 때문이다. 나에게는 옛날 거장들의 사상이 서양 정신의 철학적 편견보다 월등히 더 중요하다.

나는 독자에게 이런 개인적인 고려들을 부담지우고 싶지 않지만, 이미 암시한 바와 같이, '주역'에 질문을 던지는 사람 본인의 인격도 종종 점의 대답과 연결된다. 정말로, 나는 나의 질문을 구성하면서 심지어 점이 나의 행위에 대해 직접적으로 논평하도록 유도했다. 그 대답은 29번 감(坎) 괘, 즉 구덩이 괘이다. 세 번째 효에 숫자 값 6이 주어지기 때문에 그 효가 특별히 강조된다. 그 효는 이렇게 말한다.

> 앞뒤로, 심연에 심연이로구나.
> 이런 위험에 처하면 우선 멈추고 기다려라.
> 그렇게 하지 않으면, 심연의 구덩이로 떨어지고 말 것이다.
> 그런 식으로 행동하면 안 되느니라.

옛날이었다면 나는 "그런 식으로 행동하면 안 되느니라"는 조언을 무조건적으로 받아들이고, 단지 나 자신이 '주역'에 대한 의견을 전혀 갖고 있지 않다는 이유로 나의 의견을 제시하길 거부했을 것이다. 그러나 지금 그 조언은 '주역'이 작용하는 방식을 보여주는 한 예가 될 수 있다. 만약에 사람이 '주역'에 대해 생각하기 시작한다면, '주역'의 문제들은 "심연에 심연"을 나타내며, 그러면 그 사람은 당연히 무한하고 무비판적인 추측의 위험 속에서 "먼저 멈추고 기다려야" 한다. 그렇게 하지 않으면, 그 사람은 정말로 어둠 속에서 길을 잃고 말 것이다.

지적으로 따질 경우에, 자신이 보고 있는 것이 진리인지 망상인지를 알지 못하는 상태에서 증명되지 않은 가능성들 속을 떠돌아다니는 것보다 더 불편한 처지가 있을까? 이것이 '주역'의 꿈같은 분위기이며, 거기서 사람은 너무나 틀리기 쉬운 주관적인 판단 외에 의지할 것을 전혀 갖고 있지 않다. 나는 이 효가 앞에 인용한 단락을 적을 때 느낌 감정을 매우 적절히 나타내고 있다는 점을 인정하지 않을 수 없다. 기운을 북돋우는 이 괘의 시작 부분, "정직하다면, 당신은 가슴에 성공을 품고 있다"는 부분도 똑같이 나의 감정과 어울린다. 그 말이 여기서 결정적인 것은 외부의 위험이 아니라 주관적인 조건, 즉 사람이 자신에 대해 "정직하다"고 믿는지 여부라는 점을 암시하기 때문이다.

그 괘는 이 상황에서의 역동적인 활동과, 어떤 위험한 장소도 두려워하지 않고 아래로 떨어지며 가는 길에 있는 구덩이들을 채우는, 흘러가는 물의 행동을 비교한다(감(坎)은 또한 물을 나타낸다). 이것이 "탁월한 사람"이 행동하고, "가르치는 임무를 수행하는" 방식이다.

감(坎) 괘는 틀림없이 별로 유쾌하지 않은 괘 중 하나이다. 그 괘는 주체가 온갖 종류의 함정에 빠질 위험에 처하는 것 같은 상황을 묘사한다. 나는 무의식(물)의 영향을 지나치게 많이 받는 탓에 정신질환이 나타날 위험에 처한 환자들에게서 감괘가 자주 나타난다는 것을 발견했다. 이 대목에서, 미신적인 사람은 그런 의미가 원래 그 괘에 있다는 식으로 생각할 것이다. 그러나 꿈을 해석할 때 꿈의 텍스트를 최대한 충실하게 따라야 하듯이, 점괘에 조언을 구할 때에도 제기된 질문의 형식을 명심해야 한다. 질문의 형식이 대답에 대한 해석에 명확한 한계를 세우기 때문이다.

처음 괘에 상담을 청했을 때, 나는 무엇보다 내가 적어야 하는 머리말이 '주역'에게 지니는 의미에 대해 생각하고 있었다. 따라서 나는 그 책을 전면에 내세우고 그것을, 말하자면, 행동하는 주체로 만들었다. 그러나 나의 두 번째 질문에서, 행동하는 주체는 나이다. 그래서 '주역'을 이 경우에도 주체로 여기는 것은 비논리적일 것이며, 게다가 그 해석은 이해가 되지 않을 것이다. 그러나 만약에 내가 주체라면, 그 해석은 나에게 의미를 지닌다. 왜냐하면 그것이 나의 마음 속에 자리 잡고 있는, 부정할 수 없는 불확실성과 위험의 감정을 표현하고 있기 때문이다. 만약에 사람이 그런 불확실한 토대 위에 감히 서려고 한다면, 자신이 알지 못하는 상황에서 위험하게 무의식의 영향을 받기 쉽다.

그 육획 괘의 첫 번째 효는 위험의 존재를 나타내고 있다. "심연에서 사람이 구덩이로 떨어진다." 두 번째 효는 똑같은 내용을 표현한 다음에 조언을 덧붙인다. "사람은 오직 작은 것을 이루려고 노력해야 한다." 나는 이 머리말에서 '주역'이 중국인의 마음에서 어떤 식으로 작용하는지를 보여주는 것으로 나의 임무를 제한하고, 또 책 전체에 대한 심리학적 논평을 쓴다는 보다 야심찬 프로젝트를 부정함으로써 분명히 이 조언을 예상했다.

나의 과제의 단순화는 넷째 효에 표현되고 있다.

술 한 통, 쌀 한 사발
그냥 창문을 통해 건네진
토기 그릇들.
거기도 탓할 것이 전혀 없네.

이 부분에 대해 빌헬름은 이렇게 논평한다.

대체로 보면 관리가 임명되기 전에 가벼운 선물과 추천장을 제시하는 것이 관습임에도, 여기서는 모든 것이 극도로 단순화되고 있다. 선물은 중요하지 않으며, 그를 후원하는 사람도 없으며, 그는 자신을 직접 소개하고 있다. 그럼에도 위험 속에서도 상호 도움이라는 정직한 의도만 있다면, 이 모든 것은 창피한 일이 절대로 아니다.

다섯째 효는 한계라는 주제를 이어가고 있다. 물의 본성을 공부하는 사람은 물이 구덩이를 가장자리까지 채우고는 다시 흘러간다는 것을 확인한다. 물은 거기에 갇혀 머물지 않는다.

심연은 넘치도록 채워지지 않는다.

그것은 오직 가장자리까지만 채워진다.

그러나 만약에 위험의 유혹에 넘어가서, 그리고 바로 그 불확실성 때문에 사람이 정교한 논평 같은 특별한 노력을 통해 확신을 품겠다고 고집한다면, 그 사람은 곤경에 빠지게 될 뿐이다. 이 같은 상황을 첫 번째 효가 갇힌 조건으로 아주 정확하게 묘사하고 있다. 정말로, 마지막 효는 사람이 그 육획 괘의 의미를 가슴에 새기지 않을 때 일어나는 결과를 보여준다.

우리의 괘에서 셋째 효에 6이 있다. 긴장이 상승하는 이 음(陰)의 효가 양(陽)의 효로 바뀜에 따라 새로운 가능성 또는 경향을 보여주는 새로운 괘를 낳는다. 지금 우리는 48번 정(井) 괘를 보고 있다. 물 웅덩이는 더 이상 위험을 의미하지 않으며, 오히려 유익한 무엇인가를, 샘을 의미한다.

그래서 탁월한 인간은 사람들에게 일을 하도록 권하고

서로 돕도록 권한다.

서로를 돕고 있는 사람들의 이미지는 샘의 복원을 가리키는 것 같다. 샘이 허물어져 진흙으로 가득하니 말이다. 동물들도 거기서 물을 먹지 않는다. 거기에 물고기들이 살고 있고, 사람이 그것들을 잡을 수 있지만, 샘은 마시는 물로, 말하자면 인간을 위해 쓰이고 있지는 않다. 이 묘사는 새로운 손잡이를 받게 되어 있는, 뒤집어져서 사용되지 않던 솥을 떠올리게 한다. 게다가, 이 샘은 솥처럼 깨끗이 치워졌다. 그러나 어느 누구도 거기서 물을 먹지 않는다.

이것은 나의 가슴의 슬픔이니라,

길어서 쓸 만한 데도.

위험한 물구덩이 또는 심연이 '주역'을 가리키고, 샘도 마찬가지로 '주역'을 가리키지만, 그래도 샘은 긍정적인 의미를 지닌다. 그것은 생명의 물을 포함하고 있다. 샘을 다시 사용할 수 있도록 복구시켜야 한다. 그러나 사람은 그런 생각을 전혀 품지 않고 있으며, 물을 담을 그릇도 없고, 단지는 깨어져 물이 샌다. 솥은 새로운 손잡이가 필요하고 들 때 잡을 고리도 필요하다. 샘도 새로 정비해야 한다. 그것이 "사람이 물을 마실 수 있는, 맑고 차가운 수원"을 포함하고 있기 때문이다. 사람은 그 수원으로부터 물을 얻을 수 있다. "그것이 의지할 만하기 때문이다."

이 예언에서 말하는 주체는 다시 스스로를 신선한 물의 수원으로 표현하고 있는 '주역'인 것이 분명하다. 그 전의 괘는 어쩌다 심연의 구덩이로 떨어지는 사람이 직면하는 위험을 상세하게 묘사했다. 그 사람은 그것이 폐허가 된 옛날의 우물이지만 다시 복구하여 사용할 수 있다는 사실을 깨닫기 위해서 거기서 빠져나와야 한다.

나는 동전 점으로 대표되는 점술에 두 가지 질문을 던졌으며, 두 번째 질문은 내가 첫 번째 질문에 대한 대답을 분석하는 글을 쓴 다음에 제시되었다. 첫 번째 질문은, 말하자면, '주역'에게 던져졌다. '주역'은 머리말을 쓰려는 나의 의도에 어떤 말을 할까? 두 번째 질문은 나 자신의 행위, 또는 내가 첫 번째 괘를 논하는 주체가 되는 상황에 관한 것이었다. 첫 번째 질문에 '주역'은 자신을 하나의 솥과, 수리가 필요한 의식용 그릇과, 대중으로부터 의심의 눈길을 받고 있는 그릇과 비교하는 것으로 대답했다. 두 번째 질문에 대한 대답은 내가 곤경에 처했다는 것이었다. 이유는 '주역'이 사람이 쉽게 빠질 수 있는, 깊고 위험한 물구덩이를 나타내기 때문이다. 그러나 물구덩이는 고치기만 하면 다시 유익한 목적에 쓸 수 있는 옛날의 샘인 것으로 드러났다.

이 4개의 괘들은 주제의 면에서 대체로 일관성을 보이고(그릇, 물구덩이, 샘), 지적인 내용의 면에서도 의미 있는 것처럼 보인다. 만약에 어떤 인간이 그런 대답을 제시했다면, 나는 정신과 의사로서 적어도 제시된 자료를 근거로 그 사람이 건전한 정신의 소유자라고 선언해야 할 것이다. 정말로, 4개의 대답에서 의식이 흐리거나, 바보스럽거나, 정신 분열증적인 것이 전혀 발견되지 않았다. '주역'의 역사가 대단히 깊고 또 그 기원이 중국이라는 점을 고려한다면, 나는 케케묵고 상징적이고 화려한, '주역'의 언어를 비정상이라고 여길 수 없다. 반대로, 말로 표현하지 않은 나의 의심 상태까지 간파했다는 점이 높이 평가받아야 할 것이다.

한편, 영리하고 다재다능한 정신의 소유자는 전체 일을 돌아보며 내가 주관적인 내용물을 괘의 상징체계로 어떤 식으로 투사했는지를 보여줄 수 있을 것이다. 그런 비평은 서양의 합리성이라는 관점에서 보면 비극적일 수 있어도, '주역'의 기능에는 전혀 아무런 해를 끼치지 않는다. 반대로, 중국의 현자는 미소를 지으며 나에게 이렇게 말할 것이다. "당신이 지금까지 실현시키지 못했던 당신의 생각들을 이 책의 난해한 상징체계로 투사할 수 있으니, 이 책이 얼마나 유익한가? 당신은 또 머리말로 인해 오해 사태를 불러일으킬 수 있다는 것을 의식하지 않는 상태에서 글을 쓸 수 있었을 것이다."

중국인의 관점은 사람이 점의 실행을 대하는 태도에는 관심을 두지 않는다. 당혹스러워하는 사람은 오직 서양인들뿐이다. 왜냐하면 서양인들이 자신의 편견, 즉 인과성의 개념에 거듭 걸려서 넘어지기 때문이다. 동양의 고대 지혜는 지적인 개인이 자신의 생각들을 실현시킨다는 사실을 강조하지만, 그 생각들을 실현시키는 방법에 대해서는 아무런 말을 하지 않는다. '주역'의 이론에 대해 생각을 덜 하는 사람일수록 잠을 더 편안하게 잘 수 있다.

내가 볼 때 편견을 갖지 않는 독자라면 이 예를 근거로 지금쯤 틀림없이 '주역'의 작용에 대해 적어도 잠정적인 판단을 내릴 수 있는 위치에 서 있을 것 같다. 간단한 소개로 그것 이상을 기대하기는 어려울 것이다. 만약에 내가 이 글을 통해서 '주역'의 심리학적 현상에 대해 설명하는 데 성공한다면, 나는 목적을 이루게 될 것이다. 이 독특한 책이 불러일으킨 무수한 질문과 의문, 비판에 대해서 나는 대답하지 못한다. '주역'은 증명과 결과를 제시하지 않는다. '주역'은 뽐내지 않는다. '주역'에 접근하는 것은 쉽지 않다. '주역'은 자연의 일부처럼 발견될 때까지 기다린다. '주역'은 사실도 제시하지 않고 권력도 제시하지 않지만, 자기 인식을 사랑하고 지혜를 사랑하는 사람들에게 제격인 책이다. '주역'의 정신은 어떤 사람에게는 낮처럼 명쾌해 보이고, 또 어떤 사람에게는 황혼처럼 어둑해 보이고, 또 어떤 사람에게는 밤처럼 어두워 보인다. '주역'이 달갑지 않은 사람은 그것을 이용할 필요가 없으며, '주역'에 반대하는 사람은 그것이 진리라는 점을 발견할 의무를 질 필요가 없다. '주역'이 그것의 의미를 알아보는 사람들을 위해 세상 속으로 나아가도록 가만 내버려 두기만 하면 된다.

찾아보기